STRAF

Das Deutsche Strafrecht im Spiegel der Rechtsprechung

Allgemeiner Teil

德国判例刑法

总 则

江 溯 / 主编

北京大学出版社
PEKING UNIVERSITY PRESS

RECHT

作　者

陈金林　武汉大学法学院副教授

陈珊珊　苏州大学王健法学院副教授

陈　璇　中国人民大学法学院副教授

江　溯　北京大学法学院副教授

蒋　毅　中南财经政法大学刑事司法学院讲师

梁奉壮　中伦律师事务所律师

申柳华　德国奥格斯堡大学法学院讲师

谭　淦　西南政法大学法学院讲师

唐志威　北京大学法学院博士研究生、德国慕尼黑大学法学院博士研究生

王　静　湖南大学法学院助理教授

徐凌波　南京大学法学院副教授

赵书鸿　北京师范大学刑事法律科学研究院副教授

周遵友　中南民族大学法学院教授

序　言

部门法的研究不能仅进行理论分析，而应当结合一定的司法判例，这一点已经被大陆法系国家的法学学者所认同。随着德日刑法体系书以及专著被翻译介绍到我国，我们对德日刑法教义学的知识有了系统的了解，这对于我国刑法理论的发展当然能够起到推动作用。与此同时，德日刑法判例研究的著作也逐渐被翻译介绍到我国，为我国判例刑法的理论研究提供了重要资料。以德国为例，德国著名刑法学家克劳斯·罗克辛教授的《德国最高法院判例·刑法总论》一书在2012年由何庆仁、蔡桂生翻译，并由中国人民大学出版社出版。该书收集了100个判例，罗克辛教授对这些判例的案情、裁判理由进行了介绍，同时对判例提出设问，并进行简单的题解。可以说，该书是我国学者接触的以德国判例为主题的第一部重要著作。尤其是该书出自德国著名刑法学家罗克辛教授之手，使我国学者深切地感受到判例研究在德国刑法理论中的重要地位。此后，我国学者王钢编写的《德国判例刑法(分则)》一书由北京大学出版社于2016年出版，该书是由我国学者编写的第一部关于德国刑法判例的著作。值得说明的是，在此之前我国翻译介绍的德国刑法著作都只限于总则，而缺乏对德国刑法分则的理论研究。王钢的《德国判例刑法(分则)》一书选择德国刑法分则中最为重要的罪名，以罪名解析作为该书的主体内容，其间穿插若干案例。因此，该书与其说是介绍德国刑法分则判例的著作，不如说是解析德国刑法分则重点罪名的著作。之所以有如此安排，我认为，这与德国刑法分则的理论著作未在我国翻译出版有关。在这种情况下，对德国刑法分则中重点罪名知识的填补的重要性显然大于对德国刑法分则判例的了解。因此，王钢这部著作不仅是我国出版的首部德国刑法分则判例的著作,更是我国出版的首部德国刑法分则理论的著作,具有双重的学术价值。

现在,江溯主编的《德国判例刑法(总则)》一书即将由北京大学出版社出版。本书将与王钢的《德国判例刑法(分则)》一书形成一套德国判例刑法系列。同时,本书又具有自身的特点,这就是单纯以德国刑法总则判例研究为主体内容,而因为已经有大量关于德国刑法总则的著作被翻译介绍到我国,因而本书不以德国刑法总则为研究重点。当江溯将本书的电子版发给我,嘱我作序的时候,我浏览了本书内容,对本书的体例编排、判例选择以及理论评析都十分满意。可以说,本书的出版将为我国学者打开一扇窗户,使我们通过德国刑法总则判例得以深层次地了解德国的刑法立法、刑法司法以及刑法理论的研究现状。

在《德国判例刑法(总则)》一书中,案情是不可或缺的内容,每个判例都有独特的案情。虽然经过司法活动的不同审级,但本书中的案情十分精简,与定罪无关的细节已经删除。我对德国刑法判例最感兴趣的是判例的名称。我国的指导案例,一般采用被告人的人名加罪名的方式,例如最高人民法院颁布的指导案例 3 号,名称是“潘玉梅、陈宁受贿案”;又如,最高人民检察院颁布的指导案例第 1 号,名称为“施某某等 17 人聚众斗殴案”。德国则并非如此,德国刑法判例书中,一般都采用对案情的特征进行描述的方式命名。例如,罗克辛《德国最高法院判例 · 刑法总论》一书中的第一个判例是“集中营案”,因为该案发生的场所在集中营。再如“癖马案”,因为该案的主角是一匹癖马。此外,在罗克辛教授编写的德国刑法教科书中,还有大量我们耳熟能详的判例,例如“山羊毛案”。这种对判例的命名方式,令人记忆深刻。

《德国判例刑法(总则)》是按照德国刑法总则的体系编排的,因而具有内在的合逻辑性。这一点也不同于王钢的《德国判例刑法(分则)》。王钢的著作是按照罪名的逻辑关系进行编排的,而且对罪名的解析占据了较大篇幅,这在分则解析书中是合理的。但刑法总则如果完全按照刑法典的总则体系进行编排,就难以照顾到刑法总则的理论体系的逻辑性。在这种情况下,本书是按照刑法总则的体系进行编排的,主要以三阶层的犯罪论体系为基本结构框架。例如第二章“因果关系与客观归责”,第三章“正当化事由”和第四章“责任”，在此基础上再加上过失犯和不作为犯等特殊犯罪类型，以及未遂犯、共犯等特殊犯罪形态，最后一章是“刑罚与保安处分”。以上内容基本上全面反映了刑法总则的主要专题。

《德国判例刑法（总则）》与罗克辛教授的《德国最高法院判例 · 刑法总论》相比，案件数量较少：罗克辛的书中收集了 100 个案件，而本书只有 46 个案件，但两书的篇幅却相差不大。由此可见，《德国判例刑法（总则）》一书对判例裁判理由的介绍和理论分析更为充分和详尽，具有一定的研究性质。尤其应当指出，这些案件虽然发生在德国，但其裁判理由对于我国处理同类案件具有重要的参考意义。例如，正当防卫在我国是一个热点问题，最高人民检察院还专门颁布了一批有关正当防卫的指导案例。我国司法实践和刑法理论，对于正当防卫的认定存在争议，因而出现了某些引起全民关注的正当防卫案件。其中涉及的一个问题是：如何正确理解“不法侵害正在进行”？这个问题在一些热点案件中争议较大。例如最高人民检察院指导案例第 47 号“于海明正当防卫案”。这是一个典型的反杀案，即死者刘某首先持刀侵害于海明，于海明在反击中夺取刘某的砍刀，并追杀刘某致其死亡。本案涉及对不法侵害正在进行的理解。指导案例指出：“关于刘某的侵害行为是否属于‘正在进行’的问题。在论证过程中有意见提出，于海明抢到砍刀后，刘某的侵害行为已经结束，不属于正在进行。论证后认为，判断侵害行为是否已经结束，应看侵害人是否已经实质性脱离现场以及是否还有继续攻击或再次发动攻击的可能。于海明抢到砍刀后，刘某立刻上前争夺，侵害行为没有停止，刘某受伤后又立刻跑向之前藏匿砍刀的汽车，于海明此时作不间断的追击也符合防卫的需要。于海明追砍两刀均未砍中，刘某从汽车旁边跑开后，于海明也未再追击。因此，在于海明抢得砍刀顺势反击时，刘某既未放弃攻击行为也未实质性脱离现场，不能认为侵害行为已经停止。”最高人民检察院在本案的指导意义中指出，“不能要求不法侵害行为已经加诸被害人身上，只要不法侵害的现实危险已经迫在眼前，或者已达既遂状态但侵害行为没有实施终了的，就应当认定为正在进行”。在此，我们可以看出，该案例的指导意见是以不法侵害迫在眼前的危险是否存在作为认定不法侵害的根据。《德国判例刑法（总则）》一书中的“偷窥者案”是值得我们注意的。在该案中,偷窥者前后七次于晚上出现在被告人的家中与花园里,一直没有被抓到。1977 年 9 月 9 日 1 点 50 分左右,被告人被一阵声响吵醒,看见一名男子站在床脚。他惊叫一声,从床上跳起来,抓起手枪并上膛。男子转身逃跑,被告人在后面追赶,可是,这名闯入者跑得又比被告人快。被告人多次喊道"站住,否则我开枪了",但偷窥者并未停下,被告人最终向他的双腿开了两枪。被告人希望抓住这名偷窥者,从而结束这种对他的家庭而言无法再忍受的局面。被告人开枪打中了偷窥者的左臀和左肋。显然,被告人是在偷窥者逃跑的过程中开枪将其打伤的。对于本案,初审法院认定被告人构成危险伤害罪与违反枪支法的轻罪的想象竞合犯。被告人不服初审判决提起上诉,主张其行为存在免责事由,不成立犯罪。联邦最高法院否定了初审法院的判决,认定被告人无罪,被告人的上诉取得成功。本案中,存在一个对于法律适用具有决定性意义的问题,这就是如何认定"侵害或者危险正在发生"。《德国刑法典》共有三个条款规定了危险,其中,第 32 条第 2 款关于正当防卫,规定了"正在发生的不法侵害";第 34 条关于阻却违法的紧急避险,规定了"正在发生的危险";第 35 条关于阻却责任的紧急避险,规定了"正在发生的危险"。初审法院认为,正当防卫的"正在发生的不法侵害"是指现时的不法侵害。因此,本案不符合正当防卫的时间条件,不能认定为正当防卫。对此,联邦最高法院表示赞同。但初审法院同时以正在发生的危险属于现时的危险为由,否定被告人成立阻却违法的紧急避险或阻却责任的紧急避险。对此,联邦最高法院并不赞同。联邦最高法院认为:《德国刑法典》第 35 条所规定的"危险"也包括持续性危险。当持续的危险十分紧迫,以至于可能随时或立即转化为实害时,即使实害的出现可能还需要时间,也成立阻却责任的紧急避险。因此,联邦最高法院判决被告人成立阻却责任的紧急避险。当然,这一判决在德国刑法学界也是存在较大争议的。例如,同样是"正在发生的危险",为什么被告人不能成立阻却违法的紧急避险而是成立阻却责任的紧急避险?确实,"持续性危险"能够在一定程度上拓展正当防卫或者紧急避险的适用范围,但对其限度应如何合理地把握?这些问题都是值得思考的。在"偷窥者案"中,现时的侵害或者危险都是不存在的,但可预见的将来危险是客观存在的。在这种情况下,被告人实施的枪击行为能否为法律所允许,就是法律应当解决的问题。总之,刑法教义学虽然具有某种抽象性,然而,案件是具体的并且是个别的,只有从个案出发才能提出真正的问题,这才是刑法教义学所应当面对的。本书的出版,对于我国刑法教义学的深入研究具有显而易见的参考作用。

《德国判例刑法(总则)》一书的作者,都是我国刑法学界的中青年学者,并且都有在德国或者其他国家留学的背景。尽管书中大量内容需要翻译,但是本书并不是一部译作。本书是一部研究之作,对于德国判例进行刑法教义学上的评析,这就使得本书具有较高的学术含量,因而值得向读者推荐。

是为序。

陈兴良

谨识于北京海淀锦秋知春寓所

2020 年 12 月 8 日

目　　录

第一章　罪刑法定与刑法解释*

第一节　导　论

《德国刑法典》第 1 条规定的罪刑法定原则和《德国基本法》第 103 条第 2 款的内容一致，因此统摄刑法的罪刑法定原则同时也是宪法原则。这一刑法规定是宪法原则在刑法中的再现，具有宣示宪法原则的作用。同时这一规定涉及宪法权利，尤其是保护公民不受国家刑罚暴力的恣意侵害，因而当其遭受违反时公民可以提起宪法诉讼。

罪刑法定原则一般体现为明确性要求、禁止溯及既往、禁止习惯法、禁止类推等。明确性要求首先是针对立法者而言的，要求立法者创设足够明晰的犯罪构成要件，同时明确性要求保障任何人都可以预见到哪些行为是受刑罚处罚的，从而保障公民的行为自由。立法者要根据明确性要求尽可能清楚地规定犯罪构成要件，同时又可以使用概括性和规范性的概念作为构成要件要素。本章中“背信案”主要围绕背信罪的构成要件是否符合明确性要求及相应的解释而展开，也涉及禁止类推的要求。根据禁止溯及既往的要求，刑法的适用不得回溯性地证立和加重刑罚，这也是《德国基本法》第 103 条第 2 款的重要内容。通过“柏林墙射杀案”和“机动车司机无驾驶能力案”，可以详细了解明确性要求。禁止习惯法确切而言是指禁止证立和加重刑罚的习惯法，判例对于可以减轻甚至免

---

* 谭淦，西南政法大学法学院讲师，中国人民大学法学院法学博士；梁奉壮，中伦律师事务所律师，德国维尔茨堡大学法学院博士。

除行为人刑罚的习惯法规则是认可的。本章中“醉酒驾驶案”主要涉及原因自由行为的解释依据和适用范围,属于禁止习惯法的问题。

第二节 柏林墙射杀案

一、基本案情①

被告人W(1964年4月11日出生)、被告人H(1961年7月16日出生)隶属于守卫柏林墙的德意志民主共和国国防军。W是一名下级军官,在两人中担任领导角色;H是一名士兵。1984年12月1日3点15分,二人在柏林墙下射杀了出生于德意志民主共和国的S。S当时正企图越过位于柏林潘科区、朝向威丁区的围墙,他刚爬上靠在墙边的楼梯就被两名被告人的自动步枪击中。S的一只手刚够到围墙顶端时,被告人W的一发子弹击中了他的背部,正是这一枪伤最终导致了S的死亡。S还被被告人H的一发子弹击中了膝盖,该枪伤与死亡结果无关。两次枪伤的先后顺序并不清楚。当日5时30分左右,S被送往人民警察医院,6时30分在该医院死亡。如果S能够得到及时的医疗救助,是可以被抢救过来的。救治延误,是两名被告人并不知晓相关保密规定及管辖规定(Geheimhaltung – und Zuständigkeitsregeln)造成的后果。两名被告人的工作并不负责抢救、搬运被害人。

S受到枪击时,两名被告人是将步枪设定在了“连续射击”位置。S沿着楼梯向上爬时,被告人H在5秒内射出了25发子弹,被告人W的步枪则射出了27发子弹。被告人W当时在瞭望塔楼,从150米远的距离射击,他事先曾大声喝令“站住”,并且鸣枪示警。逃亡者出现时,被告人H遵从被告人W的指令离开塔顶,倚着围墙,从110米远的距离射击。两名被告人不认为S是间谍、破坏者或“罪犯”,并不想杀死S;但是,他们都认识到了致死的可能性。“根据他们认为自己必须要遵守的命令,即便是付出杀伤致死的代价,他们也要阻止逃亡者成功逃脱。为确保在任何情形下命令都能得以执行,该命令包含了故意杀死逃跑者以阻止其逃跑

① Vgl. BGH, Urteil vom 3. November 1992, Az. 5 StR 370/92 = BGHSt 39, 1.

的内容。他们没有考虑在一开始只进行目标明确的单发射击，而是直接连续地连发射击。他们都清楚，那样的射击会提升射中的可能性，即便在自己没有瞄准时也是如此，并且还会增加射击致死的危险。”

二、法条索引

本案例引用了如下法条：

1.《德意志联邦共和国刑法典》第 2 条（时间效力）：

（1）刑罚及其法律效果依行为时有效之法律确定。

（2）刑罚在行为时有变更的，适用行为终了时有效之法律。

（3）行为终了时有效之法律在判决前变更的，适用处刑最轻之法律。

（4）仅适用于特定时期的法律，即便该法律在审判时已失效，仍可适用于在其有效期间实施的行为。法律另有规定的除外。

（5）关于追缴、没收及查封，适用本条第 1 款至第 4 款的规定。

（6）矫正与保安处分适用审判时有效之法律，法律另有规定的除外。

2.《德意志联邦共和国刑法典》第 7 条（对其他情况下国外行为的效力）：

（1）在国外实施针对德国人的行为，依行为地法律无论是否应当处罚，均得适用德国刑法。

（2）对在国外实施的其他行为，依行为地法律无论是否应当处罚，在下列情况下均得适用德国刑法：

a. 行为时为德国人或行为后成为德国人的，或

b. 行为时为外国人，在国内被逮捕，依其行为性质符合引渡法的规定，而由于未提出引渡请求，或引渡请求被拒绝或不能被引渡的。

3.《德意志联邦共和国基本法》第 103 条第 2 款：

行为之处罚，以行为前之法律规定处罚者为限。

4. 1966 年 12 月 16 日《公民权利和政治权利国际公约》（Internationaler Pakt über bürgerliche und politische Rechte vom 16. Dezember 1966）

5.《德意志联邦共和国军事刑法》第 5 条（§5 WStGB）（基于命令的行为）：

（1）下级基于命令实施的违法行为实现了刑法典的犯罪构成，只有

当其认识到该行为违法或根据其了解到的情况该行为的违法性显而易见时,才应承担罪责。

(2)如果考虑到下级在执行命令时所处的特定处境,下级的罪责较轻,法院可以根据刑法典第49条第1款裁定较轻的刑罚,对轻罪可以免除刑罚。

6.《德意志民主共和国国界法》(Grenzgesetz-DDR)第27条(使用射击武器):

(1)枪支的动用,是在使用针对人身的暴力时的最后措施。只有在没有帮助或借助帮助的情况下对身体的干扰仍然没有效果,或者明显不会有预期的效果时,才可以使用枪支。只有在通过针对物体或动物的武器使用效果仍然不能达到目的时,针对人身的枪支使用才是被允许的。

(2)为了阻止即将发生的、依其情节将构成重罪的行为被实施或被继续实施,枪支的使用是正当的。为了逮捕重罪的重大嫌疑人,枪支的使用也是正当的。

(3)只要即将发生的危险不是只能通过枪支的适当使用才能阻止或消除,在使用枪支之前原则上要先进行喝喊或鸣枪示警。

(4)禁止使用枪支,当:

第三人的生命或健康可能遭受危险;

外表显示为孩童之人或

相邻国家领土会遭到射击时;

应尽可能地不用枪支来对付少年或女性。

(5)使用枪支时,应尽可能地保护生命。一旦警察完成许可的攻击措施后,伤患必须给予急救,并采取必要的安全措施。

三、裁判理由

1. 柏林州法院(Landgericht Berlin)少年法庭(Jugendkammer)以故意杀人罪对被告人W及被告人H作出判决:判处被告人W 1年6个月青少年拘禁(Jugendstrafe),判处被告人H 1年9个月自由刑,二人均得以缓刑交付考验。

在开始到边境服役之前,被告人就被问到,是否已经准备好使用武器对付"越境犯"。他们都作出了肯定的回答,没有任何保留条件。在训练中,他们学习了 1982 年 3 月 25 日起生效的《德意志民主共和国国界法》第 26、27 条。根据该法第 27 条第 2 款第 1 项的规定,“为了阻止即将发生的犯罪行为(Straftat),或犯罪行为的继续进行,并且根据当时的情形,该犯罪行为被认为是重罪(Verbrechen)时”,射击武器的使用是“正当的”。柏林州法院少年法庭承认,违反《德意志民主共和国刑法典》第 213 条规定[“非法逾越边界”(Ungesetzlicher Grenzübertritt)],直接接触柏林墙,在行为发生时,大多数情形下确实会依《德意志民主共和国刑法典》第 213 条第 3 款被评价为重罪,处以 2 年以上自由刑。初审法官认为如下情况是可能的:在被告人的培训中,涉及《德意志民主共和国刑法典》第 213 条规定(该条的基本构成要件是轻罪)时,并没有提到要根据行为严重性来区别对待,因而柏林墙下的逃跑行为(Fluchtversuch)通常被描述成重罪(Verbrechen)。

关于“命令适用情势”①(Befehlslage),判决理由中认为:“该命令适用情势,不仅对被告人具有效力,也原原本本地为被告人理解和接受:任何情况下,在最后甚至可以穷尽一切手段,都须阻止逃亡者到达‘敌对区域’(这里指西柏林)。相应地,在‘岗哨训练’(Vergatterung)中,被告人被告知的内容里有一核心原则:‘逃离边境在任何情形下都不被允许。对侵犯边境者要予以逮捕或消灭’……前往边境服役之路的每一阶段,都会进行这样的‘岗哨训练’。通过这样的训练,再次使得边防士兵了解具体的任务及以抽象形式赋予的职责。”在培训中,就“命令适用情势”预先规定了行为模式。在如下行为模式中,如果前一步骤没有效果,或者前一步骤从一开始就没有成功的希望,则任何时候都可以直接跳到下一步骤:喝令逃亡者——哨兵开始瞄准逃亡者脚部——鸣枪示警——以腿部为目标进行单发射击,如有必要可多次单发射击——“继续射击,必要时射杀也没有关系,直至逃亡者被阻止”。基本原则(Faustregel)是:“宁致逃亡者死,也不得任其逃脱。”

柏林州法院少年法庭认可两名被告人是共同实施的间接故意杀人。本案适用《德意志联邦共和国刑法典》第 212、213 条要比适用德意志民主共和国的刑法(《德意志民主共和国刑法典》第 315 条第 1 款和第 2 条第

① 命令适用情势,是指命令执行者需要据以去执行命令的客观状况。

3 款)更温和。少年法庭认为,《德意志民主共和国国界法》第 27 条、《德意志民主共和国刑法典》第 213 条第 3 款就分界线所确定的边境管理(Grenzregime)方式,与德意志民主共和国承担的国际法义务、德意志联邦共和国的公共秩序(ordre public)不一致。但是,柏林州法院少年法庭认为,不能由此得出为了不利于被告,可以不予考虑德意志民主共和国法上正当化根据的结论。对此,少年法庭援引了《德意志联邦共和国基本法》第 103 条第 2 款和法律安定性(Rechtssicherheit)的论点。在本案中,法律安定性居于优先地位,因为这里不存在如 BGHSt 2, 234 判决所产生的那种极端情况。

不过,柏林州法院少年法庭进一步陈述道,即便如前所述,应当考虑德意志民主共和国法上的正当化根据;但是,鉴于本案中特定的行为情节,那些正当化事由仍然不得适用于被告人的射击行为。正如从《德意志民主共和国国界法》第 26、27 条的编排体系(Systematik)中可以看出的,《联邦执行官行使公权力直接强制法》(UZwG)有关使用射击武器(Schußwaffe)的条款是在比例原则(Prinzip der Verhältnismäßigkeit)基础上确定的;第 27 条第 1 款第 1 条将射击武器的使用描述为"在动用暴力时的最后措施"。如果在正当化的根据中考虑到了比例原则,本案就会得出如下结论:被告人的连发射击不适用《德意志民主共和国国界法》第 27 条,只有单发射击才是被允许的;《德意志民主共和国国界法》第 27 条第 5 款要求对生命进行尽可能的保护,这同样支持了前一结论。被告人虽然瞄准的是腿部,但他们都知道,在爆裂式的连发射击中,武器在发出第 1 发子弹后就会开始"漫射"。

柏林州法院认为,被告人的行为不能因是职务上的命令(dienstliche Befehl)(《德意志联邦共和国军事刑法》第 5 条、《德意志民主共和国刑法典》第 258 条)而免责。本案中的实际情况要求被告人朝逃亡者的腿部进行单发射击,被告人却因急于服从命令而超越了该种要求,通过连发射击提高了击中逃亡者以阻止其翻越围墙的可能性。"虽然被告人相信自己的行为是在执行如下的命令:在任何情况下都要阻止逃亡者,作为最后手段,甚至可以消灭(比如杀死)逃亡者。但是,这一事实不能使被告人免责,因为对必要时射杀逃亡者的这一命令的执行……显然违反了刑法,即《德意志民主共和国刑法典》第 112、113 条规定的禁止杀人"。德意志民主共和国在阻止公民不受控制地移民问题上的经济和政治利益,与生命法益（Rechtsgut des Lebens）相比较，二者之间的不平衡关系是非常明显的。法律的盲点（Rechtsblindheit）同样不会因《德意志民主共和国刑法典》第 258 条而获得特权，禁止错误（Verbotsirrtum）（《德意志民主共和国刑法典》第 17 条）因此才能得以避免。

在裁定被告人 W 的刑罚时，柏林州法院少年法庭同样认可本案中存在着《德意志联邦共和国刑法典》第 213 条的前提条件（故意杀人的较不严重情形）。

2. 被告人 W 在向联邦最高法院的上诉中抗辩道，柏林州法院违反了来源于"国家行为原则"（act of state doctrine）的"科刑的禁令（Bestrafungsverbot）"。也就是说，被告人是作为命令执行者在行为，代表并且是为了另一国家（德意志民主共和国）的利益，故不得要求被告人对此负责。因此，被告人抗辩称，本案存在着明显的程序阻碍。但是，这一抗辩并不成立。

（1）在盎格鲁—撒克逊法系的国家，"国家行为原则"①（Act of State Doctrine）有不同的表达方式，但它并不是《德意志联邦共和国基本法》第 25 条意义上的国际法一般规则，它只对国内法的解释有影响，即解释一个人是否应该，以及在多大程度上应该以他国国家行为的效力作为行为根据的问题。

欧洲大陆国家（包括德国）的法律实践中并不适用这一原则。这里并不存在具有约束力的规则（verbindliche Regel），即法庭在适用本国法审理时，不得涉及他国主权行为的效力。《两德统一条约》（Einigungsvertrag）没有就被归入德意志民主共和国国家行为的那些行为不得由德意志

① "国家行为原则"，一般是指：（1）一国法院不能审查一个外国主权者在其自己的管辖范围内行为的合法性，从而承认外国国家行为的效力。按照美国联邦最高法院在 1990 年"柯克帕特里科公司诉环境筑造公司案"判词中的阐述，国家行为原则"仅仅规定外国主权者在其自己的管辖范围内的行为应当被认为合法"。（2）当事人一方在外国领土上依照该外国的国家法律或行政命令做出的行为，或在当事人本身是外国国家的情形下，该外国国家在其领土内做出的行为，或外国国家官员在该外国的领土内依据该外国法律或行政命令做出的行为，法院能否审查作为上述行为依据的外国法律和行政命令的合法性，从而确定行为人的法律责任，这就是国家行为原则所要回答的问题。（3）实践中，不同国家的法院在不同时期所审理的有关案件中，有的适用该原则，有的却排除该原则的适用。（4）国家行为原则适用的效果是，法院不能审查外国国家行为的合法性，而应推定该外国的国家行为合法，因而外国国家，其官员或私人当事人无须按法院地法律承担法律责任。

联邦共和国法院来审查的问题形成共识。事实上正好相反:《两德统一条约》第18、19条明确规定,虽然德意志民主共和国的法院判决及行政决定通常是有效的,但当其与法治国家的基本原则不一致时,仍然能够被取消。

(2)上诉中的抗辩也许认为,根据外国及其国家代表享有的豁免权,德意志联邦共和国的法院不得行使司法权。上诉援引了联邦最高法院第六民事审判庭关于豁免权问题的判决(NJW 1979, 1101);并且援引了BGHSt 33,97号判决,依该判决,德意志民主共和国的国家领导人(Staatsratsvorsitzende)因在1984年担任国家元首(Staatoberhaupt)而被赋予豁免权。但是,按照这种逻辑,被告人也不会被认为是外国政权的代表,因为德意志民主共和国已经不再存在。

3. 事实和法律层面的审理结果表明,被告人的上诉不能成立。

(1)被告人与被害人在行为时都居住在德意志民主共和国;正是在德意志民主共和国,被告人射出的子弹击中了被害人并导致被害人死亡。州法院适用《德意志民主共和国刑法典》第315条第1款,并且确认了在《德意志联邦共和国刑法典》第2条第3款的意义上,到底是德意志民主共和国的法律还是德意志联邦共和国的法律才是更轻缓的法律。这一出发点符合了联邦最高法院的判例(ständige Rechtsprechung)。[①]

如果行为在1990年10月3日之前已经据德意志联邦共和国法律作出了判决,则该判决仍然有效。[②]

A. 联邦最高法院刑事审判庭审查了如下问题:在1984年BGHSt 32,293判决中发展出来的原则是否得以适用于发生在德国统一前的行为结果、是否应依据德意志联邦共和国刑法裁判此处提到的这类行为。对此,刑事审判庭给出了否定的答案。

在BGHSt 32,293判决的结论部分里,联邦最高法院第三刑事审判庭联系其在BGHSt 30,1判决中的裁定,阐明了德意志联邦共和国刑法得以适用于发生在德意志民主共和国境内因政治嫌疑而被剥夺自由的情形。这是基于如下原因:虽然最晚自1972年12月21日的《基本条约》

① Vgl. BGHSt 37, 320; 38, 1, 3; 38, 18; 38, 88; BGHR StGB §2 Abs. 3 DDR-StGB 5.

② Vgl. Art. 315 Abs. 4 EGStGB idF des Einigungsvertrags.

(Grundlagenvertrag)[①]起,德意志联邦共和国刑法已经不再保护生活在德意志民主共和国境内的所有德国人,不会仅仅因为行为是在德意志民主共和国境内实施、仅仅因为针对的是德国人,就要依《德意志联邦共和国刑法典》第7条第1款的规定并最终根据德意志联邦共和国刑法来裁判。但是,至少对于其中那些违反法治国原则的、与政治嫌疑和政治绑架有关的迫害危险演变成对自由的侵犯,尤其是对自由的剥夺的行为,却会有不同的结论;根据《德意志联邦共和国刑法典》第5条第6款的规范目的,该条款所确立的全面保护原则(BGHSt 30,1)并不限于对危险犯构成要件(Gefährdungstatbestand)的惩罚(BGHSt 32, 293,298)。

本案并不涉及《德意志联邦共和国刑法典》第5条规定。本案与BGHSt 30,1;32,293案不同,不能与《德意志联邦共和国刑法典》第5条第6款发生联结。柏林墙下发生射击之前并不存在危险犯(Gefährdungsdelikt)。因此,S是轻视自由权利的政治体制的牺牲品,如同《德意志联邦共和国刑法典》第234a、241条中的犯罪行为的被害人一样。但是,如果既要考虑《法律适用法》(Rechtsanwendungsrecht)(第3条至第7条),又要将射杀S的行为与发生在德意志民主共和国境内、不适用《德意志联邦共和国刑法典》第7条第1款的其他犯罪行为进行区分,则仅就前一论述本身,还不足以完全清楚地描述针对S的犯罪。

此外,还有如下考虑:当立法者经由《两德统一条约》(Einigungsvertrag),借助于《德意志民主共和国刑法典》第315条的修正条款(Neufassung),干预到法律适用法(Rechtsanwendungsrecht)的体系时,他显然清楚《德意志联邦共和国刑法典》第3条至第7条,尤其是联邦最高法院的判例(BGHSt 30,1;32,293)可以适用于德意志民主共和国案件的立场(Meinungsstand)。如果在今天要实质性地改变那些只涉及《两德统一条约》生效前发生的犯罪行为的判决,则《德意志民主共和国刑法典》第315条的修正条款就需要被赋予立法者此前没有考虑到的内容。有鉴于此,不需要对《德意志民主共和国刑法典》第315条第4款的适用范围进行有别于迄今为止判例中已有立场的解释。

---

① 两德于1972年签署《基本条约》,形成三项原则:(一)统一是两个德国的历史使命;(二)两个德国彼此不是外国;(三)《基本条约》是政治及历史行为,完成之后就要透过法律行为来完成。

B. 基于同样的理由,联邦最高法院刑事审判庭没有采纳最近再次被广泛提出的建议,即要无一例外地将生活处所位于德意志民主共和国境内的德国人理解成为《德意志联邦共和国刑法典》第 7 条第 1 款意义上的德国人。《两德统一条约》事实上也没有采纳此种解释,因为如果所有针对德意志民主共和国公民的犯罪都适用《德意志民主共和国刑法典》第 315 条第 4 款,则《德意志民主共和国刑法典》第 315 条就只剩下很窄的适用范围(没有个体受害人的犯罪及针对外国人的犯罪)。但是,正如在《两德统一条约》中有体现的、《德意志民主共和国刑法典》第 315 条至第 315 条 c 规范在整体上所表明的,以《德意志联邦共和国刑法典》第 2 条第 3 款来衡量,立法者的做法明显是认为德意志民主共和国法律的适用范围过于宽泛。

(2)在《德意志联邦共和国刑法典》第 2 条第 3 款(包括《两德统一条约》中有关《德意志民主共和国刑法典》第 315 条第 1 款的部分)的意义上,与德意志联邦共和国的法律相比,德意志民主共和国的法律才是更轻缓的法律。如果已判决的滥用射击武器致人死亡的行为可以从德意志民主共和国的法律中找到正当化根据(Rechtfertigungsgrund),今天从有利于被告人的角度出发,就必须将该正当化根据纳入考虑。对此的审查表明,根据行为时德意志民主共和国采取的解释,被告人遵守了《德意志民主共和国国界法》第 27 条第 2 款的要求,但是,据此得不出有效的正当化根据。

A. 根据 1982 年 3 月 25 日《德意志民主共和国国界法》第 18 条第 2 款,德意志民主共和国边防军队要“保证”(gewährleisten)边境的“不可侵犯性”(Unverletzlichkeit);非法穿越边境,即“侵犯”的表现之一(《德意志民主共和国国界法》第 17 条第 2 句 b 款)。

根据《德意志民主共和国国界法》第 27 条第 2 款第 1 句,“为了阻止迫近的、即将发生的范围行为或行为的继续进行,并且该行为依其情节得被认为是重罪(Verbrechen)时”,枪支的使用“是正当的”;第 27 条第 5 款第 1 句规定,使用枪支时“应尽可能地保护(Schonen)生命”。根据《德意志民主共和国刑法典》第 1 条第 3 款第 2 句及其他相关规定,重罪(Verbrechen)被认为是针对“法律和社会利益”“具有社会危害性的”犯罪行为(Straftat),它“表达了对社会主义法制的严重轻视……并且被规定了在个案中须科以 2 年以上自由刑的刑罚幅度。”重大案件中的非法越境要受到 1 年以上 8 年以下自由刑的威慑(《德意志民主共和国刑法典》第 213 条第3款,1979年6月28日《第三刑法修正案》,GBl DDR I 139)。根据《德意志民主共和国刑法典》第213第3款第2句第2项,通过"危险工具或方法"实施的犯罪,属于重大案件。初审法官(Tatrichter)推测(unterstellt),在大多数案件中,在行为时德意志民主共和国的实践做法是将"直接接触边境"的"(从德意志民主共和国逃往德意志联邦共和国的)叛逃(Republikflucht)"行为评价为犯罪,并且设置了2年以上自由刑进行威慑。这与1988年1月15日德意志民主共和国最高法院及德意志民主共和国秘书长(Generalstaatsanwalt)关于"《德意志民主共和国刑法典》第213条适用的共识(gemeinsamen Standpunkt)"的表述一致,即《德意志民主共和国刑法典》第213条第3款第2句中的危险方法包括"为越过边境安全设施而帮助翻墙"。1980年10月17日德意志民主共和国最高法院及秘书长也表达了相应内容的"共识"。①

根据德意志民主共和国司法部、德意志民主共和国国家与法律科学学会出版的刑法典注释(Kommentar),犯罪被害人的行为同样属于《德意志民主共和国刑法典》第213条第3款第2句第5项的调整范围:S是在与他人共同翻越边境内墙;其虽然中止了非法越境的行为,但并未影响到其引发《德意志民主共和国刑法典》第213条第3款第2句第5项的前提条件("与他人共同地"实施行为)。

B. 联邦最高法院刑事审判庭的观点不同于柏林州法院少年法庭,认为应该对这些条款进行解释,以明确为什么被告人的行为属于它们的调整范围。

a)《德意志民主共和国国界法》第27条的字面含义允许进行如下解释:依《德意志民主共和国刑法典》第213条第3款被认为是重罪的穿越边境行为,就其中直接迫近的那些行为来说,应该使用射击武器加以"阻止"(《德意志民主共和国国界法》第27条第2款第1项)。当然,该法律将射击武器的使用称为"最后措施"(《德意志民主共和国国界法》第27条第1款第1句),但是,被告人在当时并没有足以阻止越境的其他可行手段。根据《德意志民主共和国国界法》第27条第5款,"应尽可能地保护生命",也就是说,并不是在任何情况下都要保护。有鉴于此,法律的字

---

① Vgl. OG-Informationen-Sonderdruck 1980 S. 3.

面含义允许如下解释:如果不能以其他手段达到阻止侵犯边境的目标,则开枪是被允许的,甚至允许以杀人的(至少是间接)故意来开枪。

当然,能够这样来解释《德意志民主共和国国界法》第27条的前提条件,是在冲突的情况下阻止侵犯边境的目标要优先于对人生命的爱护。事实证明,怎样才能平衡逃亡者的生命与“国家边境的不可侵犯性”的问题,并不能从《德意志民主共和国国界法》中找到答案。德意志民主共和国法院有关这一问题的判决并没有公开过。在德意志民主共和国的研究文献中有关在边境使用射击武器的评论,也只限于陈述枪支使用规则符合德意志联邦共和国的相应规定和国际法,并且是用以保护国家安全与公共秩序。这些评论都出现在《德意志民主共和国国界法》生效之前。有鉴于此,初审法官认定的命令适用情势及行为的伴随情节(同样是基于所谓的命令)都被援引,以确认那些对《德意志民主共和国国界法》第27条规定的适用及解释负有责任的人在行为时是如何理解该条件的。

aa)根据有争议判决的看法,如果温和的手段不足以阻止逃跑,则命令适用情势就包含了“为了阻止逃跑而故意杀死逃亡者”的内容。与此相应,“在任何情况下,在最后时刻甚至可以动用任何手段去阻止”逃亡者抵达西柏林。经过查证,在常规的、反复进行的岗哨训练中,“核心的原则”(Kernsatz)是:“逃越边境在任何情况下都不被允许。对侵犯边境的人应予以逮捕或予以消灭。”在边境士兵的培训中,如下内容被视为基本原则(Faustregel):“宁任逃亡者死,也强于容其逃脱得逞。”阻止逃跑的利益也相应地优先于逃亡者的生命。一次成功的逃亡,是“连队中能够发生的最糟糕的事情,因为它违背了连队担负的职责”。另外,在柏林墙下对逃亡者的致命射击没有“任何不利的后果”,也从来没有提起过针对枪手的司法程序。相反,那些以任意方式成功阻止了逃亡行为的哨兵却会受到公开的表彰和奖励。初审法官找不到根据来主张德意志民主共和国的法院、检察院或其他国家机关曾经否认过命令适用情势所描述的枪支使用超出了《德意志民主共和国国界法》第27条设定的界限。

bb)初审法官从下列发现中还确认了这样的事实:对“侵犯边境者”生命的保护要次于其他目标,甚至要次于对严重伤害予以保密的目标。

尽管《德意志民主共和国国界法》第27条第5款规定,“应尽可能地保护生命”,在考虑必要的安全措施之下应提供紧急救助,但是,本案中针对S的射击发生后,虽然S数次请求救助,却没有任何边境军队或其他单位的成员走过来帮助他。他最后是被“拖拽”到了一座塔楼，并被“丢放”在一个从柏林西区看不见的地方。运送 S 的，不是“快速医疗救助”的常规救护车，而是需要 45 分钟才能到达的军团救护车，S 没有被送去最近的医院，而是被送往要远得多的人民警察医院，并且是在受伤超过 2 小时后才被送到这家医院。这辆救护车上没有医生，因为在请求这种救护车救援的时候，不允许告知有人受了重伤。如果选择快速医疗救助，S 本是能够得救的。上述措施导致了严重的延误，但它却符合如下的命令适用情势，即优先考虑的不是抢救生命，而是对边境两侧发生的事故予以隐匿。这样的保密（Geheimhaltung）措施，很可能被认为是《德意志民主共和国国界法》第 27 条第 5 款第 2 项意义上“必要的安全措施”。军团的卫生兵不得将行程告诉军团的医生；排长必须签字称夜班值守没有任何异状；被害人姓名不得记录于医院的登记簿或死亡证明书；被害人的父亲也是在 1984 年 12 月 4 日才被首次告知其子的死讯：这些都与保守秘密相对于抢救生命的优先性是一致的。

政治利益的重要性，同样可以从如下事实中找到表征：在国事访问、党员代表大会及自由德国青年同盟大会举行期间，边境射击的命令被限定在自卫、使用“大型装备”（schwerer Technik）及逃跑的情形中。同时，岗哨密度也被加强。

cc）所有上述事实表明，阻止偷越边境被理解成最重要的利益，人身法益，包括生命法益均要让位于它。联邦最高法院刑事审判庭由此得出结论认为，根据行为时德意志民主共和国的实际做法，在没有预先实施朝腿部单发点射情况下直接进行连发射击，并没有被认为具有违法性。这是因为被告人通过连续射击提高了阻止逃亡（尽管不可否认还有射死的风险）的可能性，从而符合了他们被告知的最重要目标——阻止穿越边境，而那与《德意志民主共和国国界法》的通行解释是一致的。根据上述评价标准，如果朝腿部的单发射击原本有很大可能阻止逃亡时，则被告人很可能会受到基于《德意志民主共和国国界法》第 27 条第 5 款第 1 项提出的批评。鉴于当时的背景，这里当然不是那样的情况：被告人射击时，S 正沿着墙梯迅速向上爬，只需 5 秒钟他就可以攀到可以够到围墙顶端的高度。必须要相信的是，S 当时能够在很短时间内越过围墙顶端，进而藏身于安全之处。根据测量结果得知，如果单发点射，两发子弹之间的最短时间要 1.5 秒。考虑到在当时情况下只剩下很短的时间来阻止逃亡，只有连续射击(每秒 10 发子弹的频率)才能在根本上提高达成目标的概率。此外,还需要考虑到射手与 S 之间有不近的距离,而且事件还是发生在夜间。

dd)据此,被告人的行为符合《德意志民主共和国国界法》第 27 条第 2 款的正当化根据条款。阻止逃跑优先于保护生命,正是这个国家的实际做法的特征。德意志民主共和国担任法律监督的法院和机构没有对这种国家的实际做法提出过异议。只要人们将此作为理解《德意志民主共和国国界法》第 27 条第 2 款的基础,则被告人以间接故意进行的连续射击就是正当的。

从这一视角出发,联邦最高法院刑事审判庭与柏林州法院少年法庭的诉讼审理发生了分歧。这是因为,由于《德意志民主共和国国界法》所具有的“法治的表象”(Anscheins von Rechtsstaatlichkeit),柏林州法院少年法庭在解释《德意志民主共和国国界法》时根据的是法治标准,特别是考虑到了比例原则(Verhältnismäßigkeitsgrundsatzes)。柏林州法院少年法庭认为,国家的预防目的,绝不能使故意(包括间接故意)杀死一个没有危及他人生命的人的行为正当,因为生命是最高的法益。柏林州法院少年法庭认为,即便《德意志民主共和国国界法》第 27 条规定的国家目标不能通过其他方式达到,《德意志民主共和国国界法》第 27 条第 2 款也没有为(直接或间接)故意杀人提供正当化的根据。柏林州法院少年法庭这一法律见解,可以溯源至《德意志联邦共和国基本法》及《欧洲人权公约》(EMRK)。因此,它是解释《联邦执行官行使公权力直接强制法》第 11 条和《联邦国防军与盟国部队士兵以及民间安全人员执行直接强制以及行使特殊职务法》(UZwGBw)第 16 条的恰当起点。不过,这里不是要讨论对这些条款的解释,而是要厘清如下问题,即鉴于《德意志联邦共和国刑法典》第 2 条第 3 款,根据行为时具有法律效力的外国法律提出来的正当化根据,是否会被认为是更轻缓的法律。

b)人们必须将被告人的行为是否具有德意志民主共和国法上已有规定,并且实践中也承认的正当化根据的问题与如下问题进行区分:在找法的过程中,因为如此(根据《德意志民主共和国国界法》第 27 条第 2 款)理解的正当化根据违反了在德意志民主共和国应当遵守的上位的、一般性的法律原则,严重违反了行为比例原则,特别是因为对外国的正当化根据的审查是在《德意志联邦共和国刑法典》第 2 条第 3 款的框架内进行的,是否就必须将那样的正当化根据排除在考虑的范围之外? 对后一问题,联邦最高法院刑事审判庭作出了肯定的回答。

正如当时德意志民主共和国的实践做法那样,只要不能以其他方式阻止越境,则《德意志民主共和国国界法》第 27 条第 2 款规定的正当化根据,就庇护了(decken)命令适用情势所传达的,(直接或间接)故意杀害那些只想越境、没有武装且对普遍承认的法益无任何危害的人。据此,对未经特别许可不得越境这一禁令的执行,在当时优先于人的生命权。在这些特定状况下,适用法律时不会再去考虑正当化根据,正如德意志民主共和国当时的实际做法那样。

aa)对于正当化根据在行为时被承认、在案件审理时却被认为不宜考虑的案件,必须限定在极其例外的场合。

在判决依先前法律实施的行为时,某种正当化根据违反德意志联邦共和国公共秩序[与《德意志联邦共和国民法典施行法》(EGBGB)第 6 条[①]相比]的事实本身尚不足以否认对其加以考虑的需要。柏林州法院少年法庭正确指出了法律安定性(Rechtssicherheit)的极其重要性,它表态支持的是,在查明《德意志联邦共和国刑法典》第 2 条第 3 款所述情形下何者才是更轻缓的法律时,原则上需要考虑先前法律规定的正当化根据。

bb)更确切地说,在行为时被认可的正当化根据,只有当它明确表达了对正义、人道等基本观念的严重侵犯时,才能因其违反了更高位阶的法律而排除考虑;违反的程度必须要严重到侵犯所有人的、涉及人类价值和尊严的共同法律信念(Rechtsüberzeugungen)。[②] 实证法与正义之间的矛盾必须是如此的不堪忍受,以至于法典(Gesetz)作为错误的法律(unrichtiges Recht),不得不让位于正义。纳粹权力统治结束之后,人们试图通过这样的方式来描述对法律的最严重侵犯。要将那些观点移植到本案来并非易事,因为发生在德国境内的杀人不能与纳粹的大规模屠杀相提并论。尽管如此,在当时获得的结论(Einsicht)仍然是有效的,在评价执行国家命令实施的行为时,必须注意到国家是否逾越了每个国家依一般共识设

---

① 《德意志联邦共和国民法典施行法》第 6 条规定:“他国法律适用的结果,将明显违背德国法律的基本原则时,则他国法律不得适用。特别是与基本法不一致时不得适用。”

② Vgl. BGHSt 2, 234, 239.

定的底线(äußerste Grenze)。

cc)今天,更多的具体审查标准得到了增加:《国际人权公约》提供了根据世界范围内法治共同体的认知来判断国家什么时候侵犯到人权的标准。在这点上,1966年12月16日发布的《公民权利和政治权利国际公约》具有特别的意义。德意志民主共和国在1974年加入该公约,同年12月8日交存批准证书。1976年3月23日,该公约在两个德国开始生效。但是,德意志民主共和国没有按照《德意志民主共和国宪法》第51条的要求,利用公约的机会修改国内法,也没有根据《德意志民主共和国宪法》第51条,由人民议院(Volkskammer,原德意志民主共和国最高人民代议机构、最高权力机构)予以"确认"。国际法对德意志民主共和国的约束力仍然没有任何改变。一个国家政权"不能诉诸国内法律规定来逃避履行已经承担的义务和责任";它"负有国际法上的义务,在国内法中要依据这些义务而行为,且要履行该义务"。[①] 评价德意志民主共和国的法律时,如果德意志民主共和国承认的国际法上的人权与实际适用的国界法和武器使用法之间产生了矛盾,则在确认一个基于国家命令而侵犯到国际条约保护的人权的行为是否具有违法性时,这一矛盾仍然会发生。由此,与德意志民主共和国的主流论述正好相反,如下的问题仍然悬而未决,即从《公民权利和政治权利国际公约》的特定内容中,是否可以推导出(仅仅是国会)对该公约的批准单独就已经确立了签署国家中的人相对于国家政权的法律地位。

①《公民权利和政治权利国际公约》第12条第2款规定:"每个人都有离开任何国家、包括自己国家的自由。"根据该公约第12条第3款,只有法律才能限制该权利,并且只能是出于保护国家安全与公共秩序的特定目的。

1979年6月28日的《德意志民主共和国护照法》(Passgesetz)符合了"限制必须通过法律进行"的要求。德意志民主共和国不断地提到,《德意志民主共和国护照法》及其附属规定包含的限制事实上服务于对公共秩序的保护。但是,从《公民权利和政治权利国际公约》第12条第3款的英文表述("除……外,此权利不受任何限制")、该规定的发生史及国际上的解释可知,公共秩序的观点,并不包含广泛的法律保留,限制应当限

---

① Sieh: Autorenkollektiv, Völkerrecht Lehrbuch, Teil 1., Berlin: Staatsverlag der DDR, 1981, S. 59.

于例外情形，且在任何情况下都不得破坏实质上的迁徙自由及出国权利。经济福利或社会福利的论点，正如文献（Materialien）表明的，绝不能允许其成为限制迁徙自由的原因。

1977 年和 1984 年，德意志民主共和国在联合国人权委员会会议上就德国内部边境情势被质询听证。在 1977 年的听证会上，德意志民主共和国声称其对迁徙自由的限制符合《公民权利和政治权利国际公约》，在 1984 年呈交联合国的报告中，德意志民主共和国援引大量允许出境的数据强调，对出境的限制是为了保护国家安全与公共秩序。在当时的口头询问中，德意志民主共和国代表声称，1982 年的《德意志民主共和国国界法》符合《公民权利和政治权利国际公约》，包含该公约第 6 条（生命权）；在极其例外的情况下，即只有当其他手段不足以阻止犯罪（提到了暴力情形）时，边防士兵才会射击。

不能认为《公民权利和政治权利国际公约》第 12 条的内容被包含在《德意志民主共和国宪法》第 8 条意义上的“致力于人民和平共存、合作的、国际法上普遍承认的规则”的内容之中。《德意志民主共和国宪法》第 8 条明显指的是与不同国家合作共存有关的、国际法上较为狭窄的部分。但是，与《公民权利和政治权利国际公约》第 12 条相符的那些规则，要遵守据以界定国家及其公民之间关系的价值。因此，在解释法律时必须予以考虑。

②德意志民主共和国的边境管理（Grenzregime）措施侵犯了《公民权利和政治权利国际公约》第 12 条规定的出境自由（Ausreisefreireit）的人权，因为德意志民主共和国居民的自由出境权利被保留（vorenthalten），不仅在例外情况下如此，还成为一种常态。

根据德意志民主共和国法律规定，护照的发放是合法穿越两德边境的前提条件，而在 1989 年 1 月 1 日之前[①]，对尚未达退休年龄、没有政治特权的公民，除个别紧急家庭事务外，没有任何合法出境的可能性。在 1989 年 1 月 1 日之前，根据 1979 年 6 月 28 日的规定（GBL DDR I 151），无须对出境申请的裁定说明理由，并且直到该时间点（1988 年 11 月 30 日规定的第 23 条）为止，裁定不得因异议而被驳回。

---

① 1988 年 11 月 30 日的规定生效，参见《德意志民主共和国法律公报》GBL I 271。

该条规定违反了《公民权利和政治权利国际公约》第 12 条第 3 款的限制标准,违反了限制仅应限于例外的原则,违反了在任何地方都已经确立了的原则:对出境的否定必须是可以通过申诉来进行抗辩的。联邦最高法院刑事审判庭没有忽视其他国家对本国公民的出境也有限制,没有忽视在基本法的创设中出境自由并没有被确立为独立的基本权利,还没有忽视的事实是,那样的限制是因为在当时担心会有意想不到多的、具有劳动能力的人永久性地流亡国外。刑事审判庭同样明知的是,在联合国,那些想要阻止知识分子移民的发展中国家与那些坚持尽可能地不受限制的出境自由的西欧国家之间存在着意见分歧。刑事审判庭还知道,行为发生时,在受到苏联影响的那些国家里,一直都存在着对出境的限制。

但是,德意志民主共和国的边境管理面临着严峻的现实,在德意志民主共和国的德国人怀有特别的动机希望越过边境到达西柏林和德意志联邦共和国:他们与边境另一侧的人同属于一个民族,并且因各种各样的亲属或其他个人关系而相互联系在一起。

③更重要的是,如果不考虑以“墙、铁丝网、危险地带和枪击命令”为特征因而违反《公民权利和政治权利国际公约》第 6 条规定的边境实际情况,建立在护照及出境限制条款基础上的立场,是不能从人权的视角得到支持的。该公约第 6 条规定:“人人生来有生命权”;“没有任何人的生命可以被专横地(willkürlich)剥夺”(第 6 条第 1 款第 1、3 句)。虽然迄今为止对“专横”这一特征的解释在整体上并不太有效,但是,在担心会危及他人的生命或身体的情形下,通过对行为比例原则的严格强调以限制国家机构使用具有致死效果的武器,这是越来越明显的趋势。这一趋势,在其他国家的判例中也出现了。[①] 联合国人权委员会在 1982 年对生命权的“一般性评注”中提到,保护生命免于专横的剥夺具有特别重要的意义;法律必须“严格控制和限制”国家可以据以剥夺个人生命的情形。

联邦最高法院刑事审判庭认为,尤其当为了阻止第三人未经许可穿越边境而在边境使用枪支时,专横行为的限度被突破。包含了故意杀死“侵犯边境者”的命令适用情势,明显也有这种目标。

本案中,对边境管理极其严格的管控,以及通过枪支的使用(虽然

---

① 参见美国联邦最高法院 471 US1 Tennessee v. Garner, 1985 一案。

《德意志民主共和国国界法》第 27 条及《德意志民主共和国刑法典》第 213 条第 3 款规定了枪支的使用范围,但在实际操作中这些规定并没有得到严格遵守)来阻挠那些禁止出境的人(因为在行政实践中,常规性的、无理由的出境是被禁止的)从德意志民主共和国前往德意志联邦共和国,尤其是柏林,这种对人权的侵犯同时违反了《公民权利和政治权利国际公约》第 6 条和第 12 条。

④关于生命权的问题,联邦最高法院刑事审判庭认真考虑了被告人 W 在上诉理由中对《联邦执行官行使公权力直接强制法》第 11 条、《联邦国防军与盟国部队士兵以及民间安全人员执行直接强制以及行使特殊职务法》第 15 条、第 16 条解释的批评性援引。[①] 联邦最高法院刑事审判庭很奇怪地发现,对《联邦国防军与盟国部队士兵以及民间安全人员执行直接强制以及行使特殊职务法》第 16 条的解释文献中,该条款被认为庇护了(decken)间接故意杀人行为[②];弗罗魏因(Frowein)也认同的是[③],在德意志联邦共和国,鉴于枪支不易控制的危险性[④],为了对人身进行保护,即便是在边境地区,针对人身的枪支使用也应该受到限制,也因此,射击人应该对给被射击人身体或生命造成的危险感到担心。根据行为比例原则,当时对通行法律中枪支条款的解释并不尽如人意,但是,这一事实并不能证明德意志民主共和国边防军对枪支使用的理解是正当的。这种解释以结合性标准为其特色,在德意志联邦共和国因边境开放并没有可以进行对比的标准。

dd)在两德边境关系的特定语境中,《公民权利和政治权利国际公约》第 6 条、第 12 条保护的人权遭到了侵犯,故联邦最高法院刑事审判庭在适用法律时,对于《德意志民主共和国国界法》第 27 条、《德意志民主共和国刑法典》第 213 条第 3 款的规定,不可能依其在德意志民主共和国国家实践中被理解的那种尺度赋予其正当化根据。即便是考虑到大量劳动力移民可能对经济和社会带来不利影响,边境的实际情况仍然是对生

---

① 另外参见《欧洲基本法杂志》(EuGRZ), Polakiewicz, 1992, 177, 185。

② Vgl. Jess/Mann, UZwGBw 2. Aufl. §16 Rdn. 4.

③ Vgl. Frowein, Im Zweifel für den vielleicht tödlichen Schuß? In: Festschrift für Peter Schneider zum 70 Geburtstag, Verlag A. Hain, 1990, S. 112.

④ Vgl. BGHSt 35, 378, 386.

命权要低于阻止人们逃离国家的利益这一评价态度的表达。因此,在根据边境实际情况作出的解释里,德意志民主共和国法律所规定的和《德意志民主共和国国界法》第27条所描述的正当化根据,一开始就是无效的。在寻求较轻的法律(《德国刑法典》第2条第3款与《德意志民主共和国刑法典》第315条第1款)时,必须要将前述的正当化根据排除在外,因为德意志民主共和国原本就应该在它承认的原则基础之上,对正当化根据作出限制性解释。

C. 联邦最高法院刑事审判庭接下来不得不审查如下问题,即是否原本可以通过德意志民主共和国法上的特定解释方法,对《德意志民主共和国国界法》第27条作出避免得出前述侵犯人权结论的解释;故考虑到《德意志联邦共和国基本法》第103条第2款,就需要承认一种受限的正当化根据的存在。审查发现,如下的解释原本是有可能成立的:通过前述方式确认的正当化根据不会庇护被告人的行为(以杀人的间接故意而连续开火)。

a)在这种解释里,联邦最高法院刑事审判庭没有以《德意志联邦共和国基本法》或国际人权公约中的价值序列(Wertordnung)为出发点,而只限于考虑德意志民主共和国法律上那些能够得出有利于人权的法律解释的规定。《德意志民主共和国基本法》第89条第2款是基础,根据该条规定,法律条款不得与宪法相悖。根据《德意志民主共和国基本法》第30条,每一位德意志民主共和国公民的人格与自由都不可侵犯,只有当法律有规定,且涉及犯罪或矫正处遇时才允许限制;只有在"法律(Gesetz)许可,且不可避免时"(第30条第2款),才允许对权利进行限制。《德意志民主共和国基本法》没有明确提到生命和身体完整权;这一权利,也没有如它在《德意志联邦共和国基本法》上成为论题那样,在德意志民主共和国的文献中引起明确的讨论。不过,根据《公民权利和政治权利国际公约》第6条,《德意志民主共和国基本法》第30条第1款宣称的人格权不可侵犯,当然包含了对生命的保护;故从《德意志民主共和国基本法》第30条第2款可以推论出,对生命领域的干预必须要有法律依据。1987年12月18日,德意志民主共和国经由第四次刑法改革法案(StrÄndG)取消了死刑,就明显是要保护人权中的生命权。《德意志民主共和国基本法》第30条第2款第2句表达了在《德意志联邦共和国基本法》中称为比例原则的立场。

与纳粹独裁国家不同，在德意志民主共和国，不存在实际掌权者的单纯意志就能成为法律的原则。法律具有约束力（《德意志民主共和国基本法》第 49 条第 1 款），只能由人民议院公布（《德意志民主共和国基本法》第 48 条第 2 款）。司法必须保护自由、和平的生活、人的权利和尊严，这被称为“实现社会主义法治”。根据《德意志民主共和国基本法》第 96 条第 1 款，法官在审判时要独立。因此，法律需要具备不受行政命令或国家实践干预、影响的效力。在今天，如果打算在德意志民主共和国的宪法以及德意志民主共和国受国际人权公约约束的事实基础上去查明德意志民主共和国法律的内容，是不会将与该法律的自身规定不相容的内容强行加入其中的。1982 年 3 月 25 日，德意志民主共和国部长会议第一副主席在人民议会上介绍《德意志民主共和国国界法》和其他法律时解释说，枪支使用规则（《德意志民主共和国国界法》第 27 条）包含的内容，“与其他国家的保护机构所确定的内容相比，既不多，也不少”。只有在“极其例外的情况下”，枪支的使用才会针对那些“实施违反德意志民主共和国法秩序的罪行或试图逃避承担其违法行为责任”的人。

b）根据《公民权利和政治权利国际公约》第 6 条、第 12 条对《德意志民主共和国国界法》第 27 条进行的解释，可以建立在《德意志民主共和国宪法》第 30 条第 2 款第 2 句提到和包含的比例原则基础之上。这一原则在《德意志民主共和国国界法》第 26 条第 2 款第 2 句、第 3 句，以及在它对武器使用的表述（“枪支用于针对人身的极其例外情形”，《德意志民主共和国国界法》第 27 条第 1 款第 1 句）中也可以找到印记。因此，如果认为借助楼梯攀越柏林墙的行为构成《德意志民主共和国刑法典》第 213 条第 3 款第 2 句第 2 项规定的犯罪，正如在德意志民主共和国发生的那样，则人们自然地会认为这种认定违反了比例原则。果真如此，则根据《德意志民主共和国国界法》第 27 条第 2 款，枪支的使用是不被允许的，因为逃亡行为本身并不构成《德意志民主共和国刑法典》第 213 条第 3 款第 2 句第 2 项之罪。但是，即便是根据联邦最高法院及检察总长作出的解释，甚至是考虑到《德意志民主共和国刑法典》第 213 条第 3 款第 2 句第 5 项的适用范围，对《德意志民主共和国国界法》第 27 条第 2 款的文字也可以作出如下能够体现出德意志民主共和国法律中已经存在的符合比例原则的解释：虽然在本案中边境士兵肯定是为了阻止逃亡才使用武器，但是,对一个当时没有武器且对他人身体或生命没有危险的逃难者,如果是以杀人的(直接或间接)故意来朝其射击,则正当化根据就会受到限制。相应地,从有利于人权的角度进行解释,本案中连发射击表现出的间接故意杀人行为,不适用《德意志民主共和国国界法》第27条第2款;只有当本案事实可以归属于《德意志民主共和国国界法》第27条第2款第2句(对《德意志民主共和国刑法》第213条所列罪行有重大作案嫌疑的人予以逮捕)时,才得以适用《德意志民主共和国国界法》第27条第2款。在这些情形中,保护生命要有优先性。这一点同样可以从《德意志民主共和国国界法》第27条第5款第1句的法益——从有利于人权的角度来解释——中得到支持。

c)根据这一解释,被告人行为不符合《德意志民主共和国国界法》第27条第2款规定的正当化根据;相应地,被告人的行为构成德意志民主共和国法律上的非法杀人。

D. 根据《德意志联邦共和国基本法》第103条第2款,只有在行为时法律规定了可罚性的行为,才能够受到刑罚处罚(回溯禁止)(Rückwirkungsverbot)。这一宪法规定并不禁止对上诉人科处刑罚。

a)根据本案判决第2、3部分的论证,有理由认为,《德意志联邦共和国基本法》第103条第2款从一开始就不禁止对被告人的刑罚处罚,因为根据对德意志民主共和国法律的正确解释,被告人的行为在行为时具有刑事可罚性(Strafbarkeit)。被告人对此是否有认知,只是一个关系免责根据的问题。

b)但是,联邦最高法院刑事审判庭没有忽略,考虑到《德意志联邦共和国基本法》第103条第2款,会产生怎样来理解和认定行为时法的问题。一方面,如果行为时法采取的评价标准,使得行为看起来违反了法律(前文B、C部分),则尽管该行为是受国家的命令,仍然可以得出回溯禁止并不反对科处刑罚的结论。另一方面,在评价行为时存在的法律适用情势时,如果主要考虑国家权力的现实状况,适用《德意志联邦共和国基本法》第103条第2款就会得出另一结论;如果被告人是接受国家机关的命令去侵犯公认的法律,特别是去侵犯生命权时,情况就更是如此。这里会出现的问题是,从那样一种命令出发,是否一定可以、在何种情况下才可以得出有利于被告人的、行为时法并没有规定可罚性的假定。

aa)在评价因接受前政权行政命令而实施侵犯人权(如生命权)的行

为时,《德意志联邦共和国基本法》第 103 条第 2 款具有什么样的意义,这一问题仍然不是十分清楚。联邦宪法法院对相关问题的裁定没有涉及刑法,甚至没有涉及当时刑法的时效能否延长的问题。与正当化根据相关的回溯禁止问题,已经出现在联邦最高法院在英国占领区域的判决中。①

在纽伦堡国际军事法庭的判决中,特别是在所谓的法律家裁判(Juristenprozeß)的判决中,那些因为受到盎格鲁—撒克逊法律观念的重大影响而发展起来的观点,并没有为此后的德国法院判决采纳。《公民权利和政治权利国际公约》第 15 条及《欧洲人权公约》(MRK)第 7 条中,同样禁止对行为时没有可罚性的行为定罪。不过上述两个条款都附加了第 2 条,该条规定,回溯禁止原则并不排除对那些在行为时根据社会普遍承认的一般法律原则而认定其行为具有可罚性的人定罪。不过,德意志联邦共和国对《欧洲人权公约》第 7 条第 2 款做了保留,即该规定只在《德意志联邦共和国基本法》第 103 条第 2 款的限度内适用。德意志联邦共和国没有对《公民权利和政治权利国际公约》第 15 条第 2 款作出保留,但这并没有改变在这一点上《德意志联邦共和国基本法》第 103 条第 2 款作为宪法具有优先性的事实。

正当化的根据通常没有被排除在《德意志联邦共和国基本法》第 103 条第 2 款的保护范围外。这同样适用于《德意志联邦共和国基本法》第 103 条第 2 款包含的回溯禁止。联邦最高法院刑事审判庭没有采纳如下主张②,即认为通常情况下,回溯禁止只与构成要件阶层有关,而不是违法性阶层。构成要件与正当化根据之间的关系,并不总是反映出对正当化案件中的法益侵犯也允许进行无价值判断(Unwerturteil)的事实;在某些情况下,立法者对构成要件予以限缩的决定,或者对未被限缩的构成要件预设正当化根据的决定,可能仅仅是一种技术本性(technischer Natur)。符合了构成要件但行为时没有违法性的行为,虽然在事后排除了正当化根据,原则上仍不可罚。也就是说,如果将此前存在的正当化根据排除在考虑范围之外,先前的法律就会变得对被告人不利。因此,在这个问题上,应当在《德意志联邦共和国刑法典》第 2 条第 3 款的审查框架下

---

① Vgl. OGHSt 2, 231 ff.

② 最近的案例参见 Rüping, Bonner Kommentar-Zweitbearbeitung-Art. 103 Abs. 2 Rdn. 50; Kratzsch GA 1971, 65 ff.; Engels GA 1982, 109, 114 ff.。

来讨论回溯禁止。

由此,从最近对类似于本案的大多数案件的讨论中,出现了如下推论:行为时事实上用到的正当化根据,即便它同时违反了上位法,也不得排除考虑、对被告人造成不利,因为行为时不存在的可罚性,是以违反《德意志联邦共和国基本法》第103条第2款的方式确立起来的。[①]

bb)在结论中,联邦最高法院刑事审判庭没有采纳上述观点。

①在这一点上,德意志民主共和国关于侵犯和平、人身犯罪、战争犯罪的刑罚规定(尤其是《德意志民主共和国宪法》第91条第1款的规定)以及《德意志民主共和国刑法典》第95条的规定,当然没有被作为判决结论的根据。的确,《德意志民主共和国刑法典》第95条表面上没有限制地排除援引违反基本权和人权的法律条款,但是,正如德意志民主共和国在法典中表明的立场,违反基本权与人权的法律条款,只涉及《德意志民主共和国刑法典》第85条至第94条规定的罪行,这并非要建立对违反基本权与人权的法律规定的常规审查。根据当时的官方解释(《德意志民主共和国刑法评论》第95条评论1),《德意志民主共和国刑法典》第95条需要包含《纽伦堡国际军事法庭宪章》第8条规定的内容,这一事实印证了前述结论。

②基于如下理由,联邦最高法院刑事审判庭认为,《德意志联邦共和国基本法》第103条第2款与认为该行为违法的看法并不矛盾;正如前面提到的,关键是行为实施之前"法律是否已经规定了"可罚性。在对此进行审查时,法官没有受限于行为时国家的实际做法来作纯事实意义上的解释。考虑到法律文字含义的限制,根据德意志民主共和国的宪法,如果对行为时法的解释使得德意志民主共和国在人权方面的国际法义务被遵守,则根据这种有利于人权的解释,行为时法就要被认为是《德意志联邦共和国基本法》第103条第2款意义上的、行为时在"法律上规定了"可罚性的法律。可以据以证明被告人行为正当的正当化根据,虽然在国家

---

① 参见 Jakobs 文, J. Isensee (Hrsg.), Vergangenheitsbewältigung durch Recht S. 36 ff.; 另参见该书 Isensee S. 91, 105 ff.; Grünwald StV 1991, 31, 33; Rittstieg, Demokratie und Recht 1991, 404; Pieroth VVDStRL 51 (1992) 92 ff., 102 ff., 144 ff., 168 ff.; 还有该书 Isensee S. 134 ff.; Dencker KritV 73 (1990), 299, 306; 有区别的是 Polakiewicz EuGRZ 1992, 177, 188 ff.; 还可参见 Dreier, VVDStRL 51 (1992), 137。

的实践中肯定被认可，正如命令适用情势传达出的那样，但是，如果正确地理解当时的法律，从中就得不出那样的正当化根据。回溯禁止应保护被告人免于专横，并且将刑罚权限于一般法律（allgemeine Gesetz）的执行。它保护行为时被告人对当时适用的法律的继续存在性的信任。在这里，宪法的保护原则并没有受到忽略：对于法律在未来还会如它在被告人行为时的国家实践中得到适用，以至于违反人权的正当化根据也会被承认的期待，是不值得保护的。就被告人行为的违法性而言，如果对被告人的审判，是按照正确解释的行为时德意志民主共和国法律会对待他的方式那样来进行，就不是任意、专横。此外，如果法律规定的正当化根据，很容易受到严厉的批判，因而从人权的立场上完全得不到支持，则就不可能再得出其他的结论。

c）相应地，如果两名被告人不具备任何正当化根据，他们就是不法地实施了符合《德意志联邦共和国刑法典》第212条构成要件的行为。柏林州法院少年法庭在结论中提到，根据《德意志联邦共和国刑法典》第213条对中等严重情形规定了相对较低的刑罚幅度这一事实，可以认为《德意志联邦共和国刑法典》第2条第3款比《德意志民主共和国刑法典》的相应构成要件（第112、113条）要轻缓，故应适用《德意志联邦共和国刑法典》。少年法庭的这一看法是正确的。

（3）

A. 由此，相关事实和法律审查表明，柏林州法院少年法庭对被告人行为构成共同故意杀人（《德意志联邦共和国刑法典》第212条、第25条第2款）的评价正确。

a）柏林州法院少年法庭将结论建立在如下事实基础之上，即被告人的行为是以杀人的间接故意，对被害人造成特定危险，该危险是被告人已经明知的、由连发射击引起、与被告人希望遵守的“命令适用情势”有关。柏林州法院少年法庭的这一结论在法律上没有任何错误。这里的犯罪故意（Vorsatz），将本案中的行为与BGHSt 35，379号判决中的行为区分开来。在后一判决里，根据上诉法院采纳的初审法院的观点，公职人员是在未经批准的情况下接受了造成逃亡者严重伤害的可能性。

b）被告人H也是犯罪人。他的确只是射中了被害人的膝盖，正如他希望的那样。但是，两名被告人都合意通过连发射击阻止S翻越柏林墙，即便那样做会付出S生命的代价。在被告人H离开塔楼后，两名被告人的确没有再行联系,但是,二人都是在相同的命令下行为,且具有相同的目标。当然,在只有间接故意的场合,对是否共同犯罪的认定标准要求得更高(《德意志联邦共和国刑法典》第25条第2款),不过,柏林州法院少年法庭在这方面的标准是正确的。因为两名被告人都接到命令,在没有其他方法可以阻止逃亡的时候,需要对着逃亡者射击,即便那样会射死逃亡者。正如初审法官认定的那样,两名被告人的行为都是基于如下认识,即在任何给定的时间内,另一方都会遵守该命令。他们通过自己的实际行为,令彼此相信他们是在追求该命令赋予他们的目标。这与命令适用情势是一致的,在两名士兵中,每一位都需要通过射击来尽力阻止逃亡。在这些情况下,同案被告人引起致命伤害的行为,是必须要归咎于作为分工共犯(arbeitsteilige Mittäterschaft)的被告人H。

在《德意志联邦共和国刑法典》第2条第3款的意义上,《德意志民主共和国刑法典》有关共犯的规定(第22条第2款第2项)并不能成为得出更轻评价的根据。两名被告以杀人的间接故意进行射击,共同实施了《德意志民主共和国刑法典》第22条第2款第2项中的行为。对被害人S来说,无论射击的先后顺序(这种顺序并不清楚),通过翻墙来逃离被告人W射击的机会,无论如何都被减少了,因为被告人H也在朝他射击。在这方面,该被告人H同样实施了足以引起被害人死亡的行为。

c)两名上诉人不仅仅是那些发出命令的人的帮手。联邦最高法院刑事审判庭无须深究刑法改正案二(2. StrRG)对《德意志联邦共和国刑法典》第25条第1款的新规定是否以及通过何种方式排除了如同联邦最高法院在BGHSt 18, 97号判决中所采取的有利于纯粹的帮助犯(bloße Teilnahme)的判决。本案中,两名被告人不仅通过分工来实施各自分得的那部分共同任务,从而满足了所有的构成要件要素;他们还具有一定的行为裁量空间,因为当逃亡者突然出现时,他们是靠自己单独作出的决定,这不同于那些收到命令马上就开枪射击的人。这一情节,使得两名被告人的行为具有了犯罪的特征。

B. 两名被告人实施了基于命令的(缺乏任何应当考虑的正当化根据,非法的)杀人行为。这一发现表明,他们在行为时没有认识到执行命令是违反刑法的。不过,这并没有阻却被告人的罪责。

a)在这一点上,联邦最高法院刑事审判庭不得不首先审查如下问题,即就在命令下实施的行为而言,考虑到《德意志联邦共和国刑法典》第2

条第3款的规定,《德意志民主共和国刑法典》第258条第1款相对于德意志联邦共和国法律的相应规定(现行《德意志联邦共和国军事刑法》第5条第1款)是否是更轻缓的法律。如果根据《德意志民主共和国刑法典》第258条第1款,只要士兵没有肯定地认识到(positiv erkennen)命令的执行违反了刑法,他就始终没有责任,则前述问题的答案就是肯定的。《德意志民主共和国刑法典解释》(Kommentar)上的相关评论(《德意志民主共和国刑法典》第258条,注释2、3 d)可以在这个意义上进行理解。不过,该评论与刑法典的字面含义并不一致。根据《德意志民主共和国刑法典》第258条第1款,如果命令的执行明显违背了国际法上普遍承认的规范,或是违反了刑法典,士兵不会被免责。该规定只能以如下方式来理解,即在这种情形下,对于那些没有认识到刑法被侵犯了的人,也可以因其行为而科以刑罚,只有对这类人援引对刑法的侵犯的"显而易见性"(Offensichtlichkeit)才是有意义的;对于那些已经认识到刑事违法性的人来说,这种侵犯是否是"显而易见的",无关紧要。

因此,在(其他方面更轻缓的)德意志联邦共和国法律的框架内,《德意志联邦共和国军事刑法》第5条第1款得到了适用。的确,《德意志联邦共和国军事刑法》只是直接适用于德意志联邦共和国士兵,但是,在考虑两名被告人与命令发出者之间的从属关系时,如果既不依据德意志民主共和国的法律,也不依据德意志联邦共和国的法律,那样会导致不公平。因此,有利于被告人的《德意志联邦共和国军事刑法》第5条规定相应地得到适用。

b)根据《德意志联邦共和国军事刑法》第5条第1款,只有当下级知道是非法行为,或根据其已知情况,明显是非法的行为时,下级才有罪责。已如前述,这里不存在第一个前提条件。因此,被告人是否可以根据《德意志联邦共和国军事刑法》第5条第1款免责,就取决于根据被告人当时认知的情况,传达给他们的命令是否明显就是在实施刑法典(《德意志联邦共和国刑法典》第11条第1款第5项)上的违法行为。

柏林州法院少年法庭认为,根据两名被告人当时认识到的情况,对他们来说很明显的是,他们接到命令去实施的射击行为,就是刑法上的故意杀人罪。这一评价结论经受住了事实审查与法律审查。

柏林州法院少年法庭并没有忽视如下事实,即被告人作为德意志民主共和国的边防士兵受过特别密集的强行政治灌输,他们之前"是在社会主义的精神下,带着对德意志联邦共和国和那些克服德意志民主共和国封锁障碍想要离开的人的敌对印象中成长的”。即便是在这种情况下,柏林州法院少年法庭也没有忽略《德意志联邦共和国军事刑法》第5条第1款对“显而易见性”设定的更高认定标准。士兵没有审查的义务。当士兵产生不能排除的怀疑时,他可以遵守命令;只有当违反刑法是毫无可疑的,刑法的违反才是显而易见的。

然而,柏林州法院少年法庭所认定的结论,即本案这种情况下的射击明显违反了刑法,其法律依据毋庸置疑。柏林州法院少年法庭正确强调了“人性的要求”(Gebot der Menschlichkeit)。除了其他内容,这种要求还包含了犯罪人也有生命权的原则。通过对该要求的强调,柏林州法院少年法庭要表明的是,国家无权为了阻止未经许可的穿越边境行为而去命令杀死一个对他人没有威胁、想要翻过柏林墙去另一边的人,这绝对是不言而喻的。被认为有利于上诉法庭的是,本案中要认定“显而易见的”这一特征非常困难。毕竟,在柏林墙下或两德其他边境地区发生射杀的这些年里,并不清楚德意志民主共和国那些负有政治、军队领导、司法及经济责任的人对边境上的射杀曾经有过公开表态,也从来没有启动过针对射手的有关程序。鉴于其生活经历及环境,遣责被告人“懒惰”“法盲”或放弃自己思想,看来也是不恰当的。最终,“根据被告人H本人的坦白,他在行为后马上就认识到他针对S的行为是不人道的”,这不应该用来指责被告人H;这一情节同样可以这样来解释:直面射击的后果,首次唤醒了被告人的良知。

尽管如此,柏林州法院少年法庭的结论最后应当得到维持,即在本案的特定环境中,通过连发射击来杀死未经武装的逃亡者,是如此令人难以忍受,如此超越任何理性的正当化根据,以至于即便对被强行灌输不能越界思想的人来说,也很容易理解那样是对杀人这一基本禁令的违反,这种违反也因此是“显而易见的”。德意志民主共和国绝大多数居民都不赞同在边境使用枪炮的事实,也说明了这个道理。这是众所周知的事实。现场的命令适用情势使得对事件的保密要优先于迅速抢救生命,这一事实也表明人们对致死射击预设了多大程度的非难责任。本案中的被害人S是位木匠,就坚定地拒绝了参加边防军。

C. 初审法官没有排除如下的可能性,即被告人在当时认为,根据命令,自己必须杀死侵犯边境的人以阻止其逃亡,即便该命令是违法的,仍得如此。初审法官已经认定,这种将未被承认的正当化根据误认为是正当化根据的认识错误,是《德意志联邦共和国刑法典》第17条第2句中的被告人原本能够避免的禁止错误的一种表现。这一认定在法律根据上是没有什么可以指摘的。为了证明这一结论成立,初审法官再次指出生命是所有法益中的最高法益。对此,在法律根据上不容反对。在这点上,初审法官其实还可以指出在训练中被告人已经被告知无须遵守违反人道的命令。

对禁止错误的问题,适用德意志民主共和国法律作出的判决不会更轻(《德意志联邦共和国刑法典》第2条第3款)。德意志民主共和国的文献的确说道,只有在行为人认识到自己正在违反社会的基本规范时,他的行为才是故意的(《德意志民主共和国刑法评论》第6条注释1)。根据雷克萨斯(Lekschas)和其他人的观点,故意包含了"自己已经决定对违反人类共同社会基本规则的社会消极行为予以赞成的自我认知"①。不过,在这点上存在不一致的见解。德意志民主共和国法院公开的判决中,没有关于这一问题的任何内容。尽管如此,联邦最高法院刑事审判庭仍不能得出如下推论,即如果适用德意志民主共和国的法律,对明显违反刑法的命令仍然必须遵守的错误认识可以引起对故意的否定。

D. 量刑经受住了事实审查与法律审查。正如初审判决理由中表明的,初审法官并没有忽略被告人是在柏林墙建成后成长起来的,根据其出生环境及人生经历,被告人不可能反对和批评政治强行灌输。他们的工艺式职业培训和学院教育显然不可能产生那样的效果。被告人完全从属于军事体系。在某种意义上,他们也是与边界相关联的被害人。正如在辩护意见中恰当表达的,是两名被告人无须为之辩护的那些因素,导致了他们现在被要求在受过不同教育、具有更广视野的职能载体(Funktionsträger)面前来承担刑法上的责任。所有这些都指向了更轻的刑罚。对此,柏林州法院少年法庭已经予以了考虑。

四、判例评述

(一) 柏林州法院对原德意志民主共和国国防部部长、副部长的一审判决

本案(BGH 39,1)的宣判,在"柏林墙射击者诉讼"的系列案件中具有

① Lekschas, Strafrecht der DDR, Staatverlag der Deutschen Demokratischen Republik, 1988, S. 237.

重要的意义。稍后,1993 年 9 月 16 日,因本案(BGH 39,1)及发生在柏林墙下射杀逃亡者的另外六起犯罪事实,柏林州法院对原德意志民主共和国时任国防部副部长弗里茨·施特雷勒茨(Fritz Streletz)、国防部部长海因茨·凯斯勒(Heinz Kessler)作出有罪判决,以故意杀人罪(教唆故意杀人,Anstiftung zum Totschlag)判处被告人弗里茨·施特雷勒茨 5 年 6 个月自由刑、被告人海因茨·凯斯勒 7 年 6 个月自由刑。在审理中,柏林州法院注意到,国防部的所有命令,包括在边境地区使用枪支的命令,都来自两名被告人担任成员的国防委员会的决定。德意志民主共和国的边境士兵接到的命令是要不计代价地保护边境,即便侵犯边境者要因此而丧失性命。柏林州法院还注意到,德意志民主共和国的官方故意逾越制定法、书面命令及服役指南的字面含义,无视边境地区的枪支使用规定;对边境士兵来说,最重要的不是成文法,而是他们在训练中通过政治指示、日常工作而被灌输的内容。边境士兵实际接到的命令是:"边防部队……确保德意志民主共和国边境的安全……其职责是不论任何代价以制止边境穿越,逮捕或'消灭''侵犯边境者',以保护边境安全。"一旦有人成功穿越边境,当值士兵就将受到军事检察官的调查。

柏林州法院考察了德意志民主共和国当时有效的《德意志民主共和国刑法典》第 22 条第 2 款第 1 项及第 112 条第 1 款,确认被告人不得援引《德意志民主共和国国界法》第 27 条第 2 款作为行为的正当根据,后者事实上是被用来掩盖不计手段杀死逃亡者的行为。柏林州法院裁定,国家的这种实际做法"明显地、不可容忍地违反了正义的基本禁令,侵犯了国际法上保护的人权"。最终,柏林州法院适用比《德意志民主共和国刑法典》处罚更轻的《德意志联邦共和国刑法典》的相关条文,认定两名被告人构成教唆故意杀人罪。

(二) 联邦最高法院对原德意志民主共和国国防部部长、副部长的上诉审判决

两名被告人随后上诉至联邦最高法院。1994 年 7 月 26 日,联邦最高法院作出判决[①],首先维持了柏林州法院根据德意志民主共和国法律对犯罪进行分类,从而适用德意志联邦共和国法律的做法:因为要适用犯罪

---

① BGHSt 40, 218.

行为的结果发生地法(其中一名逃亡者死在德意志联邦共和国境内),还因为德意志联邦共和国法律比德意志民主共和国法律更轻缓;在判决中,联邦最高法院根据德意志联邦共和国法律对犯罪重新分类,将针对两名被告人的指控修改为故意杀人的间接正犯(Totschlag in mittelbarer Täterschaft),但维持了初审判决的宣告刑刑期。

联邦最高法院认定,两名被告人构成故意杀人罪的间接正犯。其理由是:两名被告人曾是国防委员会成员,该机构的决议是德意志民主共和国边境管理政策中命令适用的必要前提。两名被告人明知这些命令会被遵守、逃亡者会因暴力行为的结果而死在边境。与柏林州法院一样,联邦最高法院裁定,两名被告人不得援引《德意志民主共和国国界法》第 27 条第 2 款作为正当化根据,并裁定《德意志民主共和国国界法》第 27 条第 2 款及其在边境管理中的理解明显侵犯了人权,尤其是侵犯了 1974 年 12 月 8 日德意志民主共和国批准的《公民权利和政治权利国际公约》保护的迁徙自由权和生命权。德意志民主共和国没有将该条约转化为国内法,这一事实并没有改变它在国际公法上应承担的义务。

最后,联邦最高法院裁定,柏林州法院的判决没有违反《德意志联邦共和国基本法》第 103 条第 2 款,因为被告人不得主张与更高位阶的法律规则相违反的正当化根据。即便是在当时,只要正确地解释《德意志民主共和国国界法》第 27 条第 2 款规定的正当化根据,考虑到《德意志民主共和国国界法》自身、德意志民主共和国的宪法及德意志民主共和国承担的国际义务对该条款设定的限制,该正当化根据也不能被适用。

(三) 联邦宪法法院对原德意志民主共和国国防部部长、副部长提起违宪审查之诉的判决

两名被告人随后上诉至联邦宪法法院。1996 年 10 月 24 日,联邦宪法法院第二审判庭作出判决(BVerfGE 95, 96),驳回上诉人的上诉。上诉人诉称《德意志联邦共和国基本法》第 103 条第 2 款被违反,主要的理由是联邦最高法院刑事审判庭拒绝适用行为时德意志民主共和国边境政策管理所赋予的行为的正当化根据,这些正当化根据是由当时的德意志民主共和国官方作出解释并在实际工作中得到适用的。三名被告人(包括并案审理、提出相同上述的“柏林墙射击案诉讼”系列案件中的一名边境士兵)声称,根据德意志联邦共和国的法律来进行追诉、以间接正犯对其定罪,导致他们的《德意志联邦共和国基本法》第 103 条第 2 款所保障的权利被侵犯。

联邦宪法法院审理确认,《德意志联邦共和国基本法》第 103 条第 2 款并没有被侵犯。在该判决中,第二审判庭确认了如下判决要旨:《德意志联邦共和国基本法》第 103 条第 2 款的回溯禁止是绝对的,并且通过严格的形式来承担其在法治国和基本法层面的保护功能。在行为实施时法律规定有的正当化根据,即便在案件审理时已被取消,仍然要继续适用。《德意志联邦共和国基本法》第 103 条第 2 款是否以及在多大程度上同样也保护未经明文规定的正当化根据,仍没有最后被确定。如果刑事法律是由与基本法关联在一起的、民主的立法者公布的,则《德意志联邦共和国基本法》第 103 条第 2 款中严格的回溯禁止,因其特有的信赖基础(Vertrauensgrundlage)而建立了它在法治国层面的、由那些刑事法律承载的正当化根据。当国家权力的行使者超越明文规定的规范,要求实施最严重的刑事不法,并且通过正当化根据来排除这种不法的可罚性时,那样一种特有的信赖基础就会丧失,它促成并且以最严重的方式藐视了国际法上普遍承认的人权。那样一来,《德意志联邦共和国基本法》第 103 条第 2 款所要严格保护的信赖基础就要作出退让。

1.

(1)联邦宪法法院认定,《德意志联邦共和国基本法》第 103 条第 2 款表达的是法治原则,该原则保障法律的确定性,促使政府权力服从既有的法律,保护信赖基础,奠定公民权的行使及自由的基础。此外,法治原则还包含了对客观正义的要求,后者也是蕴含在基本法中的指导原则。在刑法领域,法治原则的要求体现为罪刑法定原则。罪刑法定原则同时植根于人类尊严及个人责任,这正是《德意志联邦共和国基本法》所包含并且通过其第 1 条第 1 款及第 2 条第 1 款予以宪法性保护的,制定刑法的过程必须对此予以体现。这同样地存在于《德意志联邦共和国基本法》第 103 条第 2 款之中。

《德意志联邦共和国基本法》第 103 条第 2 款只允许对行为时法律明确规定为犯罪的那些行为定罪,以确保前述目标的实现。它还禁止施加比行为时法律更严厉的刑罚。为了确保法律的确定性和公正,该条款规定,在容许国家对个人权利进行极端干预的刑法领域,只有立法才能决定何种不法行为应受到刑罚处罚。《德意志联邦共和国基本法》第 103 条第 2 款通过将立法权严格地赋予议会,强化了法治。《德意志联邦共和国基本法》第 103 条第 2 款向公民保证,国家只惩罚在其实施时议会已经规定为犯罪且规定了具体刑罚的那些行为,以保护公民的信赖基础。这使得公民可以自我负责地调整自己的行为,避免实施应受刑罚处罚的行为。通过制定严格的形式规则,实现了法治的保障功能,在这方面,它不同于法治的其他保证。

(2)《德意志联邦共和国基本法》第103条第2款禁止为了不利于行为人而对行为危害性的评价进行回溯性修改。相应地,它同样要求在行为实施时能够援引的制定法上的正当化根据应该继续得到适用,即使在刑事追诉程序开始时该正当化根据已经被取消的也应如此。但是,与对犯罪和刑罚的定义不同的是,严格保留给议会的立法特权并不包含正当化根据。在刑法领域,正当化根据同样可以源于习惯法与判例法。如果某项正当化根据不是源于制定法,但在当时实际得到了承认只是后来被停止适用的,就会出现《德意志联邦共和国基本法》第103条第2款继续适用的期待是否要被保护以及在何种程度上被保护的问题。对此问题,这里不需要给出一般性的回答,因为本案中的正当化根据(部分基于法律条款、部分基于行政指令及实际做法)是在一定前提条件下被考虑的,该前提条件使得《德意志联邦共和国基本法》第103条第2款中的回溯的绝对禁止不再适用。

a)对于基于《德意志联邦共和国基本法》产生的德意志联邦共和国实体刑法范围内被实施、被裁判的行为,《德意志联邦共和国基本法》第103条第2款将其视为普通案件(Regelfall)。在这种普通案件(Normalfall)中,在民主、分权及尊重基本权利的条件基础上产生且由此而满足实体正义要求的刑法,从法治国家的层面上提供了与《德意志联邦共和国基本法》第103条第2款所保障的绝对的、严格的信赖保护的联系。

b)在两德统一之后,正如《两德统一条约》中达成的共识,回溯禁止原则的适用不再没有限制。《德国刑法典施行法》与《德意志联邦共和国刑法典》第2条一起表明,发生在前德意志民主共和国的犯罪需要适用原德意志民主共和国的刑法。这一原则是德意志联邦共和国要承担原德意志民主共和国境内的刑事司法这一责任的后果;它相应符合了《德意志联邦共和国基本法》第103条第2款,因为对前德意志民主共和国的公民,是依据当时适用于他们的刑法来对其审判,只有当适用德意志联邦共和国的法律在定罪时更轻时,才能适用德意志联邦共和国法律。当出现的某种法律适用情势既没有体现出民主,也没有体现出权力的分立和对基本权利的尊重,且德国行使了其建立在国家法律基础之上的刑罚权时,此时就可能导致基本法包含的强制性的法治要求与《德意志联邦共和国基本法》第 103 条第 2 款规定的回溯的绝对禁止之间的冲突。正如前述,《德意志联邦共和国基本法》第 103 条第 2 款所规定的回溯的绝对禁止,其在法治国家层面上的正当根据存在于刑法典承载的特别的信赖基础之上,且刑法典还必须是由与基本法联系在一起的民主的立法者所制定。如果其他国家虽然对最严重的刑事不法规定了刑罚条款,但通过允许包含了某些此类行为的正当化根据,甚至通过要求乃至鼓励此类行为超越既有法律条款的方式来严重侵犯国际社会普遍承认的基本权利时,上述特别的信赖基础就将不复存在。通过此种方式,国家权力的掌控者就将只有在统治期间才能得以维持的极端的国家不法,如同要对此承担责任的国家权力一样,事实性地予以了维持。

在这种极端例外的情势下,客观正义的要求(同样包含了尊重国际社会承认的人权的要求)使得法院不可能接受那样的正当化根据。《德意志联邦共和国基本法》第 103 条第 2 款赋予的对信赖的绝对保护的保证,必须要服从于法治的要求,否则德国的刑事司法运作就会与法治的前提不一致。今天受到德国刑事管辖的公民,不得主张援引那样的正当化根据;在信赖原则继续适用的所有其他方面,每个公民仍都得以享有如下保证,即如果他被判定有罪,那也根据的是行为实施时得以适用于他的法律。

c)德国在处理纳粹罪行时经历过相似的冲突。

aa)在这方面,英占区的最高法院以及此后的联邦最高法院,就成文的法律条款被认为是对更高位阶的法律原则的严重违反时是否可以回溯性地去惩罚行为的问题作出了裁定。他们的态度是,有些法律条款及行政指令,尽管其声称有宪法的根据,由于侵犯了那些无论政府是否承认都应当适用的法律原则,故必须要否定这些法律条款和行政指令法律的地位;无论是谁,即便其行为符合那样的条款,该行为仍然具有刑事可罚性。联邦最高法院指出,在此类案件中,并非根据仅仅在事后才获得普遍效力的标准来裁判行为人的行为;亦非根据行为时还没有生效或不再有效的标准来要求行为人对指控进行回应;不能得出结论认为行为人不熟悉行为时那些对于人类共存来说必不可少且属于法律不可侵犯的相关核心原则。

bb)到此为止,联邦宪法法院只在刑法之外的领域处理了“法律上的不法”(gesetzliches Unrecht)问题。联邦宪法法院已经裁定,在实证法与正义的不一致达到不可容忍程度的案件中,法律确定性的原则就不得不让位于客观正义。在这方面它援引了在法哲学领域具有深刻影响的德国法学教授古斯塔夫·拉德布鲁赫(Gustav Radburch)的著作。在纳粹罪行之后,他提出了被称为“拉德布鲁赫公式”(Radbruch' sche Formel)的原则,即如果制定法与正义之间的矛盾达到不可容忍的程度,则制定法必须要被认定为违反了正义,必须要让位于正义。并且,特别是对我们知道的拉德布鲁赫公式,在此方面,它一直在反复地强调,只有在极其极端的案件中才不能适用实证法,而仅仅是部分非正义、从纯粹的观点(geläuterte Auffassung)来看不可接受的立法,仍将具有法律效力且由此而产生法律的确定性,因为它仍然天然地有助于促成秩序。不过,纳粹时期的统治已经表明,立法机构能够通过成文法来施加严重的“罪恶”。因此,只要法律条款与正义的不一致达到不可容忍的程度,该条款一开始就不应适用。

2. 联邦最高法院的判决符合联邦德国的宪法标准

(1)联邦最高法院在审理社会统一党在德意志民主共和国边境管理期间的所谓的“政府犯罪”时,已经进一步地推动了相关判例法的制定。该判例法同样形成了本案中被上诉判决的基础。它表明,如果一项正当化根据是要掩盖故意杀害仅仅是无武装地穿越两德边境且没有对法律保护的一般利益有危害的人,法院就必须否定该正当化根据,因为那样的正当化根据将禁止过境穿越置于生命权之上,它是对正义的基本要求及国际法上保护的人权不可容忍地侵犯及表现,故不得适用。这里的违反如此严重,它甚至违反了所有人都具有的对人的价值及尊严的法律信念。在这样的案件中,法律必须让位于正义。

联邦最高法院将共同构成拉德布鲁赫公式的标准与国际法上保护的人权之间的关系描述成拉德布鲁赫公式的标准,该标准因其具有的不精确性而很难适用,但已经被补充了更具体的评价标准,因为国际人权条约提供了基础来决定一个国家何时违反了世界范围内法律共同体公认的人权。

(2)联邦最高法院的这一评断,与基本法是一致的。它也得到了联邦宪法法院 1973 年 7 月 31 日就《基本条约》作出的判决,该判决认定德意志民主共和国在两德边境的实际做法是非人道的,柏林墙、铁丝网、“死亡射击”及射杀的命令违反了德意志民主共和国承担的条约义务。

(3)与裁定结论(从国家的实际做法中产生出的、意味着允许杀死“边境侵犯者”的正当化根据必须作为极端的国家不正义的实例而予以否定)相反的是,上诉人不能否认的是,生命权、自由迁移权并不是由《公民权利和政治权利国际公约》无保留地保护,并且即便是在德意志联邦共和国这种类型的民主国家,根据法治原则,也制定了法律条款来明确地支持在特定情形下尤其是在追捕及逮捕罪犯的情形下对枪支的使用。不可否认,德意志民主共和国法律条款的字面含义,就其在两德边境使用枪支的规定部分,与德意志联邦共和国使用武力的条款(直接强制)一致。但是,在被上诉判决中的结论部分已经表明,叠加在这些法律条款上的,还有不受比例原则限制地使用枪支,这向该处的边境士兵传达出了其上级——最终是国防委员会——的态度:如果不能以其他方式来阻止侵犯边境者,就可以予以“消灭”。通过让个人的生命权从属于国家在阻止边境穿越方面的利益,成文法被政治私利的要求所遮蔽。客观而论,这构成了极端的非正义。

(4)上诉人同样不能争辩的是,在承认一项正当化根据不能被适用之后,联邦最高法院仍然没有回答由此而被认为不法的行为是否以及在何种情况下具有刑事可罚性的问题。要建立起可罚性的认定标准,并不需要求助于超越实证的法律原则,只需要援引德意志民主共和国自身视为刑法基础的价值。在行为时的《德意志民主共和国刑法典》第 112 条、第 113 条绝对禁止故意杀人,且对此种严重的行为制定了严厉的刑罚。基于前述原因,对于杀人罪来说没有可以被接受的正当化根据,前述的刑法条款中的犯罪定义,使得本案的杀人行为是可罚的犯罪行为。

3. 前面提到的三名上诉人提出异议,认为联邦最高法院适用联邦德国的法律来认定他们作为故意杀人罪间接正犯的罪责违反了《德意志联邦共和国基本法》第 103 条第 2 款。联邦宪法法院裁定,该异议不能成立。

联邦最高法院刑事审判庭已经证立,根据行为时在德意志民主共和国具有效力的法律条款,上诉人要承担杀害逃亡者的刑罚。联邦最高法院明确赞同柏林州法院的找法结论,根据那些法律条款,上诉人构成教唆杀人罪(《德意志民主共和国刑法典》第 2 条第 2 款第 1 项,第 112 条第 1 款)。只是在第二阶段,联邦最高法院适用了德意志联邦共和国的法律,在其中一个案件中,根据的是《德意志联邦共和国刑法典施行法》第 315

条第 4 款及《德意志联邦共和国刑法典》第 9 条第 1 款(行为地或结果发生地规则);在另一案件中根据的则是《德意志联邦共和国刑法典施行法》第 315 条第 1 款及《德意志联邦共和国刑法典》第 2 条第 3 款,因为德意志联邦共和国的法律比德意志民主共和国的更轻缓。两起案件中的裁定都没有违反《德意志联邦共和国基本法》第 103 条第 2 款。在适用行为实施地规则方面,联邦最高法院已经在其 1995 年 5 月 15 日的判决中对此作出了裁决,它仍然坚持该结论。

《德意志联邦共和国基本法》第 103 条第 2 款的保护目的并没有排除适用比行为时具有法律效力的法更轻的法律。联邦最高法院的态度与学术论著的一致,认为更轻缓的法律是那种在具体的个案中经过综合比较,作出的判决更有利于行为人的法律,即便此种或彼种评价标准可能显得较不利于其他法律确定的标准,决定性的因素是行为的法律后果。这一结论符合前述《德意志联邦共和国基本法》第 103 条第 2 款的保护目的,这在宪法根据上不容置疑。

4. 第 3 名上诉人埃贡·克伦茨(Egon Krenz)①

柏林州法院在 1997 年 8 月 25 日的判决中,对第 3 名上诉人以故意杀人罪的间接正犯裁定了 6 年 6 个月的自由刑,其根据是,他曾参加了政治局的两项决议(1985 年 6 月 7 日、1986 年 3 月 11 日)及国防委员会就德意志民主共和国的边境管理政策的两项决议(1984 年 2 月 2 日、1985 年 1 月 25 日),他要共同承担在 1984 年至 1989 年之间试图穿越两德边境逃出德意志民主共和国的四名年轻人死亡的责任。四个年轻人被德意志民主共和国边境士兵射杀至死。在这些案件中就有本文第一部分的案件事实。

根据行为时德意志民主共和国适用的刑法,柏林州法院首先裁定克伦茨构成教唆故意杀人罪(《德意志民主共和国刑法典》第 22 条第 2 款第 1 项及第 112 条第 1 款),裁定的依据是其在 1993 年 9 月 16 日对前两名上诉人作出的定罪判决。该法院适用了比德意志民主共和国更轻缓的德意志联邦共和国刑法,裁定上诉人构成故意杀人罪的间接正犯(《德意

---

① 埃贡·克伦茨为前德意志民主共和国最后一任党和国家最高领导人,与时任德意志民主共和国国防部部长海因茨·凯斯勒、国防部副部长弗里茨·施特雷勒茨同为德意志民主共和国国防委员会委员,三人促成了当时的德意志民主共和国边境政策。

志联邦共和国刑法典》第25、212条)。

柏林州法院进一步认定,上诉人不能主张如下的正当化根据,即德意志民主共和国因其对苏联的依附性而导致主权受限的事实,因为源自联盟的义务并没有消除个人的刑事责任。在确定上诉人的刑期上,柏林州法院适用了《德意志联邦共和国刑法典》,因为它比德意志民主共和国的更轻缓。

1998年4月9日,上诉人上诉至联邦最高法院,尤其是根据《德意志联邦共和国基本法》第103条第2款及刑法上的回溯禁止原则。1999年12月8日,联邦最高法院作出裁决,对柏林州法院的每一判决要点都予以了维持,并且援引了它此前在处理相同问题上的大量重要判决,尤其是1994年7月26日的判决。

联邦最高法院还裁定,柏林州法院已经极其审慎地详细论证了本案中连续的行政指令链(Anordnungsketten),从上诉人参与的政治局和国防委员会的决议出发,讨论了连续的军事命令链,直到边境士兵接到的命令及致命的射击。

2000年1月12日,联邦宪法法院三名法官组成的委员会(尤其是)援引其在1996年10月24日作出的重大判决,拒绝了上诉人提出的宪法诉讼。

(四)欧洲人权法院对原德意志民主共和国政府有关高官上诉的判决

联邦最高法院和联邦宪法法院在"柏林墙射击者诉讼"系列案件中确认了前德意志民主共和国边境士兵构成杀人罪、前德意志民主共和国边境政策的高层决策领导构成杀人罪的间接正犯。被告人不服,先后向欧洲人权法院提起上诉。2001年3月24日,在*Streletz, Kessler and Krenz v. Germany*案[①]中,欧洲人权法院对德意志民主共和国边防政策决策者的刑事责任进行了审查。上诉人弗里茨·施特雷勒茨、海因茨·凯斯勒、埃贡·克伦茨三人是前德意志民主共和国政权中的高级官员,参与了边境射杀政策的制定。欧洲人权法院主要审查的问题是,上诉人的行为是否具有正当化根据,相关的处罚是否抵触《欧洲人权公约》第7条所规定的罪刑法定原

---

① Application No:34044/96, 35532/97, 44801/98.

则上的回溯禁止？

经过审理，欧洲人权法院认为，必须根据《欧洲人权公约》第 7 条第 1 项，来确认上诉人当时行为的违法性在德意志民主共和国法律或国际法上是否具有充分的可认识性及可预见性。因此，欧洲人权法院在审查德国法院判处申诉人有罪是否违反《欧洲人权公约》之前，首先审查了德意志民主共和国成文法的相关规定及当时德意志民主共和国的实际做法，以确认处罚申诉人的规定是否有可理解性与可预测性。欧洲人权法院逐一列举法律相关规定，特别是《德意志民主共和国国界法》第 27 条，这跟上诉人的上诉理由有关。上诉人主张，其位居政权决策核心，如果自己国家人口大量减少将威胁德意志民主共和国的存在，因此才不计代价保护两德边境；发布射杀命令的法律依据是《德意志民主共和国国界法》第 27 条第 2 项，因试图穿越边境的德意志民主共和国人构成“非法穿越德意志民主共和国边界罪”，而根据《德意志民主共和国国界法》第 27 条第 2 项规定，边境士兵“为了阻止即将发生的、依其情节将构成重罪的行为被实施或继续实施”，可合法使用枪支。因此，《德意志民主共和国国界法》第 27 条第 2 项可作为杀人行为的正当化根据，德国法院的定罪违背罪刑法定原则。

但是，欧洲人权法院并未接受上诉人的主张。经综合审查德意志民主共和国宪法与法律相关规定，欧洲人权法院认为，德国法院判决上诉人有罪并科以刑罚并未违背《欧洲人权公约》第 7 条。“《德意志民主共和国国界法》第 27 条第 2 项的规定固然构成使用枪支的正当化根据，但《德意志民主共和国国界法》第 27 条详尽列举授权使用枪支的情形，并在第 4 项和第 5 项中进一步指出：当第三人的生命或健康可能遭受危险时，或相对方外表显示为孩童之人，或相邻国家领土会遭到射击时，禁止使用枪支；应尽可能地不用枪支来对付少年或女性。使用枪支时，应尽可能地保护生命。一旦警察完成许可的攻击措施后，对伤患必须给予急救，并采取必要的安全措施。”这些规定反映了比例原则和对生命的尊重，也应被认为是德意志民主共和国宪法所包含的原则。“对众多通常只是利用最简单的工具（如墙梯）试图穿越两德边境之人被边境驻兵射杀一事，上诉人应承担责任，并应被德国法院定罪。指控的案件里，被害人多数是年轻人，其手无寸铁，对任何人不具威胁，他们的目的是离开德意志民主共和国，因为当时除受雇或少数特权人士之外，一般人要合法离开德意志民主共和国几乎不可能。虽然德意志民主共和国法律禁止他们穿越边界,但不能因此界定这些行为是重罪,因为这些案例的严重程度不及于《德意志民主共和国刑法典》第 213 条第 3 项列举的重罪。”根据德意志民主共和国宪法及法律条文所包含的上述原则,欧洲人权法院认为德国法院阐释这些条文及在争议点上适用这些条文以判处申诉人罪刑,并无疏失或恣意违反《欧洲人权公约》第 7 条。

上诉人另外主张,从德意志民主共和国国家实践中,无从产生会因边境政策受罚的可预测性。所抗辩的德意志民主共和国实践表现在两方面:其一,在两德统一前,从来没有过因今天被指控的杀人罪名而在德意志民主共和国被追诉;其二,也是上诉人最难接受德国法院判决的原因,即他们在行为时,无法预见到会被“联邦德国”法院判处有罪,上诉人在下达射杀命令时,绝对无法预见他们未来会因为两德统一的局势演变而受到刑事法院追诉。对此,欧洲人权法院表示:尽管依当时有效适用的德意志民主共和国法律,上诉人均未受德意志民主共和国追诉,直到德国统一才被定罪,但绝不意味着根据德意志民主共和国的法律,他们的行为不构成犯罪。上诉人在实施争议行为的当时,这些行为在德意志民主共和国没有使上诉人遭受刑事追诉,是因为德意志民主共和国宪法、法律所蕴含的原则与德意志民主共和国政权采取边防镇压及命令保护边境的实际做法相互矛盾。上诉人身居高位,显然不能无视德意志民主共和国的宪法和法律,忽略德意志民主共和国的国际责任及国际上对边境政策的谴责。因此,上诉人应当对从 20 世纪 60 年代直到 1989 年柏林围墙倒塌期间在两德边境所发生的射杀负直接责任。欧洲人权法院最终裁定,被申诉国德国并未违反《欧洲人权公约》第 7 条罪刑法定原则;驳回上诉,维持德国法院的判决。

第三节　背信案

一、基本案情

(一) 案情 1

申诉人 K 从 1991 年至 2004 年 6 月 30 日是 S 股份公司的领导型员

工,在“电力”(以下简称S.-PG)业务部中是四位董事中的一员。在S股份公司的层级上,他直接属于(核心)董事会。此外他还负责公司的合规性评价,据此即使在商务活动中使用可罚数额界限以下的贿赂金也是被禁止的。在S.-PG业务部还存在着——根据州法院的认定,申诉人知晓而核心董事会不知情——已然成形的支付贿金的制度(所谓的有利花费),而且为此筹备的资金存在国外的秘密账户里,在S.-PG业务部的正式财务处那里没有记录。申诉人从公司前任接手管理这笔资金,后来的共同被告人参与管理该账户和秘密转账。对于1999年和2000年的两个订单(工程“L”和“R”),当按照事先的约定,S股份公司获得这两个订单之后,申诉人安排给意大利E企业集团的项目负责人转了高达一百万元的贿金。申诉人及其后来的共同被告人均未从这两个经过行贿所获得的订单中谋取个人经济利益。

达姆施塔特州(Darmstadt)法院认定申诉人的行为在两个案子中构成商业活动中的行贿罪(《德国刑法典》第299条第2款),其中一个案件和背信罪构成竞合,另外还有一个案件构成背信罪,据此在2007年5月14日宣判2年的总和自由刑,缓期执行以交付考验。基于申诉人的上诉,联邦最高法院第二刑事审判庭在2008年8月29日的判决(BGHSt 52, 323)中改变了州法院的判决,宣告申诉人(仅仅)构成两个案件的背信罪。联邦最高法院在刑事判决中撤销了原判决,并且把案件发回达姆施塔特州法院的另一个刑事审判庭进行重审。本案迄今仍未出现新的刑事判决。

(二) 案情2

申诉人E是位于卡塞尔(Kassel)的H. P.企业医疗保险基金(BKK)的董事。在任职期间,他连续多年给两名员工——后来的共同被告人——发放奖金,实际上使这两名被告人的工资翻番,明显违背了通常发放奖金的做法,即一次性发放超过一定数额的奖金,而该奖金一般而言不超过员工的月工资。根据州法院查明的事实,两名共同被告人除得到较高的工资和额外的加班补贴之外,还由此各自获得了十多万欧元。申诉人从他的行为中没有谋取个人经济利益。

卡塞尔州法院判处申诉人各自1年的单个自由刑,另有非程序标的的包庇罪的判决,结果是1年9个月的总和自由刑,并且缓期执行以交付考验。州法院认为申诉人发放奖金的行为严重违反了《德国社会法典》

第五卷第4条第4款规定的节约性和经济性原则,据此认定其行为构成两个案件的背信罪,而且各自满足了滥用型构成要件(Missbrauchstatbestand)和不忠型构成要件(Treubruchtatbestand)。

对于申诉人的上诉,联邦总检察长解释说,宣告为背信罪不存在法律上的错误。申诉人发放奖金的行为违背了义务,超出了其享有的权限。虽然发放奖金属于他的工作范围,但是这里所说的发放奖金是指一次性的、受数额限制的活动。除劳动合同所约定的工资和由更多劳动所产生的加班费之外,向共同被告人持续提供“第二份”工资的决定是一种超出个别情况的、违反通常发放补贴做法的原则性决定,而这种决定只能由董事会作出。根据联邦总检察长的申请,联邦最高法院在2008年12月17日根据《德国刑事诉讼法典》第349条第2款规定裁定驳回了申请人的上诉。

(三) 案情3

申诉人B1、L、N、B2 W是B. H.股份公司(以下简称B. H.)的董事,在任职期间,他们也向成立于20世纪90年代初期的A公司集团提供贷款。该公司集团的运作模式是通过法律上独立的房地产公司购进新州的平板楼房,翻修并且改换成公寓。由此A公司集团从一开始就获得B. H.的贷款,到1997年9月,贷款数额达到了8亿1 000万马克。1999年夏季发生严重的欠款情况之后,这些申诉人为了避免A公司集团的破产,决定在新的前提条件(所谓的用益权模式)之下继续遵守承诺。原判决没有详细解释这些条件。

柏林州法院对申诉人所作的原判决针对的是其同意向P房地产公司提供19 589 000马克的贷款以购买平板楼盘“P. Ⅱ”。该房地产公司是为了购买这个楼盘而在1996年10月成立的两合公司。申诉人还因为1996年5月、1996年12月和1997年7月的另外三个贷款决定而遭到起诉,这些决定涉及结构类似的建筑工程,但是他们最终被宣告无罪。申诉人由于1997年7月的批准贷款而遭到损害赔偿起诉,但柏林州高等法院在2005年3月22日作出的生效判决(14 U 248/03, juris)驳回了起诉:申诉人在他们享有的决定权限内行事,并未违反他们的注意义务。

二、法条索引

本案例引用了如下法条:

1.《德国基本法》第 103 条第 2 款：

当可罚性在行为实施之前由法律作出规定时，行为才受刑罚处罚。

2.《德国刑法典》第 266 条（背信罪）：

（1）滥用通过法律、官方委托或者法律行为所获得的支配他人财产或者使他人承担义务的权利，或者违反由于法律、官方委托、法律行为或者信任关系所负担的代表他人财产利益的义务，因而使其照管的财产利益的所有人遭受不利的，处 5 年以下自由刑或者罚金刑。

（2）相应地适用第 243 条第 2 款、第 247 条、第 248 条 a 和 263 条第 3 款。

三、裁判理由

（一）

申诉人因背信罪被判处考验刑，他们指责判决违反了《德国基本法》第 103 条第 2 款规定。

Ⅰ.

1. 1998 年 11 月 13 日公布的《德国刑法典》第 266 条内容见上文。

2.

（1）背信罪的构成要件在 19 世纪才作为财产犯罪被创制出来。[①] 1851 年的《普鲁士刑法典》第 246 条规定了单一行为的背信构成要件，并将行为人的范围限制在特定的信任关系之内。1870 年 5 月 31 日的《北德意志邦联刑法典》从多方面扩展了这个构成要件，这个版本的背信构成要件一字未动地转变为 1871 年 5 月 15 日的《德意志帝国刑法典》（RGBl S. 127）第 266 条。该条款内容如下：

有下列背信情形的，处监禁刑，并可以剥夺公民权：

1）监护人、受托人、财产照管人、扣押保管人、清算人、遗嘱执行人和基金管理人蓄意实施对其受托监管的人或物造成不利的行为；

2）全权代表利用委托人的要求或者其他财产，蓄意给委托人造成不利；

---

① Vgl. Kindhäuser, in: Nomos-Kommentar Strafgesetzbuch, Bd. 2, 2. Aufl. 2005, § 266 Rn. 4 f.; Maurach/Schroeder/Maiwald, Strafrecht Besonderer Teil, Teilbd. 1, 9. Aufl. 2003, S. 577; Schünemann, in: Leipziger Kommentar zum Strafgesetzbuch, Bd. 7, 11. Aufl. 1998, § 266 vor Rn. 1.

3)土地测量员、拍卖人、经纪人、承运人、乘务员、过秤员、测量员、检查员、港口工人、码头装卸工以及其他在行使工作中负有当局规定的义务的人,在处理受托事务时蓄意使其照管的事务的所有人遭受不利。

为使本人或者他人获取经济利益实施背信行为的,除判处监禁刑以外,还可以判处一千塔勒以下的罚金刑。

对这一规定的解释后来集中到下列问题上,即背信罪是否体现单一的不法核心,如果答案是肯定的,那么是否所有的行为方式都要根据第2项(即滥用论)或者参照第1项和第3项所包含的个例中的信任关系(即不忠论)来解释。学界倾向于滥用论,限制背信罪构成要件的不法核心,即未经允许地行使具有法律效力的行为的权利,给他人的财产造成损害,与此相对,帝国法院采纳了对《德国刑法典》第266条进行宽泛解释的不忠论。①

(2)1909年以来改革草案一再出台②,最终1933年5月26日的《刑法规定修改法》(RGBl Ⅰ S. 295)对背信罪构成要件作了如下崭新的规定:

故意滥用通过法律、官方委托或者法律行为所获得的支配他人财产或者使他人承担义务的权利,或者违反由于法律、官方委托、法律行为或者信任关系所负担的代表他人财产利益的义务,因而使其照管的财产利益的所有人遭受不利的,按照背信罪处监禁刑和罚金刑。此外可以剥夺公民权。

在特别严重的情形中,以10年以下的劳役刑取代监禁刑。特别严重的情形尤其是指行为损害民众的幸福,或者造成其他特别严重的损害后果或者行为人特别恶意地行为。

新规定意在通过改写背信行为来简化构成要件,结束围绕构成要件解释和结构的争论,并客观上有助于打击腐败。③ 现在相对宽泛抽象的文句——帝国法院称之为“框架规定”,据此“立法者……想放弃用僵硬的法律概念约束司法”,并且法官“根据他的理性衡量”加以填充[RGSt 69, 58

① 参见Kindhäuser, a. a. O., S. 577 f.;详细参见Schünemann, a. a. O., §266 Rn. 6。

② 相关起源的详细论证参见Schünemann, a. a. O., vor Rn. 1。

③ Vgl. Kindhäuser, a. a. O., §266 Rn. 9; Maurach/Schroeder/Maiwald, a. a. O., S. 578; Schünemann, a. a. O., §266 vor Rn. 1.

(62)]——让纳粹大肆利用这一构成要件。[1]

1937 年的《股份公司法》规定了类似于背信的特别构成要件。根据 1937 年 1 月 30 日的《股份公司法》(RGBl Ⅰ S. 107)第 294 条,股份公司董事会或者监事会的成员或者清算人使公司遭受不利的,受刑罚处罚。这一构成要件在 1965 年被彻底废除(1965 年 9 月 6 日的《股份公司法实施法》第 29 条,BGBl Ⅰ S. 1185)。

(3)在经过 1953 年 8 月 4 日的第三部刑法修改法(BGBl Ⅰ S. 735)、1969 年 6 月 25 日的第一部刑法改革法(BGBl Ⅰ S. 645)和 1974 年 3 月 2 日的刑法实施法(BGBl Ⅰ S. 469)的不同修改[2]之后,1998 年 1 月 26 日的第六部刑法改革法(BGBl Ⅰ S. 164)第 1 条第 62 项所规定的背信罪构成要件保持至今。联邦政府也建议处罚背信罪的未遂[3],但是联邦议院——根据法律委员会的投票[4]——拒绝了这个建议[5]。

3.

(1)《德国刑法典》第 266 条第 1 款包含两个构成要件,一般称之为滥用型构成要件(第 266 条第 1 款第 1 种行为方式:滥用……)和不忠型构成要件(第 266 条第 1 款第 2 种行为方式:违反……所负担的……义务)。[6] 根据判例和文献的一致观点,"因而使其照管的财产利益的所有人遭受不利"这半句内容均适用于这两个构成要件形式。[7]

自从 1972 年 7 月 26 日联邦最高法院的支票案判决以来,判例就认为产生财产照管义务的前提条件对于滥用型构成要件和不忠型构成要件

---

① 参见 Bruns, Die Befreiung des Strafrechts vom zivilistischen Denken, 1938; 另参见 Lüderssen, in: Festschrift für Ernst-Walter Hanack, 1999, S. 487(490 ff.); 另参见 Dahs, NJW 2002, S. 272(273); Kargl, ZStW 113(2001), S. 565(572, 579)。

② 详细内容参见 Schünemann, a. a. O., § 266 vor Rn. 1。

③ Vgl. BTDrucks 13/8587, S. 43.

④ Vgl. BTDrucks 13/8991, S. 21; 13/9064, S. 20.

⑤ Vgl. Kempf, in: Festschrift für Rainer Hamm, 2008, S. 255(264); Matt/Saliger, in: Irrwege der Strafgesetzgebung, 1999, S. 217.

⑥ 可参考资料很多,此处仅参见 Schünemann, in: Leipziger Kommentar zum Strafgesetzbuch, Bd. 7, 11. Aufl. 1998, § 266 Rn. 1。

⑦ Vgl. RGSt 69, 58(59); Dunkel, GA 1977, S. 328(331); Mayer, in: Materialien zur Strafrechtsreform, Bd. 1, 1954, S. 333(353); Wegenast, Missbrauch und Treubruch, 1994, S. 11.

是一致的。[①] 大部分文献也坚持这种构成要件“一元论的”理解。[②] 文献中也有一些观点——虽然有细微差异,但大体如此——认为应该从对行为人地位的要求的角度区分这两个构成要件形式。[③] 立法者通过1986年5月15日的第二部打击经济犯罪法(BGBl Ⅰ S. 721)在刑法典中增设了第266条a(扣留和侵吞劳动报酬)和第266条b(滥用支票和信用卡)的特别构成要件,以回应联邦最高法院的判决,该判决认为滥用型构成要件也以违反财产照管义务为前提。

(2)背信罪的构成要件向来是判例和文献重点关注的内容。分析的重点除包括对承担财产照管义务,并因此成为背信罪构成要件的适用对象的人员范围进行界定之外[④],近年来尤其包括将背信罪构成要件适用于违反公司法义务、提供信贷、设立并管理所谓的秘密账户和违反预算地使用公共资金(预算背信)等情形,以及在所谓的相当于损失的财产危害(Vermögensgefährdungen)或者危害损失(Gefährdungsschäden)情形中对不利要素的解释。

(3)在文献中背信罪构成要件的宽泛性和模糊性备受指责。[⑤] 面对这一背景,不忠型构成要件的合宪性一再遭受质疑[⑥],或者至少需要一种

① 参见 BGHSt 24, 386(387); 33, 244; 其他的论证参见 Fischer, Strafgesetzbuch, 57. Aufl. 2010, §266 Rn. 6。

② Vgl. Dierlamm, in: Münchener Kommentar zum Strafrgesetzbuch, Bd. 4, 2006, §266 Rn. 21; Maurach/Schroeder/Maiwald, Strafrecht Besonderer Teil, Teilbd. 1, 9. Aufl. 2003, S. 579; Samson/Günther, in: Systematischer Kommentar zum Strafgesetzbuch, §266 Rn. 4 f. (Dez. 1996); Weber, in: Arzt/Weber, Strafrecht Besonderer Teil, 2. Aufl. 2009, S. 696 f.

③ Vgl. Labsch, NJW 1986, S. 104(106); Lenckner/Perron, in: Schönke/Schröder, Strafgesetzbuch, 27. Aufl. 2006, §266 Rn. 2; Mitsch, Strafrecht Besonderer Teil 2, 2. Aufl. 2003, S. 526 f.; Schünemann, a. a. O., §266 Rn. 23.

④ Vgl. BGHSt 1, 186; 3, 289; 4, 170; 13, 315; 41, 224; 49, 147(155); Dierlamm, a. a. O., §266 Rn. 30 ff.; Lenckner/Perron, a. a. O., §266 Rn. 23 ff.; Schünemann, a. a. O., §266 Rn. 58 ff., 103 ff.

⑤ 参见 Mayer, in: Materialien zur Strafrechtsreform, Bd. 1, 1954, S. 333(337):“如果不存在一个背信罪的经典老案件,那么没有任何法院和检察机关知道第266条是否存在……无论如何都要结束这种状态。当务之急是为这个构成要件提供清晰的概念界限”;另参见 Hillenkamp, NStZ 1981, S. 161 m. w. N.; Schünemann, a. a. O., §266 Rn. 1:“分论中最黑暗杂乱的一章”。

⑥ 参见 Dierlamm, a. a. O., §266 Rn. 3 ff.; Hamm, NJW 2001, S. 1694(1696); Kargl, ZStW 113(2001), S. 565(589); Labsch, Untreue(§266 StGB), 1983, S. 348; Lesch, DRiZ 2004, S. 135; 另参见 Kiethe, WM 2003, S. 861(867):“令人质疑的不确定”;Perron, in: Jahresband der Juristischen Studiengesellschaft 2008, S. 45(64):“无法忍受的”。

限制性的解释①。

Ⅱ.

1. 联邦最高法院在案情1中认为，申诉人在两个可遣责的案件中承担以不作为方式实施的不忠型背信罪的罪责。

申诉人在财产照管义务的范围内，应该向其雇主公布迄今未知的、属于其雇主的资产，但是对于申诉人发现的、隐藏在秘密和非委托人名义的账户中的资金，申诉人违反了这个义务。将这些隐藏的资产用于行贿，因而委托人可能具有间接的经济利益，这并不能否定义务违反性，至少欠缺负责机构的有效同意。

申诉人通过继续管理秘密出纳处的S股份公司的资金和持续扣留委托人的资金，最终剥夺了其雇主使用该部分资金的机会，因而造成了——最终的——不利。在判断损失时也要进行规范的考量，即决定使用自己财产的权利属于财产所有人或者——对股份公司而言——负责机构：雇员违反义务地取走、剥夺、扣留或者隐藏资金，企图或者声称企图违背委托人的明确指示利用该资金，由此委托人可以"最终"获得财产利益，这种行为并不能排除财产损失。当只有通过违法或者违反道德甚而受刑罚处罚的方式利用资金才能获取这种利益时，就更是如此。无论是使用资金行贿从而获得不确定的机会，以便日后签订最终可能具有经济利益的合同，还是行为人仅仅表露出将剥夺的资金用于这种目的的意图，均不存在任何和剥夺资金相对应的避免损失的直接补偿。持久剥夺支配机会对委托人来说不仅意味着(相当于损失的)财产危害，还意味着确定的财产损失。利用被剥夺的、藏在秘密账户的资金只是损失的加剧，而经由后来的业务活动最后获得的财产利益充其量是损害补偿。

2. 在案情3中，刑事审判庭认为在"P. Ⅱ"案件中提供贷款的行为满足了背信罪的滥用型构成要件，因此判处申诉人B1、L和N 1年4个月自由刑，判处后来参与A公司事务的申诉人B2和W 1年自由刑。所有刑罚均缓期执行以交付考验。

申诉人违反其承担的财产照管义务体现在以下四个本身重要的违反

---

① Vgl. Albrecht, in: Festschrift für Rainer Hamm, 2008, S. 1 ff.; Dierlamm, a. a. O., § 266 Rn. 6, 186, 195; Saliger, HRRS 2006, S. 10 ff.; ders., ZStW 112(2000), S. 563 ff.; Sax, JZ 1977, S. 663 ff.

义务因素中,它们至少在整体上应被看作严重的义务违反。

第一,申诉人严重违反了《德国银行法》第 18 条规定的信用检查义务。所提交的关于借款人人事和经济方面的材料并不完整,没有得到充分评估,该公司的具有人身依附性的现实人事和经济关系根本没有得到检查。

第二,董事会没有向银行有关的贷款委员会充分说明 P. Ⅱ贷款的风险,而根据银行内部行为守则,贷款必须经过该委员会的同意。此外申诉人通过向委员会提供虚假的偿债能力评估材料,隐瞒了贷款风险,而且他们通过——没有等待委员会的决定——签署无条件的贷款合同和促成支付贷款,忽视了委员会的权利。

第三,申诉人没有按照规定衡量机会和风险。他们对市场前景持有盲目乐观的态度,特别是没有考虑到所谓的风险集中(Klumpenrisiko)。这种风险集中体现在,由于 A 公司集团内部紧密的集团交织和相互的经济依赖,一个公司的破产将给其他公司造成破产的危险。而且没有成功地寻找到参与贷款的财团伙伴又加剧了风险集中。

第四,他们忽略了信贷风险不可控性的重要的情况的证据。在 P. Ⅱ案件中,通过原则上承诺并提供贷款,申诉人就作出了关于后续贷款的初步决定,由此银行因 A 公司集团的破产而遭遇的危险变得越来越大。信贷风险的不可控性最后也体现在,最初的借款人 A 公司集团本身就是“不可控的”,它们热衷于持续地“疯狂采购”,即使缺少事先有约束力的融资承诺也买进房地产。

对于同意并支付的 19 589 000 马克贷款,其中 3 029 000 马克(1 548 703.10 欧元)是相当于损失的财产危害,这种财产不利已经出现。16 560 000 马克的贷款差额通过不动产担保(抵押)得到了充分保障。至于其他的担保,尤其是转让从房地产孳生的租金收入,在刑事审判庭看来并无价值。法院认为,已经支付的贷款总额和刑事审判庭认为可以实现的担保额之间的差额都是损失,理由是“对宽松的商业判断重新进行法律评价时,从发放贷款的义务违反性中可知,在对有利过程的极不确定的前景预期中出现了高度增加的损失危险,即超出贷款业务一般风险的高度危害”。

申诉人在上诉中指责柏林州法院对背信罪构成要件的解释和适用。所有的申诉人都在程序异议中提出了绝对上诉理由,即审理法院的组成不符合规定(《德国刑事诉讼法典》第 338 条第 1 项),对申诉人的审理程序以不允许的个案分配方式被分配给了柏林州法院刑事审判庭。

根据联邦总检察长的申请，联邦最高法院第五刑事审判庭在 2009 年 2 月 4 日根据《德国刑事诉讼法典》第 349 条第 2 款作出裁定，驳回申诉人的上诉。州法院对损失的确定原则上明显有问题；从判决连贯性中可知，这在确定《德国刑法典》第 266 条第 1 款中财产不利的含义和量定其程度方面，都没有造成被告人的不利局面。其根据的是对支出的贷款额和贷款银行的还款要求数额之间的比较，并考虑违反义务冒险地提供贷款时的担保。特别是鉴于后续两年多从受贷款资助的平板房地产租金收入中支付的利息，在仅具有不动产担保发票时返还贷款要求是完全无价值的这种看法就是错误的出发点。构成要件中的财产危害应该体现在，申诉人通过提供贷款陷入了过于广泛的风险当中，因为眼前并没有足够的安全度。这种由申诉人认识到的违反义务的风险就体现在相应的财产危害当中。就结果而言，毫无疑问的是，正确确定《德国刑法典》第 266 条第 1 款意义上的不利并不会给申诉人带来任何有利的后果。最后，对已经判决的背信罪的正确谴责应该是，作为银行董事会成员的申诉人在仍然具有经济正当性的时候，忽视其认识到的明显的风险并且拒绝多种警告，向 A 的整个项目提供贷款，而没有按义务限缩承诺，即在没有其他证据表明整个项目的积极进展时，拒绝继续提供贷款。

Ⅲ.

申诉人在法定期限内提出了宪法申诉，都反对州法院的判决和联邦最高法院对判决的认可。他们指责法院违反了《德国基本法》第 103 条第 2 款规定，此外案情 2 中的申诉人提出法院违反了《德国基本法》第 3 条第 1 款规定，案情 3 中的申诉人 1）至 5）指出法院违反了《德国基本法》第 101 条第 1 款第 2 句的规定。

1. 案情 1 中的申诉人特别反对联邦最高法院对不利要素的解释。认为管理并维持由他人设立的秘密账户就已经实现了背信罪构成要件的观点是不被允许的类推，因为按照法律规定，背信罪构成要件以遭受财产不利为前提，而如果按照这种观点，那么这个构成要件也将适用于仅仅不给予（Zuwendung）财产利益的情形。根据联邦最高法院的观点，设立秘密账户就实现了（带有确定的损失的）背信罪构成要件的既遂，那么申诉人只有在没有补偿该损失——尽管他有这种机会——时，才是可谴责的。但是，在日常用语和联邦最高法院的一贯判例所使用的语言中，不给予利益和遭受不利是不同的。理论界的绝大多数观点和联邦最高法院的一贯判例都认为,遭受财产不利指的不是失去财产增值本身,而仅仅是破坏具有确定前景的对财产价值的期待(Anwartschaft),只有这样才能根据整体结算原则(Gesamtsaldierung)得出行为后的真正价值减损。

文义边界对于禁止类推具有决定意义,在不利要素中必须认真考虑其字面含义的界限,因为它是《德国刑法典》第266条第1款规范的核心内容。如果这一规范过于模糊,从宪法明确性原则的角度来说又是棘手的。判例认可相当于损失的财产危害,这一要素已经被令人质疑地扩大了。认为设立秘密账户就出现最终的损失的观点更加有问题,其中出现的教义学矛盾体现在此类案件中,即判例否定准备自己的资金作为补偿的行为[①]构成既遂的背信罪。该观点也导致可罚性的前置化,和立法者不处罚背信未遂的决定并不相符。对继续运作秘密账户进行法律评价时要考虑行为人的使用目的,否则也会出现这样的危险,即法律保护的不是委托人的财产——这是《德国刑法典》第266条的保护法益——而仅仅是委托人的使用机会或者会计真实性。

2. 案情2中的申诉人指责对"违反财产照管义务"这个构成要件要素的解释。在是否违反了经济节约原则这个问题上,州法院的认定是错误的,没有像联邦社会法院那样运用评估特权(Einschätzungsprärogative)。州法院也不认为节约性原则仅构成外部边界,即只禁止那些不符合理性经济原则的措施。州法院没有区分(单纯地)违反经济节约原则和(更严重地)违反刑法上的财产照管义务。刑事审判庭认定,申诉人的行为"严重"违反了经济节约原则,但这个认定并不充分。申诉人无法预见到发放奖金的行为会被视为严重违反原则。州法院也违反了《德国基本法》第3条第1款规定,没有深入分析联邦最高法院关于经济节约原则和公司董事会的决定权限的判例。

3.

(1)案情3中的申诉人从明确性要求的视角指责对义务违反要素和不利要素的解释,他们的判决就是依据的这种解释。此外,他们还抗议法

---

① 根据联邦最高法院的判决,破产管理人如果将置于其管理之下的财产用于破产程序之外的事项,但是总是准备好相应数额的自己的流动资金以供补偿,那么就没有使该部分财产遭受不利。参见BGHSt 15, 342,另参见下文第(三)Ⅲ.1.(2)部分。

院对于确定有条件的故意所提出的要求。

A. 向来针对背信罪构成要件的宪法质疑尤其集中在提供(银行)贷款的背信情形。对此联邦最高法院①提出的区分可罚行为和合法行为的原则,特别是对“严重的”义务违反这一必要要素的确定方式,都没有为明确性带来裨益。

此外,柏林州法院在评价申诉人的行为时没有仅仅根据联邦最高法院提出的标准目录,而是也概括性地考虑了其他的情况。这显示出方法上的问题:决定性的法律义务的内容不是从法律中得出,而是通过总结情况证据,即从个案的事实情况所最终决定的论据中获得。这种推导方法整体上不符合《德国基本法》第 103 条第 2 款的要求,因为这只是用一个不确定的要素取代另一个不确定的要素,法院总结的结果就成了不可预测的,所以申诉人的行为没有违背由法律所确定的义务。

B. 在确定损失时提出的相当于损失的财产危害违反了禁止类推原则的观点,体现在“相当于损失”这个表述中。尽管有 100 多年来持续的法律传统,人们却没有找到容易操作的标准来解决这个关键问题,即未来损失的危险在何时才变成现实的价值减损。对于向经济生活中的计划提供贷款的情形,法院几乎无法完全排除损失的危险。但是,如果构成要件结果的出现取决于被照管的财产的危害程度,那么个案中的评价就会变得无法预测了。为此需要解决的是,如何才能在法治国中无可非议地确认这种盖然性。如果说在背信罪这样的结果犯中取决于对盖然性的衡量,那么这就与《德国刑法典》第 266 条的字面含义相矛盾,这一条以不利的出现为前提,仅仅具有结果出现的盖然性并不足够。因而文献正确地评论道,如果将“相当于损失的财产危害”视为《德国刑法典》第 266 条中的“不利”,那么就几乎无法确定既遂和不可罚的未遂之间的界限。根据约定返还贷款可能不影响可罚性而仅仅是赔偿损失的观点显然是荒谬的。

在本案中,刑事审判庭根据同样的事实和评价来论证财产危害和违反财产照管义务,因此构成要件要素失去了不同的意义。此外对损失的确定也不符合规定,因为在评估不动产担保时存在错误,而且也没有考虑

① Vgl. BGHSt 46, 30; 47, 148.

从得到贷款的平板房地产中支付的两年多的利息。联邦最高法院正确地批评了后一点,但是在确认有罪判决时没有指出属于不利概念的事实。

(2)申诉人认为《德国基本法》第101条第1款第2句在两个方面遭到违反:一方面联邦最高法院利用确定损失的不同方法在事实上改变了有罪判决,并且基于对证据问题的假定性判断,没有将案件发回重审,因而超越了其作为法律审上诉法院(Revisionsgericht)的职能。另一方面柏林州法院的主席团通过改变审判业务分配计划,有针对性地让联邦最高法院刑事审判庭负责审理申诉人的案件,因而经过这种未经允许的个案分配方式剥夺了申诉人接受合法法官审判的权利。

Ⅳ.

1. 联邦总检察长就这些宪法申诉发表了观点,联邦政府没有表态,联邦最高法院院长转达了刑事审判庭庭长的意见。

2. 联邦总检察长认为《德国刑法典》第266条第1款规定是合宪的,并且认为这些宪法申诉肯定是没有根据的。

(1)从滥用型和不忠型构成要件的字面表述中可以得出充分确定的内容,它通过稳固的判例受到进一步的限制,由此保证可罚行为的可预测性。规范实现保护财产的必不可少的功能,其适用范围并非确定性的问题,而仅仅是这一规定的规范目的和规制内容的问题。

违反财产照管义务是背信罪特有的前提条件,参考历史、字面、保护目的、多样性和结构以及非刑法条文等因素,它在不忠型背信行为中也体现了充分确定的构成要件要素。这也适用于和非刑法的行为规则相关联的情形,这些行为规则提供了判断余地(Beurteilungsspielraum)和裁判时的裁量(Entscheidungsermessen),就此而言背信罪构成要件通过稳定的判例获得了符合宪法的解释。这一点不容反驳,立法者的决定在这里被转移到司法权上面;具体化的特定领域可以而且必须留给司法权来处理。此外,很难全面抽象地描述相关事实。被告人在难以预测的解释面前能够获得充分的保护:通过事实认定层面上的"存疑有利于被告人"(in dubio pro reo)原则,一般而言通过认定故意的必要性和具体要求。

立法者也通过不利要素充分明确地表达出了结果的含义。

(2)在案情1中,专门法院对"财产不利"这一要素的解释没有违反《德国基本法》第103条第2款的规定。申诉人未经核心董事会的同意并且违反明确的事先规定,将S股份公司的资金置于会计之外,因而阻挠了对原先设立秘密账户而产生的财产损失的补偿,由此使 S 公司遭受了损失。这里应该肯定的是,财产价值的期待落空了。考虑到遭受不利这一要素的相对清晰的轮廓,申诉人的解释并无宪法依据。通过设立所谓的秘密账户而拿走财产是否就意味着相当于损失的财产危害,或者是否鉴于结算规则,最终的财产损失已经出现,这两个问题实际上是普通法律(einfaches Recht)的解释和适用问题,没有特别涉及宪法。

(3)对案情 2 中的申诉人的判决也不是依据超越《德国刑法典》第 266 条第 1 款字面含义的或者无限制的解释。根据《德国有限责任公司法》第 43 条、《德国股份公司法》第 93 条第 1 款、第 116 条、第 87 条或者《德国社会法典》第五卷第 4 条第 4 款的一般条款或者相关描述,对违反义务这一构成要件要素进行充分具体化的判例已经出现。是否认定的义务违反具有特别严重的性质,这种特别的考察要求在规范的字面表述中并无根据。同样并不要求将可罚性限制在行为人谋取私利的案件中,或者在评价主观方面时提出超过谨慎的证据评价标准的要求。显然刑事审判庭可以认为申诉人超越了其判断空间,尤其是因为不清楚申诉人是否完全是在衡量之后才同意贷款。

(4)案情 3 中的申诉人提出的宪法申诉在受理问题上就遭到了质疑。在宪法申诉中,申诉人对《德国刑法典》第 266 条的合宪性和解释提出了根本性的质疑,但是这些质疑在法律审上诉程序中没有得到充分解释。在上诉程序中没有充分提出针对州法院审理法庭的错误组成的异议。无论如何该申诉也是不成立的。

A. 联邦最高法院的判例认为,对于典型风险行为的提供贷款,义务违反性不是在后来无法还款时才出现,在受托人未经财产所有人的同意就偏离了仍然具有经济正当性的行为轨迹时,就出现了刑法上的义务违反性。联邦最高法院已经结合《德国银行法》第 18 条规定强调了这些决定性的标准。联邦最高法院提出的"严重的义务违反"的概念并不取决于法官对义务违反的"程度"的带有主观色彩的评价,而是强调裁判者所享有的裁量余地的范围。法院在判决申诉人时遵循的是这种对《德国刑法典》第 266 条第 1 款的符合宪法的解释。

B. 判例也发展出了足够明晰的标准来区分符合构成要件的相当于损失的财产危害　　然而这　称谓容易引起误解,因为现实的价值减损是前提条件——和单纯抽象的危害状况,正如在本案中通过发放贷款产生的财产危害。这里的损失在于,和向接收人发放贷款相比,从一开始就不存在等价的反要求(Gegenforderung),从中产生的经济上的糟糕局面通常已经体现在结算中。对于从判例发展出的原则在个案中的适用,只能根据禁止恣意原则进行检查,而不能加以指责。对于借款人仍然能够更久地从租金收入中支付利息的事实,刑事审判庭在适用普通法律时必须更加关注它,但这不具有宪法上的重要性。这种错误评价既没有为客观的恣意提供根据,也没有显示出和《德国基本法》第 103 条第 2 款的保障之间的特别关系。联邦最高法院已经确认了这种法律错误,最后只反映出证据评价漏洞的,因此申诉人就此不会再遭受负担。从联邦最高法院的裁定中也可以充分看到,为什么刑事审判庭即使考虑到从租金收入中支付的利息,最后也同意州法院的评价。

C. 最后,案情 3 中的申诉人对违反《德国基本法》第 101 条第 1 款第 2 句规定的指责也不成立。联邦最高法院在职权范围内遵守了《德国刑事诉讼法典》第 337 条的规定,它否定了州法院判决所依据的错误的损失认定。柏林州法院业务分配计划的变更为联邦最高法院刑事审判庭的管辖权提供了根据,这个变更也没有违反宪法关于合法法官审判的规定。

(二)

案情 1 和 2 的申诉人的宪法申诉得以受理。

案情 3 中申诉人的宪法申诉在他们指责违反《德国基本法》第 103 条第 2 款的范围内也得以受理。和联邦总检察长的观点不同,申诉人在利用法律途径时是符合规定的,也符合宪法申诉的辅助原则。辅助原则无法改变的事实是,法庭审理程序的参与人一般没有义务提出宪法衡量和质疑。①

(三)

案情 1 和 2 的申诉人的宪法申诉不成立。案情 3 中申诉人的宪法申诉成立,对他们作出的、在宪法申诉中被抨击的裁决违反了《德国基本法》第 103 条第 2 款规定。

Ⅰ.

1.《德国基本法》第 103 条第 2 款保障的是当可罚性在行为实施之前由法律作出规定时,行为才受刑罚处罚。这一宪法规范的意义不在于

① Vgl. BVerfGE 112, 50(60 ff.) m. w. N.

禁止习惯法上的或者溯及既往的刑罚理由。《德国基本法》第 103 条第 2 款包含立法上严格的明确性要求以及与之适应的、针对司法权的禁止证立刑罚的类推。[①] 这些保障服务于双重目的:

一方面应该确保立法者抽象概括地决定可罚性。就此而言,《德国基本法》第 103 条第 2 款包含严格的法律保留原则,该原则阻止行政权和司法权规定刑罚的规范前提。[②] 立法者决定哪些行为应受处罚,其职责是将极其严重地侵犯个人自由的国家行为民主化和合法化;政治集体在哪些范围和领域内直接使用作为社会控制工具的刑法手段,这是根本性的决定。[③]

另一方面这涉及规范接收者的法治国的保护:任何人都应该能预见到什么样的行为是被禁止和受刑罚处罚的。就这点而言《德国基本法》第 103 条第 2 款具有保障自由的功能。[④]

2.

(1)《德国基本法》第 103 条第 2 款的明确性要求包含了立法者的相应义务,即在民主议会的决策程序中阐明应罚或者不罚这样的核心问题,而且要具体描述可罚性的前提条件,从而使人们能够认识犯罪构成要件的涵射范围和适用领域,并且通过解释就能实现。[⑤] 立法者在行使基本权利的领域作出所有核心的决定[⑥],并且应该根据所规定的生活事实的特性和规范目的,尽可能明确地创设法律规定[⑦]:这些法治国的一般原则应该特别严格地适用于对基本权利特别敏感的实体刑法领域。因此根据明确性要求应该如此表述刑法规范,使规范接收者在通常情形下借助法律规定的字面含义就能预测到行为是否可罚。[⑧]

(2)然而立法者在刑法领域也要有能力掌控生活的多样性。[⑨] 如果立法者一定要将每个构成要件都规定得不留空隙,而不是限制在本质的、基

---

① 一贯判例参见 BVerfGE 14, 174(185); 73, 206(234); 75, 329(340)。

② Vgl. BVerfGE 75, 329(341)m. w. N.

③ Vgl. BVerfGE 123, 267(408).

④ Vgl. BVerfGE 75, 329(341)m. w. N.

⑤ Vgl. BVerfGE 75, 329(340 f.).

⑥ Vgl. BVerfGE 101, 1(34); 108, 282(312).

⑦ 规范明晰性原则,参见 BVerfGE 93, 213(238)。

⑧ Vgl. BVerfGE 48, 48(56 f.); 92, 1(12).

⑨ Vgl. BVerfGE 28, 175(183); 47, 109(120).

于持久性考量的关于刑罚前提、种类和幅度的规定,那么就会出现这种危险,即法律过于僵硬和个例化,无法再适当地应对情势变更或者个案的特性。[①]

由于刑法规范所要求的概括性和必然与之联系的抽象性,那么行为是否仍然处于法定构成要件的规制范围之内,这种疑问在具体情形中就是不可避免的。这种明确性要求并不是说,立法者在规定全部的犯罪构成要件时,被迫只能使用任何人都能直接掌握的描述性构成要件要素。刑法从一开始就不排除使用需要价值填充的概念和一般性条款。[②] 立法者也可以设置非描述性的构成要件,其必须依据非刑法的规定才能加以解释。只要不涉及填充刑法空白的规范,也就不需要按照《德国基本法》第 103 条第 2 款的明确性要求来衡量相关的非刑法规定。[③]

(3)单个的犯罪构成要件必须达到何种程度的法律明确性,毕竟这个问题没有一般性的答案。[④] 因此应该以评价性的整体考察方式,并且考虑可能的替代规定,来判断立法者是否在个案中遵循了源自《德国基本法》第 103 条第 2 款的义务。应该检查每个构成要件的特殊性,包括导致法律规定的情状[⑤],在这些情形中立法者施加的刑罚越严重,他就越要精确地规定可罚性的前提条件[⑥]。规范接收者的范围也具有重要性。[⑦]

联邦宪法法院的判例对于模棱两可的情况例外地认为,仅仅使一般人认识到遭受刑罚的风险[⑧]就足够了,这考虑到了条文界限模糊性的不可避免性。对狭义的意思内容(Bedeutungsinhalt)达成的广泛一致的认识,尤其是联邦最高法院的一贯判例可以打消由孤立考察构成要件(要素)的范围所必然引起的宪法质疑。[⑨] 经过扩张、穷尽可能的字面含义的解释,法律也会囊括议会中的立法者不想处罚的情形,但是只要限制性和

---

① Vgl. BVerfGE 14, 245(251).
② Vgl. BVerfGE 48, 48(56 f.); 92, 1(12); 另参见 BVerfGE 75, 329(341 f.)。
③ Vgl. BVerfGE 78, 205(213).
④ Vgl. BVerfGE 28, 175(183).
⑤ Vgl. BVerfGE 28, 175(183).
⑥ Vgl. BVerfGE 75, 329(342).
⑦ Vgl. BVerfGE 48, 48(57).
⑧ Vgl. BVerfGE 48, 48(56 f.); 92, 1(12).
⑨ Vgl. BVerfGE 26, 41(43); 87, 209(226 f.); 92, 1(18).

精确性的解释仍然是可能的,这个事实就不会让法律变得违宪。[①]

3. “罪刑法定”(nulla poena sine lege)原则对刑事审判庭而言包含着多重义务。

(1)决定可罚性的是立法者而不是法官。[②] 立法者对于其认为具有保护重要性和必要性的特定法益,要决定是否以及在何种范围内直接使用刑法手段来加以保护。法院无权修正立法者的决定。[③] 法院对处于刑法规范字面含义之外的案件必须宣告无罪,而不允许修正刑法规范。[④]当根据明确性要求特定的个案处于刑法适用范围之外时也要如此,尽管这些个案像被处罚的行为那样具有类似的应罚性,应该由立法者决定保留或者通过新的规定填补可罚性的漏洞。[⑤] 众所周知,从法律明确性的要求中产生了对类推性的或者习惯法上的刑罚根据的禁止。其中“类推”不能在狭义的技术意义上进行理解,而是说任何扩张构成要件的超越法律制裁规范内容的法律适用都要被排除,可能的字面含义作为被允许的法官解释的外部界限,应该从规范接收者的角度加以确定。[⑥]

(2)与此相应,对那些立法者用来描述可罚行为的概念的解释不能使可罚性的限制再度消失。个别的构成要件要素即便在其可能的字面含义之内也不允许进行宽泛的解释,以至于它们完全蜕变成了其他的构成要件要素,也就是说必然和这些构成要件要素共同出现。[⑦]

(3)还需要考虑到,有些行为虽然能够被刑法的字面含义所涵盖,但是在根据适当方法解释时也不受刑罚处罚。对于这种情形,法院的裁决不能使立法者认为不需处罚的行为变得可罚。[⑧] 法院应该尊重这种情形,并且在必要时通过限制性地解释规范的过于宽泛的字面含义来加以保障[⑨],其结果就是宣告无罪。

---

① Vgl. BVerfGE 87, 399(411).

② Vgl. BVerfGE 71, 108(116); 92, 1(19).

③ Vgl. BVerfGE 92, 1(13).

④ Vgl. BVerfGE 64, 389(393).

⑤ Vgl. BVerfGE 92, 1(13).

⑥ 一贯判例参见 BVerfGE 71, 108(115); 82, 236(269); 92, 1(12)。

⑦ 构成要件要素的转化或者去边界化,参见 BVerfGE 87, 209(229); 92, 1(16 f.)。

⑧ Vgl. BVerfGE 87, 209(224)m. w. N.

⑨ Vgl. BVerfGE 82, 236(270 f.); 87, 399(411).

(4)《德国基本法》第103条第2款包含运用宽泛的构成要件及其要素的规定。一方面,法院不能通过漫无边际的解释或者让规范边界无法辨识的理解,来增加规范适用领域的既存的不确定性,这样做将更加背离《德国基本法》第103条第2款的目的。[①] 另一方面,判例应该经过尽可能精确化和具体化的解释来消除规范适用领域的剩余的模糊性(精确化要求)。这一义务对于某些构成要件具有特殊的重要性,这些构成要件是立法者在权限范围内使用一般条款适当宽泛并且模糊地设立的。在有些情形中,规范接收者根据法定构成要件只能认识到处罚的可能性,而且只有参考稳定的判例才能掌握解释和适用规范的可靠基础时[②],判例就负有参与阐释可罚性的前提条件的特别义务,以上情形也可以表现为超越信赖保护的一般原则[③]的变更判例的要求。

(5)在对刑事审判庭是否遵循了《德国基本法》第103条第2款的预先规定进行宪法审查时,联邦宪法法院并不限于正当性审查。《德国基本法》第103条第2款蕴含的严格的法律保留增加了宪法法院的审查强度。不管是对刑法界限的超越,还是对刑法内容的框定和精确化,都涉及决定可罚性的问题,并因此涉及司法权和立法权的界限。联邦宪法法院有权解释就此提出的问题。

如果法院根据对构成要件要素或者规范的固定理解来解释和应用刑法规范,那么联邦宪法法院就要全面审查这种固定的理解。[④] 相应地,当内容宽泛的规范所确定的可罚性受到固定和更复杂的大前提(Obersätze)限制时,也是如此,它们在构建案例群和将刑法规范的要求特定化的情形中同样适用。联邦宪法法院要审查的是,法院在适用和解释刑法规范时是否遵循了将规范具体化的发展至今的大前提,在必要的情况下法院是否在刑法规范的范围内正确发展了这些大前提,以及法院是否将这些大前提作为评价具体案件的根据。

相反,联邦宪法法院对——必要时在联邦最高法院的大前提中——固定的规范理解进行的内容审查仅限于,这种理解在框定规范时不能是明

---

① Vgl. BVerfGE 71, 108(121); 87, 209(224 ff., 229); 92, 1(19).

② Vgl. BVerfGE 26, 41(43); 45, 363(371 f.).

③ 对此参见 BVerfGE 74, 129(155 f.); 122, 248(277 f.)。

④ Vgl. BVerfGE 92, 1(18); 92, 1(23 ff.)–abw. M.

显失当的。[①] 因此,正如适用在必要时由大前提加以框定和精确化的刑法规范一样,原则上没有涉及宪法的问题。根据《德国基本法》第 103 条第 2 款对刑事审判庭的裁决的宪法审查并不影响法院解释和适用刑法的职责,特别是联邦最高法院的职责。

Ⅱ.

根据这些标准,现行有效的背信罪构成要件仍然符合《德国基本法》第 103 条第 2 款的明确性要求。《德国刑法典》第 266 条第 1 款清楚地指出了法益和特别的危险,立法者正是想借助构成要件来保护该法益免遭这些危险。在这一背景下,尽管构成要件具有宽泛性和随之而来的相对的模糊性,构成要件仍然能得到足够限制性的和精确化的解释,从而适当地应对来自充分的明确性要求的质疑。

1.

(1)《德国刑法典》第 266 条第 1 款保护的是个人具有金钱利益的全部财产。[②] 因而法益就一目了然。个别的观点认为法律和经济活动诚实性的(个人或者集体的)信赖也受到保护[③],这至多是补充性的方面,尤其无法改变如下事实,即构成要件中的"不利"只能是"财产不利"。[④]

(2)背信罪构成要件不同于其他的财产犯罪,它"从内部"保护财产所有人免遭损失。[⑤] 那些将经济利益交给他人管理,并且依靠受托人的诚实性的财产所有人特别容易受到伤害,而背信罪的构成要件就是要阻止这样的伤害发生。[⑥]

(3)鉴于现代经济中财产所有权和委托的处分权(管理)的分离,立

---

① 参见 BVerfGE 26, 41(43),其中指出,固定的解释是"普遍认可的"。

② Vgl. BGHSt 43, 293(297); BGH, Urteil vom 20. Juli 1999-1 StR 668/98, NJW 2000, S. 154(155); Fischer, Strafgesetzbuch, 57. Aufl. 2010, §266 Rn. 2; Kühl, Strafgesetzbuch, 26. Aufl. 2007, §266 Rn. 1; Lenckner/Perron, in: Schönke/Schröder, Strafgesetzbuch, 27. Aufl. 2006, §266 Rn. 1; Schünemann, in: Leipziger Kommentar zum Strafgesetzbuch, Bd. 7, 11. Aufl. 1998, §266 Rn. 28.

③ Vgl. Dunkel, GA 1977, S. 329(334 f.).

④ Vgl. Fischer, a. a. O., §266 Rn. 110; Kühl, a. a. O., §266 Rn. 16.

⑤ Vgl. Schünemann, NStZ 2005, S. 473(474).

⑥ Vgl. Perron, GA 2009, S. 219(223).

法需求日益高涨并越来越有现实意义。[①] 与之相应,在欧洲众多的法律秩序中存在着不同具体形式的构成要件,它们涵盖了社会机构和其他财产管理人的“不忠”行为。[②]

(4)鉴于这种背景和可以回溯到1933年之前的构成要件的历史[③],作为背信罪可罚性根据的评价不能被视为纳粹的思想。忠诚的概念就像联邦总检察长在其观点中提到的那样[④],在纳粹时期被滥用了,但是这种情况不能导致对其否定的评价。1949年以来德国联邦议院多次提及背信罪构成要件,这就意味着民主的立法者将有效的规范收为己用。

2. 立法者的这种规制理念——为了全面有效地保护财产——导致出现了非常宽泛而且适当模糊的刑法规定。

(1)立法者在很大程度上放弃了为个别的信托关系创设特别构成要件,例如在以前的《德国股份公司法》第294条或者当今国外的一些法律制度中都可见到这些特别构成要件。[⑤] 最重要的例外就是《德国刑法典》第266条a和第266条b,它们是对司法权限制性地适用背信罪构成要件的立法回应。在当今的司法实践中,背信罪构成要件的适用范围延伸到了不同的领域,例如银行董事提供贷款[⑥]、公营或者私营企业的董事发放奖金[⑦]、违反预算使用公共资金[⑧]、违反政党法的规定[⑨]或者特定形式的腐败[⑩]。因此,背信罪的可罚性和《德国银行法》(§54 ff. KWG)、《德国股份公司法》(§399 ff. AktG)、《德国政党法》(§31d PartG)等特殊法律规定中的犯罪构成要件同时出现,或者当像《德国预算法》那样缺乏特别规

---

① Vgl. Kindhäuser, in: Nomos-Kommentar Strafgesetzbuch, Bd. 2, 2. Aufl. 2005, §266 Rn. 3.

② Vgl. Cappel, Grenzen auf dem Weg zu einem europäischen Untreuestrafrecht, 2009, S. 187 ff.

③ 对此可以参见 Mayer, Die Untreue im Zusammenhang der Vermögensverbrechen, 1926。

④ 参见上文(一)Ⅰ.(2)。

⑤ Vgl. Cappel, a. a. O., S. 198 ff.

⑥ Vgl. BGHSt 46, 30; 47, 148.

⑦ Vgl. BGHSt 50, 331.

⑧ Vgl. BGHSt 43, 293.

⑨ Vgl. BGHSt 51, 100.

⑩ Vgl. BGH, Urteil vom 27. Februar 1975, StR 571/74, NJW 1975, S. 1234; Urteil vom 9. Juli 2009-5 StR 263/08, NJW 2009, S. 3248.

定时,它就成了唯一的刑法依据[①],或者——直到1998年9月10日通过《关于1996年9月27日〈为保护欧洲共同体财政利益起草公约的议定书〉的法案》(BGBl Ⅱ S. 2340)和《关于1997年12月17日〈禁止在国际商业交易中贿赂外国公职人员公约〉的法案》(BGBl Ⅱ S. 2327)——它适用于一些跟国外有关的贿赂行为。[②]

(2)这种观念的结果就是,两种形式的背信罪构成要件都非常抽象和宽泛,所以其解释能力和需求也比较高。

A. 和1871年版本的背信罪构成要件不同,现行刑法只通过高度抽象化的定义来划定不忠型构成要件(《德国刑法典》第266条第1款第2种形式)的接收者范围:关键的是"代表"或者"照管"他人财产利益的义务。这两个术语和他人的财产利益有关,都意味着为他人实施的或者顾及他人的关于财产的行为。从字面含义中仅仅可以确定,构成要件以行为人和(潜在的)受害人的关系为前提,这种关系使行为人承担为受害人的实质利益着想的责任。这是一种特别的责任,它超出了适用于任何人的保护他人权利范围的义务。仅仅根据字面含义,可以得出非常宽泛的具有多种可能性的适用领域。正如德意志帝国法院在1934年12月14日的判决[RGSt 69, 58(60 f.)]中解释的那样,人们可以:

> 理解成所有的职责范围和工作,其内容就是通过某种方式(作为、容忍、不作为)对他人的财产或者部分财产产生必要的或者有益的影响……和如此广泛的解释相对,从法律的字面规定中得不出任何确定性的内容。它可以适用于完全是从属性的委托关系和雇佣关系当中,甚至可以适用于大部分的信差工作当中。

滥用型构成要件(《德国刑法典》第266条第1款第1种形式)的前提是行为人享有支配他人财产或者使他人承担义务的权利。虽然这里使用了在法律用语中准确定义的[③]和不懂法律的人也能完全理解的概念,但是滥用型构成要件的行为人范围也是广泛的,例如它包含和银行或者

---

① Vgl. Coenen, Die Strafbarkeit von Verstößen gegen das Haushaltsrecht bei der Bewirtschaftung öffentlicher Mittel, 2000.

② Vgl. Saliger/Gaede, HRRS 2008, S. 57(60 ff.).

③ 参见Fischer, Strafgesetzbuch, 57. Aufl. 2010, §266 Rn. 10 ff.;详细参见Schünemann, in: Leipziger Kommentar zum Strafgesetzbuch, Bd. 7, 11. Aufl. 1998, §266 Rn. 37 ff., 46。

信用卡公司发生关系的支票持有人和信用卡持卡人。

B. 违反代表和照管他人财产利益的义务,以及滥用合法权利的核心要素不仅本身宽泛,还需要结合非刑法的规范集合和评价,它们在具体情形中构造财产所有人和财产管理人之间的关系,由此才能确定刑罚保护的义务的内容和违反义务的标准。[①] 作为处罚背信罪的必要条件,行为的义务违反性在民法或者公法规范中有清晰的说明,不过在个案中确定这种义务违反性时也有较大的不确定性。

与其说根据空白要素的类型,义务违反要素存在于其他的明文规定当中[②],毋宁说这里涉及的是复杂的规范性构成要件要素。[③] 规范适用者首先面临的问题是,在判断义务违反性时需要参照哪些非刑法的规定。然后就是解释相关规范的问题,因为从《德国刑法典》第 266 条第 1 款的规范文本中不能得出对相关规范的明确性要求。这些规范包括具有严重不确定性或者一般条款性质的规定。例如对于案情 3 中的申诉人,参照的只是《德国股份公司法》第 76 条、第 93 条、第 111 条和第 116 条的部分相关规定。[④] 当义务人——例如在引用的《德国股份公司法》规范所涉及的情形中——享有的决定余地的界限抽象和难以确定时,就会增加解释的难度。[⑤]

C. 另外,背信罪构成要件以不利的出现为前提。不利的概念对于涉及的财产而言虽然含有通常可以理解的意思内容[⑥],但是在《德国刑法典》第 266 条第 1 款中具有特别的解释难度。

a)按照日常用语,“不利”意味着“损害、损失、糟糕状况”[⑦],“某(事)

---

① 关于构成要件的从属性参见 Beulke, in: Festschrift für Ulrich Eisenberg, 2009, S. 245 (250); Hohmann, ZIS 2007, S. 38 ff.; Rönnau, ZStW(2006), S. 887(905)。

② 参见 Kubiciel, NStZ 2005, S. 353(357 ff.); Rönnau, a. a. O., S. 887(904); 关于空白构成要件的宪法问题可参见 BVerfGE 75, 329。

③ Vgl. BVerfGE 78, 205(213); Kubiciel, a. a. O.; Rönnau, a. a. O., S. 887(904).

④ Vgl. BGHSt 47, 187(192); 50, 331(336); Kindhäuser, a. a. O., §266 Rn. 58.

⑤ 参见《德国股份公司法》第 93 条第 1 款第 1 句和第 2 句。另参见 BGHSt 47, 187(193 ff.); BGHZ 135, 244; Hüffer, Aktiengesetz, 9. Aufl. 2010, §93 Rn. 1, 4 a。

⑥ Vgl. BVerfG, Beschluss der 2. Kammer des Zweiten Senats vom 10. März 2009 - 2 BvR 1980/07, juris, Rn. 24.

⑦ Wahrig, Deutsches Wörterbuch, 8. Aufl. 2008, S. 1047.

物,其能够对某人造成跟他人相比消极的影响,妨碍某人,使某人遭受损失"[①],或者"表现为减损、恶化的恶事,总的来说是损害、损失、损伤、妨碍"[②]。《德国刑法典》第 266 条第 1 款意义上的财产不利显然以比较两种财产状况为前提,从而必须出现差异。[③]

不利要素对《德国刑法典》第 266 条第 1 款的框定首先体现在,法律无一例外地要求出现真正的不利,因为立法者不处罚背信罪的未遂。背信罪是以结果不法为前提的纯粹的侵害结果犯(Verletzungserfolgsdelikt)或者存续保障犯(Bestandsschutzdelikt)。[④] 如果损害的出现是不确定的,即使具备可能性,也要根据"存疑有利于被告人"原则宣告无罪。

b)尽管如此,不利要素引出了非常重要的解释论层面的问题。

一方面,从字面规定中无法清晰地认定,对于违反义务或者滥用权利的行为导致的不利,法律原义是指比较被谴责行为实施前后的财产状况而得出的差异,还是指在遵守或者违反义务的行为情形中的财产结余之间的差异。如果当事人(例如案情 1 中的申诉人)不向委托人公布隐瞒的财产或者不归还"被视为丢失的"财产,那么他的违反义务的不作为就要受到谴责,这种情形尤其会产生不同的结果。在这些情形中,可罚性取决于财产比较的形式,并因此取决于人们对"因而使……遭受不利"的理解。

具体化的要求也可以从这一事实中得出,即作为法益和比较的关键点的财产并不是指可以直接被感知到的对象,而是指经济数值,其在特定时间的范围只有通过估价才能得出来。需要决定哪些资产项目属于价值确定(Wertbestimmung)的范围以及如何确定其价值。另外规范的衡量具有重要性,可能质疑和义务违反要素相对的独立的不利要素,此外使界定不利概念变得困难。例如这体现在如下的问题中,受托人引起的增值能够在多大范围内补偿出现的损失[⑤],以及在哪些情况下针对行为人的补

---

① Duden-Deutsches Universalwörterbuch, 5. Aufl. 2003, S. 1120.

② Jacob und Wilhelm Grimm, Deutsches Wörterbuch, Bd. 7, Nachdruck 1984, Sp. 184 f.

③ Vgl. Riemann, Vermögensgefährdung und Vermögensschaden, 1989, S. 6.

④ Vgl. Perron, in: Festschrift für Klaus Tiedemann, 2008, S. 737(740); Rönnau, StV 2009, S. 246.

⑤ Vgl. BGH, Urteil vom 6. Mai 1986-4 StR 124/86, NStZ 1986, S. 455(456); Kühl, a. a. O., §266 Rn. 17b.

偿请求权被例外地视为减少损失。[1] 还要考虑到,财产不利或者损失的出现一般来说是一个动态的过程[2],对其的判断往往依赖于将哪个时点作为调查的基础。

c)最后,虽然不利要素将背信罪的可罚性限制在以可衡量的财产损失作为特定行为后果的案件当中,却没有涉及由义务违反性来解决的应罚性的独立内容。因为在“典型的”财产照管关系中,例如在银行和董事之间,受托人能享有很大的行为空间,其中显然包含对损失风险的认可。例如由于拖欠贷款而出现财产损失时,仅凭此还不能说负责发放贷款的董事的行为是不被允许的和可罚的。[3]

(3)除上述要素外,背信罪构成要件不包含其他的限制条件。其对主观方面的要求也不高:仅仅需要关于全部客观构成要件要素的有条件的故意。背信罪构成要件不以损害意图为前提,而 1871 年版的构成要件的字面规定要求具有损害意图。[4] 它也不要求——例如诈骗罪构成要件——行为人具有(使自己或者相关第三人)获利的目的。[5]

3. 背信罪构成要件允许具体化的解释,这种解释在多年以来的实务判例中得到了运用,也证明了具有限制构成要件的功能。

(1)对于规范的接收者范围,德意志帝国法院认为根据立法者的意图不应该“过分地扩大”背信罪的处罚范围。从不忠型构成要件的法律规定中可以而且必须得出这样的结论[6],即:

“所指的是这些义务或者义务范围,其存续期间不确定,其范围也不限于个别情况,所以义务人在履行义务时具有一定的活动空间、一定的行

① Vgl. BGHSt 15, 342(343 f.); Dierlamm, in: Münchener Kommentar zum Strafrgesetzbuch, Bd. 4, 2006, §266 Rn. 184 m. w. N.; Fischer, a. a. O., §266 Rn. 168; Waßmer, Untreue bei Risikogeschäften, 1997, S. 126 ff.

② Vgl. Fischer, NStZ-Sonderheft 2009, S. 8(12).

③ Vgl. BGHSt 46, 30(34); Albrecht, in: Festschrift für Rainer Hamm, 2008, S. 1(3).

④ Vgl. Perron, in: Jahresband der Juristischen Studiengesellschaft 2008, S. 45(61);然而德意志帝国法院将“蓄意”(“absichtlich”)这一术语解释为“故意”(“vorsätzlich”):只要认识到相关行为对受保护的财产是不利的就足够了;参见 RG, Urteil vom 10. Juli 1888, GA 36(1888), S. 400(401)。

⑤ Vgl. BVerfG, Beschluss der 2. Kammer des Zweiten Senats vom 10. März 2009 - 2 BvR 1980/07, juris, Rn. 35; BGHSt 51, 100(121).

⑥ Vgl. RGSt 69, 58(61 f.).

动自由或者独立性。事实上这种义务范围在重要性和规模上可能或多或少不及监护人、遗嘱执行人或者其他财产管理人的义务,而更像是民法上个别的商务代理。”

因此当今的判例和理论认为,仅仅和他人的财产利益发生义务关系还不足以说明《德国刑法典》第 266 条第 1 款第 2 种形式的财产照管义务。履行合同的义务本身并不足够,顾及合作伙伴(财产)利益的一般性的合同附随义务(参见《德国民法典》第 241 条第 2 款、第 242 条和第 311 条第 2 款)也是如此,此外单纯的违约行为不应受刑罚处罚。行为人承担的应该是内容特别明显的代表他人财产利益的义务。[①] 判例采取整体考察的方式来判断个人所承担的任务是否体现了代表财产利益的重要性。具有决定意义的因素首先在于,利他性的财产照管行为是不是法律关系的主要内容,以及义务人在履行其代表行为时,是不是具有某种程度的活动空间、某种程度的行动自由或者独立性,换言之,是否具有在一定的裁量余地内负责任地作出决定的可能性。[②] 判例认为这种适格的地位是不忠型和滥用型构成要件的前提,所以违反协议使用支票和信用卡的行为就不在背信罪构成要件的适用范围之内。[③]

这一领域中的一贯判例考虑到背信罪构成要件背后的保护目的,可以适当地限制本罪的适用范围。据此可以确定,一方面,在大部分的生活情境中根本不需要考虑适用背信罪的构成要件。这适用于例如买卖合同或承揽合同等日常的交换合同中的所有当事人,或者其工作领域和雇主的财产没有特殊关系的雇员[④]。另一方面,存在着一个核心领域,其中毋庸置疑的是存在财产照管义务,因此按照不忠型构成要件来处罚也是可能的。当涉及私法或者公法组织的董事所维护的机构财产时,对这些董事来说尤其如此。[⑤]

---

① Vgl. BGHSt 1, 186(188 f.); Fischer, Strafgesetzbuch, 57. Aufl. 2010, §266 Rn. 35; Maurach/Schroeder/Maiwald, Strafrecht Besonderer Teil, Teilbd. 1, 9. Aufl. 2003, S. 584.

② 参见 BGHSt 1, 186(188 f.); 3, 289(294); 4, 170(172); 13, 315(317); 其他资料参见 Dierlamm, a. a. O., §266 Rn 44; Fischer, a. a. O., §266 Rn. 29。

③ Vgl. BGHSt 24, 386; 33, 244.

④ 参见 Fischer, a. a. O., §266 Rn. 49 关键词“雇员”。

⑤ 参见 Fischer, a. a. O., §266 Rn. 36 关键词“银行董事”“机关领导”“协会理事”“董事会成员”;Kierhe, WM 2003, S. 861(867)。

(2)联邦最高法院的判例也在案例群特有的大前提中对义务违反性要素进行了具体化,从而在通常情况下保证处罚的可预测性。刑罚的可预见性和法秩序的关联性(Kohärenz)紧密相关。根据宪法进行的相应解释的目的应该在于,将背信罪构成要件的适用范围限制在具有清楚明晰的(显然的)违反义务行为的案件中,在创设特殊的制裁规定时避免评价上的矛盾以及维护背信罪作为财产犯罪的特征。(继续)发展实现这一目标的适当的教义学手段首先是刑事审判庭的任务,在这里尤其是上诉法院的任务。上诉法院必须为了背信罪在重要领域适用时的可计算性和可预测性,考虑上述标准并通过构建案例群特有的大前提,从而使其容易操作。

近年来联邦最高法院用不同的判例构建案例群特有的大前提。[①] 近年来的判例也有限制构成要件的功能,认为《德国刑法典》第266条意义上的义务违反仅仅是严重的义务违反。[②] 鉴于已经阐释的限缩(限制)非常宽泛的字面含义的必要性,反对判例的观点就没有说服力了,该观点认为从构成要件的字面含义中解读不出严重的义务违反。[③] 案情3中的申诉人1)至5)认为这将导致宽泛的评价空间,因而在个案中的结果就变得无法预测。这种反驳没有认识到,只有在义务违反是明显的情况下才肯定其严重性。

(3)在解释不利要素时必须尊重立法意图,将这一要素视为义务违反之外的独立要素;不能将这一构成要件要素转化成义务违反性要素,即将不利要素并入义务违反要素。[④] 为了保证既遂的要求,需要独立确定不利的出现。除了简单明了的案件,例如出现了显然可以掌握的最低损失的情形,刑事审判庭要估算其认可的不利数额,还要在判决理由中以经

---

① 参见关于赞助的判例 BGHSt 47, 187;关于发放贷款的判例 BGHSt 46, 30 和 BGHSt 47, 148,详情参见下文Ⅲ. 3. (1);股份有限公司发放奖金的判例 BGHSt 50, 331。

② 参见 BGHSt 47, 148(152 f.); 47, 187(197); 另参见 BGHSt 50, 331(343 ff.); BGH, Urteil vom 22. November 2005-1 StR 571/04, NJW 2006, S. 453(454 f.)。文献中的赞同观点参见 Kutzner, NJW 2006, S. 3541(3543); 否定观点参见 Beckemper, NStZ 2002, S. 324(326); Sauer, wistra 2002, S. 465 f. 。

③ Vgl. Schünemann, NStZ 2005, S. 473(475).

④ 关于这种危险参见 Saliger, ZStW 112(2000), S. 563(610); ders., HRRS 2006, S. 10(14)。

济上可行的方式解释查明不利的方法。

不能因为实务操作的难度就放弃所要求的对不利的具体调查。如果在经济实践当中发展出了评价资产状况的适当方法,那么法院也要将这些方法——必要时通过专家的帮助——作为其判决的根据。具体而言就是找出确定损失的可靠根据,使其具有操作合理性,并且要断定,在个案中确定财产不利的充分可靠的基础是否完全出现,或者行为人是否仍然在未出现可以量化的损失的范围内活动。只要存在着不确定性,那么就要按照怀疑原则来估算(最低)损失。[①]

在确定不利时规范的视角十分重要,但是如果要保持背信罪作为财产犯和结果犯的特征,规范的视角就不能排斥经济的考量。例如,为实现被禁止的目的而利用财产的行为本身还不足以证明存在不利,在此类情形中还要检视被禁止的行为从经济上衡量是不是有害。

Ⅲ.

针对案情 1 和 2 中申诉人的裁决符合《德国刑法典》第 266 条第 1 款的解释要求,但是柏林州法院 2007 年 3 月 21 日针对案情 3 中申诉人的判决和联邦最高法院 2009 年 2 月 4 日驳回对该判决的上诉的裁定不符合解释要求。

1. 在案情 1 中,联邦最高法院认为符合构成要件的不利数额就是由申诉人管理的储存在国外秘密账户中的金额,造成不利的原因是,申诉人在掌控该资金之后,没有把联邦最高法院已经看作公司经济损失的这些资金归还给公司,而是持续地隐瞒。这种看法不存在宪法上的疑虑。

(1)联邦最高法院在申诉人的审理程序中,根据这个原因认识到了公司遭受的独立的不利后果,这既契合《德国刑法典》第 266 条第 1 款的字面含义,又符合对构成要件进行限制性和精确性解释的要求。这也符合联邦最高法院关于如何计算盈利前景破灭时的损失的一贯判例,这种判例不存在宪法上的疑问。

A.

a)根据当今的判例和通说,原则上应该通过对被禁止的支配行为实

---

① Vgl. BGHSt 30, 388(390); BGH, Beschluss vom 20. März 2008 - 1 StR 488/07, NJW 2008, S. 2451(2452); Beschluss vom 18. Februar 2009 - 1 StR 731/08, NStZ 2009, S. 330(331); Beschluss vom 20. Oktober, 2009 - 3 StR 410/09, juris, Rn. 7.

施前后的整体财产进行经济上的比较,来检验作为背信罪行为后果的财产不利。[①] 与此相对,德意志帝国法院有时这样表述,判断不利时应该"比较在行为人没有滥用权利或者违反义务时受害人会拥有的财产,和在这种作为或者不作为影响下受害人实际拥有的财产"[②]。

判例也总是在这类案件中承认不利结果,即行为人的行为使对财产增值的具体可靠的预期——文献中称之为"期待"或"事实期待"——破灭了。[③] 例如,由于不进行可以获利的投资而产生的利息损失就被帝国法院视为符合构成要件的不利。[④] 联邦最高法院在一贯判例中肯定下述情形满足背信罪的构成要件,当财产所有人可能和第三人签订特别有利的合同,而行为人得到第三人的承诺,在合同签订后第三人将把一部分其从财产所有人处得到的——相应提高的——报酬馈赠给行为人,由此使签约失败。[⑤]

文献的解读主要是,这种判例只考虑确定的盈利前景中已经现实化的财产价值,所以并没有偏离作为确定不利的基础的"前后比较"方法。[⑥] 这种评价方式和诈骗罪中计算损失的方法可谓异曲同工,在诈骗罪中,原来的财产因为欺骗所引起的处分行为而遭受减损,通说认为损失也仅仅是指这种减损。[⑦] 相反,其他作者强调背信罪和诈骗罪的不同,认为区别在于,《德国刑法典》第 266 条第 1 款的财产照管义务也包含让被保护的

---

① Vgl. BGHSt 47, 295(301 f.); BGH, Beschluss vom 17. August 2006 - 4 StR 117/06, NStZ - RR 2006, S. 378(379), jeweils m. w. N.; Dierlamm, in: Münchener Kommentar zum Strafrgesetzbuch, Bd. 4, 2006, § 266 Rn. 178; Fischer, Strafgesetzbuch, 57. Aufl. 2010, § 266 Rn. 115; Kühl, Strafgesetzbuch, 26. Aufl. 2007, § 266 Rn. 17; Maurach/Schroeder/Maiwald, Strafrecht Besonderer Teil, Teilbd. 1, 9. Aufl. 2003, S. 587.

② RGSt 73, 283(285).

③ Vgl. Schünemann, a. a. O., § 266 Rn. 135; Hefendehl, Vermögensgefährdung und Exspektanzen, 1994, S. 25 ff.

④ Vgl. RG, Urteil vom 10. Juli 1888, GA 36(1888), S. 400.

⑤ 所谓支付回扣,参见 BGHSt 31, 232; 50, 299(314 f.); BGH, Beschluss von 20. Januar 1984-3 StR 520/83, wistra 1984, S. 109; Urteil vom 8. Mai 2003 - 4 StR 550/02, NStZ 2003, S. 540(541); Urteil vom 9. Juli 2009-5 StR 263/08, NJW 2009, S. 3248。

⑥ 参见 Schünemann, in: Leipziger Kommentar zum Strafgesetzbuch, Bd. 7, 11. Aufl. 1998, § 266 Rn. 135; Dierlamm, a. a. O., § 266 Rn. 185; 文献概况参见 Hefendehl, Vermögensgefährdung und Exspektanzen, 1994, S. 33 ff.。

⑦ Vgl. Fischer, a. a. O., § 263 Rn. 88 ff.

财产增值,果真如此,那么《德国民法典》第 252 条规定的所失利益也意味着损失。在这些情形中,没有满足针对行为人的权利被视为偏离“前后比较”方法的背信罪意义上的财产减损。①

b)从宪法角度而言首先可以肯定,这两种教义学方法都符合《德国刑法典》第 266 条第 1 款的字面含义。这一规定本身并不排除的做法是,在判断表明不利的差额时,不是通过比较实施违反义务的行为之后的现实状态(Istzustand)和原状(status quo ante),而是比较该现实状态和实施符合义务的行为时的应然状态(Sollzustand)。

对背信罪进行限制和精确解释的要求与判例的结果及其论证方法也并不矛盾。机会和盈利前景也具有财产相关性和财产价值,这种看法符合日常经济生活的经验,例如积极的利益预测对股价的影响;对预料到的危害损失的消极考量与此相应[参见下文 3.(2)A.]。相反,当在账目报告中期待的利益增值无法在会计法中实现时,这是主导商业会计法的谨慎原则的结果,该原则为了保护交易,选择价值低估而非价值高估②,就此而言偏离了纯粹经济分析的方法。这些情况指的是——对宪法判断无关紧要——如何在教义学上建构和表述的问题,即在此处涉及的情形中,是否可以说对财产价值的既存预期已经破灭,还是说要关注义务违反行为结束后的现实状态和实施合法行为时的应然状态之间的差异。如果选择后一种视角,就要特别注意维持不利要素独立的限制可罚性的特征。

B. 与申诉人的理解不同,联邦最高法院在本案中利用这些原则就能够确定不利的出现,而没有抵触宪法上的质疑。显然联邦最高法院第二刑事审判庭肯定不利结果的关键依据③是行为的最终性和持久性,即申诉人决定维护秘密账户,不将它公布和归还。这里有挫败(Vereitelung)要素,联邦总检察长对此作了强调,而申诉人没有提及。另一种做法就是比较 S 股份公司现有资产状况和在按照义务公布并退还账户时的资产状况,以此为判断根据。本案中的不利也并非不可预见,联邦最高法院的判

---

① Vgl. Kindhäuser, in: Nomos-Kommentar Strafgesetzbuch, Bd. 2, 2. Aufl. 2005, § 266 Rn. 97, 101; Rengier, Strafrecht Besonderer Teil Ⅰ, 9. Aufl. 2007, S. 308.

② 参见 Großfeld, Bilanzrecht, 3. Aufl. 1998, Rn. 166 ff., 172; 另参见 Baumbach/Hopt/Merkt, Handelsgesetzbuch, 33. Aufl. 2008, § 252 Rn. 10 ff., 13 ff.。

③ Vgl. BGHSt 52, 323(336 f.).

例已经明确指出了由于持续保留秘密账户制度而产生的资产不利。[①]

(2)联邦最高法院以经济上可操纵的因而没有宪法疑虑的方式将损失进行数额换算,估算的损失是由申诉人接管并且存于秘密账户中的资金总额,具体来说就是(至少)从后来的 L 和 R 案件中计算出的 2 650 000 欧元、2 987 000 欧元和 483 990 美元的贿金。

如果坚持这一前提,即秘密账户中的资金在申诉人接管之前对 S 股份公司不再有经济价值,那么申诉人对此提出的反对论据就忽视了个案的特殊性。资金所储存的账户——正如联邦最高法院[②]所强调的那样——并不是在 S 股份公司名下,而是在其他不同的公司和列支敦士登的基金会名下,所以 S 股份公司在法律上无权要求相关银行支付现金,而是至多可以针对参与设立秘密账户的员工采取措施。然而通说认为,在确定损失时原则上不应该考虑针对行为人本人的赔偿请求权。[③] 从宪法角度来看,这种原则上所要求的经济评价方法的例外并无不当,因为它显然符合《德国刑法典》第 266 条第 1 款的规制目的和立法意图。因为存在损失赔偿请求权就否定损失的观点是矛盾的。[④] 宪法也不要求将本案和这样的情形等同视之,即判例否定符合构成要件的不利,因为行为人随时准备好而且有能力用自己的流动资金完全补偿亏空额。[⑤]

2. 在案情 2 中州法院和联邦最高法院也是以符合宪法的方式适用背信罪,和申诉人观点相反的对义务违反要素的解释尤其值得称道。该解释遵循了规范的字面含义,也符合对字面含义进行限制性解释的要求,所以同时也没有违反《德国基本法》第 3 条第 1 款规定的普遍的禁止恣意原则。

鉴于申诉人和其代表的医疗保险基金的关系,其负有遵守《德国社会法典》第五卷第 4 条第 4 款的节约性和经济性原则的与财产有关的义务。卡塞尔州法院将背信罪的可罚性清楚地限制在明显严重违反这个针对申

---

① Vgl. BGHSt 51, 100(112 ff.).

② Vgl. BGHSt 52, 323,(325 f., 333 f.).

③ Vgl. Dierlamm, a. a. O., § 266 Rn. 184 m. w. N.; Fischer, a. a. O., § 266 Rn. 168; Waßmer, Untreue bei Risikogeschäften, 1997, S. 126 ff.

④ Vgl. Ransiek, ZStW 116(2004), S. 634(663 f.).

⑤ Vgl. BGHSt 15, 342(343 f.); BGH, Beschluss vom 30. Oktober 2003 - 3 StR 276/03, NStZ-RR 2004, S. 54.

诉人的判断空间的原则的情形中,因此它遵守了限制性的要求。[①] 判决解释说,“对背信罪来说重要的仅仅是清楚的违反,即……明显能被认识到”,因为经济节约原则“在《德国社会法典》第五卷第4条第4款中只有标准化的规定,没有具体展开”。除此之外不要求分析联邦最高法院关于严重的义务违反的必要性的最近判例。鉴于限制申诉人行为余地的董事会基本立场和个案具体情况,刑事审判庭只需要根据实际发生的事实来断定实际上出现了所要求的违反。

3. 柏林州法院于2007年3月21日对案情3中的申诉人1)至5)作出了判决,但该判决在认定不利时不符合宪法对《德国刑法典》第266条第1款的解释要求。对于联邦最高法院的观点,也不能排除申诉人的判决违反了该要求。

(1)州法院的判决和联邦最高法院的裁定认为申诉人在P. Ⅱ情形中通过(民法上有效的)同意贷款,违反了《德国股份公司法》第76条、第82条和第93条规定的作为董事会成员的义务,即代表B. H. 股份有限公司的财产利益的义务,就此而言裁决不存在宪法上的疑问。

A. 联邦最高法院提出了决定发放贷款时义务违反性的判断标准,刑事审判庭就是以这些标准为评价根据。只有在全面谨慎的信用检查之后才能发放贷款,这是公认的银行职员工作原则。当决定者在提供贷款时严重违反了银行通行的有关借款人经济状况的告知和检查义务时,他就违反了《德国刑法典》第266条规定的义务。[②] 联邦最高法院明确地说,对于提供贷款是违反义务的结论,其前提在于,初审法院已经详细分析了所有决定性的情况,特别是借款人的财产状况、借款的使用目的和计划的业务前景。任何贷款行为就其本质而言都是伴随着风险的业务,在发放贷款时要根据全面的信息衡量这些风险和其中蕴含的机会。如果审慎地进行了这种衡量,那么就不能因为后来出现的履行困难而肯定义务违反性。[③]

联邦最高法院认为,没有充分进行风险检查的根据尤其体现在下列事实中,即忽视告知义务,决定者没有必要的权利,贷款时向共同负责人、

---

① Vgl. BSGE 55, 277(279); BSG, Urteil vom 29. Februar 1984-8 RK 27/82, juris, Rn. 20 ff.; Hoyningen-Huene, BB 1991, S. 1345(1347 ff.).

② Vgl. BGHSt 47, 148(150).

③ Vgl. BGHSt 46, 30(33 f.).

授权监督人或者权利人提供虚假或者不完整的材料,没有遵循规定的目的,超过最高贷款限制,或者决定者谋取私利。[①] 此外关于背信的义务侵害根据也可以是,没有履行《德国银行法》第18条第1款规定的要求公布经济状况的义务,尽管告知义务和《德国银行法》第18条规定的义务不完全一致。忽视告知义务属于背信罪意义上的义务违反。银行通行的注意义务将银行管理者发放贷款的权限具体化,至于银行进行信用评价时注意义务的其他阐释,联邦最高法院也参照了联邦金融监管局(以前是联邦银行监管局)为适应《德国银行法》第18条而发布的通知。[②]

B. 这些标准符合宪法对违反财产照管义务的要素的解释要求。它们使违反银行及其管理者(对股份公司而言是其董事会成员)之间的内部关系的义务成为判断背信罪中违反财产照管义务的必要条件,而不是充分条件。联邦最高法院的典型观点是,银行管理者的义务也包括,在《德国刑法典》第266条第1款所释放的解释空间内,确保遵守和银行处于外部关系中的约束规定及其实施细则。《德国银行法》第18条规定的义务显然也具有特定的财产联系。这一规范至少在事实上保护银行的财产,而不论该财产最后体现谁的利益。[③]

联邦最高法院提出的标准已经对贷款情形中的背信罪进行了充分的具体化[④],保证了刑罚的可预测性。除此之外宪法不再要求精确化,这和本案申诉人的观点不同。同样要看到发放贷款情形中的背信罪可罚性涉及人员范围,其中可能以人员具备专门知识为前提,这些专门知识对于相关案件中法律标准的适用来说必不可少。[⑤] 联邦最高法院所谓的义务违反标准显然不是必然和最终的要求,而是证据,其证据效果也可以被驳斥[⑥],这是因为立法者反对详细的构成要件结构,所以一定有考虑个案特殊性的空间。

---

① Vgl. BGHSt 46, 30(34).

② Vgl. BGHSt 47, 148(150 ff.).

③ 参见《德国金融监管法》第4条第4款;Bock, in: Boos/Fischer/Schulte-Mattler, Kreditwesengesetz, 3. Aufl. 2008, §18 Rn. 3; Knauer, NStZ 2002, S. 399(401); Laskos, Die Strafbarkeit wegen Untreue bei der Kreditvergabe, 2001, S. 34。

④ Vgl. Dierlamm/Links, NStZ 2000, S. 656; Gallandi, wistra 2001, S. 281.

⑤ Vgl. BVerfGE 48, 48(57).

⑥ Vgl. Knauer, NStZ 2002, S. 399(400).

C. 无论根据提出的申诉还是其他情况，都不能说刑事审判庭在检查具体事实时偏离了原则。

(2)反之，柏林州法院对不利要素的解释和适用违反了宪法。在确定财产不利时刑事审判庭借助危害损失的法律现象。从宪法的明确性要求来看，虽然原则上不需要否认这种教义学的构造，但是也要根据案件遵循已经阐释的对于解释背信罪构成要件(这里是指不利要素)的宪法要求。这一点是欠缺的。

A.

a)关于相当于损失的财产危害或者危害损失——下文在相同的含义上使用这两个概念——的教义学依据是，从经济的视角来看，在特定情形中未来损失的危险就已经意味着财产价值的现实减损，因此也意味着《德国刑法典》第 263 条和第 266 条中损失或者不利的实现。①

判例认为损失危害的前提是行为使被害人的财产受到了具体的危害。抽象的危险状况并不足够构成对法益的侵害，而是要在结合个案的特殊情况下来判断当事人是否认真地考虑到经济上的不利，即损失的出现已经迫近，因此财产价值由于损失的危险而已经遭受现实的减损。②

文献也在原则上广泛认可危害损失的形式。③ 不过也有流行的观点批评判例的确定方法及其在个案中的运用，特别是近来一再有观点提出判例过于扩张相当于损失的危害范围。④ 例如为了对危害范围进行更好

---

① 参见德意志帝国法院联合刑事审判庭 1887 年 4 月 20 日的裁定，RGSt 16，1(11)；Fischer，StraFo 2008，S. 269(270)。

② 参见 BGHSt 48，354(357 f.)；51，100(113)；52，182(188)；BayObLG，Beschluss vom 20. Juli 1995-4 StR RR 4/95，juris；OLG Hamm，Beschluss vom 29. April 1999-2 Ws 71/99，juris；OLG Karlsruhe，Beschluss vom 30. August 1989-1 Ws 60/89，NStZ 1990，S. 82(84)；OLG Stuttgart，Urteil vom 19. August 1970-1 Ss 318/70，NJW 1971，S. 64；其他论证参见 Fischer，Strafgesetzbuch，57. Aufl. 2010，§266 Rn. 150 ff.；Kindhäuser，a. a. O.，§266 Rn. 110。

③ Vgl. Fischer，a. a. O.，§266 Rn. 150；Kindhäuser，in：Nomos-Kommentar Strafgesetzbuch，Bd. 2，2. Aufl 2005，§266 Rn. 110；Maurach/Schroeder/Maiwald，Strafrecht Besonderer Teil，Teilbd. 1，9. Aufl. 2003，S. 587 f.；Schünemamm，a. a. O.，§266 Rn. 146.

④ Vgl. Albrecht，in：Festschrift für Rainer Hamm，2008，S. 1(2 f.)；Dierlamm，in：Münchener Kommentar zum Strafrgesetzbuch，Bd. 4，2006，§266 Rn. 186，195；Otto，JZ 1985，S. 69(72)；ders.，JZ 1993，S. 652(657)；Samson/Günther，in：Systematischer Kommentar zum Stralgesetzbuch，§266 Rn. 45(Dez. 1996)；Weber，in：Arzt/Weber，Strafrecht Besonderer Teil，2. Aufl. 2009，S. 700 f.

的限制,有观点建议应该依据被害人是否以及在多大范围内仍然可以控制危险局面①,或者根据民法上的标准来判断相当于损失的财产危害的出现,尤其根据财产利益的危险是否已经足够紧迫,以至于可以行使民法上的损害赔偿请求权、妨害排除请求权或者不当得利请求权。② 其他作者认为财产危害(作为违反义务的结果)只有在能够直接转化成有效的损失时,才是足够具体化和相当于损失的。③ 另外也有将上述标准结合起来的观点。④

b)判例和文献在将损失和(特定情形与一定范围内的)危害等同时考虑到这个事实,即在市场经济体制中价格通过供求关系得以形成,所以市场参与者的未来期待也会对预期价格和物品价值产生影响。⑤

这个基本事实也体现在会计法的估价规定当中。⑥《德国商法典》第253条第4款基于现实性的估价考量从而规定,对于流动资产中的财产(根据其购置或者生产成本,参见《德国商法典》第253条第1款第1句)进行摊销,从而以从决算日的交易所价格或者市价中产生的较低价值对其进行估价。如果无法确定交易所价格或者市价,并且购置或者生产成本超过了在决算日应赋予财产的价值,那么就摊销至实际赋予的价值。《德国商法典》第253条第4款规定的应赋予的较低价值通过以盖然性来计入的估算额进行确定,此外要包含和当时的财产具体相关的风险,必要时有关该风险的未来开销(例如托收费)也要计算进去。⑦

当存在未来损失的具体危险时就已经意味着现实的不利,这种看法显然符合经济实践和一般用语习惯,后者从明确性要求的视角来看是具有决定性的。这不是自相矛盾,而是“财产”法益的特殊性的结果。这种方法在原则上也不抵触立法者视为前提的“单纯危险”和现实不利的区别:(消极

---

① Vgl. Schünemann, a. a. O., §266 Rn. 146.

② Vgl. Cramer, Vermögensbegriff und Vermögensschaden im Strafrecht, 1968, S. 130 ff.

③ 参见 Matt/Saliger, in: Irrwege der Strafgesetzgebung, 1999, S. 217(236); Matt, NJW 2005, S. 389(391); 另外关于客观归责视角下的问题参见 Perron, in: Festschrift für Klaus Tiedemann, 2008, S. 737(744)。

④ 参见 Dierlamm, a. a. O., §266 Rn. 165 ff.; 争论的详细概况参见 Hefendehl, Vermögensgefährdung und Exspektanzen, 1994, S. 49 ff.。

⑤ Vgl. Fischer, NStZ-Sonderheft 2009, S. 8(11).

⑥ 有关会计法在此方面的重要性,具体参见 Hefendehl, a. a. O., S. 169 ff., 448, 454 f.。

⑦ Vgl. Ellrott/Ring, in: Beck'scher Bilanz-Kommentar, 6. Aufl. 2006, §253 HGB Rn. 567.

的）价值调整是认识到的风险的结果，它既不等同于这种风险，更不等同于预测到具有盖然性的未来损失。后者显然依靠损失额。这依赖于预测的风险，而且无论如何都不会达到受损失危害的财产的全部名义价值，通常在预料的损失和实际损失之间会有数量差异。[①] “危害损失”或者“相当于损失的财产危害”的表述事实上并不意味着由法官创造的危险犯的特殊类型，它们指的不是迫近的，而是已经出现的财产减损。[②]

c）根据《德国商法典》第 253 条第 4 款第 1 句和第 2 句规定，对于流动资产中的财产而言存在着将该财产摊销至在决算日较低的“应赋予的价值”的义务。根据《德国商法典》第 340 条 e 第 1 款第 2 句，原则上银行发放的所有贷款都属于流动资产中的财产。[③] 如果因债务人欠缺偿付能力或者没有担保而具体地认识到将发生部分或者完全拖欠贷款的情况，那么由此肯定会进行个别的价值调整，甚至直接进行摊销。[④] 因此在必要的经济考察视角下，银行财产通过签约（有约束力的贷款承诺）就因为对待给付请求权的贬损而得到了消极的改变。[⑤]

相应地，联邦最高法院认为，在发放贷款情形中，从针对已支付或者待支付的贷款额的还款请求权的贬损当中就已经产生了危害损失。[⑥] 本案中的损失调查就是依据这种观点。事实上，设定高于预期还款项的数

---

① Vgl. BGH, Beschluss vom 18. Februar 2009 - 1 StR 731/08, NStZ 2009, S. 330(331); Schmitt, BKR 2006, S. 125(130); Riemann, Vermögensgefährdung und Vermögensschaden, 1989, S. 7.

② 参见 Fischer, StraFo 2008, S. 269(271); Brüning/Wimmer, ZJS 2009, S. 94(97); Otto, JZ 1985, S. 69(72); ders., JZ 1993, S. 652(658)；有鉴于此，这个术语是否幸运，对于这个问题一方面参见 Ransiek, ZStW 116(2004), S. 634(668); BGH, Beschluss vom 18. Februar 2009 - 1 StR 731/08, NStZ 2009, S. 330(331); BGH, Beschluss vom 20. März 2008 - 1 StR 488/07, NJW 2008, S. 2451(2452)；另一方面参见 Beulke/Witzigmann, JR 2008, S. 430(433); Fischer, StraFo 2008, S. 269(275 f.)。

③ Vgl. Schneider, BB 1995, S. 2155.

④ Vgl. Fischer/Sittmann-Haury, IRZ 2006, S. 217(222).

⑤ Vgl. BGH, Beschluss vom 18. Februar 2009 - 1 StR 731/08, NStZ 2009, S. 330(331); Hellmann, ZIS 2007, S. 433(439 f.); Martin, Bankuntreue, 2000, S. 122; Nack, NJW 1980, S. 1599(1600); ders., StraFo 2008, S. 277(279); Ransiek, a. a. O., S. 668 f.; Schmitt, BKR 2006, S. 125(130).

⑥ Vgl. BGHSt 47, 148(157); Schmitt, BKR 2006, S. 125(130); Hellmann, ZIS 2007, S. 433(440).

额并没有减少损失的效果,这个被申诉人[1]视为荒谬的结果不能反驳上面的观点。无法预测的幸运的事后进展并不足以说明,特定时间出现的经济贬损在事后可以消除,据我们所知,它在让渡相关财产价值时就会完全产生影响。

B. 即使在背信罪构成要件中——特别是发放贷款的情形——运用危害损失的教义学概念在原则上不存在宪法指责,也要看到这种做法伴随着过度扩张构成要件的高度危险性。

a)债权的估价和价值调整属于商人的日常活动。[2] 尽管如此,它们可能在具体情形中需要进行复杂的经济分析,特别是发放贷款的情况。对债权而言,《德国商法典》第253条第4款中较低的"应赋予的价值"通常不是取决于市价或者交易所价格,而是来自于在决算日债权的获利性。[3] 应该参照借款人的偿付能力、贷款的收益[4]和所有使账款收入变得不确定的情况[5],查明预料中可以实现的未来还本付息的现金价值。[6] 在确定支付风险时也要考虑可利用的担保和可能的赔偿途径。[7] 银行的业务操作要制定相关工作指示,其中规定进行个别的价值调整的标准。联邦金融监管局制定的金融机构风险管理最低要求规定,金融机构可以按照机构内部的债权估价程序的形式设立一些标准,以此为基础并参考实用的账目报告规范来确定信贷业务中的价值调整、折旧、摊销和准备金。[8]

b)与此相反,关于危害损失的判例认为并不总是需要根据已知的估价标准具体地确定损失额。

---

① 类似于 Klötzer/Schilling, StraFo 2008, S. 303(306)。

② Vgl. BGH, Beschluss vom 18. Februar 2009-1 StR 731/08, NStZ 2009, S. 330(331)m. umf. N.; Nack, StraFo 2008, S. 277(280).

③ Vgl. Wimmer/Kusterer, DStR 2006, S. 2046.

④ 参见 Schneider, BB 1995, S. 2155; 关于偿付能力的评估参见 Wimmer/Kusterer, a. a. O., S. 2047.

⑤ Vgl. Ellrott/Ring, in: Beck'scher Bilanz-Kommentar, 6. Aufl. 2006, §253 HGB Rn. 569 ff.

⑥ Vgl. Fischer/Sittmann-Haury, IRZ 2006, S. 217(223); Wimmer/Kusterer, a. a. O., S. 2048; v. Heynitz/Jörg, BC 2003, S. 97(98).

⑦ Vgl. Ellrott/Ring, in: Beck'scher Bilanz-Kommentar, 6. Aufl. 2006, §253 HGB Rn. 569 ff.; v. Heynitz/Jörg, a. a. O., S. 98.

⑧ 参见 Rundschreiben 15/2009 vom 14. August 2009, unter BTO 1.2; 关于价值调整原则的例子参见 Nack, StraFo 2008, S. 277(280)。

判例广泛认为，在进行例如发放贷款这样的风险业务时产生危害损失的情形是，“严重背离对商人的注意义务的要求进行业务活动，面对急剧增加的损失危险，只会出现有利过程的极不确定的前景，由此被告人像赌博一样孤注一掷”①，或者行为人“像游戏者一样违反商人的注意义务规则，有意识地承担急剧增加的损失危险，仅仅为了实现极其不确定的盈利前景”——其中几乎不可能找到明确的、一般性的和适用于所有个案的估价规则。② 如果这些标准存在，那么名义数额的债权就将被归入财产危害形式的不利，这种财产危害因为高度的支付风险而等同于损失。但是在量刑时要根据“真正的”损失，当“仅仅”出现危害损失时就要减轻责任。③ 为了放弃量化危害损失，就要面对关于估价的实践困难，而这些困难就算求助于专家也无法轻易地克服。④

c）宪法上强烈质疑的是放弃对不利进行独立的调查，这包括鉴于通常贷款情形中判断的困难性，从而根据经济生活中的一般标准对损失进行数额的具体化。这种抛弃足以破坏不利要素独立的限制可罚性的功能，取代立法者所希望的经济性思考的是带有强烈规范色彩的思考方式，正如引用的判例表述（严重背离商人的注意义务要求，像游戏者一样行动）所显示的。按照这种解释，就无法认识独立的、超出违反财产照管义务这一要素的不利要素的内容；违背立法意图的构成要件要素的“转化”就出现了。⑤

由此立法者不处罚未遂的决定就受到攻击。具体的经济影响才使未来的损失危险变成现实的损失。如果抛弃（“危害”）损失的可操作的、通常量化的调查和称谓，就会出现将（未来的）损失危险和（现实的）损失进行普遍无差别地等置的危险。⑥ 只有在损失程度方面也存在可行的解释和调查，才能阻止以（既遂的）背信罪处罚下面的情形，即损失的盖然性是如此模糊或者处于如此窄的范围内，以至于即便可能出现真正的损失，

---

① Vgl. RGSt 61, 211(213); 66, 255(262); Nack, NJW 1980, S. 1599(1602).

② Vgl. BGH, Urteil vom 27. Februar 1975-4 StR 571/74, NJW 1975, S. 1234(1236); 另参见 Laskos, a. a. O., S. 97 ff., 104 ff.。

③ Vgl. Nack, StraFo 2008, S. 277(280).

④ Vgl. Nack, a. a. O.; Fischer, NStZ-Sonderheft 2009, S. 8(12).

⑤ Vgl. Albrecht, a. a. O., S. 1(2 f.); Dierlamm, a. a. O., §266 Rn. 6.

⑥ Vgl. Otto, JZ 1985, S. 69(72); ders., JZ 1993, S. 652(657); Aldenhoff/Kuhn, ZIP 2004, S. 103(106).

却也是不确定的。[①] 因此文献和联邦最高法院的判例都表达出了疑虑,即将本来为了确定诈骗罪特殊情形中的财产损失而提出的相当于损失的财产危害概念,用来解释《德国刑法典》第266条第1款的不利概念,结果将导致已经十分宽泛的背信罪构成要件朝着纯粹危险犯的方向扩张。[②]

d)为了避免背信罪在危害损失情况下的这种违宪的过度扩张,有必要——而且也是充分地——严格遵守已经阐释的精确和限制解释不利要素的标准。此外危害损失也应该由法院按照经济上可行的方式来确定。要考虑公认的估价程序和标准;如果进行复杂的经济分析,就要向专家求助。对于这里进行的估价中必然出现的预测和判断余地,要审慎地进行评价。存疑时必须宣告无罪。

C. 州法院和联邦最高法院的裁决违背了《德国基本法》第103条第2款的明确性要求,因为它们肯定了P. Ⅱ情形中的财产损失,而对于申诉人违反义务发放贷款所造成的不利并没有进行任何符合宪法要求的判断。

a)州法院对损失的具体确定是否仍然在联邦最高法院的一贯判例中站得住脚,这一点尚有疑问。因为宪法同样禁止联邦最高法院的判例忽视立法者所赋予"不利"要素的独立意义。州法院被批判的判决之所以违反了《德国基本法》第103条第2款的明确性要求,是因为它没有充分具体地查明作为不利的财产损失,而是最后从认定的义务违反当中进行评价。

州法院认为在仅具有不动产担保发票时返还贷款要求是完全无价值的,联邦最高法院已经确认了这个观点的错误性。联邦最高法院对州法院确定损失的质疑显然是基于以下调查上的疏漏:在借款人的商业模式预计用得到资助的房地产的预期租金收入和转让收入偿还贷款之后,本就应该调查在同意贷款时借款人具有哪些具体的盈利前景,以及这些盈利前景如何影响贷款债权的价值。实际上从州法院的判决中看不出用于这种计算的关联事实;同意贷款时没有确定租金收入的实际数额,也没有说

---

① Vgl. Dierlamm, NStZ 1997, S. 534(535); Ransiek, a. a. O., S. 661.

② Vgl. Dierlamm, in: Münchener Kommentar zum Strafrgesetzbuch, Bd. 4, 2006, §266 Rn. 186, 195; Fischer, Strafgesetzbuch, 57. Aufl. 2010, §266 Rn. 159 m. w. N.; Samson/Günther, in: Systematischer Kommentar zum Strafgesetzbuch, §266 Rn. 45(Dez. 1996); BGHSt 51, 100(121 ff.).

明当时根据实际所预期的未来发展。关于贷款债权名义价值的资料本身就有缺陷;刑事审判庭依据纯粹的还款请求权,而没有清晰地指出利息数额,尽管考虑这些利息时要进行经济计算。① 另外在计算债权价值时本应该分析银行通行的估价方法,而且显然不求助于专家就无法进行。

为了支持还款要求是完全无价值的观点,州法院明确依据导致违反义务的判断方法,并就此认为"在对有利过程的极不确定的前景预期中出现了高度增加的损失危险,即超出贷款业务一般风险的高度危害"。就具体情形而言,和根据经济标准确定损失的做法相结合的构成要件要素发生转化,而这种转化放弃了不利要素的独立内容。因此《德国刑法典》第266 条第 1 款的不利所具有的限制构成要件的功能被缩减了,这违反了《德国基本法》第 103 条第 2 款的规定。

b)尽管如此,联邦最高法院从判决连贯性中得出,这在判断财产不利和衡量其程度方面产生的效果并未导致申诉人的不利,而且州法院的判决不是依据这种缺陷。与此有关的考量只能被理解为,联邦最高法院也没有充分考虑《德国刑法典》第 266 条第 1 款的"不利"要素所具备的独立意义和限制可罚性的功能,而是将视角局限在满足义务违反要素上面。

联邦最高法院认为和《德国刑法典》第 266 条的构成要件相关的财产危害体现在,申诉人因提供贷款而陷入了过于广泛的风险之中,因为不同于其他遭到起诉的贷款行为(L. Ⅲ, S.),申诉人身边没有足够的担保空间。他们认识到的这种风险就体现为相应的财产危害,其从外部看来是明显的(参照空置、价值调整和停止继续还款)。鉴于申诉人违反义务造成的风险,可以毫无疑问地得出结论,确定不利的正确方法虽然与局面根本不同,但本不应给申诉人带来更有利的后果。联邦最高法院对此继续解释:"由于已确定的整体上的消极发展和 A 公司其他房地产的责任,这适用于作为判决基础的贷款。这面临的背景是,衡量风险的义务违反性取决于银行对 A 贷款的整体承诺的范围,对这些贷款来说没有联营银行置身其中。"对州法院判决的背信罪的正确谴责应该是,作为银行董事会成员的申诉人在其行为仍然具有经济正当性的时候,忽视其认识到的明

① Vgl. Nack, StraFo 2008, S. 277(279).

显的风险并且拒绝多种警告,向 A 的整个项目提供贷款,而没有按照义务限缩承诺,即在没有其他证据表明整个项目的积极进展时,拒绝继续提供贷款。

由于州法院调查不足,而联邦最高法院只是零散象征性地引用州法院的调查,显然缺乏判断具体损失的前提。

四、判例评述

本案是由联邦宪法法院第二刑事审判庭于 2010 年 6 月 23 日作出裁定的案件。联邦宪法法院对三个背信案件进行了合并审理和裁定,即管理公司的秘密账户并行贿、违反义务向员工发放奖金和违反义务向公司发放贷款的情形。联邦宪法法院分别引用了联邦最高法院的裁决理由、申诉人的宪法申诉理由和联邦总检察长的意见,然后分析三个案件中法院的裁决是否合宪,其中主要的问题是《德国刑法典》第 266 条第 1 款的背信罪是否符合《德国基本法》第 103 条第 2 款的明确性要求。从联邦宪法法院的裁定理由中,我们可以简要分析《德国基本法》第 103 条第 2 款规定和《德国刑法典》第 1 条规定之间的关系、明确性要求的具体内容以及背信罪的构成要件内容是否符合明确性要求等问题。

1.《德国刑法典》第 1 条规定的罪刑法定原则和《德国基本法》第 103 条第 2 款的内容完全一致,由此可知,统摄刑法的罪刑法定原则同时也是宪法原则。这一刑法规定没有独立的意义,是宪法原则在刑法中的再现,因此只有宣示宪法原则的作用。同时这一规定涉及宪法权利,尤其是保护公民不受国家刑罚暴力的恣意侵害。罪刑法定原则的规定甚至具有基本权利的特征,因而当其遭受违反时公民可以提起宪法诉讼。①

2. 联邦宪法法院认为《德国基本法》第 103 条第 2 款的重要性不在于禁止习惯法和禁止溯及既往,而主要是立法上的明确性要求。具体而言,一方面只有立法者才能决定哪些行为应该受处罚和承担刑罚后果,这是法律保留原则;另一方面从公民行为角度而言,明确性要求保障任何人

① Vgl. Dannecker, in: Leipziger Kommentar StGB, Band 1, 12. Aufl. 2007, §1, Rn. 1; Schmitz, in: Münchener Kommentar StGB, Bd. 1, 2. Aufl. 2011, §1, Rn. 1 f.; Schönke/Schröder, Strafgesetzbuch Kommentar, 29. Aufl. 2014, §1, Rn. 3.

都可以预见到哪些行为是受刑罚处罚的,从而保障公民的行为自由。①

明确性要求首先是针对立法者而言的,要求立法者创设足够明晰的犯罪构成要件。立法者必须清楚地界定可罚行为的范围,而不能将这一权力交给司法者,以便既能预防法官的恣意决断,又能使具体的刑法规范发挥行为调控的作用。② 联邦宪法法院在以前的判例中就指出,立法者应该根据所依据的生活事实的特性和规范目的,尽可能明确地创设法律规定。③

但是,现实生活的多样性决定了立法者在设定刑法规范时不可能穷尽所有的具体行为样态,而是必须进行一定程度的抽象和概括,同时可以使用需要价值填充的概念。纯粹描述性的构成要件要素固然符合明确性要求,但是刑法规定中不可能全部使用描述性概念,否则刑法规定不仅会变得庞杂,而且会过于僵硬和个例化,无法再适当地应对生活多样性、情势变更和个案的特性。④ 显然,刑法规定并不排斥一般性条款、不确定的和需要价值填充的概念⑤,只不过需要通过解释使一般公民认识到整个行为规范的适用范围。虽然罪刑法定原则要求刑法规定具有明确性,但是绝对的明确性是不存在和不必要的,绝对的明确性要求只是法治国的幻想。⑥ 合理的理解是要求刑法规定具有相对的明确性,这指的是对刑法规定进行客观目的论的解释,而且通过语言结构、公正和法的安定性的法律价值对这种解释加以限制。同时,相对的明确性还意味着司法者要遵循法治国的价值,尽可能合理地适用刑法,不能使作为解释对象的构成要件过于偏离字面规定的构成要件。⑦

---

① Vgl. BVerfGE 14, 245 (252); 25, 269 (285); 26, 41 (42); 28, 175 (183); 33, 206 (219); 37, 201 (207); 45, 346 (351); 47, 109 (120 f.); 64, 389 (393 f.); 71, 108 (114 ff.); 73, 206 (234 f.); auch BGHSt 23, 167 (171); 37, 226 (230).

② Vgl. Rudolphi, in: SK-StGB, Bd. 1, 8. Aufl. 2014, §1 Rn. 11.

③ Vgl. BVerfGE 93, 213 (238).

④ Vgl. BVerfGE 14, 245 (251).

⑤ Vgl. BVerfGE 4, 352 (358); 11, 234 (237); 28, 175 (183); 47, 109 (120); 48, 48 (56 f.); 92, 1 (12); BGHSt 30, 285 (287).

⑥ Vgl. Schmidhäuser, Strafgesetzliche Bestimmtheit: Eine rechtsstaatliche Utpie, in: Gedächtnisschrift für Wolfgang Martens, 1987, S. 231 ff.; auch Rudolphi, in: SK-StGB, Bd. 1, 8. Aufl. 2014, §1, Rn. 13.

⑦ Vgl. Schmidhäuser, Strafgesetzliche Bestimmtheit: Eine rechtsstaatliche Utpie, in: Gedächtnisschrift für Wolfgang Martens, 1987, S. 244 f.

既然立法者要根据明确性要求尽可能清楚地规定犯罪构成要件,同时又可以使用概括性和规范性的概念作为构成要件要素,那么重要的问题就是立法者所规定的犯罪构成要件要达到何种程度的明确性,换言之,立法者可以在多大的范围内使用规范性、一般性或者需要价值填充的概念。这个问题没有一般性的答案。[①] 联邦宪法法院在本案裁决理由中认为,应该以评价性的整体考察方式并且考虑可能的替代规定,来判断立法者是否遵循了明确性要求。同时联邦宪法法院肯定了以前的判例所提出的标准,即考察具体构成要件的特殊性和导致法律规定的情状[②],在这些情形中立法者施加的刑罚越严重,他就越要精确地规定可罚性的前提条件[③],而且要注意规范接收者的范围[④]。根据联邦宪法法院以前的判例提出的标准,当规范接收者能够认识到犯罪构成要件的涵射范围和适用领域,从而可以预见到哪些行为受何种刑罚处罚,以便相应地调整其行为时,构成要件就是足够明确的。[⑤] 关键是构成要件的字面规定能够让规范接收者认识和理解[⑥],在界限不清的情形中个人认识到遭受刑罚的风险就足够了。[⑦] 立法者在描述构成要件时还要兼顾法的安定性和个案公正。[⑧] 对于空白构成要件,即需要参考刑法之外的法律法规才能确定行为具体内容的构成要件,其所参照的规定同样适用明确性要求。[⑨]

明确性要求不仅适用于构成要件,还适用于法律后果,包括刑罚和附随后果。通说和联邦宪法法院的判例认为,矫正和保安处分不具有刑罚

---

① Vgl. Dannecker, in: Leipziger Kommentar StGB, Band 1, 12. Aufl. 2007, §1, Rn. 200; Schönke/Schröder, a. a. O., §1 Rn. 20; Rudolphi, in: SK-StGB, Bd. 1, 8. Aufl. 2014, §1, Rn. 14; BVerfGE 28, 175 (183).

② Vgl. BVerfGE 26, 41 (43); 28, 175 (183); 41, 314 (320).

③ Vgl. BVerfGE 14, 245 (251); 75, 329 (342).

④ Vgl. BVerfGE 48, 48 (57).

⑤ Vgl. BVerfGE 14, 174 (185 f.); 14, 245 (251); 25, 269 (285); 32, 346 (362); 41, 314 (319);47, 109 (118, 120); 48, 48 (56); 50, 142 (164 f.); 55, 144 (152); 57, 250 (262); 71, 108 (114); 73, 206 (234); 75, 329 (341); 78, 374 (381 f.); 87, 209 (223 f.); 92, 1 (12); 105, 135 (152 f.).

⑥ Vgl. BVerfGE 47, 109 (121); 71, 108 (115); 73, 206 (235); 75, 329 (341).

⑦ Vgl. BVerfGE 47, 109 (121); 71, 108 (115); 92, 1 (12).

⑧ Vgl. Rudolphi, in: SK-StGB, Bd. 1, 8. Aufl. 2014, §1, Rn. 14.

⑨ Vgl. BVerfGE 14, 245 (251); 75, 329 (342).

的性质,因而不受《德国基本法》第 103 条第 2 款的约束。[①] 不过这个问题仍有争议,尤其是对于剥夺个人自由的矫正和保安处分,例如保安监督。对刑罚而言,其种类和幅度都要确定。与构成要件的明确性有所不同,刑罚的明确性要求和责任原则具有一定的紧张关系。法官要在个案中根据行为人的罪责判处刑罚,而不同的罪责程度必然要求不同的刑罚量,所以绝对的刑罚就是不合适的。明确性原则在刑罚规定上就有所松动,具体而言,立法者通过规定刑罚的幅度,即抽象地规定制裁后果的上限和下限,从而给法官留出一定的裁量空间,使其兼顾个案中行为人的罪责。[②] 正是基于这一点,联邦宪法法院宣布《德国刑法典》第 43 条 a 的财产刑规定是违宪的,从而确定其无效。[③] 即便是现在,也并非所有关于制裁后果的规定都满足确定性要求,例如根据《德国刑法典》第 83 条 a 的规定,法官可以判处行为人终身自由刑,也可以免除刑罚,这种过于宽泛而没有明显限制的量刑幅度就不符合充分的明确性要求。[④]

3. 本案中,联邦宪法法院在分析了明确性要求和罪刑法定原则对刑事审判庭的要求之后,继而从背信罪的保护法益、构成要件要素及其解释要求等方面展开分析,认定背信罪的构成要件符合明确性要求。

联邦宪法法院肯定了背信罪的保护法益是个人的财产,作为构成要件要素的不利只能是财产方面的不利,社会经济活动中的信赖并非本罪的保护法益。在构成要件包含的两种行为方式上,滥用型和不忠型的行为方式都具有一定程度的模糊性,需要根据个案并结合非刑法的规定来确定权利和义务的内容。在案情 2 中,联邦宪法法院肯定了州法院和联邦最高法院对义务违反要素的解释,从而驳回了宪法申诉。比较困难的是对不利要素的解释,它是背信罪独立的构成要件要素,不能和义务违反要素相混淆。联邦宪法法院认为刑事审判庭在裁决理由中要解释调查不

---

① Vgl. BVerfGE 109, 133 (182 ff.); Fischer, Strafgesetzbuch mit Nebengesetzen, 60. Aufl. 2013, §1, Rn. 5; Schönke/Schröder, Strafgesetzbuch Kommentar, 29. Aufl. 2014, §1, Rn. 24; Dannecker, in: Leipziger Kommentar StGB, Band 1, 12. Aufl. 2007, §1, Rn. 96; a. A. Rudolphi, in: SK-StGB, Bd. 1, 8. Aufl. 2014, §1, Rn. 15.

② Vgl. BVerfGE 73, 206 (253 f.); 105, 135(156).

③ Vgl. BVerfGE 105, 135 (157 ff.).

④ Vgl. Schmitz, in: Münchener Kommentar StGB, Bd. 1, 2. Aufl. 2011, §1, Rn. 58; Rudolphi, in: SK-StGB, Bd. 1, 8. Aufl. 2014, §1, Rn. 15.

利数额的可行方法,虽然要考虑规范的要素,但是在确定不利额时必须要有经济性的考量。联邦宪法法院正是以不利要素的独立性和具体确定方法为根据,肯定了案情 1 中联邦最高法院的判决[①]而撤销了案情 3 中州法院和联邦最高法院的裁决。

学界对于背信罪的构成要件是否符合明确性要求的问题一直存在争议,联邦宪法法院表达了肯定的立场,从而基本上平息了争论。此外联邦宪法法院还对判例提出了精确化要求,即判例应该经过尽可能精确化和具体化的解释来消除刑法规范适用领域的模糊性。在个案中仍然要依靠法院的具体解释来确定背信罪构成要件的明确性程度,正如联邦宪法法院在本案中所言,这增加了联邦宪法法院的审查强度。虽然原则性的争议已经不存在,不过在个别构成要件要素的解释上仍会有争论,尤其是当出现新型案例的时候。[②]

第四节 醉酒驾驶案

一、基本案情

丹麦籍被告人已经多次在德国和丹麦因醉酒驾驶被判刑,而且没有有效的驾照。在行为当日被告人驾驶着送货车从丹麦的住处出发,途经德国到荷兰寻找顾客。被告人想在荷兰寻找旅馆过夜,不过进入荷兰境内后,仍然清醒的他就立即买了酒精饮料,此时刚过 18 点。接着他喝了大约五升啤酒和未知数量的烈酒。在 21 点 15 分到 21 点 30 分之间,此时已经严重醉酒的被告人在荷兰的 A1 高速公路上蜿蜒地驶向德国边境。21 点 30 分左右,他到了巴特本特海姆(Bad Bentheim)关卡。他以至少 70 km/h 的速度冲向检查站,首先轧过了一些用来封锁右车道的锥形路标,然后——并未减速——他的车的右前方撞到了一辆停靠在右车道的客车的左后方。此外还撞到了两位检查这辆客车的边境巡逻人员。这

① 对联邦宪法法院关于这一案情的裁定的批判参见 Dierlamm, in: Münchener Kommentar StGB, Bd. 5, 2. Aufl. 2014, § 266 Rn. 16。

② Vgl. Perron, in: Schönke/Schröder, Strafgesetzbuch Kommentar, 29. Aufl. 2014, § 266 Rn. 1a; dazu auch Fischer, Strafgesetzbuch mit Nebengesetzen, 60. Aufl. 2013, § 266 Rn. 5.

两人受到致命伤并在事故现场丧生。在23点30分对被告人进行的验血结果显示,其血液中酒精浓度为1.95‰。

二、法条索引

本案例引用了如下法条:

1.《德国刑法典》第9条第1款(行为地):

行为地是指行为人实施行为或者在不作为的情形中应该实施行为之地,或者构成要件的结果发生之地或者行为人认为应该发生之地。

2.《德国刑法典》第20条(精神障碍造成的无责任能力):

行为时由于病理性精神障碍、深度的意识障碍、智力低下或者其他严重的精神病态而不能认识行为的违法性或者根据这种认识行为的,不负刑事责任。

3.《德国刑法典》第222条(过失杀人):

过失导致他人死亡的,处5年以下自由刑或罚金刑。

4.《德国刑法典》第315条c(危害道路交通):

(1)在道路交通中有下列情形,并由此使他人的身体、生命或者贵重物品遭受危险的,处5年以下自由刑或者罚金刑:

①驾驶交通工具,尽管

a)因饮用酒精饮料或其他致醉物质或者

b)因精神或身体缺陷

而不能安全驾驶,或者

②严重违反交通规则并且毫无顾忌地

a)不尊重先行权,

b)错误超车或者在超车过程中错误驾驶,

c)在人行道错误驾驶,

d)在能见度差的地方、十字路口、道路汇合口或者铁路交叉口过快驾驶,

e)在能见度差的地方没有靠右车道驾驶,

f)在高速公路或者机动车道上转向、倒车或逆向驾驶,或者力图如此,或者

g)没有为停靠或停放的交通工具设置可辨识的足够远的距离,尽管这是交通安全所必需的。

(2)对于第1款第1项情形中的未遂,同样处罚。

(3)实施第1款行为,有下列情形的,处2年以下自由刑或者罚金刑:

①过失造成危险,或者

②过失行为并且过失造成危险。

5.《德国刑法典》第323条a(完全昏醉):

(1)故意或者过失通过酒精饮料或者其他致醉物质陷入昏醉当中,如果在该状态中实施违法行为,并且因在该状态中已经无责任能力或者无法排除这种状况而不受处罚的,处5年以下自由刑或者罚金刑。

(2)本罪的刑罚不应重于对昏醉中实施的行为所判处的刑罚。

(3)如果昏醉中的行为只有根据申请、授权或者处罚要求才受追诉,那么本罪的行为只有根据申请、授权或者处罚要求才受追诉。

6.《德国道路交通法》第21条(无证驾驶):

(1)有下列情形的,处1年以下自由刑或者罚金刑:

①驾驶机动车,尽管没有必要的驾驶证,或者根据刑法典第44条或本法第25条规定不得驾驶交通工具,或者

②机动车主命令或者同意他人驾驶该车辆,尽管他人没有必要的驾驶证,或者根据刑法典第44条或本法第25条规定不得驾驶交通工具。

(2)有下列情形的,处6个月以下自由刑或者180单位以下日额金:

①过失实施第1款行为,

②故意或者过失驾驶机动车,尽管法定驾驶证根据刑事诉讼法第94条规定被提取保管、保全或扣押,或者

③机动车主故意或过失命令或同意他人驾驶该车辆,尽管他人的法定驾驶证根据刑事诉讼法典第94条规定被提取保管、保全或扣押。

(3)对于第1款规定,行为人有下列情形的,可以没收和行为有关的车辆:

①驾驶车辆,尽管已被吊销驾驶证或者根据刑法典第44条或本法第25条规定不得驾驶交通工具,或者根据刑法典第69条a第1款第3句规定被禁止授予驾驶证,

②作为车主命令或者同意他人驾驶该车辆,尽管他人已被吊销驾驶

证或者根据刑法典第 44 条或本法第 25 条规定不得驾驶交通工具，或者根据刑法典第 69 条 a 第 1 款第 3 句规定被禁止授予驾驶证，或者

③在行为实施之前的 3 年内已经因第 1 款中的行为而被判刑。

三、裁判理由

1. 本案中，判决被告人触犯《德国刑法典》第 222 条的过失杀人罪并没有对其不利的法律错误。

（1）根据《德国刑法典》第 222 条规定，“过失致人死亡”就是可罚的。被告人没有找到住处，因此应该想到接下来还要在道路上驾车，但是他仍然饮酒并且陷入昏醉状态，由此造成了两位边境巡逻人员的死亡，而这个结果是可以预见和可以避免的。此外被告人已经在之前的两次醉酒驾驶中偏离过车道，所以这次发生事故的危险还有造成他人重伤或者死亡的结果，对他来说就更加可以预见了。没有明显的根据表明被告人可能在实施行为（即饮酒）时就已经丧失了责任能力，刑事审判庭也正确地持此看法。

刑事审判庭通过征求专家意见合理地认识到，被告人因醉酒而在实施杀人行为——即当他向边境靠近时发生的事故——时（无法排除）丧失了《德国刑法典》第 20 条意义上的责任能力，但是这并不抵触过失杀人的有罪判决。不过就此而言，不同于刑事审判庭的观点，不需要依据原因自由行为这个法律现象。① 对于《德国刑法典》第 222 条规定，刑事谴责的内容——正如在其他的过失结果犯中一样——是行为人所有违反注意义务并且归因性地造成构成要件的“结果”的行为。据此，当考虑多个过失行为时（例如本案中，一方面是认识到会出现醉酒驾驶的危险而仍然自醉的行为，另一方面是醉酒驾驶行为），毫无疑问应将过失的谴责置于较早发生的行为上，这一行为——而非后来的行为——也可以归责于行为人。②

适用德国刑法的依据是《德国刑法典》第 3 条。被告人在国内实施了《德国刑法典》第 3 条意义上的行为——尽管实施行为时是在荷

---

① Vgl. BGHSt 40, 341, 343; Horn GA 1969, 289; Otto Jura 1986, 426, 433; Paeffgen ZStW 97, 513, 524.

② Vgl. Horn a. a. O. S. 289.

兰——因为《德国刑法典》第 222 条的构成要件的结果发生在德国境内(《德国刑法典》第 9 条第 1 款)。

(2)因为被告人通过其行为——饮酒——造成了两个人死亡,所以他不仅要像州法院认为的那样承担"过失杀人"的罪责,而且要承担"两个竞合的过失杀人案"的罪责。

2. 判决被告人故意危害道路交通(《德国刑法典》第 315 条 c 第 1 款)和故意无证驾驶(《德国道路交通法》第 21 条第 1 款)并不成立。

(1)刑事审判庭正确地指出,被告人通过醉酒驾驶实现了《德国刑法典》第 315 条 c 第 1 款第 1 项 a、第 3 款第 1 项和《德国道路交通法》第 21 条第 1 款第 1 项规定的构成要件。这至少适用于最后一部分驾驶行为,即在被告人穿过荷兰和德国边境进入德国境内后,紧接着发生了事故并造成边境巡逻人员的致命伤。因此无须考虑这些规定和《德国刑法典》第 7 条第 2 款第 2 项能否完全适用于荷兰境内的醉酒驾驶行为。[①]

(2)在这部分驾驶期间——本案控告的内容仅仅是该部分的驾驶行为,而不包括之前经过德国驶向荷兰的行为,和判决的解释不同,这二者也不能被视为一个行为——被告人丧失了控制能力,而《德国刑法典》第 20 条要求行为人"在行为时"具备违法性认识和控制能力,所以他不负刑事责任。这就排除了他的危害道路交通和无证驾驶的判决的适用。

(3)和刑事审判庭的观点相反,即使根据原因自由行为原则也无法谴责被告人有责地危害道路交通和无证驾驶。

A. 这一原则将刑法的谴责延伸到在昏醉中实施的行为——尽管实施该行为时是无责任的——因为行为人在仍具有责任能力时就产生了关于后来行为的可谴责的内心联系,即他并不因为认识到可能会在昏醉中实施特定的犯罪行为而停止过度饮酒,这就体现了其罪责。[②] 这里不需要全面分析在判例和文献中广泛认可的[③]、即使在正确的根据方面存有

---

① Vgl. Tröndle in LK 10. Aufl. vor § 3 Rdn. 38.

② Vgl. BGHSt 17, 333, 334 f.

③ 参见 RGSt 22, 413; 60, 29; BGHSt 2, 14, 17; 17, 259; 17, 333; 21, 381; 34, 29, 33; Dreher/Tröndle, StGB 47. Aufl. § 20 Rdn. 18; Jähnke in LK 11. Aufl. § 20 Rdn. 76; Lackner, StGB 21. Aufl. § 20 Rdn. 25; Lenckner in Schönke/Schröder, StGB 24. Aufl. § 20 Rdn. 33,各自另有其他证据。

争议的[①]原因自由行为。

B. 在危害道路交通和无证驾驶犯罪中，责任的前置化肯定是不允许的。刑事审判庭不坚持其在 BGHSt 17, 333 案件中——不过没有进行论证——提出的异议。判例和文献中解释原因自由行为的不同方法一方面无法提供将其适用于本案交通犯罪行为的可行根据，另一方面也不符合现行法。

a）如果饮酒导致无责任能力，那么自醉行为就已经算是真正的构成要件行为[②]，这种考量无法为在危害道路交通和无证驾驶情形中适用原因自由行为提供根据。这种所谓的“构成要件解决模式”[③]的认识基础在于，饮酒就已经是所计划的行为的开始[④]，该模式尽管面临众多方法上的原则性质疑[⑤]，不过无须裁决的是，它仍然可能在其他犯罪中作为原因自由行为的可行性根据。但是对于《德国刑法典》第 315 条 c、第 316 条和《德国道路交通法》第 21 条这样的构成要件，它们禁止的行为不能被理解为由其造成并可以分离的结果的原因，该模式不能证明虽然在真正的实行行为中存在排除责任的完全昏醉，但仍然肯定行为的有责性。[⑥] 这不仅适用于由刑事审判庭所肯定的对这些规定的故意违反，还适用于过失违法行为。[⑦]

《德国刑法典》第 315 条 c 和《德国道路交通法》第 21 条规定的交通中的犯罪行为以行为人“驾驶”交通工具为前提。然而驾驶交通工具并不等同于引起运动，当出现车辆开动的运动过程时才称得上驾驶。[⑧] 行

---

① Vgl. Jähnke a. a. O. Rdn. 77, 78 m. w. N.

② Vgl. BGHSt 17, 333, 335; BayObLG bei Janiszewski NStZ 1988, 264.

③ Vgl. Lackner a. a. O. § 20 Rdn. 25; Rudolphi a. a. O. § 20 Rdn. 28 d; Maurach/Zipf, Strafrecht AT Teilband 1, 8. Aufl. § 36 II Rdn. 54; Roxin a. a. O. § 20 Rdn. 58; ders. in FS für Lackner S. 307, 311; Puppe JuS 1980, 346, 348.

④ Vgl. Jähnke a. a. O. Rdn. 77; Wessels, Strafrecht AT 23. Aufl. § 10 III 4; Otto Jura 1986, 426, 428; Salger/Mutzbauer a. a. O. S. 564.

⑤ Vgl. Jähnke a. a. O. Rdn. 77.

⑥ Vgl. OLG Schleswig MDR 1989, 761; LG Münster Zfs 1996, 236; Horn in SK-StGB § 323 a Rdn. 31; Jähnke a. a. O. Rdn. 77; Rudolphi a. a. O. § 20 Rdn. 28 d; Hettinger GA 1989, 1, 13; Roxin in FSfür Lackner S. 307, 317; Salger/Mutzbauer NStZ 1993, 561, 563.

⑦ Salger/Mutzbauer a. a. O. S. 563.

⑧ Vgl. BGHSt 35, 390, 394.

为人意图马上开走车、开动车辆发动机以及打开近光灯等都不是驾驶行为。[①] 根据法律对犯罪行为的描述更加不能扩张到时间上前置的行为。即使行为人在准备开车时使自己陷入昏醉,也仍然没有开始醉酒驾驶行为。

b)实际上基于同样的考量,如果将原因自由行为的法律现象理解成间接正犯的特殊类型,即行为人将自己作为实施犯罪行为的工具[②],那么在醉酒驾驶和危害道路交通中援引原因自由行为的原则也不合适。如果忽略对这种证明模式的原则上的质疑[③],那么据此模式符合构成要件的行为最后就是使自己陷入昏醉。但是行为人在使自己陷入昏醉的过程中——正如阐释的那样——并没有开车(结论也一样,不过应看到,醉酒驾驶和无证驾驶都是亲手犯)。[④]

c)有观点认为责任构成要件也包括"构成要件之前的、和构成要件的实现有关的前行为",即使其不是未遂而仅仅是预备行为[⑤],但是通过这种方式来扩张《德国刑法典》第 20 条中"行为"的概念是不可能的。[⑥]《德国刑法典》第 16 条第 1 款、第 16 条第 2 款、第 17 条第 1 句和第 20 条使用了相同的行为概念,而没有证据表明要在更宽泛的意义上理解第 20 条中的概念。此外,这种"扩张模式"除原因自由行为的形态之外,从预防和公正的观念来看也将不当地限制《德国刑法典》第 20 条规定。[⑦]

d)最后,所谓的例外模式也无法证明行为人有责地实施了《德国刑法典》第 315 条 c 和《德国道路交通法》第 21 条规定的犯罪行为。这种模式——为了预防并且出于公正性的考量——是作为《德国刑法典》第 20 条基础的并存原则的例外,按照这种解释方式责任的谴责被前置化,行为人实施使自己陷入昏醉的前行为就是有责的构成要件行为,因而要承担

① Vgl. BGH a. a. O.

② Vgl. RGSt 22, 413, 415; ebenso: Jakobs, Strafrecht AT 2. Aufl. 17. Abschn. Rdn. 64.

③ Vgl. Jähnke a. a. O. Rdn. 77.

④ Vgl. Jakobs a. a. O. 17. Abschn. Rdn. 67; Roxin a. a. O. § 20 Rdn. 61; Salger/Mutzbauer a. a. O. S. 565.

⑤ 例如 Streng JZ 1994, 709, 711。

⑥ Vgl. Rudolphi in SK-StGB § 20 Rdn. 28 c; Roxin, Strafrecht AT Bd. Ⅰ, 2. Aufl. § 20 Rdn. 66 a; Neumann in FS für Arthur Kaufmann S. 581, 587 f.

⑦ Vgl. die Fallgestaltung in BGH NStZ 1995, 329.

罪责。[①] 根据《德国刑法典》第 20 条明确的字面含义,行为人在“行为时”必须具备责任能力,而例外模式不符合这一条的字面含义。根据这一理由,原因自由行为也不能被看作并存原则的法官法的例外[②]或者被视为习惯法[③]。这两种解释努力不符合《德国基本法》第 103 条第 2 款规定[④],该规定禁止证立刑罚的习惯法[⑤]。《德国基本法》第 103 条第 2 款不仅适用于解释个别的犯罪构成要件,而且同样适用于解释刑法典总则的规定。[⑥] 鉴于《德国刑法典》第 20 条明确的字面含义,立法者是否已经接受原因自由行为的法律现象并将其视为这一规定的法官法的例外,就是无关紧要的了,除非立法者在法律文本中明确表述出来。[⑦]

3. 但是,被告人因实施《德国刑法典》第 323 条 a 中故意的完全昏醉行为而应受处罚。他故意陷入昏醉当中,并在此状态中实施了行为——危害道路交通,同时和无证驾驶构成竞合。

尽管被告人通过饮用酒精饮料陷入昏醉当中的行为是在荷兰境内实施的,根据《德国刑法典》第 3 条、第 9 条第 1 款,其也在德国境内实施了行为,因此可以适用《德国刑法典》第 323 条 a。《德国刑法典》第 9 条第 1 款意义上的、符合第 323 条 a 构成要件的结果也发生在行为人实施昏醉中的行为地。[⑧]

---

① Vgl. Jähnke a. a. O. Rdn. 78; Lenckner a. a. O. Rdn. 35; Jescheck/Weigend, Lehrbuch des Strafrechts 5. Aufl. § 40 Ⅵ 1; Wessels a. a. O. § 10 Ⅲ 4; Otto Jura 1986, 426, 430; ähnlich: Stratenwerth, Strafrecht AT Ⅰ 3. Aufl. Rdn. 551.

② Vgl. Jähnke a. a. O. Rdn. 78.

③ Vgl. Lenckner a. a. O. § 20 Rdn. 35; Jescheck/Weigend a. a. O. § 40 Ⅵ 1; Otto a. a. O. S. 430; Lemke in Ulsamer, Lexikon des Rechts Strafrecht Strafverfahrensrecht 2. Aufl. S. 826.

④ Vgl. Roxin in FS für Lackner S. 307, 311; Salger/Mutzbauer a. a. O. S. 565 m. w. N.; Paeffgen a. a. O. S. 513, 522; Hettinger in FS für Geerds S. 624, 636; Neumann a. a. O. S. 581, 590.

⑤ Vgl. BVerfGE 25, 269, 285; 26, 41, 42; 64, 389, 393; 71, 108, 115; 75, 329, 340; Schmidt-Aßmann in Maunz-Dürig, Grundgesetz Art. 103 Abs. 2 Rdn. 222.

⑥ Vgl. BGHSt 42, 158; Schmidt-Aßmann a. a. O. Rdn. 223; Eser in Schönke/Schröder, StGB 24. Aufl. Rdn. 26; Gribbohm in LK 11. Aufl. § 1 Rdn. 73; Rudolphi a. a. O. § 1 Rdn. 24; a. A. Lenckner a. a. O. Rdn. 35; Otto Jura 1986, 426, 430.

⑦ Vgl. a. A. Rüping in Bonner Kommentar zum GG Art. 103 Abs. 2 Rdn. 53.

⑧ Eser a. a. O. § 9 Rdn. 7; Lackner a. a. O. § 9 Rdn. 2; Spendel in LK 11. Aufl. § 323 a Rdn. 254; Oehler, Internationales Strafrecht 2. Aufl. Rdn. 261; a. A. Schnorr von Carolsfeld in FS für Heinitz S. 765, 769; Stree JuS 1965, 465, 473 f.

然而《德国刑法典》第 323 条 a 的(危害)结果在昏醉状态开始时就出现了。实施昏醉状态中的行为不是构成要件要素,它处于构成要件之外,作为所谓的处罚条件引起对完全昏醉的处罚。[①] 至于如何理解《德国刑法典》第 9 条中的“构成要件的结果”要素,这从一般构成要件理论的概念构造中无法得出答案。这一规定并不涉及构成要件和客观处罚条件的教义学差异。根据其基本思想,只要在国内出现了法益损害或者危害,而避免损害或者危害正是各个刑法规定的目的,那么就应该适用德国刑法——行为发生在国外也是如此。[②]《德国刑法典》第 323 条 a 意在通过禁止使自己陷入昏醉从而避免危险直接来自于昏醉者对其身体和精神力量失去了控制并经常表现出危害社会的异常行为。这也包括昏醉中实施的行为,本案中该昏醉中的行为就发生在国内。

四、判例评述

本案是联邦最高法院第四刑事审判庭在 1996 年 8 月 22 日作出判决的案件,主要涉及原因自由行为的解释根据和适用范围问题,可以说是一个标志性判例。联邦最高法院第四刑事审判庭在本案中明确指出原因自由行为不适用于过失犯、危害道路交通和无证驾驶的情形。一般而言,原因自由行为是在罪责阶段进行讨论,主要用来解决行为人在行为时没有责任能力或者无法排除这种情况时,能否对行为人进行归责的问题,对这一问题的探讨和《德国刑法典》第 20 条的规定紧密相关。原因自由行为的情形和适用规则在《德国刑法典》中没有明文规定,而在司法实践中发展出了相应的判例,这一方面体现出判例在解释和适用刑法上的能动性,另一方面必然引起对原因自由行为的合理性和适用范围的争议。从《德国基本法》第 103 条第 2 款和《德国刑法典》第 1 条的罪刑法定原则的视角来看,原因自由行为属于禁止习惯法的问题。

罪刑法定原则之下的禁止习惯法确切而言是指禁止证立和加重刑罚的习惯法,而判例对于可以减轻甚至免除行为人刑罚的习惯法规则是认可的。具体而言,判例认可特定情形中的排除刑法规范(desuetudo)、限缩解释构成要件、排除刑罚事由、一般归责事由以及刑法之外的特定习惯

---

① Vgl. BGHSt 16, 124, 127; 17, 334.

② Vgl. Oehler a. a. O. Rdn. 244.

法规则。[①] 原因自由行为属于一般归责事由，给行为人造成不利的刑法处遇，但是通说也肯定原因自由行为的适用。[②]

判例很久以来就在使用原因自由行为的概念[③]，但是在其合理根据上，判例的观点也在变化。帝国法院的判例最先引入了间接正犯的模式来解释原因自由行为，即行为人为了实施犯罪行为而将自己作为犯罪工具。[④] 后来联邦最高法院在原因自由行为的情形中将责任前置化，认为可归责的根据在于行为人引起了缺陷状态。[⑤] 在本案中，联邦最高法院第四刑事审判庭采纳了构成要件模式作为解释原因自由行为的一般根据，否定了间接正犯模式、扩张模式和例外模式。然而联邦最高法院在本案中明确认为，在过失犯、危害道路交通、醉酒驾驶、无证驾驶的情形中根本不适用原因自由行为规则。对于过失犯，联邦最高法院认为可谴责的根据在于行为人违反注意义务，并且归因性地造成构成要件结果的行为；对于后面几种亲手犯的情形，不适用原因自由行为的原因是这几个构成要件所禁止的行为"不能被理解为由其造成并可以分离的结果的原因"。对于其他的情形是否可以适用原因自由行为规则，联邦最高法院没有明确表态，只是使用了"可能"（mag）这个谨慎的措辞。[⑥]

然而并非所有法院都接受了联邦最高法院在本案中的观点，即便联邦最高法院自身作出的判例也不是完全一致。在本案判决不久之后，联邦最高法院第三刑事审判庭就对另一件涉及原因自由行为的案件作出裁决，其坚持联邦最高法院在固定判例中的观点，即原因自由行为适用于所有情形，同时认为与第四刑事审判庭在本案中的判决并不冲突，因为该判

① Vgl. Eser/Hecker, in: Schönke/Schröder, Strafgesetzbuch Kommentar, 29. Aufl. 2014, § 1 Rn. 9 ff.; auch Rudolphi, in: SK-StGB, Bd. 1, 8. Aufl. 2014, § 1 Rn. 19 ff.

② Vgl. Fischer, Strafgesetzbuch mit Nebengesetzen, 60. Aufl. 2013, § 1 Rn. 20, § 20 Rdn. 55.

③ Vgl. RGSt 22, 413; 73, 177 (182); BGHSt 2, 14 (17); 17, 259, 333; 21, 381; 34, 29 (33).

④ Vgl. RGSt 22, 413 (415).

⑤ Vgl. BGHSt 17, 333 (335).

⑥ Vgl. Dazu auch Sydow, Die actio libera in causa nach dem Rechtsprechungswandel des Bundesgerichtshofs, 2002, S. 103 f.

决仅限于危害道路交通和无证驾驶的犯罪行为。[①] 学界对本案判决的评价也不完全一致。例如罗克辛(Roxin)基本上肯定了本案的判决观点,认同过失犯不适用原因自由行为,并且认为本案的判决不是全面抛弃原因自由行为,只是在危害道路交通和无证驾驶这样的亲手犯中加以排除。[②] 希尔施(Hirsch)则对本案判决表示质疑和批判,其认为原因自由行为不适用于过失犯的理由需要进一步阐释,而对于危害道路交通、醉酒驾驶和无证驾驶则可以适用以构成要件模式为解释根据的原因自由行为。[③]

第五节 机动车司机无驾驶能力案

一、基本案情

1989年9月25日晚7点左右,被告人在B市林登街(Lindenstraße)驾驶着客车。随后,从具有先行权的莱辛路(Lerchenweg)拐入林登街的另一辆客车和被告人的车辆发生碰撞。在20点40分对被告人进行的验血显示其血液中酒精浓度为1.1‰。

初审法院根据这一事实认定被告人"违反了道路交通法第24条"(正确的应该是《德国道路交通法》第24条a),判处罚款并禁止驾驶。初审法院根据血液中酒精含量的分析结果,推算被告人在行为时血液中的

---

① Vgl. Sydow, a. a. O., S. 74; BGH, Beschl. v. 19. 2. 1997-3 StR 632/96 (LG Düsseldorf), in NStZ 1997, S. 230; 类似的裁决参见 BGH, Urt. v. 5. 5. 1999-2 StR 529/98 (LG Hanau), in NStZ 1999, S. 448 f.; BGH 5 StR 421/99-Urteil v. 8. Februar 2000 (LG Frankfurt/Oder); BGH 2 StR 135/00-Urteil v. 7. Juni 2000 (LG Frankfurt/Main), in NStZ 2000, S. 584 f; BGH, Urt. v. 19. 9. 2001-2 StR 240/01 (LG Frankfurt/Main), in NStZ 2002, S. 31 ff.; BGH 5 StR 292/01-Urteil v. 6. November 2001 (LG Berlin); BGH 3 StR 435/02-Urteil v. 27. März 2003 (LG Wuppertal); BGH, Urt. v. 30. 4. 2003-2 StR 503/02 (LG Frankfurt/M), in NStZ 2003, S. 535 f.; BGH 5 StR 93/04-Urteil v. 17. August 2004 (LG Potsdam); BGH 5 StR 491/06-Beschluss v. 27. März 2007 (LG Frankfurt); BGH 2 StR 226/08-Beschluss v. 25. Juni 2008 (LG Darmstadt); BGH 4 StR 47/10-Urteil v. 17. Juni 2010 (LG Berlin)。

② Vgl. Roxin, Höchstrichterliche Rechtsprechung zum Allgemeinen Teil des Strafrechts, 1998, S. 52 ff., 176 f.

③ Vgl. Hirsch, BGH: Anwendbarkeit der Grundsätze der actio libera in causa, NStZ 1997, S. 230 ff.

酒精含量为1.24‰。初审法院没有根据《德国刑法典》第315条c第1款第1项a处罚被告人,因为法院认定该事故不是缘于醉酒,无法证明被告人处于相对的无驾驶能力情形。初审法院认为不应根据《德国刑法典》第316条判处被告人有罪,因为被告人血液中的酒精含量没有达到绝对无驾驶能力的临界值。

检察机关对该判决提起了(越级)上诉。它指责判决违反了实体法,认为应该按照《德国刑法典》第316条处罚被告人,因为机动车司机在血液中酒精浓度达到1.1‰时就是完全无驾驶能力的,而且这样的判决不违反《德国基本法》第103条第2款、《德国刑法典》第1条和第2条的禁止溯及既往的要求。[①]

对该上诉进行裁决的布伦瑞克州(Braunschweig)高等法院认同检察机关的观点,认为该上诉成立。州高等法院有意撤销初审法院的判决,但是受到了1966年12月9日联邦最高法院刑事审判庭的裁定[②]的束缚,在这个裁定中刑事审判庭确认由酒精造成的机动车司机绝对无驾驶能力的血液中酒精浓度界限是1.3‰。

二、法条索引

本案例引用了如下法条:

1.《德国刑法典》第315条c第一款第1项a(危害道路交通):

(1)在道路交通中有下列情形,并由此使他人的身体、生命或者贵重物品遭受危险的,处5年以下自由刑或者罚金刑:

①驾驶交通工具,尽管

a)因饮用酒精饮料或其他致醉物质……而不能安全驾驶……

2.《德国刑法典》第316条(醉酒驾驶罪):

(1)因饮用酒精饮料或其他致醉物质而不能安全驾驶,但仍然在交通中(第315条至第315条d)驾驶交通工具的,如果不受本法第315条a或者第315条c处罚,则处1年以下自由刑或者罚金刑。

(2)过失实施第1款行为的,同样处罚。

---

① Vgl. Trondle in Festschrift für Dreher, S. 117, 120 f.

② Vgl. 4 StR 119/66; BGHSt 21, 157.

三、裁判理由

1. 只有借助医学自然科学的知识,才能确定《德国刑法典》第315条c第1款第1项a和第316条中由酒精造成的机动车司机绝对无驾驶能力的状态的临界值。只要人们在关键的专业领域中一致认为这些知识是正确的,那么它们对法官就有约束力。[①] 法官必须在对这些有约束力的自然科学知识进行法律评价的过程中,形成对血液中的酒精浓度值的确信,即从达到该数值起所有机动车司机都不能安全驾驶汽车。此外法官要考虑到,由于生物医学领域的流变性,不可能精确地测定血液中酒精浓度的临界值。[②]

以1966年评估报告为根据,刑事审判庭在1966年12月9日的裁定[③]中断定血液中的酒精浓度从1.3‰起,所有机动车司机都绝对失去驾驶能力。这一数值由基本数值1.1‰和安全边际值0.2‰组成。基本数值指的是血液中的酒精浓度,对任何机动车司机而言,达到这一数值就可以根据盖然性得出结论,不再需要确定其无驾驶能力,也就是在交通中全程操控机动车的能力。[④] 安全边际值只是用来弥补在分析血液中的酒精含量时从技术和自然科学角度无法排除的测量误差。[⑤] 1966年确定的这两个数值如今都不合适了。

(1)1.1‰这个基本数值的根据是由1966年评估报告所陈述并获得刑事审判庭同等认可的医学和统计学的酒精研究成果以及驾驶试验的结果。[⑥] 1966年评估报告所描述的几乎之前全部的个别研究成果认为,绝对的(无条件的)无驾驶能力状态在酒精含量达到1.0‰时就出现了,这一数值已经是早先联邦最高法院判例的基础。该判例就是依据1955年3

---

① Vgl. BGHSt 21, 157, 159; 24, 200, 203; 25, 246, 248; 30, 251, 252 f.; 34, 133, 134; BGH NZV 1990, 157, 158.

② 参见P. V. Lundt, E. Jahn编辑,1966年联邦卫生局关于"交通犯罪中的酒精"问题的评估报告,第37页以下,以下简称"1966年评估报告"。

③ Vgl. BGHSt 21, 157.

④ Vgl. BGHSt 21, 157, 160 ff.

⑤ 参见1966年评估报告,第20页。

⑥ Vgl. BGHSt 21, 157, 160.

月 1 日联邦卫生局局长在评估报告中所阐释的医学研究成果。[①] 基于弗罗伊登贝格(Freudenberg)所作的关于醉酒司机增加的危险性的统计研究[②],人们认可醉酒领域出现绝对无驾驶能力状态的数值是在 1.0‰至 1.1‰之间。考虑到这一点和生物自然科学领域的流变性,1966 年评估报告没有采纳严厉的边际值。对此特别具有决定性的是,从吸收或者排解阶段来看,相同的血液酒精浓度对于个体心理和生理系统的行为部分产成不同的影响。因此评估报告认为血液中的酒精浓度在 1.0‰至 1.1‰之间时,所有机动车司机都丧失了驾驶能力,然而对于其建议的绝对无驾驶能力的边际值 1.2‰[③]而言,评估报告认为存在必要的 0.15‰的安全边际值,所以显然基本数值就是 1.05‰。刑事审判庭当初适用这一可疑结论时,采纳了血液中酒精含量的上限作为基本数值。[④]

如今这一点已经不合理了。首先要肯定的是,1966 年评估报告中弗罗伊登贝格的统计调查证明,在发生死亡结果的交通事故中,和那些血液中酒精浓度在 0.6‰到 0.7‰之间的司机的危险性(其危险程度是清醒的机动车司机的 3 倍,这是《德国道路交通法》第 24 条 a 将危险边界值确定为 0.8‰的根据)相比,血液中酒精浓度在 1.0‰到 1.1‰之间的醉酒司机的危险性提升到了 2 倍(因此总共达到了 6 倍)。[⑤] 结论[⑥]表明,当血液中酒精含量达到 1.0‰到 1.1‰之间时,机动车司机绝对的无驾驶能力状态才可能出现。但是这个结论并不是指客观可查的事实,而是对统计结果的评价。法官不受这个估值的约束,其任务只是对自然科学知识进行法律评价。

1966 年以后对酒精浓度进行医学研究的公开成果将数值确定为 1.0‰,达到这一数值时醉酒的交通参与者的危险性是清醒司机的危险性的几倍之高。[⑦] 血液中酒精含量研究的部分成果已经表明,当数值达到

---

① Vgl. BGHSt 5, 168, 170/171; 10, 265, 268; 13, 83, 84 f.; 19, 243, 244.

② 参见 1966 年评估报告附件 8。

③ Vgl. Gutachten 1966, S. 50.

④ Vgl. BGHSt 21, 157, 161 f.

⑤ 参见 1966 年评估报告表格,第 162 页。

⑥ 参见 1966 年评估报告,第 49 页以下。

⑦ 例如参见 Wilhelmi/Lindner/Audelicky BA 1972, 473; Gilg/Liebhardt/Schutter/Riedel BA 1984, 235; Heifer BA 1986, 364。

0.7‰至0.8‰时就肯定会出现绝对的无驾驶能力状态。[①] 1.0‰这个基本数值也符合后来驾驶试验的结果。[②] 刑事审判庭现在特别注重这些试验,因为在驾驶试验中被分析的驾驶行为是司机在其个体特性影响之下所有心理和生理系统行动部分的复杂组合,其中得出的结果比由酒精造成的注意力、反应力或者视力等心理和生理系统个别功能的减损[③]以及数据统计结论更加能证明无驾驶能力状态。正基于此,刑事审判庭在裁决由酒精造成的轻型摩托车(Mofa)和自行车驾驶者的绝对无驾驶能力状态[④]的临界值时,首先依据了从驾驶试验中得出的研究成果。

此外,1966年以来交通状况发生了重大变化,因而对个别机动车司机的行为要求有了实质性的提高。这尤其体现在不断增加的交通密度当中,并且高速公路和快车道上的平均驾驶速度也大为提升。由于交通状况对司机普遍提出的行为要求越高,其由酒精造成的心理和生理系统的行为损伤就越会给其他交通参与者造成危险,因而醉酒司机的危险性就增加了。[⑤] 此外这并不取决于由醉酒司机具体控制的交通状况。[⑥]

如果特别注重驾驶试验的结果,那么整体评价这些生物医学和统计学的认识时就会得出结论,即酒精所引起的绝对无驾驶能力状态的基本数值应该定在1.0‰。已经提到的自然科学领域的流变也是在1.0‰的数值之内。对于那些具有特别驾驶技能或者酒精容忍度的高度醉酒的司机,其在酒精排解阶段仍然能够按照现代道路交通规则的(日常)要求操纵车辆,这个看法就可以以近乎确定性的盖然性加以排除了。对此让刑事审判庭更加确信的原因是,医学自然科学领域没有针对绝对无驾驶能力状态的至多为1.0‰的基本数值提出异议。这一数值已经为1959年刑事审判庭的裁决[⑦]提供了根据。

---

① Vgl. Krüger BA 1990, 182, 196/197.

② Vgl. Strasser BA 1972, 112; Gerlach BA 1972, 239; Heppner BA 1973, 166; Lewrenz/Berghaus/Dotzauer BA 1974, 104.

③ Vgl. Lewrenz/Berghaus/Dotzauer BA 1974, 104.

④ Vgl. BGHSt 30, 251; 34, 133.

⑤ 另参见 Krüger BA 1990, 182, 186, 197。

⑥ 参见1966年评估报告,第51页以下,因此错误的观点参见 AG Höxter DAR 1990, 190, 191。

⑦ Vgl. BGHSt 13, 83, 84 f.

(2)联邦卫生局评估的德国临床化学协会于1988年所做的新的循环对照实验表明,0.15‰的安全边际值也不再合适。[①] 联邦卫生局认为这一实验的样本材料是充分的评价基础[②],这一实验采取了血液中酒精含量测定方法的三种可能的结合方式,也考虑到出现的偶然误差(单个测量值和中间值的差异)和系统误差,得出了以下最大误差:

GC 方法和 ADH 方法: 0.048‰

GC 方法和 Widmark 方法: 0.047‰

Widmark 方法和 ADH 方法: 0.022‰

在最不利的情形中,最大误差将近0.05‰。和1966年评估报告中的做法相反,在计算这一数值时完全考虑到了该计算范围之内可以准确确定的系统误差,所以在确定安全系数时不再需要将这个最大值3倍化,而在1966年评估报告中对作为其基础的(通过其他方式测定的)“平均误差”就采取了这种做法。因此,1989年评估报告所考虑的0.05‰的最大误差只相当于1966年评估报告所采纳的数值的1/3。[③]

然而参与该实验的其他实验室中可能产生误差结果[④],并且在实验时可能使用血清而不是全血作为样本材料,从而必要的换算显示出微小的误差[⑤]——不过一般而言换算系数偏向于更低的血液中的酒精浓度值——这些都可能导致不精确性。充分弥补这种微小的不精确性的做法是采纳1989年评估报告的建议,将最大误差双倍化,即将安全边际值定为0.1‰。而且单向的错误概率,即个案中中间值和真值的偏差大于0.10‰的统计概率实质上不到0.15%[⑥],这也保证了这个安全边际值的可靠性。刑事审判庭在确定1.3‰的边际值时就认为0.15%的错误概率是可以接受的。[⑦] 据此,1966年和1989年评估报告中的不同研究方法[⑧]对于确定现在必要的安全边际值并没有影响。

---

① Vgl. Gutachten 1989 NZV 1990, 104 ff.

② Vgl. Gutachten 1989 NZV 1990, 104, 106.

③ Vgl. NZV 1990, 104, 106.

④ Vgl. Gutachten 1989, S. 106; Heifer/Brzezinka NZV 1990, 134.

⑤ Vgl. Gutachten 1989 a. a. O.

⑥ Vgl. Gutachten 1989, S. 109.

⑦ Vgl. BGHSt 21, 157, 165.

⑧ 评论参见 Grüner/Bilzer BA 1990, 222, 224 f. 。

1989年评估报告以循环对照实验为基础,不过并非所有从事血液中酒精含量法医分析的研究机构都参与了这项实验。基于这一点,必须确保各个研究机构不超过在确定0.1‰的安全边际值时出现的测量公差,而这通过研究机构正确地参与循环对照实验得到了保证。在向侦查机关书面通报分析结论时,要保证进行这种实验的研究机构成功地参与了实验。此外要在每一次测定血液中的酒精含量时公布四五个单个测量值,以此证明产生的误差低于1989年评估报告设定的最大值。这样也充分考虑到了由Heifer/Brzezinka[①]和Grüner/Bilzer[②]提出的质疑。对于那些尚未符合条件的研究机构,允许其在分析血液中的酒精含量时享有一个过渡期,在此期间其认定绝对无驾驶能力状态的边际值是1.15‰(1.0‰的基本数值和0.15‰的安全边际值),直到这些机构有机会参与循环对照实验,这一点是充要的,以便其能够继续进行血液中酒精含量的测定,为法医用途提供有证明力的根据。循环对照实验应该确保个别的研究机构遵守必要的测量精确性,在成功参与了这种实验之后,安全边际值就降到0.1‰。刑事审判庭没有将过渡期内绝对无驾驶能力状态的边际值笼统地确定为1.15‰,因为仅仅考虑那些(仍然)未符合血液中酒精含量测定要求的实验室就确定一个不正确的边际值,这种做法不合理。

2. 综上所述,和联邦总检察长的申请相应,法院应该将绝对无驾驶能力状态的边际值定为1.1‰。

这一数值适用于所有机动车司机。[③]

四、判例评述

本案是联邦最高法院第四刑事审判庭于1990年6月28日裁定的案件,确定了机动车司机出现绝对无驾驶能力状态时血液中的酒精浓度值,从而解决交通犯罪领域中对醉驾司机的定罪标准问题。联邦最高法院在本案中再次改变了以前判例所确定的数值,将机动车司机绝对无驾驶能力的血液中酒精浓度值定为1.1‰,因而涉及罪刑法定原则之下禁止溯

---

① Vgl. NZV 1990, 134.

② Vgl. BA 1990, 222, 225.

③ Vgl. BGHSt 22, 352, 357 ff.; 30, 252, 253 f.; BGHR StGB §316 Fahruntüchtigkeit, alkoholbedingte 2.

及既往的问题，即联邦最高法院判例作出的对行为人不利的变更是否违反禁止溯及既往的要求。

根据禁止溯及既往的要求，刑法的适用不得回溯性地证立和加重刑罚，这是《德国基本法》第 103 条第 2 款最古老和最严格的保障。[①] 这一要求禁止事后以不利于行为人的方式重新评价行为[②]，由此也体现出刑法界定公民行动的自由范围和禁止领域的功能。禁止溯及既往的要求首先指向立法者，禁止其制定回溯适用的法律，同时这一要求也适用于刑事法官，即禁止法官适用在行为时尚未生效的对行为人产生不利评价的刑法。这一要求禁止回溯性地证立刑罚和加重刑罚[③]，即如果行为在实施时不受刑罚处罚，那么其不能在事后被宣布为可罚，而且当对法律规定为可罚的行为进行处罚时，不得加重行为时法律所规定的刑罚种类和幅度。[④]

在司法实践和文献中有争议的问题是，当法律条文内容不变，而判例以不利于行为人的方式溯及性地适用时，是否违反《德国基本法》第 103 条第 2 款禁止溯及既往的要求。该问题在实务中的重要性尤其体现在像本案这样的交通犯罪当中，关键点是确定导致行为人丧失驾驶能力的血液中的酒精含量。最初联邦最高法院在 1953 年确定了所有机动车司机在血液中的酒精含量达到 1.5‰时就无驾驶能力[⑤]，之后的判例也坚持了这一边际值[⑥]，并认为摩托车驾驶者（Kraftradfahrer）在血液中的酒精含量达到 1.3‰时就绝对无驾驶能力[⑦]。后来联邦最高法院在 1966 年的裁定中将机动车司机绝对无驾驶能力状态的酒精浓度值降到 1.3‰（1.1‰的基本数值和 0.2‰的安全边际值），认为这不违反《德国基本法》第 103 条第 2 款规定，并裁定被告人有罪。[⑧] 联邦最高法院在 1971 年裁定的临驾

---

① Vgl. Dannecker, in: Leipziger Kommentar StGB, Band 1, 12. Aufl. 2007, § 1, Rn. 360.

② Vgl. BVerfGE, 25, 269 (286); 46, 188 (193); 81, 132 (135); 95, 96 (131).

③ Vgl. BVerfGE 25, 269 (286); 46, 188 (192); 81, 132 (135).

④ Vgl. BGHSt 15, 227 (228); Dannecker, in: Leipziger Kommentar StGB, Band 1, 12. Aufl. 2007, § 1, Rn. 362.

⑤ Vgl. BGHSt 5, 168 ff.

⑥ Vgl. BGHSt 10, 265 ff.; 13, 83 ff; 19, 243 ff.

⑦ Vgl. 4 StR 517/58 vom 6. März 1959; BGHSt 13, 83 (89), 278 ff.

⑧ Vgl. BCHSt 21, 157 (167); auch Dannecker, in: Leipziger Kommentar StGB, Band 1, 12. Aufl. 2007, § 1, Rn. 434.

驶前骤饮(Schluss-Sturztrunk)案中认为,行为人在驾驶车辆前骤饮的,如果测定其驾驶时血液中的酒精含量稍微低于1.3‰的边际值,但是随后将严重超越这一界限的,那么也肯定其完全丧失驾驶能力。[①] 联邦最高法院在1974年裁定的酒后驾驶轻型摩托车(Mofa 25)案中认为,对于轻型摩托车(Mofa 25)的驾驶者而言,无法一般性地确定导致绝对无驾驶能力状态的血液中的酒精含量。[②] 然而在1981年,联邦最高法院裁定轻型摩托车(Mofa 25)的驾驶者在其血液中酒精含量达到1.3‰时就绝对没有驾驶能力,从而将轻型摩托车驾驶者和其他机动车司机的醉酒标准统一化。[③] 与之类似,联邦最高法院在1963年裁定的酒后骑车案中认为,无法确定骑自行车者丧失安全驾驶能力时血液中的酒精含量,只能取决于个案具体情况[④],而在1986年裁定的类似案件中,联邦最高法院认定当血液中的酒精浓度达到1.7‰时骑车者就绝对没有驾驶能力[⑤]。最后,在本案中联邦最高法院将机动车司机绝对无驾驶能力状态的酒精浓度值降到了1.1‰。

理论通说和联邦宪法法院也认为判例变更不违反《德国基本法》第103条第2款所包含的禁止溯及既往的要求。[⑥] 关于判例改变绝对无驾驶能力的标准的问题,联邦宪法法院在1990年6月23日的裁定中认为,在例如《德国刑法典》第316条这样的构成要件中,影响可罚性的并非某一特定的血液中的酒精含量,而是由饮用酒精造成的丧失在交通中安全驾驶的能力。构成要件从一开始就给予了判例一定的空间,使其在判断由酒精造成的无驾驶能力时可以借助不断变化的科学认识和不断提高的科学技术手段,同时并不违反《德国基本法》第103条第2款所包含的构成要件的明确性要求和禁止溯及性地增加可罚性的要求。继而联邦宪法法院认为对无驾驶能力标准的变更只是改变了事实认

---

① Vgl. BGHSt 24, 200 ff.

② Vgl. BGHSt 25, 360 ff.

③ Vgl. BGHSt 30, 251 ff.

④ Vgl. BGHSt 19, 82 ff.

⑤ Vgl. BGHSt 34, 133 ff.

⑥ Vgl. BVerfGE 18, 224 (240 f.); 32, 311 (319); Dannecker, in: Leipziger Kommentar StGB, Band 1, 12. Aufl. 2007, §1, Rn. 436; Schmitz, in: Münchener Kommentar StGB, Bd. 1, 2. Aufl. 2011, §1 Rn. 33 f.

识基础，而没有改变刑法的无价值判断（Unwerturteil）。《德国基本法》第103条第2款虽然禁止溯及性地证立刑罚和加重刑罚，但是禁止溯及既往的要求和信赖保护原则并不阻止法院根据新的认识将特定事实纳入构成要件的范围。[①]

① Vgl. BVerfG NStZ 1990, 537; BVerfG NJW 1995, 125, 126; Dannecker, in: Leipziger Kommentar StGB, Band 1, 12. Aufl. 2007, § 1, Rn. 435; auch BVerfGE 18, 224 (240 f.).

第二章　因果关系与客观归责*

第一节　导　论

在德国刑法理论中,因果关系与客观归责是客观构成要件的核心内容。自20世纪70年代以来,受目的理性犯罪思潮的影响,客观归责理论逐渐成为德国刑法学的通说。按照该理论,关于某一行为是否符合客观构成要件的判断由两个步骤构成:第一步,根据条件公式或者合法则的因果关系理论,考察事实因果关系是否存在;第二步,在确定因果关系成立的前提下,进一步从规范上考察,结果能否被归责于行为人。前一步骤是关于因果关系的判断;后一步骤是关于客观归责的判断,包括了风险创造、风险实现、规范保护目的、构成要件的效力范围等众多下位规则。[①]不过,迄今为止,德国法院的判例尚未明确地接受客观归责理论,而仍然坚持采用因果关系的概念。但是,判例在条件说的基础上,也试图从规范的角度出发对因果关系的成立范围加以限定,从而形成了规范的因果关系的判断模式(判例中称之为"法律上的因果关系")。[②] 以下的案例分别涉及义务违反性与结果之间的关联性、介入因素与结果归责、规范的保护目的以及被害人的自我答责这几个最为重要的归责原则(Verantwortungsprinzip)。

---

* 陈璇,中国人民大学法学院副教授,法学博士,德国马普外国刑法与国际刑法研究所博士后研究人员。

① Vgl. Roxin, Strafrecht Allgemeiner Teil, Band I, 4. Aufl., 2006, § 11.

② Vgl. Fischer, Strafgesetzbuch mit Nebengesetzen, 56. Aufl., 2009, Vor § 13, Rn. 31.

第二节　骑行者案

一、基本案情[①]

本案为1957年9月25日由联邦最高法院作出的判决。

被告人为载重卡车的司机。他在行车过程中,以每小时26至27公里的速度对某个骑着自行车同向行驶的人实施超车,但没有与之保持《德国道路交通法》所要求的1米至1.5米的超车距离;卡车的挂车与自行车驾驶者的左肘关节之间仅相距75厘米。在超车过程中,处于醉酒状态下的自行车驾驶者受酒精的影响突然意识中断,猛然将车向左拐,结果被卷入卡车的后轮胎之中而死亡。鉴定结论表明:事发当时,自行车驾驶者的血液中酒精浓度为1.96‰;即便被告人按照《德国道路交通法》的规定与自行车驾驶者保持足够的距离,该事故的发生仍然具有较高的盖然性。

初审法院判决被告人犯有《德国刑法典》第222条规定的过失致人死亡罪。被告人向明斯特州法院提起上诉。州法院的主审法庭认为,由于即便被告人的行为符合《德国道路交通法》的规定,导致被害人死亡的事故仍然很有可能发生,故不能认为被害人的死亡是由被告人的过失所引起。据此,法院撤销原判,并根据《德国道路交通法》第1条第49项的规定,以被告人在超车时未保持规定的距离为由,对其仅判处罚金刑。检察院就该判决向哈姆州高等法院提起上诉。州高等法院主张,即使认定合法行为也有一定可能会引起相同的结果,但这并不足以否定死亡是由被告人的过失行为所引起。由于先前联邦最高法院所作的一系列判例认为,只有当合义务的行为防止结果发生的盖然性达到了接近于确定性的程度时,才能认定违法行为与损害结果之间存在因果关联,而根据《德国法院组织法》(GVG)第121条第2款的规定,若州高等法院想要作出与联邦最高法院判例不同的判决,则必须将案件呈送联邦最高法院;所以,哈姆州高等法院向联邦最高法院呈送了案件。联邦最高法院第四刑事审判庭否定了哈姆州高级法院的判决意见。

---

① BGHSt 11, 1.

二、法条索引

本案例引用了如下法条:

1.《德国刑法典》第 222 条(过失致人死亡罪):
因过失致人死亡的,处 5 年以下自由刑或者罚金刑。

三、裁判理由

联邦最高法院指出:根据《德国刑法典》第 222 条的规定,因过失引起某人死亡的行为应当受到处罚。只有当某个作为或者不作为引起了结果的发生,且该作为或不作为是我们对行为人加以谴责的根据时,才能认为结果是由行为人有责的行为所引起。在具体案件中是否如此,需要由法官根据其确信来加以认定。

对此,核心问题在于应当对因果联系的证明提出怎样的要求。如果可以确定,如果没有行为人违反义务的行为,结果就可以得到避免;或者即便在行为符合义务的情况下,结果也会发生,那么因果联系的证明就不存在困难。在前一种情形中,只能肯定因果联系的存在;在后一种情形中,则只能否定因果联系。

哈姆州高等法院所援引的联邦最高法院判决(VRS 4, 32)也提到了类似的区分。但该判决并没有说明,法官何时能够认为现有证据已经足以证明,违反交通法规的行为对于结果的发生具有原因力。在模棱两可的情形之间,往往存在大量的事实流程,在这种事实中,我们无法对因果联系存在与否作出明确的认定。只有当法官内心确信被告人的行为对结果的发生确实具有原因力时,才能判决被告人有罪;一旦法官对此存有疑问,就必须根据"存疑有利于被告人"的原则,作出有利于被告人的判决。当然,在行为人的行为符合义务的情况下,虽然结果也有可能发生,但如果这只具有想象上,而非现实中的可能性,那么还不能就此认为案件事实存在真正的疑问。但是,一旦某种特定的案件事实使得法官对违法行为的原因力产生了疑问,而该疑问从人们理性的、贴近于生活的观察来看达到了相当高的程度,那么我们就不能对该疑问视而不见。所谓疑问达到了相当高的程度,是指该疑问使法官合理地相信,积极成立犯罪的事实并不具有接近确定性的高度盖然性。

实际上,在本案中,疑问就已经达到了这种程度。初审法院已经认定,被害的自行车驾驶者由于先前已饮用了大量酒精,故已完全不具有驾驶的能力,其感觉和反应能力也都大幅下降。法院认同法医鉴定的结论,即被害人很有可能在一开始并未意识到载重卡车的驶近,随后因严重的醉酒状态而突然受惊,采取了失去控制的激烈反应,向左猛转,并因此跌倒而被卷入车轮之下。这就说明,法院根据鉴定结论已经确信,即便被告人与自行车驾驶者保持1米到1.5米的距离,事故还是很有可能以同样的方式发生。根据法院的确信,在这种情况下,自行车驾驶者也会以同样的方式做出反应,从而被卷入载重卡车的车轮之下而丧生。考虑到自行车驾驶者自身的车速,即便他与载重卡车之间保持了更大的距离,但他只需一瞬间就能缩短这种距离。从法律论证的角度来看,这一判断无可指摘。要认定被告人有罪,法官就必须对行为与结果之间存在因果关联产生确信。我们不能对这种确信的程度加以克扣,进而认为只有当合法行为确定也会以同样的方式引起结果发生时,才能判决被告人无罪;这种做法违反了"存疑时有利于被告人"的原则。因为这样一来,一旦无法完全确定因果联系不存在,法官就会作出不利于被告人的判决,肯定因果联系的存在。实际上,在行为符合交通法规的情况下,是否会引起同样之结果的发生,对此根本不可能存在绝对的确定性。

法律为法官的确信预留了重要的空间,而且也存在"存疑有利于被告人"的原则,但这些都不足以否定上述观点。联邦最高法院最近所作的判决无一例外地采用了与哈姆州高等法院相左的观点。

当然,从机械自然科学的意义上来说,被告人驾驶卡车的方式是引起自行车驾驶者死亡的一个条件。但是,我们不能据此认为,从刑法的意义上来说,包含于被告人行为中的义务违反性,即以过短的边距超车,对于引起《德国刑法典》第222条规定的致人死亡结果具有原因力。刑法受到责任原则的指导,故在回答原因与结果究竟处于何种关系这一问题的时候,刑法不能满足于某种纯粹的自然因果关联。根据法律的评价标准,某个条件对于结果的发生是否重要,这个问题对于从价值的角度评价行为来说是必不可少的。对此具有决定性意义的标准在于,当行为人完全正确地实施行为时,事实发展的流程究竟会如何。如果能够确定在此情况下还是会发生相同的结果,或者在结合重要的案件事实的基础上,法官根据自己的确信还无法完全排除这一点,那么被告人为结果发生所设定的条件就不具有刑法上的意义。在这种情形中,我们不能肯定行为与结果之间存在因果关联。

四、判例评述

(一) 作为与不作为的区分

在对这类案件进行分析时,首先遇到的问题是:究竟应当将行为人的行为界定为作为还是不作为?因为行为人的行为均同时包含了积极作为和消极不作为的要素。卡车司机超车的行为无疑属于作为;但与此同时,卡车司机未保持法定的超车距离的行为又都是典型的不作为。由于不作为犯的归责要求与作为犯相比有着明显的差异,例如不作为犯的行为人必须具备法律上的保证人地位,不作为必须与作为之间具有等置性,以及只有当履行作为义务的行为确定可以阻止结果发生时,才能肯定不作为与结果之间的因果关系等①,所以对行为的性质加以确定是我们展开进一步讨论的前提和基础。

对于作为与不作为的区分标准问题,德国主要存在以下两种学说:(1)社会意义或法律非难重点说。联邦最高法院的判例和部分学者认为,作为和不作为的区分所涉及的并非事实问题,而是价值评判问题,故对于同时包含作为和不作为要素的行为来说,应当以社会意义或法律非难的指向重点为标准决定其性质。② (2)作为的因果关系标准说。目前多数学者主张,只要行为人积极投入力量的行为要素与结果具有合乎法则的因果联系,就应当将行为认定为作为;只有当积极的举动缺乏与结果的因果关系或因其他缘故不成立犯罪时,才可以补充性地考虑不作为犯的问题。③

---

① Vgl. Roxin, Strafrecht Allgemeiner Teil, Band Ⅱ, 2003, §31, Rn. 69; Wohlers, in: Nomos Kommentar StGB, 3. Aufl., 2010, §13, Rn. 4.

② Vgl. Fischer, Strafgesetzbuch mit Nebengesetzen, 57. Aufl., 2010, vor §13, Rn. 17; Stree/Botsch, in: Schönke/Schröder, Strafgesetzbuch Kommentar, 28. Aufl., 2010, vor §13, Rn. 158.

③ Vgl. Roxin, Pflichtwidrigkeit und Erfolg bei fahrlässigen Delikten, ZStW 74 (1962), S. 415; Roxin, Strafrecht Allgemeiner Teil, Band Ⅱ, 2003, §31, Rn. 77 ff.; Freund, in: Münchener Kommentar StGB, 2003, §13, Rn. 8 ff.; Weigend, Leipziger Kommentar StGB, 12. Aufl., 2007, §13, Rn. 6 f.; Wohlers, Nomos Kommentar StGB, 3. Aufl., 2010, §13, Rn. 7.

（二）假定的合义务行为

行为人能够实施的合法行为既可以是在超车时保持法定 1.5 米的距离，也可以是在超车时保持 3 米的距离，还可以是完全放弃超车，而且选择不同的替代行为会直接影响假定因果关系的判断结论。因为即便保持 1.5 米的超车距离也同样会引起事故，但保持 3 米的车距就可能明显提高结果的避免可能性，而放弃超车就可以从根本上杜绝事故的发生。例如，L 违章将其货车停靠在高速公路旁，结果喝醉了酒的 F 驾车从后方驶来撞上了该货车，导致 F 身受重伤。[①] 用于代替 L 违章停车的合法行为既可以是将货车停靠在被允许的其他地方，也可以是继续在高速公路上正常行驶，还可以是在高速公路上缓慢行驶。前两种行为均可以确定防止事故的发生，但后一种行为则很可能无法避免结果的发生。在这种情况下，为保证假定因果关系的判断不致流于随意和主观，必须对合义务替代行为进行明确的限定。筛选的标准主要有二：(1)合义务的替代行为必须与现实的违法行为同属一个行为类型。换言之，只有当某一合法行为所追求的目标或利益与行为人事实上实施的违法行为所追求者完全一致时，该合法举动才能成为替代行为。[②] 例如，当行为人的违法行为是违反法定距离超车时，合义务替代行为就只能是符合法定距离的超车，而不能是放弃超车，因为放弃超车与行为人当时的目的完全相反，它与现实违法行为不属于同一类型；同理，当行为人的行为是在高速公路上违章停车时，合义务的替代行为就只能是在被允许处停车，而不能是继续行驶。(2)若有多个与违法行为同属一种行为类型的合法举动可供选择，则应将其中最低限度的合义务行为作为替代行为。因为被容许之危险的成立仅以行为最低限度地符合注意义务为要件，法秩序没有理由在此之外向公民提出更高的要求。例如，在载重卡车案中，能够成为替代行为的应当是保持 1.5 米距离，而非保持 3 米距离的超车。

（三）结果避免可能性的程度判断

合义务替代行为的结果避免可能性究竟要达到多大的程度才能使注

---

① Vgl. BGH VRS 24, 124 (125).

② Vgl. Schlüchter, Zusammenhang zwischen Pflichtwidrigkeit und Erfolg bei Fahrlässigkeitstatbeständen, JA 1984, S. 678; Frisch, Tatbestandsmäßiges Verhalten und Zurechnung des Erfolgs, 1988, S. 536; Duttge, in: Münchener Kommentar StGB, 2003, §15, Rn. 170; Sternberg-Lieben, in: Schönke/Schröder, StGB, 28. Aufl., 2010, vor §13, Rn. 99a, §15, Rn. 176.

意义务违反性与法益侵害结果建立起必要的关联呢？对此,理论界存在两种不同的立场。

(1)确定能够避免说。该说认为,只有当合义务替代行为确定地能防止结果发生,即在行为符合注意义务的条件下绝对不可能再出现该法益侵害结果时,才能成立客观归责。因此,只要无法排除"合法行为也同样会引起结果"的可能,不论该可能性有多小,也应一律根据罪疑惟轻的原则否定归责。这一观点是目前德国学界和判例的多数意见。[①]

(2)危险升高说。此说由刑法学者罗克辛于1962年首倡。该说提出,只要能够认定行为人对注意义务的违反与被容许的危险相比升高了法益侵害结果发生的可能性,就足以肯定义务违反与结果之间的关联性。换言之,只要根据事后查明的所有客观事实能够认定合义务替代行为具有防止结果发生的可能性,不论该可能性有多低,均可成立归责;只有当合法行为确定地完全无法避免结果时,才能否定归责。其理由在于:注意义务规范的制定者往往会根据实际的需要容许一定危险的存在。若虽然某一行为违反了注意义务,但实际上合法行为也不能避免结果发生,那就说明该违法行为只不过实现了一个被容许的危险而已,它仍处于立法者的容许范围之内,故不应予以处罚,否则就违背了相同情况同等对待的原则;反之,一旦违法行为与被容许之危险相比升高了结果发生的概率(即合义务的行为能够降低结果发生的可能性),那么它就超越了立法者所能容忍的范围,从刑事政策的角度来看必须使法律的天平朝有利于法益保护的一边倾斜,故应将结果归责于违法行为。[②] 由此可见,通说和危险升高理论实际上都是以合义务行为的结果避免可能性作为归责判断的核心标准,只不过前者要求这种可能性必须达到100%的程度,而后者(根据

① Vgl. Schlüchter, Zusammenhang zwischen Pflichtwidrigkeit und Erfolg bei Fahrlässigkeitstatbeständen, JA 1984, S. 676; Frisch, Tatbestandsmäßiges Verhalten und Zurechnung des Erfolgs, 1988, S. 537 ff.; Baumann/Weber/Mitsch, Strafrecht Allgemeiner Teil, 11. Aufl., 2003, § 14, Rn. 86 f.; Gropp, Strafrecht Allgemeiner Teil, 3. Aufl., 2005, § 12, Rn. 54; Vogel, in: Leipziger Kommentar StGB, 12. Aufl., 2007, § 15, Rn. 182 ff.; Kindhäuser, Strafrecht Allgemeiner Teil, 4. Aufl., 2009, § 33, Rn. 38; Sternberg-Lieben, in: Schönke Schröder, StGB, 28. Aufl., 2010, § 15, Rn. 177 ff.; Fischer, Strafgesetzbuch mit Nebengesetzen, 57. Aufl., 2010, vor § 13, Rn. 26.

② Vgl. Roxin, Pflichtwidrigkeit und Erfolg bei fahrlässigen Delikten, ZStW 74 (1962), S. 431-433; Roxin, Strafrecht Allgemeiner Teil, Band Ⅰ, 4. Aufl., 2006, § 11, Rn. 89.

罗克辛的观点）则认为只要这种可能性存在即可，不论它是1%还是100%均足以实现归责。在合义务行为能还是不能避免结果均存在一定概率但又并不完全确定的情况下，通说认为应排除归责，而危险升高理论则主张肯定归责。所以，后者与前者相比明显扩大了过失犯的处罚范围。危险升高理论虽然也不乏支持者①，但却受到了来自通说的猛烈抨击。人们对它的批判主要集中在以下两点：第一，危险升高理论违背了罪疑惟轻原则。因为如果合义务的替代行为能否避免结果这一点还处于不确定的状态，那就说明过失犯所要求的义务违反和结果之间的关联无法得到证明，故应作出有利于行为人的判断，从而排除归责。第二，危险升高理论把刑法明确规定的结果犯转化成危险犯。因为作为一种结果犯，过失犯的构成要件不仅要求义务违反性与法益侵害结果分别存在，而且还要求两者必须具有内在关联。但该说仅仅强调义务违反与危险升高之间的关系，而并未说明危险升高与侵害结果本身的关联，所以它实际上是将结果犯的归责要求降格为了危险犯。②

第三节　公路手电筒案

一、基本案情

1951年10月31日凌晨，被告人驾驶其雇主的载重卡车从D地驶往E地。当时正值下雨天，四周处于黑暗状态之中。载重卡车的拖车部分缺少后灯、刹车灯以及尾灯。在一条通向高速公路的马路上，交通巡警将被告人拦下。为了确保后方驶来的汽车不会与被告人的卡车相撞，巡警在公路上放置了一个发出红色亮光的手电筒。在被告人受到罚款警告之后，警察命令他把卡车开到下一个加油站。警察意图在被告人驶往加油

---

① Vgl. Jescheck/Weigend, Lehrbuch des Strafrechts Allgemeiner Teil, 5. Aufl., 1996, S. 585; Köhler, Strafrecht Allgemeiner Teil, 1997, S. 197 ff.; Rudolphi, in: SK-StGB, 6. Aufl., 1997, vor §1, Rn. 65 ff.; Schünemann, Über die objektive Zurechnung, GA 1999, S. 226 ff.; Puppe, in: Nomos Kommentar StGB, 3. Aufl., 2010, vor §13, Rn. 224 ff.; Stratenwerth/Kuhlen, Strafrecht Allgemeiner Teil, 6. Aufl., 2011, §8, Rn. 36 f.

② Vgl. Schlüchter, Zusammenhang zwischen Pflichtwidrigkeit und Erfolg bei Fahrlässigkeitstatbes-tänden, JA 1984, S. 676; Duttge, in Münchener Kommentar StGB, 2003, §15, Rn. 178.

站的过程中一直跟随其后,以便保证其安全。在被告人尚未发动卡车之前,警察从公路上拿走了手电筒。就在这时,从后方驶来另一辆载重卡车。该车的司机把被告人的卡车看成了一辆停靠在马路上的摩托车。直到相距 25 米的时候,他才看清了卡车拖车的轮廓,但此时已无法及时刹车。最后两车相撞,导致卡车上的一名同乘者死亡。[①]

杜赛多尔夫州法院刑事审判庭判决被告人无罪。检察院提出上诉,联邦最高法院撤销原判。

二、法条索引

本案例引用了如下法条:

1.《德国刑法典》第 222 条(过失杀人):
过失导致他人死亡的,处 5 年以下自由刑或罚金刑。

三、裁判理由

杜赛多尔夫州法院刑事审判庭的结论是,尽管被告人所驾驶的载重卡车拖车的状态违反了道路交通规则,而且这一违规状态与同乘者的死亡之间具有因果关联,但被告人对事故的发生并不负有责任。因为,交通巡警将被告人拦下,并将手电筒放置在马路上,警察通过这种方式承担了保护随后驶来之汽车的安全的义务。同时,被告人也有理由相信,警察会按照他和被告人的商定,直到将巡逻车开到卡车后面时,才将手电筒从马路上拿走。

(1)检察院的上诉对这一判断提出的异议是有道理的。当然,检察院错误地认为刑事审判庭否认了因果联系的存在。判决已经明确地强调,卡车拖车的违规状态对于结果所具有的原因力,并不会因为警察行为的介入(即把卡车拦下,并提早取走了发出红色亮光的手电筒)而被排除掉;这是因为,警察仅因为其实施了过失行为而需要承担责任,该行为并不能中断原有的因果联系。从这一点来说,判决并无值得担忧之处。长久以来,判例一直认为:即便除某个原因之外,还有其他原因对于结果的发生做出了贡献,该原因也依然是法律意义上的原因;特别是,即便某个

---

① Vgl. BGHSt 4, 360.

具有责任能力的第三人介入事实流程之中,而且没有这一介入因素违法结果就不会发生,因果关系也不会中断。[1] 认定因果联系成立的前提条件在于,最初为某一特定结果设定的条件,一直到结果发生为止都持续不断地发挥了现实的作用力,即发挥了现实的原因力。如果后来出现的事件排除了最初条件的作用力,并且通过开启一个崭新的因果链条而独自引起了结果的发生。[2] 但本案并不是这种情况。警察先是通过放置一把发出红色亮光的手电筒保证道路交通的安全,这仅仅是暂时性地阻止了被告人所设定的条件对事故发生所具有的影响力,但并没有永久性地切断它;不管被告人的意志如何,该影响力都随时可能再度完整地发挥其作用。因此,刑事审判庭在法律衡量上的出发点是正确的。

(2)但是,关于责任问题的判断是以法律错误作为其根据的。如果现实出现的结果对于被告人来说是能够预见的,那么我们就可以把该结果归责于他。但是,毋庸置疑的是,被告人从一开始就能够估计到,他驾驶的卡车可能会与其他汽车相撞。由于卡车的拖车没有任何照明设备,故这种危险毫无疑问是存在的。被告人甚至还必然估计到,由于其参与道路交通之行为违反了交通规则,故警察会把他拦截下来,这样一来,与其他车辆相撞的危险还会进一步增大。事故发生的实际过程并非处在所有盖然性的范围以外;相反,现实案件呈现出来的这种发展历程,具有某种确定的盖然性。现在,出于以下考虑,刑事审判庭否定了预见可能性的存在:即,被告人可以相信,警察会按照他和被告人的商定,直到将巡逻车开到卡车后面之后,才将手电筒从马路上拿走。这样一来,就应当作出有利于被告人的判断,因为警察先是排除或者大大降低了卡车与其他车辆相撞的危险,在没有被告人参与的情况下,这一事实能够将被告人有责地引起的危险排除掉。联邦最高法院对这一观点不能赞成。尽管可以考虑,当某个第三人设定的介入因素对某一特定结果的发生共同产生了作用的时候,否定该结果的预见可能性,从而认为被告人不能为该结果承担责任[3];但本案的情况却并非如此。首先,警察并没有为结果的发生设定介入原因;相反,他采取了意在防止该结果发生的安全措施。警察提前撤

---

① Vgl. RGSt 61, 318; 64, 316.

② Vgl. RGSt 69, 44, 47.

③ RGSt 61, 318.

销了该安全措施,这并不能成为免除被告人责任的理由。即便警察从一开始就没有采取安全措施,那么被告人也不能辩解说,警察是有义务采取安全措施的。我们不能允许被告人相信,对违法结果产生起反作用力的某个事件会发生。即使警察提早取消了安全措施,也不能否定预见可能性的存在。被告人不能轻易地相信,警察从拦下了他的汽车那一刻起,就接替他完全承担了保障道路交通安全的责任。根本谈不上在完全免除被告人责任的情况下进行此种答责的转换。相反,由于被告人先前实施了危及交通安全的行为,故他负有特别的注意义务。由于他必须估计到,自己会因为违规驾驶而被拦截下来,故对于他来说,与此相关联的交通危险的升高也是能够预见的。因此,他也负有排除该危险的义务。如果他本人当时不能采取安全预防措施,那么他至少必须保证,一直到警车驶到卡车后方之时,警察所采取的安全措施都持续存在。

四、判例评述

本案判决涉及的是,在因果流程发展过程中介入了其他因素,特别是介入了第三人行为的时候,是否影响结果归责的问题。联邦最高法院在本案中,肯定了结果归责,其理由可以概括为两点:第一,尽管在因果流程的发展过程中,介入了警察的过失行为,但被告人的卡车挂车没有后灯照明的这一违法状态依然是结果发生不可或缺的因素,介入因素并未阻隔该违法状态的危险性对结果的作用;第二,整个因果流程的发展情况虽然有一定的曲折,但毕竟还在一般人可以预见的范围之内,即并未超过基本的预见可能性。判决涉及以下两个教义学的基本问题:

(一) 超越的因果关系

在因果关系的判断问题上,判例和学界的主流意见都根据条件说认为,即便在因果流程中介入了第三人的行为,前一原因与结果之间的因果关系并不因此而归于中断。弗兰克(Frank)曾提出过回溯禁止理论(Lehre vom Regressverbot)。该理论认为,如果在某一条件与结果之间,介入了另一个由人的自由且有意识(即故意和有责)的行为制造的条件,则前一条件与结果之间无因果关系。[①] 但该说明显与条件说不相一致,故在

---

① Vgl. Frank, Das Strafrecht für das Deutsche Reich, 18. Aufl., 1931, §1, Anm. Ⅲ 2a.

因果关系的认定中已经被否定。

但是,超越的因果关系(überholende Kausalverläufe)的场合除外。介入因素不影响前一原因与结果之间的因果关系的前提是,前一原因仍然持续不断地对结果的出现发挥了促进作用;一旦前一原因的原因力完全为介入因素阻断,最后的结果是由介入因素单独造成的,则应否定因果关系的存在。这就是判例所提到的:"认定因果联系成立的前提条件在于,最初为某一特定结果设定的条件,一直到结果发生为止都持续不断地发挥了现实的作用力,即发挥了现实的原因力。如果后来出现的事件排除了最初条件的作用力,并且通过开启一个崭新的因果链条而独自引起了结果的发生。"这一经典表述得到了后续判决和理论界的广泛认同。①

(二) 答责领域的接管

学界和判例的传统观点主张,在确定行为与结果具有条件因果关系之后,应当通过预见可能性的标准来进一步限制结果归责的范围。亦即,只有当结果发生的具体流程处在一般的生活经验之中,能够以理性的方式加以预见时,才能认为承认客观构成要件的成立。② 本案判决认为被告人应当为结果承担过失犯刑事责任的观点却受到了学界多数学者的批判。主要的批评理由在于:在本案中,被告人行为与最终结果的发生之间无疑具有因果关系。但是,一方面,能否像法院那样,认为因果流程的发展情况具有预见可能性,因此可以肯定因果关系的相当性以及危险的实现,这是值得质疑的。另一方面,退一步说,即便我们承认,根据我们的日常生活经验,警察也会犯错误,故整个事件处于人们可以预见的范围之内,但也不能像法院的判决那样要求一般公民去监督警察的行为,以确保后者在巡逻车开到卡车后方时才取走用于照明的手电筒。由于被告人作为普通公民必须服从警察的命令,而无权指挥警察,所以根据归责原则,警察的行为就引起了一个独立的归责。换言之,应当认为,一旦警察接管了确保交通安全的职责,那么后续发生的事件就落入了其责任范畴之中,从而不能再将由此产生的结果归责于被告人,因为构成要件的射程范围

---

① Vgl. BGH 39, 197; BGH NStZ 1989, 431; Lenckner/Eisele, in: Schönke/Schröder, Strafgesetzbuch Kommentar, 28. Aufl., 2010, Vor 13, Rn. 77 ff.; Kindhäuser, Strafrecht Allgemeiner Teil, 5. Aufl., 2011, §10, Rn. 24.

② Vgl. Wessels/Beulke, Strafrecht AT, 41. Aufl., 2011, §6, Rn. 192.

不再包含这些事件。[①] 具体来说,具有特定职务的人在其职权范围内,有责任排除危险以及监督危险源,而职权范围以外的人不必干涉其中。这样一来,结果的第一个引起者,就无须为具有特定职务之人后来引起的损害结果承担责任。除本案所涉及的情形之外,只要第二个条件的创设人通过介入因果流程,使对结果发生的答责转移到了自己身上,那么即便第一个条件的创设人制造了法益侵害的危险,也不应将最终的结果归责于他。比如,即便行为人的违章驾驶引起了交通事故,致使被害人受伤,但实施手术的医生因为严重的医疗过错而引起被害人死亡,或者被害人因为相信自己即便不做手术也能活下来而拒绝接受手术治疗,那么也应当认为,医生或者被害人已经完全接管了答责的领域,最终发生的结果只能归责于他们自身,而无法归责于行为人。[②] 不过,有学者进一步提出,在实践中也许需要区分不同的情况来处理。以交通事故的被害人因医生医疗过错而死亡的案件为例:如果被害人并非死于交通事故所带来的伤害,而是完全死于医疗过错所创设的风险,那么医生过失行为的危险实际上就替代了交通事故的风险,所以死亡结果完全处于医生的责任领域之中。[③] 但是如果确定被害人死于交通事故所导致的伤害,那么即便最终是由于医生不予救治的行为令其不治身亡,也不应一概否认行为人的责任:首先,若医生的过错并不严重,则死亡结果并非仅落在医生的责任领域之中,故对行为人和医生均可以过失犯罪论处;其次,若医生的过错很严重,导致原本只受了轻伤的被害人死亡,则从刑事政策的角度来看,没有必要将结果再归属于行为人。[④]

实际上不难看出,在本案中,要论证被告人不负刑事责任,主要有两种方案可供选择:第一,通过预见可能性标准;第二,通过答责领域的接管原理。由于如下一个案例所述,传统的预见可能性标准带有极大的模糊性,往往难以保证论证结果的可靠性,故答责领域的接管这一客观归责的

---

① Vgl. Schroeder, in: Leipziger Kommentar StGB, 11. Aufl., §16, Rn. 24; Maurauch/Zipf, Strafrecht Allgemeiner Teil, Band I, §18, Rn. 67; Roxin, Strafrecht Allgemeiner Teil, Band Ⅰ, 4. Aufl., 2006, §11, Rn. 137 ff.

② Vgl. Kühl, Strafrecht Allgemeiner Teil, 6. Aufl., 2008, §4, Rn. 84.

③ 不过,在这种情形中,似乎通过前述超越的因果关系理论就可以否定因果关系的成立,而无须进入归责判断之中。

④ Vgl. Roxin, Strafrecht Allgemeiner Teil, Band I, 4. Aufl., 2006, §11, Rn. 142 ff.

下位原理在学界赢得了广泛赞同。

第四节　交叉路口案

一、基本案情[①]

被告人以每小时 140 公里的速度开车行进在一条公路上。在一个交叉路口处，由 St 驾驶的另一辆汽车从左侧驶来。St 在到达十字路口之前，先是降低了他的车速。因为他并没有看到被告人的汽车正在驶来，所以在停车线处又加大车速，并以每小时 55 公里的速度驶向十字路口。当被告人发现这一情形时，他在与对方相距 35 英寸处紧急刹车。结果两车在被告人所处的公路右侧相撞，St 身负重伤。在相撞发生之前，被告人的汽车还留下了 2 米的刹车痕迹。

假设被告人在驶近十字路口时，保持此处每小时 100 公里的法定最高限速，那么他从制动刹车到车辆停下来至少需要 77 英寸的距离。因此，在被告人与对方相隔 35 米的情况下，他也不可能及时将车刹住。但是，若被告人以每小时 100 公里的速度行车，则他抵达相撞地点的时间就会比现实案件中要晚 0.3 秒。在这 0.3 秒的时间段内，St 就能够完全穿越被告人的行车路线，从而避免相撞事故的发生。

州法院的法官判决被告人犯有过失伤害罪。被告人提出上诉后，州法院改判被告人无罪。检察院提起上诉后，斯图加特州高等法院意图撤销无罪判决，并将案件发回上诉法院。其观点是，行为人超过法定许可之最高限速的行为对于事故的发生来说具有原因力，因为就两车相撞而言，这一违法行为是不可缺少的条件。以规范保护目的为由对已经产生的刑事责任加以限制的做法，是缺乏根据的。实际上，关于最高限速之规范的意义正是在于，在其他交通参与者的行为也违反交通法规的情况下，避免交通事故的发生。但是，州高等法院发现，它所意图作出的决定与联邦最高法院分别于 1960 年 11 月 18 日（VRS 20, 129）和 1963 年 12 月 20 日（VRS 26, 203）作出的终审判决相左。由于在州高等法院看来，这两个判

---

① BGHSt 33, 61.

决所提出的基本原则也适用于本案的案情,故它将本案提交给联邦最高法院。

二、法条索引

本案例引用了如下法条:

1.《德国刑法典》第 222 条(过失杀人):
过失导致他人死亡的,处 5 年以下自由刑或罚金刑。

三、裁判理由

州高等法院希望弄清楚关于道路交通内一般限速之规定(《德国道路交通法》第 3 条第 3 款 2c)的规范目的。根据州高等法院的意见,对于引起事故发生之因果关系的法律评价来说,司机在遵守最高限速规定的情况下,是否正好能够通过刹车来避免相撞事故的发生,这一点无足轻重。即便他能够通过其他的方式避免事故发生,也应当肯定刑事责任的成立;在州高等法院看来,其他交通参与人的行为是否违反义务,这对于认定行为人的刑事责任而言没有意义。不能否定的是,州高等法院的观点与它所引用的联邦最高法院判决的基本判断并不一致。

实际上,联邦最高法院赞同州高等法院的意见。VRS 20, 129 和 VRS 26, 203 这两个判决是以另一种观点为其基础的,在此,联邦最高法院不再坚持该观点。

如果某个交通参与人实施了一个违反义务的行为,那么只有当该违反交通规则的行为对损害事实的发生具有原因力的时候,才能认为该人需要为其后发生的事故承担刑法上的责任。

1. 如果在司机的行为符合交通规则的情况下,同样的结果也会发生,或者法官根据重要的案件事实,确信不能排除结果的发生,那么就应当否定交通违法行为与事故之间的因果关联。[①] 在此,关于因果关联的判断,是在考虑了某个具体的道路交通危险状态已经出现的情况下作出的,正是这一危险状态直接引起了损害结果。[②] 至于说应该假定哪一个

---

① Vgl. BGHSt 11,1,3 f.; 24, 31,34; BGH VRS 54, 436.

② Vgl. Maurach/Gössel/Zipf, Strafrecht Allgemeiner Teil, Teilband 2, 6. Aufl., §43, Rn. 75.

行为符合交通规则,这个问题必须站在作为引起事故之(直接)原因的道路交通违法性的角度来回答,而事实上的因果流程则应当作为我们判断的基础。因此,从我们的判断中排除出去,并用抵消了义务违反性的合法行为来取而代之的,只能是行为人可谴责的事实情况。除此之外,不允许从道路交通的情境中排除任何要素,或者给道路交通的情境添加任何要素,也不允许对该情境进行任何改动。[1] 这一判断将某些事实情况排除出了法律的评价之外,这些事实情况虽然从自然科学的意义上来说也属于引起结果发生的条件,但对于行为人的刑事责任来说却不可能具有任何意义。根据该观点,司机在危急的交通状态出现之前的某个时刻,是否实施了超速驾驶行为,究竟是什么使得他在事故发生之时出现在事故地点,这些问题尤其不重要。[2]

2. 在危急的交通状态出现之后,唯一有意义的问题在于,假设驾驶行为正确,那么导致事故发生的事实流程究竟会怎样发展。[3] 对此,我们还需要考察,当司机遵守道路交通的最高限速规定时,他是否能够及时将自己驾驶的车辆刹住,从而不与其他汽车相撞,或者是否能够避开其他汽车。[4] 不过,这并不是对于判断义务违反性和结果之间的因果关联来说唯一具有重要意义的事实情况。假如刹车足以避免相撞的发生,那么这就会成为交通上必要的行为。因此,刹车也就不能被排除在对事故发生过程的法律评价之外。假定司机在“危急的交通情况”出现之时并没有以高于合法车速的速度行驶,则事故就不会发生,那么法律上的因果关联就应当得到肯定。法官除此之外还考虑了道路交通中的其他实际情况,所以唯有当他将其他交通参与者的行为,例如其行驶行为的方式及程度等也纳入考察的对象之中时,才能作出判断。但法官并没有因此而将道

---

① Vgl. BGHSt 10, 369, 370; BGH VRS 54, 436, 437.

② Vgl. BGH (4. Strafsenat) VRS 23, 369, 370; BGH (VI. Zivilsenat) VRS 18, 180; VersR 1963, 165; 1977, 524; OLG Hamm VRS 10, 459; ZfS 1983, 91 f.; Jagusch/Hentschel, Straßenverkehrsrecht 27. Aufl. Einl. Rdn. 101; StVO §3 Rdn. 67; Jescheck, Lehrbuch des Strafrechts AT 3. Aufl. S. 474 f.; Lenckner in Schönke/Schröder, StGB 21. Aufl. Vorbem. §§13 ff. Rdn. 101 f.; Cramer ebd. §15 Rdn. 165 ff.; Samson in SK Anh. zu §16 Rdn. 28; Schünemann JA 1975, 715; Wolter, Objektive und personale Zurechnung von Verhalten, Gefahr und Verletzung in einem funktionalen Straftatsystem, 1981, S. 342.

③ Vgl. BGH (V I. Zivilsenat) VersR 1977, 524, 525.

④ Vgl. OLG Köln VRS 58, 24, 26.

路上的一般限速规定的规范目的丢开不管。规范的目的同样也在于,使其他交通参与人在路口或与车辆相遇时不陷入危险的境地之中。[①] 所以,关键不是在于该其他参与人是否能够不受阻碍地前进,而是在于保护他免受高速行驶所带来的危险。[②] 如果汽车司机由于超速行驶不能刹车,从而不能"使事态往好一点的方向发展",那么就可以认定危险得到了实现。由此可以得出结论:即便仅凭汽车司机遵守最高限速的行为,不能在危险状态出现的时间点避免事故的发生,该司机也应当承担刑事责任。至于相撞事故的避免,只能取决于其他交通参与者的行为,这一点并不重要。因为,为实现交通安全而设立的《德国道路交通法》第 3 条第 3 款第 2c 项的目的,也包含了这一情形。

四、判例评述

(一) 预见可能性标准的困境

在不法构成要件领域内,将事实层面的因果关系判断与规范层面的结果归责判断严格加以区分,这堪称是 20 世纪后半期刑法学发展的一个重要成果。[③] 于是,"法益侵害行为 + 法益侵害结果 + 行为与结果之间的因果关系"这一传统公式已不足以完整地反映结果犯客观构成要件的全部内容;并非一切由具有法益侵害危险的行为所招致的结果都一律符合构成要件。[④] 由于刑法分则对任何一个犯罪构成要件的规定都必然以一定的规范作为其背后的支撑,故只有当行为引起法益侵害的具体过程处于规范所意图禁止的范围之内时,才能认为该法益侵害属于构成要件意义上的结果。

但是,在以往的判例中,法院一般倾向于以预见可能性来限制结果归责的范围。关于因果流程是否处于一般人可预见范围之内的判断,带有难以克服的极大随意性。这一点已为审判实践所验证。本来,德国法院

① Vgl. BGH (VI. Zivilsenat) NJW 1984, 1962.

② Vgl. die amtliche Begründung zur Höchstgeschwindigkeitsverordnung vom 16. März 1972 (BGBl I 461), VkBl 1972, 158, 159, sowie zur Verordnung vom 2. Dezember 1975 (BGBl I 2983), VkBl 1975, 681.

③ Vgl. Roxin, Strafrecht Allgemeiner Teil, Band I, 4. Aufl., 2006, § 11, Rn. 44 ff.

④ Vgl. Puppe, Die Beziehung zwischen Sorgfaltswidrigkeit und Erfolg bei den Fahrlässigkeitsdelikten, ZStW 99 (1987), S. 595.

的判例一直主张,能否将某一法益侵害结果归责于过失行为的关键在于,引起该结果发生的具体因果流程是否具有可预见性。[①] 但是,若要求因果过程的全部事实都必须能够为人们所预见,则势必会不当地限制处罚范围。例如,S在路过某银行时恰遇警察与劫匪展开枪战,S不幸被一颗流弹击伤,倒在马路中央;不久,T驾驶汽车经过此地,因疏于注意而将躺在马路上的S轧死。很明显,在马路上突然出现一名被枪弹击中的伤者,对于这一事实无论是一般人还是行为人均无法事先预见。但没有人会以此为由否定结果归责并主张T无罪。因此,联邦最高法院指出:"原则上来说,行为人只需要对作为最终结局的结果,而不需要对具体引起该结果发生的事实流程具有预见可能性。"[②]可这样一来,在另外一些案件中,又会出现新的困境。例如,甲于大雾天气下以每小时80公里的违章速度在公路上驾车疾驰;突然汽车的右前轮因存在产品质量方面的缺陷而脱离车体,并击中了正在公路边行走的路人乙,致其死亡。事后证明,若甲遵守关于大雾天气下汽车限速的交通规范,以每小时30公里的合法速度行驶,则车轮就不会恰好在当时当地脱落(车轮案)。按照前述联邦最高法院的意见,原本应当认为,尽管甲事先无法预见具体引起结果发生的现实因果流程,但他毕竟对终局的危害结果,即对出现致人死亡的交通事故具有预见能力,故可以肯定结果归责。但这一结论难以为人们所接受。于是,联邦最高法院又不得不再次对自己的立场进行了修正,提出:"在道路交通法领域中需要进行一定的限制,即在判断预见可能性时也必须考虑在具体案件中实际发生的事实情况。若某一事件严重偏离了日常的经验……则应认为该事件不具有预见可能性。"[③]据此,法院在裁决车轮案时认为,人们根据其日常生活经验根本无法预料到车轮会突然脱落并击中路人,故该因果流程不具有任何的预见可能性,不能将死亡结果归责于甲的过失行为。[④] 但令人无所适从的是,法院后来在审理事实情况与车轮案基本相似的另一个案件时又作出了截然相反的判断。在该案中,行为人实施了违规超车的行为,结果在此过程中行为人所驾驶之汽车的轮胎因材质瑕

① Vgl. BGH St 23, 156.

② BGH St 12, 75 (77).

③ BGH St 12, 75 (78).

④ Vgl. BGH St 12, 75 (80).

疵而突然爆裂,由此引发车辆相撞致人死亡。联邦最高法院认为,汽车因某一部位存在质量缺陷而出现故障,并导致相撞事故的发生,这从一般人的角度来看是具有可预见性的,故应认定过失犯的成立。另外,对于下列案件,法院也都肯定了因果流程的预见可能性:行为人骑着摩托车违章高速行驶并撞上了一辆停靠在路边的汽车,结果导致摩托车质量不佳的后座发生脱落,从而使同乘摩托车的被害人触地死亡;行为人过失投掷石块致被害人轻伤,但被害人因患血友病而身亡;行为人违章驾车致被害人轻伤,但后者具有容易形成血栓的特殊体质,他在疗伤过程中因血栓而离世;行为人过失造成了交通事故,被害人纯粹因情绪激动引发脑出血而猝死。①

不难发现,德国审判实践对因果流程预见可能性的判断并没有一个明确、统一和稳定的标准,所谓是否"严重偏离日常的经验"也仅仅是一个可以随着裁判者的法感情或案件审判的实际需要而任意浮动的空洞概念而已。不过,这其实是选择以因果流程的预见可能性作为归责判断标准的必然结果,也是这一理论方案始终无法根除的软肋。因为无论是预见可能性的对象还是预见可能性的程度,本来就拥有过分宽广的伸缩范围和变动空间,这也直接导致因果流程相当性的内涵具有高度的易变性和模糊性。②

(二) 规范保护目的的判断

面对这种情况,在鲁道菲(Rudolphi)、罗克辛等学者的努力下,利用预见可能性或相当因果关系的标准来认定过失犯结果归责的观点,自20世纪70年代以后便日渐式微,并逐步为注意义务规范保护目的的理论所取代。③ 传统的注意义务保护目的理论主要是根据因果流程的"典型"与否来确定保护目的的范围。其基本观点是:由于人们制定某一注意义务规范

---

① Vgl. Rudolphi, Vorhersehbarkeit und Schutzzweck der Norm in der strafrechtlichen Fahrlässigkeitslehre, JuS 1969, S. 551; Niewenhuis, Gefahr und Gefahrverwirklichung im Verkehrsstrafrecht, 1984, S. 24 ff.

② Vgl. Puppe, Strafrecht Allgemeiner Teil, Band I, 2002, §4, Rn. 9.

③ Vgl. Rudolphi, Vorhersehbarkeit und Schutzzweck der Norm in der strafrechtlichen Fahrlässigkeitslehre, JuS 1969, S. 551; Krümpelmann, Schutzzweck und Schutzreflex der Sorgfaltspflicht, in: Festschrift für Paul Bockelmann, 1979, S. 455; Niewenhuis, Gefahr und Gefahrverwirklichung im Verkehrsstrafrecht, 1984, S. 26 ff.; Andreas Hoyer, in: SK-StGB, 7. Aufl., 2004, Anh. zu §16, Rn. 84; Kühl, Strafrecht Allgemeiner Teil, 6. Aufl., 2008, §17, Rn. 41; Wessels/Beulke, Strafrecht Allgemeiner Teil, 41. Aufl., 2011, Rn 667, 674 ff.

的意图仅在于防止特定类型的危险实现过程,所以当因果流程的实际发展情况偏离了该特定类型时,就应当认为事实上出现的结果并非注意义务所欲避免者,故不能将之归责于行为人的违法行为。[①] 换言之,“如果某一义务本来是专为防止某种典型的危险而设立,但它却恰好与另一个‘异常的’危险相遇,那么避免该(异常)结果的发生就不属于行为人所违反之义务的保护范围。”[②]虽然在相关案件中,符合注意义务的行为确实能够避免结果的出现,但这并不属于注意义务本身所固有的典型功能,而只是它在个案中基于偶然因素所产生的“反射性保护效果”(Schutzreflex)而已。[③]

但是,传统学说的漏洞和弊端是显而易见的。第一,规范制定者在创立注意义务之初的主观意图并不等于规范的保护目的。[④] 且不说我们实际上根本无法确定注意义务规范的制定者当初是否真的想过,要求夜间骑车开灯的规范只是为了避免行为人本人与他人相撞,要求医生在手术前为病人进行内科检查的规范,仅仅旨在防止病人在麻醉过程中因心脏病发作而死亡。即便我们假定这就是规范制定者当时的真实想法,但我们也没有理由仅以规范制定者的想法为根据,断言关于骑车开灯的规范绝不可能以防止他人与第三者相撞为目的,而通过检查的过程来延迟患者死亡的时间也断不应当成为关于心脏检查之规范所追求的目标。第二,所谓“典型”与“异常”的标准也经不起推敲。一方面,“典型”与“异常”仅仅是关于某一因果流程发生概率的事实性描述。但常见多发的事物未必就会受到规范的禁止;稀罕少见的事物也不见得就一定处于规范目的范围之外。的确,通过打开自行车的车灯居然可以照亮他人并由此避免他人与第三人相撞,这似乎是我们之前没有想到的;不错,通过为患

---

① Vgl. Roxin, Strafrecht Allgemeiner Teil, Band I, 4. Aufl., 2006, §11, Rn. 86 f.; Lenckner, in: Schönke/Schröder, Strafgesetzbuch Kommentar, 28. Aufl., 2010, vor §13, Rn. 92; Stratenwerth/Kuhlen, Strafrecht Allgemeiner Teil, 6. Aufl., 2011, §8, Rn. 40.

② Rudolphi, in: SK-StGB, 6. Aufl., 1997, vor §1, Rn. 64.

③ Vgl. Krümpelmann, Schutzzweck und Schutzreflex der Sorgfaltspflicht, in: Festschrift für Paul Bockelmann, 1979, S. 453.

④ Vgl. Frisch, Tatbestandsmäßiges Verhalten und Zurechnung des Erfolges, 1988, S. 81; Puppe, Die adäquate Kausalität und der Schutzzweck der Sorgfaltsnorm, in: Festschrift für Günter Bemmann, 1997, S. 232.

者实施内科检查居然能推迟手术的时间,从而让患者多活两天,这好像是人们始料未及的;确实,通过遵守最高限速竟可以延缓车辆抵达出事地点的时间,进而避免与行人相撞,这仿佛超出了人们一般的想象力。但是,既然在这些案件中合义务的行为确实能避免法益侵害结果的发生,那么不论该因果流程如何"出人意料""千年难遇",我们都不能只凭个人的经验和直觉轻易地得出结果不属于注意义务规范之保护范围的结论。不难看出,典型的因果流程说实质上并未真正走出相当因果关系说用经验事实来进行规范评价的窠臼与阴影。另一方面,传统学说在实际操作中往往不加论证地直接断言哪些因果流程属于"典型"、何种事实经过属于"异常",我们从中却根本看不到"典型"与"异常"之间的界限究竟是经由什么程序、通过什么方法确定下来的。于是,典型的因果流程说最终依靠的不过是只可意会不可言传、只可领悟不可推论的法感觉而已。

鉴于传统学说存在以上严重缺陷,德国学者普珀(Puppe)提出了"规范的一般能力说"。该说的基本内容可以概括为如下几点[①]:①所谓注意义务规范的保护目的,实际上是指规范是否具有防止某种因果流程发生的一般能力。因此,在判断相关案件的结果归责问题时,应当着力考察,注意义务规范究竟只是基于某种偶然因素而碰巧能避免结果的发生,还是本来就具有防止该结果发生的一般能力。②由于在某个具体案件中,合义务的行为确实能够避免结果的发生;因此,为了确定防止该结果出现是否属于规范的一般能力,就需要对事实上的因果流程进行一定程度的抽象,即舍弃案情中的一些细节。③判断注意规范是否具有避免某一因果流程发生的一般能力,关键是要看在行为合义务的条件下阻止结果出现的决定性因素是否具备"两个偶然性":一是出现的偶然性,即该因素在所有相关案件中出现与不出现的概率大致持平。二是防止结果发生的偶然性,换言之,即便出现该因素,在某些案件中结果还是无法得到避免,而且结果能够得以防止的案件数与结果无法得到避免的案件数大致持平。若该因素具备了以上两个偶然性的特征,则可以断定规范只是在特定案件中凑巧能防止结果发生,但它实际上并不具有避免该结果发生的

① Vgl. Puppe, Die adäquate Kausalität und der Schutzzweck der Sorgfaltsnorm, in: Festschrift für Günter Bemmann, 1997, S. 234 ff.; Puppe, Strafrecht Allgemeiner Teil, Band I, 2002, §4, Rn. 41 ff.

一般能力,故不可将结果归责于行为人违反注意义务的行为。不过,在关于"两个偶然性"的判断过程中,不能将案件中被害人的行为违法作为免除行为人责任的根据。以醉酒行人案为例,合义务行为之所以能避免死亡结果的发生,关键因素在于合义务行为使行为人 F 与被害人 G 在案发前相隔的距离,恰好可以容许 G 在 F 到达出事地点前安全穿过车道;而这一距离的出现以及其对结果的避免都带有极大的偶然性,故似乎应当否定结果归责。但需要注意的是,这一判断实际上掺入了被害人的违法行为。所以,正确的做法应当是:既不能原封不动地将被害人的违法行为列入考虑的因素,也不能把它完全替换成合法行为,而应当假定被害人实施了违法程度较轻的行为。在本案中,应当假定 G 进入车道时与 F 相隔的距离比实际案件中要稍大一些。由于在这种情况下,F 若遵守关于最高限速的规定,就可能在 G 突然出现的一刻及时将车刹住,所以应当认为关于限速的注意义务规范具有防止该结果发生的一般能力。

第五节　毒品注射器案

一、基本案情

被告人自 1967 年(当时已满 15 周岁)开始吸食毒品,于 1978 年接受了戒毒治疗,但他在实施行为当时,已再度开始偶尔吸毒。被告人于 1983 年 4 月 8 日与 H 相遇,两人长期以来都保持着良好的友谊关系。H 告诉被告人,他有海洛因,两人可以一同使用。H 毒瘾甚大,在他告诉被告人他没有注射器之后,被告人决定去弄一些用于注射海洛因的注射器来。当被告人买到了三支一次性注射器后,他们两人一同进入一家旅店的厕所中。H 弄到了一把勺子,他将供三次吸食剂量的海洛因放入勺子中,并对其加热。随后,他将加热了的毒品分别注入两支注射器中,并将其中一支交给被告人。在注射了海洛因和咖啡因的混合物后,H 和被告人均失去知觉。过了一会儿,旅店的住客打开厕所的门,并叫来了急救医生。当医生赶到现场的时候,H 已经死亡。事后查明,注射引起了呼吸停止和心血管衰竭。在 H 死亡时,他血液中的酒精含量达到 1.03 ‰。

少年法庭认为:被告人参与和被害人一同注射海洛因,并购买了注射器,由此为H的死亡设置了原因。被告人已经认识到,注射海洛因的行为可能导致吸毒者死亡的结果。至于被告人是否能够认识到H当时处于轻微醉酒的状态,是否能够预见到这种醉酒状态对于结果的发生有一定的意义,这一点并不重要。关键是,麻醉剂引起了结果的发生。麻醉剂很明显具有特别的危险性。被告人已经意识到,摆在他们面前的是难以吸收的东西,而且其效用取决于吸毒者身体状态中的虚弱之处。所以,他对于事实发展流程是能够预见的。

二、法条索引

本案例引用了如下法条:

1.《德国刑法典》第222条(过失致人死亡罪):

因过失致人死亡的,处5年以下自由刑或者罚金刑。

三、裁判理由

初审法院在考察因果性和预见可能性时,并没有运用对于法律判断来说至关重要的标准。这一标准是,被告人只是参与了他朋友故意实施的自陷风险的行为,而他朋友(可能)对此是持希望态度的。即便被告人通过参与,对引起H的死亡作出了协助,即便被告人对其行为的因果关系能够预见,也不能对他以过失致人死亡罪来论处。该判断是以下面的思想为其基础的:

1. 以自我答责的方式意图——包括追求、确定地认识到或者放任——和实现自杀或自伤的行为,并不符合杀人罪和伤害罪的构成要件。若某人参与了这一行为,那么他所参与的就不是《德国刑法典》第25、26和27条第1款意义上的行为。因此,故意的参与行为(由于欠缺主行为)不能以教唆犯或帮助犯论处。[①] 既然在行为人故意地怂恿、协助或促进他人自损行为的情况下都不成立犯罪,那么当行为人过失地怂恿、协助或促进了自损者

① Vgl. BGHSt 2, 150, 152; 6, 147, 154; 13, 162, 167; 19, 135, 137; 24, 342, 343; Eser, in: Schönke/Schröder, Strafgesetzbuch Kommentar, 21. Aufl., vor §211 Rn. 33 und 35; Jähnke, in: Leipziger Kommentar StGB, 10. Aufl., vor §211 Rdn. 21 und 22; Lackner, StGB 15. Aufl. vor §211 Anm. 3a; Wessels, Strafrecht BT-1, 6. Aufl. S. 7 ff., jeweils m. w. Nachw.

自我答责的自杀或自伤行为时,也不能对其以犯罪论处。[①] 如果仅仅因为行为人以违反义务的方式为可预见(或已经被预见)的结果设定了条件,就认定他犯有过失致人死亡罪或过失伤害罪,那就违反了《德国刑法典》第15和18条所明确规定的责任形式的阶层关系。[②] 在此就会出现评价上的自相矛盾之处。就本案的事实情况来看,我们不必再去深究以下这个问题,即:如果(故意或者过失地)积极参与他人自我答责的自损行为的人,对自损者的身体和生命负有保证人义务,那么应当如何处理。[③]

2. 以自我答责的方式意图——包括追求、确定地认识到或者放任——和实行自杀或自伤的行为,并不符合杀人罪和伤害罪的构成要件,不论危险是否最终得以实现(即行为人是否将自己伤害或杀死了)或者结果是否没有发生。若行为人只是怂恿、协助或促进了他人以自我答责的方式意图或实施的自陷危险行为,那么他所参与的事实就并不符合构成要件,也不具有可罚性。[④] 只有当参与者因为具有更高的专业知识,故对风险的认识水平高于自陷危险者的时候,才能认为参与者的行为是可罚的。[⑤] 至于如果(故意或者过失地)积极参与他人自我答责的自损行为的人,对自损者的身体和生命负有保证人义务,应当如何处理,这个问题可不予探讨。[⑥] 有认识并且自我答责地自陷危险的人希望或者相信,结果最终不会发生,这一事实在法律上并无意义。只要他实施了一个具有危险性并且危险的影响范围已经可以识别的行为,那么,他就应当自行承担该风险以及该危险最终会导致的结果。[⑦]

---

① Vgl. BGHSt 24, 342; Eser a. a. O. Rdn. 35m. w. Nachw.; Hirsch JR 1979, 429, 430; Jähnke a. a. O. Rdn. 23m. w. Nachw.; Schünemann NStZ 1982, 60, 62; Wessels a. a. O. S. 12.

② Vgl. BGHSt 9,135, 136.

③ Vgl. dazu BGH JR 1979, 429; Hirsch a. a. O. S. 432; Lackner a. a. O. Anm. 3b m. w. Nachw.

④ Vgl. RG DJZ 1898, 62; RGSt 57, 172, 173 f.; BGH JR 1979, 429; Jähnke a. a. O. §222 Rdn. 21m. w. Nachw.; Hirsch a. a. O. S. 430, 432; Roxin in Gallas-Festschrift S. 241, 246; Rudolphi in SK 3. Aufl. vor §1 Rdn. 79m. w. Nachw.; Schroeder in LK 10. Aufl. §16 Rdn. 181; Schünemann a. a. O.

⑤ Vgl. Jähnke a. a. O.

⑥ 参见上文1。

⑦ Vgl. Hirsch in LK 9. Aufl. vor §51 Rdn. 105; Jähnke a. a. O.; Schaffstein in Welzel-Festschrift S. 557, 566.

3. 被告人仅仅是为毒品拥有者有意识的自陷危险(和自我伤害)的行为提供了可能性。在我们已经确定的事实中,并无任何可以说明被告人对风险的认识水平高于其朋友的证据线索。H 是否是以自我答责的方式在实施行为,这固然还存在疑问;但得出其他判断结论的可能性并不存在。因此,我们必须作出有利于被告人的判断,即认为 H 是自我答责地实施了自伤行为[①],至于我们如何来确定自我答责行为的标准,这一点并不重要。[②] 即便我们像学界有些观点那样主张,一旦自杀或自伤的决意欠缺判断或意志,而这种判断或意志的欠缺有可能阻碍使伤害罪得以正当化的被害人承诺(Einwilligung)的成立,也不能得出结论认为,H(由于毒瘾)当时正处于无法自我答责地实施自陷危险行为的心理状态之中。假定不论是毒品拥有者 H,还是引导他去吸食毒品的被告人,都没有能力去合理地权衡其行为的风险,或者没有能力去抵制毒品带来的诱惑,那么法律的处理结论又应当如何,这一问题无须讨论。

4.《德国麻醉剂法》规定,对他人以自我答责的方式意图和实现的自陷危险举动进行怂恿、协助或者促进的行为,也符合该法规定的构成要件,也应受到处罚;但这对于本案的法律评价来说并无影响。从《德国麻醉剂法》规定的处罚规定中并不能得出结论认为,在可适用的构成要件领域内,如果结果是对他人自我答责的意图和其所进行的自陷危险行为的实现,那么行为可以成立过失致人死亡罪的"共犯"。在过失致人死亡罪视野下不符合构成要件的事实,也不能因为"共犯人"做出了一个根据其他构成要件具有可罚性的贡献,就认为它在该构成要件视野下也具有可罚性。刑法上的责任,指的是在某一特定法律视角下,根据对此适用的规范要件而成立的责任。在此,无须对《德国麻醉剂法》第 30 条第 1 款第 3 项的规定加以探讨。被告人并未向他人提供、给予麻醉品,或让他人直接吸食毒品。因此,不可能以提供海洛因或其他麻醉剂为由判决行为人犯有过失致人死亡罪。

---

① Vgl. Jähnke a. a. O. vor §211 Rdn. 31.

② Vgl. dazu Herzberg, Täterschaft und Teilnahme, S. 38; Hirsch JR 1979, 429, 432; Jähnke a. a. O. vor §211 Rdn. 25 und 26 und §222 Rdn. 21; Lackner a. a. O.; Roxin NStZ 1984, 71; Wessels a. a. O. S. 9.

四、判例评述

早期的联邦最高法院判例并未承认自陷风险的原理,而是一直认为,即便行为人只是过失参与了他人完全自负责任的自杀或自伤行为,也认为原则上成立过失致人死亡罪。[①] 但随后,判例的态度逐渐发生变化。联邦最高法院曾于1973年审理过这样一个案件:被告人开着车与一名与他有亲密关系的妇女S一起行进在马路上;被告人将自己上了膛的公务手枪放在汽车的仪表板上,S趁中途停车而且被告人未察觉之机,从仪表板上拿起手枪自杀身亡。初审法院认为,尽管被告人事前知道,S经常突然间陷入沮丧和抑郁的状态之中,尤其是在喝了酒之后,尽管他也知道自己有一上车就把枪放在仪表板上的习惯,但他并没有因此而警觉,及时将其手枪内的子弹卸下。所以,在本案中没有疑问的是,被告人在对该结果有预见可能性和避免可能性的情况下显著升高了他人自杀的危险,而且该危险最终也得到了实现,故可以对其以过失致人死亡罪论处。但联邦最高法院最终改判被告人无罪。其理由是:由于自杀并非犯罪行为,所以故意对他人的自杀行为实施帮助的并不构成帮助犯;既然故意帮助的行为不成立犯罪,那么也没有理由认为责任程度更低的过失帮助行为反而成立犯罪。[②]

在学界,该判例所提出的论证理由得到了一些学者的支持[③],但也遭到了罗克辛、舒尔曼(Schünemann)等人的抨击。例如,罗克辛提出:该判例所提出的这一理由无疑有其说服力。但问题是,因果关系、结果预见可能性和避免可能性这些过失犯的要件毕竟都已经全部具备了,在这种情况下,出罪的事由究竟应当定位在过失犯的哪一个要素当中呢?回溯禁止理论认为,所有过失地对故意行为加以协力的行为,都属于过失共犯,故均不构成犯罪。就本案来说,该理论当然可以得出合理的结论。但回溯禁止理论本身作为一种普遍性原则已经被否定了,原因如下:首先,从教义学上来说,所谓过失共犯的说法是建立在故意犯的参与区分原则之上,但这种区分原则本来就不适用于过失犯。其次,从刑事政策的角度来

---

① Vgl. BGH 7, 114; 17, 359; NJW 81, 2015.

② Vgl. BGHSt. 24, 342 ff.

③ Vgl. Gallas, Beiträge zur Verbrechenslehre, 1968, S. 193 ff.

看。如果我们把案件的事实情况改为该妇女意图枪杀某个第三人,而被告人对此也知情;既然任何人都不能因为自己的不注意而危及第三人的生命,那么被告人之所以违反了注意义务,究竟是因为他使一名明显具有谋杀意图的人能够拿到杀人所需的手枪,还是因为他没有及时将枪内的子弹卸下,这些都不重要。谋杀者行为的独立可罚性,不能使其他对于被害人生命负有注意义务的人免除责任。因此,过失协力他人自杀之行为之所以不可罚,理由并不在于共犯理论的一般思想,而是在于立法者对于自杀案件的特殊处理:即《德国刑法典》第 222 条的保护范围并不包含这种案件。另外,如果行为人谎称被害人已经患上了不治之症,故意怂恿其实施自杀,那么完全可以对行为人以故意杀人罪论处。但是,如果行为人毫无故意,只是轻信了某个消息,并将其传达给被害人,那就不能认为该行为成立犯罪。在此,尽管我们可以提出一个原则,即过失犯的责任不能宽于故意犯,故在对故意犯不处罚的情况下,就不应当处罚相应的过失犯。但我们不能反过来认为,只要故意行为可罚,那么与之相应的过失行为就一定成立犯罪。实际上,纯粹违反注意义务之行为的处罚范围完全可以窄于故意引起结果的行为;这正如,《德国刑法典》在规定可罚的故意犯的同时,对于与之相应的许多过失行为却不加处罚。故此,我们可以得出结论认为,《德国刑法典》第 222 条的保护目的并不包含过失促进他人自杀的行为。[①]

这里我们看到的联邦最高法院 1984 年所作的判决,可以视为判例的一个转折点。[②] 该判例一方面认为过失参与他人自我答责地自杀或自伤的行为无罪,另一方面也提出了与上述判决不同的理由。在这里,法院采纳了学界罗克辛等人的观点,明确指出:"以自我答责的方式意图——包括追求、确定地认识到或者放任——和实行自杀或自伤的行为,并不符合杀人罪和伤害罪的构成要件,不论危险是否最终得以实现(即行为人是否将自己伤害或杀死了)或者结果是否没有发生。若行为人只是怂恿、协助或促进了他人以自我答责的方式意图或实施的自陷危险行为,那么他所

① Vgl. Roxin, Zum Schutzzweck der Norm bei fahrlässigen Delikten, in: FS-Gallas, 1973, S. 243 ff.

② Vgl. Roxin, Strafrecht Allgemeiner Teil, 4. Aufl., 2006, § 11 Rn. 110; Fischer, Strafgesetzbuch mit Nebengesetzen, 56. Aufl., 2009, Vor § 13, Rn. 36.

参与的事实就并不符合构成要件,也不具有可罚性。”这实际上是以被害人自我答责的原理否定了行为的可罚性。联邦最高法院其后的判决,以及学界的主流学说也都承认了这一点。①

不过,判例同时也提出:“只有当参与者因为具有更高的专业知识,故对风险的认识水平高于自陷危险者的时候,才能认为参与者的行为是可罚的。”也就是说,一旦行为人对于风险的认识比被害人更为完整和全面,则应当肯定结果归责。这一观点在学界也颇为流行。② 有的学者对此提出异议:我们在此所讨论的是结果能否在客观上归责于行为人的问题。既然如此,只要确定被害人是以自我答责的方式实施自杀或者自伤行为,就足以排除结果归责;至于说行为人对危险的认识状态究竟是高于、等于还是低于被害人的认识,这完全不影响被害人本人的自我答责,故而也不能影响客观归责的成立与否。③

第六节　摩托车赛车案

一、基本案情④

一天晚上,被告人在一家酒馆里和熟人们在一起聚会,其中包括 K。到凌晨 1 点左右,K 说服被告人在村庄附近驾驶各自的摩托车进行赛车。因为 K 只有一辆轻型摩托车,所以他在比赛中享有优先出发的权利。在距离目的地 200 英寸的地方,被告人驾驶重型摩托车赶上了 K,K 为避免被被告人超车,便在此处蛇形行驶,但被告人依然超过了他。大约在凌晨 2 点的时候,两人再次进行比赛,在该轮比赛中,K 享有更大的优先地位。在距离目的地 300 米的地方,被告人再次接近 K 的摩托车。K 又开始蛇形行驶,从而阻止了被告人的超车。行驶了 200 英寸后,K 不再蛇形行

① Vgl. Fischer, Strafgesetzbuch mit Nebengesetzen, 56. Aufl., Vor §13, Rn. 36.

② Vgl. Otto, Eigenverantwortliche Selbstschädigung und-gefährdung sowie einverständliche Fremdschädigung und-gefährdung, in: FS-Tröndle, 1985, S. 174; Frisch, Selbstgefährdung im Strafrecht-2. Teil, NStZ 1992, S. 64; Roxin, Strafrecht Allgemeiner Teil, 4. Aufl., 2006, §11, Rn. 113.

③ Vgl. Kindhäuser, Strafrecht Allgemeiner Teil, 5. Aufl., §11, Rn. 29; Puppe, in: Nomos Kommentar StGB, 3. Aufl., 2009, Vor §13, Rn. 198.

④ BGHSt 7, 112.

驶,而是以每小时50公里的速度沿着马路的右侧直线行进,驶往目的地。被告人在此时也提高了车速。当他在距离目的地40英寸处开始实施超车时,K将其摩托车转向左侧。被告人在即将与K并行之时,试图沿着道路最外侧超过K,而K此时还有1英寸就将来到道路左侧的镶边石。被告人的车碰到了镶边石并侧翻。虽然他并没有碰到K,但K的摩托车也发生侧翻,致使K身负重伤。第二天14时左右,K因伤势过重在医院身亡。经检验,事发当时,K的血液中的酒精浓度达到1.5‰。

杜赛多尔夫州法院判决被告人犯有过失致人死亡罪,以及事故后逃逸罪。被告人不服判决,提出上诉。

二、法条索引

本案例引用了如下法条:

1.《德国刑法典》第222条(过失致人死亡罪):

因过失引起某人死亡的,处5年以下自由刑或罚金刑。

三、裁判理由

1. 关于过失人死亡罪。

上诉法院认为,被告人的行为既没有责任,也与事故的发生没有因果关系。K的死亡是在车辆侧翻后发生的。刑事审判庭认为被告人的行为对结果的发生具有原因力,因为他完全参与了赛车,而且K的死亡与被告人试图超车的行为之间有关联。在刑法上,只要确定,没有某一行为,结果就不会发生,那么该行为和结果之间就具有因果关系。从这个意义上来说,被告人的行为对死亡结果是有原因力的,即便能确定若没有被告人的驾驶行为,K也会因为自身驾驶的错误而翻车。因为,如果被告人不与K商定和进行赛车,那么K就不会发生翻车事故。被告人的行为具有违法性,因为此处并不存在任何正当化事由。尽管K容忍了行为的危险性,但他对此的同意对于杀人行为来说并不具有法律上的效力。① 在学界,也有个别学者认为,某些带有危险性的行为可以是合法的行为,特别是在“被容许的危险”这一概念的视角下,实施对于生活来说具有重要意

---

① Vgl. §§216, 226a StGB.

义的活动是合法的。[①] 这种正当化事由能否在现行法律中找到其根据，对这一问题在此可暂且不论；因为在本案中，赛车行为既不是必要的，也并非“对生活具有重要意义”。过失的成立也不存在任何问题。因为被告人以违反义务的方式引起了一个能够被预见且能够得到避免的结果。早前，驾驶者之间在公共道路上赛车的行为是明确受到禁止的[②]；而现在《德国道路交通法》第5条规定，如果比赛“活动”将以超出通常交通运营活动的方式使用公共道路，那么该比赛活动就必须事先得到有关当局的许可。本案并不涉及这样的比赛“活动”。如果被告人违反《德国道路交通法》的基本规则，在试图超车的过程中阻挡或者危及了K，那么被告人的行为同样也违反了义务。即便K在没有这种阻挡或危险的情况下，因为自身驾驶行为的错误而翻车，被告人对此参与发挥作用的行为同样是违反义务的。虽然根据现行法律，并不存在要求保护第三人免受危险或侵害的一般性法律义务；但人类的共同生活却一般性地要求，应对他人的健康和生命应当给予合理的关注。当然，在判例中，如果成年和理性人共同实施危险活动，其中某人在具有清楚认识的情况下容忍了危险的存在，并由此遭遇不幸身亡，那么只要其他人尽到了一般的注意义务，那么其参与的行为并不会被视为违反了义务。[③] 联邦最高法院赞同这一观点。至于何时可以认为，在共同的危险活动中，对他人过失自伤行为予以加功的行为是违反义务的，这取决于案件的具体事实情况。需要特别注意的因素有：具有完全答责能力之人在对危险有清楚认知的情况下给予的同意；行动的动机和目的；预防的措施，欠缺注意的程度以及危险的大小。在具体案件中，这一考察需要由法官根据自由裁量来进行。在本案中，州法院认为被告人参与引起他人死亡结果的行为是违反义务和具有责任的，这一结论的根据存在于以下的事实情况之中：于深夜时分在道路上驾驶摩托车追逐竞驶的行为具有危险性，并且也不具有任何合理的意义，特别是仅仅为了几杯啤酒而拿两条人命做赌注。K驾驶的是一辆轻型摩托车，而被告人驾驶的则是一辆重型摩托车；这就必然诱使K在驾驶摩托车时要将车速提到最高极限。K已经处于轻微醉酒状态，而被告人则只喝了

① Vgl. LK, 7. Aufl. 10 h vor §51.

② Vgl §31, KraftfahrzeugVO vom 10. Mai 1932, RGBl I S. 201.

③ Vgl. RGSt 57, 172; RG JW 1925, 2250; BGHSt 4, 88.

一点酒,故后者对危险的认识程度要高于前者。早在第一轮比赛中,K 的行为很可能就已经是非理性和鲁莽之举了。在第二轮比赛中,K 再次为了避免自己被超车而蛇形行驶。虽然 K 在一段时间内曾经直线行驶,但被告人必须估计到,K 在接近目的地的时候将会以与之前类似的方式行车。所以,州法院在评判案件事实的时候,认定被告人的行为违反了义务,这并没有任何法律适用上的错误。

2. 关于事故后逃逸罪。(以下略)

四、判例评述

对于参与他人自伤行为的案件,联邦最高法院的判例曾采取两种不同的解决方法:第一,被害人同意的法理。[①] 但这一方法在学界遭到了批判。学者们提出,这类案件与被害人同意的情形存在重大差异。因为,被害人同意所针对的内容必须包括行为的结果;但是在我们所探讨的案件中,被害人仅仅对危险的创设给予了同意,但他对实害结果的发生并不持赞同态度,相反,他往往相信结果不会实际出现。[②] 联邦最高法院采取的第二种解决方法,是注意义务违反的法理。[③] 本案的判决即如此。之所以可以将结果归责于行为,除结果与行为之间具有刑法上的条件因果关系之外,判决提出的核心理由是,被告人违反了注意义务。具体来说:第一,被告人对于自己的行为可能引起致死危险有预见可能性;第二,被告人的行为并不属于“被容许的危险”;第三,被害人自己行为的错误并不影响被告人本行为违法的性质。判决还特别列举了在判断行为是否违反注意义务时需要特别考察的因素:“具有完全答责能力之人在对危险有清楚认知的情况下给予的同意;行动的动机和目的;预防的措施,欠缺注意的程度以及危险的大小。”这一判决也引起了不少学者的质疑。批判主要集中于:第一,只要行为人的行为逾越了被容许之风险的界限,那么无论如何都可以认定该行为违反注意义务,而没有必要像判例那样考虑如此繁多的情况。换言之,既然行为人违反《德国道路交通法》的规定与他人

---

① Vgl. Schroeder, in: Leipziger Kommentar StGB, 11. Aufl., §16, Rn. 180.

② Vgl. Roxin, Strafrecht Allgemeiner Teil, Band I, 4. Aufl., 2006, §11, Rn. 121; Kindhäuser, Strafrecht Allgemeiner Teil, 5. Aufl., §12, Rn. 62.

③ Vgl. BGHSt 4, 93.

在公共道路上追逐竞驶,那就可以直接认为他创造了法所不容许的危险;这种危险的性质不会因为其他因素的存在而有所改变。所以,本案的关键点并不在于行为是否违反义务。第二,将是否违反注意义务的问题留给法官根据其自由裁量来判断,这有违法治国刑法的明确性原则。[①]

因此,有学者提出,对这种案件,还是应当根据规范的保护范围来加以分析。具体来说:创设了风险的人,必须对该风险以及由此产生的损害结果负责,这是一个基本的原则。但是如果被害人自己需要为该风险答责,那么该原则就不再适用了。被害人以自我负责的方式承担了风险,这使得他人对该风险的责任归于消失。之所以会产生这种效果,是因为被害人在自己的权利领域内有绝对的支配权,不容许其他人随意地干预。[②]根据这一原理,尽管可以认定,被告人通过参与酒后赛车的行为,创设了一个法所不容许的危险,而且该危险随后也得到了实现。但是,被害人 K 是在具有完全责任能力并且对该危险有充分认识的情况下,自行进入该危险领域的,所以最终出现的结果虽然是对不被容许之危险的实现,但它并不处于规范的保护范围之中,故不能归责于被告人。[③]

不过,随着联邦最高法院 1984 年作出的具有转折意义的判例[④]采纳了被害人自我答责的原理,类似情形下的被告人更有可能被判无罪。这可以看作现代客观归责理论为判例所持传统因果关系理论所带来的变化。

---

① Vgl. Schaffstein, Handlungsunwert, Erfolgsunwert und Rechtfertigung bei den Fahrlässigkeitsdelikten, FS-Welzel, 1974, S. 569; Schünemann, Moderne Tendenzen in der Dogmatik der Fahrlässigkeits- und Gefährdungsdelikte, JA 1975, S. 723; Roxin, Strafrecht AT, 4. Aufl., 2006, § 11, Rn. 123.

② Vgl. Kindhäuser, Strafrecht Allgemeiner Teil, 5. Aufl., § 11, Rn. 23.

③ Vgl. Puppe, in: Nomos Kommentar StGB, vor § 13, Rn. 224.

④ 参见上文第四个判例。

第三章　正当化事由*

第一节　导　论

构成要件与违法性的关系如何，是一个争论不休的问题。德国刑法理论与司法实践的通说认为，违法性属于构成要件之后的独立的阶层。只有在没有正当化事由排除违法性时，一个符合构成要件的行为才是违法的；反过来说，若存在正当化事由，该行为则被合法化（正当化），故正当化事由又称作违法阻却事由。构成要件符合性与违法性共同织就了“不法”的内涵，所以，正当化事由也可以称为“排除不法事由”。

迄今为止，正当化事由仍然缺乏一个成熟的体系。关于正当化事由的实质原理，理论上存在争议。一元论试图将所有的正当化事由都归结于一个包罗万象的指导理念，其中属“目的论”尤其具有历史意义，它深刻地影响了现今《德国刑法典》第 34 条第 2 句的内容。根据“目的论”，一个符合构成要件的行为，只有当它是为了实现“立法者认为是合法（正确）的目的”的“合适（正确）的手段”时，才能够被正当化。[①] 相反，二元论认为正当化事由建立在两个基本原则之上，即优越的利益原则和利益阙如原则。

德国的正当化事由包括法定的与非法定的正当化事由，数目繁多且源出不同法领域，故难以穷尽列举。不过，对于司法实践而言，最重要的正当化事由主要包括正当防卫（《德国刑法典》第 32 条），阻却违法的紧急避险

---

* 王静，湖南大学法学院助理教授，德国弗莱堡大学法学院博士。

① 这种成熟的体系化或许并不可能，参见 Roxin, Allgemeiner Teil, Band I, 4. Aufl., 2006, §14, Rn. 38, 39。

（entschuldigender Notstand，《德国刑法典》第 34 条），民法上的防御性紧急避险（《德国民法典》第 228 条）和攻击性紧急避险（《德国民法典》第 904 条），暂时逮捕（《德国刑事诉讼法典》第 127 条，《德国刑事执行法》第 87 条），被害人的承诺①，推定的承诺，阻却违法的义务冲突，等等。

正当防卫与阻却违法的紧急避险是德国刑法理论与司法实践最为重要的两个正当化事由。不管是正当防卫，还是阻却违法的紧急避险，都要求不法侵害或者危险是“现时”存在的。如何理解“现时性”要件，是德国刑法理论与司法实践的难题。本章第一个案例就此问题展开了论述。正当防卫具有“正对不正”的性格，因此认定时无须进行法益衡量，必要时甚至允许以牺牲行为人的方式来保全法益。然而，这并不意味着正当防卫权是无限的，相反，德国刑法理论与司法实践在“被要求性”这一要件中发展出了若干原则，以便合理限制正当防卫权的使用。本章第五个案例便是针对现实中时常发生的挑衅防卫的情形所作的处理。不同于正当防卫，阻却违法的紧急避险是以牺牲他人利益来保全自己或者第三人的利益，所以成立条件更加严格，主要体现在被保护的法益必须明显优越于被损害的法益，即所谓的“法益权衡”要件。生命不能对抗生命，已是基本认知，但对于在危险共同体中，以牺牲少数人来挽救多数人生命的情形如何处理，争议仍然十分激烈。本章第二个案例即对此问题进行了深入探讨。被害人的承诺以有效性为前提，但承诺何时有效或者说如何判断承诺是否有效，则是十分棘手的问题。对此，本章第三个案例进行了细致的研究。推定的承诺具有何种法性格？它的成立条件是什么？这些问题又和它与被害人的承诺及阻却违法的紧急避险的关系紧密相关。本章第四个案例对推定的承诺进行了仔细的分析，并对所述问题一一进行了回答。

第二节　偷窥者案

偷窥者案（Spanner－Fall）②是由联邦最高法院第一刑事审判庭于 1979 年 5 月 15 日作出的判决③，初审法院为卡尔斯鲁厄州法院。本案提

① 有学者将其纳入构成要件阶层，例如罗克辛与金德豪伊泽尔。

② BGH NJW 1979，2053.

③ Vgl. BGH，Urt. v. 15.05.1979－1 StR 74/79.

交到联邦最高法院审判的争议焦点是,当存在现时的持续性危险(gegenwärtige Dauergefahr)时,应当满足哪些条件,才能认定为阻却责任的紧急避险。

一、基本案情

初审法院认定被告人构成危险伤害罪与违反枪支法的轻罪的想象竞合犯,判处60日罚金,每日金额为80马克,并没收枪支与弹药。被告人不服初审判决提起上诉,主张其行为存在免责事由,不成立犯罪。联邦最高法院否定了初审法院的判决,认定被告人无罪,被告人的上诉取得成功。

1975年,被告人与其妻子先后三次发现家中的钱不翼而飞。1976年4月某日晚,被告人的妻子在卧室睡觉,被某人碰到肩膀后突然惊醒。她在昏暗之中看见一名男子,该人立即轻声逃跑,于是马上告诉被告人。被告人看见S(即后来的被害人)在客厅,他当时并不认识S。闯入者S迅速逃走,被告人紧追其后,但没能追上。经历这几次事情之后,被告人在花园大门上安装了警报器,并且弄到了一把自卫手枪。

大约六周之后的一个傍晚,警报器响起。被告人抓起手枪跑到花园,在离自己很近的地方发现了上次在客厅看见的那个男人,于是用自卫手枪开了一枪。S再次逃跑,被告人又没追上。被告人告诉了警方这些不正常的事情,警方建议其申请持枪执照并配备一支手枪。被告人与其妻子表示,他们害怕闯入者S会对被告人的妻子和孩子有所企图,恐惧日增,以至于晚上几乎不再一起出门、去剧院、参加其他活动或接受他人的邀请,并且有时甚至出现睡眠障碍。被告人的妻子经营一家医务诊所,她晚上被请去出诊时,也害怕被伏击。被告人经过这些遭遇后,重新修好了妻子的手枪。虽然被告人不具备持有该枪所要求的官方许可,但仍然获得了妻子的同意持有该枪。1977年4月29日将近2点30分,警报器再次响起。被告人和妻子保持冷静,并打电话给警察求助,不过在警察到来之前,这名闯入者又逃走了。1977年9月9日1点50分左右,被告人被一阵声响吵醒,看见一名男子站在床脚。他惊叫一声,从床上跳起来,抓起手枪并上膛。男子转身逃跑,被告人在后面追赶,可是,这名闯入者跑得又比被告人快。被告人多次喊道“站住,否则我开枪了”,但S并未停下,被告人最终向他的双腿开了两枪。被告人希望抓住这名闯入者,从而结束这种对他的家庭而言无法再忍受的局面。被告人开枪打中了S的左臂和左肋。

二、法条索引

本案中引用了 1979 年《德国刑法典》以及《德国刑事诉讼法典》中的如下法条：

1.《德国刑法典》第 32 条（正当防卫）：

（1）犯罪行为为正当防卫所要求时，不违法。

（2）为使自己或他人免受正在发生的不法侵害而实施的必要的防卫行为，是正当防卫。

2.《德国刑法典》第 34 条（阻却违法的紧急避险）：

为使自己或他人的生命、身体、自由、名誉、财产或其他法益免受正在发生的危险，如果所要保护的法益明显大于所造成危害的法益，则不得已而采取的紧急避险行为不违法。但仅在行为属于避免该危险的适当的措施的情况下，方可适用本条的规定。

3.《德国刑法典》第 35 条（阻却责任的紧急避险）：

（1）为使自己、亲属或者其他与自己关系密切者的生命、身体或自由免受正在发生的危险，不得已而采取的违法行为不具责任。行为人自己引起危险或因其处在特定的法律关系中而须容忍该危险的，不适用该规定；但是，如果行为人不处于特定的法律关系中也须容忍该危险，则可依第 49 条第 1 款减轻处罚。

（2）行为人行为时，误认为有第 1 款规定的免责的情况，仅在其能够避免该错误时，才予处罚。可依第 49 条第 1 款减轻处罚。

4.《德国刑法典》第 223 条（伤害罪）[①]：

（1）不法伤害他人身体或损害其健康的，处 3 年以下自由刑或罚金刑。

（2）行为针对直系尊亲属实施的，处 5 年以下自由刑或罚金刑。

5.《德国刑法典》第 223a 条（危险伤害罪）[②]：

（1）使用武器、刀具或其他危险工具，或者通过阴险的突然袭击，或

---

① 本条第 1 款的刑期提高为“5 年以下自由刑或罚金刑”；第 2 款修改为：“犯本罪未遂的，亦处罚。”

② 本条已废除，其内容被纳入现行《德国刑法典》第 224 条。

者与他人共同实施,或者以危害生命的方式伤害他人的,处 5 年以下自由刑或罚金刑。

(2)犯本罪未遂的,亦处罚。

6.《德国刑事诉讼法典》第 127 条(暂时逮捕)①:

(1)对于现行时被发觉或者被追捕的人,如果有理由怀疑他将逃逸或者不能立即确定他的身份,任何人即便没有司法命令也应有权暂时逮捕之。检察院、警官应根据第 163 条 b 第 1 款的规定确定其身份。

(2)在刻不容缓的情况下,如果符合签发逮捕令或移送令的条件,检察院和警官也有权实行暂时逮捕。

(3)对于告诉才处理的犯罪,在尚未告诉时也准许暂时逮捕。对于只有根据授权或起诉请求才得予以追诉的犯罪,也准用本规定。

三、裁判理由

I. 基于以下理由,被告人的有罪判决不能成立。

1. 身体伤害罪(《德国刑法典》第 223、223a 条)的判决不能成立,因为对阻却责任的紧急避险的前提条件的检验表明,被告人对其行为不具有责任……

(1)初审法院刑事审判庭正确地否定了正当防卫情状(《德国刑法典》第 32 条)的存在。正当防卫的前提条件是存在现时的不法侵害。由于被告人开枪射击时,闯入者 S 已经在逃跑,所以他的侵害行为已经不具有现时性。因为 S 没有实施盗窃行为,并不是携带赃物逃跑,所以不存在现时的不法侵害。② S 没有偷得任何东西,对此被告人也明知。被告人对 S 以后可能会再来的恐惧,并不足以说明存在一个现时的不法侵害。因此,不能认定不法侵害即将直接发生。

(2)根据《德国刑法典》第 35 条,被告人具有责任阻却事由,因此无须另外认定本案是否存在阻却违法的紧急避险(这一点也从案情中得到了若干支持),以及《德国刑事诉讼法典》第 127 条规定的暂时逮捕权是否使得使用枪支的行为正当化。

---

① 现行《德国刑事诉讼法典》增加了第 4 款:“由检察院或警官实施的暂时逮捕,适用本法第 114a 至 114c 条。”

② Vgl. RGSt 55, 82; 63, 221.

A. 联邦最高法院不赞同初审法院的结论,这里对于被告人及其妻子的自由而言,存在一个现时的、无法通过其他手段排除的危险。被告人允许采取自己选择的方式来应对这种危险,而无须使自己因此承担责任的非难。《德国刑法典》第 35 条所规定的“危险”也包括持续性危险(Dauergefahr)。当持续的危险十分紧迫,以至于可能随时或立即转化为实害时,即使实害的出现可能还需要时间,也成立阻却责任的紧急避险。① 当存在现时的持续性危险时,防卫行为不限于只能是防止实害立即发生,即推迟危险的行为。一个整体的持续性危险,不能被划分为现时的危险与将来的危险两部分。②

B. 本案满足了上述条件。这名被视为“偷窥者”的闯入者,前后七次晚上出现在被告人的家中与花园,尤其是他十分顽劣、不知羞愧,其行为给这对夫妻的自由创设了一个持续存在的危害。被告人采取的措施(安装夜间警报器、夜不出户、限制出诊)已经明显表明了这一危害的存在。上诉准确地将该情形描述为“整个家庭生活所遭受的恐怖”。如果没有成功抓获闯入者,这一危害可能导致他们彻底丧失房屋内的行动自由。倘若认定受威胁的法益可能随时遭到明显的侵害,那么每一次危害之间的时间间隔并不具有决定意义。有鉴于此,本案也无须判断是否存在另外一个针对被告人妻子的性的自己决定权及其自由或者身体的不可侵犯性的持续性危险。这样一种危险是无法通过其他方法排除的,因为所有其他手段,尤其是求助警察甚至鸣空枪警告都没有效果。人们也不能期待这对夫妻继续忍受这种危害。

C. 在这种情况下,本案无须解释被告人在开枪时是否对客观事实(根据《德国刑法典》第 35 条,如果存在这些客观事实,被告人则免除责任)部分有认识错误。

2. 阻却责任的紧急避险同样适用于被告人违反枪支法所犯的轻罪,本罪因此同样不成立。

II. 因本案没有新的事实根据,根据《德国刑事诉讼法典》第 354 条第 1 款第 1 句,法庭可自行宣告无罪。

---

① Vgl. BGHSt 5, 371 (373) = NJW 1954, 1126.

② Vgl. BGHSt 5, 371 (375) = NJW 1954, 1126.

四、判例评述

偷窥者案是德国刑法违法阻却事由一章中十分重要的判例,正如科赫(Koch)教授所说,“几乎没有任何其他情形比如此广为人知并备受讨论的偷窥狂案更适合考试与案例分析”①。众多学者对本案发表看法,甚至撰写评释,以下主要以科赫教授的文章为主进行介绍。

本案涉及违法阻却事由理论的许多基本问题与特殊问题。除法律明确规定的暂时逮捕(《德国刑事诉讼法典》第127条)、正当防卫(《德国刑法典》第32条)与阻却违法的紧急避险(《德国刑法典》第34条)之外,还须探究所谓的“类似正当防卫的情形”与“防御性紧急避险”。其中,“偷窥者案”的核心问题在于如何划定阻却违法的紧急避险在时间与内容上的界限。认定本案存在紧急避险的客观情状,就已经存有疑问。虽然预计到S最早要几周后才会再来,但被告人在开枪之际是否处于一个“现时的持续危险”之中?开枪果真是消除危险最缓和的手段?如果答案均是肯定的,接下来在利益权衡的范围内便会浮现出这样一个问题:面对S所受的枪伤,被告人的利益是否真的具有“明显的优越性”?

联邦最高法院简短的判决理由并没有穷尽这些争议问题,而且只用少数笔墨跳过了违法阻却事由这一问题,仅仅得出结论认为,被告人实施的危险伤害行为由于欠缺正当防卫的客观情状(《德国刑法典》第32条),即“单纯害怕S以后晚上再来,并不属于现时的侵害”,而不具备违法阻却事由。法院既没有解释“类似正当防卫的情形”这一法律概念,也未回答,本案是否可以考虑被《德国刑法典》第34条(阻却违法的紧急避险)②或者《德国刑事诉讼法典》第127条(暂时逮捕)正当化。

联邦最高法院越过违法阻却事由这一层面的做法,备受学界诟病。认定行为是合法还是免责,并非只有理论上的意义。本案中,认定被告人具备责任阻却事由意味着其行为是违法的,S或者他人有权根据《德国刑法典》第32条实施正当防卫。为了避免这一不合理的结论,学界几乎一致认为被告人具有违法阻却事由。

---

① Koch, Der “Spanner-Fall”, JA 2006, S. 807.

② 这一点得到了案情的部分支持。

(一) 暂时逮捕

根据《德国刑事诉讼法典》第127条,私人有权暂时逮捕实行犯罪行为时被发觉或者被追捕的人。S即所谓的现行犯,也就是在实施一个符合刑法构成要件的行为(《德国刑法典》第123条)时在行为现场或附近被抓获的人。不过,暂时逮捕权只允许用于确认犯罪人身份,而非伤害犯罪人,因此本案不存在该违法阻却事由。

(二) 正当防卫

《德国刑法典》第32条规定的正当防卫的前提是存在正当防卫的情状,即现时的不法侵害。按照通行的定义,"侵害"是指通过人的行为对法所保护的利益造成的危害。原则上,所有的个人法益都可以正当防卫,而不论刑法为其配置的刑罚的高低。因此,仅仅观察私人的事情虽不构成任何犯罪,但对侵害他人隐私的偷窥者实施正当防卫一般而言是可能的。在偷窥者案中,虽然存在针对房屋的权利与被告人及其家庭的隐私的侵害,但侵害缺乏"现时性"(指侵害从直接存在到完全结束)。逃跑的S已经在被告人的土地之外,他对房屋权利与隐私的侵害在被告人开枪之际已经完全结束。而且,根据既有的经验,S也不会立刻再来。

(三) "类似正当防卫的情状"(类推适用《德国刑法典》第32条)

少数观点赞同,虽然侵害不是直接存在,但等待其发生会使得防卫机会明显恶化时,应当类推适用《德国刑法典》第32条。这个所谓的"类似正当防卫的情状"的学说为了排除由自己臆想出来的"防卫漏洞",放弃了现时侵害这一要求。可是,这里欠缺类推适用的前提条件。诚然,《德国刑法典》第32条赋予了被侵害人广泛的防卫权限。被侵害人原则上不承担回避义务,也不需要在被威胁与所侵害的法益之间进行利益权衡。只要没有更缓和的适格的防卫手段,即便是杀死侵害人也是合法的。不过,立法者也只是在极端的情形下才以这种方式保障充分的防卫权。只有在这种情形下,正当防卫所具有的"为权利而斗争"的作用才是值得赞同的。这样一种会导致正当防卫的范围泛化的"预防性攻击"的权利,无法从《德国刑法典》第32条中推导出来。考虑到该学说与立法者的价值判断相违背,这样一种类推适用是没有存在余地的。

(四) 阻却违法的紧急避险

1. 危难情状

被告人的行为必须是为了排除针对某一法益的"现时的危险"。《德国刑法典》第 34 条所规定的危险是指,根据具体情形,实害的发生具有高度盖然性的状态。考虑到偷窥者的顽劣,一个客观的观察者一定能够想到,S 还会有下一次“拜访”,因此针对被告人的房屋权利与隐私的危险是存在的。问题在于,虽然 S 的不断“拜访”之间存在几周或几个月的时间间隔,但能否依然认定危险是“现时的”?

判决与学说对“现时性”这个概念解释得很宽泛,其中需要区分三种情形:(1)危险立即会现实化为实害时,具有现时性。例如,如果不采取救治措施,被害人会流血而死。(2)持续的危险也具有现时性。持续性危险是指受到危险威胁、持续时间较长、能够随时实害化,但不排除危害的发生尚需一段时间的状态,例如达摩克利斯之剑(Schwert des Damokles)①。学说与联邦最高法院的判决背道而驰,并未将“偷窥者案”归入此类,因为 S 在逃跑途中,并且根据现有的经验,他不会“随时”再来,而是至少要等到几周之后。(3)危害结果虽然在将来的某个时间点才会发生,但只有立即采取行动才能有效安全地排除危险时,也具有现时性。例如,帝国法院认为,只有提前终止妊娠,才能排除随后的身体与生命危险时,成立“超法规的紧急避险”。

这种情形的特点不是时间上高度接近危害结果的发生,而是行为时存在的紧迫的情状。某些学者认为这种情形是持续性危险的下属概念(所谓“现时的持续危险”),相反,另一些学者考虑到日常用语习惯,认为这种情形可以直接适用《德国刑法典》第 34 条。人们对这种类型在教义学上如何定位的争论,当然不影响结果本身。按照两种观点,被告人在开枪时均处于危难情状中。

2. 紧急避险行为的必要性

对于偷窥者案,所有的立场都认为,被告人在行为时没有其他更缓和的手段来排除危险。他用其他方法抓捕 S 的努力都失败了,向警察求助与安装警报器一样也没有效果。由于被告人不可能追上并制服比他跑得快的 S,S 对被告人的警告无动于衷时,被告人除开枪打伤 S 以防止其将来再次“拜访”之外,别无选择。

---

① 达摩克利斯之剑出自古希腊传说:迪奥尼修斯国王请他的大臣达摩克利斯赴宴,命其坐在用一根马鬃悬挂的一把寒光闪闪的利剑下,用来表示即刻存在的危险。

3. 利益权衡(“防御性紧急避险”中的行为)

正如《德国刑法典》第 34 条所要求,当被告人受保护的法益没有明显优越于 S 被侵害的法益时,被告人的行为不能被正当化。鉴于夜间开枪对身体健康所造成的风险,以及身体的不可侵犯性是更高位阶的法益,不能认为受到威胁的房屋权利与隐私具有明显的优越地位。按照《德国刑法典》第 34 条的文义,被告人不具有违法阻却事由。

当然,《德国刑法典》第 34 条中利益权衡的标准已被学术界认可的所谓的“防御性紧急避险”所修正。如果紧急避险行为不是针对第三人的法益,而是针对危险源自身,利益权衡的标准则截然相反。在这种情形中,遵循《德国民法典》第 228 条所蕴含的法的理念,如果造成的损害与危险尚成比例,则满足了该标准;即使是严重伤害他人甚至杀害他人(有争议),也能够适用紧急避险。无论人们是在《德国刑法典》第 34 条内从利益权衡的视角来看待防御性紧急避险,还是将其视为超法规的违法阻却事由类推适用《德国民法典》第 228 条,偷窥者案的结论都是一样的。学说也几乎一致地认为,考虑到 S 的顽劣,开枪打伤 S 并不是不合比例的。被告人的行为因此被正当化。

(五) 阻却责任的紧急避险(《德国刑法典》第 35 条)

若承认被告人具有违法阻却事由,则无须再检讨责任阻却事由。若否认被告人具有违法阻却事由,就必须承认被告人构成现行《德国刑法典》第 223 条、第 224 条第 1 款第 2 项[①]的犯罪。不同于联邦最高法院看法的是,这里不存在《德国刑法典》第 35 条所规定的责任阻却事由。这是因为,《德国刑法典》第 35 条将法益限制为生命、身体和自由。参考《德国刑法典》第 239 条的规定,“自由”是指身体的行动自由,而不是“一般的行为自由”。据此,只有被关在里面的人的自由才受到了侵害,而不是关在外面的人。通说不同于联邦最高法院的立场,认为对“房屋内的行动自由”的危险与对离开房屋的恐惧都不足以算作侵害自由。这种对自由概念进行严格解释的做法,不仅符合立法者的目的,而且与《德国刑法典》第 35 条所规定的其他两种法益的关系相协调。

“现时的持续危险”与“防御性紧急避险”这两个法律概念明显扩大

---

① 即 1979 年《德国刑法典》第 223a 条。

了《德国刑法典》第 34 条的适用范围。偷窥者案的特殊之处在于,这两种对《德国刑法典》第 34 条解释上的修正均有利于紧急避险人。可是,这样获得的结论是否真的具有说服力?这不无疑问,主要是因为一方面,连罗克辛也认为,朝正在逃跑的偷窥者在"夜间开射两枪也有些不成比例",然而,他将符合暂时逮捕的客观情状以及 S 造成的持续、潜在的威胁作为额外因素考虑在内,借此得出了符合《德国刑法典》第 34 条的结论。可是,逃跑的 S 已经不再具有紧迫的威胁,并且只可能在几周或者几个月之后才会再次出现。另外,《德国刑事诉讼法典》第 127 条第 1 款禁止为了逮捕的目的而开枪射击。因此,能否将暂时逮捕的客观情状作为利益权衡的因素作有利于被告人使用枪支行为的思考,存在疑问。另一方面,本案存在另外一个迄今都被忽视的侧面,这个侧面也反对通说的结论。人们从联邦最高法院的认定中并不能得出,被告人在追赶 S 的过程中开枪警告过。即使是在正当防卫极端的情形中,也要求人们在使用枪支时"特别注意"。如果"具体的冲突情形"允许人们使用枪支,那么人们在开枪射击前也应当首先进行言语警告和鸣枪警告。当然,只有在接下来仍然有时间来瞄准射击以防卫侵害时,这样的鸣枪警告才是必需的。因此,联邦最高法院在偷窥者案中只用一句话来说明被告人没有其他排除危险的方法是不够的,而是必须重新查明,被告人能否鸣枪警告而又不至于影响到后来瞄准 S 开枪。这样的话,联邦最高法院不应自行判决偷窥者案,而应当为了进一步弄清事实将案件发回重审(《德国刑事诉讼法典》第 354 条第 2 款)。

第三节 安乐死案

安乐死案(Euthanasie-Fall)[1]是由联邦最高法院第四刑事审判庭于 1952 年 11 月 28 日作出的判决[2],初审法院为明斯特大刑事法院(Schwurgericht Münster)。本案围绕为挽救一部分人的生命而牺牲另一部分人的情形展开讨论,得出结论认为,在这种情形中,除需要考虑针对

① BGH NJW 1953, 513.

② Vgl. BGH, Urt. v. 28.11.1952-4 StR 23/50.

生命是否允许进行法益权衡之外，还须特别审慎地考察行为人是否具备不法意识。

一、基本案情

1941 年，德意志帝国下令对精神病人进行大屠杀，被告人 P 医生和 S 医生参与了执行。两被告人以谋杀罪帮助犯与危害人类罪的想象竞合犯被起诉。英区最高法院（OGHBrZ）撤销了明斯特大刑事法院所作的初审无罪判决并将案件发回重审，被告人 P 医生与 S 医生再次被认定为无罪。检察院提起上诉，反对该无罪判决，最终获得成功。

二、法条索引

本案中引用了 1952 年《德国刑法典》中的如下法条：

1.《德国刑法典》第 49 条（帮助）[①]：

（1）通过建议或者行动，有意地对正犯实施重罪或者轻罪行进行帮助的，是帮助犯。

（2）对帮助犯的处罚，适用其有意帮助的行为所触犯的法条，但得以根据未遂犯的处罚原则减轻刑罚。

2.《德国刑法典》第 211 条（谋杀罪）：

（1）谋杀者处终身自由刑。

（2）谋杀者是指出于杀人嗜好、性欲的满足、贪财或者其他卑劣动机，或以阴险、残暴或者危害公共安全的方法，或意图实现或者掩盖其他犯罪行为而杀人的人。

三、裁判理由

1. 事实审法官认为本案应当判决无罪，根本原因在于被告人自称实施犯罪是为了追求“救人意图”，即挽救尽可能多的濒临死亡的精神病人。这样的一个意图涉及被告人为了实施犯罪所作出的意志决定，故而在考察其是否实施了一个具有刑罚后果的行为时必须得到重视。可是，

---

① 本条移至现行《德国刑法典》第 27 条，内容修改为：“（1）对他人故意实施的违法行为故意予以帮助的，是帮助犯。（2）对帮助犯的处罚参照正犯的处罚，并依第 49 条第 1 款减轻其刑罚。”

脱离法律语境考虑意图,与现行的刑法体系相冲突。这类行为情状只要没有排除行为的违法性或者有责性,便只能在量刑时考量。

2. 事实审法官认定了被告人满足谋杀罪帮助犯的要件。这个结论在法律上是完全正确的。

两名被告人明知转移这些病人的目的,并且知道名单上所标记出来的人将被杀死。他们一方面部分地执行服务于这一目的的指令,另一方面将一部分人(大约25%至30%)从转移人员名单中清除,这一行为违反了当时只允许划掉5%的指令。两名被告人或谎称病人是自己的亲属,或将病人介绍给照顾过他们的修女进而安置在宗教机构,从而避免这些病人被送入毒气室。被告人P医生挽救了M地疗养院中30到40名青少年的生命,方法是谎称他们能够再教育。他得知200位病人在黑森州疗养院被恶劣地对待,于是将他们接回来,这些病人因而得以幸免于难。

两名被告人在检查转移人员名单上发挥了共同作用,并且直接参与了将精神病人送往H"安乐死机构"(Euthanasieanstalt)的行为,构成谋杀罪的帮助犯。虽然检查名单的目的在于根据既有的指令删除一定的名额,也就是保护这些病人的生命,但是,医生必须针对每个病人确定其是否满足被转移的条件,因此医生所作的每个不利的决定都导致了一个死亡结果。官方根据检查后的结果很快发布命令,将那些被决定处死的病人送往黑森州H附近的机构。

法庭赞成,基于希特勒的命令以正犯意志对精神病人实施大屠杀的行为,不管是按照以前的观点还是《德国刑法典》第211条的文义,都成立谋杀罪。这个条文是由1941年9月4日的行政规章所创设的,在事实审法官的第二次判决时仍然有效。

根据判决认定的事实,两名被告人故意地实施了杀人行为。他们已经想到主行为会既遂,仍然有意地通过自身的行为促进其发生,在这个意义上讲,被告人也希望主行为的结果会发生。虽然他们并不赞同这个结果,但这样一个内心保留并不重要。即使两名被告人意图找机会避免屠杀,但他们检查转移人员名单,结果是对一部分精神病人作出了不利决定,从而导致这些人被送往死亡之地,据此不能排除帮助犯的故意。正如判决指出,因为两名被告人了解这个"安乐死计划",并且在认识到客观事实——基于这些事实主行为成立谋杀罪——的情况下,仍然实施行为,所以，他们是明知地实施了谋杀罪的帮助行为。按照联邦最高法院的判例①，他们的行为自身在新《德国刑法典》第 211 条的意义上是否值得特别谴责无关紧要。

3. 根据已经认定的事实，两名被告人并不具有正当化事由。

正如上述判决所正确阐明的，1939 年 9 月 1 日希特勒秘密发布的"允许杀死无法治疗的精神病人使其解脱痛苦"的通告，不是符合规定颁布的法律，所以，基于其颁布的命令是违法的。由于被告人认识到了这些命令的目的，故有权不执行该命令。② 被告人的行为也不是出于官方命令的强迫，而是正如他们反复所说，"为了救助能够被救的人"，他们希望保有职位。

被告人不负有相互冲突的法律义务，本案也不存在值得法律注意的、在法律上受到不同评价的法益之间的冲突。所以，第一次上诉时审理的法官考虑到初审判决的约束力③，否认本案存在超法规的紧急避险。虽然事实审法官重新认定了事实，但这些事实对此问题并没有提供一个性质不同的案情。因此，根据程序法的基本原则，不允许对被告人的行为作不同的法律评价。

即使承认被告人具有道德上的义务，即在职责范围之外也应保护其护理的病人免受由国家的措施所带来的死亡的威胁④，这一义务也应适用于机构所有的被护理人员。可是，被告人根据其挑选结果只挽救了其中的一小部分人，大部分人却因此死亡了。由此看来，在任何情形中都遵守禁止杀人的法律义务，才是最重要的。

学说上一再主张，倘若针对他人生命的紧急避险行为是为了挽救其他人脱离危险共同体，并且如果没有该行为，所有人都将死亡，那么该行为应当被允许，因为理性的法律不能禁止在不可能挽救所有人的生命的情况下挽救尽可能多的人的生命的行为。这种做法会使得行为是否被允

---

① Vgl. BGHSt. 2, 251ff. = NJW 52, 834.

② Vgl. BGHZ3, 106 = NJW 51, 917; BGHSt. 2, 251ff. = NJW 52, 834; BGH, Urt. v. 28. 2. 1952-4 StR 56/51.

③ 一般而言，如果案件发回重审，对案件事实的认定没有发生变化，那么上诉审法官不能改变之前的法律意见。

④ Vgl. Bockelmann, ZStW 63, 45.

许仅仅取决于社会的整体效果。根据这个观点,紧急救助(Nothilfe)①在同样的前提之下也不应受到限制,因为它也满足两害相权取其轻的原则。

虽然学说如此,但是,这一法律理念并没有体现在现行的法律之中。当人类的生命遭受危险时,虽然两害相权取其轻的原则有利于保存有价值之物,但适用这样一个原则,并且根据社会整体效果来考察行为的不法,违背了由基督教伦理学所确定的关于人类本质与人格的主流的文化价值观。按照绝大多数人的法律确信,紧急救助者以这种方式来介入命运,与紧急避险人一样都是违法的;当然,后者在满足《德国刑法典》第54条的前提下阻却责任。② 在对刑法典草案和官方刑法典注释的审读中,紧急避险与不受限制的紧急救助时而被建议作为违法阻却事由,时而被作为责任阻却事由,这只能说明二者的法律性质并不能总是被一致地评价,而且并不是所有的紧急避险行为都会得到法律相同的认可。由此看来,从这些建议中,并不能推出现在的法律是什么态度。

4. 如前所述,对于将他人救出危险共同体而实施的紧急救助这一行为的不法内容,学说上长久以来存在两种对立的观点。学说的分立要求事实审法官审慎地考察,两名被告医生远程参与执行国家的屠杀计划时是否具有不法意识。不过,上述判决并没有明确地回答这个问题,而只是笼统地强调"被告人明知其参与了对精神病人的屠杀,并且知道没有任何符合规定所颁布的法律使之正当化。因此,被告人有意地实施了帮助行为"。从字面上可以看出,大刑事法院在此只考虑了被告人对杀害精神病人所起的作用,而没有同时考虑这一行为能够挽救一部分精神病人的事实。大刑事法院将整个犯罪流程切割为帮助行为与救助行为两个部分,结果是没有考察被告人的帮助行为是否因为是出于立即付诸实现的救人意图,而被认为是合法的或者至少是被允许的。

判决的另一处提到,P医生尽管将杀害精神病人的行为视为谋杀,但"他认为自己负有义务尽力帮助他所照顾的病人,而不是弃之不顾,因此为

① 紧急救助是正当防卫的一种情形,是指为了防卫他人权利而对侵害人实施防卫行为。

② Vgl. Baumgarten, MschrKrimPssych. XIV, 101, Notstand und Notrecht S. 52 ff.; Dahm, DR S. 629; Graf zu Dohna, LZ 27, 983 und ZStW 33, 127; Goldschmidt, Der Notstand, ein Schuldproblem S. 189; Neubecker, Zwang und Notstand I S. 61 ff.; von Weber, Das Notstandsproblem und seine Lösung in den deutschen Strafgesetzentwürfen von 1919 und 1925 S. 31 ff.; Hartung, NJW 52, 761; Eberhard Schmidt, SJZ 49, 559 ff., 565; Welzel, MDR 49, 373.

了尽力破坏安乐死计划”，仍然部分执行了交给他的命令。S医生也确信杀害精神病人属于谋杀，“但认识到不可能公然反抗来破坏大屠杀计划，于是决定尽力秘密实施破坏。他和P医生一样，努力地防止病人被转移。他也确信对自己病人的健康幸福负有义务。虽然如此，如果被告人认为自己负有义务挽救尽可能多的濒死的病人，但又以轻微方式对杀害其他的精神病人的行为——他们相信这是不可避免的——进行加功时，不能直接得出他们认为该行为不是不法的结论。对于这个问题，判决所认定的事实，即P医生在转移病人之前与之中，曾向多名医生表示过怀疑，“他是否被允许且必须参与其中”，也是十分重要的。这些医生强化了他的想法，让其更加确信，正是因为自己反对“安乐死计划”，所以“为了救那些能够被救的人”，恰恰必须接受所指派的任务。他于是决定参与这一“行动”。P医生是医院的院长，S医生在知悉他的想法后，也跟随其后。

正如联邦最高法院在1952年3月18日决议[①]中所决定的，行为人明知且故意地实现了一个值得刑罚处罚的行为的构成要件要素时，如果违法性属于一般的犯罪要素（例如谋杀罪），那么，不仅在行为人认识到违法性时，而且在其良心紧张（gehörige Anspannung des Gewissens）之际本应当认识到违法性时，均以故意犯罪处罚。从这点来看，大刑事法院应当重新审查事实。

5. 本案无须就学说存疑的问题表明立场，即鉴于刑法的封闭性（Geschlossenheit）以及根据刑法典的立法沿革，是否应当承认超法规的排除责任事由。学说从规范的责任概念发展出来了不具有期待可能性这样的排除责任事由，学界主要从法治国家的考虑出发，也提出了合理的质疑。[②] 不过，本案的客观事实已经排除了这一事由。根据判决的认定，面对即便是以最轻微的方式参与杀害无辜之人，当时有责任感的医生在很多情形中更倾向于选择放弃自己的职位。所以，被告人本来也可以完全放弃去影响屠杀人员的范围，通过不参与杀害精神病人，使自己不与这些有责任感的医生的价值观相冲突。据此，要求被告人遵守法秩序所要求的绝对的杀人禁令，无论如何是可以期待的。

---

① BGHSt. 2, 194 = NJW 52, 593.

② Vgl. Drost, GoltdArch. 77, 179; Maurach, Kritik der Notstandslehre S. 131; Schaffstein, Die Nichtyumutbarkeit als übergesetzlicher Schuldausschließungsgrund.

学说中有观点反对第一次上诉判决,理由是被告人的行为不会被国家视为是违反义务的,因为是国家自身让被告人陷入了无法解决的道德冲突之中。[①] 这一观点也不能得到赞同。德意志联邦共和国是法治国家,与当时犯罪式的国家统治没有任何共同之处。这种犯罪式的国家统治所造成的一个普遍的不法状态不能使个人的刑事责任得到排除,这是因为,这些个人尽管认识到或在实际情况所要求的良心紧张之下本应认识到行为该当不法,但仍然基于自由意志参与到了当时国家统治者所指令的犯罪之中。

四、判例评述[②]

德国刑法理论与司法实践认为,根据《德国基本法》第1、2、3条,法律面前生命平等,没有所谓的不同的"生命价值",因此,人们不允许对生命进行权衡。可是,生命的不可权衡性这个基本原则是否也应当适用于所谓的"危险共同体"这种情形,却备受争议。"安乐死案"是德国司法判决迄今为止在实践中出现的唯一的案例。[③]

不少学者对这种情形——部分人有保留地——认为也可能适用违法阻却事由,主要原因是:无法用其他手段避免一个更大的不幸发生时,法律不能禁止人们去减小这个不幸。"不能挽救两个人的生命但至少可以救一个时,理性的法律不能禁止这样的行为。"[④]奥托(Otto)发展了"机会侵夺"(Chancenanmaßung)原则。根据该原则,某人侵夺了他人的生存机会(即消灭他人的生存机会)时,不可能被《德国刑法典》第34条正当化。相反,被杀者反正没有存活的希望,紧急避险人因而没有将救助机会独占为己有的场合,紧急避险人具备正当化事由。这一原则也适用于在危险共同体中可能出现的杀人行为。曼科契司(Mangakis)也得出了相似的结论。他认为,在这些情形中,"这种存在(Dasein)的非理性",使得任何一

---

① Vgl. Eberhard Schmidt, SJZ 49, 569 ff.

② 这一部分主要参考 Roxin, Strafrecht Allgemeiner Teil, Band I, 4. Aufl., 2006, 故不再重复作出引注。

③ Vgl. Roxin, Roxin, Strafrecht Allgemeiner Teil, Band I, 4. Aufl., 2006, §22, Rn. 147.

④ V. Weber, das Notstandsproblem und seine Lösungen in den deutschen Strafgesetzentwürfen von 1919 und 1925, 1925, S. 30, 转引自 Roxin, Strafrecht Allgemeiner Teil, Band I, 4. Aufl., 2006, §16, Rn. 36。

种行为方式都显得“同时既是正确的又是错误的”,因此法律必须“将决定权交给个人的良知,这意味着,法律认可个人在具体情形中认真作出的决定是正确合法的”①。埃伯哈德·施密特(Eberhard Schmidt)则主张区分两种情形:只有被害人已经被命运“标记”为不得不死时,才允许适用正当化事由;当行为人像本案一样,必须从一群遭受危害的人中间挑选出被害人时,则不允许适用。②

与之相反,学说上绝对的通说坚持的原则是,即使是危险共同体也无法使权衡生命的行为正当化。据此,安乐死案中行为人的行为是违法的,人们经常列举的理由是:在这种情形中,应当使用价值理性、以伦理为基础的思考,禁止人们权衡生命,而反对目的理性的思考,认为紧急避险人在这种情形中保存了更高的利益。“在生命陷入共同危险的场合,如果把生命当作一个个单纯的计算项目纳入整体的计算之中,则是与道德感不符的。”③“一种法律的思考……对这样一种思考而言,法的价值不是单纯的有用性价值,而且它十分清楚法律的基础在于……我们文化领域的基本道德信念,这种法律的思考不能满足于这样一种(即通过理性的目的性权衡来确定的)思考方式。”④联邦最高法院在本案中也认为,“虽然两害相权取其轻的原则有利于保存有价值之物,但适用这样一个原则,并且根据社会整体效果来考察行为的不法”是违反“由基督教伦理学所决定的……文化价值观”的。但是,这样的批评对反对意见来说,并不是十分公允的。反对意见想要在可能的范围内保全人的生命,因此,它不是以纯粹的有用性为基础的,而是保护生命的伦理价值。⑤

尽管如此,罗克辛认为,否认对危险共同体适用正当化事由是合理的,这是出于理论上和事实上两个方面的原因。这种理论上的考量在于,杀死一个必死无疑的人也是任意缩短他人生命的行为。刑法的一个基本原则是,即使是濒临死亡的人的生命也受到法秩序的保护。如果人们赞

---

① Mangakis, Die Pflichtenkollision als Grenzsituation des Strafrechts, ZStW 1972, S. 475, 转引自 Roxin, Strafrecht Allgemeiner Teil, Band I, 4. Aufl., 2006, §16, Rn. 36。

② Vgl. Roxin, Strafrecht Allgemeiner Teil, Band I, 4. Aufl., 2006, §16, Rn. 36.

③ Roxin, Strafrecht Allgemeiner Teil, Band I, 4. Aufl., 2006, §16, Rn. 38.

④ Gallas, Pflichtkollision als Schuldausschließungsgrund, in: FS-Mezger, 1954, S. 327, 转引自 Roxin, Strafrecht Allgemeiner Teil, Band I, 4. Aufl., 2006, §16, Rn. 38。

⑤ Vgl. Roxin, Strafrecht Allgemeiner Teil, Band I, 4. Aufl., 2006, §16, Rn. 38.

同对危险共同体也适用正当化事由,便意味着摒弃了这一基本原则。另外,这种观点也不能解释,为什么这样的做法不允许适用于危险共同体之外的其他情形,例如杀死一个快要死的人,以便通过移植其器官挽救其他人的生命。人们在这里应该从一开始就杜绝这种做法。因此,根据将要被牺牲的人剩下的生命的长短来进行区分,也是没有意义的;被害人还能活几分钟、几个小时或者几天,在法律上并没有(抛开那些经常无法解决的事实认定问题不谈)任何区别。

事实上的根据在于,人们运用数学的方法来确定是否濒临死亡这样的想法,是一种观念上的构想。在现实中,人们无法确定地知道将要发生什么。看似垂死之人"例如通过奇迹"而获救已是众所周知的事情,这样的事情几乎每天都会上演。人们会想到安乐死的情形:这样的一个看法,即如果所有的医生都拒绝参与屠杀计划,那么精神病院的所有患者都会被杀死,是推断性的,这个行动完全有可能突然被中断。另一方面,那些处在危险之中的人,也总是愿意去作出预测,这些预测不仅后来很难被反驳,而且将允许以牺牲同伴为代价来保全自己的性命,刑法不应当助长这种以暴力解决问题的趋势。

基于上述理由,危险共同体中的生命法益的冲突属于法外空间这样的观点,也被否定了。它忽视了杀人禁令,所以遭到了针对违法阻却事由所提出的同样的批评。尽管如此,这个问题还是没有得到解答:如果一个生命法益的冲突是无法避免的,那么对于为了解决这一冲突而采取的杀人行为,是否可以考虑一个法定的或者超法规的无罪事由。①

德国刑法理论的通说根据韦尔策尔(Welzel)和施密特的构想,认为这种情形存在一个超法规的排除责任事由。韦尔策尔认为,"人们在危险共同体之中选择较小的灾难,一定是排除责任事由"。法秩序"必须宽恕这一行为,因为任何其他法律成员在行为人的位置也一定会采取与行为人一样的正确行为"②。这一观点受到了罗克辛的质疑。在罗克辛看来,如果这个行为是正确的,则必须认为行为人具备违法阻却事由。人们不能一方面允许行为人选择较小的灾难,并且认为其他市民有义务采取同样的行为,另一方面却宣称这种人人都必须"正确地"去做的行为是违法

---

① Vgl. Roxin, Strafrecht Allgemeiner Teil, Band I, 4. Aufl., 2006, §16, Rn. 39 ff.

② Roxin, Strafrecht Allgemeiner Teil, Band I, 4. Aufl., 2006, §22, Rn. 154.

的。如果人们认为某种行为是违法的,那么该行为一定不是该做的。既然如此,为什么不能对实施了不法的人进行责任非难,这一点是不明确的。

罗克辛认为施密特也有相似的矛盾。他一方面认为医生的行为是违法的,因为人们没有“先于命运采取行动的权利”,但他们却“以法律所不能容忍的方式左右着那些受到同等危害的人的命运”。另一方面,他认为医生“不具有违法的动机这个规范的责任要素,因而排除”罪责,“(医生)在这种场合采取违法行为的动机无论如何也不会被国家评价为是违法的、错误的、不应如此的”。可问题是,如果一个行为是法律所不“容忍”的因而是违法的,那么实施这样一个行为的动机,又如何可以例外地不被评价为“错误的”以及“不应当如此的”呢?①

朗-欣里希森(Lang-Hinrichsen)②虽然不想直接否定罪责,但希望把罪责存在与否作为无法判定的问题而搁置,并且想要借助“在不能肯定罪责时就必须无罪释放”这种影响,来认可一个“被刑法的罪责判断所排除的空间”。本案应当如此处理,即:“既不在有罪责性上也不在无罪责性上来进行决定,而是人们放弃这种罪责的判断。”罗克辛认为,这样的观点也存在疑问。当法律恰当地要求医生必须放弃任何一次参与谋杀的行为时,如果他们没有遵守这个完全能够被实现的要求,那么,不十分清楚的是,为什么他们的罪责应当是不能被肯定的。

罗克辛认为,承认超法规的排除答责性事由才是正确的解决方法。这两位医生的行为是违法的,因为即使是这种救助目的也没有授权他们来缩短无辜者的生命,更何况人们也无法完全确定地知道,如果医生拒绝参加每一次行动,到底会发生什么。医生的行为是违法的,也就表明他们的行为是有责的。这是由于,他们在自己的生命没有危险的情况下,本来可以拒绝参加这个安乐死行动,从而拒绝参与谋杀行为。诚然,他们的内心肯定也处在冲突之中,但是,这种冲突并没有排除他们行为的可能性。

尽管如此,这并不意味着,医生必须受到处罚。虽然行为人存在罪责,但是,如果从预防的角度来判断缺乏刑罚必要性时,则可以排除其答

① Vgl. Roxin, Strafrecht Allgemeiner Teil, Band I, 4. Aufl., 2006, §22, Rn. 154, 155.

② Roxin, Strafrecht Allgemeiner Teil, Band I, 4. Aufl., 2006, §22, Rn. 156.

责性。安乐死案便是如此。一方面,这两位医生的动机是在可能的范围内拯救自然人的生命,因此,他们的行为所表现出的并不是敌视法益,而是具有保护法益的倾向,加之这样一种几乎不再可能出现的极端情形具有仅此一次性,这种属性对医生提出了过高的要求,这两点使得他们的刑罚必要性丧失。不仅如此,他们已经社会化并且不具有再犯的危险,故不需要特别预防。另一方面,出于一般预防的理由对他们进行惩罚也是不必要的,这是考虑到由于当时走投无路的状况,他们的行为能够期待在公众中获得宽恕,并且这种情形只会发生一次,不必担心人们以后会效仿。[①]

第四节 拔牙案

拔牙案(Zahnextraktion-Fall)[②]是由联邦最高法院第二刑事审判庭于1978年2月22日作出的判决[③],初审法院为亚琛州法院。本案所要认定的是,当病人处在外行人不理智的状态下,根据自己所作的荒唐的诊断希望牙医能够拔除其所有的牙齿时,病人的意愿是否属于有效的承诺。

一、基本案情

初审法院认定被告人成立危险伤害罪以及意图严重伤害罪,判处罚金刑和自由刑,执行缓刑。被告人的上诉得到了联邦最高法院的部分支持。

被害人P多年来一直忍受着强烈头疼病的折磨,在医生所有的努力之下,也无法查明病因。最近一次检查也没有检测出结果。被害人P在这次检查时表示希望拔掉所有填有汞合金填料的牙齿(plombierte Zähne),因为她确信她的头疼与这些含有填充物的牙齿有关。检查的医生认为这样一个措施在医学上并不必要,但他无法改变被害人P的态度。于是,他将被害人P转到身为牙医的被告人处诊治,并在电话里告诉了被告人这一情况。被告人也确信,牙齿的状况并不是被告人头疼的原因,并把这个诊断结果告诉了被害人P。可是,被害人P仍然坚持拔牙的意愿。

---

① Vgl. Roxin, Strafrecht Allgemeiner Teil, Band I, 4. Aufl., 2006, §22, Rn. 147, 148.

② BGH NJW 1978, 1206.

③ Vgl. BGH, Urt. v. 2.22.1978-2 StR 372/77.

被告人给了被害人一个简短的意见,即她必须自己清楚是否真正想要“拔掉”牙齿,表示准备一天后给她拔牙。为了让被害人 P 有时间改变主意,他在 1975 年 10 月 14 日先拔掉了被害人 P 上颚的两颗牙齿和下颚的三颗牙齿。拔牙在医学上的适应证[①]在本案中既不存在,也不为被告人所认可。被告人只是认为这种不知名的心身关系(unbekannte psychosomatische Zusammenhänge)[②]能够在拔牙之后缓解头痛的可信度很低,但是没有证实这样一个适应证。被告人对被害人所要求的措施提出过反对意见,被害人也没有置若罔闻,而且自己也不确定,拔掉牙齿是否会使状况好转。但她认为拔牙是剩下的唯一的治疗方法。虽然被害人是出于无知、无助和绝望而选择了这种方法,这一点被告人也知道;但她给被告人的印象却是,她是经过了十分成熟的考虑之后才这样做的。1975 年 10 月 29 日,被害人再次来到诊所,找到被告人的助理。被告人的助理对被害人的全部牙齿和头颅进行了检查,看不到任何需要拔牙的理由;可是,被害人固执地坚持拔牙的愿望,于是被告人的助理向其请教。尽管医生并不赞同被害人拔牙,但被害人再次表达了自己拔牙的意愿。被害人希望只拔除填充了汞合金填充料的牙齿,可是被告人误以为被害人希望拔除所有的牙齿,于是拔掉了她另外十一颗牙齿,其中包括了不含填充料的牙齿。结果是,被害人的上颚没有牙齿了。被害人的头疼并没有好转,现在装上了假牙。

二、法条索引

本案中引用了 1978 年《德国刑法典》中的如下法条:

1.《德国刑法典》第 223 条(伤害罪)[③]:

(1)不法伤害他人身体或损害其健康的,处 3 年以下自由刑或罚金刑。

(2)行为针对直系尊亲属实施的,处 5 年以下自由刑或罚金刑。

---

① 适应证指药物、手术等方法适合运用的范围、标准,例如反复发作的慢性扁桃体炎是扁桃体手术的适应证。这里是指,头疼不是拔牙的适应证。

② 目前,医学上存在着所谓的“心身疾病”,它是指心理社会因素起着重要致病作用的躯体器官病变或功能障碍。

③ 本条第 1 款的刑期提高为“5 年以下自由刑或罚金刑”;第 2 款修改为“犯本罪未遂的,亦处罚”。

2.《德国刑法典》第223a条(危险伤害罪)[①]:

(1)使用武器、刀具或其他危险工具,或者通过阴险的突然袭击,或者与他人共同实施,或者以危害生命的方式伤害他人的,处5年以下自由刑或罚金刑。

(2)犯本罪未遂的,亦应处罚。

3.《德国刑法典》第225条(意图严重伤害)[②]:

(1)意图造成前述伤害结果,并且结果发生的,处2年以上10年以下自由刑。

(2)情节较轻微的,处6个月以上5年以下自由刑。

4.《德国刑法典》第226a条(被害人的同意)[③]:

在被害人同意的情况下进行的伤害行为,仅在该行为违背善良风俗时,才是违法的。

三、裁判理由

1. 初审法院认定拔牙的行为是符合构成要件的伤害行为,这一结论是正确的。上诉却错误地提出了学说中争议的问题,即适用《德国刑法典》第223条以下的规定是否以及在何种范围内与医生的医疗行为的本质相符合。医生采取的措施并非都是为了治疗目的,在很多情况下也会以原则上允许的方式从事服务于其他目的的行为,例如做绝育手术或者美容手术。至于何时属于这种情况,则无须在此说明,因为当手术是无效的——即使是出于预防的原因[④],医生也知道时,无论如何都不存在适格的医疗行为。本案便是如此。按常情判断,拔牙并不能治愈或者缓解被害人P的头疼,被告人也十分清楚。虽然被告人考虑到存在极小的可能性,一些不能预见的情况会共同发生作用从而使头疼得以好转,但这一点并不会因为这种极小的可能性而有任何改变。可是,上诉的全部论述都是关于采取医疗行为时医生说明义务的前提和范围是什么,因而是错误的。

---

① 本条已废除,内容被纳入现行《德国刑法典》第224条。

② 本条已废除,内容被纳入现行《德国刑法典》第226条,且有所修改。

③ 本条已废除,内容被纳入现行《德国刑法典》第228条。

④ BGHSt 12, 379 = NJW 1959, 825.

2. 正如初审法院所正确认定的,被害人 P 对于伤害其身体完整性的行为作出的承诺不是有效的。被害人 P 缺乏正确评价拔牙所要求的判断力。虽然治疗医生、被告人及随后被告人的助理对被害人进行检查后多次保证,根据医生的判断,她的头疼与牙齿的状况无关,但是,她在作为外行人不理性的状态下仍然坚持自己的诊断。被告人知道,她的这种固执己见源自她的无知,以及她的精神状况已经无法理智地判断医生所说的理由。她可能不是心血来潮作出的决定,但这点并不重要。因此,被害人即使对拔牙明确表示了承诺,但这个承诺的内容与被告人实际所采取的措施并不完全一致。按照被害人的想法,医生采取的是一个治疗手段,它虽然不能确保疗效,但至少不是完全没有希望的。据此,被害人的承诺是针对一个医疗行为作出的。相反,被告人所采取的措施并不是如此。这使得被害人的承诺是无效的。虽然被告人告知了被害人她没有拔牙的适应证这一情况,但这在法律上无关紧要。被告人不管采取何种手段,都没有成功地使被害人的主观看法与实际的医学判断相一致,这才是最关键的。仅仅这一点,便要求被告人在法律面前放弃实施拔牙的手术。上诉人认为,被害人的主观意愿无法被动摇这一点应当免除他的义务,这个观点忽视了——不止如此——他的医生身份。

(注:判决下文围绕认识错误展开,故略去。)

四、判例评述

本案是被害人承诺领域十分重要的判例,不过联邦最高法院的判决却遭到了学说的否定。联邦最高法院认为本案没有任何事实表明被害人 P 的精神或心智混乱,因此只能通过排除被害人 P 的认识能力来认定“不理智”的同意是无效的。在罗克辛看来,这种做法是错误的。

承诺的基础是一般的行为自由。根据《德国基本法》第 2 条第 1 项的规定,这种一般的行为自由,对于人们进行理性行为与非理性行为的自由,都是同等保护的。《德国刑法典》第 228 条划定了身体伤害的刑事可罚性的界限。一方面,人们尊重一个客观上不理性但法益主体所希望的决定,这是不违反善良风俗的,联邦最高法院也认为如此。可是,如果人们还是通过认定被害人缺乏认识能力来得出可罚的结论,则会导致《德国刑法典》第 228 条名存实亡。另一方面,人们没有争议的是,纯粹为了美容的目的(以便安装假牙来改善外表)而拔除所有的牙齿(包括健康的牙齿),完全属于病人自由决定的事宜。可是,为什么当一个病人认为这样的措施是唯一的治愈机会,而且它破相的效果在这里也可以通过安装假牙来消除时,结论会截然不同呢？另外,人们承认,即使病人的拒绝并不理智时,医生也不允许采取治疗行为。既然如此,反过来说,一个手术是基于病人客观上并不理智的决定时,也同样必须是被允许的。

与之相反,阿梅隆(Amelung)恰恰将“理性”作为承诺有效性的标准。“谁无法理性地代表自身的利益,便不具有承诺的能力。”他虽然想要将“承诺者的价值体系”作为基础,但却明显不想认可非理性的决定是有效的承诺:“谁若幻想通过美容手术会提高自己对异性的魅力,而同意这样一个医疗行为时,便是不理智的……正如联邦最高法院在拔牙案判决中写道,如果拔掉这些补过的牙齿不能根除头疼的折磨,那么拔掉这些牙齿的决定就是不理智的。”[①]因此,这样一个偏离客观理性标准的决定,能够为人们提供审查不同意见者是否具备同意能力的契机,但是,它不允许人们从中直接得出他人欠缺同意能力的结论。这种判断更类似于无责任能力的判断,人们首先需要进行“生理的”认定。[②] 接下来,“心理上的缺陷才对认定是否排除自主性至关重要,这种自主性是一个有效的承诺的前提条件。对此,法律人囿于能力无法一一回答需要考虑哪些疾病症状、智力缺陷与不成熟度。”[③]当一个成年人具有如此严重的缺陷,以至于他不再是一种有人类尊严的存在(menschliches Dasein)时,阿梅隆希望规范地(借助社会国原则)认定其缺乏承诺能力。

罗克辛认为,阿梅隆的主张反而导致“理性”这个标准在很大程度上又重新被抛弃了,因为承诺者具有“严重缺陷”时,按照之前所主张的基本观点通常也会否定其承诺能力。阿梅隆除将精神障碍的诊断结果作为评价严重性的最重要的标准之外,也将承诺人被威胁的法益的类型与重要性纳入其中。这又导致这个标准更加不确定。一般来说,即使是不理智的决定,也是受到保护的。毕竟,人类的大多数决定都至少是受到了非

---

① Amelung, Über die Einwilligungsfähigkeit, ZStW 1992, S. 548, 转引自 Roxin, Strafrecht Allgemeiner Teil, Band I, 4. Aufl., 2006, § 13, Rn. 88。

② Vgl. Amelung, Über die Einwilligungsfähigkeit, ZStW 1992, S. 553, Fn. 105, 转引自 Roxin, Strafrecht Allgemeiner Teil, Band I, 4. Aufl., 2006, § 13, Rn. 88。

③ Amelung, Über die Einwilligungsfähigkeit, ZStW 1992, S. 824 bei Fn. 127, 转引自 Roxin, Strafrecht Allgemeiner Teil, Band I, 4. Aufl., 2006, § 13, Rn. 88。

理性动机的共同影响的。因此,当一个人还完全具有归责能力时,他是否已经被告知,没有任何科学依据证明这样一种美容手术或者拔牙手术能够达到他想要的效果,这才是最重要的。至于病人作出什么样的决定,则是他自己的事情。虽然阿梅隆后来又指出:“这种影响理性决策的心理上的缺陷,包括心理疾病、精神障碍和心智不成熟。”在罗克辛看来,这一看法就本质而言与他所主张的观点是相似的。

第五节　绝育案

绝育案(Sterilisation－Fall)①是由联邦最高法院第二刑事审判庭于1988年3月25日作出的裁定②,初审法院为亚琛州法院。本案争议的焦点是:如果医疗行为不是为了排除现时的生命危险,但符合病人推定的意愿时,是否允许医生实施?如果医生本来可以取得病人明确的同意但因过失没有取得时,是否仍然成立推定的承诺?

一、基本案情

初审法院判定被告人成立意图严重伤害罪(未遂)。联邦最高法院认定,被告医生不成立意图严重伤害罪(未遂),而是成立过失伤害罪,又因过失伤害罪已过追溯时效,因此不再处罚。被告人的上诉获得成功。

1979年10月2日,被告人O医生在E医院的妇科部门给被害人M实施了剖宫产手术,M产下了一个健康的女婴。M的骨盆狭窄,已经在这家医院两次通过剖宫产分娩(1977年2月8日与12月22日)。在这次手术开始后不久,O医生便吃惊地发现,被害人“内脏不正常”,腹腔出现了严重的畸形,这完全出乎他的意料。被害人的子宫下段与腹壁和膀胱完全粘连,这在被告人看来属于“灾难性的检查结果”。面对这种情况,医生必须在子宫上段做切口,而不是按照通常情形在身体与子宫颈部中间的下段做。可是,子宫切口较高的话,会导致女性在下一次怀孕中面临子宫破裂的风险,这对母亲和孩子都具有生命危险。被告人O因此确

① BGHSt 18, 246.

② Vgl. 2. Strafsenat. Beschl. Vom 25. März 1988 g. D. u. O. 2 StrR 93/88.

信,必须防止这位女病人再次怀孕,从而避免到时不得不再采取剖宫产分娩的结果。被告人D是主任医生,被告人O请他过来给予建议。由于被害人出现了“严重的适应证”,两人决定对M进行绝育手术。医生也知道,M没有明确地同意这一医疗行为。她在剖宫产手术之前,也没有被详细告知该手术所具有的风险。曾经有人(无法再确认身份)笼统地问过她,三个孩子是不是还不够以及她是否已经想过做绝育手术。她的回答是,她仍然希望再生小孩,因此拒绝做绝育手术,但两名被告医生并不知道这点。M尽管做了绝育手术,但随后再次怀孕,并且经过一个十分艰难的剖宫产手术后,在1985年9月15日生下了一名女婴。

二、法条索引

本案中引用了1988年《德国刑法典》中的如下法条:

1.《德国刑法典》第22条(概念规定):

行为人依其犯罪计划直接实施构成要件之行为,是犯罪未遂。

2.《德国刑法典》第23条(未遂的可罚性):

(1)重罪的未遂一律处罚;对轻罪的未遂的处罚以法律有明文规定为限。

(2)未遂可比照既遂犯减轻处罚(第49条第1款)。

(3)行为人由于重大无知,对行为对象和手段的认识错误,而根本无法使犯罪既遂时,法院可免除其刑罚,或者酌情减轻其刑罚(第49条第2款)。

3.《德国刑法典》第223条(伤害罪)[①]:

(1)不法伤害他人身体或损害其健康的,处3年以下自由刑或罚金刑。

(2)行为针对直系尊亲属实施的,处5年以下自由刑或罚金刑。

4.《德国刑法典》第225条(意图严重伤害)[②]:

(1)意图造成前述伤害结果且结果发生的,处2年以上10年以下自由刑。

① 本条第1款的刑期提高为“5年以下自由刑或罚金刑”;第2款修改为“犯本罪未遂的,亦处罚”。

② 本条已废除,内容被纳入现行《德国刑法典》第226条,且有所修改。

(2)情节较轻微的,处6个月以上5年以下自由刑。

5.《德国刑法典》第230条(过失伤害)[①]:

过失致他人身体伤害的,处3年以下自由刑或者罚金刑。

三、裁判理由

I. 本部分为案件事实,故略去。

II. 初审法院认定被告医生的行为成立意图严重伤害罪(beabsichtigte schwere Körperverletzung)的未遂犯。只要被告人认为M在认识到所有事实的情况下会同意绝育手术,并且相信能够因此获得采取该行为的权利,便只存在一个可避免的禁止错误。一方面,被告人误解了推定的承诺这个法律概念。只有无法及时取得相关人的承诺时,才能够适用推定的承诺这一原则。但是,本案中可以预见的是,被告人在这次剖宫产手术之前告知女病人再次怀孕时可能产生的危险,进而取得她对绝育手术的同意。在已经欠缺这样一个同意且被告人也知道的情况下,由于尚不存在一个现时的、直接的生命危险,被告人应当推迟这个治疗行为并且与病人商量绝育手术的事情。另一方面,这个立即的治疗行为也不会因为推迟绝育手术而使得风险升高成为必然。况且,绝育手术仅仅是防止怀孕的措施之一。

III. 联邦最高法院认为,初审法院的判决误解了推定的承诺这个违法阻却事由。

1.

(1)推定的承诺是一个独立的正当化事由,而不是阻却违法的紧急避险的下位概念。[②]

医生采取有效的医疗措施尤其是扩大手术范围时,并非只有在出现了严重适应证的情况下,才允许基于病人推定的承诺做出行为。这种虽然没有得到病人明示或者默示的同意,但符合病人推定的意愿的医疗行为,并不只限于为了排除现存的生命危险。当医生面临是否应当扩大或中止病人所同意接受的手术,以避免病人遭受新的手术——它可能伴随更大的危险,并且无论如何会造成另外的身体或精神损害——所带来的

① 本条已移至现行《德国刑法典》第229条。

② Vgl. Hirsch in LK 10. Aufl. vor § 32 Rdn. 129.

风险时,也必须考虑到病人(推定)的意愿。如果扩大手术范围是必要且可以预见的,但医生并没有告诉病人因而过失地没有取得病人的决定时,并不当然地排除适用推定的承诺。最重要的是,当医生面临是否应当采取进一步的治疗措施,而病人最初的同意却无法涵盖它的情况时,是否满足推定的承诺的条件。

病人的自主决定权享有优先地位,所以应当主要从本人情状、个人利益、愿望、需求和价值观中查明推定的意愿的内容。客观标准并没有独立的意义,尤其是像某一措施通常被认为是理性、正常的,并且符合一个理智的病人的利益这样的评价。它们仅仅服务于查明个人假定的意愿。如果没有任何依据表明,病人会作出其他决定,则可以当然地得出结论,病人的(假定)意愿与人们通常视为是正常且理性的意愿是一致的。

(2)医生如果认为扩大手术对于病人的利益而言是必要的,但误认为及时询问病人后会获得同意,那么他对推定的承诺这一正当化事由的事实前提具有认识错误,所以没有实施故意的伤害行为。倘若医生在手术开始之时便应当预见到,他们随后要采取这样一个继续治疗的行为,而且告诉病人后病人也不会同意,那么可以说,医生后来的认识错误是由自身的过失行为造成的,因此只能以过失伤害罪定罪处罚。[①]

2. 根据这一原则,被告人对于推定的承诺这一违法阻却事由的事实前提具有认识错误,因此,被告人不能以故意伤害罪定罪处罚。

两名医生根据剖宫产手术中所获得的诊断结果认为,再次怀孕对母亲和婴儿都具有生命危险,绝育手术因而是有效的医疗手段。他们认为,毋庸置疑的是,必须立即实施这个手术,因为在他们看来(根据一个灾难性的诊断结果),推迟做绝育手术是十分危险的。

初审法院认定,被告人立即进行绝育手术的行为并不符合病人现实的或者推定的意愿。然而,被告人误认为自己立即实施绝育手术的行为是为了病人的利益,而且符合病人推定的意愿。初审法院也认为如此,但却错误地将这种情形评价为法律错误。

3. 根据刑事审判庭的认定,被告人过失地造成了自己对正当化事由的事实前提的认识错误。虽然上诉人在上诉中也对此提出了反驳,但法

---

① Vgl. BGHSt 11, 111, 114; BGH JZ 1964, 231.

院无须作出回答,因为过失伤害罪已过追溯时效,上诉人因此便已经不受处罚了。

综上,本案诉讼程序终止。

四、判例评述

绝育案是推定的承诺领域中十分重要的判例,得到了学术界的高度关注与热烈讨论。本部分主要是米勒(Müller)教授在针对本案撰写的文章中所作的评释。①

米勒教授认为,联邦最高法院的判决主要涉及的是病人的自主决定权,以及医生的说明义务与医疗行为的基本问题,对在医生的医疗行为中不断出现并被联邦最高法院的法官们反复解释的现象进行了深入研究,即在手术的过程中是否允许在未得到患者同意的情况下扩大手术范围。因此,在这种情形中,人们应当首先说明推定的承诺这一正当化事由的前提条件是什么。如果行为人误认为存在这些前提条件,接下来的问题是行为人属于何种类型的错误以及该如何处理,借此审视与讨论对违法阻却事由事实前提的认识错误(违法阻却事由的构成要件错误)与对行为的违法性的认识错误(禁止错误)的划分。两个问题在实然层面上是对立的:只有不存在违法阻却事由时,才须讨论错误的问题。这个判决对于了解联邦最高法院对推定的承诺的内容与界限以及错误论的立场,具有特别重要的意义。

推定的承诺处于承诺、阻却违法的紧急避险与被允许的危险的三角关系中。从推定的承诺的法本质与前提来看,它还没有得到充分的阐释。人们从现有的讨论中只能得出结论认为,只有无法获得或者无法及时获得相关人的承诺,但根据事实推定该人会承诺时,才须适用推定的承诺。推定的承诺是一个独立的、被习惯法认可的正当化事由。尽管它在某种程度上扮演了(在个案中无法获得的)承诺的代理人的角色,但从结构上来看,它的属性更接近被允许的危险。从中必然得出以下两点结论:第一,推定的承诺对于承诺具有补充性。在已经存在承诺或者仍然能够及时获得承诺的场合,不需要适用推定的承诺。与此相应,人们不允许在能

① Vgl. Müller-Dietz, Mutmaßliche Einwilligung und Operationserweiterung-BGH, NJW 1988, 2310, JuS 1989, S. 280 ff.

够询问法益主体时却完全不询问,也不允许要么一开始、要么马上适用推定的承诺,借此来侵犯法益主体的自主决定权。第二,推定的承诺适用的规则与承诺相同。因此,推定的承诺也只能适用于相关人能够有效承诺的情形。结论就是,法益必须只处于该人的处置权限之下。

根据通说,推定的承诺适用于以下两类情形:一类是“利他行为的推定承诺”(fremdnütziges mutmaßliches Wollen)。被害人生活领域内的“内在的财物或利益冲突”,在无法及时取得其决定的情况下,应当按照被害人推定的意愿来解决。另一类是“利己行为的推定承诺”(mutmaßliches eigennütziges Wollen)。人们能够“期待被害人牺牲自己的利益,从而有利于行为人或者第三人”,这是因为,当保护被害人的法益对其而言没有利益或者利益甚微时,人们可以推断被害人会承诺。

从推定承诺的意义与目的来看,查明相关人的假定的意愿是最重要的事情。这一点也使得推定的承诺区别于阻却违法的紧急避险。人们在阻却违法的紧急避险中需要进行客观的价值与利益权衡,而推定的承诺的正当化根据在于法益主体推定的真实意志,这是一个盖然性的判断。这种个人化的意志可以是完全非理性的,正如明确拒绝一个有效的医疗行为,因为即使在这里也必须尊重法益主体的自主决定权与决定自由。这里主要的困难在于如何查明意志的内容,它必须考虑到行为时(*ex ante*)能够认识到的所有事实。在此意义上,诸如法益主体的价值观或者言论具有表征作用。只有找不到任何根据来推测法益主体的真实意志时,才需要在这个盖然性判断的过程中考虑法益主体客观的、被视为是合理的利益。联邦最高法院也承认了客观标准具有这种补充作用。因此,联邦最高法院想要“首先从相关人的本人情状、个人利益、愿望、需求和价值观”去推测病人的主观意愿,只有在没有根据表明“病人本来会作出不同的决定”时,才能将“一般认为是正常、理性的想法”作为判断的标准。

第六节 挑衅防卫案

挑衅防卫案(Provokation-Fall)[1]是由联邦最高法院第五刑事审判庭

---

① BGHSt 42, 97.

于1996年3月21日作出的判决[1],初审法院为施塔德州法院。本案争议的焦点是,如果侵害是由防卫人的前行为引起的,并且该前行为受到社会伦理的谴责时,防卫人的正当防卫权利是否应当受到限制以及受到何种限制。

一、基本案情

初审法院判定被告人不成立故意杀人罪。附属告诉人提出上诉,反对无罪判决。联邦最高法院支持了上诉请求。

12月某日下午,54岁的被告人下班后乘坐火车回家,车程是24分钟。被告人坐在某一等车厢靠窗的位置。那些在二等车厢没有找到座位的乘客,站在这节车厢车门外的过道上。这节车厢除被告人之外,只有J(19岁或24岁,附属告诉人的儿子)坐在门旁。检票时,检票员发现J只买了一张二等车厢的车票,于是要求他离开这节车厢。过了一会儿,J又回到了这个位置。J已经达到轻度到中度醉酒状态,手里还拿着一罐已经打开的啤酒,啤酒味在车厢里弥漫开来。被告人希望单独待在车厢里,他觉得J打扰到自己了。他想用冷空气把他"赶出"车厢,于是打开窗户。J感觉很冷,便站起来关掉窗户。被告人再次打开窗户,又被J关上,这期间二人发生了言语上的冲突,J的声音越来越大。被告人第三次打开窗户后,J关上窗户并挥起拳头威胁被告人,如果再打开窗户,就会被打。被告人"从皮套中稍微抽出"随身携带的小刀,露出刀锋,希望借此告诫J,如果J殴打他,他可以用刀反抗。

车厢内部只有应急照明时才会变亮。不过,过道的灯光会照进车厢;另外,火车不断地驶近被告人的住处,沿途经过"越来越多灯火通明的房屋和光源",因此,车外的灯光也会从车窗照进来。被告人以为J会被刀子吓住,于是再次打开了窗户,之后又半斜躺下来,把脚搁在对面的座位上。

J这时跳起来,为了兑现刚才的威胁而殴打被告人,他走到被告人跟前。J用双手去抓被告人的脸。被告人误认为J想要"掐他的脖子"。不能排除,被告人可能来不及站起来。他从挂在身边的夹克中抽出小刀,"在起身的过程中胡乱"刺中了向他弯下身来的J的上腹,深8到10厘米。

---

① Vgl. 5. Strafsenat. Urt. vom 21. März 1996 g. S. 5 StrR 432/95.

J向后退了几步。被告人“现在”能够站起来了,他和J在车厢内部打起来。被告人朝J的后颈刺了一刀,深5到6厘米,并在J的后脑勺上划了两刀,随后又朝J的胃部打了一拳。J想要夺过刀子,这或许是为了避免再次被刀子伤到,或许是因为看到自己所受的刀伤愤怒不已,想“自己与刀子对抗”。被告人想要保住刀子,并对J的“持续的攻击”进行反抗。最后,两人都摔倒在车厢门旁的座位上。

这个时候,证人F走进了车厢,拉开了打斗的双方。当天夜晚,J由于上腹的刀伤而死亡。

二、法条索引

本案中引用了1996年《德国刑法典》中的如下法条:

1.《德国刑法典》第32条(正当防卫):

(1)正当防卫不违法。

(2)为使自己或他人免受正在发生的不法侵害而实施的必要的防卫行为,是正当防卫。

2.《德国刑法典》第212条(故意杀人):

(1)非谋杀而故意杀人的,处5年以上自由刑。

(2)情节特别严重的,处终身自由刑。

3.《德国刑法典》第226条(伤害致死罪)[①]:

(1)行为人因其伤害行为致被害人死亡的,处3年以上自由刑。

(2)情节较轻的,处3个月以上5年以下自由刑。

三、裁判理由

I.(本部分为案件事实,故略去。)

初审法院认为无法证明被告人具有杀人故意。对于接下来纳入考虑的故意伤害致死罪,事实审法官认定被告人也不构成此罪,原因是被告人没有其他足够安全的方法来结束对方的不法侵害。因此,被告人故意伤害致死的行为属于正当防卫。法官认为,从现有的案件事实来看,被告人

---

① 本条已移至现行《德国刑法典》第227条,且第2款的刑期提高为“1年以上10年以下”。

抽出刀仅仅威胁一下J,并没有什么效果。被告人没有义务只准斗殴却不准捅伤他人,或者只能捅他人的手或腿。虽然被告人的前行为是“反社会的”(unsozial),而且在社会伦理上不值得赞同,但这并不能限制他的正当防卫权。

II. 只要侵害人没有直接威胁到防卫人的生命,防卫人捅他人具有致命危险的一刀,尤其是捅刺上腹这样的方式,便只能在例外情况下作为最后的防卫手段使用。正当防卫的前提原则上是,人们使用更缓和的防卫方法不能同样地排除危险。① 如果侵害是由被侵害人有责地挑起的,那么,他在选择具有致人死亡危险的防卫手段时,必须受到特别的限制。② 人们能够期待被侵害人在这些情形中视情况躲开侵害。③ 如果有第三者的帮助(私人形式的也包括在内),那么他必须先使用。在特别严重的挑衅中,防卫人甚至有义务忍受选择较轻的防卫手段所带来的风险。④ 尽管如此,在挑衅的场合,正当防卫的权利也只是被限制,判例并没有完全排除正当防卫的权利或者在时间上无限扩张这些限制。⑤

有鉴于此,事实审法官为正当防卫提出的理由并不足以说明,这些具有致人死亡危险的刀伤,尤其是捅在上腹的那一刀,是一个必要的而且被要求的防卫行为。

1. 这些刀伤是异常危险的。联邦最高法院不赞同事实审法官的意见,根据案件事实,被告人把刀子捅进J上腹8到10厘米深的时候,显然具有未必的杀人故意(bedingter Tötungsvorsatz)。被告人是十分聪明的人,他将刀子胡乱捅进向他弯身的被害人时,不可能认识不到该行为伴随的生命危险。被告人后来还捅了被害人其他地方,这些刀伤(尤其是脖子上5到6厘米深的伤口)表明,他在整个打斗的过程中对于刀伤造成的死亡结果都是持容忍的态度。

2. 根据案情,被告人的前行为在社会伦理上是值得谴责的。被告人没有权利用开窗让冷空气进入的方式将同乘者“赶出”车厢,不仅如此,

---

① Vgl. BGHSt 26, 143, 146; BGH NStZ 1996, 29; BGHR StGB §32 Abs. 2 Erforderlichkeit 1, Verhältnismäßigkeit 2, Verteidigung 6; BGHR StGB §32 Abs. 1 Putativnotwehr.

② Vgl. BGHR StGB §32 Abs. 2 Verteidigung 1.

③ Vgl. BGHR StGB §32 Abs. 2 Verteidigung 1-5, 9, 11.

④ Vgl. BGHSt 24, 356, 359; 39, 374, 379.

⑤ Vgl. BGHSt 39, 374, 379; BGHR StGB §32 Abs. 2 Verteidigung 3, Erforderlichkeit 6.

被告人也没有合理的理由这样做,因为剩下的车程只有几分钟了。这种情况之下,即使醉酒的J因为自身的行为让被告人有理由生气,被告人不断打开窗户的行为也是对J的蔑视,它从程度来讲相当于严重的侮辱。

虽然人们能够期待J离开车厢从而避免与被告人的争吵,这主要是因为他只买了二等车厢的车票因而无权使用该车厢;不仅如此,J无论如何都不被允许用身体暴力来回应开窗一事。可是,被告人的前行为对于认定这些刀伤(尤其是捅在上腹的一刀)是否属于被要求的防卫行为,不是毫无意义的。若一个"在法律上值得谴责"的前行为,它的程度已相当于严重的侮辱,则必然对正当防卫权利的范围产生重要影响。至于对挑衅者的防卫行为应当施加何种程度的限制,必须视具体情况而定。

(1)侵害行为的后果越严重,对防卫行为的限制则越小。根据初审判决,被告人面临被拳头打的威胁,但事实审法官迄今仍未认定,这一暴力行为威胁到了被告人的生命。J用双手去抓被告人脸的事实,并不必然说明J将用拳头痛打被告人的脸。[1] 根据案情,J虽然受到酒精的影响,但仍清楚过道上站着许多人,他们即使不来帮助被告人,也能够阻止自己逃跑。这也可以推断出,J并非一开始就想揍扁被告人,把他打成致命伤。

(2)综合上述情况,初审法院所认定的被告人选择致人死亡作为防卫手段具有被要求性(Gebotssein)这一点,并没有得到充分的解释。

不过,没有疑问的是,被告人半躺着的这个姿势确实妨碍到了他自己。J站在被告人面前,使得被告人无法站起来予以回击。虽然如此,事实审法官却没有查明,被告人在这种情形中也无法用双手保护自己免受J的殴打,或者朝已经喝醉了酒的J踢一脚,让他失去重心。

初审法院的认定不具有说服力,这主要是由于,许多乘客站在车厢前面的过道上,J和被告人从车厢里也可以看见。被告人与J口头争吵时,这些乘客能够听见J大声的说话声,以及随后"他要杀我"这样的喊叫和呻吟声。如果被告人在J抓他脸时大声呼救,他们也同样能够听见。在暴力行为开始的阶段,被告人无论如何都有机会通过大声呼救来改善他的处境。虽然,随着车厢传来很大的冲突声,同乘者们只是"越来越惊慌

---

① Vgl. BGHR StGB § 32 Abs. 2 Erforderlichkeit 10.

地看着车厢里面”,而没有一个人站出来,直到证人 F——一开始没有看到这节车厢——勇敢地走了进去;但是,能够想见的是,由于刀子的使用,同乘者所看到的这个事态后来的每个阶段必定看起来都特别危险。这样的危险在 J 抓被告人的脸时尚不存在。另外,被告人呼救也是合适的方法,因为它让 J 知道自己将很难逃跑,在这个意义上,呼救的行为能够一定程度地影响 J。

四、判例评述

本案对于如何认定以及处理挑衅防卫,具有十分重要的意义。尽管如此,学说与判例迄今都没有解决,如果一个挑衅行为使得正当防卫受到限制,那么它是否必须是违法的,抑或不必违法,只需违反社会伦理价值即可。

联邦最高法院在本案的立场与先前的判例相反。例如联邦最高法院在 1972 年 6 月 14 日的判决[①]中要求挑衅行为必须是“受到法律谴责的行为”,也就是说,限制正当防卫的前提是存在违法的前行为,这样一个行为(擦撞汽车)在具体案件中也是存在的。联邦最高法院在 1975 年 5 月 15 日[②]和 12 月 12 日的判决[③]中并没有确定。根据联邦最高法院 1978 年 1 月 12 日[④]的判决,一个有罪责的挑衅是“这样一种行为,它在对具体案情全部事实的评价中,让随后的攻击表现为侵害被挑衅者义务的一个恰当和可以预见的后果”。一句没有详细描述的“蠢话”对于限制正当防卫权无论如何是不够的。[⑤] 相反,联邦最高法院在本案中却认为,为了赶走他人而打开车厢窗户的行为,也应当足以作为限制正当防卫的挑衅,因为这个行为是蔑视对方的表现,“这种蔑视就其程度而言相当于严重的侮辱”。由此看来,既有判决的立场也是不明确的。

罗克辛认为,一个使得正当防卫受到限制的前行为必须是以违法的方式侵害了被害人法益的行为。这是因为,一个行为如果没有达到违法程度而只违反了社会伦理,便无法再在法律的范畴内加以理解,从而会变

---

① BGHSt 24, 359.
② BGHSt 26, 143.
③ BGHSt 26, 256.
④ BGHSt 27, 338.
⑤ Vgl. BGH StrV 1996, 87.

得过于不明确。这样的行为之所以不能限制正当防卫权,也是因为,只是受到社会伦理谴责的人,毕竟还是在法律之内活动。只要是法律所不禁止的行为(例如不具侮辱性的嘲笑),人们就必须根据法律加以容忍,或者只能以其人之道还治其人之身。如果人们没有这样做,而是选择一个违法的攻击来回应这种挑衅,则防卫者的行为(即使是不道德的)不折不扣地确证了法律。除此之外,这种违法的前行为还必须在时间上接近所挑起的侵害行为,并与其处于适当的比例之中。如果被侮辱者经过很长一段时间后才进行攻击,则侮辱者的正当防卫权利不受限制;另外,一个只是造成了对方轻微财产损害的人,面对对方完全不合比例的攻击(例如一个谋杀性的袭击)时,也无须容忍这一限制。

对于因挑拨而引起的正当防卫情状的处理,部分学说也提出了不同的解决方法。和意图挑衅一样,部分观点完全否认对这种以其他值得非难的方式挑衅的情形应当进行社会伦理的限制,另一部分观点则求助于原因违法行为(*action illicita in causa*)的理论,以便在必要时对这种情形中的防卫人以过失犯进行处罚。例如,A 以侮辱的方式挑唆 B 进行攻击并对其攻击行为有预见,尽管 A 本来能够躲避,但他仍在防卫中故意伤害了 B,在这种情形中,虽然 A 故意伤害身体的行为被正当化,但是 A 会因为过失伤害罪而受到处罚,因为他通过先前的侮辱行为违法地造成了结果的发生,而这一结果是可以避免的。罗克辛认为,原因违法行为从理论构造来看便不具有说服力,因为如果挑衅者为了防卫被挑衅者的侵害,按照计划向被挑衅者开枪,则必须承认一个行为(开枪射击)既是违法的又是合法的:它作为正当防卫是合法的,作为实现由违法原因所引起的故意杀人的行为是违法的,这明显相互矛盾。不仅如此,如果人们认为意图挑衅者构成故意犯罪,则承认其同时成立正当防卫不过是虚晃一招,从这个意义上讲,它在结构上也走了弯路,结果使得人们更加迷惑不解。另外,在挑衅者成立过失犯罪的场合也存在疑问:这样一个原因行为只是引起攻击者自愿地陷入了危险,而按照一般的归责原则,这种引起他人故意自陷危险的行为是不受刑罚处罚的。

联邦最高法院一直批评原因违法行为的构造。虽然它没有明确地表示自己的做法不同于现有的判例,而且到现在还在强调,联邦最高法院不赞成根据这个法律概念进行处罚,但是,它在 2000 年的一个判决中实质上首次认可了这个概念。本案的案情是:C 想要用霰弹枪打 M 的膝盖,为了打得准，他想先用一记重拳把M打倒在地；当C威胁M时，M用短棍将C打倒在地上，然后向躺在地上的C扑过去，嘴里骂着“你这只猪，我要杀了你”；C知道自己别无他法，只能从距离30厘米处向M的胸部开枪，打死了他。虽然C进行了严重的挑衅，但联邦最高法院还是正确地认定这一枪被正当防卫合法化了，因为C没有机会成功地逃走或者使用其他更缓和的手段。可是，联邦最高法院由于C的前行为，希望以过失致人死亡罪对之进行处罚。虽然同样一个行为“不可能既是合法的，又是违法的；然而，如果认为过失的非难可能性在于该行为之前的违法的举止时，结论就会有所不同。谁若通过违法的前行为造成了这样一个伴随死亡结果的暴力冲突的危险，即使是在正当防卫中开枪致人死亡的，也可以根据过失致人死亡罪来加以处罚。①

罗克辛认为，根据前文已经提出的理由，这一做法是不对的。人们虽然可以区分合法的正当防卫行为和违法的先前行为，但是，只有当这种违法的先前行为也造成了一个不法结果时，这一区分才准许行为人成立过失致人死亡罪。当杀死M是合法的时候，便不存在这样一个不法结果。结局是，这里只有一个过失的行为无价值，而欠缺法律非难的结果，这一点并不能为刑事可罚性提供根据。据此，联邦最高法院没有正确地认识到，不仅是同一个行为不能同时既是合法的又是非法的，同一个结果也是如此。这一点自然不会改变C所担负的道德上的共同罪责，不过，道德上的罪责与刑法上的答责性是两回事。另外，C当然也会因意图严重伤害罪的未遂而被处罚（根据《德国刑法典》第226条第1款第2项、第2款以及第22条，处3到15年自由刑）。②

学说上，学者们对于挑衅防卫也提出了其他不同的理论模型。

马克森（Marxen）③想要在挑衅防卫的情形中，通过类推适用不作为犯的法理，从挑衅者因“先前作为”而产生的保证人义务中推导出对正当防卫权利的限制。“挑衅者通过诱使对方攻击创设了一种危险情状，因此

---

① 参见Roxin, Anmerkung zum Urteil des BGH vom 22.11.2000, JZ 2001, S. 667，转引自Roxin, Strafrecht Allgemeiner Teil, Band I, 4. Aufl., 2006, §15, Rn. 75。

② Vgl. Roxin, Strafrecht Allgemeiner Teil, Band I, 4. Aufl., 2006, §15, Rn. 72-77.

③ 参见Marxen, Die “sozialethischen” Grenzen der Notwehr, 1979, S. 56 ff.，转引自Roxin, Strafrecht Allgemeiner Teil, Band I, 4. Aufl., 2006, §15, Rn. 78。

对对方产生了保证人义务。他有义务把正在发生的事件流程引导到一个对被挑衅者而言安全的轨道上来。他必须用小心的方式来对付这种攻击。”罗克辛认为这一观点不具有说服力。因为被挑衅者正是通过自身违法的攻击行为,才使得自己面临成为正当防卫的对象的危险。另外,正当防卫的限制,也只能从自身的内在原则(即法律确证需求性的大小)中获得,而不是从不作为犯的法理中推出,因为不作为犯研究的是完全不同的生活事实。先前行为所产生的保证义务是实施救助行为,而挑衅者的义务却是谨慎地行使攻击权限。即使无视禁止类推的要求,人们也不能将保证人义务的规则适用到性质完全不同的注意性义务(Pflicht zur Rücksichtnahme)上去。①

舍内博恩(Schöneborn)②不是在挑衅者通过前行为使得法律确证的利益变小中,看到这种“对挑衅防卫的正当化效果进行限制的主导理念”,而是在被挑衅者的“情绪激动”中看到这一点的。他因此主张将在无责任能力或者责任能力明显减轻的状态下进行攻击时对正当防卫的限制,适用于责任能力减轻但未达到《德国刑法典》第20、21条所规定的程度的情形。罗克辛并不赞成这一观点。这是由于如果最重要的不是挑衅者的前行为,而是被挑衅者“情绪激动”这一点,那么,当一个受到刺激的人在没有被挑衅的情况下激愤地攻击他人时,也应如此。这在《德国刑法典》第20、21条的范围内是合适的,但在此之外就令人无法忍受,因为大多数和最危险的身体性攻击都是在激动的状态中产生的,如果被攻击者的防卫权利因此就受到限制,正当防卫权将会被置于完全不安全的境地。③

最近,学说除讨论攻击性挑衅之外,还关注所谓的“防御性挑衅”是否也会导致正当防卫权利受到限制。防御性挑衅是指,行为人针对意料之内的攻击而给自己配备危险的防卫工具(例如手枪、刀子)。问题在于,当他实际被攻击时,防卫人是否有义务选择对自己不那么安全,但对

---

① Vgl. Roxin, Strafrecht Allgemeiner Teil, Band I, 4. Aufl., 2006, §15, Rn. 78.

② 参见 Schöneborn, Zum Leitgedanken der Rechtfertigungseinschränkung bei Notwehrprovokation, NStZ 1981, S. 201 ff., 转引自 Roxin, Strafrecht Allgemeiner Teil, Band I, 4. Aufl., 2006, §15, Rn. 79。

③ Vgl. Roxin, Strafrecht Allgemeiner Teil, Band I, 4. Aufl., 2006, §15, Rn. 79.

行为人更温和的防卫手段？一部分学说认为，这种情形不存在值得谴责的攻击性挑衅，因此否认对正当防卫进行任何限制。另一部分则主张，如果防卫人是出于必要时更加严重地伤害攻击者的意图给自己配备这样的防卫工具，而不是其他防卫工具，则应当限制防卫人的防卫权利。屈佩尔(Küpper)[①]想要区分两种类型：一种是具有社会相当性的防卫准备，它不会造成对正当防卫权的限制；另一种是具有"升级危险"(Eskalationsgefahr)的"高度防备"(Hochrüstung)，它要求防卫人必须注意到这种危险。

在罗克辛看来，人们即使只是在准备一个可能必要的防卫行为，也应当允许选择各种能够有效确保正当防卫取得成功的工具。例如，一个人在某地活动，而在这个区域内，他必然会预计到会遭到现实的攻击，这样，当他不确定用自己的拐杖、假枪或者喷射气体能否有效地防卫时，就允许事先用刀子或手枪来武装自己。当然，假如他认真地想到了，他也可以用危险性更小的工具来对付这个让他害怕的攻击，那么，他必须(至少)配有该工具，必要的时候使用它。不过，这里涉及的实质上已经不是对正当防卫的限制了，而是必要性判断的前置。[②]

① 参见 Küper, Die "Abwehrprovokation", JA2001, S. 440, 转引自 Roxin, Strafrecht Allgemeiner Teil, Band I, 4. Aufl., 2006, §15, Rn. 81。

② Vgl. Roxin, Strafrecht Allgemeiner Teil, Band I, 4. Aufl., 2006, §15, Rn. 81-82.

第四章　责　任*

第一节　导　论

一、责任原则①

德国刑法严格区分“不法”(Unrecht)与“责任”(Schuld)。在不法领域,审查的问题是:某个行为是否具有违法性;在责任领域,回答的问题是:该违法行为是否应当归责于行为人。

作为德国刑法之根基的“责任原则”(Schuldprinzip)是指:责任是刑罚的前提。这里的“刑罚”(Strafe)不同于刑法上的另一个概念“处分”(Maßregeln),即“矫正与保安处分”(Maßregeln der Besserung und Sicherung)。处分的依据不是责任,而是行为人的社会危险性。施以处分的前提是“违法行为”,也就是说,即便行为是无责的,也可对行为人施以处分。

责任原则的根据是人所具有的自由而又正确地区分“法”(Recht)与“不法”(Unrecht)的能力。只有存在这种决定自由时,对行为人提出责任非难才有意义。传统的非决定论观点强调“绝对的意志自由”。与此相反的决定论则坚持人的行为的“因果法则性”(Kausalgesetzlichkeit),认为犯罪是体制和环境的必然产物。因为这两种主张都无法得到科学上的准

---

* 周遵友,中南民族大学法学院教授,德国弗莱堡大学法学博士。

① 此处“责任原则”部分以及下文的“责任非难”和“责任概念”部分均节译自 Wessels/Beulke, Strafrecht Allgemeiner Teil, §10, 42. Aufl., C. F. Müller 2012, S. 147–171。

确证明,所以刑法只能认定:道德成熟与精神健康之人承担责任的原则是人类社会存在的一个不可更改的事实。事后来看,几乎所有的行为都可被认为是体制上和环境上的决定力量造成的后果。但是,人在这些推动力面前并非无能为力。至于能否控制行为,则要取决于人是否具备控制体制上和环境上的推动力以及根据社会伦理上的义务规范和价值观念进行决定的能力。

责任原则在刑法中的意义可被归纳为三点:其一,无责无罚。在构成要件该当性和违法性之外,责任是一个确定刑罚和限制刑罚的犯罪要件。其二,责任与不法相对应。行为人的责任应当涵盖所有不法要素,不法与责任相互对应。其三,责罚均衡。刑罚不得超越责任的范围。

二、责任非难

责任非难(Schuldvorwurf)的对象是行为人通过违法行为表达出来的、对于法律上的行为要求采取的错误态度。责任非难的内在合理性在于:人具有自由的自决权,而且只要他道德成熟、精神健康,他就有能力避免法律上的禁止行为,只要他不存在无责任能力之情形,他就有能力认识行为的不法或依照此种认识实施行为。

鉴于行为的基础在于法律意义上应受谴责的思想,责任就是“行为的可谴责性”(Vorwerfbarkeit der Tat)。正如行为的不法内容取决于其行为无价值与结果无价值,行为的责任内容则是由关乎构成要件之实现的思想无价值决定的。基于此,《德国刑法典》第 46 条第 2 款将“行为所表露的思想”确立为量刑责任的一个重要情节。受到非难的,不是行为人的思想,而是体现了这种思想的犯罪行为。

倘若行为人由于精神上的缺陷或者特别的压力没有能力遵守法律,那么尽管他故意实施了符合构成要件的行为,这里也仍然不存在思想无价值。某行为是否“有责”,这要依据在此具体情形下行为人的能力进行判断,也要看行为人在主观上是否可以避免法益侵害。

责任判断的关键是不法行为。刑法责任是行为责任,不是品格责任,也不是生活责任。然而,根据《德国刑法典》第 46 条第 2 款,在对行为人量刑时,还要顾及其“行为前的生活”(Vorleben)。

三、责任概念

《德国刑法典》没有对“责任”概念下定义。对于责任概念,有着不同的理论:

关于心理责任论。心理责任论是通过行为人相对于行为的主观与精神关系考察责任的本质。它将责任概念看作心理事实(知与不知,欲与不欲),将故意与过失看作“责任种类”。这种理论忽略了责任的根本要素,也解释不了为什么在阻却责任的紧急避险条件下免除故意行为的责任。心理责任论已经被抛弃。

关于规范责任论。规范责任论由弗兰克(Reinhard Frank)确立,是当今刑法学界的主导理论。这个理论将责任的本质认定为“意志形成与意志实现的可谴责性”,也就是说,责任的本质是对心理事实进行的规范评价。然而,该理论的支持者又对责任概念究竟由哪些要素组成存有争论。通说观点认为,刑法责任概念包含以下要素:责任能力、特殊责任要件、责任形式(故意或者过失责任)、不法意识(不法认识的可能性),以及免责事由的缺乏。

关于功能责任论。功能责任论是以刑罚的功能来定义责任,该理论的代表人物是雅克布斯(Günter Jakobs)。此论认为,责任是一般预防的“衍生物”,责任概念是从刑罚的预防目的出发而事先被确定的。有必要通过刑罚强化一般的法意识时(积极的一般预防),才会确定行为是有责的。反对者认为:功能责任论既没有论及责任的实质内容,也抹杀了责任原则的自身意义;而且,责任概念还丧失了所有的轮廓,因为无人能够知道在具体情形下某个刑罚对于强化公民的法忠诚到底是否必要。

罗克辛提出了一种折中的责任概念。他倡导在责任与预防之间相互限制的意义上实现二者的综合。根据这个理论,以人的“规范适应性”为基础的责任在被增加了“预防的制裁必要性”之后,可被称为“答责”(Verantwortlichkeit)。倘若行为人有责地实施了行为,而且也存在着惩罚有责行为的旨在预防的必要性,那么行为人应当为其所实施的不法行为承担责任。[①]

---

① 罗克辛在其理论体系中,将“责任原则”(Schuldprinzip)替换为“答责原则”(Verantwortungsprinzip)。

四、责任要件①

在故意犯中，责任要件包括的要素有：责任能力，合规范动机的可期待性（die Zumutbarkeit normgemäßer Motivation），不法意识。这些责任要件要素并未在犯罪构造的责任层面上以积极的方式确定下来。相反，只要没有事实表明这几个要素是缺乏的，那么就可在责任审查环节确定行为人的行为是有责的。《德国刑法典》总则部分规定了以下几种导致责任要素排除的事由。具体而言：

其一，倘若行为人为儿童（第19条）或者精神障碍者（第20条），那么可以认定其责任能力缺乏；

其二，倘若符合"阻却责任的紧急避险"（第35条）或者"正当防卫超越界限"（即防卫过当，第33条）之免责事由，那么可以认定缺乏合规范动机的可期待性；

其三，倘若行为人处于一种无法避免的禁止错误（第17条）中，那么可以认定缺乏不法意识。

五、本章判例

本章一共介绍了五个判例。其中，前两个判例分别为"安非他明案"和"匕首案"，旨在讨论吸毒成瘾者和高度激情者的责任能力问题。这两个判例中的行为人均不是无责任能力者，而是减弱责任能力者，因而判决所依据的法条是与第20条密切相关的第21条。第三个判例为"妓院案"，旨在讨论防卫过当问题，涉及第33条的规定。第四个判例为"集中营案"，旨在讨论第35条意义上"阻却责任的紧急避险"的一个重要类型，即"强制型紧急避险"。第五个判例为"家庭暴君案"，旨在讨论第35条第2款所规定的"假想紧急避险"；假想紧急避险既不是构成要件错误（第16条），也不是禁止错误（第17条），而是另外一个错误类型。

① 关于此部分内容，参见Kindhäuser, Strafrecht Allgemeiner Teil, 6. Aufl., §21, Rn. 11-12。

第二节 安非他明案

安非他明案(Amphetamin-Fall)是由联邦最高法院第一刑事审判庭于2000年9月19日作出的判决(判决文号1 StR 310/00)。初审法院为纽伦堡菲尔特州法院。这个判例被分别刊登于《刑法新杂志》月刊(NStZ 2001, 83-84)、《刑事辩护律师》月刊(StV 2001, 564-565)以及《法律与政治》季刊(RuP 2002, 36)上。尽管本案未被收入《联邦最高法院刑事判例集》,它仍是近年来关于吸毒成瘾者刑事责任能力的重要判例之一。该判例不仅延续了以往判例对于吸毒成瘾者责任能力的基本精神,还对此有所深化。

一、基本案情

初审法院以(共同)抢劫之罪名判处被告人B 5年自由刑。被告人B与同案另一被告人O侵入一个饭店,拿走了其现金收入。针对这个判决,检察院提出了一个有利于被告人B的上诉,上诉请求只限于法律后果。该上诉获得成功。

二、法条索引

本案例引用了如下法条:

1.《德国刑法典》第20条(因精神障碍而无责任能力):

行为人行为时,因病理性的精神障碍、深度的意识障碍、智力低下或者其他严重的精神病态,而不能认识其行为的不法,或者不能依其认识而行为的,不负责任。

2.《德国刑法典》第21条(减弱的责任能力):

行为人认识其行为不法的能力或者依其认识而行为的能力,由于第20条规定之某种原因而显著减弱的,可依第49条第1款减轻刑罚。

3.《德国刑法典》第250条(严重的抢劫):

(1)……

(2)行为人或者其他参与抢劫人具备以下情形之一,判处5年以上自由刑:

①在行为时使用武器或其他危险器械的，

②……

③……

（3）……

三、裁判理由

1. 上诉者（即检察院）未对定罪提出质疑。应联邦总检察官之申请，初审法院（即纽伦堡菲尔特州法院）在判决结果中指出：被告人犯下了严重的抢劫罪。这个定性是适当的，因为初审法院在其法律分析中，以及在判决结果之后所列的援引法条中，均认定该行为符合《德国刑法典》第250条第2款第1项之规定。

2. 但是，该判决的量刑不成立。上诉者正确地指出：原审法院亦同意被告人具有《德国刑法典》第21条规定的减弱责任能力。

（1）据被告人交代：他吸毒成瘾已久，经常吸食的是安非他明和可卡因，有时也吸食大麻，但平时喝酒不多。犯罪发生的前一天，他吸了约1.5克安非他明，便感觉自己像“超人”一样，之后就没再吸毒品。此外，他还在午夜24点左右喝了葡萄酒和啤酒，至于喝了多少他自己也说不清了。

（2）初审法院对于责任能力的认定依据的是被告人的供述，以及在庭审中医学专家S所作的鉴定意见。该专家证人既未检查被告人，也未进行其他调查。该专家证人称：他从卷宗中没有发现严重精神疾病的迹象，他从证据采信中也获得了这样的印象。初审法院认定：被告人关于吸毒的供述是可信的，因为他准确地描述了不同毒品的特性，他也认识这些毒品。他还描述了毒瘾患者长期吸毒所处的状态，毒瘾发作时或者吸食较多时，他所处的平衡状态都会被打破；其描述也是可信的。可以想象到的是，被告人一方面在吸毒后飘飘然如同“超人”，另一方面他也意识到自己手上既没货了也没钱了，因而进入了一种专家证人所称的“不可排除控制能力显著减弱之可能性”的状态。

初审法院采纳了专家证人的如下意见：被告人“肯定”对于其行为负有刑事责任。当然，至于被告人在行为之时具备《德国刑法典》第21条规定的减弱责任能力的可能性，该法院也不能排除。联邦最高法院认为：根据对被告人吸毒事实的认定，以及根据专家证人所作的陈述，以上结论不够恰当。

3. 依据联邦最高法院的一贯判例,吸食毒品以及对于毒品的依赖只会在例外情形下导致责任能力的显著减弱,这些例外情形包括:长期吸食“硬性”毒品已经导致人格上最严重改变的;行为人在严重的戒断症状下,以犯罪的方式获取毒品的;行为人是海洛因吸食者,因恐惧戒断症状而以犯罪的方式获取毒品的;行为人在吸毒后的麻醉状态下实施犯罪的。[①] 至于由此对控制能力造成的损害是否显著,这是一个应由事实审法官(Tatrichter)独立裁判的法律问题。[②]

(1)对于长期吸毒的毒瘾患者,只有存在最严重的人格改变时,才可适用《德国刑法典》第 21 条。[③] 倘若缺乏关于毒品依赖程度的客观证据,审判法官应当在专家证人的协助下,独立、负责地审查是否存在医学上或精神病学上的证据。

初审判决理由中没有写明可以表明被告人毒瘾程度的详细信息,比如被吸食毒品的种类,吸食的持续时间,以及剂量等。同案犯供称,他也不清楚被告人吸毒的详细情况;但是他说,跟以前相比,被告人“在犯罪前的那段时间里”已经发生改变。

判决理由中没有提及专家证人是否认为被告人已经达到了《国际疾病伤害及死因分类标准第十版》(ICD-10)[④]或者《精神疾病诊断与统计手册第四版》(DSM-IV)[⑤]意义上关于物质依赖性的病理学上的普通标准。若不符合以上标准,一般不可得出可被法庭采纳的精神病学结论。[⑥] 只是存在 ICD-10 分类上的某个症状,这还不能表明由毒品导致的精神障碍的范围。[⑦] 但是,某个症状符合分类标准,通常都会表明损害较大;对于该损害,事实审法官应在专家证人的协助下予以审查。[⑧]

由于原判对此缺乏详细的论述,联邦最高法院尚不能核实的是,初审

---

① Vgl. BGH StV 1997, 517 m. w. Nachw.

② Vgl. BGHSt 8, 113, 124; BGH NStZ 1997, 485; Jähnke in LK 11. Aufl. § 21 Rdn. 8 m. w. Nachw.

③ Vgl. BGHR StGB § 21 BtM-Auswirkungen 8.

④ Internationale Klassifikation psychischer Störungen, Dilling/Mombour/Schmidt (Hrsg.) 3. Aufl. 〈1999〉。

⑤ Diagnostisches und statistisches Manual psychischer Störungen 〈1996〉。

⑥ Vgl. Venzlaff/Förster, Psychiatrische Begutachtung, 3. Aufl. S. 175 ff.

⑦ Vgl. BGH NStZ 1997, 383.

⑧ Vgl. BGH NStZ 1999, 630; StV 1998, 342.

法官在对控制能力之显著受限进行判定时是否考虑了本应予以考虑的“长期”存在的毒品依赖。

（2）联邦最高法院亦不可从判决理由中获知被告人是否在剧烈的麻醉状态下实施了严重抢劫行为[1]，是否存在戒断症状或者是对于戒断症状的恐惧。

A. 被告人对其在犯罪前吸毒的供述并未表明他在犯罪之时处于“剧烈的毒品麻醉”（akute Drogenintoxikation）状态。只有存在迷失、幻觉或者错觉意义上的严重精神病理学症状时，才可确定为这种状态。在犯罪之前，被告人吸食了1.5克安非他明，于是有了“超人”般的感觉，然后就没再吸毒了，而只是在午夜时分喝了一些数量不明的酒。倘若被告人是在剧烈的安非他明麻醉状态下实施袭击行为的，那么其控制能力就是受到限制的；至于初审法院是否认可这个假设，尚未可知。

B. 联邦最高法院在审判海洛因毒瘾患者“获毒犯罪”（Beschaffungsdelikten）案件时指出，适用《德国刑法典》第21条时不必总是要求行为人在行为之时存在“身体上的剧烈的”戒断症状。[2] 海洛因毒瘾患者对于亲历过的极端痛苦的、预计即将来临的戒断症状心存恐惧，从法律上看，不应排除这种恐惧会显著损害其控制能力的可能性。

至于在依赖安非他明的情况下，或者在吸食安非他明之后，能否出现类似的戒断症状，或者能否导致对于戒断症状的恐惧，以及是否在必要时可以认定控制能力的减弱，这是一个应当由初审法官依据以上标准予以裁判的问题。在吸食安非他明的情况下，行为人戒断症状总归没有吸食海洛因的情况[3]严重。

至于初审法院是否已经认定被告人经受了“剧烈而又严重”的戒断症状，或者是否已经认定他的行为在很大程度上是因恐惧戒断症状而实施的，判决理由中也均未提及。同案犯也未报告被告人在行为时表现出痛苦的戒断症状。被告人在作案后不久便被抓获，但初审法院没有说明当时是否认定他有戒断症状。专家证人依据被告人供述提出的意见称，以下情况是“完全可能的”：被告人在安非他明发生作用之时或者之后已

① Vgl. BGH JR 1987, 206 m. zust. Anm. Blau; BGHR StGB §21 BtM-Auswirkungen 12.

② BGHR StGB §21 BtM-Auswirkungen 2.

③ BGHSt 33, 169, 171; BGH StV 1997, 227.

经知道,以后若无毒品就会发生戒断症状。这份意见也表明:专家证人认为被告人进入恐惧戒断症状的状态是可能的。但是,这些泛泛之谈是不够的。

(3)被告人可能因吸食了安非他明之故而在行为时“高度兴奋”,还同时伴随着“由毒品激发的未来感”,辩护方因而得出存在《德国刑法典》第21条规定之情形的结论。但是,辩护方并未对此进行充分的论证。联邦最高法院认为,这个结论既未得到专家证人的充分解释,也未得到科学上的证明。

4. 因为用于判定《德国刑法典》第21条上责任能力之重要事实暂付阙如,所以这个问题尚需得到重新审查。重新审理此案的法官还应考虑的是,是否要对被告人施以《德国刑法典》第64条规定的戒毒收容措施。

四、判例评述

1. 责任能力

立法者认为,实施了刑法上不法的成年人一般都是具有责任能力的。在责任能力的立法上,《德国刑法典》不是从正面规定在何种情形下行为人具有责任能力,而是从反面规定行为人在何种情况下无责任能力(第20条)或者有减弱责任能力(第21条)。[①]

《德国刑法典》第20条和第21条贯彻了责任主义原则,而该原则的理论基础便是个人的意志自由。至于个人在行为时是否存在意志自由,却是一个无法得到科学上的充分证明的问题。于是,意志自由就成了一个假设,并被视为刑法理论中无须证明的公理。确实有自然科学知识表明,某些疾病会对个人的行为产生影响。然而,这些疾病只是在极少数的情况下才会必然导致某个行为。[②]

责任非难的前提是意志自由,而意志自由又被当作公理。这样一来,对于行为人是否具备责任能力的判定,也就成了难以被证明的公理。正是由于责任能力难以被证明,司法实践中才会经常发生这样的现象:根据

---

① Vgl. Roxin, Strafrecht Allgemeiner Teil, Band Ⅱ, 2003, §20, Rn. 1.

② Vgl. Theune, Auswirkungen der Drogenabhängigkeit auf die Schuldfähigkeit und die Zumessung von Strafe und Maßregeln, NStZ 1997, S. 58.

相同的检验结果和相同的事实,不同的专家证人和法官却会对责任能力作出不同的认定。联邦最高法院曾经在判例中[①]要求,对于责任能力的认定应当得到可靠的科学知识的证明,但这个要求在实践中很难得到实现。既然科学知识不能作为判定的标准,取而代之的只能是规范性的或者准规范性的标准。规范性的标准包含在《德国刑法典》第 20 条和第 21 条中,而准规范性的标准主要是指有关专业领域公认的标准和权威性司法判例认定的原则。[②]

在司法实践中,根据《德国刑法典》第 20 条完全排除责任能力的判例很少,而依据第 21 条认定减弱责任能力的判例很多。[③]

2. 毒品依赖情形下的责任能力

根据 ICD-10 和 DSM-IV 中的分类标准,毒品依赖是一种精神障碍。吸毒成瘾者的新陈代谢都要依赖于毒品的定期供应,而在缺乏供应时便会产生身体上的戒断症状。于是,获得毒品成为毒瘾患者的生活目标,甚至为此不惜一切代价。这种毒品依赖造成的后果是毒瘾患者的自由意志受到严重限制。因为毒瘾患者通常不能通过正当收入保证吸毒,只有通过犯罪的方式获得毒品或者获得购买毒品的收入,所以毒品依赖导致的是一种犯罪生活。[④]

根据判例和学说,刑法意义上的毒品依赖可被归类为《德国刑法典》第 20 条和第 21 条意义上的“病理性精神障碍”。[⑤] 这里“病理性精神障碍”的含义不等同于其医学上的含义。在刑法的意义上,病理性精神障碍包含两大类疾病,一类是内生性精神病,一类是外生性精神病。根据通说,最重要的外生性精神病便是剧烈的麻醉性精神病,即由食用毒品、药品或毒药引发的对于大脑活动的暂时性侵害。吸毒造成的剧烈麻醉状态

---

① BGHSt 37, 231.

② Vgl. Theune, Auswirkungen der Drogenabhängigkeit auf die Schuldfähigkeit und die Zumessung von Strafe und Maßregeln, NStZ 1997, S. 58-59.

③ Vgl. Theune, Auswirkungen der Drogenabhängigkeit auf die Schuldfähigkeit und die Zumessung von Strafe und Maßregeln, NStZ 1997, S. 59.

④ Vgl. Theune, Auswirkungen der Drogenabhängigkeit auf die Schuldfähigkeit und die Zumessung von Strafe und Maßregeln, NStZ 1997, S. 58.

⑤ Vgl. Theune, Auswirkungen der Drogenabhängigkeit auf die Schuldfähigkeit und die Zumessung von Strafe und Maßregeln, NStZ 1997, S. 57-58.

会损害控制能力,甚至是认识能力。①

毒品依赖本身不能影响行为人的控制能力。在毒品依赖导致犯罪时,一般不可依据《德国刑法典》第 21 条认定行为人在行为时责任能力减弱,只是在例外情况下才可这样认定。至于行为人在行为时是否处于毒品麻醉状态,这个问题难以回答。在醉酒犯罪的场合下,人们可在事后推算行为时行为人血液中的酒精含量。与此不同的是,当毒品麻醉导致犯罪时,现代科学却只能在事后检测出行为人的血液内是否存有毒品,却无法由此推算吸毒的时间以及麻醉状态的高潮。人体对于毒品具有耐受性,对于某个人而言,同等剂量毒品的效力会随着时间的推移递减。因此,如果行为人不是初吸者或者偶吸者,即便在事后的体验中发现了残存毒品,也不可由此断定此人在行为时进入了麻醉状态。更为糟糕的是,目前还不知道以尿检或血检的方式测算的毒品含量与控制能力上的损害之间具有怎样的关系。由于存在这些困难,在认定行为人的责任能力时,需要进行全面的衡量。②

3. 一贯判例

早在 1957 年,联邦最高法院曾以毒品依赖导致行为人无责任能力为由,裁判对毒品依赖者采取收容治疗措施。③ 在 1976 年的一个著名判例中,该法院提出了认定毒品依赖者责任能力显著减弱的标准④:

"毒品依赖本身尚不足以导致责任能力的排除或者显著减弱。对于毒品依赖者而言,这样的后果只存在于(例如)以下例外情况中:长期吸毒已经导致行为人人格的最严重改变的;行为人因遭受严重的戒断症状而被迫以犯罪方式获取毒品的;以及行为人在剧烈的毒品麻醉状态下实施犯罪的。"

此后,这个标准不断得以援引和修正。到了 1989 年,联邦最高法院又提出了认定减弱责任能力的第四种情形:海洛因毒瘾患者对于戒断症状的恐惧。申言之,海洛因依赖者对于其曾亲历过的极端痛苦的、预计即将来临

---

① Vgl. Fischer, StGB-Kommentar, 59. Aufl. (2012), §20, Rn 8-11.

② Vgl. Schöch, in: Leipziger Kommentar, 12. Aufl., 2006, §20, Rn. 118-119; Christine Thilmann, Die Auswirkungen von Alkohol und Drogen auf die Schuldfähigkeit, 2007, S. 181-182.

③ Vgl. BGHSt 10, 353; Siehe Werner Theune, Auswirkungen der Drogenabhängigkeit auf die Schuldfähigkeit und die Zumessung von Strafe und Maßregeln, NStZ 1997, S. 59.

④ Vgl. BGH, Urteil vom 28.10.1976-2 StR 242/76.

的戒断症状心存恐惧时，这种恐惧可对其控制能力造成明显损害。[①]

在毒品犯罪中，有一类被称为“获毒犯罪”（Beschaffungskriminalität），这是指毒品依赖者以获取毒品为目的而实施的犯罪，获取毒品的方式既可以是直接的（比如盗窃药店），也可以是间接的（比如实施抢劫行为以获取购买毒品的资金）。[②]

在获毒犯罪中，只有存在以上四种情形之一者才可认定行为人具有减弱责任能力。其中，第四种情形在司法实践中最为常见。[③] 在对于戒断症状心存“恐惧”的情况下，只有当它是犯罪的动机时，才是认定减弱责任能力的理由。在 2000 年的一个判例中，联邦最高法院认定被告人实施犯罪的主导动机是他担心若延迟支付租金便会被迫搬家，而不是对于其曾痛苦经历的戒断症状即将来临的恐惧。据此，该法院拒绝认定行为人具有显著减弱的责任能力。这里决定性的因素在于：犯罪的实施是否主要是由对于戒断症状的恐惧所决定的。[④]

至于“剧烈的毒品麻醉”（akute Drogenintoxikation 或者 akuter Drogenrausch）达到何种程度才可以认定行为人无责任能力，联邦最高法院仅仅在 1996 年的一个判例中提出过具体的要求：一个对于毒品过度敏感的被告人，由于在服用合法药物（杜冷丁）时也服用了大麻导致陷入麻醉状态，可以认定其无责任能力；而在其他众多判例中，该法院均将“剧烈的毒品麻醉”认定为行为人减弱责任能力的理由。[⑤]

“人格改变”既可被归类为《德国刑法典》第 20 条第一种“病理性的精神障碍”的范畴，也可被归类为第 20 条第四种“其他严重的精神病态”的范畴。如果吸毒导致了脑组织上的退化，并进而导致了智力的降低和人格的崩溃，那么这种人格改变属于前者；如果这种脑组织上的退化还不

---

① Vgl. BGH, Urteil vom 6.6.1989-2 StR 175/89.

② Vgl. Thilmann, Die Auswirkungen von Alkohol und Drogen auf die Schuldfähigkeit, 2007, S. 212.

③ Vgl. Thilmann, Die Auswirkungen von Alkohol und Drogen auf die Schuldfähigkeit, 2007, S. 215.

④ 参见 BGH, Beschluss vom 19.10.2000-4 StR 411/00, NStZ-RR 2001, 81；也可参见 Theune, Die Beurteilung der Schuldfähigkeit in der Rechtsprechung des Bundesgerichtshofes-2. Teil, NStZ-RR 2003, S. 225-226。

⑤ 参见 BGH, Beschluss vom 9.2.1996-2 StR 17/96（NStZ 1996, 334）；也可参见 Thilmann, Die Auswirkungen von Alkohol und Drogen auf die Schuldfähigkeit, 2007, S. 180。

明显,那么这种人格改变属于后者。[①]

在适用《德国刑法典》第 21 条的大量判例中,涉及的不是认识能力,而是显著减弱的控制能力。只有当控制能力的减弱达到“显著”的程度时,才可适用《德国刑法典》第 21 条。为了认定控制能力的减弱是否“显著”,这就需要对意志自由进行量化。联邦最高法院在这方面的判例较少,还不足以解决量化问题。一般而言,这些判例只是将“显著”进行解释,比如控制能力“显著减弱”是指行为人在面对诱惑时,其抵抗能力低于普通人的抵抗能力。[②] 只是在例外情形下,联邦最高法院才会认定责任能力的显著减弱。有时,联邦最高法院在其判例中还会使用诸如“最严重”的人格改变,行为人遭受“最痛苦”的煎熬等说法,这也表明旨在限制认定显著减弱责任能力的倾向。[③]

联邦最高法院在 2003 年的一个判例中指出:关于控制能力的减弱是否达到《德国刑法典》第 21 条意义上的“显著”,这是一个应由事实审法官予以回答的法律问题,他不必受到专家证人证言的约束。对此,法院要进行规范上的考量。虽然在特殊情形下,基于“严重的精神病态”或者“病理性的精神障碍”,责任能力的减弱以至于排除并非完全不可能,但是根据联邦最高法院的一贯判例,毒品依赖本身还不足以构成《德国刑法典》第 21 条意义上的责任能力的显著减弱。[④]

4. 最新判例[⑤]

(1)判例要旨:

A. 行为人购买毒品并将部分毒品用于贩卖牟利从而构成贩卖数量较大毒品罪与持有数量较大毒品罪之竞合时,对责任能力的判定一般不可分别进行。

---

① Vgl. Thilmann, Die Auswirkungen von Alkohol und Drogen auf die Schuldfähigkeit, 2007, S. 206.

② Vgl. Theune, Auswirkungen der Drogenabhängigkeit auf die Schuldfähigkeit und die Zumessung von Strafe und Maßregeln, NStZ 1997, S. 59.

③ Vgl. Theune, Die Beurteilung der Schuldfähigkeit in der Rechtsprechung des Bundesgerichtshofes-2. Teil, NStZ-RR 2003, S. 225.

④ Vgl. BGH, Urteil vom 10. 9. 2003 - 1 StR 147/03; Theune, Die Beurteilung der Schuldfähigkeit in der Rechtsprechung des Bundesgerichtshofes, NStZ-RR 2004, S. 165.

⑤ BGH NStZ 2012, 44.

B. 只有当行为人对于他曾亲历的极端痛苦的、预计即将来临的戒断症状心存恐惧时,这种恐惧才有可能作为认定控制能力受到显著减弱的理由。事实审法官应当在判决理由中以事实为依据进行合理的解释。

(2)基本案情:

初审法院(杜塞尔多夫州法院)查明:被告人购买了350克可卡因,然后有计划地将其中一半分几次卖给第三人牟利,另一半供自己使用。于是,该法院判定被告人的行为构成“贩卖数量较大毒品罪”,该罪与持有数量较大毒品罪构成竞合关系。鉴于被告人本来就已具备良好的经济条件,其贩毒获利的目的不是为了确保自己有毒品可吸,该法院认定被告人负有完全的责任能力。关于被告人在购买之后持有自己所需的毒品,初审法院认定其责任能力因恐惧阶段症状而显著减弱。因为被告人在贩毒行为中有完全的责任能力,不存在减轻刑罚的情节,所以初审法院依《德国毒品法》第29a条第1款第2项确定了刑罚幅度。被告人针对初审判决提出的上诉未获成功。

(3)判决理由:

A. 初审法院将被告人的责任能力分成了两个部分:贩卖毒品行为的责任能力;持有毒品行为的责任能力。刑事审判庭对于责任能力的分割提出了质疑。

在判断责任能力时,要看行为人是否因特定的精神状态而有能力抗拒某个具体的行为。① 至于如何回答这个问题,这要视具体的违法情况而定。司法判例历来认为:某种心理障碍对于各不相同的犯罪行为的实施,可以产生不同的作用。“醉酒者可能控制不住自己的性冲动而在麻醉状态下实施强奸,但是他很有可能压制得了抢劫的动机;因麻醉而不由自主地实施了侮辱,他对此是无责任能力的,但是可能对于危险伤害罪还是有责任能力的”。② 在诽谤、侮辱和诬告等犯罪中,被告人的“神经性过度敏感”对于其控制能力具有“法律意义上的显著影响”,但是这在针对公务员的谋杀未遂中并非如此。③ 因为性变态和酗酒而对儿童实施性行为的被告人,其责任能力的减弱可以得到证明或者不可被排除,但是他可能

① Vgl. BGH, Beschluss vom 17. Februar 1984 3 StR 22/84, StV 1984, 419 mwN.

② Vgl. BGH, Urteil vom 3. Februar 1960-2 StR 640/59, BGHSt 14, 114, 116.

③ Vgl. BGH, Urteil vom 7. Juni 1966-5 StR 190/66, NJW 1966, 1871.

会在其后杀死被害人时具有完全责任能力。[①]

正如本案所示,被告人购买毒品的目的是一部分供自己消费,另一部分转卖他人。在联邦最高法院看来,当行为人的一个整体行为实现了两个构成要件时,对于责任能力的认定不可分别进行。在作出判决时,不可依赖于该行为的各种不同的法律分类。显然,联邦最高法院不曾解决这个问题。文献[②]之中引用的判例也未讨论在毒品犯罪案件中行为人的责任能力能否被分割的问题。

B. 联邦最高法院不必对这个问题作出决定,因为被告人并未因初审法院对于责任能力的判定而遭受不利。

根据一贯的判例,在某些条件下,毒品依赖可以导致认定责任能力的减弱[③],但是初审法院认定的事实无法证明这种条件的存在。初审法院将被告人对于戒断症状的恐惧作为认定责任能力的依据,但是这个认定也未得到证明。只有当被告人对于其曾亲历过的极端痛苦的、预计即将来临的戒断症状心存恐惧时,这种恐惧才可作为其控制能力受到限制的理由。依据初审法院的认定,被告人始终拥有满足其毒品需求的金钱。他曾在短暂拘捕期间被迫中止吸食可卡因,但并未出现健康上的问题。至于当时不吸就会出现戒断症状的说法,既未得到证实,也无可能。

第三节 匕首案

匕首案(Messer-Fall)是由联邦最高法院第二刑事审判庭于 2008 年 10 月 29 日作出的判决(判决文号 2 StR 349/08)。初审法院为波恩州法院。该判例被刊登在《联邦最高法院刑事判例集》(BGHSt 53, 31-33)中。此外,它还被载于《法学新周刊》(NJW 2009, 305-307)和《刑法新杂志》月刊(NStZ 2009, 568-569)、《刑事辩护律师》月刊(StV 2009, 527-529)和《法学评论》月刊(JR 2009, 339-341)等法律期刊上。本案是一个典型的激情犯罪判例,尤其涉及激情犯罪中的前过错对于行为人责任能力的影响。

---

① Vgl. BGH, Urteil vom 13. Dezember 1989-3 StR 370/89, NStZ 1990, 231.

② Vgl. Fischer 58. Aufl., §20 Rn 5; LK-Schöch 12. Aufl., §20 Rn. 184.

③ Vgl. Fischer, StGB, 58. Aufl., §21 Rn. 13 mwN.

一、基本案情

初审法院以谋杀罪和危险伤害罪合并判处被告人终身自由刑,并没收作案刀具。对此,被告人以初审法院违反程序法与实体法为由提出上诉。该上诉获胜。

1. 初审法院查明:当时已婚的被告人和后来成为受害人的 SH 相识几天后开始同居。二人不久便已在共同生活中产生矛盾;在这种情形下,被告人辱骂和威胁其女友。经多次分居与和解后,被告人日渐担心 SH 会彻底离开自己,事情的发展也果真如此。被告人声称他不会接受分手之事,甚至还威胁 SH 的父母。有一次,被告人与妻子在他和 SH 同居过的住处见到 SH,夫妻二人动手打了她。自此,SH 便对被告人极度恐惧,为此报了警,且依《德国暴力保护法》获得了官方的一纸决定。

在犯罪行为即将发生之前,被告人睡不好觉,吃不下饭。他感觉自己就像被困在一个隧道中,满脑子想的都是他那失败的感情生活。他找机会见了 SH 一面,以杀死对方相威胁。他也有过自杀的想法:他曾对自己的心理医生说,如果他对自己或者别人想不开,马上就去看病。

案发当日,SH 下班后开车前往其新男友(即本案证人 P)的住处,被告人尾随而至;对于前女友又有了男友之事,被告人当时并不知情。被告人只是打算强迫前女友谈一谈,把事情讲清楚;他身上携带了匕首。由于不知对方最终要去哪里,这也更增加了他的不满。快要见到 P 时,SH 把车停好,然后逃也似的离开。被告人紧随其后来到了 P 家门口,想要弄明白她来这里到底要干什么。至于其后他们说过哪些话,初审法院未作认定。“不管怎样,被告人情绪失控”,打了前女友。迅速迎上来的 P 用棒球杆打中了被告人一下,致使其左肘骨折,但是这个打击并未制止住被告人。被告人用刀刃划破了 P 的脸,阻碍了他的解救行动,然后把 SH 拉到房子的过道里,以夺其性命为目的,用匕首对着她连扎数刀,受害人此后不久身亡。扎了前女友后,他也扎了自己数刀,企图自杀,致使自己生命垂危。经抢救,被告人才勉强活下来。

至于被告人用刀拼命扎人的动机,初审法院认定:被告人不想分手,他不同意被害人离开自己而去,宁愿让她死去。

2. 初审法院认为被告人怀有谋杀罪中的卑鄙动机(niedrige Beweggründe)。该法院在征询专家意见后认为,被告人在激情爆发后陷入了深度的意识障碍之中,因而认定其符合《德国刑法典》第 21 条意义上显著减弱的控制能力;因为这种激情是由被告人自己引发的,所以该法院拒绝对其适用《德国刑法典》第 49 条第 1 款规定的减轻处罚量刑情节。

二、法条索引

本案例引用了如下法条:

1.《德国刑法典》第 21 条(减弱的责任能力):

行为人认识其行为不法的能力或者依其认识而行为的能力,由于第 20 条规定之某种原因而显著减弱的,可依第 49 条第 1 款减轻刑罚。

2.《德国刑法典》第 49 条(特别之法定减轻处罚事由):

(1)规定(应当)或者容许(可以)依本条减轻处罚的,适用以下各项规定:

①判处终身自由刑时,代之以 3 年以上自由刑。

②判处有期自由刑时,最多只可判处最高刑的四分之三刑期。这个标准也用于确定日额金的最高数额。

③关于被提高了的自由刑最低刑期,

当最低自由刑为 10 年或 5 年时,减至 2 年,

当最低自由刑为 3 年或 2 年时,减至 6 个月,

当最低自由刑为 1 年时,减至 3 个月,

当其他情况下,减至法定最低刑。

(2)……

3.《德国刑法典》第 211 条(谋杀罪):

(1)谋杀者,处终身自由刑。

(2)谋杀者是指出于谋杀嗜好,为了满足性欲,出于贪婪或者其他卑劣动机,阴险地、残忍地或者以危害公共安全的方法,或者为了实现或者掩盖另一犯罪而杀人者。

三、裁判理由

原判存在法律上的错误。

1. 初审法院认定,被告人出于卑鄙动机杀死了前女友(《德国刑法典》第 211 条)。这一认定存在法律上的严重问题。

(1)证据分析中存在法律错误,这是因为初审法院在评估证据时没有详尽考虑关于被告人之行为和内心状态的所有重要方面。以道德上的一般评价为准,若动机处于最低级别,从而显得特别可鄙,那么它就属于《德国刑法典》第 211 条第 2 款意义上的“卑劣”(niedrig)。至于实施犯罪的动机是否“卑劣”以及是否显得可鄙,这个问题要在对所有外在的和内在的重要因素进行全面评估之后才能得到回答。[①] 这里要对初审判决提出的质疑是:行为人因其(前)生活伙伴企图或者已经离弃自己而实施的杀人行为,并非都必然是出于卑劣动机。相反,在此情形下,引发并决定了犯罪行为的是绝望的情绪。如本案所示,分手是受害人提出的,被告人企图以命抵命,因而以上情绪难以构成谋杀要素意义上的“卑劣”。这里还要取决于:绝望的情绪是否建立在一种可被称为卑劣的动机基础上。[②] 同理,以上论断也适用于愤怒、恼火、仇恨和报复等感情活动。[③]

初审法院对此没有予以充分考虑。该法院认定被告人是出于“过度占有欲”而杀人的,因而其行为动机具有特别的可非难性(Verwerflichkeit)。在审查被告人是否知悉这些被初审法院认定为动机卑劣的情形时,该法院只是提到心理事实而已:被告人在行为之时“也许”怀有绝望之心,被一种走投无路的情绪所主宰。由于被告人处于这样的情绪状态之下,其动机不可被认定为“卑劣”。初审法院在审判此案时应当考虑到被告人在核心事件发生之前的激动和不安,以及他对于前女友的抗议性与侵犯性的行为。初审法院还应考虑这个情节:虽已严重伤害到自己,但被告人仍坚定不移。而且,被告人在行为之后企图自杀。他的自杀行为造成了严重的后果,至今仍有后遗症,他也只因抢救及时有效而活下命来。因此,他的自杀企图无疑是真实的。未遂的自杀行为可以表明行为之时相应的内心状态。鉴于被告人行为时的精神状态对于将其行为动因(Handlungsantriebe)评价为卑劣的意义,初审判决也是值得怀疑的。

(2)同理,因为整体评价不够充分,所以至于是否存在谋杀罪构成要件要素意义上的卑劣动机的其他条件,也就成了疑问。假如在行为之时

---

① 此乃一贯判例的观点,参见 BGHSt 35, 116, 127; BGH StV 1996, 211, 212。

② Vgl. Fischer StGB 55. Aufl. §211 Rdn. 28.

③ Vgl. BGHR StGB §211 Abs. 2 niedrige Beweggründe 16; Eser in Schönke/Schröder StGB 27. Aufl. §211 Rdn. 18 m. w. N.

(比如在本案中)波动与激动的情绪发挥作用,那么事实审(初审)法官一般情况下应当讨论被告人是否有能力在思想上驾驭这些情绪,在意志上控制它们。[①] 倘若在此情况下突然发生犯罪,那么以上问题就应被仔细审查。[②] 尽管初审法院在其他场合曾经表示被告人几周以来精神紧张,该法院还是认为本案是一起突发犯罪。至于本案是否为突发犯罪,由于初审法院的认定前后矛盾,联邦最高法院无法进行法律审查。至于在此情况下如何判断被告人的自控能力,如果初审法院在评价时已将这些显而易见的绝望情绪考虑进去,那么它就已经得出别的结论了。判决理由中缺少了对于被告人显著降低的控制能力的分析,而这也可能是具有意义的内容。[③]

2. 而且,初审法院对于被告人责任能力的论述也存在法律上的问题。

(1)初审法院没有提到它是出于何种理由否定由其认定的高度激情具有免除责任的效果。虽然只有在特殊情形下才能以这种激情为由认定无罪责能力[④],但是初审法院在此既未重述病理专家在法庭上的陈述,也未明确否定《德国刑法典》第 20 条的适用性。因此,联邦最高法院无法审查初审法院对此问题的考量是否存在法律错误。

(2)初审法院否定了被告人具有《德国刑法典》第 21 条和第 49 条第 1 款规定的减轻处罚情节,其否定理由存在法律错误。

A. 倘若可以在终身自由刑和有期自由刑之间进行选择,那么原则上也是可以否定减轻处罚的。[⑤] 但是在本案中,否定减轻处罚的前提是存在可能用于抵消《德国刑法典》第 21 条规定之减轻罪责的特别加重理由。[⑥] 联邦最高法院对适用《德国刑法典》第 21 条和第 49 条第 1 款的规定将终身自由刑减为有期自由刑提出了较高的要求。[⑦]

B. 初审法院拒绝适用减轻刑罚,其理由是:被告人自己导致了其控

---

① 参见一贯判例,以及 BGHSt 28, 210, 212; BGH NStZ 2004, 34。

② Vgl. BGHR StGB §211 Abs. 2 niedrige Beweggründe 10.

③ Vgl. BGH NStZ 2004, 34; BGHR StGB §211 Abs. 2 niedrige Beweggründe 34.

④ Vgl. BGH NStZ 1997, 333, 334; Schöch in Leipziger Kommentar 12. Aufl. §20 Rdn. 62.

⑤ Vgl. Fischer a. a. O. §21 Rdn. 23 m. w. N.

⑥ Vgl. BGH StV 1990, 157; NStZ 04, 619; Urt. v. 17. Dezember 1998-5 StR 315/98.

⑦ Vgl. BGH NStZ 1992, 538; 2004, 678, 681; StV 2006, 465, 466.

制能力的显著减弱。判决书称:事实审法官认为这种激情是由过失行为引发的。依据联邦最高法院的判例,若行为人犯有这样的“前过错”(Vorverschulden),则不得适用《德国刑法典》第21条和第49条第1款规定的减轻处罚量刑情节。[①] 在本案中,联邦最高法院无须裁判针对以上先前判例发表的、主要以罪责原则为由提出的批评是否合理。[②] 这是因为:初审法院的法律分析并不符合 BGHSt 35, 143 判例中列举的拒绝适用减轻刑罚的事由。

根据该判例,如果行为人在具体情势下能够阻止激情的累积,而且他也能够预见到激情爆发的后果,那么以被告人对于控制能力的显著减弱具有过错为由拒绝适用减轻处罚情节,这在法律上才是成立的。但是,并非行为人在行为之前任何以某种方式导致犯罪发生的可受谴责的“过错举动”(Fehlverhalten)都足以形成这种认定。相反,之所以进行责任非难(Schuldvorwurf),是因为行为人在情绪上升过程中没有采取可能的预防措施以避免最终陷入深度意识障碍的激情。对于过错进行的审查只限于导致行为发生的激情的根源。[③] 只有当行为人此前的行为方式在广度和深度上类似于其所被指控的犯罪行为时,才可认定其能够预见到激情爆发的后果。[④]

初审判决没有这样说:初审法院通过复述精神病专家的评估意见,认定被告人因其人格的特殊性而难以在不断累积的激情中认识自我,并预见到激情的爆发;在行为之前发生的任何微弱的拒绝,都有可能导致被告人异常激动,不堪忍受。初审法官只是认定:被告人在行为之前一周多的时间里感觉像陷入隧道之中,他的想法只能围着“这个主题”打转。该法官并未说明他是如何理解这个事实认定的。相反,他将此评价建立在被告人的被视为不容置疑的供述上。正如其反复强调的那样,初审法院并未仅将“过错审查”(Verschuldensprüfung)局限于激情的根源,其最终认定:被告人本来能够防止激情的累积,也本来能够预见到激情爆发的后

---

① Vgl. BGHSt 35, 143; BGH NStZ 1997, 333, 334; StV 1993, 354, 355.

② Vgl. Schöch a. a. O. §20 Rdn. 140 ff.; Streng in MüKo StGB §21 Rdn. 24; Fischer a. a. O. §20 Rdn. 34, 56 ff.; §21 Rdn. 15, 24 m. w. N.

③ Vgl. BGHSt 35, 143, 145.

④ Vgl. BGHSt 35, 143, 146.

果。然而,这个认定没有得到充分的证明。

3. 关于针对证人P的犯罪行为,初审法院也同样认为这是被告人的激情所致。也是基于以上理由,危险伤害罪①之量刑也应被撤销。

4. 重审此案的法官应当比初审法官更加仔细地分析被告人是在何时决意要将前女友杀死的。初审法院无法认定的是:被告人在跟随SH去往其新男友的住处的路上,就已有了杀人故意。同时,初审法院称:当被告人将刀子揣进口袋时,无论如何都应知道,他这样做会在意外情形下引发血案,不仅会伤着自己,还会伤及前女友。初审法院在分析证据时指出:被告人在此案之前就曾产生杀死SH的念头,“倘若他不能挽回她的心的话”。仅从这些不够清晰的叙述中,我们还不能断定被告人在行为之前是否已经下定这样的决心:若前女友不再回心转意,就决意将其杀死。倘若被告人只是在实行行为之后(《德国刑法典》第22条)才陷入妨碍或者排除其罪责能力的激情之中去②,那么形成杀人决意的时刻也就可能具有特别的意义。

四、判例评述

1. 激情犯罪

“匕首”案是一个典型的激情犯罪判例,该判例尤其涉及激情犯罪中的前过错问题。

激情是一种迅速产生、迅速消退的情绪,经常伴随着身体上的变化。当这种情绪表现为激愤、恼火或仇恨时,它被称为“强壮型激情”(sthenische Affekte);当其表现为惊吓、害怕或悲伤时,它被称为“虚弱型激情”(asthenische Affekte)。显然,并非以上各种情绪都会导致意识障碍。造成意识障碍的激情只能是导致心智迷失和意志失控的情绪。③

在被认定为激情犯罪的案件中,联邦最高法院大都是以“精神型激情”(psychogener Affekt)为由认定《德国刑法典》第21条意义上显著减弱

---

① Vgl. §224 Abs. 1 Nr. 2 StGB.

② Vgl. Fischer a. a. O. §20 Rdn. 48 m. w. N. auch zu Fällen eingeschränkter Schuldfähigkeit.

③ Vgl. Theune, Auswirkungen des normalpsychologischen (psychogenen) Affektes auf die Schuldfähigkeit sowie den Schuld-und Rechtsfolgenausspruch, NStZ 1999, S. 273.

的责任能力,很少认定第20条意义上的无责任能力。

判例和学说认为,精神型激情属于《德国刑法典》第20条和第21条意义上的"深度精神障碍"。精神型激情既是心理学上的概念,也是精神病学上的概念。但是,ICD-10和《精神疾病诊断与统计手册第三版修订版》(DSM-III-R)中都未包含这一概念。①

根据立法者的见解,深度意识障碍是指行为人的精神构造遭到破坏或者动摇。立法者在"精神障碍"之前加上"深度"这个限定语,旨在表明:由于疲劳、激动、惊吓,或者由于其他身体上或者心理上的原因致使正常人产生较轻程度的意识障碍,还不足以排除或者显著减弱责任能力。②达到深度精神障碍的激情是指,行为人的行为已经沦落到蒙昧的状态,他控制不了局面,而是局面控制了他。③

在"匕首案"判决中,联邦最高法院再次坚持了其一贯的判例立场:"精神型激情"可以导致责任能力的排除;根据一般生活经验,不可否认的是,在极少数情况下,尽管未受精神上的持久伤害,个人也能因其情绪上的高度紧张而完全失去自控能力与镇定,而且这种激情状态并不伴随着诸如睡意朦胧、被催眠或者发烧等症状。④

但问题是:到底什么样的症状才可被认定为导致无责任能力或者显著减轻责任能力的激情呢?

2. 激情与责任能力

在描述激情犯罪时,联邦最高法院经常使用"高度激情"(hochgradiger Affekt)这个说法。换言之,只有在激情达到"高度"时,才可导致无责任能力或者显著减轻责任能力。

关于"高度激情"的标准,联邦最高法院曾在多个判例中认定:高度激情的紧急状态达到了如此的程度,以至于它对于认识能力和控制能力

---

① Vgl. Theune, Auswirkungen des normalpsychologischen (psychogenen) Affektes auf die Schuldfähigkeit sowie den Schuld-und Rechtsfolgenausspruch, NStZ 1999, S. 273.

② Vgl. Theune, Auswirkungen des normalpsychologischen (psychogenen) Affektes auf die Schuldfähigkeit sowie den Schuld-und Rechtsfolgenausspruch, NStZ 1999, S. 273.

③ Vgl. Theune, Auswirkungen des normalpsychologischen (psychogenen) Affektes auf die Schuldfähigkeit sowie den Schuld-und Rechtsfolgenausspruch, NStZ 1999, S. 274.

④ Vgl. Haas, Die Zurechnung zur Schuld bei Affekttaten-Zugleich eine Anmerkung zum Urteil des BGH vom 29.10.2008-2 StR 349-08, in: FS-Volker Krey, 2010, S. 120-121.

造成的结果已经相当于《德国刑法典》第20条和第21条意义上的“病理性精神障碍”。将高度激情等同于病理性精神障碍的说法来源于1962年刑法典立法草案的本意。当时的立法者认为:只有当意识损害达到如此的程度,以至于它对行为人进行明智行为的能力构成影响时,才应提出行为人的认识能力与控制能力问题;人格构造的深度损害也应等同于一种病理性精神障碍。当时之所以作出这样的限制,是为了将所有处于正常范围内的意识障碍排除出去。①

将影响到责任能力的高度激情与疾病概念相挂钩以限制出罪的做法,已经在1957年的BGHSt 11, 20判例中遭到了偏离。据此判例,即便激情不是源于精神上的持久伤害,也依然可以认定为免责的激情;构成免责激情的条件是:人格的核心遭到了破坏,即思维过程和意志形成过程上的秩序结构遭到瓦解。②

在司法实践中,高度激情的认定基本上局限于严重的暴力犯罪,尤其是杀人犯罪中。对于那些需要进行计划、预备以及实施过程复杂的犯罪,一般不会存在高度激情的问题。③

判断是否存在高度激情,这是由法官独立承担的法律职责。法官在进行判断时,主要不是依据医学标准,而是依据规范标准。④

一般的经验法则也不可取,因为人们对于某些情形的实证意义存有争议。比如,即便存在长期的冲突关系,也不必然导致行为人无责任能力。再比如,记忆缺失与否也说明不了问题,因为记忆的存在或者缺失只具有很小的指示价值。记忆只是一个事后的意识状态,难以证明行为时的控制能力。即便行为人在实施行为过程中表现出明确的目标性,也不能充分证明行为人缺乏深度的意识障碍。⑤

联邦最高法院在判断激情时,通常会听取专家证人的意见,尤其是要

---

① Vgl. Haas, Die Zurechnung zur Schuld bei Affekttaten-Zugleich eine Anmerkung zum Urteil des BGH vom 29.10.2008-2 StR 349-08, in: FS-Volker Krey, 2010, S. 121.

② 关于本部分内容,参见 Fischer, Strafgesetzbuch mit Nebengesetzen, 58. Aufl., 2012, §20, Rn. 30。

③ Vgl. Fischer, Strafgesetzbuch mit Nebengesetzen, 58. Aufl., 2012, §20, Rn. 30a.

④ Vgl. Theune, Auswirkungen des normalpsychologischen (psychogenen) Affektes auf die Schuldfähigkeit sowie den Schuld-und Rechtsfolgenausspruch, NStZ 1999, S. 276.

⑤ Vgl. Fischer, Strafgesetzbuch mit Nebengesetzen, 58. Aufl., 2012, §20, Rn. 32.

考虑司法精神病学上的特征目录,即德国精神病学家海宁·萨思(Henning Saß)总结出来的特征目录。根据萨思目录,用于肯定存在深度意识障碍意义上的高度激情的标准包括:(1)行为的特定前史和行为起始时间;(2)行为之前附有行为预备的激情性始发状态;(3)行为人人格的精神病理学素质;(4)诸如酒精或毒品影响以及疲劳等综合因素;(5)没有安定倾向的突然的、不可抗拒的行为过程;(6)具有个人特质的激情上升与消退;(7)附有深度震惊的、具有个人特质的后续行为;(8)知觉范围和精神过程的限制;(9)行为诱因与行为反应之间的失衡;(10)记忆障碍;(11)行为上的人格生疏;(12)知觉持续性与经历持续性的障碍。根据萨思目录,用以否定高度激情的标准包括:(1)侵犯性的行为预造;(2)行为的宣告;(3)行为起始时具有侵犯性的行为;(4)行为之前的预备行为;(5)行为人对于行为情势的集合;(6)挑拨、刺激与行为之间缺乏联系;(7)对行为过程进行目标明确的规划,主要由行为人实施;(8)延宕许久的行为事件;(9)分阶段发生的复杂的行为过程;(10)行为时的内省能力;(11)精确而又详细的记忆;(12)对于行为事件进行的肯定性评论;(13)植物性、精神运动性和心理性伴随现象的缺乏;(14)审慎、有序的事后行为。①

联邦最高法院指出,法官应当综合考虑有利于和不利于认定高度激情的所有情形。行为人的意识状态不可仅仅根据标准目录予以判断,还要考虑到个案中行为人在行为之前、之中以及之后的整体行为。在各个判例中,联邦最高法院还对某些特征的意义和作用予以判定。涉及关系冲突(Beziehungskonflikten)时,该法院认为行为前史(Tatvorgeschichte)具有特别重要的作用。②

3. 激情与前过错

根据司法判例和学界通说,法官在认定构成深度意识障碍的高度激情时,既要考虑受害人对于激情产生负有的共同过错(Mitverschulden),也要考虑行为人的前过错(Vorverschulden);行为人以可受谴责的行为导

---

① Vgl. Theune, Auswirkungen des normalpsychologischen (psychogenen) Affektes auf die Schuldfähigkeit sowie den Schuld-und Rechtsfolgenausspruch, NStZ 1999, S. 274; Haas, Die Zurechnung zur Schuld bei Affekttaten-Zugleich eine Anmerkung zum Urteil des BGH vom 29.10.2008-2 StR 349-08, in: FS-Volker Krey, 2010, S. 123-125.

② Vgl. Theune, Auswirkungen des normalpsychologischen (psychogenen) Affektes auf die Schuldfähigkeit sowie den Schuld-und Rechtsfolgenausspruch, NStZ 1999, S. 275.

致了直接引发犯罪的激情时,可以抵消其在行为时的责任不足(Schulddefizit),因为行为人对行为之时的深度意识障碍负有责任(通常表现为"过失")。①

在联邦最高法院的早期判例中,只有当行为人对于激情的产生没有过错时,才可以免除或者减轻责任。自从 BGHSt 35, 143 判例之后,过错审查不再包括所有的"过错行为"(Fehlverhalten),而只限于"直接引发犯罪行为之激情的根源"(Genese des unmittelbar tatauslösenden Affekts)。倘若行为人对于避免激情的爆发没有采取力所能及的预防措施,通常不可被免于处罚或者减轻责任。②

关于激情犯罪中的前过错问题,联邦最高法院前法官威尔纳尔·托依纳(Werner Theune)在其题为《精神型激情对于责任能力以及定罪量刑的影响》的论文中对于该法院这方面的重要判例进行了细致的梳理③:

早在联邦最高法院成立之前,英国占领区高等法院在其 1950 年的一个判例(OGHSt 3, 19)中出于刑事政策上的考虑对旧版《德国刑法典》第 51 条(相当于新版《德国刑法典》第 20 条)进行了限缩性解释。在此案中,被告人杀死岳母,重伤妻子,然后企图自杀。该判例认定被告人在行为时陷入了严重的愤怒型激情,丧失责任能力,理由是:尚不属于疾病的严重的愤怒型激情一般不可具有减轻责任的效果,因为法律共同体能够而且可以期待人们在其力所能及的范围内严格地控制自己的情绪与本能;像被告人这样一个显而易见的无可指责之人,长期以来遭受无缘无故的严重挑衅、精神折磨,他没有任何明显的过错,只是缺乏顽强的抵抗能力而已,终于忍无可忍而爆发了;在这样的罕见案件中,对于被告人在愤怒型激情之下实施的犯罪行为予以免责,这在法律政策上是适当的。④

此后成立的联邦最高法院在其 1952 年的一个判例(BGHSt 3, 194)中继承了上述判例的精神,还对旧版《德国刑法典》第 51 条中"意识障

---

① Vgl. Fischer, Strafgesetzbuch mit Nebengesetzen, 58. Aufl., 2012, §20, Rn. 34.

② Vgl. Fischer, Strafgesetzbuch mit Nebengesetzen, 58. Aufl., 2012, §20, Rn. 56.

③ Vgl. Theune, Auswirkungen des normalpsychologischen (psychogenen) Affektes auf die Schuldfähigkeit sowie den Schuld-und Rechtsfolgenausspruch, NStZ 1999, S. 276-277.

④ 另外参见 BGH NStZ 1989, 262。

碍”概念予以深化，将其延伸至无过错的“精神型激情”，因而超越了原先在精神病学意义上的限缩性解释。不过，这里的高度激情不能是行为人自己导致的。

在 1954 年的一个判例（BGHSt 6, 329）中，联邦最高法院提出了一个新方案：因为激情能够限制行为人的故意，所以这个故意中也就不包含特定的构成要件要素（比如“阴险”或“卑劣动机”）。有了这种限制之后，至于行为人对于激情的发生是否具有过错，这就无关紧要了。

针对激情导致意识完全丧失的案件，联邦最高法院在 1955 年的一个判例（BGHSt 7, 325）中驳斥了以下说法：只有无过错的激情才有免责的效果。该法院判定：只有当激情之下实施的行为是故意行为时，才可将其归责于行为人。

联邦最高法院于 1970 年针对一起谋杀案作出了一个重要判决。[①] 该法院在此判例中认定：倘若不属于原因自由行为的情形，那么在犯罪行为发生之前就已失去责任能力的行为人，即使他曾为此行为进行了计划和准备，该行为也不具有可罚性。

在 1978 年的一个判例（BGH Urteil vom 28. 11. 1978-5 StR 679/78）

---

① BGHSt 23, 356. 行为人曾因帮过一家小商店的忙而认识了女店主，他在去该商店抢劫之前带上了一个长筒袜，计划以此勒死女店主。在女店主转身找东西时，他把长筒袜套在她的头上，在脖子处勒紧。受害人失去知觉，摔倒在地。待受害人醒来时，行为人对她说：只要她不出声，就不会有事儿。受害人不敢出声，但行为人还是抡拳使劲打了她的头部两下，致使其再次失去知觉。他又从商店抽屉里拿出一把菜刀，对着受害人的头部、大腿和胸部连砍数刀。砍完之后，行为人并未逃走，而是躲在了商店的储藏间里。当他后来被发现时，已经精神错乱，束手就擒。在被捕之前，他没有去拿店里的钱。经抢救，受害人活了过来，但已经残疾。在初审程序中，专家证人不能排除以下情形：由于癫痫病造成了人格改变，被告人在前往小商店的路上就已不能认识和控制自己的行为，也不能放弃业已制订的犯罪计划。尽管如此，初审法院还是认定被告人具备完全的责任能力，理由是：癫痫病对被告人造成的固执尚未达到疾病的程度，而且他在着手实施行为之前已经进行了详细的计划。最终，该法院以谋杀未遂和抢劫未遂为由判处行为人 5 年自由刑。针对被告人提出的上诉，联邦最高法院认为：既然初审程序中的专家证人没有排除被告人无责任能力的可能性，初审法院就应从有利于被告人的角度出发认定事实；本案被告人之无责任能力状态并非是在他开始着手实施行为时产生的，而是在更早的时候，即他在前往商店的路上就已陷入这种状态；既然被告人在行为的计划和准备阶段已失去责任能力，他后来的行为就不应受到处罚；被告人对于无责任能力的形成既无故意也无过失，所以其行为也不符合原因自由行为的条件。

中,联邦最高法院判定在激情之下杀死妻子的被告人无罪。[①]

在 1984 年的一个判例(BGH NStZ 1984, 506)中,联邦最高法院不再对《德国刑法典》第 20 条的适用范围进行特别的限制,而是援引判例 BGHSt 23, 356 以排除行为人的责任。

1987 年,联邦最高法院针对一个激情谋杀案作出了一个著名判决。[②]这个判例指出:如果行为人在具体情势下能够阻止激情的累积,而且他也能够预见到激情爆发的后果,那么以被告人对于控制能力的严重降低具有过错为由而拒绝适用第 21 条和第 49 条第 1 款上的减轻刑罚情节,这在法律上才是成立的。[③]

在梳理以上判例后,托依纳法官总结道:在 1987 年的 BGHSt 35, 143 判例之前,关于如何看待激情犯罪中的前过错,少数判决使用"构成要件解决法"(Tatbestandslösung),即只在构成要件该当性层面解决这个问题,不适用《德国刑法典》第 21 条;大多数判决使用"法律后果解决法"(Rechtsfolgenlösung),即要么是适用《德国刑法典》第 21 条,以责任能力显著减弱为由适用《德国刑法典》第 49 条第 1 款规定的减轻处罚,要么是不适用第 21 条,只是在依据第 46 条进行量刑时,将前过错作为不利于被告人的一个情节。1987 年判例最终选择了"法律后果解决法",从而宣告了"构成要件解决法"的终结。

此后,联邦最高法院又在 1997 年的一个判例中进一步推动了激情犯罪理论的发展。该判例指出:只是在少数情形下,高度激情才可导致无责

---

① 该案基本事实为:被告人多年来容忍了妻子的许多外遇行为。在妻子最后一次发生外遇时,被告人痛不欲生,曾企图自杀。在妻子此次遭到情人抛弃后,才终于答应被告人的哀求回到他以及孩子们的身边。就在回家的路上,妻子又发起飙来,恋恋不舍他的情人。在被告人陪同妻子散步时,妻子又骂了他和孩子们,于是他情绪失控,将妻子杀死,然后他又企图自杀。

② BGHSt 35, 143. 在该案中,被告人在同居女友首次明确提出分手之后,企图将其杀死,结果给对方造成伤害。初审法院认定被告人谋杀未遂,但在量刑时认定其行为时责任能力减弱,只判处被告人自由刑 4.5 年,理由是:虽然被告人平时脾气正常,对激情的控制也未受到重大妨碍,但是当他听说女友要离开自己时,心中突然产生一种对于孤独的恐惧感;他之所以离不开女友,是因为她能填补自己自儿时以来就在心中产生的空隙;女友的分手决定对他来说是一种不可抗拒的生存威胁,所以他的反应是疯狂的嫉妒,以及对于孤独的严重恐惧。检察院在上诉中声称减轻责任能力的认定是错误的,理由是:只有无过错的激情才具有免责作用;初审法院并未说明被告人是否有责地引发了自己的激情状态。联邦最高法院驳回了检察院的上诉,并借此机会对于无过错的激情进行了细致的区分。

③ 在本节"匕首案"的判决中,联邦最高法院引用了这一部分内容。

任能力;如果行为人对于其激情的引起负有责任,那么他就被赋予了更高的自我控制义务。①

司法判例上的观点遭到了学术界的广泛批评,原因是以“前过错”为由而拒绝减免责任的做法违背了责任原则。② 比如汉斯 - 海因里希 · 耶赛克(Hans-Heinrich Jescheck)和托马斯 · 魏根特(Thomas Weigend)教授在其《德国刑法教科书》中指出:判例对于前过错的处理违反了《德国刑法典》第 20 条的字面意思,因为该条要求仅以“实施犯罪行为之时”存在意识障碍作为判断责任能力的依据。③

总体而言,学术界倾向于将“有过错的激情”(verschuldeter Affekt)看作原因自由行为的一个特殊类型,倾向于以原因自由行为的理论追究激情行为人的责任。据此观点,在故意犯罪情况下,对行为进行处罚的前提是:行为人故意地引发了激情爆发。然而,“故意引发”这样的事实通常又是无法确认的。于是,只能以过失的原因自由行为理论为据进行处罚。“过失非难”(Fahrlässigkeitsvorwurf)的理由是:行为人过于轻信自己能够避免激情爆发,因而在激情的产生与累积阶段没有采取防止激情爆发的措施。④

4. 未解决的问题⑤

弗兰茨 · 斯特恩(Franz Streng)教授在其针对此案的评论中质疑说:联邦最高法院的一贯判例中已经表明,只有在特殊情形下才能以激情为由认定无责任能力,但是该法院在此判例中又认为有必要对《德国刑法典》第 20 条(无责任能力)的适用性说明理由。

斯特恩还指出:在本案中不大可能认定作出无责任能力的认定,这是因为对照一贯判例的标准,人们可以发现这里缺乏一种导致行为发生并且引发行为人极度而又紧急的心理状态的特殊事件。一般而言,这样一种来自外部的、压垮行为人的自制力的事件,尤其是受害人的挑拨,才会要求对

---

① Vgl. BGH NStZ 1997, 333.

② Vgl. Fischer, Strafgesetzbuch mit Nebengesetzen, 58. Aufl., 2012, §20, Rn. 58.

③ Vgl. Jescheck/Weigend, Lehrbuch des Strafrechts Allgemeiner Teil, 5. Aufl., S. 439.

④ Vgl. Schöch, in: Leipziger Kommentar, 12. Aufl., §20, Rn. 142.

⑤ 此部分内容源自 Streng, Anmerkungen zum Urteil des BGH vom 29. 10. 2009, Az.: 2 StR 349/08 (Zur Ablehnung der Strafmilderung nach §§21, 49 Abs. 1 StGB wegen verschuldeten Affekts in Fällen lebenslanger Freiheitsstrafe), JR 2009, S. 342。

激情行为予以免责。斯特恩表示:联邦最高法院既未对初审法院所作的认定——被告人因“激情爆发”而陷入了深度意识障碍——进行深入论述,也未对责任能力审查的心理规范层面进行深入论述。从这个意义上说,《德国刑法典》第 21 条意义上的减弱责任能力是被预设成立的。

联邦最高法院的本案判决对于初审法院以“前过错”为由拒绝适用《德国刑法典》第 21 条和第 49 条第 1 款意义上的减轻刑罚规定提出了有力的批评,斯特恩认为这个批评是有道理的。他认为,在谋杀案中,要在符合减弱责任能力条件的情况下判处终身自由刑,那就必须具备特别充分的理由。

该判决强调了判例 BGHSt 35, 143 对“过错认定”(Verschuldens-Annahme)提出的行为责任上的标准,斯特恩认为这样做也是有道理的。但是,该判决在具体适用这些标准时却忽略了以下事实:行为人在犯罪之前就已经对被害人以死亡相威胁,还提出了自杀的想法;行为人接受了心理医生的咨询,还因感受到即将采取暴力行动的倾向而向医生称“如果他对自己或者别人想不开,马上就去看病”。倘若依据以上事实可以认定行为人在行为之前仍然具有责任能力,那么联邦最高法院在本案判决中完全应当对行为人提出这样的质疑:他已经意识到犯罪危险的存在,但是没有采取就医的方式避免危险的发生。这里还有一个疑问:以上这种前过错是否能够成为拒绝减轻处罚的理由呢?司法实务和部分学者认为:倘若鉴于在特定紧急状态下已然显露出来某种犯罪倾向,行为人对此犯罪可以预见,那么就可认定他犯有导致拒绝减轻处罚的前过错。为此,联邦最高法院完全有理由要求初审法院确认行为人的上述过失行为是否构成导致拒绝减轻处罚的前过错。

第四节 妓院案

妓院案(Bordell-Fall)是由联邦最高法院第三刑事审判庭于 1993 年 2 月 3 日作出的判决(判决文号 3 StR 356/92),初审法院为德累斯顿州法院(BezG Dresden,自 1993 年起改为 LG Dresden)。该判例被刊登在《联邦最高法院刑事判例集》(BGHSt 39, 133-141)中。此外,它还被载于《法学新周刊》(NJW 1993, 1869-1871)、《刑法新杂志》月刊(NStZ 1993, 333-

335)、《刑事辩护律师》月刊(StV 1993, 576-578)、《法学评论》月刊(JR 1994, 421-423)以及《法学家报》月刊(JZ 1994, 310-312)等法律期刊上。根据此案之前的判例,在蓄意挑拨情形下,受攻击者(即挑拨者)丧失防卫权,不得适用《德国刑法典》第33条关于防卫过当的规定。联邦最高法院在本案中评定:若受攻击者有计划地与敌手(即攻击者)进入暴力冲突,也不得适用《德国刑法典》第33条。

一、基本案情

初审法院宣布两名被告人无罪。检察院在针对此二人的指控中称:他们在共同实施针对德累斯顿极右翼分子们"决战"的计划中,出于仇恨和报复,明知且蓄意地开枪打死了这些人的首领So。初审法院认定了以下事实:

两名被告人来自曼海姆红灯区,他俩与另外三人一起在曼海姆经营了一家即将被扩建的妓院。被害人So是一个极右翼青少年团伙的首领,曾与德累斯顿兴起的色情行业作斗争。他决定率领手下的年轻弟兄们于1991年5月31日午夜24时冲入并"踏平"该妓院。他们的计划是摧毁这家妓院,若遇抵抗则施以武力。

被告人于1991年5月31日上午获悉了这一袭击计划。当时,有两个显然是来自右翼团伙的人提出:如果能够得到5万马克的费用,他们就不参与袭击行动了。被告人拒绝支付费用,并决定抵抗这次袭击。他们没有报警,因为他们想要自己解决此事。被告人认为应当表明立场,既不让勒索行为得逞,也不被武力屈服。

倘若当时能在23时左右得到报告,警方可以调动足够的警力,至少20人,应对右翼分子们于24时发动的袭击。即便是在袭击前15分钟得到报告,警方也可先派出两辆巡逻车,每辆车上都有4人,然后继续增派警力。

23时30分左右,被告人看到距离他们约150米处聚集了30至50个年轻人,有人手持篱笆条、棒球杆和橡皮棍。为了让这些人知道妓院是坚不可摧的,两名被告人开着奔驰车迎上去。被告人S拿着一把装了弹药的猎枪,被告人M拿了一个催泪罐。车子开到那伙人面前后,M将车停下来。S从车上走下来,又当着众人的面给猎枪装上子弹,然后命令这些人滚走。他端着猎枪,对着10至15米之外站立在大街上的年轻人转了半圈。这些人一哄而散,纷纷躲在车后、树后以及屋子里。

街上的人跑光了。S 觉得已经在敌人面前长了威风,然后回到汽车旁,打算离开。这时,两位被告人此前并未看见的 So 从他的停在街边的汽车里钻出来,举着双手,慢慢悠悠、趾高气扬地走到被告人 S 跟前,二人相距只有 6 到 8 米。S 用枪对着他时,So 喊道:“开枪啊! 开枪啊,你这个笨蛋! 你没这个胆子!” S 被这突如其来的事件弄蒙了,他端枪对着 So,然后退回到车旁。当他半坐到副驾驶座上时,So 已经走到跟前约 1 米处。So 用右手握住副驾驶座上的门,门扇朝后。此时,So 的几个手下已经从躲藏之处走出来,来到距离被告人汽车约 6 米的地方。情急之下,M 贴着 S 身旁透过大开着的副驾驶门向 So 喷射催泪瓦斯,以阻止 So 即将发生的袭击。So 转头向右躲闪。此时,S 从大约 0.5 米处向 So 的头部开枪。子弹从 So 的左耳和后脑之间穿过,致其死亡。

鉴于以上事实,初审法院认定被告人的行为不构成犯罪。被告人的行为也未对聚集起来的那些极右翼分子们构成强制罪的未遂,因为被告人威胁使用非法携带的猎枪,这是对即将发生的袭击妓院行动采取的适当反击。S 也不能因致人死亡罪受罚。他的行为超越了正当防卫的界限,因为他本来对准 So 的大腿射击就足以阻止其袭击;但是,由于慌乱、恐惧和惊吓的缘故,他没有这样做,所以依据《德国刑法典》第 33 条不受处罚。

二、法条索引

本案例引用了如下法条:

1.《德国刑法典》第 33 条(防卫过当):
行为人因慌乱、恐惧或惊吓而超过正当防卫限度的,不受处罚。

2.《德国刑法典》第 240 条(强制罪):

(1)违法地以暴力的方式或者以明显的恶行相威胁的方式,强制他人作为、容忍或者不作为的,处 3 年以下自由刑或者罚金刑。

(2)为了达到某个目的而使用暴力或者以恶行相威胁,如果该行为应受谴责,那么它就是违法的。

(3)……

(4)……

三、裁判理由

1. 以实弹猎枪恐吓 So 的手下

初审法院认定，两位被告人齐心协力以子弹上膛的猎枪赶跑了聚集起来的年轻人，他们的行为不属于《德国刑法典》第 240 条意义上的受谴责行为。检察院对此认定提出的质疑是正确的。

(1)虽然起诉书仅仅指控了两名被告人对 So 实施的共同谋杀行为，但是在程序法的意义上，整个行为过程都是起诉书中案情部分(Anklagesatz)的描述对象。案情部分描述在时间上、空间上以及行为上彼此相连而形成的整体事件，以被告人到达极右翼分子的聚集场所为始，以极右翼分子首领的死亡为终，该整体事件是对迎战极右翼分子计划的实施。自然意义上的整体事件可被分解为实体法意义上的各个独立部分，但这也并不妨碍法官对于整个事件的全面认识。

(2)经坐在汽车驾驶座上的被告人 M 的默许，被告人 S 通过喝令的方式把 So 的追随者们从大街上轰走了。为了增加喝令的分量，他还当着这些人的面给猎枪装上子弹，并在近距离处瞄准他们。这样，他以暴力的方式[①]实施了《德国刑法典》第 240 条第 1 款意义上的强制罪。

(3)强制罪无法经由《德国刑法典》第 32 条上的正当防卫条款予以合法化。两名被告人企图粉碎袭击前的准备活动，通过恐吓迫使极右翼分子们放弃袭击妓院的计划。但是，对于妓院的袭击尚未达到《德国刑法典》第 32 条第 2 款意义上的现实性，这是因为，袭击者距离妓院尚有 100 多米，由于参与人员还没有到齐，他们尚未发起冲锋。

(4)这个强制罪也无法经由《德国刑法典》第 34 条上阻却违法的紧急避险条款予以合法化。决心已下的袭击者的行为还未对计划中的受害人构成《德国刑法典》第 32 条意义上的现实的侵害，所以(如该案所示)无法构成正当防卫。尽管如此，为发动袭击所做的准备活动已经全面展开，以至于(如该案所示)构成了对于被威胁法益的现实的危险，所以仍有可能构成《德国刑法典》第 34 条上的合法化事由。[②] 但是，这个合法化

---

① Vgl. BGHSt 23, 126, 127.

② Vgl. Roxin, StrafR Allg. Teil I 1992 §15 Rdn. 26 und §16 Rdn. 72; Lenckner in Schönke/Schröder, StGB 24. Aufl. §32 Rdn. 17 und §34 Rdn. 30.

事由的条件是:以其他方式避免不了这个危险。如果官方的援助能够及时获得,这个条件就是不具备的(Roxin a. a. O.)。被告人当时可以通过报警的方式避免So的追随者们对于妓院构成的危险。根据初审法院查明的事实,警察本来愿意而且能够驱走袭击者。

(5)依据迄今查明的事实,被告人共同实施的强制行为具有《德国刑法典》第240条第2款意义上的违法性,联邦最高法院的这个结论不同于初审法院的意见。为了实现某个目的而使用暴力,或者以恶行相威胁,若该行为应受谴责,则它是违法的。被告人要实现的目的是将年轻人从大街的车道上驱走,并且吓唬他们,以迫使其放弃袭击妓院的计划。被告人只可在法律允许的范围内追求这个目的。初审法院和辩护方均未认识到:强迫他人遵守法律,这首先是国家的权利。倘若个人为了强迫他人遵守法律,而擅自使用暴力,且无特别的合法化事由,那么这就属于故意无视国家在强制手段上的优先权;这种代替国家使用强制手段的行为是可受谴责的。[①] 假如强制行为是以使用特别危险以及被禁止的武器(即违反《德国武器法》)的方式进行的,就更具有可受谴责性。假如允许彼此仇恨的团伙不报警,允许其威胁使用武器以解决纷争,那么法和平就会轻易遭到破坏,暴力也就会随时升级。在这种情况下,一方在无合法化事由的情况下通过被禁止的方式实施强制行为,以迫使另一方放弃违法袭击,这也是对社会契约的违反。本案就属于这种情形。因此,被告人通过使用实弹猎枪对于极右翼分子们实施的强制就是《德国刑法典》第240条第2款意义上的受谴责行为。

(6)初审法院认为:被告人本来可以在正当防卫的情况下使用猎枪,本来也可以在遭到侵犯之前威胁使用它,所以他们在驱赶极右翼分子时非法携带猎枪的行为就不受处罚。这个观点也是错误的。根据现有认定,驱散年轻人的行为不属于正当防卫,而是一种具有可罚性的强制;违反《德国武器法》的行为既不可被合法化,行为人也不可被免责。

2. 杀死So

(1)初审法院认为:被告人S在抵抗So的侵犯时,以间接杀人故意的

---

① Vgl. zur Verpflichtung, die Polizei herbeizuholen vgl. z. B.: BGH VRS 30, 281, 282; Horn in SK-StGB 4. Aufl. § 240 Rdn. 46; Lenckner in Schönke/Schröder a. a. O. § 32 Rdn. 41; Rudolphi in Gedächtnisschrift für A. Kaufmann 1989 S. 371, 391.

方式射击其头部,超过了必要的限度(所谓的“强度上的防卫过当”),因为对着大腿开一枪本就可以立即并最终地阻止其可能使用刀子发动的袭击。至于开枪行为是否为阻止危险所必要,这个问题还没有定论。[①]

(2)初审法官还认定:被告人S因慌乱、恐惧和惊吓而超过了正当防卫的限度。不管怎样,现有事实尚不足以支持这种认定。初审法院对于《德国刑法典》第33条的适用范围的认识有误(参见下文A.部分);对被告人行为时状态的描述也难以符合该法院对于其人品以及纷争起因所作的认定(参见下文B.部分)。

A. 被袭击者因所谓的(虚弱型)激情而超过了其防卫限度,打伤甚至杀死袭击者;对于此种情形,第33条规定被袭击者免受处罚。至于被袭击者在行为时是否存在不利于自己的过失,这都无关紧要。即便他有意超越防卫限度,第33条同样适用。[②] 因为第33条规定的这种出罪方式具有笼统性,没有考虑某些具体案件中的应罚性(Strafwürdigkeit),所以不应对此规定进行扩张性解释,以避免超过其字面意思和立法目的所允许的限度。[③]联邦最高法院早在其NJW 1962, 308, 309判例中对——基本上对应于新版《德国刑法典》第33条的——旧版《德国刑法典》第53条第3款如此进行解释:就其本质而言,依据此条予以出罪的行为只能是有责之行为,而且仅是直接的防卫行为;在防卫情势出现之前就已实施的受谴责行为,行为人不得免予处罚。总体上,可对这个遭到法学界广泛拒绝的判例如此解读:行为人以卑鄙行为(grob mißbilligenswertes Verhalten)挑衅袭击者的,就应受处罚。[④] 对于《德国刑法典》第33条进行过多的限制性适用是不恰当的。因被袭击者有责且连带地引起防卫情势而导致《德国刑法典》第32条规定的——即便也是受限的——正当防卫权,原则上也有《德国刑法典》第33条的适用空间,只要行为人是基于慌乱、恐惧和惊吓而超过限度。然而,遭受非法侵害者为了在排除可以获得的警方干预的情况下,凭借自己之力抵抗针对自己的攻击并占据上风,而有计划地与敌手发生暴力冲突,

---

① Vgl. auch BGHR StGB §32 II Erforderlichkeit 6 und §33 Furcht 1.

② Vgl. BGHR StGB §33 Nothilfe 1 und Furcht 1.

③ Vgl. Baldus in LK 9. Aufl. §53 StGB aF Rdn. 42.

④ Vgl. ablehnend z. B. Lackner, StGB 19. Aufl. §33 Rdn. 4; Dreher/Tröndle, StGB 45. Aufl. §33 Rdn. 3; Spendel in LK 11. Aufl. §33 Rdn. 74; Rudolphi in SK-StGB 5. Aufl. §33 Rdn. 5; Lenckner in Schönke/Schröder a. a. O. §33 Rdn. 9.

这种情形就不适用《德国刑法典》第 33 条意义上阻却责任的防卫过当。这才是 NJW 1962, 308, 309 判例应当表达的意思。在此情形下,正如《德国刑法典》第 33 条之意义和目的所显示的那样,防卫过当的真正原因不在于由非法侵害引发的、由被袭击者的虚弱型激情(asthenischen Affekten)①造成的弱点,而在于在防卫情势发生之前就已下定的、基于强壮型激情(sthenischen Affekten)②的为抵抗敌手而战的决心。

事情就这样发生了。So 对被告人 S 发动了袭击,这是 S 以猎枪相威胁的方式驱散对方手下的直接而又充分的后果。So 可能只是意外地进入了被告人的视野。但是,他的出现就已足够,因为这群人就是由他领导的,而且他以前就曾以铁血手段对付过他不喜欢的人。在这种情势下,警察可随时介入,但被告人不愿报警。当两名被告人遭到 So 的手下人的公开挑战时,只可为保护自己而采取必要的防卫措施。如果超过这个限度,那么即使是出于害怕对手意外地占得上风,也不可依据《德国刑法典》第 33 条规定免受处罚。

B. 此外,这个被上诉的判决认为《德国刑法典》第 33 条适用于该案的"搏斗情形"(Kampfeslage),但这个主张没有得到充分的证明。原判认定:被告人 S 是一个身心健康的 24 岁男子,有着源自拳击比赛和色情行业的丰富经验,但是因为那个团伙首领 So 的坚决现身,意欲在公开搏斗中迎战两名被告人,所以 S 可能会陷入慌乱、恐惧或者惊吓之中,因而超越了防卫的限度。这一点是违背生活常识的,也无法得到证明。专家证人进行的心理测试表明,被告人 S 表现出平均以上的恐惧程度。初审法院以此为据也不足以作出以上认定。专家证人也不了解被告人实施致命射击时的动机,他只是从测试行为中得出一般性结论。对于被告人行为时状态进行的规范性评估,旨在用于判断其应受处罚,这样的评估不能主要基于某种常态性格。相反,重要的是被告人在行为之前、之中以及之后表现出来的对于法律评估具有价值的行为。为了进行这种评估,当被告人健康时,一般不需委托心理专家。评估属于事实审法官的职责,其本应说明和解释的是:为何被告人不但对于与 So 及其手下的挑衅无所畏惧,

---

① 虚弱型冲动,意为防御型冲动,是指慌乱(Verwirrung)、恐惧(Furcht)和惊吓(Schreck)等情绪。

② 强壮型冲动,意为攻击型冲动,是指愤怒(Wut)、狂怒(Zorn)和好斗(Kampfeslust)等情绪。

还在有警可出但拒不考虑报警的情况主动出击。毕竟在当时,双方的冲突一触即发,被告人有可能陷入巨大的慌乱、恐惧或者惊吓之中,以至于可以援引《德国刑法典》第 33 条而免受处罚。

四、判例评述

1. 防卫过当与挑拨防卫

关于防卫过当的性质,通说认为它属于一种免责事由(即责任阻却事由)。虽然该条不像《德国刑法典》第 35 条(阻却责任的紧急避险)那样明确地表示“无责任”,但是通说认为《德国刑法典》第 33 条是一个免责事由。关于防卫过当问题,德国刑法教科书通常会论及以下三种情形:

受攻击者进行正当防卫时超过了防卫的必要强度,这种情形被称为“强度上的防卫过当”(intensiver Notwehrexzeß)。依据《德国刑法典》第 33 条,倘若行为人系出于慌乱、恐惧和惊吓而超过限度的,其行为可被免责。只要《德国刑法典》第 33 条列举的这几种虚弱型冲动情绪(或称虚弱型激情)是造成防卫过当的部分原因即可。之所以对于防卫人免责,是因为其行为的不法内容显著降低,其责任内容也未达到应罚性的程度。[①]

受攻击者在进行正当防卫时,非法的侵害行为尚未开始或者已经结束,这种情形被称为“时间上的防卫过当”(extensiver Notwehrexzeß)。关于在这种情况下是否适用《德国刑法典》第 33 条,争议很大。通说认为《德国刑法典》第 33 条不适用,因为在此情形下,不存在防卫情势,也就不存在防卫权过限的问题。少数派论者认为在这种情形下也适用《德国刑法典》第 33 条,原因在于:其一,按照《德国刑法典》第 33 条的字面意思,“正当防卫的限度”也可以被理解为时间上的限度;其二,“强度上的防卫过当”和“时间上的防卫过当”均源于同种动机和同种情势,对于二者进行性质上的区分是没有道理的。[②]

从宏观上看,本案涉及“强度上的防卫过当”,尤其涉及颇有争议的“防卫挑拨”(Notwehrprokation)问题,即《德国刑法典》第 33 条在防卫

---

① Vgl. Wessels/Beulke, Strafrecht Allgemeiner Teil, 42. Aufl., S. 166.

② Vgl. Kindhäuser, Strafrecht Allgemeiner Teil, 4. Aufl., S. 195-196.

挑拨情形下是否适用的问题。德国通用的韦塞尔斯、博耶克(Wessels/Beulke)版刑法教科书如是总结:倘若挑拨者在蓄意挑拨(Absichtsprokation)的情况下根本没有防卫权,那么也就没有适用《德国刑法典》第33条的余地;倘若防卫人是以可受谴责的方式引起防卫情势,那么防卫行为的强度要受到"必要性"方面的限制;倘若受攻击者因虚弱型冲动情绪而在防卫时超过必要的程度,那么应当适用《德国刑法典》第33条。①

2. 罗克辛的评述②

克劳斯·罗克辛教授在评述本判例时指出,这里涉及关于正当防卫和防卫过当的三个核心问题:个人的预防性防卫的边界(Grenzen der privaten Präventivnotwehr);未被正当化之预防性防卫的可谴责性(Verwerflichkeit ungerechtfertigter Präventivnotwehr③);受挑拨攻击之后的防卫过当(Notwehrexzeß nach provoziertem Angriff)。

第一个问题,个人的预防性防卫的边界。德国判例此前还未对预防性防卫的问题进行过深入的讨论。此次联邦最高法院利用该案对这个问题进行讨论,这是值得称道的。预防性防卫也有被正当化的有限余地,这在德国已经没有争议。至于正当化应该遵循怎样的规则,现在还未解释清楚。有人主张,《德国刑法典》第32条也可类推适用于将来发生的袭击,但这个观点遭到了大多数人的反对。倘若将来才会发生的袭击也可适用《德国刑法典》第32条而被合法化,那么第32条所要求的"现实性"就失去了意义。联邦最高法院没有将预防性防卫归入《德国刑法典》第32条,而是将其放在第34条(阻却违法的紧急避险)中讨论。这个做法

---

① Vgl. Wessels/Beulke, Strafrecht Allgemeiner Teil, 42. Aufl., S. 166.

② 此部分内容源自 Roxin, Anmerkung zum Urteil des BGH vom 3. 2. 1993 - 3 StR 356/92 (BGHSt 39, 133) (Zur Frage des Vorliegens einer nach §33 StGB entschuldigten Notwehrüberschreitung), NStZ 1993, S. 335-336。

③ "正当防卫"是从德语"Notwehr"翻译过来的。依此推理,"Präventivnotwehr"应被译为"预防性正当防卫","Verwerflichkeit ungerechtfertigter Präventivnotwehr"应被译为"未被正当化之预防性正当防卫的可谴责性"。然而,"未被正当化之预防性正当防卫的可谴责性"看起来是一个自相矛盾的说法:既然是"正当"防卫,又如何能够"未被正当化"呢?为了避免这里的自相矛盾,本文将"Präventivnotwehr"译为"预防性防卫",去掉其中的"正当"。从这个意义上说,将"Notwehr"翻译成"紧急防卫"似乎更为合理,因为这种翻译不仅更符合德文原意("Not"意为"紧急","Wehr"意为"防卫"),还有利于理解德国刑法中与此相关的其他术语。

是有道理的,原因在于:《德国刑法典》第 34 条提供了全面衡量所有相互冲突的利益的空间,能够解决个案中预防性防卫的合法性问题。联邦最高法院还从《德国刑法典》第 34 条中总结出一个观点:如果能够通过警方帮助而避免危险,那么就不可通过个人实施预防性防卫。这个观点也是《德国刑法典》第 34 条的应有之义:依据该条,只有当危险“不能以其他方式避免”时,才可适用阻却违法的紧急避险。相反,《德国刑法典》第 32 条中没有类似规定。罗克辛进而总结说:倘若可以得到国家力量的帮助,那么应当排除任何形式的个人预防性防卫。

第二个问题,未被正当化之预防性防卫的可谴责性。这个判决对于《德国刑法典》第 240 条第 2 款进行的论述也是重要的。联邦最高法院在此确认:倘若行为人有机会获得国家的帮助,那么以预防性防卫为目的而实施的强制行为一般而言就是可受谴责的。罗克辛教授还自豪地宣称,联邦最高法院在此采纳了他本人于 1964 年提出的“国家强制手段优先的原则”,即:为了维护社会和平,倘若行为人在能够获得国家保护时仍然采取自力救济的方式而实施强制行为的,其强制行为应当受罚。鉴于本案判决确认被告人是以违反《德国武器法》的方式实施强制行为的,罗克辛认为,即便是被告人以匕首相威胁,也是可受谴责的;联邦最高法院也会同意这个观点,只是没有明确地表达出来。关于“可谴责性”的构成条件,联邦最高法院曾在一贯的判例中提出,只是存在“不被允许的私力救济”(unerlaubte Selbsthilfe)还不够,也应具有“较高程度的道德非难性”(erhöhter Grad sittlicher Mißbilligung)。在 BGHSt 17, 328 判例[①]中,行为人因索回嫖资而抓住妓女的头发,以暴力方式迫使其退还钱财。联邦最高法院在此判例中认定嫖客的强迫行为不具有可谴责性,因为他是“出于可以理解的愤怒”(aus begreiflicher Wut)而使用暴力的。

在“妓院案”中,红灯区团伙和极右翼团伙之间发生了暴力冲突,但

---

① BGH, Urteil vom 11. Mai 1962, 4 StR 81/62, 该案基本事实:被告人与某妓女谈妥,以 10 马克换取对方的性交服务。在妓女的住处,被告人交给她一张 10 马克的纸币,然后躺下来等待服务。妓女在做完所有准备活动,并挑起了被告人的欲望后,要求被告人再加付一张 10 马克的纸币。被告人予以拒绝,妓女便威胁说她不会为了 10 马克的钱而提供服务。被告人发怒,要求妓女退还他的钱,而妓女拒绝。被告人抓住她的头发,厉声命令其还钱。被告人认为自己使用这种方式是正当的,因为要是向警方求助的话,他的钱就要不回来了。被告人因而认为,他在这种情形下是有自力救助权的。妓女挣脱不了被告人的手,于是产生恐惧,将那张纸币归还。

是难以查明行为人的强制行为是否“出于可以理解的愤怒”,是否具有“较高程度的道德非难性”。罗克辛支持该案判决,并进而认为,以思想无价值(Gesinnungsunwert)为基础所作的BGHSt 17,328判例采取了错误的方法。这是因为:可谴责性不是取决于思想,而是取决于维护社会和平的必要性。联邦最高法院已经认识到了这一点,但是没有对此前的判例进行批驳。关于《德国刑法典》第240条第2款中“可谴责性”的判断标准,联邦最高法院已经表现出从道德违反性(Moralwidrigkeit)向社会违反性(Sozialwidrigkeit)的转变。

第三个问题,受挑拨攻击之后的防卫过当。根据以往的判例,倘若行为人有责地(schuldhaft)挑起防卫情势时,那么不得适用《德国刑法典》第33条上的免罚规定。本案判决对于以往判例有所修正,但并未彻底否定。现在,倘若行为人本人以可受谴责的方式引发正当防卫情势,仍然可以适用《德国刑法典》第33条。但是,在本案情形下,行为人为了在排除可以获得的警方干预的情况下,凭借自己之力抵抗针对自己的攻击并占据上风,而有计划地与敌手发生暴力冲突,《德国刑法典》第33条就不适用了。罗克辛总结道:行为人以“可受谴责”(vorwerfbar)的方式挑起攻击时,还不可排除防卫过当条款的适用;只有当其以“特别可受谴责”(besonders vorwerfbar)的方式挑起攻击时,才可排除该条款的适用。根据通说,存在蓄意挑拨时,应排除正当防卫的适用,那么也就不会存在防卫过当了。在本案中不存在蓄意挑拨,对于《德国刑法典》第32条(正当防卫)作出的其他社会伦理上的限制性规定,也容许在具体情形下行使正当防卫权,所以这里一般也应允许防卫过当。根据《德国刑法典》第35条第1款第2句,倘若因行为人自己引发危险时,则不得被免责。相比之下,《德国刑法典》第33条无此条款。倘若以第35条第1款第2句中“自己引发危险”条款为据判定“挑拨防卫”不得适用第33条意义上的防卫过当规定,那么就会违反罪刑法定原则。联邦最高法院在本判例中论证自己的观点时说:防卫过当的真正原因不在于虚弱型冲动造成的弱点。这个论证是错误的,因为如果过限行为不是虚弱型冲动造成的,那么就根本不得适用第33条。

3. 米勒－克里斯特曼的评述①

拜恩特·米勒－克里斯特曼(Bernd Müller-Christmann)法官在评述本案时重点谈到了"免罚的防卫过当的边界",因为这个判例的核心问题是对防卫过当的适用范围进行限制。当防卫过当的法定条件具备时,是否对行为人予以免责,这是一个争论很大的问题。在此之前的判例中,倘若行为人以"严重受谴责的行为"(grob mißbilligenswertes Verhalten)挑起攻击,那么《德国刑法典》第33条不适用,行为人应受处罚。本案判决谨慎地偏离了此前的判例,但是也没放弃它们。克里斯特曼法官首先讨论了此前判例的通常做法,即防卫挑拨导致《德国刑法典》第33条适用的排除,然后讨论了本案引入的新做法,即有计划地进入暴力冲突导致《德国刑法典》第33条适用的排除。

首先,防卫挑拨导致《德国刑法典》第33条适用的排除。

防卫挑拨有以下两种情形:

第一种情形,因挑拨而丧失防卫权,排除《德国刑法典》第33条的适用。一种广为传播的观点认为,在蓄意挑拨情形下,挑拨者以自己的先前行为(Vorverhalten)引发了他人的攻击,这时受攻击者就丧失了防卫权。对于《德国刑法典》第32条规定的正当防卫权进行限制,其依据是社会伦理上和法律上的考虑。之所以要剥夺挑拨者的防卫权,是因为这个防卫权是不必要的,挑拨者滥用了这个权利。既然用于防卫受到挑拨的攻击所必要的行为都不能被正当化,也就更没有必要对于因蓄意引发的防卫情势而在挑拨者心中引起的冲动状态予以考虑并给予其阻却责任的效力。只有当防卫行为正当时,才可对于超过必要限度的行为予以免责。

第二种情形,根据通说,倘若受攻击者的防卫情势不是被蓄意地(absichtlich)造成的,而是被有责地(schuldhaft)造成的,那么他应躲避其有责行为引发的攻击;在躲避不了时,只可采取防御性的抵抗行为。在这类由受攻击者本人引发风险情势的案件中,仍有许多问题未被澄清。

倘若是出于慌乱、恐惧和惊吓而超越正当防卫的界限,就可适用《德国刑法典》第33条。从字面意思来看,这里仅是指因冲动而引发的防卫

---

① 此部分内容源自 Müller-Christmann, Überschreiten der Notwehr-BGHSt 39, 133, JuS 1994, S. 649-653。

过当。与此相关的判例有两个,其中一个是本案判决中提及的 NJW 1962, 308。[1] 不过,在学术界,这样的判例已经鲜有支持者。

在防卫挑拨情形下,至关重要的问题是:挑拨者是否可以享有正当防卫权。倘若尽管挑拨者的有责行为引发了防卫情势,还赋予其正当防卫权,那么对他就应适用《德国刑法典》第 33 条的规定。克里斯特曼法官认为学术界的这个观点[2]更为可取,因为《德国刑法典》第 33 条说的是超过了正当防卫的界限,而不是什么“无过错的”正当防卫的界限。现在,当行为人有责地引发防卫情势时,也应有适用《德国刑法典》第 33 条的余地。但是,本案判决对此没有详述。该判决并未从有责地或者蓄意地引发防卫情势入手,而是出于其他理由否定了《德国刑法典》第 33 条的适用。

其次,有计划地进入暴力冲突导致《德国刑法典》第 33 条适用的排除。

本案判决拒绝适用《德国刑法典》第 33 条,理由是“行为人为了在排除可以获得的警方干预的情况下,凭借自己之力抵抗针对自己的侵害并占据上风,而有计划地与敌手发生暴力冲突”。罗克辛在其针对本判例的评论(NStZ 1993, 335)中对于这个理由进行解释和总结时说:行为人以可受谴责的方式挑起攻击时,还不可排除《德国刑法典》第 33 条的适用;只有当其以特别可受谴责的方式挑起攻击时,才可排除该条的适用。克里斯特曼法官认为,这个结论既不符合案件事实,也不符合联邦最高法院

---

① 此判例被称为“棚屋案”(Wohnbaracken-Fall),载《法学新周刊》1962 年,第 308 页(NJW 1962, 308)。此案概况:被告人和外号为“好斗犬”的受害人 B 是居住在棚屋区的两个邻居,二人之间经常发生肢体冲突。事发当日,B 碰巧听到隔壁的被告人在说自己的坏话,便火冒三丈,冲到被告人家里,使劲将其从椅子上推翻在地。众邻居急忙劝架,拉住了 B,被告人趁机溜走。被告人为了自卫,在身上藏了一把刃长为 13 厘米的匕首。过了不久,被告人往家里走时,B 又咆哮着冲过来。于是被告人躲在一堵墙后面,静观事态的发展。在邻居们劝好 B 后,被告人又往家里走。B 一看到他,就又冲过去,扯住被告人身上的衬衫。被告人遂拔出匕首,连捅数次,B 受伤而死。在检察院提出上诉后,联邦最高法院撤销了初审法院的无罪判决。联邦最高法院在判决理由中认定:被告人以自己的可受谴责的行为引发了防卫情势,属于防卫挑拨,是对防卫权的滥用;防卫挑拨的成立不需要“有意识的刺激”(bewußte Reizung),只要存在能够引发袭击的刺激即可。关于此案概况,参见 Schöneborn, Zum Leitgedanken der Rechtfertigungseinschränkung bei Notwehrprovokation, NStZ 1981, S. 201。

② 罗克辛教授也持这种观点,参见上文。

的判决理由。

关于案件事实。被告人并未有责地引发针对本人法益的攻击,更未蓄意地进行挑拨。对于妓院的袭击行动是由被害人领导下的团伙策划和宣布的。至于犯罪现场发生的针对其身体完整性的攻击,被告人的过错在于他没有逃避攻击,也没有通知警方干预。就此而言,可以说他的行为具有可谴责性,但肯定不是一种达到严重程度的蓄意挑拨。即便被告人做好了迎战的准备,他也只是摆出威胁的姿态,目的在于阻止潜在袭击者的犯罪行为。当他意识到自己不能如愿控制局面时,也没有立即开战,而在被害人咄咄逼人地走近他时选择了后退,尽管没有后退多远。至于罗克辛所称的"以特别可受谴责的方式挑起攻击",这里并不存在。

关于判决理由。联邦最高法院也未在判决中使用"以特别可受谴责的方式挑起攻击"这个术语。相反,该法院是基于以下两个理由否定免责的:

第一个理由,不可对《德国刑法典》第 33 条进行超过"字面意思和立法目的所允许的限度"的扩张性解释。这个说法无疑是正确的,因为它只是对于显而易见的方法进行重述而已。如果受袭击者有计划地进行暴力冲突,字面意思抑或法律目的都真的要求排除《德国刑法典》第 33 条的适用吗?初审法院根本没有超过字面意思进行解释,而是忠实地遵守了《德国刑法典》第 33 条的字面意思,因为该条并未包含关于引发或发生防卫情势的限制性规定。而且,立法目的也没反对免除刑罚。被告人面对违法袭击者,他的行为也同样是为了防卫现实的违法袭击。

第二个理由,在联邦最高法院看来,"防卫过当的真正原因不在于由违法袭击引发的、由被袭击者的虚弱型冲动造成的弱点,而在于在防卫情势发生之前就已下定的、基于强壮型冲动的为抵抗敌手而战的决心"。这个理由显然也不成立。如果防卫过当不是基于被袭击者的虚弱型冲动,那么对《德国刑法典》第 33 条就根本不用考虑。依照《德国刑法典》第 33 条实行免责的前提便是:过当的防卫是虚弱型冲动的后果,而后者又是攻击的后果。这个错误的理由表明,联邦最高法院对于原判的质疑更多的是来源于事实上的认定,而不是法律上的分析。①

① 关于在事实认定中存在的疑问,参见本案"裁判理由"的第 2(2)部分。

第五节 集中营案

集中营案[①](Konzentrationslager-Fall)是由联邦最高法院第四刑事审判庭于1963年3月29日作出的判决(判决文号4 StR 500/62)。初审法院为明斯特州法院(LG Münster)。该判例被刊登在《联邦最高法院刑事判例集》(BGHSt 18, 311-312)中。此外,它还被载于《法学新周刊》(NJW 1963, 1258-1259)上,标题为《强制型紧急避险的条件》(Voraussetzungen des Nötigungsstandes)。此案继承和发展了1954年的"虚假宣誓案"(BGHSt 5, 371),又得到了1992年"猎刀案"(BGH, NStZ 1992, 487)的继承与发展。

一、基本案情

两位被告人系"二战"结束前"萨克森豪森"(Sachsenhausen)集中营的医务人员,其中B医生系集中营医务部主任。在初审程序中,检方指控他们在执行公务中实施了各种犯罪;初审法院没有认定所有被指控的行为均为犯罪,而只是认定被告人在下列案件中有罪:

1. G医生是10起谋杀案的帮助犯,因为他在不同的10天中,以自己的行为帮助他人在集中营"枪击颈部室"(Genickschußanlage)[②]里枪杀了46名囚犯。

2. B医生

①是多起谋杀案的帮助犯,因为他在G医生和另一名医生的参与下,总共在14起案件中协助狱方在集中营枪击颈部室里杀死了59名囚犯;

②是一起谋杀案的帮助犯,因为他参与了一起在集中营枪击颈部室里枪杀3名囚犯的行动;

③还是另一起谋杀案的帮助犯,因为他参与了1945年春季撤离集中营行动中杀死至少110名患病囚犯的案件。

---

① 笔者未能在德国文献中找到此案的简称,故自行起此名称。

② "枪击颈部室"是德国纳粹时期在集中营执行死刑的一种设施。狱方常常以体检为名,将囚犯带到这样的房间里,然后出其不意地从隔壁将其射杀。

初审法院判处被告人 G 医生 3 年 3 个月“惩役刑”(Zuchthaus)[①],审前羁押的时间以及战后拘留的大部分时间也已被折抵为刑期。该法院判处 B 医生 8 年“惩役刑”,此刑在审判之日已被宣布服完,原因是他在审前已被羁押,而且苏联占领区军事法庭也已于 1947 年 11 月 1 日对其进行了判决。

两位被告人以原判中存在程序法和实体法上的错误为由提出上诉,其上诉未获成功。

二、法条索引[②]

本案例引用了如下法条:

1.《德国刑法典》旧版第 52 条(强制型紧急避险):

(1)倘若行为人遭受了不可抗拒之暴力的强制或者遭受了威胁的强制而实施了某个行为,而且这种暴力或威胁对于行为人本人或者其亲属构成现实的、以其他方式不可避免的身体上或者生命上的危险,那么行为人的这个行为不受处罚。

(2)本法上的亲属是指直系血亲或姻亲,继或养父母,继或养子女,配偶及其兄弟姐妹,兄弟姐妹及其配偶,订婚者。

2.《德国刑法典》旧版第 54 条(紧急避险):

在行为人或者其亲属的身体或者生命遭受现实的危险时,行为人在无过错以及以其他方式不能予以消除的紧急状态下实施的不属于正当防卫的行为,不受处罚。

3.《德国刑法典》第 35 条(阻却责任的紧急避险):

(1)为了使自己、亲属或者其他与自己关系密切者的生命、身体或自由避免正在发生的危险,行为人不得已而采取的违法行为的,不负刑事责任。在个别情形下,尤其是当行为人因自己引发危险或处在特殊

---

① “惩役刑”是德国历史上对于重罪犯实行的一种自由刑,服刑者必须从事艰苦的体力劳动。该刑罚已于 1969 年废除。

② 本判例所援引的两个法条系旧版《德国刑法典》第 52 条(“强制型紧急避险”)和第 54 条(“紧急避险”),第 52 条是特殊规定,第 54 条是一般规定,前者是后者的一个特别条款。这两个条款经由 1953 年《第二部刑法修正法》被合并为现行《德国刑法典》第 35 条。

的法律关系中,而须容忍该危险时,不适用该规定;但是,如果不顾及某一特别的法律关系,行为人也须容忍该危险时,那么可依第 49 条第 1 款减轻刑罚。

(2)如果行为人在实施行为时错误地以为存在依第 1 款使其免于责任的情形,仅在其能够避免该错误时,才受处罚。应依第 49 条第 1 款减轻刑罚。

三、裁判理由

1. 程序法异议:(略)

2. 实体法异议

(1)就两位被告人因参与谋杀而被判刑罚而言,被上诉的初审判决并不存在不利于他们的法律错误。

在总共 15 天中,有 62 名囚犯被谋杀。其中,B 医生在某一天里连续杀死 10 个囚犯;G 医生在 9 天里每天连续杀死 4 个囚犯,在另一天里连续杀死 10 个囚犯;A 医生在两天里每天连续杀死 4 个囚犯,某一天里连续杀死 3 个囚犯,另一天里连续杀死 2 个囚犯。就初审法院只将数个"主行为"(Haupttaten)[1]合并认定为一个行为而言,这是存在法律疑问的。这些行为侵犯了最高的个人法益。这些案件的受害人不是由一个单独的杀人行为致死的,而是经由若干杀人命令先后实施的。在这种情况下,将若干杀人行动合并为一个行为,这在法律上是不恰当的。

除以上瑕疵外,初审法院的定罪是成立的。两份上诉书详细地批驳了原判中的证据采信部分,但是这些批驳是不成立的,因为初审判决既不存在思维错误,也不违反经验法则。

初审法院驳回了被告人关于紧急避险的辩解,该法院的驳斥理由在法律上是成立的。初审法院确信两位被告人在行为之时并未处于身体上或生命上的现实危险中(旧版《德国刑法典》第 52 条和第 54 条),而用以解释这个确信的论述也不存在法律错误。初审法院对于两名被告人提出的紧急避险事由予以否定,这在法律上是正确的。该法院的论述符合联邦最高法院的先前判例 BGHSt 3, 271。[2]

---

① 即谋杀行为。

② Vgl. BGHSt 272, 275.

(2)在此二人之中,只有 B 被判参与了 1945 年春季杀死病囚的谋杀行动。初审法院对此进行的证据分析没有违反思维法则和经验法则,不存在法律上的错误,所以上诉书中提出的反对意见不成立。

初审法院论证说本案中并不存在强制状态(Nötigungsstand)上的免责事由(《德国刑法典》第 52 条),这个论证是毋庸置疑的。该法院还认定,被告人并未陷入《德国刑法典》第 52 条中规定的危险之中,理由是:虽然上级命令他们挑出那些"没有行军能力"因而依照命令应被杀死的囚犯,但是他们本来能够逃避这个命令。法院的这个认定并不存在明显的法律错误。被告人对此提出了上诉,所以这里还要对已认定的事实重新进行评判,还要听取其他专家证人的意见。

初审法院还论述道:被告人有可能"错误地认为存在《德国刑法典》第 52 条和第 54 条意义上的危险情势"。关于这个错误认识,现在仍有疑问的是:初审法院是否真的认为被告人对于强制存有认识上的错误。这样的错误不可以只是指一种诸如——正如初审法院所称的——"危险情势"(Gefahrenlage)这样的抽象概念,而应当是指真实出现或者假想存在的特定情形,即应当是指这样的事实[①],它们给"假想受强制者"(dem vermeintlich Genötigten)造成一种虚假的印象,使其感觉受到了身体上或者生命上的现实威胁,尽管实际上他并未遭受威胁。原判中并未提及这样的情形或事实,而只是提到:初审法院在 K 的证词中了解到,此事关乎他本人以及被告人的脑袋。但是,初审法院对此证词及其意义并未进行深入分析。况且,这个证词的意义不一定在于能够证明这里存在着由威胁构成的强制。倘若在假想之中不存在具体内容,即由哪个人的哪些行为构成直接威胁,而只是存在着概括意义上的威胁情形,那么这种纯粹的假想尚不满足"假想的威胁"(vermeintliche Drohung)这个构成要件。

倘若假想的威胁对被强制者而言不是不可抗拒的,倘若假想的威胁本来可以通过其他方式避免,那么这种威胁不可免除行为人的责任。对于这一点,初审法院已经正确地认识到了。倘若行为人声称受到了不可抗拒的威胁,因而在此强制情形下实施了犯罪行为,那么只有当他已经竭尽全力地以其他方法逃避(可能遭受不测的)危险时,他才可被免除责

① Vgl. BGHSt 3, 274.

任。在此,他必须已经细致地审查了所有可能存在的出路。[①] 他因受(假想)强制而要实施的行为越严重,这个审查就越应谨慎。倘若行为人虽已进行了这样的审查,但他由于过失而未想出可行的、与被强制实施的行为相适应的出路,那么就其所受到的故意犯罪指控而言,他可被免责。[②] 然而,本案中还不能作出这样的决定。

鉴于这种必须进行的审查,对于处于某种真实的或假想的危险之中的行为人能够提出哪些要求,这是一个事实问题。像被告人这样的男人,他在行为之时已经在集中营担任了很长时间的医务部主任,倘若他在行为之前已经开动了脑筋、竭尽了力量,那么他是否就一定能够想出出路,这也是一个事实问题。

初审法院在此确认:被告人在参与选择要被处死的囚犯时,并未进入法律意义上的被强制者的内心状态。该法院还称:被告人当初曾经努力试图使希姆莱(Himmler)的杀人命令收回,但是后来他也就"听天由命了,并在盲目服从中干了在当时那种情势下对他而言属于最简便也毫无抵制的出路的事情"。他当时可以作出其他的决定,但是他"对于其他决定给他带来的后果根本没有认真考虑"。此处充分表明:在初审法院看来,这种假想强制尚不足以促使其实施可受处罚的参与行为,而且他也根本没有进行《德国刑法典》第 52 条所要求的谨慎考虑。因此,他不可援引此条规定。

被告人曾经请求初审法院让高级官员 Br 以专家证人的身份出庭,以证明确实存在着真实的危险,并证明一份如若违反便遭严厉惩罚的"元首"命令的内容。因为被告人行为的可罚性并不取决于他当时是处于真实还是假想的危险之中,所以初审法院以该证据请求对于判决没有意义为由予以拒绝的做法并无法律错误(《德国刑事诉讼法典》第 244 条第 2 款、第 3 款第 2 句)。

四、判例评述

1. 免于责任非难的事由[③]

根据德国的刑法理论,免于责任非难的事由可分为两类,一类是"排

① Vgl. BGH NJW 1952, 111, 113; OGHSt 2, 225, 227/228, auch RGSt 66, 222, 227, 228.

② Vgl. BGHSt 5, 371.

③ Vgl. Wessels/Beulke, Strafrecht Allgemeiner Teil, 42. Aufl., Rn. 432-433.

除责任事由”(Schuldausschließungsgründe),一类是“责任阻却事由”(Schuldentschuldigungsgründe)。排除责任事由包括“无责任能力”(Schuldunfähigkeit)和“不可避免的禁止错误”(unvermeidbarer Verbotsirrtum),存在排除责任事由时,也就缺乏责任的前提或者要素。相反,责任阻却事由则严重降低行为的不法内容与责任内容(Unrechts-und Schuldgehalt),使其达不到应罚性(Strafwürdigkeit)的最低门槛;在这种情况下,立法者考虑到行为人的特殊动机而放弃提出责任非难,也就是宽恕了其行为。责任阻却事由分为:责任阻却的紧急避险(《德国刑法典》第 35 条);防卫过当(《德国刑法典》第 33 条);依据有约束力的违法指示而为的行为;阻却责任的义务冲突。

责任阻却事由起源于“合乎规范行为的不可期待性”(Unzumutbarkeit normgemäßes Verhaltens)这个基本思想。此后,人们认为责任阻却事由具有减轻不法和责任的效果。比如在紧急避险行为情形下,结果无价值中应当减掉行为人保护下来的价值,行为无价值中应当减掉行为的解救目的。行为的责任内容比正常情况下也少了很多,因为行为人处于一种异常的动机压力下,他已经很难甚至不可能遵守法律的应然规则。“阻却责任”(Entschuldigung[①])的一个理由是:行为是在冲突情形下发生的,不是敌视法律的、应受谴责的信念的体现。正是基于此,诸如警察、士兵、海员和消防员等人员,他们在法律上有义务承受生命上和身体上的危险,不得以紧急避险为由阻却责任(《德国刑法典》第 35 条第 1 款第 2 句)。

2. 阻却责任的紧急避险的条件[②]

阻却责任的紧急避险必须符合四个条件:紧急避险情势;紧急避险行为;拯救意愿;无期待可能性。

(1)紧急避险情势(Notstandslage)

关于现实的危险。只有存在着对行为人及其亲属或者其他关系密切者的生命、身体或自由构成的现实危险,才会成立紧急避险情势。这里的“危险”是指,法益侵害在当时的情形下很有可能发生。根据通说,危险判断以中立观察者在危险发生之前进行的判断为准。危险的来源无关紧

① 这个词汇在日常生活中也很常用,意为“原谅”。

② 此部分内容源自 Kindhäuser, Strafrecht Allgemeiner Teil, 6. Aufl., §24。

要,可以是自然力,也可以是人的行为。“现实的危险”是指,应当立即采取措施予以避免的危险。关于现实性的判断,主要取决于为了防止即将发生的损害而立即采取行动的必要性,而不取决于危险降临的时间。相较于正当防卫中的“现实的侵害”概念,这里的“现实的危险”概念在范围上要更宽泛。

关于紧急避险能力。具有紧急避险能力的只能是《德国刑法典》第35条上明确指出的生命、身体和自由等三种法益,不可类推至其他法益。其中,自由法益仅是指“行动自由”(Fortbewegungsfreiheit),不包括普遍意义上的“行为自由”(Handlungsfreiheit)。

关于亲属和关系亲近者。“亲属”的范围是由《德国刑法典》第11条第1款第1项所规定,包括①直系血亲、直系姻亲、配偶、同居者、有婚约者、兄弟姐妹、兄弟姐妹的配偶、配偶的兄弟姐妹,这些关系不受婚姻关系或同居关系的解除,或者血亲、姻亲关系消灭的影响;②养父母和养子女。“关系亲近者”是指与行为人在一个家庭里生活的人,或者与行为人关系密切如同亲属的人。

(2)紧急避险行为(Notstandshandlung)

只有当现实危险“不能以其他方式避免”时,紧急避险行为才可被阻却责任。“不能以其他方式避免”是指,作为最后手段的紧急避险行为在客观上是消除危险所必要的。因此,紧急避险行为必须是适当的行为,而且是在可供采取的方式中相对而言最温和的方式。倘若行为人在避免危险时有几种方式可供选择,那么他应当选择既能成功脱险又只造成较轻后果的那种方式。根据新近判例 BGHSt 48, 255[①],倘若能够获得国家的援助,那么这种危险就是能以其他方式避免的;至于是否属于这种能以其他方式避免的情形,需要进行细致的分析;基于个案中的具体情况,因为国家机构在此前的冲突情形中没有或者没有足够有效地进行干预,所以可供选择的替代方案的有效性自始都是可疑的。而且,在受保护和受侵害的法益之间也应具有一定的比例性。

(3)拯救意志(Rettungswille)

从主观上看,阻却责任的紧急避险只能是旨在避免危险的行为。这

---

① 即本章第五节“家庭暴君案”。

种目的性要素是必要的，因为《德国刑法典》第 35 条上的“阻却责任”和第 34 条上的“阻却违法”（Rechtfertigung）不同，前者需要取决于行为人的动机，后者不需要。根据判例的观点①，紧急避险行为对于他人法益的侵犯越严重，行为人对其他拯救方式进行的审查就应当越细致。②

（4）无期待可能性（Keine Zumutbarkeit）

根据《德国刑法典》第 35 条第 1 款第 2 句的规定，倘若行为人在个别情形下，特别是当其自己引发了危险，或者其处于特殊的法律关系中，而须容忍该危险时，那么行为人的责任不被阻却。

关于引发危险。单单是引发危险还不足以导致责任阻却的排除。准确地说，引发危险是指行为人在无充足理由时，主动进入一种在预期上会产生危险情势的状态。

关于更高的危险承担义务。警察、士兵、海员、消防员以及登山救援队员等人员可被期待履行更高的危险承担义务，所以他们处于特殊法律关系之中。换言之，这些人员因为处在这种法律关系之中，而对社会公众承担一种特殊的义务。

关于遭受危险者的可期待性。少数派学说认为，倘若行为人为了其亲属或关系亲近者而实施紧急避险行为，而被救者本人是可被期待容忍危险的，那么行为人的责任不得被阻却。但是，多数派学说认为，《德国刑法典》第 35 条原文已经明确指出，只有在行为人“自己”（selbst）造成危险时，他的责任才不被阻却；之所以如此，是因为阻却责任的紧急避险取决于行为人的动机状态，而不取决于被救者对于危险是否负有责任。

3. 判例类型③

千百年来，人们在讨论紧急避险问题时总会引用“卡涅阿德斯船板”（Brett des Karneades）案例：在一次海难中，两名船员发现了一块漂浮的船板，而该船板只能承载一人；其中一人为了活命，将另一人推下船板淹死了；独占船板者后来被救活。这个经典案例是由希腊哲学家卡涅阿德斯（Karneades）提出的，曾经得到了罗马哲学家西塞罗（Cicero）的引用。

---

① Vgl. BGHSt 18, 311; BGH NStZ 1992, 487.

② BGHSt 18, 311，即本节“集中营案”，BGH NStZ 1992, 487，即本节后文将要介绍的“猎刀案”。

③ Vgl. Hörnle, Der entschuldigende Notstand（§35 StGB）, JuS 2009, S. 874–875.

在德国的司法实践中,以《德国刑法典》第 35 条为依据对行为人予以免责的判例很少。这些为数不多的免责判例主要可分为三种类型:纳粹屠杀案(Massentötungen)、家庭暴君案(Familientyrannenfälle)和强制型紧急避险案(Nötigungsnotstand)。

德国在“二战”之后对纳粹屠杀者进行了起诉与审判,许多被告人都在辩护时声称如果他们拒绝执行屠杀命令,便会遭受身体上或生命上的危险。一般而言,审判法院都会拒绝采纳这种辩解。只是在极其个别的案件[①]中,法院才会同意适用《德国刑法典》第 35 条的规定免除行为人的责任。

在德国若干起所谓“家庭暴君案”[②]中,极端暴力的丈夫或者父亲对于配偶或者孩子构成持续危险,最终被家人所杀。联邦最高法院在其最近两个判例中拒绝适用《德国刑法典》第 35 条 1 款规定的“阻却责任的紧急避险”,但却适用了第 35 条第 2 款上规定的认识错误。在 1962 年发生的一起谋杀案中(BGH, NJW 2000, 3079),被告人为了将其居住在德意志民主共和国的家人带往西柏林,枪杀了阻拦其穿越柏林墙的德意志民主共和国边防警察。联邦最高法院于 2000 年在针对此案的终审判决中认定被告人的谋杀罪成立,亦拒绝承认其行为属于阻却责任的紧急避险。

“强制型紧急避险”是指,行为人在第三人的强制下实施了犯罪行为。根据通说,行为人为了避免身体或生命危险而实施的行为不可被阻却违法,而只能被阻却责任。在 1954 年的一个判例(BGHSt 5, 371)中,被告人因受到生命或身体健康上的威胁而被迫在法庭上作伪证,联邦最高法院认定其行为属于阻却责任的紧急避险。[③] 在 1992 年的“猎刀案”(BGH, NStZ 1992, 487)中,被告人撞见其刚认识的两个男子正在用猎刀和刺刀杀人,此二人也强迫被告人一起参与杀人。被告人在初审中被认定为杀人罪未遂的帮助犯,而联邦最高法院在此案的二审中认定其行为

---

① 例如 BGH, NJW 1964, 730,即参见下文“警察连案”。

② 例如 BGHSt 48, 255; NStZ-RR 2006, 200。

③ 关于此判例详情,参见〔德〕克劳斯 · 罗克辛:《德国最高法院判例 · 刑法总论》,何庆仁、蔡桂生译,中国人民大学出版社 2012 年版,判例四十“虚假宣誓案”。

属于阻却责任的紧急避险。[①]

4. 强制型紧急避险[②]

倘若危险情势源于人的行为，这类危险被归类为阻却责任的强制型紧急避险。旧版《德国刑法典》第 52 条的特别规定被废除后，所有此类情形都在普通紧急避险的范围内予以解决，也就是根据现行《德国刑法典》第 35 条予以解决。

值得注意的是，倘若要被保护的利益远远超过被侵害的利益，那么仍然可以考虑适用《德国刑法典》第 34 条中规定的正当防卫。在其余情形下，当暴力或者威胁对于行为人本人及其亲属以及其他关系亲近者的身体、生命或者自由造成以其他方式不能避免的现实危险时，行为人受此暴力或威胁的影响而被迫实施犯罪行为的，可以适用《德国刑法典》第 35 条规定的阻却责任的紧急避险。

这里的"暴力"（Gewalt）仅指"相对暴力"（vis compulsiva），即屈服意志的暴力，而不是"绝对暴力"（vis absoluta），即摧毁意志的暴力。这里的"威胁"（Drohung）是指以将要使用暴力为方法迫使他人在意志上屈服。如果仅是对行为进行怂恿，还不构成威胁。强制者也可将猎犬作为强制工具，命令其扑咬以屈服他人意志。因为危险的来源对于判定紧急情势没有影响，所以强制者的责任能力是不重要的。亲人严肃进行的自杀威胁也可以造成强制型紧急避险，这是因为危险不必来自外部，关系亲近者的自杀危险也符合《德国刑法典》第 35 条的要求。

强制者本人通常可被认为是由被强制者实施之行为的间接正犯。如果强迫情势（Zwangslage）尚不足以导致免责，强制者可被认定为教唆者。

强制型紧急避险的判例包括：在遭到伤害威胁时出于恐惧而实施伪证行为[③]；若不杀人，自己便被杀，在此威胁之下杀害第三人[④]；在丈夫以棍棒殴打相威胁的情况下，母子之间发生乱伦行为[⑤]；若不服从，家人便

---

① 关于此案详情，参见下文。

② Zieschang, in：Leipziger Kommentar StGB, 12. Aufl., §35, Rn. 25–27. 由于本节讨论的判例类型为"强制型紧急避险"，笔者在此又重点引用了崔湘（Zieschang）教授对于此类判例的详细论述。

③ BGHSt 5, 371, S. 372.

④ RGSt 64, 30, S. 31.

⑤ BGH GA 1967, 113 f.

遭伤害,在此威胁下实施毒品犯罪[①]。在纳粹时期存在很多这样的情形:倘若行为人拒绝服从实施违法行为的命令,行为人本人或者其亲近者将会遭受以其他方式不能避免的身体上、生命上或自由上的危险。[②] 在这样的案例中,尤其需要对被强制者的"避免危险之目的"(Gefahrabwendungsabsicht)进行深入分析。

5. 类似判例:"警察连案"[③]

判例要旨:

(1)在执行犯罪命令的场合(此处是指大规模屠杀),关于紧急避险的一般规定也毫无限制地适用。

(2)诸如警察、消防员、海员、医生和护理等特定职业的从业人员是被期待要有献出生命的准备,这只是限于必要的、与其各自职业活动相关的典型危险;但是,在此职业活动之外,一般的紧急避险规定也是适用的。

基本案情:

被告人R在1941年期间是一个警察连(Polizeikompanie)的连长,被告人H是另一个警察连的列车长。二人于1941年10月共同参与了屠杀白俄罗斯莫吉廖夫(Mogilew)地区犹太居民的行动,这项行动是由B突击大队第8突击分队负责领导的。初审法院判定他们的行为不构成谋杀罪的帮助犯,因为其行为属于《德国刑法典》第52条意义上阻却责任的紧急避险。检察院以适用实体法错误为由提出上诉,但该上诉未获成功。

裁判理由:

初审法院查明:被告人以最强烈的方式向其上级提出过反对意见,并要求不参加屠杀行动,但是该意见未被采纳。初审法院还查明:倘若拒绝执行命令,被告人将遭受最严重的危险,甚至被处死。他们当时也没有避免这种即刻会发生的生命危险的其他出路。经过详细的证据分析,初审法院还认定:对于自己失去性命的恐惧是两位被告人参与屠杀行动的主要动机,而且二人已经竭尽全力去寻求逃避命令的方法。

在这种情况下,适用《德国刑法典》第52条是没有问题的。对于该

---

① BGHR StGB §35 Abs 1 Gefahr, gegenwärtige 1, 2 sowie Gefahr, abwendbare 1.

② Vgl. OGHSt 1, 310, S. 313; BGHSt 2, 251, S. 256; BGHSt 3, 271, S. 274; BGHSt 18, 311, S. 312; BGH NJW 1964, 730, S. 731.

③ BGH, NJW 1964, 730. 笔者将此案称为"Polizeikompanie – Fall"("警察连案")。

条的适用遵循了联邦最高法院对于此类案件作出的解释。[1]

提出上诉的检察院认为:因为屠杀是一种令人发指的行为,尤其是当受害者众多时,被告人放弃自己的生命也是可被期待的,所以不可在此案中适用《德国刑法典》第 52 条和第 54 条。检察院的这个意见没有司法判例上的依据;相反,司法判例始终认为:阻却责任不取决于受威胁法益的高价值性(Höherwertigkeit),因而也就不可因受侵害法益的高价值性而被排除在外。[2] 准确地说,司法判例只是根据行为的严重程度确定对行为人提出的——其在避免危险情势而寻求出路过程中积极努力的——要求。[3]

检察院还认为:被告人是具有特殊法律地位的警察,有义务承受这个危险,因而不可援引紧急避险条款。联邦最高法院不同意这个观点。诸如警察、消防员、海员、医生和护理人员等特定职业的从业人员是被期待要有献出生命的准备,这只是限于必要的、与其各自职业活动相关的典型危险,但是这不意味着他们在其职业活动之外也不得援引《德国刑法典》第 52、54 条。警察在参与逮捕武装罪犯或者参与镇压暴乱时,应当豁出自己的性命。被告人当时所处情势与此不可相提并论。他们所遭受的生命危险不是在正常职务行为范围内因接受指示和执行公务而产生的;相反,他们是因上级命令而参与犯罪的,该生命危险完全是在正常范围之外产生的。

6. 类似判例:“猎刀案”[4]

判例要旨:

在紧急避险的情况下,对可被期待的避免危险方式进行审查提出的要求。

基本案情:

本案被告人是一名同性恋者,37 岁,不久前在一家同性恋者聚会场所认识了两个年轻的同性恋男子。1990 年 4 月 14 日夜,他与这两个男子一起到 P 的住处去看望 P。P 也是同性恋者,已经 60 岁了,他曾经让被告

---

① Vgl. BGHSt. 18, 311 = NJW 1963, 1258 und BGH, Urt. v. 15. 6. 1962-2 StR 531/61.

② Vgl. RGSt 66, 397, 398.

③ Vgl. BGHSt 18, 311 = NJW 1963, 1258.

④ BGH NStZ 1992, 487 (Hirschfänger - Fall).

人短暂地在他家里过夜。后来,P 请被告人给他带一个同性恋伙伴过去。在去 P 的住处之前,被告人和那两位他只知道名叫豪尔格(Holger)和伍尔夫(Ulf)的人都已经喝了很多的酒。在 P 的住处,P 又和这两名男子一起豪饮了一小时左右。此后,大家决定上床休息了。已经喝醉的被告人在床上睡觉时,听到隔壁房间里 P 的呼救声。透过隔壁房间开着的门,他看到豪尔格正在用一把猎刀(Hirschfänger)向 P 的肚子上扎。在此之前,P 的背部已经留下一个 8 厘米长的深刺伤,他的脸上也有一处伤痕。此时,伍尔夫将受害人按倒在沙发上,用一把刺刀扎到他的腹部。两个凶手听到了被告人发出的响声,然后向他走过来。豪尔格手持猎刀,刀刃朝前。被告人吓坏了,他心想"下一个就轮到我了",不过他还是跟两个凶手搭上话,请求他们手下留情。他说自己也是"他们中的一员",也有前科,对这个住处也很陌生,他什么也没看见。为了证明自己所说属实,他向豪尔格出示了自己的证件。豪尔格拿走了被告人的钱包连同里面的 570 马克,然后安慰他说:他不会有事的,只要他老老实实的。此时,伍尔夫就站在被告人面前,手里摆弄着那把刺刀,这让被告人很受惊吓。伍尔夫对于被告人的保证不满意,命令他说:"为了确保他不报警,他也得一起干。"他命令被告人跟豪尔格一起去勒那个已经放在受害人脖子上的湿毛巾。当被告人对此命令表现出迟疑时,站在旁边的伍尔夫说"现在动手吧"。被告人"只好服从他们的要求,让干什么就干什么,这样自己才不会出事儿",于是就以间接杀人的故意拽了毛巾至少一分半钟。当他想到"这已经够了","他已经尽到了义务",也就松开了 P。稍后,P 又发出呻吟声,豪尔格和伍尔夫就又去用毛巾勒他的脖子。之后,他们搜查了住处,拿走了被害人的几件贵重物品。被告人也分到了一小部分赃物。第二天被告人便向警方告发此案。

初审法院在征求了专家意见后认定:刺伤造成的失血本来就已能够造成受害人的死亡;在其确实还有生命迹象时,勒脖子的行为加快了死亡进程。至于到底是第一次还是第二次勒脖子的行为造成死亡结果的,已经无法确认。

初审法院认定被告人为杀人罪未遂的帮助犯,其在另外三起案件中分别犯了侵占罪、诈骗罪和盗窃罪,因而数罪并罚,判处其 5 年 6 个月自由刑。

被告人以杀人帮助犯的认定以及总和刑期的判处存在实体法上的错

误为由提出上诉,该上诉获得成功。

判决理由:

与辩方的意见相反,根据初审法院认定的事实,被告人实施的行为符合杀人罪之帮助行为的客观和主观构成要件。

初审法院认定:被告人尽管当时遭到了生命威胁,他还是不得援引《德国刑法典》第 35 条中的紧急避险规定以阻却责任。这个认定并不存在严重的法律问题,因为他当时并未谨慎查证他除积极参与杀害 P 外,能否以其他方式避免伍尔夫和豪尔格的威胁,比如再跟凶手们协商一下。

初审法院正确地认为:并非所有为了避免《德国刑法典》第 35 条所保护法益遭受到的现实危险而实施的违法行为,都能以紧急避险阻却责任。正如“不能以其他方式避免的危险”之用语所示那样,行为人(或参与人)必须在几个可供考虑的方式中选择一个适合于有效消除危险的最温和的手段。《德国刑法典》第 35 条第 1 款第 2 句还表明:除该处列示之诸情形外,倘若根据被保护与被侵害法益之间的价值比例,根据被保护与被侵害法益所遭受危险的大小,根据其先前行为及其与受害人之间的关系,行为人可被期待容忍这种危险以及可能发生的损害,那么就不考虑阻却责任。[①] 倘若在一个明智者看来,在一个危险情势中有若干个可被期待的消除危险的方式,那么,根据一贯的判例,只有那个竭尽全力查证该危险是否能以其他可被期待的方式避免的人,才可援引阻却责任的紧急避险。因真实的或者假想的紧急避险而实施的行为造成的法益侵犯越严重,对避免危险的可期待性以及此处的审查义务提出的要求就越严格。[②]

然而,初审法院没有认识到的是:除即将发生之法益侵害的严重性外,其他的情形也影响着对于可被期待的避险方式提出的审查要求。在极端情形下,细致审查甚至是不必要的。因此,这里非常重要的是:具体的行为情状是否要求立即采取有效避免自身法益侵害的行动,或者行为人是否有可能进行冷静的思考。这还要取决于:可被期待的更温和方式

---

① Vgl. Dreher/Tröndle 45. Aufl., § 35 Rn. 10.

② Vgl. BGHR StGB § 35 II 1 Gefahr abwendbare 1; BGHSt 18, 311 f. mwN-jew. für den Fall des Putativnotstandes; gegen eine eigenständige Prüfungspflicht bei Vorliegen der Notstandsvoraussetzungen S/S-Lenckner 24. Aufl., § 35 Rn 17; LK-Hirsch 10. Aufl., § 35 Rn 40; differenzierend Lackner 19. Aufl., § 35 Rn. 14.

究竟是唾手可得,还是遥不可及。

在本案中,作为杀人犯罪的无意知情者,被告人突然而又意外地陷入一种极为危险的情形中,他几乎没有时间进行细致的思考。由于处于严重醉酒的状态(血液中最高酒精浓度为 4.7‰),他当时寻到逃脱强制情境的出路的能力已经严重减弱。

此外,就凶手强制其实施的行为进行讨价还价,并以此作为可被期待的出路,这种概率很小,远非初审法院公开认定的那样。虽然被告人通过口头交涉成功地劝阻了伍尔夫和豪尔格针对自己的杀害行为,这已表明此二人未将杀死被告人作为唯一确保其守口的出路,他们也愿意考虑其他方法,但是对于被告人而言,紧迫的生命危险没有彻底消除,而只是暂时得以避免。他还必须想到:伍尔夫愿意以被告人参与杀人为前提为其留条活命,这样的人不会同意被告人再跟他讨价还价的,稍有不从便会导致杀身之祸。更严重的是,当时伍尔夫已经醉酒,被告人遭受迫在眉睫的生命危险。以好言相劝的方式企图使自己避免服从对方的要求,这样做对被告人而言是一个极大的风险。

在个案中,当本人生命遭受威胁时,选择其他避免威胁的方式也有可能是被期待的。① 被告人根据伍尔夫和豪尔格此前的行为认为:即便被告人自己不参与杀人,P 的活命机会根本没有或者非常之小。基于这个理由,即使存在可期待性,这种可期待性也会很小。

第六节 家庭暴君案

家庭暴君案(Haustyrannen-Fall)是由联邦最高法院第一刑事审判庭于 2003 年 3 月 25 日作出的判决(判决文号 1 StR 483/02)。初审法院为黑兴根州法院(LG Hechingen)。该判例被刊登在《联邦最高法院刑事判例集》(BGHSt 48, 255-263)中。此外,它还被载于《法学新周刊》(NJW 2003, 2464)、《刑法新杂志》月刊(NStZ 2003, 482-484)、《刑事辩护律师》月刊(StV 2003, 665 -669)、《刑事辩护律师论坛》月刊(StraFo 2003, 317-320)以及《法学家报》月刊(JZ 2004, 44-47)等法律期刊上。鉴于此

① Vgl. BGH Urteil vom 30. 4. 1952-5 StR 21/52.

类案件中隐藏着复杂的刑法教义学问题,本案判决在比较了各种不同的减轻处罚方法之后,提出了符合学界通说观点的解决方案。

一、基本案情

初审法院判定阴险谋杀其夫的被告人有罪,但是鉴于特别情形不判处其终身自由刑,而只对其判处9年自由刑。被告人提出上诉,导致原判中的定罪与量刑均被撤销。原判中对于外部事实的认定不受影响。

1. 初审法院查明:被告人于2001年9月21日中午时分,使用丈夫F的左轮手枪杀死了正在睡觉的他。F在过去数年中变本加厉地对被告人施加暴力,屡屡毒打和羞辱被告人。在实施该行为时,被告人已经看不到保护自己以及二人共同生育之女儿免遭更多暴力的其他出路。

被告人于1983年认识摩托帮成员F,二人成为朋友。不久,他就打了被告人耳光。尽管如此,被告人还是跟他于1986年结了婚。后来,在他们的大女儿J出生后,F在平时遇到不顺心的事情时,或者在被告人未如他所愿迅速服从"命令"时,便用拳头打她的脸部或腹部,用脚踢她。更有甚者,他在平时总是使唤被告人做这做那,她得替他清理他到处乱放的东西。当她怀胎二女儿T时,他仍然无所顾忌,照样对她的腹部拳打脚踢。被告人认为,丈夫的暴力是二女儿出生时带有唇裂的原因。

家庭暴力如此严重,以至于被告人终于在1988年5月决定与其分居,进了妇女保护院(Frauenhaus)。她的父母也不敢收留她,因为他们害怕F会找上门来。当F有所改正时,被告人又在四周后回到他的身边。1993年又有一起暴打行为,F殴打被告人直到其躺在地上一动不动为止。这还不够,F又用脚上的军靴踢打被告人,给她造成肾伤。而在医生那里,她谎称肾伤系不慎跌倒所致。还有一次,F踢打被告人的头部,力量如此之猛,以至于她头部所依的房墙上沾上了大面积的血迹,被告人昏倒在地。F甚至以为她已经被踢死了。自20世纪90年代中期以来,只要F觉得被告人做错了事情,就打她。有一次是在深夜里,二人正在睡觉,F起身打了被告人,因为F认为是她导致自己做了个争风吃醋的梦;由于嘴唇被打肿了,她不得不去找外科大夫治疗。

夫妻二人后来买了自己的房子,F动手干花园里的活儿。F要求被告人随叫随到,拿东拿西,还经常骂她是"破鞋""婊了"或"骚货",加之以拳打或者脚踹。有时为了不让邻居看到,F会命被告人进屋,然后跟进去,再施以拳脚。

搬入新家后,F的暴力行为更加严重和频繁了。有时,F随手拿起棒球杆或者其他东西就打被告人。F还在摩托俱乐部朋友的面前打骂她。2000年圣诞节期间,F在一帮摩托俱乐部会员的面前打被告人,逼她下跪,让她跟着自己说她就是一只“破鞋”,一泡“屎”。

被告人对于一直以来的侮辱和殴打无力反抗;她知道,丈夫还会动怒,还会更加使劲地打她。

F于2001年4月开了一家饭店,此后暴力行为更加升级了。除殴打被告人外,在F认为女儿J和T不听话、不顺从时,也打她们。开了饭店后,被告人必须随叫随到,忙东忙西,甚至无法睡觉。经历了严重的侮辱和殴打后,被告人已经在心理上和身体上到达了崩溃的边缘。身体上,她日渐消瘦。2001年夏,她第三次怀上了F的孩子,但又在8月(即案发之前一个月)流产了。

在案发前两天,F大发雷霆。F因担心饭店不能准点营业而情绪激动,并将此怪罪于被告人,因为她没有提前叫醒他。风吹家门发出的嘎吱之声也令F恼火时,被告人试图平息他的怒气,不料一连挨了几个耳光,被打倒在地。接着,F光着脚踢她。然后F又突然对着她的腹部重重打了一拳,她疼痛难熬,蜷缩在地。之后F使劲地扇她的耳光。被告人撞到了门上,这也令F怒火上升,因为他说,这样做会把门撞坏的。F用脚上的军靴踢打躺在地上的被告人至少十下,用膝盖压住她的身子,用拳头击打她的脸部。F抓住她的头发将其拽到身边,咬了一下她的脸。由于受伤之故,她当天没能去二人所开的饭店,还不得不取消了此前跟牙医的预约。

F在案发当日3点30分从饭店回到家里,又与被告人争吵起来。F骂了半个小时,啐她,打她的脸,打到她的嘴出血。后来,F上床睡觉了。被告人没有睡觉,因为她还要在6点钟时为孩子们上学做好准备。之后,9点左右,她在收拾房间时碰巧看到F非法获取的Arminius牌八发装左轮手枪。F通常是将该枪藏在饭店里,以保护自己免遭摩托帮里仇人的报复和侵犯。

被告人认为自己已经身逢绝境。几周来,由于在家里和饭店里遭受双重压力以及丈夫对于自己的谩骂和殴打,她已觉得自己的整体处境大为恶化,马上就“再也承受不了”这些变本加厉的暴力了。她感到忧心忡忡；针对两个女儿的暴力也会加剧，她本人的承受力也因整体状况的恶化而减少。鉴于三次吞药自杀未遂的经历，她已经坚信自杀不是解决办法，因为那样的话女儿们在遭到丈夫的暴力时得不到自己的保护。至少自2001 年夏天起，被告人就萌生并逐渐坚定了杀死丈夫的想法。处于当时的情境之下，除杀了他之外，被告人已经看不到摆脱 F 的暴力以及确保自己以及女儿们将来不受殴打的其他出路。她认为，国家机关或者慈善机构的帮助也未能使其摆脱丈夫。那次被告人从妇女保护院返家后，F 就多次威胁说，他会对女儿们下手；他也总能随时找到她；即便是他进了监狱，也摆脱不了他；他总有一天“会再出来的”；而且，即便是进了监狱，他也可以委托摩托帮里的朋友对被告人下手。被告人对于这些威胁深信不疑。事实上，法院已经获知 F 以及他所隶属的摩托帮暴力成性。

被告人发现左轮手枪后，曾反复思考是否应当将许久以来的想法付诸实施，但她最终还是下定决心杀死丈夫。她认为这才是结束这种痛苦关系的“唯一的解决办法”。她走进卧室，从大约 60 厘米处对着睡梦中的丈夫打完左轮手枪里的所有子弹。两枚子弹击中要害，立即致 F 死亡。

杀人之后，她给两个女儿发了短信，让她们从学校返家。然后给自己的一名律师打了电话，律师很快赶到她家。40 分钟后，被告人的母亲和其他亲人也赶到了。之后，他们报了警。

2. 初审法院认定被告人关于犯罪背景的陈述真实可信，因为这是有据可查的。至于被告人辩护时声称的正当防卫情势（Notwehrsituation），初审法院认为她的说法不能成立。基于此，初审法院认为她的行为构成了阴险的谋杀，而该谋杀不可通过正当防卫予以合法化。至于这里是否存在其他法定的违法阻却事由或者责任阻却事由，初审法院未作审查。初审法院未对被告人施以谋杀罪所对应的终身自由刑，而是考虑到被告人实施行为时所处的特别情势（die außergewöhnlichen Umstände），根据联邦最高法院大审判庭判决①所确立的诸原则，以《德国刑法典》第 49 条第 1 款第 1 项规定的减刑幅度确定了被告人应受的刑罚。

---

① BGHSt 30，105 = NJW 1981，1965.

二、法条索引

本案例引用了如下法条:

1.《德国刑法典》第35条(阻却责任的紧急避险):

(1)为了使自己、亲属或者其他与自己关系密切者的生命、身体或自由避免正在发生的危险,行为人不得已而采取的违法行为的,不负刑事责任。在个别情形下,尤其是当行为人因自己引发危险或处在特殊的法律关系中,而须容忍该危险时,不适用该规定;但是,如果不顾及某一特别的法律关系,行为人也须容忍该危险时,那么可依第49条第1款减轻刑罚。

(2)如果行为人在实施行为时错误地以为存在依第1款使其免于责任的情形,仅在其能够避免该错误时,才受处罚。应依第49条第1款减轻刑罚。

2.《德国刑法典》第49条(特别之法定减轻处罚事由):

(1)规定或者容许依本条减轻处罚的,适用以下各项:

①判处终身自由刑时,代之以3年以上自由刑。

②……

③……

(2)……

3.《德国刑法典》第211条(谋杀罪):

(1)谋杀者,处终身自由刑。

(2)谋杀者是指出于谋杀嗜好,为了满足性欲,出于贪婪或者其他卑劣动机,阴险地、残忍地或者以危害公共安全的方法,或者为了实现或者掩盖另一犯罪而杀人者。

三、裁判理由

整体而言,被告人的上诉是成立的。虽然她对初审程序提出的质疑不够充分,但在事实上和法律上,初审法院对其作出的有罪判决都不成立。初审判决所作的事实认定,所依据的证据采信(尤其是涉及排除正当防卫情势的证据),以及对于被告人阴险行为的认定,这些在法律上都没有问题。但是,初审法院本应依法审查:这里是否存在阻却责任的紧急避险的条件;如果回答是否定的,那么被告人对此阻却责任的紧急避险的条件是否存在可以避免的抑或不可避免的错误认识(《德国刑法典》第 35 条)。

I.(略)

II.

1. 初审法院对于被告人的罪前行为以及行为本身所作的证据采信不存在法律上的错误。这一点也尤其适用于初审法院对于被告人所主张的正当防卫情势的否定。初审法院为此所作的分析也言之有理;这里并无矛盾、漏洞、模糊以及违反思维规律或既定经验法则之处。

2. 初审法院关于被告人之行为系阴险行为的认定也不存在法律错误。该法院认为她恶意地利用了丈夫的"无猜疑与无防卫"(Arg- und Wehrlosigkeit)之状态而将其杀死,这个认定也是成立的。F 睡去时,也就具备了无猜疑性。[①] 这里也找不到其他的合法化事由。被告人过去曾经饱受丈夫的侮辱与虐待,且无力进行反抗。我们不能就此判定,丈夫在入睡之际就应遭受被告人施加的严重的身体伤害。被告人之所以射杀睡梦中的丈夫,是因为她根本不敢与之公开对抗。她的认识与控制能力也未受到显著限制。她许久以来就已产生杀死 F 的想法,在动手之前还曾有过激烈的思想斗争。

3. 初审法院也在判决结论中正确地认定了被告人行为的违法性。该法院排除了正当防卫,但是未对是否存在《德国刑法典》第 34 条所规定的阻却违法的紧急避险进行讨论。以判决认定的事实来看,阻却违法的紧急避险显然也是不存在的。在确定是否存在阻却违法的紧急避险之前,法院应当进行利益上的衡量;衡量的结果应当是:根据《德国刑法典》第 34 条第 1 句,所要保护的法益应明显大于所要造成危害的法益。这里所谈的要被保护的法益是被告人及其女儿们的身体完整性,而被侵犯的利益——即被消灭的法益——是 F 的生命;显而易见,前者并未超过后者。即便是当时的情势已经激化到 F 对于某个家庭成员构成严重的生命

① Vgl. BGHSt 23, 119 (121) = NJW 1969, 2292.

危险,法院进行利益权衡的结果也不一定对于被告人有利。[①]

4. 基于已被认定的事实,初审法院本还应审查:被告人当时是否在处于阻却责任的紧急避险的状态下实施行为,或者对阻却责任的紧急避险的成立是否存在可以避免的或者不可避免的错误认识(《德国刑法典》第 35 条)。如果存在阻却责任的紧急避险,或者存在对于阻却责任情势的不可避免的错误认识,那么就应考虑判定无罪。在错误认识可以避免时,判处的刑罚也应依据《德国刑法典》第 49 条第 1 款予以减轻;根据联邦最高法院大审判庭判决针对特别情势确立的诸原则[②],减轻刑罚也是应当的。

(1)存在对于行为人及其亲属或者与其关系亲近者的身体或生命构成现实的危险时,如果此危险只有通过该行为才能避免,那么具有违法性的行为免于责任,不受刑罚处罚(《德国刑法典》第 35 条第 1 款第 1 句)。初审法院所作的事实认定表明:对于被告人及其孩子而言,这样的现实危险是存在的,行为的阻却责任并非自始可被排除。初审法院本还应衡量:这个危险是否可以通过该行为之外的其他方式避免。为此,该法院还应对于作出这种评价所需的事实进行认定。

A. 根据一贯的判例,《德国刑法典》第 35 条第 1 款意义上的"危险"是指,事实情势导致的侵害性的结果很有可能产生的一种状态。[③] 这种状态也包括持续危险,即在较长时间里持续存在的威胁状态随时都有可能转化为侵害。[④] 在此,阻却责任的紧急避险的关键是现实的危险,而正当防卫的前提是现实的侵害,二者因而有所区别。从判决理由来看,初审法院认为:被告人及其孩子们处于一种由 F 构成的对于身体完整性甚至

---

① Vgl. zur sog. Abwägung von "Leben gegen Leben": Lenckner/Perron, in: Schönke/Schröder, StGB, 26. Aufl., § 34 Rdnrn. 30, 31; Rengier, NStZ 1984, 21 (22); s. weiter zur Frage einer Rechtfertigung der Tötung des sog. "Haus- oder Familientyrannen" in zugespitzten Gefahrensituationen: Lackner/Kühl, StGB, 24. Aufl., § 32 Rdnr. 4, § 34 Rdnr. 9; Roxin, StrafR AT, 3. Aufl., § 16 Rdnr. 76; Hillenkamp, in: Festschr. f. Koichi Miyazawa, 1995, S. 141, 146; Ludwig, "Gegenwärtiger Angriff", "drohende" und "gegenwärtige" Gefahr im Notwehr- und Notstandsrecht, 1991, S. 169; Otte, Der durch Menschen ausgelöste Defensivnotstand, 1998, S. 179 f.; Byrd, in: Bottke, Familie als zentraler Grundwert demokratischer Gesellschaften, 1994, S. 117, 125.

② Vgl. BGH, NStZ 1984, 20.

③ 可参见 BGHSt 18, 271 = NJW 1963, 1069。

④ Vgl. BGH, NJW 1979, 2053 (2054).

生命的持续危险之中。F 对于被告人的暴力行为持续了 15 年之久,并且在犯罪之前的几个月以及几天里变本加厉,此前也已造成被告人的重伤。这些暴力行为还同时指向了二人的女儿。法院认定的事实表明:未来发生侵害行为的可能性接近于肯定。

依据事前的客观判断,损害发生的可能性如此之大,以至于为了保护受到威胁的法益,必须立即采取必要的措施,以有效防止损害的发生;倘若如此,那么危险就是现实的。至于持续危险,假如损害随时都有可能发生,甚至假如损害的发生可能尚需时日,那么也可以认定存在了这种程度的危险。[①] 以此标准衡量,法院认定存在《德国刑法典》第 35 条第 1 款意义上的"正在发生的危险"是有道理的。即便在行为时 F 仍在熟睡,这样的危险也可能随时转化为现实;这是因为,过去他曾在睡醒后无缘由地殴打被告人。尤其可以想见的是,F 醒来之后便挑起争吵,并随之可能进行殴打。因此,为了避免损害的继续发生,原则上有必要立即采取行动。

B. 根据《德国刑法典》第 35 条第 1 款第 2 句,这里也不能以被告人"自己造成"来自 F 的危险为由,或者以被告人在与他的婚姻关系中必须容忍该危险为由,就排除成立阻却责任的紧急避险的可能性。尽管多年来遭受丈夫的虐待和侮辱,被告人仍然咬牙坚持过来,所以这里并不存在以上意义上的"造成危险"(Verursachung der Gefahr)。鉴于这种长期不断的虐待,被告人与其丈夫的婚姻关系也不应被认为是一种必须承受更多毒打的法律关系。

C. 对被告人予以免责的问题还要取决于:除这个犯罪行为外,她是否还可通过其他方式避免危险。初审法院没有从这个角度分析案件,因而也就没有认定相关的事实。对此,法院应当予以补充认定。补充认定时,应当注意:

假如紧急避险行为是有效应对紧急避险情势的唯一适当的手段,那么该危险就可以说是只有通过紧急避险行为才可避免的。[②] 至于其他的避险手段,这里显然需要考虑国家机关或者慈善机构的帮助。这里的帮助不仅包括被告人连同其女儿们从家里搬出来,住到妇女保护院里去,也包括被告人到警察部门那里寻求庇护,以排除危险。在采取后一种办法

① Vgl. BGH, NJW 1979, 2053 (2054); auch BGHSt 5, 371 (373) = NJW 1954, 1126.

② Vgl. BGH, NJW 1966, 1823 (1824 f.); NStZ 1992, 487.

时,帮助者还应提出刑事控告才行。但是,被告人并未以这种方法使自己摆脱困境。假如由于情况特殊,替代方案自始便不可靠,那么在此情势下也可将危险认定为不能以其他方式避免。这是因为,当存在持续危险时,对于危险的预防就不能局限于延迟危险的发生。[1] 被告人曾经提出过救助请求,并告知过去之事,政府机关也仍未进行有效的干预,以至于这些机关能否在发生紧急状态时持久介入,也未可知[2];或者,即便警方当时提供协助也仍然不可能有效地排除紧急状况。[3] 若存在以上情形,则可认为,预防危险的选择方案达不到这个意义上的有效。

根据现已认定的事实,尚且不能断定的是:被告人为了避免自己与孩子们面临的危险,是否缺乏充分而又有效的行为替代方案(Handlungsalternative),且不论该方案的实现有多么遥不可及。即便被告人以搬家和求助的方式就可以摆脱 F 的骚扰,这里仍要审查的是:F 发出的口头威胁是否当真。在全面了解客观事实后,法院原则上可以认为,陷入困境的这家人终会得到国家机关和慈善机构的有效帮助。尽管在此案发生时,《预防暴力法》[4]尚未通过,其所规定的法律途径尚不具有法律效力,以上观点仍然适用。不过此法生效之后,上述观点就更应被印证。对于认定避免持续危险的其他方法,尤其是当这里涉及的是生命法益的消灭时,主要应从规范的角度予以考察,不应对这些方法提出过高的要求。这一点也适用于国家机关(尤指警察部门,也包括青少年保护局)有效介入的义务。因此,关于"家庭暴君"以其一再实施的严重暴力活动而对其他家庭成员构成的持续危险,除杀死"家庭暴君"外,还有其他避免方法,比如寻求第三者的帮助,即向国家机关求助。

(2)虽然该危险在客观上可以通过其他方式避免,但是被告人在实施犯罪行为时却错误地认为这里存在着可以使其免责的情势,又抑或她不可避免地产生《德国刑法典》第 35 条第 2 款所规定的错误认识。倘若此,则被告人不必因自己的犯罪行为而受处罚。初审法院在未考虑《德国

---

① Vgl. BGHSt 5, 371 (375) = NJW 1954, 1126; BGH, NJW 1979, 2053 (2054).

② Vgl. BGH, NJW 1966, 1823 (1824 f.); NJW 1979, 2053 (2054).

③ Vgl. dazu BGH, GA 1967, 113.

④ Vgl. Gesetz zum zivilrechtlichen Schutz vor Gewalttaten und Nachstellungen v. 11. 12. 2001-BGBl I, 3513.

刑法典》第35条的前提下认定:被告人想当然地以为她的处境是没有出路的;她认为杀死丈夫就是她的"唯一的解决办法"。初审法院在沿着这个思路认定被告人的行为时,本还应评估的是:这种想法对她来说是否可以避免。①

5. 综上,有罪判决不能成立。因为初审法院对于犯罪行为客观方面的认定并无法律错误,也不必担心它们会有悖于以后的事实认定,所以现有的事实认定能够成立。这个事实是指严格意义上的行为进程,即:被告人在反复思量之后用左轮手枪杀死了熟睡在床的丈夫。这里允许补充认定与此不相矛盾的事实。

III.

联邦最高法院第一刑事审判庭对于将要进行的审理和判决提出以下意见:

1. 倘若重新审理时发现,由F构成的危险还能以其他方式避免,而被告人对此并不了解,那么对于这种认识错误是否可以避免的问题《德国刑法典》就要取决于:被告人对于可能存在的出路是否认真地检验过。对于检验义务(Prüfungspflicht)的具体要求,应根据当时的具体犯罪情形予以确立。② 对检验义务具有重要意义的要素主要是指行为的严重性,检验时所处的情势,尤其是用于检验的时间跨度,以及行为人是否有可能进行安静的思考;必要时,还要取决于她是以什么方式对于事实情况形成这种认知的。

本案是杀人案,是一种最严重的犯罪,也是对于最高个人法益的侵犯。因此,应当对被告人的检验义务提出严格的要求。假如重审时还发现,被告人在杀人之前有过较长的思考时间,在此期间她本应调查可能存在的其他避险方式,并且本应听取他人的意见,那么就可认定这里所说的错误是可以避免的。遭受了F的长期虐待与侮辱后,她的身心状态都不太允许她对于其他避险方式进行符合实际的评估;即便重审时认定她的控制或者认识能力均未遭到显著减弱,这一结论也同样适用。

2. 假如重审法官据此得出的结论是被告人的错误是可以避免的,那么就应当根据《德国刑法典》第35条第2款和第49条第1款第1项对其

---

① Vgl. BGH, GA 1967, 113 (114).

② Vgl. BGH, NStZ 1992, 487.

减轻处罚。只有在无其他法定减轻事由时,才可遵循联邦最高法院大审判庭(关于以符合宪法的方式适用法律)的判例,对于本应判处终身自由刑的,依第49条第1款第1项确定的量刑幅度进行量刑[1];不可轻易适用那种"特别的"减轻处罚之规定。[2]

依据《德国刑法典》第35条第2款第2句和第49条第1款第1项规定的法定减轻刑罚事由确定刑罚的幅度,这很可能导致对于被告人的有利结果。虽然通过以下两种方法获得的是同样的量刑幅度,但是在这个量刑幅度范围内,量刑基准却有不同的权重。根据大审判庭确立的原则[3],特别情势应当构成减轻刑罚的事由。为了适用有利的量刑幅度,这里应当考虑整体情况,包括过去数年中的虐待和屈辱,以及被告人保护自己免遭未来危险的挣扎。在具体量刑过程中,发挥重要作用的减轻事由也不可过度予以考虑。[4] 初审法院在量刑时已经意识到这一点。假如在适用有利量刑幅度时依据的是《德国刑法典》第35条第2款中规定的法定减轻义务,那么被告人在紧急避险状态下对于其他避险方式的错误认识便成为一个重要的法定减轻事由。在具体量刑过程中,诸如死者在过去多年里对于行为人施加的屈辱与殴打,以及由此对被告人造成的悲惨处境等其他情势,很可能也是减轻处罚的重要因素。

3. 最后,重审法官还应注意:本案中的被告人以"绝对的毁灭意志"实施了犯罪行为,这不应成为加重处罚事由;否则,这就是对于《德国刑法典》第46条第3款规定的禁止重复评价原则的违反,也就犯了法律上的错误。在致人死亡案件中量刑时,致人死亡的直接故意不可重复用于评价行为人。[5] 可以作为加重情节考虑的只能是尚未被作为构成要件予以考虑的残酷的、极其严重的犯罪行为方式。被告人出于恐惧把左轮手枪对准丈夫,打完所有八发子弹。如果该犯罪行为失败,被告人就会自杀。虽是在极近的距离内射击,但八发子弹中仅有两发击中,这也说明她的恐惧并非虚构。

---

① Vgl. BGHSt 30, 105 (118) = NJW 1981, 1965.

② Vgl. BGH, NStZ 1984, 20.

③ Vgl. BGHSt 30, 105 (121) = NJW 1981, 1965.

④ Vgl. BGH, NJW 1987, 2593 = NStZ 1988, 87.

⑤ Vgl. BGH, StV 2002, 190.

四、判例评述

1. 问题的提出

联邦最高法院于2003年3月25日作出的家庭暴君案判决,虽符合学术界的多数说观点,但仍然引发了热烈的讨论。之所以如此,是因为这类案件中隐藏着复杂的刑法教义学问题,学术界对此难以达成一致意见。

在此类案件中,行为人本来是暴力行为的受害者,只是后来因不堪忍受虐待而实施犯罪行为。实际上,杀死家庭"暴君"的行为是其对于长期以来双方矛盾冲突的一种激烈反应。在这种特殊情形下,倘若对于行为人按照法律的严格规定以谋杀定罪并判处终身自由刑,那么这会显得不近情理。为了避免出现这种结果,司法判例和理论学说提出了各种解决方案:有的认定此行为不符合谋杀罪的客观构成要件;有的认定此行为具有违法阻却事由或责任阻却事由;还有的提出,鉴于行为人的动机,法院应予以减轻处罚。①

联邦最高法院在本案判决中提出,被告人错误地以为其行为存在可以使其免责的情势,而且这个认识错误不可避免,所以应当适用《德国刑法典》第35条第2款,即依据《德国刑法典》第49条第1款第1项规定的量刑幅度减轻处罚。

2. 构成要件该当性

联邦最高法院在本案判决中延续了一贯的判例,认定被告人的行为满足了《德国刑法典》第211条意义上的"阴险"构成要件要素:

F睡去时,也就具备了无猜疑性。这里也找不到其他的合法化事由。被告人过去曾经饱受丈夫的侮辱与虐待,且无力进行反抗。我们不能就此判定,丈夫在入睡之际就应遭受被告人施加的严重的身体伤害。被告人之所以射杀睡梦中的丈夫,是因为她根本不敢与之公开对抗。她的辨认与控制能力也未受到显著限制。她许久以前就产生了杀死F的想法,在动手之前还曾有过激烈的思想斗争。

联邦宪法法院在其1977年的一个判例②中认定:在适用《德国刑法典》第211条对阴险杀人者判处终身自由刑时,应当对其进行符合宪法的

---

① Vgl. Beckemper, Tötung des Familientyrannen, JA 2004, S. 100.

② Vgl. BVerfGE 45, 187.

限制性解释;只有当犯罪行为具有特别的可谴责性时,对行为人处以终身自由刑才是符合比例原则的。至于如何对“阴险”概念进行合宪性的解释,联邦宪法法院并未作出明确的说明。[①] 这也是“阴险”概念充满争议的重要原因之一。

根据一贯判例,凡是以恶意的方式有意识地利用受害人的“无猜疑性”(Arglosigkeit)与“无防卫性”(Wehrlosigkeit)而杀人的,便构成谋杀罪意义上的“阴险”(Heimtücke)。无猜疑性是指,在行为人发起以杀人为目的的袭击行为时,受害人没有想到自己的生命或者身体会遭到袭击。无防卫性是指,受害人根本没有防卫机会,或者只有有限的防卫机会。无猜疑性属于主观条件,是原因,无防卫性属于客观条件,是结果。[②] 联邦最高法院在本案判决中重申了其早在1969年的一个判例[③]中总结出来的观点:受害人在入睡之后便具备了无猜疑性。在那个判例中,杀死睡眠中的受害人被认定为阴险谋杀。[④]

然而,学术界的通说认为,对于信任关系进行滥用的,才属于“阴险”。不过,这里的争议并不影响本案的认定,因为本案行为人和受害人本来就是夫妻,彼此之间存在着一种特殊的信任关系。[⑤]

既然杀夫系阴险行为,那么就考虑适用《德国刑法典》第211条以判处被告人终身自由刑。但是,这样的严厉处罚不仅不妥当,而且也违背了联邦宪法法院要求对谋杀罪构成要件要素进行限缩性解释的上述判例。[⑥]

少数派学者提出所谓的“消极的类型修正说”(Lehre von der negativen Typenkorrektur),以此否定构成要件该当性。[⑦] 根据该学说,在审查所谓的“阴险”行为时,应当综合考虑行为的所有情节;倘若以此得出的结论是

---

① Vgl. Rotsch, Die Tötung des Familientyrannen: heimtückischer Mord?, JuS 2005, S. 14; Bürger, Heimtückisch und doch kein Mord, JA 2004, 298, S. 298.

② 参见 Beckemper, Tötung des Familientyrannen, JA 2004, S. 101, 也可参见 Rotsch, Die Tötung des Familientyrannen: heimtückischer Mord?, JuS 2005, S. 13。

③ Vgl. BGHSt 23, 119 (121) = NJW 1969, 2292.

④ Vgl. Rotsch, Die Tötung des Familientyrannen: heimtückischer Mord?, JuS 2005, S. 13.

⑤ Vgl. Beckemper, Tötung des Familientyrannen, JA 2004, S. 101.

⑥ Vgl. Beckemper, Tötung des Familientyrannen, JA 2004, S. 101.

⑦ Vgl. Eser, in: Schönke/Schröder (Hrsg.), Strafgesetzbuch Kommentar, 28. Aufl., § 211, Rn 10.

该行为不具有“特别的可谴责性”，那么就应否认存在“阴险”要素，从而否定了《德国刑法典》第 211 条的适用。[①] “阴险”代表的是一种特别的社会伦理评价，它也是区分“谋杀”和“（普通）故意杀人”的重要标志之一。既然不构成《德国刑法典》第 211 条中的谋杀，也就只能考虑适用第 212 条[②]中的（普通）故意杀人了。

少数派论者之一阿多迈特（Adomeit）虽然没有明确表示赞成该学说，但他得出的结论是类似的。他认为：在古希腊时代，人们曾将杀死暴君者称颂为自由的创立者，但是本案中的杀夫者不但没有受到颂扬，反而有失去终身自由之虞。检察机关应当对这个杀夫者提起公诉，但是不应将此行为认定为阴险。倘若被告人让施虐者在清醒的状态下承受自己行为的后果，反而会受到更轻的处罚。比如，被害人可以大声叫醒他，往他脸上泼凉水，在他因受惊而勃然大怒时，再扣动扳机，结束他的性命。在这种情况下，本案也就不存在“无猜疑性”和“无防卫性”，因而也就不构成“阴险”了。于是，这里可直接适用《德国刑法典》第 213 条[③]中关于故意杀人的减轻情节，因为施虐者的先前行为已经完全满足“施加虐待”这个构成要件要素了。[④]

作为多数派论者的贝肯佩尔（Beckemper）认为，否定谋杀构成要件该当性的观点既不符合联邦最高法院的一贯判例，也不符合学术界的通说。相反，即便不采纳这种学说，也同样可以达到大幅减轻刑罚的目的，而且还不会伤及刑法教义学。[⑤] 根据通说，本案的杀夫行为构成《德国刑法典》第 211 条中的谋杀罪。

在认定构成要件该当性之后，要想避免不恰当的刑罚，可以采取的方法包括：正当防卫（第 32 条），阻却违法的紧急避险（第 34 条），防卫过当

---

① Vgl. Beckemper, Tötung des Familientyrannen, JA 2004, S. 102.

② 《德国刑法典》第 212 条（故意杀人）：（1）非谋杀而故意杀人的，处 5 年以上自由刑。（2）情节特别严重的，处终身自由刑。

③ 根据《德国刑法典》第 213 条（故意杀人的减轻情节），非因故意杀人者的责任，而是因为被害人对其个人或家属进行虐待或重大侮辱致故意杀人者当场义愤杀人，或具有其他减轻情节的，处 1 年以上 10 年以下自由刑。

④ Vgl. Adomeit/Beckemper, Tötung eines Familientyrannen eine Diskussion, JA 2005, S. 35 – 36.

⑤ Vgl. Adomeit/Beckemper, Tötung eines Familientyrannen-eine Diskussion, JA 2005, S. 36.

(第 33 条),阻却责任的紧急避险(第 35 条),对于阻却责任的紧急避险的条件存在错误认识(第 35 条第 2 款);“法律后果解决法”。[①]

3. 阻却违法与阻却责任

(1)阻却违法

在阻却违法的层面上,可以考虑正当防卫和紧急避险的可能性。适用正当防卫的前提之一是:在杀人之时应当存在现实的非法侵害行为。本案中只存在一个将来的侵害,所以通说认为这里不适用正当防卫。但也有少数说论者认为,倘若等到侵害发生时防卫的机会就会失去,那么即将发生的侵害也符合正当防卫的要求。[②] 本案判决显然遵循了通说,径直认定本案不适用正当防卫,甚至没有解释不适用的原因。

正当防卫的前提之一是“现实”的侵害,紧急避险的前提之一是“现实”的危险,但是二者对于“现实性”有着不同的要求。不符合《德国刑法典》第 32 条意义上的现实性,并非意味着也不符合《德国刑法典》第 34 条意义上的现实性。比如,持续危险也是《德国刑法典》第 34 条意义上的现实性危险。法律没有对正当防卫和紧急避险的边界进行明确的划分,但对待规避不法侵害的问题上,司法判例原则上只允许在正当防卫的情况下杀人。本案判决遵循通说,认定不存在阻却违法的紧急避险,其主要理由是不能以生命换取生命:

以初审判决认定的事实来看,阻却违法的紧急避险显然也是不存在的。在确定是否存在阻却违法的紧急避险之前,应当进行利益上的衡量;衡量的结果应当是:被保护的利益远远超过被损害的利益(《德国刑法典》第 34 条第 1 句)。这里所谈的要被保护的法益是被告人及其女儿们的身体完整性,而被侵犯的利益,即被消灭的法益,是 F 的生命;显而易见,前者并未超过后者。

当然,对于这一点也不是没有异议。少数论者认为在这种所谓的防御性紧急避险(Defensivnotstand)的情况下可以杀人。[③]

(2)阻却责任

通说认为,本案不可适用《德国刑法典》第 33 条的防卫过当规定。不

---

① Vgl. Rotsch, Die Tötung des Familientyrannen: heimtückischer Mord?, JuS 2005, S. 14.

② Vgl. Beckemper, Tötung des Familientyrannen, JA 2004, S. 102.

③ Vgl. Beckemper, Tötung des Familientyrannen, JA 2004, S. 102.

过,也有少数论者扩张《德国刑法典》第 33 条的适用范围,以"时间上的防卫过当"(den extensiven Notwehrexzess)或者"预防性正当防卫"(die Präventiv-Notwehr)为由阻却责任。以此少数说,这里只需证明被告人是出于"恐惧"而实施行为,就可根据《德国刑法典》第 33 条考虑免于处罚。[①]

联邦最高法院在本案中遵循通说,没有解释不适用防卫过当的原因,而是径直考虑适用《德国刑法典》第 35 条上阻却责任的紧急避险:

初审法院本还应审查:被告人当时是否是在阻却责任的紧急避险的状态下实施行为的,或者对阻却责任的紧急避险的成立是否存在可以避免的或者不可避免的错误认识(《德国刑法典》第 35 条)。如果存在阻却责任的紧急避险,或者存在对于阻却责任情势的不可避免的错误认识,那么就应考虑判定无罪。

由于适用阻却责任的紧急避险的条件之一是存在"现实的危险",联邦最高法院在此判决中论述说:

根据一贯的判例,《德国刑法典》第 35 条第 1 款意义上的"危险"是指,事实情势导致的侵害性的结果很有可能发生的一种状态。这里也包括持续危险,即在较长时间里持续存在的威胁状态随时都有可能转化为侵害……依据事前的客观判断,损害发生的可能性如此之大,以至于为了保护受到威胁的法益,必须立即采取必要的措施,以有效防止损害的发生;倘若如此,那么危险就是现实的。至于持续危险,假如损害随时都有可能发生,甚至假如损害的发生可能尚需时日,那么也可以认定存在了这种程度的危险。以此标准衡量,认定存在《德国刑法典》第 35 条第 1 款意义上的"现实的危险"是有道理的。即便行为时 F 仍在熟睡,这样的危险也可能随时转化为现实;这是因为,过去他曾在睡醒后无缘由地殴打被告人。尤其可以预见的是,他醒来之后便挑起争吵,并随之可能进行殴打。因此,为了避免损害的继续发生,原则上有必要立即采取行动。

在此基础上,联邦最高法院还需解决的问题是:这个危险是否"不能以其他方式予以避免"。司法判例和学术界至今体现出来的整体趋势是:

---

① 参见 Rotsch, Die Tötung des Familientyrannen: heimtückischer Mord?, JuS 2005, S. 16-17;也可参见 Rengier, Anmerkung Zu BGH v. 02.08.1983-5 StR 503/83 (Tötung eines "Familientyrannen"), NStZ 1984, S. 22。

从有利于行为人的角度出发,认定这种危险不能以其他方式予以避免。[1]不过,鉴于本案的具体情况,联邦最高法院认定这种现实危险是能够以其他方式予以避免的:

根据现已认定的事实,尚且不能断定的是:被告人为了避免自己与孩子们面临的危险,是否缺乏充分而又有效的行为替代方案,且不论该方案有多么遥远。即便被告人以搬家和求助的方式能够摆脱 F 的骚扰,这里仍要审查的是:F 作出的口头威胁是否当真。在全面了解客观事实后,原则上可以认为,陷入困境的这家人终会得到国家机关和慈善机构的有效帮助。

(3)认识错误

在拒绝认定存在阻却责任的紧急避险之后,联邦最高法院继续审查了下一个问题:行为人对阻却责任的紧急避险的成立是否存在——可以避免的或者不可避免的——错误认识。

被告人想当然地以为她的处境是没有出路的;她认为那就是她的"唯一的解决办法"。初审法院在沿着这个思路认定被告人的行为时,本还应评估的是:这种想法对她来说是否可以避免……假如重审时还发现,被告人在杀人之前有过较长的思考时间,在此期间她本应调查可能存在的其他避险方式,并且本应听取他人的意见,那么就可认定这里所说的错误是可以避免的。遭受了 F 的长期虐待与侮辱后,她的身心状态都不太允许她对于其他避险方式进行符合实际的评估;即便重审时认定她的控制能力或者辨认能力均未遭到显著减弱,这一结论也同样适用。

实际上,联邦最高法院已在这里隐含地认定了被告人对于使其免责的紧急避险情势存在着不可避免的错误认识,也就隐含地表明了可依据《德国刑法典》第 35 条第 2 款的规定减轻处罚。

在联邦最高法院的本案判决作出后,初审法院(黑兴根州法院)根据联邦最高法院的要求重新审判了此案。被告人在庭审时表示:在夫妻关系存续期间,她对于丈夫产生了巨大的恐惧心理,已经对他失去了信任。她不敢去妇女保护院,也不敢求助于教会或其他慈善机构,因为她的丈夫多次威胁说他不会放过她和两个孩子。她说:"所有人都知道,他这个人

---

① Vgl. Beckemper, Tötung des Familientyrannen, JA 2004, S. 102.

是说得到做得到的。我也认为警方没有能力保护我和我的家人。”最后，该法院判处被告人4年6个月自由刑。法院认定该行为不构成阻却责任的紧急避险，因为她是有机会带着两个女儿逃走的。因为被告人未对这个新判决提出上诉，检察院后来也把针对此判决的上诉撤回，所以初审法院的重审判决已经发生法律效力。[①]

4. 法律后果解决法

如上所述，学术界的通说认为，滥用信任关系的杀人行为构成“阴险”意义上的谋杀。申言之，行为人利用了他与受害人之间的信任关系或者受害人对他的信任而实施杀人行为。由于对于信任的违反具有特别的可谴责性，这是谋杀罪区别于（普通）故意杀人罪的原因。但是，联邦最高法院没有采纳这种观点，因为该法院认为：信任关系这个概念含义模糊，容易导致不确定的和不均衡的判决；这种方法也不能对于边缘案例作出明确的区分；尤其是，依据这种理解，对于不知情者发动的突然袭击还不是阴险的，因为行为人和受害人之间还未形成个人之间的关系。[②]

亦如上所述，少数论者提出的“消极的类型修正说”旨在从构成要件层面对“阴险”要素进行限制性解释。联邦最高法院也未采纳这种观点，因为该法院认为：它将破坏针对构成要件问题时适用法律上的可预测性和统一性；而且“特别的可谴责性”也难以成为综合评估的坚实标准。[③]

据此，联邦最高法院认为，学术界关于限制阴险谋杀要素的观点均不足取。为了避免学术界方案的弊端，该法院在其1981年的一个重要判例[④]中提出了所谓的“法律后果解决法”（Rechtsfolgenlösung）。[⑤] 该判例指出：在阴险谋杀具有特别情势的情况下，倘若判处终身自由刑时有违反比例原则之虞，那么依然可将其认定为谋杀，不过应当依《德国刑法典》第49条第1款第1项规定的量刑幅度减轻处罚。

根据法律后果解决法，当存在“特别情势”时，虽可认定谋杀罪，但并不依《德国刑法典》第211条判处终身自由刑，而是依据第49条第1款第

① 关于此案重审结果，参见 Rengier, Totschlag oder Mord und Freispruch aussichtslos – Zur Tötung von (schlafenden) Familientyrannen, NStZ 2004, S. 239。

② Vgl. Rotsch, Die Tötung des Familientyrannen: heimtückischer Mord?, JuS 2005, S. 14.

③ Vgl. Rotsch, Die Tötung des Familientyrannen: heimtückischer Mord?, JuS 2005, S. 14.

④ Vgl. BGHSt 30, 105 = NJW 1981, 1965.

⑤ Vgl. Rotsch, Die Tötung des Familientyrannen: heimtückischer Mord?, JuS 2005, S. 14.

1 句将其减轻为 3 到 15 年自由刑。联邦最高法院在这个判例中列举了几种“特别情势”:在准紧急避险以及无路可走的情形下实施的行为,在极其绝望的情形下实施的行为,出于深切的同情而实施的行为,或者因严重的挑衅而激发的“正当愤怒”下实施的行为,这些行为可被认为属于特别情势;以及在由受害人造成的且不断激发的折磨人的冲突中,或者在受害人对于行为人造成严重情感伤害的情形下,行为人的情绪一再受到刺激,在以上情形下实施的犯罪,也属于此类。同时,该法院也承认,要想对“特别情势”下一个完整的定义或者列举出全部的情形,这是不可能的。①

对于该案判决,学术界也有不少的批评意见,比如其中涉及法官造法的问题,隐藏着为了个案公平而违背法安定性原则的危险,况且“特别情势”这个标准也是非常模糊的。②

联邦最高法院曾在此后的判例③中指出,这个办法相对于其他的减轻处罚以及免罚事由来说只是辅助性的,即只有当其他办法不适用时才可适用这个办法。正如本案判决所示,联邦最高法院也要求初审法院在重审时优先考虑其他法定减轻事由,不可轻易适用超越法规的“特别情势”减轻事由(即“法律后果解决法”)。

5. 类似判例

早在 1983 年,联邦最高法院就曾针对一起杀夫案作出过判决。④

判例要旨:

如果事实审法官想要对阴险谋杀行为人施以轻于《德国刑法典》第 211 条规定的刑罚,那么他就应详尽地审查和细致地讨论“阴险”的全部要素以及所有将被考虑的法定减轻刑罚事由。

基本案情:

丈夫(受害人)在过去数年中欺压全家人,尤其是虐待妻子(即被告人)和继子 R。被告人因而多次考虑带着两个孩子逃到妇女保护院去,但是她又总是打消这个念头。这是因为:她的父亲有病在身,住在自己家里;她担心的是,自己走了之后,父亲就没人照顾了。

---

① Vgl. BGHSt 30, 105, 119.

② Vgl. Rotsch, Die Tötung des Familientyrannen: heimtückischer Mord?, JuS 2005, S. 17.

③ 例如 BGH, NJW 1983, 54。

④ BGH NJW 1983, 2456.

1982 年 8 月 28 日,被告人的 13 岁儿子 R 因为害怕继父对他施虐,就跑到其继父前妻那里去了。继父前妻通过电话将此事告诉了被告人。然后,被害人给其前妻打了电话,声嘶力竭地要求孩子回家。待他的女儿接过话筒后,他才终于同意 R 只可在那里待三天,之后必须回家。

可是打完电话后,他的怒气还没消,大发雷霆。他对妻子和岳父吼道:小兔崽子必须回家,回家后再给他点颜色看看,要把他打得找不到北。他还说:如果他现在就有汽车的话,就立即开车找过去,“要把这个小混蛋的头顶在墙上,撞死他”。

第二天上午,被害人上班去了。被告人给精神沮丧的儿子打了一个电话。她也非常害怕儿子回家后会遭受难以想象的殴打,可能就活不成了。被害人 16 点时回到家里,还是怒气冲冲。他跟平常一样喝了酒,在厨房里气得摔了盘子。晚饭后,他看了电视。上床后,他还喋喋不休,说这都是“小混蛋”惹的。然后,他就要求妻子与他行房事,妻子心里不愿意,但也只好逆来顺受。房事之后,丈夫就入睡了。

被告人躺在床上,由于担心儿子的命运,她几个小时后都无法入睡。她心里恐惧不已:丈夫此次盛怒,儿子可能难以活命。她思来想去,希望能有一个防止这个可怕后果的办法。她也联想到自己以及女儿 U 这些年来遭受的虐待,想到丈夫对她及其家人的残酷虐待,这些都令她难以忍受,也觉得无路可走。

在此情况下,被告人下定决心杀死睡梦中的丈夫,因为只有这样才能结束所有的痛苦,尤其是避免其儿子即将面临的灾难。她从家里找到一个双面锤,多次地猛砸丈夫头部,对方当场死亡。

初审法院(即奥尔登堡州法院)因被告人阴险杀死其丈夫,判处其 6 年自由刑。被告人以适用实体法错误为由提出上诉,获得胜诉。

判决理由:

初审法院认定被告人的行为符合谋杀罪之“阴险”要素,排除了违法阻却事由与责任阻却事由的适用,否认了被告人因冲动而责任能力减弱,且没有论述其他减轻事由,然后将《德国刑法典》第 211 条规定的终身自由刑减轻为 6 年自由刑。

这个判决存在法律上的错误。在这样一个因极端绝望而实施的犯罪行为中,其原因在于受害人严重虐待家人以及引发恐惧与惊吓的残暴行为。事实审法官不可轻易采取由联邦最高法院大刑事审判庭在其判决中提出的所谓“法律后果解决法”[①]。

相反,在这样的案件中,法院应对构成阴险的条件进行慎重的审查。虽然并非每个激烈的感情活动都会妨碍行为人认识受害人的无猜疑性与无防卫性对于行为的意义,但是行为决意是由该行为的此前背景以及行为人的精神状态自动引发的,这种自动性表明行为人对于受害人的无猜疑性与无防卫性缺乏利用的意识。所以,这里无论如何都尤其应当解释一下,为什么行为人在其情绪激动时还会产生足以被认定为“阴险”的意识。

然后,重审法官应当详尽讨论所有可被考虑的违法阻却事由和责任阻却事由,尤其是正当防卫和阻却责任的紧急避险,以及行为人是否可能对于构成这些事由的情势产生错误认识(假想正当防卫,假想紧急避险)。

最后,重审法官在决定认可判例 BGHSt 30, 105 意义上的“特殊情势”之前,还应对法定的减轻责任事由进行详细解释。

重审法官在审查时,还不应以被告人能够完整地回忆行为过程的细节为由,否定其当时的情绪高度冲动并进而否认行为人当时具有《德国刑法典》第 21 条意义上的减弱责任能力。

初审判决不符合这里提出的诸要求,所以应当予以撤销。

重审结果[②]:

此案被联邦最高法院发回重审。初审法院重新审判此案后认为,被告人在行为之时可能是处于情绪冲动状态,其控制能力减弱到了《德国刑法典》第 21 条意义上的显著程度;法院也不能确认被告人在行为时已经具有构成阴险所必要的意识。法院认为也不能认定违法阻却事由和责任阻却事由,尤其是阻却责任的紧急避险事由。因此,法院认定被告人的行为构成《德国刑法典》第 212 条规定的(普通)杀人罪,并因此判处其 2 年监禁刑。

---

① BGHSt 30, 105 = NJW 1981, 1965.

② Vgl. Rengier, Totschlag oder Mord und Freispruch aussichtslos–Zur Tötung von (schlafenden) Familientyrannen, NStZ 2004, S. 233.

第五章 错误论*

第一节 导论

错误论部分被普遍认为是刑法总则中最难的部分。[①] 整个犯罪论体系中各个阶层均可能产生主观认识与客观事实不一致的情形,从而产生刑法上的错误问题。不同阶层的错误导致的法律评价是迥异的,因此也就有各种不同定义的错误。在进入具体案例研讨之前,对各类冠以错误名称的专业术语有相应清楚的了解及对应是很重要的。

首先,在构成要件阶层中产生的错误类型统称为构成要件错误,指行为人于行为时因为主观上并未认识不法构成要件所确定的客观构成要件事实,因此主观上的认识内容与客观上的犯罪事实不相符合的情形。[②] 具体而言又包括行为错误、行为对象错误(亦称行为客体错误)、因果流程错误及限于身份犯的行为主体错误。

行为错误是对行为本身的性质发生错误认识,行为人只能就其主观上所认知的内容成立相应犯罪或不构成犯罪,在构成犯罪的情形中,如果排除故意犯罪的,有必要继续检讨行为人有无过失犯罪的可能性。

行为对象错误需要考虑对象的具体法律性质,如果是构成要件上等价的客观错误,则不影响故意的成立。如果是构成要件上不等价的错误,

---

* 陈珊珊,苏州大学王健法学院副教授;蒋毅,中南财经政法大学刑事司法学院讲师。

① Heinrich, Strafrecht Allgemeiner Teil, 3. Aufl., 2012, Rn. 1062;许多国内针对大学本科教育的刑法教科书对此章是直接省略,少数论及错误的也只是寥寥数语加以带过。

② 参见林山田:《刑法通论(上册)》,北京大学出版社 2012 年版,第 270 页。

对于实际发生的损害事实阻却行为故意,可以检讨其相关过失的刑事责任。行为对象错误极易与打击错误相混淆,后者限于行为实行失误导致客观所发生之事实与主观认识预期不同,其行为人对于打击对象本身并没有错误认识,其对实行行为的性质也没有发生错误认识(这一点与行为错误相区别),而是实行失误。

因果流程错误是指行为人主观上所预见的因果过程与实际发生的因果过程不一致的情形。行为人主观上不但必须对行为与结果有所认识,而且对行为与结果之间的演变过程亦应有所认识才能构成故意。[①] 因此,如果行为人主观想象的因果流程与现实的因果流程不相同的话即构成因果流程错误。因果流程的错误对罪责承担的影响体现在这种错误对于一般生活经验而言,究竟发生多少程度的偏离。原则上故意的认知内容并不需要对整个犯罪过程事无巨细均有认识,只需认为到因果流程的重要部分即可。[②] 因此必须是因果流程的重要部分发生了异常的或非典型的变化,才可以否定原因与结果之间的客观归责。

行为主体错误并不多见,一般只发生在身份犯的犯罪类型当中。当特别身份成为客观构成要件要素之一,主观故意对此认识错误时即可发生此类错误。此错误类型以行为人主观上的认识为准确定其刑事责任。

与构成要件阶层相关但并不同于构成要件错误的另一种错误类型是涵摄错误(Subsumtionsirrtum)。涵摄错误中的行为人并没有对构成要件要素发生错误认识,而是对构成要件要素所构成的事实产生了错误的法律评价。[③] 包摄错误其实在刑法上并不是一种具有重要意义的错误,因为行为人对构成要件要素所构成的事实发生错误法律评价并不能排除构成要件故意,否则,“只有熟悉法律概念的法律人,才会具有犯罪故意”[④]。但是如果行为人对法条内容的错误评价是有相当依据的,如是来自法律专家的建议或信赖的是不为现行司法所采用的判决先例的解释时,则有可能欠缺不法意识,而形成阻却罪责的不可避免的禁止错误。

---

① 参见林山田:《刑法通论(上册)》,北京大学出版社 2012 年版,第 277 页。

② Vgl. Wessels/Beulke, Strafrecht Allgemeiner Tei, 42 Aufl., Rn. 258; Jescheck/Weigend, Strafrecht Allgemeiner Teil, 5. Aufl., S. 312.

③ Vgl. Heinrich, Strafrecht Allgemeiner Teil, 3. Aufl., 2012, Rn. 1078.

④ 林山田:《刑法通论(上册)》,北京大学出版社 2012 年版,第 280 页。

禁止错误是《德国刑法典》第 17 条的内容。行为人不知禁止规范或诫命规范，在全部的犯罪事实认知方面，他缺乏对行为违法性的了解。禁止错误也是基于构成要件阶层的错误，行为完全了解犯罪事实的客观情形，但是为自己的利益作了法律上的不正确的评价，以为自己的行为是被允许的。在这个意义上，前述涵摄错误也属于禁止错误。[①] 有观点认为禁止错误又分为直接禁止错误与间接禁止错误。直接禁止错误指行为人对其行为直接有关的禁止规范缺乏认识，致误以为其行为系法律所不加以禁止而属合法行为，具体包括三种情形，第一，行为人不知有禁止规范；第二，行为人误认禁止规范失效；第三，行为人误认禁止规范不适用其行为。[②] 间接禁止错误又可称容许错误（Erlaubnisirrtum），也是关于法律评价的错误，不涉及故意而是关于不法意识。[③] 具体而言，包括行为人误认存在违法阻却事由及对违法阻却事由的边界进行了扩展。[④] 对于禁止错误，《德国刑法典》对此规定的处罚后果是，如果认定行为人是不可避免的禁止错误，对其行为不负责任，如果是可避免的禁止错误则可相应减轻其刑罚。

其次，与违法性阶层相关的错误类型有容许构成要件错误（Erlaubnistatbestandsirrtum）与容许错误。[⑤] 即前述间接禁止错误其实涉及的是违法性阶层。容许构成要件错误是对法定违法阻却事由的前提事实发生误认，如正当防卫中，是否存在不法侵害的事实，容许构成要件错误是对该事实的存在与否发生误认；而容许错误是对法定违法阻却事由这个规范本身发生误认，即对正当防卫这条规范本身发生误认。

最后，与有责性阶层相关的错误类型有阻却责任构成要件错误（Entschuldigungstatbestandsirrtum）和阻却责任错误（Entschuldigungsirrtum）。[⑥] 阻却责任构成要件错误是对于法定的责任阻却事由的前提事实发生误认[⑦]，阻却责任错误是指对法定的责任阻却事由的存在或其边界产生了

---

① Vgl. Heinrich, Strafrecht Allgemeiner Teil, 3. Aufl., 2012, Rn. 1114.

② 参见林山田：《刑法通论（上册）》，北京大学出版社 2012 年版，第 281—282 页。

③ Vgl. Heinrich, Strafrecht Allgemeiner Teil, 3. Aufl., 2012, Rn. 1144.

④ Vgl. Heinrich, Strafrecht Allgemeiner Teil, 3. Aufl., 2012, Rn. 1142.

⑤ Vgl. Heinrich, Strafrecht Allgemeiner Teil, 3. Aufl., 2012, Rn. 1120.

⑥ Vgl. Heinrich, Strafrecht Allgemeiner Teil, 3. Aufl., 2012, Rn. 1152.

⑦ Vgl. Heinrich, Strafrecht Allgemeiner Teil, 3. Aufl., 2012, Rn. 1154.

误认。[1]

上述各种错误类型都是从三阶层的犯罪论体系的正面进行切入的,即正面对相关事实要素或规范发生误认。在德国刑法上除上述正面的检验逻辑之外,还有从反面进一步检验的逻辑习惯,对于错误也不例外,即使此类反面错误的类型并不十分重要。如反面的容许错误(umgekehrter Erlaubnisirrtum)、反面的容许构成要件错误(umgekehrter Erlaubnistatbestandsirrtum)、反面的禁止错误(umgekehrter Verbotsirrtum)及反面的包摄错误(umgekehrter Subsumtionsirrtum)。反面的容许错误是指行为人对于违法阻却事由的法律界限的错误,将其在事实上已因符合违法阻却事由而合法化的行为,误认为仍具违法性。反面的禁止错误是指行为人误解法律规范,误以为其行为抵触法律规范,可是在事实上却不是法律规范处罚的行为。反面的包摄错误是指行为人虽全盘了解其行为的事实真相,但是因为对于不法构成要件的误解,而扩张了不法构成要件的包摄范围,致将不受该法制裁的行为,误认为刑法所加以处罚的行为。以上三种错误类型都是行为人误认自己行为违法,但可罚性的认定是依据不法构成要件的规定,通过刑法的体系判断而得出,并不依据行为人本人的想象,故而上述三种错误类型均不构成犯罪,也不成立不能犯未遂。[2] 比较特别的是反面的容许构成要件错误,这种错误是指行为人实施违法行为时对于事实存在的违法阻却事由并不知情,虽然结果具有合法化,但行为人主观欠缺合法化要素,故而仍具有违法性,应承担相应刑事责任。

错误的类型是如此繁多,但根据现行《德国刑法典》第 16 条与第 17 条规定,本章案例将着重探讨构成要件错误与禁止错误。第一个案例是关于行为对象错误与打击错误在共同犯罪中的关联;第二个案例是关于因果流程错误;第三个案例是关于容许性构成要件错误;第四个案例是关于禁止错误。

---

① Vgl. Heinrich, Strafrecht Allgemeiner Teil, 3. Aufl., 2012, Rn. 1156.

② 参见林山田:《刑法通论(上册)》,北京大学出版社 2012 年版,第 336—337 页。

第二节 农院继承人案

农院继承人案(Hoferben-Fall)[1]是由德国联邦最高法院第四刑事审判庭于1990年10月25日作出的判决[2],初审法院是比勒费尔德州法院。本案提交到联邦最高法院审判的争议焦点是,正犯发生行为对象错误时,对于教唆犯而言,究竟是负既遂的教唆的责任还是未遂的教唆的责任。

一、基本案情

州法院判决被告人对于一个谋杀罪的未遂的教唆和一个未遂的谋杀罪负有责任,合并判处13年自由刑。检察机关提起抗诉,主张被告人对前一个谋杀罪负有既遂责任。联邦最高法院推翻了初审法院对相关部分的判决,认定被告人需对一个谋杀罪的既遂的教唆承担刑事责任。

1984年被告人就下定决心要杀死卡尔·弗里德里希·M.,其第一次婚姻所生之子并且是其农院财产的继承人。在设定了一个用益物权的情况下,他向其子转交了农院;可是卡尔·弗里德里希·M.提出,被告人无权占有此用益物权。这个儿子……大部分情况下是醉醺醺……还有一系列的暴力行为。除对生存毁灭的恐惧外,被告人担心失去他的住宅,而且眼看着家里的宁静被持续性地破坏。虽然他自己从其儿子的卖地行为中得到了经济上的好处,而且庭院的实际移交也使他结束了合同债务,但是他认为,只有他儿子的死才能让他自己和家庭得以解救。他以允诺支付一笔钱的方式,成功地找到了一个同案犯St.,他觉得自己作为父亲无能力做杀死儿子的行为。

St.计划在马厩里杀死卡尔·弗里德里希·M.这个马厩是其回家的必经之路;进一步的行为听任St.自行安排。为了保证不要伤害到其他人,被告人告诉了St.他儿子的习惯与长相,此外还给他看了一张照片。1985年11月24日,被告人找到St.,鉴于其(之前)多次失败的尝试——在其中的一次尝试中,St.还亲眼见过他的儿子——给他设定了一个完成

---

[1] BGHSt 37, 214.

[2] Vgl. BGH, Urt. v. 25. 10. 1990—4 StR 371/90.

行动的期限,通过使用被告人找到的一把小口径步枪来完成这个行动。

St. 于 1985 年 11 月 25 日开始前往被告人的庭院并来到了马厩。在那里他偶然地遇到了被告人,被告人看出了他的企图并通过一个问题确定,St. 可以认出卡尔·弗里德里希·M.。此后 St. 就在马厩里等着被害人的出现。这时天已黑了,由于有雪还有一点可见光。

大约 19 点左右,被告人的一个邻居贝恩德·Sch.,来到庭院并打开了马厩的门。他体形上与卡尔·弗里德里希·M. 差不多,而且手里还拎了个包装袋,就像卡尔·弗里德里希·M. 惯常的样子。St. 认为他面前这个人就是卡尔·弗里德里希·M.,于是开枪近距离射杀了毫不知情的 Sch.。

这个行为一开始被认为是个不幸而未被发现。自从被告人寻找其他人帮助实施杀人行为而未果后,其仍固守他的杀人计划并决定自己亲自实施,1987 年 11 月 17 日,被告人找了个借口让卡尔·弗里德里希·M. 取了一把刀,这会留下指纹,可以为后续被告人虚构的正当防卫行为提供证据。然后他让被害人从一辆拖拉机中拆卸一块电池,在这时被告人用一根铁管以致死的故意从背后击打被害人的头部。然而卡尔·弗里德里希·M. 受伤逃跑从而活下来。

二、法条索引

本案例引用了如下法条:

1.《德国刑法典》第 15 条(故意与过失行为):

本法只处罚故意行为,但明文规定处罚过失行为的除外。

2.《德国刑法典》第 16 条(行为事实的错误):

(1)行为人行为时对法定构成要件缺乏认识,不认为是故意犯罪,但对其过失行为的处罚不受影响。

(2)行为人行为时误认为具备较轻的法定构成要件的,对其故意犯罪只能依较轻之法规处罚。

3.《德国刑法典》第 25 条(正犯):

(1)自己实施犯罪,或通过他人实施犯罪的,依正犯论处。

(2)数人共同实施犯罪的,均依正犯论处(共同正犯)。

4.《德国刑法典》第 26 条(教唆犯):

故意教唆他人故意实施违法行为的是教唆犯。对教唆犯的处罚与正犯相同。

5.《德国刑法典》第 211 条(谋杀罪):

(1)谋杀者处终身自由刑。

(2)谋杀者是指出于杀人嗜好、性欲的满足、贪财或其他卑劣动机,以阴险、残暴或危害公共安全的方法,或意图实现或掩盖其他犯罪行为而杀人的人。

三、裁判理由

州法院判决被告人对于一个谋杀罪的未遂的教唆和一个未遂的谋杀罪负有责任,合并判处 13 年自由刑。这表明其认定被告人 1985 年 11 月 25 日的主要行为没有既遂,而只是一个未遂的教唆,因为贝恩德 · Sch. 的死亡并没有包括在其主观故意中。联邦总检察长代表检察机关针对 1985 年 11 月 25 日的行为提起上诉。上诉获得了有罪宣判的结果,并且使得关于判决被撤销部分的刑罚宣告废除。联邦最高法院认为,正犯关于行为对象的错误对教唆犯而言是无关紧要的,除非根据普遍的生活经验,正犯对被害人的混淆是在可预见范围之外。具体理由如下:

1. 被告人希望 St. 致其子于死地。州法院正确地注意到没有将其认定为正犯,而是在教唆的法律立场下审查他的参与行为。

2. 同案犯 St. 把贝恩德 · Sch. 当作卡尔 · 弗里德里希 · M. 杀死。对正犯而言,弄错被害人的错误(行为对象错误)在法律上是无关紧要的。[①] 对于正犯的这种错误是否影响教唆者的可罚性这个问题,在法学文献中是有争议的[②];反之,自 1859 年普鲁士最高法院的一则判决(该判决否定了这个疑问)以来[③],迄今仍没有一个新的联邦最高法院的判决。

(1)这样一种观点在文献中主要被提及,即教唆者促使了正犯去杀人,根据法律,这就构成了足够的构成要件范围内的结果,从而导致可罚。正犯承担了行为对象错误的风险,同理,教唆者也必须承担;他不能因为

---

① Vgl. BGHSt 11, 268, 270.

② Vgl. Bemmann MDR 1958, 817.

③ Vgl. GA Bd. 7, 332.

是通过别人直接的行为实施这个理由,而逃脱此项责任。[①]

相反的观点在关键部分强调,教唆者必须已经把具体行为列入了他的想象之中。正犯将其他人当作教唆犯选定的对象加以杀害,那么实施的这个行为在关键点上就偏离了教唆犯的故意,因此教唆没有成功。此外也有人主张,这种错误的杀害对教唆犯而言是打击错误的一种情形,导致其受处罚的是未遂教唆或教唆未遂。这种观点通过如下的考虑而被确认,如果正犯发现自己的错误后又杀死了正确的被害人,教唆犯就应对两个(或更多个)杀人罪负责。这可能是不合理的,因为教唆犯只针对了一个人。

折中的观点期待作出如下区分,教唆犯是否将被害人的个别化委托于正犯,或者这种攻击是否指向一种高度个人化的法益。

(2)根据刑事审判庭的意见,必须以法条中规定的正犯与共犯的关系为出发点。根据《德国刑法典》第 26 条,教唆犯的处罚与正犯相同。据此教唆犯原则上实现了与正犯相同的不法而且应该和正犯承担同样的责任。即教唆犯作为较远的发动者引起了犯罪行为,因此与主行为的法益损害是有因果关系的,此外并不存在其他处罚教唆犯的理由。教唆犯透过对正犯的影响,间接地侵害了受保护的法益。杀人罪所保护的法益是生命;即使正犯搞错了被害人,生命法益还是被侵害了,而不仅仅是一个未遂意义上的威胁。

如果有一个对正犯来说无关紧要但对教唆犯却意义重大的情形,那么这个问题就应该被处理,据此就需要一个特别的证成。在这两名被告人不同的故意指向上,刑事审判庭难以发现这样一个证成。

A. 不过正犯与共犯在法律上的联结并不是绝对的。根据法律规定,教唆犯必须是故意的。如果主犯行为偏离了教唆犯的想象图景,那么教唆犯就不具有可罚性。刑事审判庭不能肯定,对于被告人来说,St. 的错误事实上是没有包括在他的故意的其他事件中的。

对于被告人来说,同案犯的错误虽然表现为一个对计划好的行为事实的偏离,但是它在法律上是无关紧要的,因为它在一般的生活经验可预见的范围之内,因此对此行为的其他评价是不能得到证立的。这个结论

① Vgl. Cramer in Schönke/Schröder, StGB 23. Aufl. Vor.

也可在正犯与共犯的法条之间的规范关联中得出，这种规范关联原则上一定将使得正犯关于被害人的错误对于教唆犯来说也是无关紧要的。在本案中，虽然被告人并不想让贝恩德·Sch.遭受杀害，他想要的是他儿子的死亡结果，但他必须自己承担计划中因果流程的偏离，因为正犯搞错被害对象并没有被排除在生活经验之外。

即当被告人离开马厩时，他就意识到了事件的失控。由于光线的缘故存在这种危险，即正犯将一个偶然靠近马厩的其他人当成其心目中的被害人。这种可能性对被告人来说甚至是有认识的，因为他在离开前还不忘通过一个问题确认 St. 是否能够辨认出其子。

实际的行为流程是被告人不希望的，但这不能阻碍故意的归责。对于这一点，联邦最高法院已有相关判例①，一个犯罪行为的共犯错误地射击了一名同案共犯，他将该同案犯当成了跟踪者并按照二人事前的协商想将其杀死。在该案中，那个被击伤的行为人也被作为一名未遂杀人罪的共同正犯处罚，因为同案犯对假想的追踪者所犯的错误对于所有参与者来说都是无关紧要的。这与正犯和教唆犯之间的关系上的归责是相应的。

B. 关于打击错误的规则在上述案例类型中没有适用之处。这种案例类型是作为因果流程偏离的特殊情形，针对事件流程而发展出来的，即在那些情形下，正犯看见了自己面前的攻击对象，却伤害到了在其方位上的其他人。把这个规则转用至其他案情上是相当困难且不必要的。

在一般生活经验可预见范围之内的事实过程偏离的归责类型，足以排除不适当的结论，而这些结论却经常作为反对审判庭的解决方案的借口而被提出。如果正犯认识到错误后又杀死了教唆者指明的被害人，那么原则上两个杀人行为都要归责于他，尽管对于这两个杀人行为，他只有一个教唆行为应当被归责。相反，如果正犯的错误不可归责于教唆犯，即在一般生活经验之外存在这样的情节，对此便可排除刑法上的责任。

3. 被告人因此不是对一个未遂犯罪承担罪责，而是要对一个谋杀罪的既遂的教唆承担罪责。

---

① Vgl. BGHSt 11, 268.

四、判例评述

关于正犯的行为对象错误是否影响教唆犯的完成形态一直是个争议问题。教唆犯对正犯行为并没有行为支配,其究竟是应按谋杀罪的既遂的教唆、谋杀罪的未遂的教唆,还是对谋杀罪的未遂的教唆进行处罚,常有不同见解。农院继承人案是关于该问题的一个非常重要的判决,在各类刑法教科书及案例演习书中常被提及。

普鲁士最高法院提出的观点是无关紧要理论(Unbeachtlichkeitstheorie),该观点以严格限制从属性说为出发点,认为一个对正犯无关紧要的对象错误对于教唆犯也是无关紧要的,教唆犯引起正犯杀人的故意,并实现了该结果。根据教唆行为与主行为的限制从属性说,正犯的错误以同样的方式对教唆犯起作用。因为教唆犯引起了正犯的行为决意,他必须为这个教唆的"错误"负责。对比正犯,如果让教唆犯享受优待,这就是不合理的。只有正犯行为过限,且他意识到自己已逾越教唆犯预先的规定时,教唆犯才能排除归责,否则教唆犯就应对谋杀罪的教唆具有可罚性。反对意见认为,按前述观点的逻辑,如果正犯意识到自己的错误,后续又修补了自己的行为,杀死了正确的被害人,那么此时,教唆犯就以一个教唆行为对两个行为承担刑事责任。[①] 因为在第一次谋杀中,教唆犯依据无关紧要理论必须被归责,而正犯第二次的谋杀就正是他应该做的。然而教唆犯在其主观故意中并没有包含第二次谋杀,因此在第一个谋杀罪中既遂的教唆被排除。同样,按前述观点也会得出荒谬的结论,如教唆犯本人被正犯当作行为对象实施了侵害时,教唆犯还要因既遂的伤害被处罚。[②]

这个普鲁士最高法院提出的无关紧要理论后来被联邦最高法院1990年的判决所限缩,该判决提出一个重要性理论(Wesentlichkeitstheorie),该理论认为,虽然正犯的对象错误对于教唆犯来说在原则上是无关紧要的,但这仅适用于对于实际因果流程没有重要偏离的情形。因为在这些案件中,事情的可能性与可变性是可想象的,只有包含重要性标准的灵活的裁判准则才能得出满意结论。如果只是不重要的偏离,教唆犯仍具有可罚性。如果是重要的偏离,那么会认为不具备故意,而只有一个过失的法益损害的

---

① Vgl. Geppert, Zum error in persona vel obiecto und zur aberratio ictus, JURA1992, S. 167 f.

② Vgl. Heinrich, Strafrecht Allgemeiner Teil, 3. Aufl., 2012, Rn 1308.

未遂的教唆。对于如何判断是否成立重要的偏离,联邦最高法院认为,如果正犯对被害人的误认是在一般生活经验可预见范围之外的,那么这就是重要的偏离;如果正犯对被害人的误认是在一般生活经验可预见范围之内的,就不能认为是重要的偏离。但也有其他观点认为,无论如何,一个高度个体化的法益始终是重要的偏离。① 根据此观点,如果存在重要的偏离,教唆犯只能以过失杀人罪和谋杀罪竞合的未遂的教唆被处罚。也有观点认为,只有具体结合教唆犯实施行为的时间、地点才能判断是否存在重要的偏离。② 与此相反的观点认为,重要性的标准只不过是一厢情愿罢了,界定适宜的重要性标准几乎是不可能的。

在德国刑法学界有不少学者主张个别化理论(Individualisierungstheorie)③,该观点认为正犯搞错行为对象,对于教唆犯来说,无论如何都是无关紧要的,除非教唆犯对于正犯对被害人个别化的认识放任不管。如果是这样,那么教唆犯就与正犯以同样的方式接受了被害对象错误的风险。在前述案件中,虽然正犯搞错行为对象是对原有犯罪计划的偏离,但是根据一般生活经验,这种事情常常是可以预见的。反对的观点认为,个别化理论与重要性理论一样,都是不确定的,何为“个别化”也是不清楚的。依“个别化”理论将无法解决任何案例,因为对于教唆犯来说,究竟要到何种程度被害人才是个别化的,什么才是与此标准相当的错误呢?在这些情形中需要去猜测,正犯的对象错误被排除,是否他只是做了教唆犯要求他做的。一个所谓个别化的要求是靠不住的,如上述案例中,被告人向正犯展示被害人照片,告知其被害人的生活习惯,但这是否就足以成立“个别化”呢?这仍是有疑问的。④

还有一种较少数的观点主张打击错误。⑤ 该理论认为,对于正犯无

---

① Vgl. Otto, Anstiftung und Beihilfe, JuS 1982, S. 557.

② Vgl. Toepel, Zurechnungsstrukturen und Irrtumsfolgen bei mehreren Beteiligten, JA 1997, S. 254.

③ Vgl. Küpper, Anmerkung zu Urteil des BGH v. 25. 10. 1990-4 StR 371/90, JR 1992, S. 295 f.;Safferling, Hörig, aber mutlos, JA 2007, S. 188 f.

④ Vgl. Heinrich, Strafrecht Allgemeiner Teil, 3. Aufl., 2012, Rn. 1310.

⑤ Vgl. Heinrich, Strafrecht Allgemeiner Teil, 3. Aufl., 2012, Rn. 1105; Roxin, Strafrecht Allgemeiner Teil, Band II, 2003, §26, Rn. 119 f.; Schroeder, in: Leipziger Kommentar StGB, 11. Aufl., §16, Rn. 14.

关紧要的对象错误,对于教唆犯来说即打击错误。在这些情形中,主行为与教唆行为的从属性必须被承认。即正犯使用机械工具发生错误与教唆犯使用“人工具”发生错误并无区别。在教唆犯的主观想象中总是有具体行为的,但是如果正犯杀错了人,教唆犯就是不成功的。在这种观点下,这个重要的错误的法律结论无疑是有争议的,通常这里实现了一个打击错误,同时与之竞合的是一个过失犯罪的未遂。过失犯罪的看法在这里是不成问题的。另外,根据事实,主行为杀死错误对象,对于教唆犯意欲的被害人,只是一个未遂的教唆①,而不是教唆的未遂②,因此根据《德国刑法典》第 30 条第 1 款,只有重罪才有可罚性。虽然针对此观点也有人认为,教唆犯引发了最后的行为(这是有疑问的),激起正犯行为决意的人相对于正犯却享有了优待。但是这个异议并不能推翻如下观点,即教唆犯要的是另一个行为。③

第三节 迪斯科舞厅案

迪斯科舞厅案(Diskothek-Fall)④是由德国联邦最高法院第五刑事审判庭于 2002 年 10 月 9 日作出的判决⑤,初审法院为科特布斯州法院。本案提交到联邦最高法院审判的争议焦点是,在结果加重犯的场合,因果流程发生错误,基本构成要件未遂但发生了加重结果的情形是否可以构成结果加重犯。

一、基本案情

州法院判处诸被告人以青少年刑罚,认定为一行为构成强制罪和过

---

① Vgl. Roxin, Strafrecht Allgemeiner Teil, Band II, 2003, §26, Rn. 120; Jescheck/Weigend, Lehrbuch des Strafrechts Allgemeiner Teil, 5. Aufl., S. 689; Ambos, Vorgerücktenklausur Strafrecht: “Das fehlgeschlagene Attentat”, JURA 2004, S. 498 f.

② Vgl. Puppe, Welche Bedeutung hat der Irrtum des Täters über die Identität des Opfers für den Anstifter? Anm. zu BGH, Urt. v. 25. 10. 1990 – 4 StR 371/90, NStZ 1991, S. 124; Safferling, Hörig, aber mutlos, JA 2007, S. 190; Freund, Allgemeiner Teil, 2. Aufl., §10, Rn. 132.

③ Vgl. Heinrich, Strafrecht Allgemeiner Teil, 3. Aufl., 2012, Rn. 1311.

④ NJW 2003, 150 ff.

⑤ Vgl. BGH, Urt. v. 9. 10. 2002—5 StR 42/02.

失致人死亡罪竞合,从而构成一个危险伤害罪及其他犯罪。被告人和附带起诉人导致了有罪判决的改变,此外,法律救济手段是无根据的。

本案认定无效的判决基于的是以下查明的事实。

在一间舞厅和几名外国顾客发生争执后,诸被告人决定要找到对方中的某个人并给他点教训。所有人均意识到,他们使用了暴力,对方的人也很可能受伤了。11 名被告人分别乘三辆小轿车发现了三个外国人:证人 B 和 K,以及后来死亡的 G,他们三人正在回家的路上。被告人将车开到这些外国人旁边紧急刹车,一部分被告人大叫着从车里下来向这些外国人冲去。这些外国人瞥见这些大部分穿着机车夹克衫和马靴的被告人,恐慌地逃窜。被告人又上车继续追踪那些外国人。车子开了大约 50 到 100 米后他们超过三名外国人,把车刹住,直接挡住了被害人的逃路。这些外国人看到又有几个被告人从车子里出来并向他们冲过来,出于害怕和恐慌,他们四下分头逃跑。追踪者也相应分开:有两名被告人追赶 K、G,三名被告人追赶 B;当他们追上 B 之后,踢了他很多脚,在这个过程中,B 一再摔倒,并最终碰到了一辆停泊着的小汽车,造成了头部流血的伤害。一个朝被害人方向丢的石块没有击中被害人,之后这三名被告人放了被害人并回到车里。另外一些被告人追踪其他两名逃跑者,追了一段距离后就放弃了,因为这两个人已不在他们视线中或距离太远追不上了。然而这些被告人并没有放弃继续寻找这两个人。在此期间,K 和 G 误以为这些追踪者还在后面,他们跑到一幢住着很多家庭的房子前,这房子离那些车子最近的停车点大约有 200 米。因为 G 不能打开这个房子的门,在那种对死亡的恐惧情绪之下,他踢破了门下面的玻璃部分。在紧接着的穿越行为中,他被残留在门框上的玻璃碴扎伤;他的右腿被划出了一道深 8.5 厘米的伤口,这损害到了动脉。他在很短的时间内便因失血过多而亡。

二、法条索引

本案例引用了如下法条:

1.《德国刑法典》第 22 条(概念规定):

行为人已直接着手实现构成要件,而未发生行为人所预期的结果的,是犯罪未遂。

2.《德国刑法典》第23条(未遂的可罚性):

(1)重罪的未遂一律处罚;对轻罪的未遂的处罚以法律有明文规定为限。

(2)未遂可比照既遂减轻处罚(第49条第1款)。

(3)行为人由于对行为对象和手段的认识错误,其行为根本不能实行终了时,法院可免除其刑罚,或酌情减轻其刑罚(第49条第2款)。

3.《德国刑法典》第222条(过失杀人):

过失导致他人死亡的,处5年以下自由刑或罚金刑。

4.《德国刑法典》第223条(伤害):

(1)不法伤害他人身体或损害其健康的,处5年以下自由刑或罚金刑。

(2)犯本罪未遂的,亦应处罚。

5.《德国刑法典》第224条(危险伤害):

(1)以下列方式伤害他人身体的,处6个月以上10年以下自由刑,情节较轻的,处3个月以上5年以下自由刑:

①投放毒物或其他危险物质,

②使用武器或其他危险工具,

③阴险的突然袭击,

④与他人共同实施伤害行为,或

⑤以危害生命的方式伤害他人。

(2)犯本罪未遂的,亦应处罚。

6.《德国刑法典》第225条(虐待被保护人):

(1)不满18岁之人或因残疾、疾病而无防卫能力之人,他们

①处于行为人的照料或保护之下,

②属于行为人的家庭成员,

③被照料义务人将照料义务转让给行为人,或

④在职务或工作关系范围之下属。

行为人对这些人实施虐待行为,或恶意地疏忽其照料义务,以致损害被害人健康的,处6个月以上10年以下自由刑。

(2)犯本罪未遂的,亦应处罚。

(3)行为人因其行为致被保护人有下列危险的,处1年以上自由刑:

①死亡或严重的健康损害,或

②身体或心理发育上的严重损害。

(4)犯第 1 款之罪情节较轻的,处 3 个月以上 5 年以下自由刑,犯第 3 款之罪未遂的,处 6 个月以上 5 年以下自由刑。

7.《德国刑法典》第 226 条(严重伤害):

(1)实施伤害行为,给被害人造成下列后果的,处 1 年以上 10 年以下自由刑:

①单眼或双眼的视力、听力、语言或生殖能力的丧失,

②某一重要肢体的丧失或不再能使用,或

③持续地明显毁容,或陷于缠绵病榻、残疾或使其患精神疾病或精神障碍。

(2)行为人在故意或明知的情况下造成第一款所述后果的,处 3 年以上自由刑。

(3)犯第 1 款之罪情节较轻的,处 6 个月以上 5 年以下自由刑,犯第 2 款之罪情节较轻的,处 1 年以上 10 年以下自由刑。

8.《德国刑法典》第 227 条(伤害致死):

(1)行为人因其伤害行为(第 223 条至第 226 条)致被害人死亡的,处 3 年以上自由刑。

(2)情节较轻的,处 1 年以上 10 年以下自由刑。

9.《德国刑法典》第 306 条 c(放火致死罪):

犯第 306 条至第 306 条 b 之放火罪,因重大过失而致人死亡者,处终身自由刑或 10 年以上自由刑。

三、裁判理由

联邦最高法院认为,除了两个消极地待在车里的被告人,其他被告人的行为不仅针对 B 构成强制罪和危险伤害罪的竞合,针对 K 也有一个符合《德国刑法典》第 224 条第 1 款第 4 项、第 22 条、第 23 条的未遂的危险伤害罪,针对 G 有一个符合《德国刑法典》第 227 条、第 22 条、第 23 条的造成死亡结果的未遂伤害罪。

1. 州法院否定针对 G、K 的未遂伤害罪,因为被告人对后续的犯罪没有直接的着手(《德国刑法典》第 22 条)。此外存在法律错误。

对于一个直接的着手而言,行为人已经实现构成要件要素,这不是必要的。行为人根据犯罪计划实施了先于构成要件要素满足的行为,并且该行为直接归入了构成要件行为,就已足够。所以未遂状态也包括这样的行为,即在不被干扰的进程中该行为应该直接导致了构成要件的满足,或者与构成要件的实现具有直接的时空上的联结。如果行为人主观上逾越了"现在就让它发生"(die Schwelle zum jetzt geht es los)这个门槛,那么一个进一步的意愿冲动就不再必需,而且其客观上开始了符合构成要件的攻击行为,因此无须中间行为,其行为就逐渐满足了构成要件。

诸名被告人在第一次刹车和后续从车里冲出来的行为是否已经直接实现了构成要件,对此无须讨论。至迟在第二次停车,对逃跑者采取步行追踪及分头追踪的行为时,诸名被告人已逾越了"现在就让它发生"的门槛。对于他们犯罪计划的实施,一个进一步的意愿冲动或意愿冲击此时就不再必需了,通过接下来直接对 B 的施暴行为,上述的一切也被证明了。

2. 根据《德国刑法典》第 223 条及以后几条,对于故意伤害罪的既遂形态来说,一个必要的损害结果与附带起诉人的意图相反在对 K、G 的损害方面没有发生。对 G 的切刺性伤害,被告人无论如何都没有故意的行为。

虽然附带起诉人正确地指明,追踪行为造成了被害人恐慌的感觉。然而这样一个纯粹的心理感受对于《德国刑法典》第 223 条所要求的身体损害是不够的。在这方面,除上述法条的文义外,《德国刑法典》第 225 条第 3 款第 2 项在一个明显损害身体发展的危险与一个明显损害精神发展的危险之间进行了区分。更确切地说,在这些案例中,一个身体性的损害只能是,这种精神上损害的实现造成了一种病理性的肉体上可客观化的状态(《德国刑法典》第 223 条第 1 款),受到外伤后的精神紊乱能否导致一种病理性的肉体上可客观化的状态,州法院对这样一种(精神)干扰既没有明确查明也没有在判决理由的总结说明中提及。

G 在逃跑过程中造成的,致其在相当短的时间内死亡的切刺性伤害,不是由诸名被告人故意造成的。就这点而言,鉴于行为事实,在想象的和实际发生的因果流程之间存在一个重大的偏离。

3. 此外,上述被告人对造成死亡结果的未遂伤害是有责任的。《德国刑法典》第 227 条的前提是,被伤害人的死亡结果是通过身体上的伤害

(《德国刑法典》第 223—226 条)造成的,此时行为人对于行为结果的过失性必须承担一定责任(《德国刑法典》第 18 条)。

(1)在身体伤害与死亡结果之间有一个完全的因果关系,因此这个身体伤害不能被忽略,对此这是不够的。《德国刑法典》第 227 条应该处理的仅仅是因身体损害而出现的结果加重的死亡危险。因此上述法条只能包括这样的身体损害,其存在一种特别的导致被害人死亡的危险,这种危险必须已经在死亡结果中有所反映。

这种具有犯罪行为特别性的危险也已经能够以这个单纯的身体伤害行为作为出发点。条文的文义并不与这样的解释相违背,立法者也没有阻碍这个法律判决。确切地说,立法者通过《德国刑法典》第 223—226 条补充了《德国刑法典》第 227 条第 1 款,在所谓的致命性学说的意义上,这一点被显现出来,《德国刑法典》第 223、224、225 条中囊括的身体伤害罪的未遂并没有不在《德国刑法典》第 227 条的适用范围之内。这种起因于身体伤害行为的危险得以实现,并且导致了被害人死亡,此外《德国刑法典》第 227 条的可适用性也不依赖于一个故意导致的身体伤害结果是否已发生,因为对于行为的不法内涵来说,这充其量具有次要的意义。因此,一个造成死亡结果的身体伤害的未遂在结果加重的未遂公式中也是可能的。就这点而言,该行为适用结果加重犯,正如《德国刑法典》第 251 条规定的致人死亡的抢劫罪或者第 306 条 c 规定的致人成死亡的纵火罪。

(2)根据《德国刑法典》第 227 条,在致人死亡的身体伤害范围内的特殊危险是由上述被告人引起的,而且造成了 G 的残废,必要的归责关联并没有被被害人自己的行为所截断。因为鉴于被告人强大的攻击性,这种反应是一种可想而知的且可理解的反应。这样一种透过落荒而逃而显明的被害人行为,更确切地说,在带着暴力和恫吓的犯罪行为中恰恰是典型的,而且是源于人类基本的生存本能。

虽然联邦最高法院在很多案件中,由于被害人的自我危险行为而排除了相关归责;然而这里存在着这样一种归责——由于攻击者不寻常的强有力的行为以及后续异乎寻常之处,与已出现的结果并不冲突。

(3)G 的死亡在《德国刑法典》第 227 条之内归责于作为共同正犯的所有被告人。其他人作为过失犯,在造成死亡的身体伤害方面不需要有这样的证据,即每一名参与人切断了对结果的因果贡献。根据《德国州法典》第 227 条,这样便是可罚的,即伤害不是通过自己之手实现的,然而行为人基于一个行为支配的意思而作出一个整体上的行为决定,该决定对一个伤害结果有作用。当然,其前提为——就像前面所确定的——其他人的行为处于所有方明示或默认的同意范围之内。

(4)此外,每一个人对于结果都必须至少有过失,特别是死亡结果对于每个人来说是可预见的。为此这就足够的,即结果不是生活经验的例外;并不需要预见全部具体的细节,总体上对结果可预见就足够了。这一点州法院——在《德国刑法典》第 222 条显明的同样的检验标准范围之内——无法律错误。

四、判例评述

本案是联邦最高法院关于结果加重犯的一个重要判决,对于基本行为未完成但附随死亡结果的结果加重犯,联邦最高法院的判决一直在不断调整当中,对于本案判决学界亦有相当多的评述,以下论述即以普珀教授的评述①为主。

在 1971 年的勒策尔案(Rötzel-Fall)中,联邦最高法院即已肯定在身体损害行为与死亡结果之间必须有直接的关联,但是本案的判决并没有局限于此,它从以下三个方面进行了总结。

第一,行为人对被害人紧追不舍,其主观上意欲伤害对方身体。这种身体伤害已经开始着手,造成一种未遂。

第二,本案的身体伤害与死亡结果之间的特别关联,正如在《德国刑法典》第 227 条中规定的一样,被害人的死亡,是由于面临现实或想象的威胁性的暴力行为,被害人出于恐慌而走了一条危及生命的逃亡之路而造成的。

第三,在被害人逃跑的这个时间点上,行为人早已放弃了追踪,但是被害人并不知情。

刑事审判庭在对《德国刑法典》第 227 条作出解释时说,该条考虑的仅仅是伴有特别危险的身体伤害导致的被害人的死亡结果;而这种危险正是通过死亡结果表现出来。在故意的身体伤害与过失的死亡结果之间,一个单纯的行为单数的同时发生(Zusammentreffen)是不够的。什么

---

① Vgl. Puppe, Anmerkung zu BGH, Urt. v. 09.10.2002-5 StR 42/02, JR 2003, S. 123 ff.

情况下身体伤害才伴有导致被害人死亡的特别危险呢？学界通说认为，当死亡危险产生于身体伤害结果时，该危险对于身体伤害即特别的。[①]对此，联邦最高法院再度予以否认，就内容而言，联邦最高法院并没有在《联邦最高法院判例集》第 14 卷第 110 页（所谓的枪击案）中已表达的相同观点中再增加什么。很遗憾，该观点指出，根据法条的字面意思，《德国刑法典》第 227 条规定的身体伤害中，身体伤害行为及身体伤害结果均是协调一致的。立法者“不反对”1960 年的那个判决中倾向性的立场，但是立法者允许对判决的法律疑问与字义进行澄清，对迄今为止的判决，不仅仅是从正面的意义上进行理解，因此这样做达到意外的完善法律的效果。联邦最高法院通过一贯性和关键性的要求，而不是基于立法者权威的提示，允许避免冲突性的规定。如果不是身体伤害结果的生命危险，那么什么是身体伤害行为的典型的生命危险呢？[②]

在勒策尔案中，联邦最高法院通过直接性的要求界定了这种危险：“如果死亡结果最终是由于第三方的介入或被害人自己的行为造成的，那么这就不足以适用《德国刑法典》第 226 条；伤害行为必须直接实现了死亡结果。”在这样一个案例中，一名年轻的女性，被一名男子带着一把刀肆无忌惮地紧追不舍，他已打断了她的鼻梁骨并造成她一处深深的刀伤。不清楚他想继续给她带来什么伤害，至少他没有放弃，当她爬出窗户试图够到紧临的旁边的外阳台时，她面临危及生命的危险。结果在此过程中她坠亡。由于害怕明显的后续的更严重的身体伤害，被害人决定了一个有生命危险的逃亡，因遭受身体伤害使被害人已经受到影响的事实对于联邦最高法院来说，并没有满足行为人已经开始尚未结束的身体伤害与死亡结果之间的特别关联。

随之有一系列的判决开始于在口头上承认在勒策尔案中确立的直接性要求（Unmittelbarkeitserfordernis）并结束于这种蔑视。[③]

---

① Vgl. Geilen, FS-Wezel (1974), 655(677 ff.); Hirsch, LK, § 227 Rn. 4 ff.; Roxin, AT I, 10/115; Krey, Strafrecht BT 1, Rn. 271; Lackner/Kühl, StGB 24 Aufl., § 227 Rn. 2; Puppe, JR1992, 511; dies., AT, 10/20 ff.

② Vgl. Geilen, FS-Wezel (1974), 655(677); Puppe, AT, 10/36f, dies., NStZ 1983, 21(24).

③ Vgl. BGHSt. 31, 96; BGH JR 1992, 510; NJW1992, 1708; BGH NStZ 1994, 394; NStZ 1997, 341.

上述判决是这种发展的终结,与这两个案件最相似的是坠窗案(Fenstersturzfall)[①]。被害人R被多个行为人施以严重的身体伤害,他们想从他那里获知现金藏在哪,因为他欠了他们的委托人一大笔钱。然而R没有现金而且看不到避免后续身体虐待的可能性。在R头部受到一根扫帚柄的击打,腿部受到一根棒球棍的凶狠一击之后,行为人让R到窗口边呼吸空气。R利用这次机会,跳窗而导致死亡。联邦最高法院基于下述理由作出与勒策尔案一样的判决:"扫帚柄的击打实现了一个头部的内伤,并且导致R头脑恍惚意识受损。因此他清醒思考后续行动的可能性受到损害,这种损害又因跳窗前令人痛苦的直接的棒球棍击打受到进一步的加重。通过查明,根据R当时精神与身体的状况,他便是在此种印象(Eindruck)中行动的,因此州法院可以据此认定,跳窗行为是由于虐待行为导致的恐慌行为。州法院认定跳窗行为是必然的事情而不是自我答责的事,这并无法律错误,那时,R是有自由意志的。"是否应该说,这正是取决于身体伤害的结果呢?或者坠窗案不同于勒策尔案,是因为判决法庭的看法不同,那个年轻女性在那种情形下知道自己仍有清醒的意识并有自由且自我答责的行为?

上述判决认为,"必要的归责关联并没有被被害人的行为打断。因为在被告人的强大攻击之下,这种反应是一种容易理解和体谅的反应。这样一种在这种手忙脚乱(Hals über Kopf)的逃亡中的被害人行为,毋宁说正是暴力威吓的刑罚行为适用的犯罪行为的典型,而且是人类基本的自我保护本能。" 根据勒策尔案,作为正犯行为与结果之间的原因的每个被害人的行为都应打断与那种特别危险的关联,他是否自愿或被迫,从被害人角度来看他是否理智,或是由于恐慌而使思考能力受损,这些都是无关紧要的。根据坠窗案,即使被害人的行为依据其看法是不理智的而且仅仅是因为恐慌、害怕而致思考能力受损所造成的,这种被害人行为也不能打断与特别危险的关联。根据上述判决,因为被害人的行为依据其看法是理智的,而且是出于自然的自我保护本能,因此被害人行为不能打断这种危险关联。因此联邦最高法院用了很大篇幅来处理与在勒策尔案中论述的矛盾部分:对于带有死亡结果的身体伤害的判决,在故意伤害与死亡结果之间必

---

① BGH NStZ 1992, 335.

要的关联也被说明，如果正犯的身体伤害行为致被害人面临一种危及生命的危险，这种危险导致了他的死亡，那么被害人的决定是否自愿或非自愿或不理智，有清醒的理解能力或思考能力受损，这些都是无关紧要的。

但是这些真的是那种身体伤害行为的典型危险吗？对这点上述判决并未指出。在由于恐吓性身体伤害引起的逃亡过程中，被害人的生命危险并不依赖于身体伤害行为已经开始。即使身体伤害行为未开始，这种危险同样也会出现，尽管它只是即将来临。在上述案件中，对被害人的追踪已是一个可见的身体伤害未遂，这可以争辩。虽然根据“现在就让它发生”公式这是有理由的，如果被害人没有逃脱，一旦正犯抓到被害人，无需更多的考虑，他们就会开始对其的身体伤害行为。尽管在单纯的追踪中无论如何都不能看出存在身体伤害未遂，除非在上述案例中追踪行为延续更长的时间。对未遂开始的确定不能仅是精神上的实现，也必须是规范上的实现。被害人至少根据行为人的想象一定是在直接的危险中。如果被害人未受伤害，联邦最高法院会因为危险身体伤害罪未遂判处行为人吗？

当身体伤害的未遂已经结束时，一个威胁生命的逃亡的风险才产生。上述案件也表明这点，因为根据已查明的事实，追踪遇难被害人的那两名被告人已经放弃了追踪，因为他已不在其视线之中或距离太远，或者也许被告人自愿地放弃对 G 的攻击，为的是去追其他人。[①] 当 G 踢破玻璃危及自己生命时，在跟踪的实施中已可见，身体伤害的未遂无论如何都已结束。根据联邦最高法院的观点，“这一点无关紧要，因为 G 没有意识到这点”。这个法律论断本应需要更详细的理由。

过失行为造成死亡结果的情形，除在身体伤害行为与死亡结果之间存在特殊关联的必要性之外，还必须具备什么？根据联邦最高法院的判决，单纯的对被害人的追踪就已经是一种身体伤害行为，因此根据上述判决在这些行为与结果之间无需典型的关联，这些行为即已显明“攻击性的举止”（在勒策尔案中的正犯没有攻击性举止？）早先的判决中事实上已否定了直接性原则，联邦最高法院也在这种确定上表明价值取向，即正犯行为直接导致一个具体的生命危险，即使事实上这种危险并未实现。[②]

① Vgl. BGHSt. 35,184.

② BGHSt. 31, 96; BGH. JR 1992, 510; BGH NStZ 1994, 394; 1997, 34.

但现在这已不必要了。如果这种附随死亡结果的身体伤害在可预见的情况下会导致死亡,那么这种身体伤害就是一个暴力准备的单纯显明。这种联邦最高法院在勒策尔案的反对意见分析中即已运用的“萨拉米香肠技术”(Salamitechnik),在这里再次出现。

第四节 摩托车手案

摩托车手案是由联邦最高法院第二刑事审判庭于2011年11月2日作出的判决[①],初审法院为科布伦茨州法院。本案的争议焦点是假想防卫的前提条件及其法律后果是什么。

一、基本案情

根据州法院的认定,无前科的被告人是摩托车俱乐部“Hells Angels”的成员。基于此背景发生了以下事实:

证人V自2006年起便在O城市阻街区的停车场从事卖淫活动,为此她使用从证人Kr处租来的房车。2009年,证人W和M也作为竞争对手加入了进来,同年7月,证人G也在其同为“Hells Angels”俱乐部成员的未婚夫T与被告人的陪同下与众人相识。此后不久,G便告知T和被告人,她与V之间存在矛盾,并且V宣称要将其老板叫过来。被告人和T于是决定,通过恐吓的方式将V从停车场赶走。因此,他们二人于2009年8月5日或6日晚,穿着“Hells Angels”俱乐部的服装出现在V的面前并以“愤怒”和“惊吓”相胁迫,意图使V离开停车场。在被告人的同意下,T还说道,如果其未婚妻告诉他与V之间还有争吵,那么他将杀了V。一次由V说合的被告人与其老板妻子Kr之间的电话交谈也未取得任何结果。在此后的时间里,V并未屈服于被告人与T的威胁,而是一直主张其在停车场的位置,直至2009年9月官方实施阻街条例。州法院将上述情形视为由被告人实施的对V不利的抢劫性勒索未遂。

2010年2、3月间产生了流言,说敌对的摩托车俱乐部“Bandidos”的一名成员为了赚取25 000欧元的奖励,将杀死或至少重伤一名“Hells

① Vgl. BGH, Urt. v. 2. 11. 2011-2 StR 375/11.

Angels”俱乐部的成员。其原因为“Hells Angels”俱乐部成员 A 于 2009 年 10 月 8 日射杀了一名“Bandidos”俱乐部的成员。据此,被告人确信,无论如何,“Bandidos”俱乐部的一名成员事实上计划着袭击一名“Hells Angels”俱乐部的成员。

在此期间,刑事追诉机关正就 V 的不利行为而对“Hells Angels”俱乐部的成员展开侦查。州法院针对“Hells Angels”俱乐部的不同成员颁布了十项搜查决定,其中的一项决定涉及对被告人住所和汽车的搜查。该措施的目的是找出被告人实施恐吓的证据材料以及“Hells Angels”俱乐部对 V 实施的其他不利行为。由于被告人被认为有使用暴力的可能,且其经过官方许可地占有枪支,所以州刑事犯罪局出于策略的考量决定出动特警,以便强力冲进被告人的屋子,在其睡觉时给其惊吓,从而制造一个“稳定的局面”,以使搜查不受到任何阻碍。为此,2010 年 3 月 17 日早上 6 点,10 名特警公务员被安排在了搜查地点。

行动于早上 6 点开始。被告人的屋子里没有亮灯,百叶窗也都全部或者部分关着。公务员科普(Kop)跪在房门前,为破门而将液压工具置于门框与把手之间并启动了工具,由此产生的压缩使房门发出了破裂的声音。此后,该公务员将工具安置于房门右侧锁的高度,房门紧接着又发出了破裂的声音。最后,必须在第三步工作流程中对房门顶部进行最后一次压缩,以便打开房门,为此所需的夯具已经取来了。

在此期间,与其未婚妻 S. K. 睡在楼上的被告人被吵醒了,他听到了声响;他曾徒劳地尝试,从卧室的窗户识别这些人,并在房门边细听了声响和谈话。他认为,自己应当就是“Bandidos”俱乐部所公布的袭击的对象。于是便拿起了那把获得了官方持枪许可的手枪,上了八发子弹,并为了照亮走廊与楼道而打开了灯。他又指示原本想跟在他后面的未婚妻回卧室去,把房门关上,将该误以为的袭击用手机告诉其母亲和自己的兄弟。他走下楼梯并发现,虽然已经开了灯,但是门边仍然有人在工作。公务员们通过其头盔上的装置获得了“有关的报告”,但仍然继续不暴露自己,也不使自己能够被识别。由于屋里的灯已经开了,但破门行动仍继续进行着,被告人因此断定,这并非一般的入室抢劫,而是针对他和他的未婚妻的性命而来的令人恐怖的“Bandidos”俱乐部的袭击。他根本没想到,这可能是警察的行动。通过两扇 10.5 厘米 × 44 厘米的装饰玻璃,他除看见一个人外,并未能看见其他的任何细节。于是,他躲在了楼梯后面并大声叫骂。对此,继续破门的公务人员并未听见。在这认为威胁到其生命的情形中,被告人基于防卫而沿着在门边的人的走动方向朝门开了两枪。开枪时,被告人放任地接受了,可能会打死人的危险。距离地面111.5厘米的第一枪穿门而过,但并未击中任何人;而距离地面121厘米的第二枪击中了公务员P举起的左臂,由于防弹服并未扣上,所以子弹穿进胸腔并将该名公务员伤害致死。其他公务员叫道:"马上停止射击,这里是警察。"被告人立刻放下了枪,跑到窗户边说:"你们怎么能这样做?你们为什么不按门铃?你们为什么不让自己能够被认出来?"他毫无反抗地接受了逮捕,并且在被逮捕时受了伤。

州法院将被告人的行为评价为杀人。本案中没有紧急防卫情形的出现,而是合法的警察行动,也不能认为存在假想防卫的情形;因为作为假想防卫的行为人针对人立即使用枪支也是不符合要求的。在此之前,警告性鸣枪是必要的。被告人应该能够避免可能的禁止性错误。

二、法条索引

本案例引用了如下法条:

1.《德国刑法典》第16条(行为情状认识错误):

(1)行为人于行为时对属于法定构成要件的情状欠缺认识的,不是故意犯罪。基于过失犯罪的可罚性不因此而受影响。

(2)行为人于行为时误以为存在刑罚较轻法规的构成要件的情状时,只能依据较轻的法规对其处罚。

2.《德国刑法典》第32条(紧急防卫):

(1)符合紧急防卫要求的行为不违法。

(2)为了避免使自己或者他人遭受正在发生的违法侵害而实施的必要的防卫行为,是紧急防卫。

3.《德国刑法典》第253条(敲诈勒索):

(1)为使自己或第三人不法获利,违法的使用暴力或敏感的恶行相胁迫,强制他人实施、容忍或不实施一定行为,并因此使被强制人或者其他人遭受损失的,处5年以下自由刑或者罚金刑。

(2)如果为达到所追求的目的而使用的暴力或者威胁的恶性被视为应受谴责的,那么该行为即是违法的。

(3)未遂可罚。

(4)在特别严重的情形中,处 1 年以上自由刑。情形特别严重一般是指,行为人以此为生或者作为一个继续实施敲诈勒索的团伙的成员实施该了该行为。

三、裁判理由

1. 就被告人给 V 带来的不利,依据《德国刑法典》第 22、253、255 条对其作出抢劫性勒索未遂的有罪判决在法律上是有错误的。就此仅仅存在着一个《德国刑法典》第 240 条第 1 款和第 2 款、第 22 条意义上的强制的未遂。

《德国刑法典》第 253、255 条所保护的法益为财产。只有当被告人的行为决定的指向是给被害人的财产带来不利时,才存在抢劫性勒索未遂。仅仅丧失了一个不确定的交易机会,原则上不能被视为财产损害。只有当盈利的机会很高,以至于法律交易中已经重视其经济价值,才能例外地视其为财产成分,因为它可使人期待财产的增长。V 为从事卖淫活动而在停车场所占有的位置并非《德国刑法典》第 253 条所保护的财产成分。从该位置还不能得出相对确定的盈利机会,尤其是因为官方可以随时杜绝在阻街区的卖淫行为。此处不涉及卖淫女在《德国色情交易法》生效后对按约履行给付后的金钱债务的有效性的他种判断。

2. 依据杀人罪对被告人的有罪判决不成立。

(1)如果警察行为的具体方式不合法,那么对被告人而言便存在着一个紧急防卫情形。否定警察行为的合法性的理由是,搜查是一项原则上应当公开执行的措施。是否能够从《德国刑事诉讼法典》第 102 条及以下几条中获得对警察进行搜查的具体实施的授权基础是有疑问的。《德国刑事诉讼法典》第 164 条仅仅允许针对事实上存在的或具体即将发生的阻挠行为的介入。而对于防御性的警察法的规定是否可以改变刑事诉讼的搜查程序,是有疑问的。

警察行为的违法性以及由此所引出的被告人可能享有的紧急防御权,在此可以存而不论,因为被告人无论如何也陷入了一个容许构成要件错误中。

(2)关于违法阻却事由的事实前提的错误已经存在。依据《德国刑法典》第 16 条第 1 款,这将导致行为的故意罪责被排除。

依据州法院的认定,基于证人 L 和 Le 的提醒,被告人认为,敌对的“Bandidos”俱乐部将要实施一次袭击。鉴于侵害者的行为方式,即在被告人打开房间里的灯并且叫骂了一声以后,攻击仍未停止,所以他排除了一般入室抢劫的可能性。在被告人的眼里,该威胁已经特别紧急,因为侵害者在很大程度上破坏了房门,侵入已近在咫尺,并且不知道侵害者的人数及其武器装备情况,所以被告人必须考虑到侵害将以极具攻击性方式实施的可能性。如果被告人错误的假设为真,那么他针对人开枪射击就因为属于必要的紧急防卫行为而被正当化。

如果某人受到违法侵害,那么他原则上有权选择能够保证该危险被终局地排除的防御工具;如果对不那么危险的防御手段的效果存有疑问,那么被侵害人就不必满足于使用该手段,这也适用于对射击武器的使用。只有当存在数种有效的防御手段时,防卫人才应当选择对加害人而言危险性最小的手段。不那么危险的防御手段何时适合于将危险毫无疑问并终局地排除,应当依据个案情形而定。此外,只有当防卫人有足够的时间选择防御手段和评估情形时,他才应当在数种防御可能性中选择对侵害人较为缓和的一种。在使用射击性武器时,虽然被侵害人原则上应当说明其将使用该武器,或者在致死的射击前尝试不那么危险地使用,然而只有当警告性鸣枪对终局的阻止侵害适当时,才能够认为其具有必要性。而本案情形并非如此,尤其是被告人认为,他有可能遭到侵害者穿门而过的射击。被告人认为,他直接面临着房门被数名装备好的侵害者击破或者穿门而过的射击,有鉴于此,他没有足够的时间对此难以计算的风险作出充分的评估。在这样的极端情形中,期待警告性鸣枪能够终了该侵害的理由并不明显。

此外,如果警告性鸣枪将仅仅导致情况的继续升级,那么它也是不必要的。本案中,从被告人的视角出发,如果侵害人通过警告性鸣枪注意到了被侵害人已做好了防卫准备,那么这些顽固的侵害者恰好会实施穿门而过的射击。防卫人无须进入一个结局不定的争斗。因此,从被告人的视角出发,其所实施的两次射击都是必要的防卫行为。

四、判例评述

本案所涉及的容许构成要件错误是德国刑法中最具争议也是最重要的问题之一,诚如赫茨贝格教授所言,“只要尚未理解它(容许性构成要件错误)……那么就还不懂刑法。”[①]从实践方面看,德国联邦最高法院在其判决中经常处理与容许错误有关的案件并且其所采取的解决方案也并不完全统一[②];在理论上,讨论该问题的文献可谓汗牛充栋,所提出的解决方案也同样是五花八门无奇不有。[③] 学说意见的不统一,也直接导致了德国于1975年修订刑法时,并未对容许构成要件的问题作出规定,而将之留给了学说与判例,以期在将来达成相对统一意见时,再将其纳入立法议程。然而长期以来,不同学说以及学说与判例之间的差异并未缩小,“二阶层论”与“三阶层论”之间、“故意论”及其变种与“罪责论”及其变种之间的争议愈演愈烈,到了剑拔弩张的地步。但总体而言,罪责论占据着明显的上风。

本案中,联邦最高法院再一次从其原来的否定故意不法的限制性罪责理论转向了否定故意罪责的、准用法律后果的罪责理论。本案中,被告人无罪的判决结果虽然获得了文献的普遍支持[④],然而其所采用的“准用法律后果的罪责理论”的立场却备受诟病。[⑤] 下面将主要依据各家对本案的评释进行介绍:

1. 准用法律后果的限制性罪责理论与严格的罪责理论的对立

在深入介绍本案的有关争议和其对容许构成要件错误的处理可能带来的影响之前,有必要对在德国占主要地位的两种学说进行简要的介绍。

(1)准用法律后果的限制性罪责理论

该理论为德国联邦最高法院在本案中所采。该理论认为,在容许构成要件错误的情形中,由于行为人有实施法益侵害的故意,所以其故意的行为无价值不受影响,但是其罪责程度基于错误而得以减轻,故而只能依据过失对其进行处罚。换言之,行为人的行为故意并不因该错误而受任

---

① Herzberg, JA 1989, S. 243.

② 具有代表性的案例除本案之外,还包括 BGHSt 3, 107; BGHSt 45, 378, 384; BGH NStZ 2011, 630。

③ 关于该问题在文献中的概览,可参见 Roxin, Strafrecht Allgemeiner Teil, Band I, 4. Aufl., 2006, §14。

④ Vgl. Engländer, Anmerkung zu BGH 2 StR 375/11, Urteil vom 2. 11. 2011, NStZ 2012, S. 274 f.; Kühl, Allgemeiner Teil, 8. Aufl., §13, Rn. 68; Hecker, BGH, BeckRS 2012, 00743: Putativnotwehr, JuS 2012, S. 263 f.

⑤ Vgl. Hecker, BGH, BeckRS 2012, 00743: Putativnotwehr, JuS 2012, S. 263; Jäger, Wenn Engel Banditen erwarten und stattdessen Polizisten treffen, JA 2012, S. 227.

何影响,只是其由于错误而不具有罪责故意。

(2)严格的罪责理论

这种理论也是联邦最高法院一向持有的见解。根据该理论,由于陷于容许构成要件错误中的行为人与构成要件错误的行为人一样,是对行为时周遭的情况作出了误判,若其误判的情形为真,则其行为将依据相应的违法阻却事由而被正当化。这与《德国刑法典》第16条所规定的行为人将基于对法定构成要件的误判而缺乏故意相同,所以行为人的容许构成要件错误将使得其行为并不具有违法性,其行为欠缺故意的不法。据此,应当依据《德国刑法典》第16条对行为人进行处罚。这就意味着,本案中的被告人不但不具有罪责,而且其行为本身没有故意的不法性,不能针对其行为进行紧急防卫。

通过上面的介绍,我们可以获得这样的结论,由于依据准用法律后果的限制性罪责理论,行为人的行为具有违法性,仅仅被免责。所以依据共犯对正犯的限制性从属原则,不具有错误的第三人对该行为的参与是可能的。而依据限制性罪责理论则排除了这种参与的可能性,所以,联邦最高法院明显试图通过采用准用法律后果的限制性罪责理论来确保对参与行为进行处罚的可能性,即使这种处罚的必要性是有疑问的。[①] 其实这大可不必,因为一方面,间接正犯制度的存在使得未陷于容许构成要件错误的第三人将可能依据该制度而受处罚[②];另一方面,即使在间接正犯所不能涵盖之处,也可以通过将《德国刑法典》第26、27条规定的"故意的"解释为构成要件的故意而非不法故意,从而使得对该行为的参与的处罚成为可能。而采用准用法律后果的限制性罪责理论面临着法教义学上的诟病。该理论在《德国刑法典》第16条中所规定的前提条件并未得到满足或相当于满足的情况下,便适用其结果,这在规范逻辑上是存在较大疑问的。因此,许乃曼(Schuenemann)教授称之为"教义学上的怪胎"。[③]

---

① Vgl. Jäger, Wenn Engel Banditen erwarten und stattdessen Polizisten treffen, JA 2012, S. 229.

② Vgl. Jäger, Strafrecht Allgemeiner, 6. Aufl. 2013, Rn. 215.

③ Vgl. Schünemann, Die deutschsprachige Strafrechtswissenschaft nach der Strafrechtsreform im Spiegel des Leipziger Kommentars und des Wiener Kommentars, 1. Teil: Tatbestands-und Unrechtslehre, GA 1985, S. 350.

2. 被告人紧急防卫行为是否符合命令性要求

依据判决所认定的事实,被告人确信,无论如何“Bandidos”俱乐部的一名成员计划袭击“Hells Angels”俱乐部的一名成员。显然,对被告人而言,这并不构成将其自身认为确凿无疑的袭击进行报警的理由。毋宁是他认为,解决当前的威胁是“Hells Angels”俱乐部的事务,也是他的事务。再考虑到这种威胁情况是由于“Hells Angels”俱乐部的一名成员杀死了一名“Bandidos”俱乐部的成员所引起的,甚至可以认为,该行为构成了可归责于被告人的违法的前行为,这将导致被告人所享有的紧急防卫权受到限制。① 联邦最高法院对“Hells Angels”俱乐部成员射杀“Bandidos”俱乐部成员的行为是否构成挑唆以及其对被告人的防卫权是否因此受到限制未作任何评价,这不得不说是一种遗憾。耶格尔(Jaeger)教授甚至认为,被告人基于其认知甚至应当在一定程度上容忍对其生命造成的危险,他至少也应当在进行致死的射击以前进行警告性鸣枪。② 基于上述事实,对被告人紧急防卫权进行限制虽然并非唯一的合理结果,但至少也是可接受的。

3. 警察行为的合法性问题

本案中的一个与容许构成要件错误不相关但却十分有意思的问题是警察所采用的搜查的方式的合法性问题,下面也对该问题略加介绍。

根据判决所确定的案件事实,警察为了“制造一个稳定的环境”,决定使用特警,在被告人睡觉时给予其惊吓,使其不能够对搜查行为进行反抗。对于这样的严重侵犯被告人的基本权的搜查方式是否具有相应的授权基础的问题,也即搜查行为的合法性问题,联邦最高法院虽然提出了质疑,但却未发表最终意见。美因茨大学的埃尔布(Erb)教授认为,为了达到搜查目的,《德国刑事诉讼法典》第 102 条及以下几条虽然授权搜查机关在比例原则的框架之内采取一些伴随措施。但是这些伴随措施一方面必须是为达到搜查的目的所必要的,另一方面不包括对基本权的严重侵

① Vgl. Jäger, Wenn Engel Banditen erwarten und stattdessen Polizisten treffen, JA 2012, S. 230.

② Vgl. Jäger, Wenn Engel Banditen erwarten und stattdessen Polizisten treffen, JA 2012, S. 230.

犯。[1] 据此,本案中警察的搜查行为是违法的,因为其严重地侵犯了被告人的基本权。若如此,被告人就不仅仅是处于假想防卫之中。

第五节 阻挠刑罚案

阻挠刑罚案[2]是由德国联邦最高法院第二刑事审判庭于 1999 年 5 月 19 日作出的判决,初审法院为法兰克福州法院。本案的争点在于外国人对其行为依据德国刑法具有可罚性缺乏认识是否构成禁止错误及该错误是否可以被避免。

一、基本案情

1994 年年初,于尔根 · 库恩德尔(Juergen Schiender)博士发现,他通过高额银行贷款提供资金的数项重大建设计划受到了动摇。在他草拟的给德意志银行的落款时间为 4 月 4 日的信函中,他说明了自己的情况,请求延期还款,并且还告知银行,基于医生的建议,他将暂时隐退并对自己的居住地点保密。基于他需要帮助的请求,D 博士联系上了被告人。被告人是一名商人,拥有埃及、加拿大和瑞士的国籍,与其就职于 S 航空公司的瑞士籍妻子共同生活于日内瓦。

3 月 25 日,库恩德尔夫妇与被告人以及 D 博士在日内瓦见面。就此,库恩德尔博士拿出了他写给德意志银行的信函的草稿,表达了自己外出旅行的愿望并且交给了被告人 20 000 马克,以资必要的准备。旅行的目的地应当是美国。然后库恩德尔夫妇就回国了。

4 月 1 日,在向德意志银行发出了信函之后,库恩德尔博士就乘飞机去了维也纳,几天后又乘飞机去了苏黎世,并从那儿与其妻子一起开车去了日内瓦。4 月 5 日,他们给了被告人 500 000 马克,这应当涵盖与此次旅游相关的所有支出。

4 月 6 日,被告人与席恩德尔夫妇一同经苏黎世乘飞机飞往华盛顿。共同被告人(被告人的妻子)订购了前往迈阿密的机票并支付了被告人

---

① Vgl. Erb, Anmerkung zu BGH, Urt. v. 2.11.2011-2 StR 375/11, JR 2012, S. 208 ff.

② BGHSt 45 97 ff.

返程机票的费用。被告人在目的地为席恩德尔夫妇以迈尔(Meier)的名义预订了宾馆。

4月13日,被告人为自己和席恩德尔夫妇以别名预订了飞往迈阿密的机票。在那里,他们一直住在宾馆里至月末。被告人于4月中旬获知,德国的侦查机关正在搜寻席恩德尔博士,为此他感到不安。基于德意志银行的告发,法兰克福检察机关于4月13日开启了针对席恩德尔博士的侦查程序并在月末获得了基于指控其诈骗与破产的逮捕令。共同被告人于4月25日飞往了迈阿密,她携带了对上述刑事程序作了报道的德国报纸。4月27日,意大利人P也进来了,被告人请他照顾席恩德尔夫妇,以便他们不用在公共场所露面。其后,被告人与P租了两套假期公寓。P住其中的一套,而席恩德尔夫妇住其中的另一套。被告人从席恩德尔夫妇支付给他的款项中提供了P所需的费用,紧接着两名被告人就返回了日内瓦。

在那里,被告人找了一名律师,说明了自己的情况并询问自己应当怎么做;律师向其解释说,依据瑞士刑法他不会受到处罚。被告人松了一口气,并将该信息告诉了也一直为此担忧的妻子。

1995年上半年,日内瓦的警察和侦查法官将被告人作为证人进行了询问,与被要求提供信息的妻子一样,被告人否认其知道席恩德尔夫妇的居住地点。但他们依然通过向P汇款的方式继续帮助他们。

1995年5月18日,席恩德尔夫妇在迈阿密被发现和逮捕并于1996年2月23日被引渡回德国。

州法院在无罪判决中说明如下,不能证明"被告人知道其行为依据德国法是可罚的";他们因禁止错误而不受处罚。瑞士律师提供的信息,被告人"依据其本国法"不受处罚,是符合实际的。对被告人而言,有该消息就足够了。由于他们并未在德国领域内实施行为,所以他们没有必要了解其行为在德国将获得何种刑法上的评价。

二、法条索引

本案例引用了如下法条:

1.《德国刑法典》第9条(行为地):

(1)行为地是指,行为人实施行为的地点,或者在不作为犯罪中应当实施行为的地点,或者属于构成要件的结果发生的地点,或者依据行为人的想象应当发生的地点。

(2)参与的地点既是正犯实施行为的地点,也是参与人行动的每一个地点,或者在不作为犯罪中应当实施行为的地点或者依据其想象应当实施行为的地点。参与人在国内参与国外犯罪的,即使该行为依据行为地法律不受处罚,对该参也应适用德国刑法。

2.《德国刑法典》第 17 条(禁止错误):

行为人在行为时欠缺实施不法的意识的,如果其无法避免该错误,那么其行为时无罪责。如果其能避免该错误,那么可依据第 49 条第 1 款减轻处罚。

3.《德国刑法典》第 258 条(阻挠刑罚执行):

(1)有意地或者明知地阻挠,使他人因其违法行为依据刑法应受的刑罚或措施全部或者部分的不被追究,处以 5 年以下自由刑或者罚金刑。

(2)有意地或者明知地阻挠,使对他人所宣告的刑罚或者措施的执行全部或者部分不能进行的,处以相同处罚。

(3)刑罚不得重于被阻挠的刑罚。

(4)未遂可罚。

(5)为同时使对本人的刑罚或措施或者其执行的全部或者部分不能进行的,不因阻挠刑罚执行而受处罚。

(6)为使家属免受追诉的行为不受处罚。

三、裁判理由

该无罪判决不能经受住法律的审查。

(1)州法院判决的出发点是,被告人通过其支持席恩德尔博士逃往美国,为其取得秘密的居住地点,并据此严重拖延了对被后来的判决所确认的犯罪行为的刑事追究。因此,其行为符合了阻挠刑罚执行的客观构成要件,这是正确的。就该行为应适用德国刑法,因为它实施于国内。虽然被告人自己是外国人,且其仅仅在外国,即瑞士和美国实施了行为,但是犯罪行为不仅仅在行为的行为地被实施,也在构成要件结果的发生地被实施。在根据针对《德国刑法典》第 258 条第 1 款的轻罪规定时,它因此发生于国内,德国刑法也因此得以适用。

(2)被告人即使不是有目的地,至少也是有认识地实施了该阻挠刑罚执行的行为。必要的直接故意仅需在犯罪行为和阻挠的结果上成立,而对前行为的认知具有间接故意即满足构成要件。据确认,该前提条件至迟于1994年4月中旬,当被告人获知德国侦查机关正在侦查席恩德尔博士时便得到了满足。

(3)州法院以不能证明被告人知道其行为“依据德国法是可罚的”为由,错误地认为被告人将基于(不可避免的)禁止错误而不被处罚。

其所选择的出发点便是存在法律错误的。就禁止性错误的确认而言,行为人对其行为的可罚性以及应当适用的刑事法规的不知,是不够的。根本不会涉及更特殊的对该行为依据德国刑法的可罚性的认识。依据法条的表达,禁止错误以行为在行为时缺乏实施不法的意识为前提。这应当依据相关刑法构成要件所保护的法益进行判断。据此,不将其所实现的刑法构成要件所涵括的特殊法益侵害作为不法加以认知者,处于禁止错误之中。本案的判决认定中,并未证明被告人缺乏这种认识。

《德国刑法典》第258条所保护的法益是德国的刑事司法,被告人满足了该条的客观构成要件。他们使得一名在德国应受刑罚的德国公民不受刑事追诉。在主观方面,他们有意识地实施了该行为。因此,他们知道其行为将严重延缓德国司法机关针对席恩德尔博士所实施的刑事追诉。因此,他们也同时——即使有可能只是在一种外行人的观念里——有意识地损害了德国的司法秩序以及《德国刑法典》第258条所保护的法益。

对于为何他们虽然具有法益侵害的意识却欠缺特殊的不法,并未得以澄清。被撤销的判决并未为此提供这方面的依据。阻挠刑罚执行的行为不仅仅在德国,也同样在外国受到处罚。外国的刑法秩序也存在类似的犯罪构成要件,以保护各自国家的刑事司法秩序。这也同样适用于被告人的国籍国和居住国瑞士,在那里,阻挠刑罚执行的行为同样是可罚的。因此,在此意义上,对被告人而言,德国阻挠刑罚执行的构成要件并非陌生的,即其本国的法秩序并无相应的规定。被告人的行为并非针对瑞士而是德国,即在他眼中的他国法益,并不能为其提供认为其行为是被允许的动机。因为在一个为保护本国司法秩序对阻挠刑罚执行行为进行处罚的国家,没有理由将阻挠在国内已经开始的刑事追诉的外国人从刑罚威慑中排除出来。所以,假设一个镜像案件,如果德国人剥夺了瑞士对某一被告人的刑事追诉,瑞士法中的犯罪构成要件自然也将对该德国人有效。

被告人从日内瓦律师处获得并告知其妻子的法律信息并不能使二人中的任何人免责;它并不能够使一个禁止错误得以成立。此时,不在于该信息不能够改变对其先前所实施的行为的评价,因为一个存在的不法意识不能够在事后予以消除。该信息的内容本身就不适合于使被告人进入一个关于其行为的不被允许的错误中。虽然他们可以信赖该信息,也就是说,该信息是正确的:依据《瑞士刑法典》第 305 条第 1 款,剥夺某一外国的刑事追诉的,只有当所追诉的乃特定的重罪时(本案不属于),才被处罚。然而这在本案中并无意义,该信息仅仅涉及瑞士的法律状况,而被告人所实现的却是德国刑法中的阻挠刑罚执行的构成要件。其行为所侵害的乃是德国司法这一法益,与侵害该法益相关的不法意识不能通过一项依据瑞士法律所提供的法律信息而改变。只有当两名被告人获得了其行为依据德国的法秩序不被追诉的信息时,才能够对他们有利。然而他们并未获得这样的信息。最后,他们也不能够从律师关于其行为依据瑞士法不被追诉的信息,得出被其破坏了刑事追诉的国家也正好容许这种行为的结论。他们得出这种结论的依据并不可靠,事实认定中也没有为此提供任何线索。因此,该无罪判决应当被废除。

四、判例评述

“任何人不因不知法而免责”的罗马法谚是各国法律均奉行的金科玉律,德国刑法也不例外。虽然《德国刑法典》第 17 条规定,在行为人行为时欠缺不法意识且该欠缺是不可避免的情况下,将导致免责。然而就司法实践来看,在刑法领域中,联邦最高法院几乎从未肯定过行为人的禁止错误具有可避免性。而本案再一次证明了这一点。德国学者们也一致认为,法规范对行为人的约束性不能依赖于行为人对该法规范是否有认识。[1] 公民具有这样的一般义务,即在行为时及时了解其行为是否被允许。[2] 然而就本案判决结果而言,德国学者之间的意见并不统一:海德堡大学的德林(Doelling)教授[3]和哈姆州高等检察机关的伯格尔(Boerger)博士[4]认为本案判决对禁止错误的可避免性的认定准确,而法兰克福大学的诺伊曼(Neumann)教授则持相反的观点。[5] 由于认为本案判决正确无误的观点均与判决中的观点近似,因此下面将重点对诺伊曼教授的观点进行介绍。

本案涉及禁止错误的诸多基本问题。在教义学上可以提出以下理由对本案判决进行批评,即联邦最高法院试图通过将关于德国刑法的空间效力范围的错误转化为刑法规范内容的错误从而适用禁止错误的规定。这可能与法院没有对其所评价的被告人的错误进行更准确的描述有关。这种不够准确的描述,导致联邦最高法院在斥责州法院关于被告人错误是不可避免的这种观点时说理不够充分。

1. 禁止错误的一般理论

作为初审法院的法兰克福州法院基于以下理由认为被告人存在禁止错误,即“不能证明……他们知道其行为依据德国法是可罚的”。并且,州法院还认为,这种错误是不可避免的。与此相反,联邦最高法院则认为,对行为可罚性和将适用的刑法的不知并不能证立一项禁止错误。这一矛盾涉及了不法意识的客体这一极具争议的问题。学说中对此存在多种不同的看法[6],其中最主要的有社会危害性说和制裁规范说。依据前者,只要行为人认识到其行为具有社会危害性,则他就具有不法意识;按照后者,行为人必须意识到他的行为违反了实证法通过制裁加以保障的

---

① Vgl. Neumann, in: Nomos Kommentar StGB, § 17, Rn. 54; Jakobs, Strafrecht Allgemeiner Teil, 2. Aufl., § 19, Rn. 33; Roxin, Strafrecht Allgemeiner Teil, Band II, 4. Aufl., 2006, § 21, Rn. 9.

② Vgl. Wessels/Beulke, Strafrecht Allgemeiner Teil, 42. Aufl. Rn. 429; Frister, Strafrecht Allgemeiner Teil, 7. Aufl. S. 260, Puppe, Strafrecht Allgemeiner Teil, 2. Aufl. § 19, Rn. 2.

③ Vgl. Dölling, Anmerkung zu Urteil des BGH v. 19. 5. 1999 - 2 StR 86/99, JR 2000, S. 379 f.

④ Vgl. Börger, Anmerkung zu BGH, Urt. V. 19. 5. 1999-2 StR 86/99 (LG Frankfurt a. M.), NStZ 2000, S. 31 f.

⑤ Vgl. Neumann, Anmerkung zu BGH, 19.05.1999-2 StR 86/99, StV 2000, S. 425.

⑥ 关于不法意识客体的各种学说,可参见 Neumann, in: Nomos Kommentar StGB, § 17。

禁令,他才具有不法意识。显然,本案中初审法院采取了后一种观点,而联邦最高法院对制裁规范说提出了疑义却并未对不法意识的客体进行积极的界定。而法条的描述(意识到实施不法)则被联邦最高法院解释为,行为人是否将法益侵害视为不法。这种使不法意识的客体精确化的观点存在着同义反复之嫌。

由于所有依照实质标准对不法意识进行的定义都必然带来不确定性,因此州法院的观点更值得赞同。此外,如果不将实质的价值体系误解为自然法的话,那么便只能在极其有限的程度上要求其他法秩序的相关主体认识该价值体系,因为这并不涉及价值的信息来源,而是涉及价值在实践中的实施。刑法领域中不法意识的形式化同样也是大量法秩序并存的必然结果。

坚持实质标准的联邦最高法院试图通过被行为人所侵害的法益而对禁止错误的前提条件具体化。据此,"如果行为人不知道其实现的犯罪构成要件的不法所包含的法益侵害是不法",那么他就陷入了禁止错误。这就是所谓的不法意识的行为相关性,也称为不法意识的可分性。而在本案中,联邦最高院试图将原来的针对不同法益的不法意识可分性的观点,直接适用于不同法秩序针对同一法益的保护中。更具体地说,相对于他国法秩序保护的相同法益而言,在本国法秩序对其进行保护时,它便成了特殊的法益。联邦最高院就此论证道,《德国刑法典》第 258 条所保护的乃是德国的刑事司法秩序;被告人虽然认识到其行为并不违反瑞士对司法进行保护的法律规范,但这并不能排除行为人针对侵害德国司法所具有的不法意识,因此也不排除其行为满足《德国刑法典》第 258 条的可能性。

然而,将不法意识可分性的观点直接转用于不同法秩序对同一法益的保护中,掩盖了本案中真正的问题,因为从德国法秩序的角度出发,德国的刑事司法受到刑法的保护是显而易见的。而从被告人国籍国(瑞士)法秩序的角度出发,德国刑事司法秩序只受到有限的保护。只有当所涉及的犯罪为重罪时,外国的刑事司法才能够依据《瑞士刑法典》第 305 条而受到保护。联邦最高法院的观点忽略了一个最重要的问题:当被告人显然并未考虑其行为依据德国刑法可能的后果,而仅仅权衡了依据其国籍国法以及行为地法的法律后果时,刑法应当对其作出何种评价。通过将该问题仅仅描述为法益是否一致的问题,联邦最高法院规避了该问题。从这种观点出发,被告人的行为针对他国法益的事实,并不能使其认为其行为是被允许的。然而,行为是否被允许始终是与特定的法秩序相关的。因此问题在于,行为人在他认为重要的法秩序中如何判断其行为是否受到许可,而不涉及事实上可能对该行为具有效力的法秩序。因此,本案的关键不在于联邦最高法院仔细讨论并否认的问题,即被告人是否对《德国刑法典》第258条的存在与否发生了误认,而在于如何评价行为人对德国刑法秩序的效力范围的错误认识。

2. 德国刑法的客观效力范围

只有当被告人的行为客观上受德国刑法规制时,才会有上述问题。而这并非如联邦最高法院直接引用《德国刑法典》第3条及以下几条和第9条那么不言自明。因为当在外国实施的行为仅仅因其所保护的乃外国的国家法益而导致“结果”在内国发生时,是否属于《德国刑法典》第9条第1款第3种情况所规定的情形,是有疑问的。针对内国法益的外国行为例外地适用德国刑法,《德国刑法典》第5条都作了列举。通过回溯至《德国刑法典》第9条第1款第3种情况对行为的拟制这种一般性的条款来扩张该精确的列表,在方法上是特别有问题的。

此外,这在国际法上也是存在疑问的,因为这将使得德国法秩序超出《德国刑法典》第5条的规定,以不可预见的方式对外国人在外国实施的行为具有效力。从体系上看,必须对《德国刑法典》第9条第1款第3种情况进行限制性解释。如果依照联邦最高法院的解释,则《德国刑法典》第5条的很大一部分相对于第3条及以下几条和第9条就成为多余的了。另外,一个重要的国际法问题,即一个国家针对外国人在外国的犯罪的刑事司法权的扩张,依赖于某一构成要件是行为犯还是结果犯,这种立法安排被认为是偶然的。

最后,如果仔细审视,对所谓明确的法条文义的提示也并不能够让人信服。因为,在《德国刑法典》第258条所规定的犯罪构成要件中,并不存在结果发生的地点。换言之,阻挠刑罚执行的结果发生地并不能够被确定。它牵涉德国,但并不发生在空间意义上的德国。若非如此,则必须指出,该阻挠行为具体发生于德国何地。厄勒(Oehler)要求对《德国刑法典》第9条第1款第3种情形进行限制性解释的要求可以从第9条的文义中得出:某一犯罪行为侵害德国法益的事实,还不能够满足第9条第1款所要求的前提,即结果发生地位于德国且可以被具体确认。

3. 效力范围错误在法律上的重要性

按照上文的论述,正确的做法是否认德国刑法对被告人在国外实施的行为具有效力。如果对该问题持不同意见,则需提出这样的问题,即应对被告人的错误作出何种评价。该问题涉及对国际刑法规则与连接事实的错误在刑法上进行评价这一复杂领域。依据德国通说,这样的错误对特定法秩序就具体行为的可适用性并不重要。这与通说相符,即认为《德国刑法典》第3条及以下条文规定并非行为规范,不涉及行为的不法性。相反,相关规定属于制裁规范,其涉及的是行使司法权的效力范围。然而这并不能使人信服,因为在刑法核心领域外,何种行为方式具有不法性必须依特定的法秩序而定。因此,决定刑法效力范围的规范也同样对行为的不法性具有重要意义。据此,不法意识也必定与特定的法秩序相关联。当然可能存在"部分的不法意识"。如行为人可能意识到,其行为依据"行为地"的法秩序是合法的,而依据另一对该行为也同样具有管辖权的法秩序则是被禁止的。若行为人根本就没有考虑到某一法秩序对其行为具有管辖权的可能性,那么他必然缺乏对其行为不法性的认识。不知某一法秩序对其行为可提出有效性主张者,其行为便不能依据该法秩序的标准被评价为不法。就该法秩序而言,行为人陷于禁止错误中。

基于以下理由,认为按照上述标准将导致对刑事司法权严重限制的担忧是多余的。众所周知,诸如叛乱之类的犯罪,即使其由外国人在国外实施也将受到追诉。只要能够期待行为人认识保护原则项下的犯罪行为的不法性,那么个案中的行为欠缺这种不法意识时,可能存在的便只能是一项可避免的禁止错误。此外,当刑事追诉与法治国原则不符时,则对其进行限制也是合理的。

第六章　犯罪未遂与中止*

第一节　导　论

犯罪未遂是行为人以实现构成要件的决意为基础，通过真实手段直接开始实施构成要件，但欠缺构成要件既遂的特定行为样态。犯罪中止中，行为人自愿放弃进一步实施构成要件行为，或者自愿真诚地阻止构成要件的实现。对这种特定的行为样态，德国判例和理论涉及的内容主要包括以下几个方面。

犯罪未遂中如何认定直接的着手。在"胡椒面案"中，行为人为了报复被害人，打算将胡椒面撒到被害人眼里。针对行为人站在火车站站台上等候被害人这一行为，其是否属于犯罪未遂的直接着手呢？对此，观点一认为，这种情况应当认定为犯罪未遂的直接着手，因为如果连这个行为都不处罚，那么即便是警察，也没有办法干预这个行动计划。反对者认为，行为人是否在走向被害人的路上，或被害人是否在走向行为人的路上，这两者之间其实并没有任何区别。不能因为行为人站在站台上等候被害人，这个行为就视为一种犯罪未遂的直接着手。观点二认为，如果被害人乘坐的火车比行为人早到达车站，那么就不能认定为犯罪未遂的直接着手。①

---

* 赵书鸿，北京师范大学刑事法律科学研究院副教授，北京师范大学刑事法律科学研究院博士，德国马克思－普朗克外国刑法与国际刑法研究所访问学者。

① 更为深入的论述参见 Christian Fahl, Abgrenzung von Vorbereitung und Versuch-"Pfeffertütenfall", JA 1997, S. 635-639; Wessels/Beulke, Strafrecht Allgemeiner Teil, 39 Aufl., Rn. 603。

同样是犯罪未遂直接着手的认定。在“门铃案”中,行为人脸上蒙着面罩,手里拿着手枪站在被害人公寓大门前按响了门铃,行为人的行为是否构成直接着手?观点一认为,这种行为构成直接着手,否则未遂与行为实行终了就可能同时发生。对此反对者认为,本案行为人对被害人是否在家甚至都不确定,怎么可能说是已经直接着手实施犯罪行为呢?观点二认为,这种行为不能视为直接着手,只有当被害人听到门铃响,然后开灯下楼至比较接近行为人时,才能认定为直接着手。①

假想的共犯直接着手实现构成要件的,共犯是否构成已经着手的未遂?对此,观点一认为:这种情况下应当认定为已经着手的未遂。假想共犯的特点是,假想的直接着手事实上是不可信的,假想共犯的这个特征是上述结论的依据。但反对者认为,根据统一处理的原则,尽管未遂犯罪人已经着手实施整个行为,但只能根据《德国刑法典》第 25 条对其进行归责(如果本条的其他条件也已具备的话)。因此,这里行为人真实而不是假想的行动计划就显得非常关键。另外一种观点是,这种情况下不应当认定为已经着手的未遂,这里行为人尽管相信存在共犯,并不能因此就取代“直接的着手”。②

间接正犯中,未遂犯是从什么时候开始视为着手的?观点一认为,如果“工具”已经开始实施构成要件行为的话,在未遂的情况下,这个着手应当视为正犯未遂的着手。对此反对者认为,如果将这个视为着手,那么对法益保护在时间上就过于迟延。观点二认为,当幕后操纵者对工具的影响结束时,就是间接正犯未遂的着手时间。对此反对者认为,这样认定未遂着手的时间又过于提前了。对此主流的观点是:当幕后操纵者将“工具”从其影响范围内排除出去,事情的发生完全在其掌控之内时,则应当视为未遂的着手。③

对加重结果已经实现,而基本构成要件未遂的,如何处罚行为人?观点一认为,加重结果犯的未遂不具有刑罚处罚性,行为人处罚的根据仅限

---

① Vgl. Wessels/Beulke, Strafrecht Allgemeiner Teil, 39 Aufl., Rn. 603.

② Vgl. Maurach/Zipf/Jäger, Strafrecht Allgemeiner Teil, 8 Aufl., Rn. 309; Roxin, Strafrecht Allgemeiner Teil, Band II, §29, Rn. 310 ff.; Wessels/Beulke, Strafrecht Allgemeiner Teil, 39 Aufl., Rn. 612.

③ Vgl. Hillenkamp/Cornelius, 32 Probleme aus dem Strafrecht Allgemeiner Teil, 15. Aufl., n S. 126 .

于基本的犯罪行为。这里讨论的是过失之外是否不存在未遂可能这个观点。事实上,《德国刑法典》第 11 条在立法上的不足是不能够掩饰的。观点二认为,正是因为过失,才导致了这个加重结果的实现,因此不应当视为未遂。对此主流的观点是:只要加重的结果与实现基本构成要件的纯粹构成行为有关系的话,那么就有未遂的可能。①

对基本构成要件已经实现,但加重结果未遂的,如何处罚行为人?观点一认为,只有实现基本犯罪构成的行为才构成未遂。反对者认为,"至少过失"包含一个意义明确的故意之后的概念。因此,严重的后果完全可以存在未遂的可能。主流的观点是:如果缺少一个可以分离的结果构成要件的话,比如像第 239 条第 3 款第 1 项,那么就可以因未遂的结果犯处罚行为人。与此相对,如果存在这种可分离的结果构成要件的话,比如第 239 条第 4 款,那么犯罪人就可以因基本构成要件的未遂以及未遂的结果犯而受到处罚。②

不真正不作为犯中,如何认定未遂行为的直接着手?观点一认为,不真正不作为犯中,行为人错过第一次救助机会的,就应当视为未遂行为直接的着手。但反对者认为,这个时间点对认定着手来说,过于提前了。第二种观点认为,应当根据错过最后一次救助机会的时间来认定着手。但反对者认为,如果这样的话,那么行为的未遂与实施终了之间就重合在一起了,据此认定未遂的着手则会过于迟延,不利于法益的保护。对此主流的观点是:只要因错过了实施一定行为,从而造成被害人现状恶化的,这个时间点就应当视为直接的着手。③

针对犯罪中止,判例和理论上的争议主要集中在以下几个方面。

根据《德国刑法典》第 24 条第 1 款前半部分的规定,行为人是否必须最终放弃实施的行为,或者行为人是否必须放弃了具体的行为?对此观点一认为,行为人最终必须彻底放弃自己的行动计划。这里讨论的问题

---

① Vgl. Hardtung, in: Münchener Kommentar zum Strafgesetzbuch, 1. Aufl., 2003, ff. §18, Rn. 70 ff.

② Vgl. Kühl, Strafrecht Allgemeiner Teil, 6. Aufl., §17a, Rn. 33 ff.; Roxin, Strafrecht Allgemeiner Teil, Band II, 2003, §29, Rn. 319; Wessels/Beulke, Strafrecht Allgemeiner Teil, 39 Aufl., Rn. 617.

③ Vgl. Hillenkamp/Cornelius, 32 Probleme aus dem Strafrecht Allgemeiner Teil, 15. Aufl., S. 128; Fahl/Winkler, Meinungsstreite Strafrecht AT und BT, S. 32.

是,“推迟”就不意味着“放弃”。必须肯定的是,犯罪中止免除刑罚的前提是行为人做了值得称赞的事情。但反对者认为,鼓励行为人迷途知返,其实质并非是报答犯罪人,而是为了保护被害人。因为对行为人来说,这并没有必然表明:放弃就不会再有机会赢得胜利,而继续干下去就不会再输掉一切。刚好相反,他这样做也可能仅仅是为了毁灭一个证据而已。对此主流的观点是:这种情况下,行为人必须放弃具体的行为,也就是说行为人不再实施该行为。①

根据《德国刑法典》第 24 条的规定,中止的前提是否是:为了阻止行为的完成,行为人必须做了最为有效的行为(这就是所谓的“心不在焉的中止”)? 观点一认为,成立犯罪中止,行为人必须采取避免结果发生的最为安全的行为措施。反对该观点者认为,在这种情况下,应当禁止只要对犯罪人有利的,司法上就作扩大解释,而在对犯罪人不利的情况下,就作限制性解释的做法。观点二认为,只要阻止了行为完成的就能据此认定犯罪中止,而不需要以上述内容为前提。但反对者认为,这种情况下的努力尽管并不需要是“真诚的”,但行为人对避免完成行为却并不是庆幸能够出现偶然意外的情况。对此主流的观点是:该条对阻止行为完成的规定,同样也适用于这种“心不在焉的中止”。与所要求的“真诚的努力”相对应,这种情况下的行为人所做的努力必须是最为有效的努力。②

对行为人已经达到了构成要件以外目的的,是否还有可能成立犯罪中止。观点一认为,这种情况没有成立犯罪中止的可能,因为这种情况不再存在“放弃”的可能性。这里讨论的是,如果实施这个行为,对行为人来说毫无意义的话,那么行为人就不存在“值得赞扬的放弃”。与此相反的观点是,这种情况下,受到危险威胁的法益仍然存在,而且基于保护被害人的需要,也应当认定行为人有成立中止的可能。对此主流的观点是:行为人中止的决定仅仅与构成要件相关,构成要件以外的目的并不是这里关注的对象。③

---

① Vgl. Hillenkamp/Cornelius, 32 Probleme aus dem Strafrecht Allgemeiner Teil, 15. Aufl., S. 126.; BGH NStZ 1986, 264 ff.

② Vgl. Beulke, Klausurenkurs im Strafrecht I: Ein Fall-und Repetitionsbuch für Anfänger, 4 Aufl., Rn. 344.

③ Vgl. Joecks, Strafgesetzbuch Studienkommentar, 8. Aufl., §24, Rn. 23; Wessels/Beulke, Strafrecht Allgemeiner Teil, 39 Aufl., Rn. 635.

对是否存在实行终了的未遂问题。观点一认为,刑法中没有这个概念,因此不存在实行终了的未遂。反对者认为,如果行为人能够自己决定,他是否必须"阻止行为实施完毕",或者必须"放弃继续实施该行为"的话,那么为了免除刑罚处罚,行为人就会选择后者。对此主流的观点是:应当承认存在实行终了未遂的可能。只要行为人认识到,实现构成要件所必需的所有行为,那么为了免受刑罚处罚,他必须阻止"这种实现构成要件行为实施完毕"①。

不作为犯中,如何区分实行终了的未遂与未实行终了的未遂?观点一认为,不作为犯中的未遂总是"未实行终了的未遂"。这里讨论的是:只要结果没有出现,行为人就会认为,他并没有将所有必要的行为实施完毕。另一种观点认为,不作为犯中的未遂主要是实行终了的未遂。这里讨论的是,行为人认为必须真实地避免结果的实现。对此反对者认为,不作为犯中,无论主要是"实行终了的未遂"还是主要是"未实行终了的未遂",这些都是过于笼统的评价。根据主流观点,两者之间区别如下:只要行为人认为,在不履行最初的命令行为后,通过之后的补救措施就可以避免结果发生的,这就是"未实行终了的未遂";如果行为人认为,只有通过其他方式的行为才能够避免结果发生的,那就是"实行终了的未遂"。②

在错误的基础上,如果行为人认为不合适,从而在结果出现之前,放弃自己行动计划的,是否还能适用《德国刑法典》第 24 条的规定?观点一认为,如果行为人根本就不希望(实行完毕的)结果出现的话,那么他就欠缺"实施完毕的故意",因此《德国刑法典》第 24 条在这里并不重要。这里讨论的是:如果涉及的不是一个完全非典型性因果流程的话,那么其所牵涉的就是对现存因果流程的偏离。对此反对的观点认为,故意只能存在于实施行为的时间点上,而不可能在行为结果出现这个点上。观点二认为,只要结果没有出现,那么根据《德国刑法典》第 24 条的规定,就有成立中止的可能,上面的情况当然也包括在内。这里讨论的是:在中止成立的时间点上,行为人认为并没有实施所有引起构成要件实现所必需的一切行为的,这就是未实行终了的未遂。反对者却认为,该条款的规定从一开始就仅限于未遂。对此主流的观点是,对这种情况,只能在量刑过

---

① Wessels/Beulke, Strafrecht Allgemeiner Teil, 39 Aufl., Rn. 631.

② Vgl. Fahl/Winkler, Meinungsstreite Strafrecht AT und BT, S. 39.

程中根据《德国刑法典》第 46 条第 2 款的规定予以考虑。[①]

实行终了的未遂与“真诚地悔悟”这个规定是否具有一致性。观点一认为,两者之间具有一致性,《德国刑法典》中有很多单个的规定都具有一致性,比如 §§ 83 a I, III; 139 IV; 306e; 314a; 320 等。但反对者认为,例外性规定并不具有一般化的功能。对此主流的观点是:这种情况下,两者之间不具有一致性,而且后者应当在量刑中作为事后行为来考虑。[②]

行为人自愿放弃进一步实施构成要件或阻止构成要件既遂的,根据《德国刑法典》第 24 条第 1 款的规定,行为人不会因未遂而受到刑罚处罚。在未遂中止中,行为人通过自己的行为逆转了已经创设的危险,从而表现出了一个与其原先故意相向而行的举止行为。因此,德国刑法对未遂中止有两种规定,其一是未实行终了的未遂,即行为人自愿放弃构成要件行为的继续实施;其二是实行终了的未遂,即行为人自愿阻止构成要件的既遂。在未实行终了的未遂的情况下,行为人还未创造出产生犯罪结果所必需的所有条件,只要他中止犯罪努力,就足以构成中止未遂。相反,在实行终了的未遂中,如果行为人已经创造了所有的实现构成要件的条件,要成立中止未遂的话,需要行为人实施积极的干预行为,从而阻止结果的发生。[③]

对犯罪未遂和犯罪中止,德国刑法理论和判例更多关注的是中止的未遂。这主要集中在:免除刑罚中止未遂的根据、失败未遂的中止问题、放弃作为未施行终了未遂的中止、在还没有成功但借助对结果的展望可重复实施行为中的中止等。

针对犯罪未遂,最新的判例主要如下。颠倒的构成要件错误:医生信件案(BGHSt 42, 268);颠倒的分类错误:合成照片案(OLG Düsseldorf, NStZ 2001, 482);颠倒的价值错误:划船人案(BGH JR 1994, 510);对空

---

① Vgl. Beulke, Klausurenkurs im Strafrecht I: Ein Fall-und Repetitionsbuch für Anfänger, 4. Aufl., Rn. 319.

② Vgl. Jescheck/Weigend, Lehrbuch des Strafrechts Allgemeiner Teil, 5. Aufl., S. 548.

③ 更多对中止未遂成立的一般论述,参见 Freund, Strafrecht Allgemeiner Teil, 2. Aufl., § 9, Rn. 8; Jescheck/Weigend, Lehrbuch des Strafrechts Allgemeiner Teil, 5. Aufl., S. 548; Roxin, Strafrecht Allgemeiner Teil, Band II, 2003, § 30, Rn. 2; Puppe, Strafrecht Allgemeiner Teil, 2. Aufl., S. 240。

白支票特征产生颠倒性错误认识：求职信案（BGHSt 1, 13）；空白条款有效性的认识错误：补偿案（BGHSt 2, 248）。针对犯罪中止，涉及具有刑罚可罚性未遂中止的主要如下。单一行为理论与自然未遂统一理论：妻子谋杀案（BGH NStZ 1986, 264）；尽管已经实现了行为目的，但存在中止的情况：便条案（BGHSt GS 39, 221）；中止的自愿性："时间不足"案（BGHSt 35, 184）等。从犯罪未遂以及犯罪中止案件中，我们选取了以下五个有代表性的判例。

第二节　救助努力落空的犯罪中止案

救助努力落空的犯罪中止案[1]是由联邦最高法院第二刑事审判庭于2010年5月19日作出的判决，初审法院为科隆州法院。联邦最高法院在判决中主要解决的问题是：数人共同实施同一行为，其中主动阻止行为实施，但阻止行为努力落空的，对实施终了而未遂的行为是否构成多人参与构成要件行为的中止？

一、基本案情

2008年11月13日，科隆州法院以被告人V故意杀人未遂，同时也实施了严重伤害、剥夺他人自由、胁迫和敲诈未遂而判处其青少年刑罚自由刑3年6个月。被告人L因为故意杀人未遂、严重的伤害、剥夺他人自由和胁迫而被判处青少年刑罚自由刑2年6个月；被告人Va和K，同样因为故意杀人未遂、严重伤害而被判处青少年刑罚自由刑1年9个月。本案被告人对科隆州法院的上述判决提起了上诉。2010年5月19日，联邦最高法院第二刑事审判庭判决认为：驳回被告人V和L的上诉请求；判定被告人Va和K对严重伤害以及胁迫和剥夺自由承担责任。

州法院查清的事实是：18岁的V和17岁的L准备给本案的被害人S一个教训，因为在不同的场合，S对他们表现得不够尊重。为了确保对S的教训能够顺利实施，他们另外找了年龄都是17岁的本案另外两名被告人Va和K。

---

① BGH, Urt. Vom 19.05.2010-2 StR 27809.

根据被告人Va的建议,上述被告人开着被告人V父亲的大货车到了Va的家,他们从这里拿走了装有子弹的手枪。另外,V和L从V家的地下室取走了一个摩托车车罩,从L家地下室拿走了两根绳子、一把锤子、一个汽油桶和一个袋子。四名被告人随后一起驱车前往森林,这是他们事先看好的作案地。在去森林的路上,他们将车停在路边的加油站,然后拿着事先准备好的汽油桶加了三公升汽油,加油的钱是所有被告人分摊的。对此,本案所有参与人都明知的事实是,他们开车来这里是干什么的。但对各个参与人之间准确的约定程度,州法院在初审判决中并没有办法确定。

本案被告人将车停在森林边上后,他们带着以上准备好的东西朝森林那个原计划好的地方走去。在这之后,V一个人开车返回了城里,他找到S后假装和他讨论什么,然后将他拉上车开到了森林。被告人V拿着手枪对S实施了威胁,然后K使用暴力强行将S带出了汽车,并将其带到了森林中的犯罪地。在这里,S受到了威吓并被强迫脱掉了衣服躺在摩托车罩上。数名被告人将被害人用绳子捆起来,他们对着这个车罩实施了攻击,而且部分也打到了被害人身上。被害人S极度恐惧,他开始恳求被告停止打自己。被告人V这时表示了反对,但没有人听他的。之后,L从货车里取出汽油桶,将它递给了V。V将汽油从头到脚浇到了被害人身上。摩托车罩上也被他浇上了汽油,然后他把汽油桶扔到了地上。在此期间,Va和K是否大声吼了一下让V停下来,科隆州法院对此事实并不能确定,但同样也没有办法排除上述可能。在V的要求下,L取出了一个打火机并将它交给了V。V弯腰点着了汽油,被害人S立即就着火了,尤其是背部、大腿和左胳膊。被害人在极度恐慌中自己扯下了包裹在身上的那个摩托车罩,然后尖叫着在地上来回打滚。他想通过这种方式扑灭自己身上的火,这时被告人Va和K也跳过来一起扑火,最后扑灭了被害人身上的火苗。

被害人站起来后,按照V的命令穿上了衣服。这时所有人都朝大货车走去,在上车过程中,Va帮助受害人登上了货车。在回城的路上,被害人一路都在痛苦地呻吟。这时V对被害人说,他能活下来应该感谢Va和K。之后V要S必须向他承诺,每周必须交给他400欧元作为保护费。在说这些话的过程中,因为情绪激动,他猛地把手里拿着的手枪砸到了汽车仪表盘上。之后他威胁被害人说,如果他不交保护费,或者不把他说的话当回事,那么他就会杀了S。

最后，他们让被害人在一个书报亭附近下了车，在这里他们遇到了被害人的表弟。因为被害人的情况越来越糟，被告人 Va 和 K 及被害人的表弟将他送到了附近的医院，被害人在重症监护病房得到了救治。因为被害人所受的伤害危及生命，而且大约 40% 的肢体表面被烧伤，被害人需要不停地接受手术治疗。之后被害人经受了长期严重的综合征，到本案审判时，他还没有完全康复。因为受到了严重的烧伤，被害人已经永久性地被毁容了，而且也受到了神经和皮肤其他功能性的损伤。

二、法条索引

本案例引用了如下法条：

1.《德国刑法典》第 13 条（通过不作为实施）：

（1）依法有义务防止构成要件的结果的发生而不防止其发生，且当其不作为与因作为而使法定构成要件的实现相当时，才依法对其处罚。

（2）可依第 49 条第 1 款减轻处罚。

2.《德国刑法典》第 15 条（故意和过失行为）：

本法只处罚故意行为，但明文规定处罚过失行为的除外。

3.《德国刑法典》第 22 条（未遂概念规定）：

行为人已经直接着手实现构成要件，而未发生其所预期结果的，是犯罪未遂。

4.《德国刑法典》第 24 条（因中止而未遂）：

（1）行为人自愿地使行为不再继续进行，或者主动放弃行为完成的，不因犯罪未遂而处罚。如果该行为没有中止犯的努力也不能完成的，只要行为人主动努力阻止该行为的完成，即应免除其刑罚。

（2）数人共同实施同一行为的，其中主动放弃行为完成的，不因犯罪未遂而处罚。如果该行为没有中止犯的努力也不能完成的，或该行为没有中止犯的努力也会完成的，只要行为人主动努力阻止该行为完成的，即应免除其刑罚。

5.《德国刑法典》第 25 条（正犯）：

（1）自己实施犯罪，或通过他人实施犯罪的，依正犯论处。

（2）数人共同实施犯罪的，均依正犯论处（共同正犯）。

6.《德国刑法典》第 46 条(量刑的基本原则):

(1)行为人的责任是量刑的基础。量刑时应考虑刑罚对行为人将来的社会生活所产生的影响。

(2)法庭在量刑时,应权衡对行为人有利和不利的情况。特别应注意下列事项:

行为人的行为动机和目的,尤其是涉及种族歧视、仇外或者其他类似动机和目的,行为所表露的思想和行为时的意图,违反义务的程度,行为的方式和行为结果,行为人的履历、人身和经济情况,及行为后的态度,尤其是行为人为了补救损害所作的努力。

(3)属于法定构成要件特征的情况,可不予考虑。

7.《德国刑法典》第 211 条(预谋杀人):

(1)谋杀者处终身自由刑。

(2)谋杀者是指出于杀人嗜好、性欲的满足、贪财或其他卑劣动机,以阴险、残暴或危害公共安全的方法,或意图实现或掩盖其他犯罪行为而杀人的人。

8.《德国刑法典》第 212 条(故意杀人):

(1)非谋杀而故意杀人的,处 5 年以上自由刑。

(2)情节特别严重的,处终身自由刑。

9.《德国刑法典》第 226 条(严重的身体伤害):

(1)实施伤害行为,给被害人造成以下后果的,处 1 年以上 10 年以下自由刑;

①单眼或双眼的视力、听力、语言或生殖能力的丧失,

②某一重要肢体的丧失或不再能使用,或

③长期严重毁容,或常卧病榻、残疾或使其患精神疾病或精神障碍。

(2)行为人在故意或明知的情况下造成第 1 款所述后果的,处 3 年以上自由刑。

(3)犯第 1 款之罪情节较轻的,处 6 个月以上 5 年以下自由刑,犯第 2 款之罪情节较轻的,处 1 年以上 10 年以下自由刑。

10.《德国刑法典》第 250 条(严重的抢劫):

(1)有下列行为之一的,处 3 年以上自由刑:

①行为人或参与人在实施抢劫时，

a. 携带武器或其他危险工具的，

b. 携带其他器械或工具，用暴力或以暴力相威胁阻止或制服被害人的反抗的，

c. 抢劫行为有致被害人的健康遭受严重损害危险的，或

②行为人作为为继续实施抢劫或盗窃而成立的犯罪团伙成员，与团伙成员结伙抢劫的。

(2)行为人或参与人具备下列情形之一的，处5年以上自由刑：

①在行为时使用武器或其他危险器械的，

②在第1款第2项情形下携带武器的，或

③行为导致他人

a. 身体被严重残酷对待的或

b. 有死亡危险的。

(3)在第1款和第2款情形下，如情节较轻的，处1年以上10年以下自由刑。

11.《德国刑法典》第255条(抢劫性勒索)：

以对他人人身实施暴力或立即危害其身体或生命相胁迫的方式进行勒索的，依抢劫罪论处。

三、裁判理由

根据已经查证的事实，科隆州法院认为被告人V和L构成共同杀人未遂(《德国刑法典》第25条第2款)，但该行为并不构成中止。因为V在本案中不具有任何中止犯罪的努力，而L也没有参与本案被告人Va和K的任何救助行为。在将被害人送医治疗的过程中，他们也没有任何努力的行为。除此之外，被告人V和L对《德国刑法典》第226条第1款规定的严重身体伤害是明知的。本案被告人Va和K，他们应当为自己以不作为方式实施的杀人未遂承担责任，他们的保证人地位根据他们参与犯罪准备这个事实来确定。本案中，尽管被告人Va和K有阻止被告人V放火焚烧被害人的行为，但这对他们来说是一种义务，因为他们处于保证人地位，而且对造成的后果也有认识可能。因此，对被告人Va和K来说，科隆州法院排除了他们构成犯罪中止的可能。州法院对此给出的理

由是:被告人 Va 和 K 已经实施了所有必要的行为,其目的就是为了造成被害人死亡,因此之后的行为并不重要,而且事实上是被害人自己扑灭了身上的火苗。尽管根据刑法的规定,在犯罪中止的情况下,免除中止犯罪人的刑罚是合情合理的。但本案中,造成犯罪未遂的最终原因是被害人本人的自救行为,而被告人并没有不顾一切地抢救被害人。因此,被告人 Va 和 K 并不构成犯罪中止,他们应当对自己以不作为方式导致被害人严重身体伤害承担责任。另外,州法院确认了被告人 V 符合《德国刑法典》第 255 条以勒索方式实施抢劫的规定,而且所有被告人都统一实施了胁迫行为和限制人身自由的行为,他们都应当对此承担责任。

联邦最高法院第二刑事审判庭判决认为:州法院认定被告人 V 和 L 构成故意杀人未遂是合理的,但 Va 和 K 构成故意杀人未遂却是不合理的。其理由是:

根据州法院对本案故意杀人所确认的未必故意,联邦最高法院认为,本案所有被告人对行为结果并不存在任何不确定的考虑。根据联邦最高法院一贯判例的态度,对实施如此危险的暴力行为,行为人相信幸运能够降临的概率是非常微小的。因此,对初审法院所确认的本案被告人存在的未必故意,联邦最高法院认为明显没有必要讨论。同样,即便考虑了本案被告人是青少年这个事实,但根据他们受教育的经历和自身的知识背景,相信他们对如下事实是能够确信的,即:使用三公升汽油并点燃对他人制造危及生命的危险。因此,任何期待奇迹发生或幸运降临,在本案中都是牵强的。在这一点上,主审法官在适用法律上并没有任何错误。对本案被告人 V 来说,在上述判断中应当考虑他事后对被害人所说的话。在返回城里的时候,V 当时对被害人说,被害人自己能够活下来应当感谢本案的另外两名被告人 Va 和 K。因此,从这里可以得出的判断结论是:被告人 V 对被害人死亡的危险是有准确认识的,而且对实现这种危险的可能性持放任态度。以上判断,同样适合于本案被告人 L。

对被告人 Va 和 K,州法院尽管没有确认如下事实:他们是否有大声呵斥阻止 V 放火的行为,但也没有办法排除以上可能。这至少说明在这个时间点上,被告人 Va 和 K 对行为的结果是不赞成的。但尽管有 Va 和 K 的干涉,另两名被告人 V 和 L 仍继续了自己的行为,而且也没有放弃任何实现伤害结果的可能。由此可见,他们对致人死亡的伤害结果是完全认识到的。对此,主审法官从他们在这个时间点上的懈怠行为事实中可以看出，州法院在适用法律上是没有错误的。但对州法院的判决理由，更确切地说这个理由是在过失判断标准上得出的，比如考虑被告人是否应当信任奇迹能够出现。就该理由与判决根据的整体关系来看，初审判决存在着概念不清这个问题。

对本案可能存在的中止未遂，不能排除州法院在适用法律上存在的错误。州法院认定被告人 K 和 L 通过积极作为实施了故意杀人，而 Va 和 K 作为共犯，则以不作为方式实施了故意杀人。因此如果本案存在未遂中止的情况时，对本案不同被告人的处理结果也是不同的。根据《德国刑法典》第 24 条免于处罚中止犯的前提条件，州法院的判决并不存在法律适用上的错误。

对州法院认定被告人 V 和 L 构成的故意杀人未遂，不需要考虑撤销该判决。因为被告人 V 不只一次地意识到存在犯罪中止的努力机会，但他并没有付诸实施，而且在行为上也没有参与 Va 和 K 之后的救助。同时，当被告人 V 着手积极帮助被告人 L 将被害人置于汽油可以点燃的范围内时，被告人 V 和 L 在这一时间点上的行为故意无论如何都是可以认定的。之后的事实是，当被害人已经被点着火后，他在身上着火的情况下在树林里跑，而且在地上打滚试图将身上的火苗扑灭，被害人身上最后的火苗是由被告人 Va 和 K 扑灭的。最后，他们一起坐车返回了城里。本案所有被告人从以上事实中都可以确认的是：在被告人之间，对可能导致被害人死亡结果所需要的保持沉默这个必要性已经不存在了。在这种情况下，如果被告人 V 和 L 在本案其他被告人的支持下，想继续实施杀害被害人行为的话，那么事实上他们已经不可能实现了。因此，州法院对这两名被告人因其故意杀人未遂所作出的判决，从结果上来看是合适的。

根据《德国刑法典》第 24 条的规定，如果行为人的中止是徒劳的，那么《德国刑法典》第 24 条第 1 款中行为人的中止努力就不是关键。同样，如果行为人能够认识到其要实施的行为结果不会出现，而且现有的行动计划又没有明确改变的话，那么行为人的中止努力也就失去了意义。对这个判决来说，是否适用犯罪中止未遂，完全取决于行为人对没有客观结果发生的行为的看法，如果这个客观结果不可能发生，那么就排除了适用《德国刑法典》第 24 条犯罪中止的规定。相反，如果这种中止是有效的话，那么行为是实行终了的未遂，还是未实行终了的未遂，它们之间的差异在处理结果上就变得非常重要。这种实行终了的未遂，按照《德国刑法典》第 24 条的规定,对行为人来说是具有犯罪中止效果的。但对未遂参与人阻止行为的效果,如果在其之后的不作为中能够体现出来的话,那么是否应当按照犯罪中止来处罚,对此《德国刑法典》第 24 条的规定具有决定性意义。对本案被告人 Va 和 K 来说,他们在扑灭火后的未遂是有效果的,尽管他们的灭火行为落空了。根据所查证的事实,被害人身上着火后,他自己在地上打滚扑灭了自己身上燃烧的大火,但最后的火苗是由被告人 Va 和 K 扑灭的。但这并没有改变的一个事实是:被告人 Va 和 K 都积极行动了,而且都通过扑灭被害人身上火苗的方式阻止了结果的发生。在这之后,对他们起初不能容忍的结果,这里并没有其他明显的理由表明:他们能够在本案其他被告人的帮助下继续实施他们起初并不能容忍的结果。但这并不表明,对被告人 Va 和 K 来说,州法院的判决中已经解决了他们的中止是否有效这个问题。

本案中,是否期待行为人有犯罪中止的努力,这是区分未实行终了的未遂[①]与实行终了的未遂[②]的关键。对这种区分,根据一贯判例的立场以及中止犯历史发展中的主流观点,在判断的时候除需要考虑行为人主观方面的情况外,同时也应考虑行为人放弃之前行为的实际结果。事实上,并不能根据行为人之前的行动计划进行判断,而是应由主审法官来具体判断。州法院的疑问是:本案是否属于实行终了的未遂。这里的关键是,如果被告人 V 点燃汽油的话,本案被告人 Va 和 K 是否知道,被害人会因此有生命危险。对 L 和 K 来说,这个行为已经得到了他们的同意,而且他们也已经做了所有必要的行为,其目的就是让被害人死亡。但在扑灭被害人身上的火以及在之后到城里的安顿中具体情况是什么,州法院却并没有查清楚。《德国刑法典》第 24 条适用的前提是:对被害人的救助来说,行为人自身的救助行为并不现实或者行为人自身是造成这种结果的原因。这种情况大多数适用于实行终了的未遂。对此,州法院并没有充分的理由来支持这种未遂的成立。

本案的一个事实是,当身上的火苗被扑灭后,被害人自己穿好了衣服而且走到了大货车旁,最后是与本案所有犯罪人一起到了城里。这期间本案所有被告人都明知被害人受到了严重的肢体伤害,而且被害人一直

---

① Vgl. § 24 Abs. 1 Satz 1, Alt. 1 StGB.

② Vgl. § 24 Abs. 1 Satz 1, Alt. 2 StGB.

叫着疼痛。在这种情况下，尽管本案被告人对烧伤者身体可能发生的急剧变化不能确定，但他们在当时还是离开了被害人。因为对青少年来说，对一个被烧伤后的人的身体发生的特定危险，根据他们自身的认识能力是不可能有深刻认识的，因此本案被告人并没有利用被害人可能面临的这种死亡危险而继续实施行为。州法院可以确认的一个事实是：在返城的路上，本案被告人实施了胁迫被害人支付保护费的行为。在当时的情况下，被害人为了自身的安全只是口头上答应支付保护费。因此可以确定的是：在本案被告人认识到被害人可能会面临死亡与实施敲诈让其不断缴纳保护费之间很难在逻辑上取得一致。由此可见，在这个时间点上，被告人已经不再追求被害人死亡这个可能性了。对此，从本案可以确定的另一个事实中也能得到证实。这个事实就是：被告人 V 在回城的路上曾经对被害人说过，他能活过来应当感谢 Va 和 K。因此，以上事实说明了，被告人 V 和 L 的行为是一种没有实行终了的未遂。

对被告人 Va 和 K 来说，他们的行为表现出了对被害人积极的救助努力，首先积极扑灭被害人身上的火苗，然后将被害人送到了城里的报刊亭附近。在这里，被害人需要更进一步的帮助，这个是阻止结果出现的原因。因此，州法院认定被告人 Va 和 K 构成犯罪中止是有根据的。对此，新的主审法官接受了犯罪中止的事实，联邦最高法院第二刑事审判庭因此在这个范围内对州法院的判决作了修改。与此相对，因为故意伤害被害人身体，根据《德国刑法典》第 226 条的规定，联邦最高法院对本案被告人的判决在法律适用上并没有作出任何变更。仅在上诉的范围内，如果考虑青少年对烧伤认识的有限性这个事实也是合适的。一个人在被绳子捆绑的情况下，从脖子到脚被浇上三公升汽油并被点燃，肯定会造成长期的、严重的烧伤。对这种情况，即便是普通人，或者基于与本案被告人相同的社会普遍性常识，也会认识到放火烧本案被害人会给被害人带来什么严重后果。对被告人 Va 和 K 就损害结果是否有积极的认识，尽管州法院并没有明确地确认下来，但主审法官从州法院判决根据的相关性中认为其已经存在了，从而认定被告人 Va 和 K 以大叫的方式来努力阻止被告人 V 点燃被害人身上汽油这个事实。在这种情况下，对他们的故意来说，预料性的内容尽管没有表达出来，但已经表明了他们的行为目前是具有严重危险的。但在这种半信半疑下实行终了的未遂中，故意的因素还是同样存在的，这些因素阻止了其他人实施的犯罪行为。如果仅是一个纯粹的内心放弃,或者想远离犯罪的话,且认识到了肯定会发生的结果,那么放弃行为故意就是不现实的。考虑到青少年刑法中的教育原则,主审法官在保持尊重法律的前提下,更期待能够为这两名被告人争取一个相对更好的结果。因此,被告人 Va 和 K 的上诉得到了支持,认定了他们的行为构成中止未遂。因为没有根据,所以被告 V 和 L 的上诉理由被驳回了。

四、判例评述

根据已经查证的事实,科隆州法院认定被告人 V 和 L 通过积极作为实施的杀人行为构成未遂,而 Va 和 K 作为共犯以不作为方式实施了杀人行为,尽管他们做出了阻止犯罪实施的努力,但这是他们的义务,他们处于保证人的地位,而且对造成的后果也有认识,因此州法院排除了被告人 Va 和 K 构成未遂的中止的可能。

但联邦最高法院第二刑事审判庭认为,州法院认定被告人 V 和 L 构成故意杀人未遂在法律适用上并没有错误,因为 V 和 L 不只一次地意识到他们有犯罪中止努力的机会,但他们却并没有实施,而且在被告人 Va 和 K 救助被害人时,他们也没有任何救助的努力和行为。根据已经查证的事实,被告人 V 和 L 当时在本案其他被告人的支持下已经不可能再继续实施杀害被害人的行为。本案的一个关键事实是,被害人和四名被告人同程返回的时候,他们对被害人身体可能发生的急剧变化尽管不能确定,但他们并没有利用被害人可能面临的死亡危险而继续实施行为,因此可以确定的是,这个时间上,被告人已经不再追求被害人死亡的可能性了。这就说明,被告人 V 和 L 的行为是一种未实行终了的未遂。因此,联邦最高法院第二刑事审判庭认为,州法院对这两名被告人以故意杀人未遂所作出的判决是合适的。对本案被告人 Va 和 K,联邦最高法院第二刑事审判庭认为,在被害人被点燃汽油后,他们两个都积极行动了,而且都通过扑灭被害人身上的火这种方式阻止了结果的发生,从他们身上表现出了对被害人积极救助的努力,因此认定被告人 Va 和 K 构成犯罪中止是有根据的。

第三节　谋杀中止未遂案(一)

谋杀中止未遂案①是由德国联邦最高法院第二刑事审判庭于2002年12月20日作出的判决,初审法院为亚琛州法院。该判决涉及的主要问题是:对行为人主动努力阻止犯罪行为完成的,当行为人努力程度不够时,根据《德国刑法典》第24条第2款的规定,是否可以免除中止未遂犯罪人的刑罚?

一、基本案情

亚琛州法院以谋杀未遂以及引起爆炸物爆炸未遂判处被告人3年自由刑,并将其收容于戒容机构。被告人对此提起上诉,认为自己的行为构成免于刑罚处罚的中止未遂,请求联邦最高法院撤销州法院的判决并释放被告人。联邦最高法院第二刑事审判庭撤销了初审判决。

亚琛州法院在判决中确定的事实是:被告人在具有自杀意图的情况下,打开了两个煤气阀,这两个煤气阀位于他所住公寓的地下室,这个公寓住了12个家庭。被告人准备打开煤气阀自杀前,并没有意识到:打开的煤气阀一旦爆炸,可能会损害另一栋公寓或者造成该住宅楼里的住户死亡。当煤气阀被打开后,被告人才意识到了这一点。起初,他采取了默认的态度,躺下准备自杀。但随后在很短的时间内,被告人就改变了自己的想法。他立即拨打了火警电话,因为感到不是特别放心,之后他又打了报警电话,说出了自己的名字和住址,告诉了警方当时的具体情况。他恳求警方立即来现场救助住宅楼里的居民。被告人不希望自己的行为会造成煤气爆炸的损害后果,但他仍没有放弃借助煤气中毒的方式自杀。被告人在打完第二个电话后就失去了知觉,几分钟后消防队员就来到了现场。他们疏散了大约50个人,将煤气阀也关闭了。对被告人房子里的混合气体是否会引起爆炸,亚琛州法院在判决中并不能确定。

---

① BGH, Urt. Vom 20.12.2002-2 StR 251/02.

二、法条索引

本案例引用了如下法条:

1.《德国刑法典》第13条(通过不作为实施):

(1)依法有义务防止构成要件的结果的发生而不防止其发生,且当其不作为与因作为而使法定构成要件的实现相当时,才依法受处罚。

(2)可依第49条第1款减轻处罚。

2.《德国刑法典》第22条(未遂概念规定):

行为人已直接着手实现构成要件,而未发生其所预期结果的,是犯罪未遂。

3.《德国刑法典》第24条(因中止而未遂):

(1)行为人自愿地使行为不再继续进行,或者主动阻止行为完成的,不因犯罪未遂而处罚。如果该行为没有中止犯的努力也不能完成的,只要行为人主动努力阻止该行为的完成,即应免除其刑罚。

(2)数人共同实施同一行为的,其中主动阻止行为完成的,不因犯罪未遂而处罚。如果该行为没有中止犯的努力也不能完成的,或该行为没有中止犯的努力也会完成的,只要行为人主动努力阻止该行为完成的,即应免除其刑罚。

三、裁判理由

根据已查证的事实,被告人通过积极行为,以危害公共安全的方式实施谋杀未遂,同时也实施了引起爆炸物爆炸的未遂。亚琛州法院以一行为触犯两个罪名对被告人进行了判决,但根据以下理由拒绝了免除其刑罚处罚。这个理由是:被告人在中止犯罪时,其努力程度不足。

联邦最高法院第二刑事审判庭对被告人的上诉,根据《德国刑法典》第24条第1款后半部分的规定,判定被告人谋杀未遂和引起爆炸物爆炸未遂,应当免除刑罚处罚。但与州法院的看法相反,第二刑事审判庭认为被告人的未遂不是通过积极行为,而是通过消极的不行为实施的。本案被告人在打开煤气阀的时候并没有意识到,自己的行为可能会引起煤气爆炸,而且可能造成住在另一栋公寓里的人员死亡。对这种可能性,事后查明的结论是:行为人可能是在事情发生后才认识到这种情况。对行为人允许煤气进一步泄露的行为，只能根据行为人当时自身行为所产生的保证人地位，依据《德国刑法典》第 13 条第 1 款的规定来承担责任。谋杀是否可以通过不作为的给公共安全带来危险的方式来实施[①]，对这个问题州法院在判决中并没有解决。同样，文献中仍有争议的问题是：未遂中止的情况下，对实行终了的未遂和未实行终了的未遂，行为的不作为方式是否有意义呢？[②] 根据联邦最高法院之前的判决，不作为犯罪的未遂和作为犯罪实行终了的未遂具有同等重要的地位。[③] 对单个犯罪人中止效果的要求，是根据《德国刑法典》第 24 条第 1 款后半部分，或者根据本条整个条款内容来确定的。[④]

本案被告人对法益陷于危险中的人实施救助，他在打电话时并没有完成该救助行为。但这对阻止行为的完成是具有因果关系的，这也是《德国刑法典》第 24 条第 1 款后半部分规定的情形。本案中，阻止结果发生的，是警察和消防人员所提供的帮助行为。如果在结果上富有成效的第三方参与者是现实的话，那么就不能否定该参与者对陷入威胁的法益进行救助的义务。根据联邦最高法院一贯判例的做法，这种情况下就应当认定为免除刑罚的中止。只要未遂犯以阻止犯罪结果发生为目的，且富有成效的行为与行为实施完毕后避免结果发生之间具有因果关系的，就应当认定为符合《德国刑法典》第 24 条第 1 款后半部分的规定。因为对避免结果的发生，行为人是否已经具备更确切地避免结果发生的可能性，这对认定是否符合免除刑罚的中止未遂并不重要。该条款所规定的“主动努力”并不符合本案中的情况。

根据联邦最高法院第二刑事审判庭之前的判决[⑤]，尽管第一刑事审

---

① 判例上的态度可以参见 BGHSt 34, 13, 14。文献中的主流观点可以比较：Schönke/Schröder, StGB 26. Aufl., §211 Rdn. 29; Lackner/Kühl, StGB 24. Aufl., §211 Rdn. 11; Festschrift für Roxin, S. 855, 858 ff.; Jähnke in LK 11. Aufl. §211 Rdn. 58; Tröndle/Fischer, StGB 51. Aufl., §211 Rdn. 24。

② 对此比较：Schönke/Schröder, StGB 26. Aufl. §§24 Rdn. 27 ff. m. w. N。

③ BGH NStZ 1997, 485; NJW 2000, 1730.

④ Küper ZStW 112 (2000), 1, 42; Tröndle/Fischer a. a. O. §24 Rdn. 14 m. w. N.

⑤ 这些判决是：3. 6. 1981-2 StR 357/81(NStZ 1981, 388)；7. 11. 1985-2 StR 521/85(NJW 1985, 813)；26. 3 1997-2 StR 650/96(NStZ-RR 1997, 233, 234) 以及 3. 2. 1999-2 StR 540/98(NStZ 1999, 299)。同样还有联邦最高法院第五刑事审判庭作出的如下判决：28. 11. 1998-5 StR 176/98(BGHSt 44, 204, 207) 以及 9. 12. 1998-5 StR 584/98(NStZ 1999, 128)。

判庭在1982年4月27日的判决中表明了:对犯罪人来说,如果存在更好的措施能够阻止犯罪结果发生,且这种措施没有表现出任何偶然性,那么他必须利用这个可能性。对此,联邦最高法院第三和第四刑事审判庭所作出的相应判决也站在了相同的立场上。[①] 但这些判决都没有最终确定:在与防止结果发生存在因果关系的前提下,行为人最大可能的真诚努力是否是必需的。对此,联邦最高法院第一刑事审判庭于1990年5月15日,在参考了判决BGHSt 31, 46的主张后详细说明了:在与防止结果发生存在因果关系的情况下,不能仅根据行为人的救助是完全可能的,就当然地排除中止未遂的成立。只要行为人做出了最大可能的真诚努力,在这种努力与阻止结果发生存在因果关系的情况下,即便最终的结果并不是直接由行为人阻止的,同样也应当认定是《德国刑法典》第24条第1款后半部分所规定的情形。对此,2002年8月14日,联邦最高法院第一刑事审判庭在判决中表现出了如下疑问,即:所作出的上述判决是否违反了法律的规定。该判决认为,在行为人做出了最大可能的真诚努力后,尽管在与防止结果发生存在因果关系的前提下,行为人仍不能认定为《德国刑法典》第24条第1款所规定的中止未遂。随后该刑事审判庭在2002年9月26日的判决中明确指出,第一刑事审判庭的判决并没有违反法律的规定。[②] 文献中对这个问题也存在着诸多的争议。[③] 对此,联邦最高法院判例的立场是:在阻止结果发生的因果性联系中,行为人最大可能的真诚努力是不可或缺的。[④] 这种观点同样也得到了理论界的支持。[⑤]

原则上说,本案被告人亲自防止结果发生,与请求第三者来防止结果发生还是有所不同的。但在不真正不作为犯未遂的情况下,从保证人的

---

① Vgl. BGH bei Dallinger MDR 1972, 75120;20.2.1997-4 StR 642/96; 25.2.1997-4 StR 49/97 (NStZ-RR 1997, 193, 194).

② Vgl. 26. 9. 2002-1 ARs 36/02.

③ 代表性文献可以比较:Schönke/Schröder, StGB 26. Aufl., §24 Rdn. 59; Tröndle/Fischer: StGB §24 Rdn. 32 ff.; Roxin: in Festschrift für H. J. Hirsch, S. 327 ff.; Kolster: Die Qualität der Rücktrittsbemühungen des Täters beim beendeten Versuch S. 74 ff.。

④ Vgl. BGHSt 31, 46, 49.

⑤ 赞成这个观点的代表性学者:Herzberg, NJW 1989, 867; Jakobs, Strafrecht-Allgemeiner Teil 2. Aufl. 26. Abschn. Rdn. 21, 29; Abschn. Rdn. 119; Jakobs, ZStW, 104 (1992), 89; Baumann/Weber/Mitsch, Strafrecht Allgemeiner Teil 10. Aufl. §27 Rdn. 28; Schmidhäuser, Strafrecht Allgemeiner Teil 2. Aufl. §15 Rdn. 89 ff.; alle m. w. N。

先行行为责任看并没有任何特别的地方。[①] 亚琛州法院认为，这里欠缺真诚努力的因果性标准，但联邦最高法院第二刑事审判庭认为，这个标准在本案中并不需要。要适用《德国刑法典》第 24 条第 1 款后半部分的规定，行为人必须彻底放弃自己完成犯罪的故意。在未必故意的情况下，行为人必须选择一个具有救助可能性的行为，这种行为对阻止行为结果发生是有效的。据此，对本案被告人自己具有支配性的行为并不存在任何怀疑的地方。本案中，行为人已经认识到打开煤气阀所引起的进一步扩大的危险，而且根据他自己的判断也作出了阻止该行为的决定。在当时的情况下，被告人通过自己的行为关闭掉煤气阀，从而避免结果发生也并不困难。因此，被告人自己实施的救助措施事实上是无效的，或者是欠缺依据的。事实上，根据被告人第二次打电话的行为，他完全可以认识到而且有可能采取有效的措施从而避免结果发生。但毕竟行为人为此做出了真诚的努力，且这种努力与最终结果的避免之间具有因果关系。因此，联邦最高法院第二刑事审判庭认为，亚琛州法院违反了《德国刑法典》第 24 条第 1 款后半部分的规定，从而撤销了州法院的判决。

四、判例评述

该案例涉及的问题是：行为人主动努力阻止了犯罪完成，但其努力程度不够，是否适用《德国刑法典》第 24 条第 2 款的规定，从而免除中止未遂犯罪人的刑罚。

联邦最高法院第二刑事审判庭判定被告人谋杀未遂应当符合免除刑罚中止未遂的规定，但却认为被告人的未遂是通过消极的不作为实施的。被告人在打开煤气阀的时候并没有意识到，自己的行为会造成整幢公寓的人处于死亡的危险中，而是在自己打开煤气阀后才可能认识到这种情况。因此，对行为人当时没有采取任何措施阻止煤气进一步泄露的行为，只能根据行为人当时产生的保证人地位来确定。

---

① BGHSt 48, 152 (Rücktritt vom Versuch eines Unterlassungsdelikts); BGHSt 48, 152 §24 Rdn. 59; Tröndle/Fischer StGB §24 Rdn. 35; Rudolphi in SK-StGB §24 Rdn. 27 b, 27 c; Vogler in LK 10. Aufl. §24 Rdn. 112 a; Jescheck/Weigend, Strafrecht Allgemeiner Teil 5. Aufl. §51 V 2; Wessels/Beulke, Strafrecht Allgemeiner Teil 31. Aufl. Rdn. 644. 对此可以比较：Roxin: Festschrift für H. J. Hirsch, S. 327 ff.; 327; Jakobs: Strafrecht, AT, 29. Abschn. Rdn. 119。

本案的一个事实是,被告人尽管没有对法益陷入危险的被害人完成救助,但他的行为与阻止该结果的发生具有因果关系。根据已经查证的事实,最终阻止结果发生的,是警察和消防人员的帮助行为。根据联邦最高法院一贯判例的做法,只要未遂犯以阻止结果发生为目的,且富有成效的行为与行为实施完毕后避免结果发生之间具有因果关系的,就应当根据《德国刑法典》第 24 条第 1 款后半部分的规定来认定。但在与避免结果发生存在因果关系的前提下,联邦最高法院第二刑事审判庭认为,行为人最大可能的真诚努力是必需的。本案一个同样重要的问题是,根据什么来判断,行为人为了阻止结果发生的意志已经是真诚努力了。联邦最高法院以及理论通常认为,这种真诚努力应当比行为人只是单纯想要做什么,以及行为人只是开始做什么在意志上更加强烈。努力行为至少已经启动了应当防止结果发生的一系列行为。[①] 另外,理论界对行为人努力的认真性也有论述,认为努力的认真性要具备的条件是,行为人使用了那种在自己看来最好的阻止结果发生的手段。当然,如果行为人认为,在结果没有出现之前,他还能选出更为合适的行为时,即便采取了事实上没有那么合适的行为,只要结果因此而被阻止了,那也不影响其中止可能性的成立。本案中,尽管最终消除结果发生危险的行为是由消防人员和警察来完成的,但行为人在当时的情况下,所实施的行为已经足以表明行为人想阻止结果发生的努力,而且该努力与结果避免之间具有因果关系。

尽管如此,亚琛州法院还是认为,行为人必须选择一个具有救助可能性的行为。本案被告人当时已经认识到打开煤气阀所引起的进一步增加的危险,当时行为人根据自己的判断也作出了阻止该行为的决定。在当时的情况下,被告人通过自己的行为关掉煤气阀并不困难,而且远比打电话报警更利于结果的避免。因此州法院认为被告人救助的效果是无效的。但联邦最高法院第二刑事审判庭还是依据行为人努力与最终结果的避免之间具有因果关系,从而认定被告人构成免于刑罚处罚的中止未遂。

---

① 更为详尽的论述参见 Kühl, Strafrecht Allgemeiner Teil, 7 Aufl., §16, Rn. 89。

第四节　晃动婴儿案

晃动婴儿案[①]是由联邦最高法院于2008年6月3日作出的判决，初审法院是奥格斯堡州法院。该判决涉及的主要问题是：在达到目的的情况下，行为人不再继续实施行为，该行为是否构成免于刑罚处罚的犯罪中止，还是构成失败的未遂或施行终了的未遂？

一、基本案情

联邦最高法院第一刑事审判庭于2008年6月3日作出如下判决：驳回被告人针对奥格斯堡州法院2007年10月12日判决提起的上诉，被告人承担上诉的所有费用以及本案附带诉讼人必要的费用。

奥格斯堡州法院查证的事实是：被告人是2006年3月4日出生的婴儿D的父亲，D是个非常不安静的婴儿，他经常哭闹。在2006年8月底到9月初这段时间，D完全是由本案被告人在照看。但他对这个任务却感到很艰难，对不停哭闹的D"越来越急躁和具有攻击性"。在他照顾婴儿D的上述时间段内，为了让这个婴儿能够安静下来，在不能确定的时间点上，本案被告人抓住这个不停哭闹的婴儿的胸部不停地摇晃他。在"纵向"这个方向上，因为用力过猛，婴儿D的头部被撞击，因为婴儿脖子的肌肉非常细嫩，所以婴儿D脖子的受伤情况非常严重。同时，D颅骨与锁骨之间连接的血管也被撞断，这造成婴儿脑膜出血和视网膜双面出血。

被告人不顾上述情况，咬婴儿D的上臂、脸颊和腰部，从这些部位都可以看出婴儿D被咬的痕迹。同时从婴儿D的臀部以及两个锁骨之间，也可以看到被告人使用钝器伤害孩子的痕迹。被告人对婴儿D的母亲谎称，孩子身上的印痕是蚊虫叮咬和小猫咪抓伤造成的。但D的母亲还是因为怀疑孩子身上的伤到警察局报了案，要求对这些伤痕做医学鉴定。这时婴儿D的情况非常不好，他被紧急送到了儿童医院进行救治。针对该婴儿身上的伤痕，在医学调查的范围内可以确定的是：孩子身上的伤痕是在2006年8月底到9月初这段时期造成的，而且是通过晃动孩子身体

---

① BGH, Urt. Vom 03.06.2008-1 StR 59/08.

这种方式来实施的。州法院在审理过程中发现,婴儿 D 大脑的某个功能存在发育障碍,这是否会造成持续的大脑以及精神发育迟缓,对此在医学上并不能预见。

二、法条索引

本案例引用了如下法条:

1.《德国刑法典》第 15 条(故意和过失行为):

本法只处罚故意行为,但明文规定处罚过失行为的除外。

2.《德国刑法典》第 22 条(未遂概念规定):

行为人已直接着手实现构成要件,而未发生其所预期结果的,是犯罪未遂。

3.《德国刑法典》第 23 条(未遂的可罚性):

(1)重罪的未遂一律处罚;对轻罪的未遂的处罚以法律有明文规定为限。

(2)未遂可比照既遂减轻处罚(第 49 条第 1 款)。

(3)行为人由于对行为对象或手段的认识错误,其行为根本不能实行终了的,法院可免除其刑罚,或酌情减轻其刑罚(第 49 条第 2 款)。

4.《德国刑法典》第 24 条(因中止而未遂):

(1)行为人自愿地使行为不再继续进行,或者主动放弃行为完成的,不因犯罪未遂而处罚。如果该行为没有中止犯的努力也不能完成的,只要行为人主动努力阻止该行为的完成,即应免除其刑罚。

(2)数人共同实施同一行为的,其中主动放弃行为完成的,不因犯罪未遂而处罚。如果该行为没有中止犯的努力也不能完成的,或该行为没有中止犯的努力也会完成的,只有行为人主动努力阻止该行为完成的,即应免除其刑罚。

5.《德国刑法典》第 212 条(故意杀人):

(1)非谋杀而故意杀人的,处 5 年以上自由刑。

(2)情节特别严重的,处终身自由刑。

三、裁判理由

根据已经查证的事实,被告人因实行终了未遂的故意杀人与危险的故意伤害相竞合,奥格斯堡州法院判处被告人 7 年自由刑。

联邦最高法院第一刑事审判庭审理后认为,对上述案情经过并没有什么异义。但成为问题的是,对被告人第一次晃动婴儿 D 的行为,州法院是否存在适用法律上的错误。其理由是:被告人在庭审中并没有对该事实作过多的说明,而且在庭审过程中对此也有争议。根据经验,联邦最高法院第一刑事审判庭也不能确定,被告人到底是哪天第一次如此猛烈地晃动了婴儿 D,从而造成了上述严重的后果。但可以确定的一点是:当婴儿 D 受到伤害时,他已经出生至少 4 周了。但该伤害被发现时,也是 4 周之后的事情。婴儿 D 出生在 2006 年 3 月 6 日,从 2006 年 9 月 8 日起他就开始在儿童医院接受治疗了。因此 D 第一次被强烈晃动的时间最早是在 2006 年 4 月初,最晚是在 2006 年 8 月中旬。被告人也是从 2006 年 4 月初才开始和婴儿 D 一起住在公寓里。据此刑事审判庭推测,婴儿 D 第一次被强烈晃动的行为不可能在这个时间段之前实施。

上诉审认为,2006 年 4 月末之前,从医学上并不能排除这个时间段内有人对婴儿 D 实施了伤害行为。但从 2006 年 4 月末开始,被告人才有实施该行为的机会。行为也可能早在这之前就已经实施完毕了,因此本案被告人也可能并不是实施该行为的人。对本案存在的这个可能,州法院已经在审判程序中补充性地进行了检验,从而否定了另一个人实施本罪的可能。这进一步证明了,州法院已经减少了因上述可能性而存在的适用法律上的错误。联邦最高法院第一刑事审判庭据此认为,州法院对此并不存在适用法律上的错误。

根据联邦最高法院第一刑事审判庭查明的事实:婴儿 D 在其母亲前夫 R 的公寓里一直生活到 2006 年 4 月底。这个时间段内,婴儿 D 和自己的父母一直居住在这里。如果不对时间范围进行限制,婴儿 D 母亲的前夫,或者其他人在他们居住的公寓里都曾经和婴儿 D 有过接触,因此这些人也都有可能对 D 实施了伤害行为。但上诉人对此并没有提出具体的反对意见,州法院对此判断认为:根据检验结论,其他人在这个时间段内没有接触被害人的时间。因此,联邦最高法院也认定了州法院对此在适用法律上没有错误。

对本案被告人未必的杀人故意(der bedingte Tötungsvorsatz),联邦最高法院也承认了州法院在判决中并不存在法律适用上的错误。联邦最高法院第一刑事审判庭认为,根据之前的庭审经验,在“晃动案”中并不会经常能够确定这种杀人故意。一般来说,只要能够确定一个结果,个案中的主审法官就可以确定行为人的这种故意。但本案中,刑事审判庭接受州法院认定的未必的杀人故意,并非因为本案被告人存在“极其猛烈地”或者“非常迅速地”撞击或者晃动婴儿,而是根据被告人以及其他人能够确认的,对一个婴儿来说,一般人都“必须特别注意孩子的头部,因为这个时期婴儿自己是支撑不住自己头部的”,如果不注意这个的话,“就会造成婴儿颈部折断”。同时,赞成未必的杀人故意,同样是根据必要的且能够反映行为人当时意愿的意志因素。对本案被告人来说,到底是第一次晃动就造成婴儿 D 严重伤害的后果,还是第二次晃动,或者之后的晃动呢?这是本案认定构成犯罪未遂还是中止的关键。对此,从本案被告人对婴儿 D 的行为中,联邦最高法院第一刑事审判庭进行了相互对比和认真思考。同时也考虑了第二次晃动的情况,但得出的结论将其否定掉了:针对未必的杀人故意,并不是第一次晃动造成了被害人严重伤害的结果,其在第二次晃动中也没有办法表现出来。从整体上来看,州法院对此的判断并没有建立在相互矛盾和不清晰的基础之上,因此联邦最高法院第一刑事审判庭认为,根据正常的逻辑思维和日常经验,州法院的法官在判断上都没有逾越法律的界限。但联邦总检察长明确指出:刑事审判庭并没有确定,本案是否存在免予刑罚处罚中止的可能(《德国刑法典》第 24 条)。

对可以免予刑罚的中止来说,如果行为人的行为是徒劳的,或者是失败的,或者是结果在客观上不再可能发生的,或行为人已经认识到这种情况,而且不再相信发生可能性的,只有在上述情况下,才构成免予刑罚处罚的中止。但从判决理由中并没有看出:联邦最高法院第一刑事审判庭是以失败的未遂为前提得出自己结论的。

但这也引起了如下的思考:准确地说,本案被告人晃动婴儿 D 到底持续了多久。根据经验和婴儿 D 的体重,一个成年人就像已经查证的那样,能够晃动婴儿 10 分钟,最多也不超过 20 分钟。在这之后,被告人肯定会感到很累,不会第二次长时间地持续猛烈晃动被害人。基于有利于被告人的考虑,刑事审判庭判断被告人晃动了被害婴儿 10 分钟,因为很明显,在如此强烈地持续晃动 10 分钟后,被告人肯定非常劳累。如果能够确定这些事实的话,那么本案被告人就是一个因行为失败,或者无效而成立的犯罪未遂,因为被告人晃动婴儿 D 已经很长时间了,就像他事实上能够做到的那样。但如果行为人在短期内能够继续自己行为的话,那么所谓的未遂并不是失败原因引起的,本案被告人在这种情况下几乎没有休息时间。对一个 22 岁或 23 岁的年轻人来说,如果在晃动一个刚出生才几个月婴儿 10 分钟,或者 20 分钟后,就因为疲倦不能继续晃动的话,那么他也会很快恢复体力,如果他愿意,他可以继续晃动下去。此外,对未遂的第二种情况,本案任何情况下都不会存在因失败而未遂的可能,因为婴儿 D 要不是因为之后及时地采取了医疗措施,根据当时的情况,他肯定会死亡。但联邦最高法院第一刑事审判庭并没有这样来理解判决理由,而是将行为人因疲倦而导致的行为失败视为未遂。但这里的中心问题是,被告人是否在 10 分钟或者 20 分钟后会感到疲倦,从而不再继续实施晃动婴儿的行为,这可能是实施行为的力度问题,但这对于犯罪未遂来说并没有什么意义。

但事实上不能排除的是:行为人在上述情况下会停止晃动婴儿 D,因为这个孩子当时安静下来了,这样被告人也达到了自己的目的。“在撞伤的悲剧中,令人痛心的是,行为人想要达到孩子不再哭闹的结果,孩子最终停止了哭泣,因为损伤随之也就发生了。”但联邦最高法院却停止了讨论上述这个可能性,因为可以确定的事实是:婴儿 D 不再继续哭闹了,被告人才停止了继续晃动的行为,因此本案不存在因行为失败而构成未遂的可能。

如果本案不存在失败未遂情况的话,那么考虑成立中止的前提是:本案是否存在未实行终了的未遂或实行终了的未遂的情况。这是基于如下考虑,即:对本案被告人来说,当时的情况是否具有使其放弃继续实施犯罪的可能性。如果在当时的情况下,行为人认为他目前的行为要达到目的是不够的;在未完成未遂的情况下,成立免予刑罚处罚的中止是行为人不再继续实施行为。但反对者认为,本案被告人目前的行为完全能够引起行为结果的发生,因此这里成立实行终了的未遂。对免予刑罚处罚的中止来说,其要求就是行为人必须具备富有成果的努力,从而避免自己行为所造成后果的发生。但本案因富有成果的救助努力而成立中止明显不存在,成立免予刑罚处罚中止的基本前提是,被告人在晃动婴儿 D 后认为,造成被害人死亡的结果完全不会发生,因此他不再继续实施晃动行为了。但根据本案已经查证的事实,被告在晃动刚出生不久的婴儿时,他明明知道这样做会造成被害人死亡的结果,而且他也期待这样这个结果的发生。因此本案被告行为并不构成免予刑罚处罚的中止。

事实上,某些暴力行为不同于其他暴力行为的一点在于,这种暴力的效果并不会明显外显出来。同样,造成死亡的后果很少必须与引起死亡的行为之间在时间上具有直接联系。就像本案中,被告人明知婴儿 D 在没有救助措施的情况下,死亡结果可能好几天后才会发生。在这种情况下仍不清楚的是,根据何种观点,才能接受或者认定如下的内容,即:被告人在终止晃动被害人的过程中,他已经认为,他在晃动时可能发生的后果现在已经不会再出现了。对这类证据,对所谓的内部事实,从本案被告人来看,他是否准确认识到这类事实都是不可能确定下来的,因此本案判决并没有什么不适当的。

四、判例评述

本案例中争议的问题是:行为人在达到目的的前提下,放弃实施能够继续的危害行为,是构成失败的未遂还是中止的未遂。

根据已经查证的事实,联邦最高法院第一刑事审判庭认定被告人在晃动婴儿案中,被告人是未必的杀人故意,其主要依据就是对被告来说,他应当能够确认:对一个刚出生不久的婴儿,一般人都应当特别注意孩子的头部,因为这个时期婴儿的头部是不能独立支撑的,孩子的脖颈也非常柔嫩。另外,认定被告人未必的杀人故意,同样是根据其意志因素。根据当时的情况,被告人明明知道自己如此猛烈长时间地晃动刚出生不久的婴儿,根据当时的强度和晃动的部位,会对婴儿造成什么后果,但行为人却认可了这种可能。因此,联邦最高法院第一刑事审判庭认可了州法院的相应判定。

本案认定的难点是,就造成婴儿伤害的晃动行为来说,到底是第一次还是第二次,或者之后的晃动造成的呢?这是判断本案构成未遂还是中止未遂的关键。根据本案认定的事实,联邦最高法院第一刑事审判庭并没有认定被告人构成失败的未遂。一方面,被告人在如此强烈和持久地晃动婴儿之后,肯定非常疲惫,因此行为人并不可能不休息接着继续晃动。如果行为人在短时间内能够继续自己的晃动行为的话,那么所谓的未遂就不是失败原因引起的。另一方面,如果本案被害人不是之后被及时送到了儿童医院救治，根据当时的情况，被害人肯定会死亡的。同时，不能排除的是，当孩子安静下来后，被告人已经达到了自己的目的，他停下了自己的行为。但这个时候被害人已经受到了损伤。

在未完成未遂的情况下，如果行为人认为自己目前的行为尚未达到自己的目的，在未完成未遂的情况下，成立免予刑罚处罚的中止未遂的前提是行为人不再继续实施当前的行为。对免予刑罚处罚的行为人来说，其行为必须具有富有成果的努力，从而避免自己行为造成危害后果的发生。但本案被告人的行为明显不具有富有成果的救助努力，因此认定本案被告人构成免予刑罚处罚的未遂并不合理。本案还涉及对行为人内部心理情况进行证明的证据问题，被告人在终止晃动被害人过程中，他是否已经认为，他行为时可能发生的后果在当时不会出现。对这类证据，联邦最高法院第一刑事审判庭也认为，这类事实不太可能确定下来，因此并没有影响上诉法院对州法院判决的认定。

第五节 医生信件案

一、基本案情

被告人是泌尿疾病医院的主治医师和院长。从 1991 年 10 月到 1992 年 7 月，病人 B 因严重的肾痛而接受被告人的治疗。在诊断出 B 的右肾患有多个囊肿之后，被告人于 1991 年 12 月 18 日和 1992 年 1 月 29 日对 B 进行了肾囊肿穿刺手术。被告人在手术前向 B 说明了可能发生的风险，特别是流血和感染的危险，但是没有说明在极少的情况下可能导致器官损伤。被告人完成了用于告知的信息表，也手写完了手术记录，但是没有写详细的手术报告。被告人没有进行肾功能检查。在 1992 年 1 月 3 日写给 B 的家庭医生的医生信中，被告人提到了作为下一步措施的肾功能检查，但是由于未知原因这封信并未寄出，而是留在被告人的病患材料当中。

1992 年 6 月，B 再度患有肾囊肿之后，没有让被告人进行新的穿刺手术，而是改换成另一位泌尿科医生。该医生安排了肾功能检查，检查结果显示器官损伤早就出现了。因此 1993 年 1 月 B 的右肾被摘除。

1993 年 8 月,B 的律师要求被告人交出病患档案,以便检查能否提出损害赔偿请求。被告认为其实施的手术符合职业要求,这些手术不可能是 B 肾脏损伤的原因。不过他不清楚摘除肾脏的原因,不排除器官损伤可能是源于他的误诊和治疗。此外,他还担心承担法律责任,即使本来没有出现医疗错误。至于对 B 的告知行为,被告人认为对肾囊肿穿刺手术而言没有必要告诉 B 器官损伤的极小风险,但是他知道相应的告知行为符合一般的医疗操作。

因为被告人最终并不确信自己要承担器官损伤的责任,但是认为完全有可能承担,所以他决定更改病患材料,从而消除潜在的"弱点"。他想拒绝 B 的要求,当 B 向法院主张权利时能达到驳回起诉的效果。因此被告人擅自编造了第二封送给家庭医生的医生信,并注明日期为 1991 年 11 月 19 日。在信中他将自己未进行的肾功能检查描述成向该家庭医生建议的继续治疗措施。另外他还制作了两份详细的手术报告,在两份信息表中补充了"右肾损伤"的提示。

1993 年 8 月 27 日,被告人将更改后的材料复印件寄给了 B 的律师。该律师在 B 的委托下于 1993 年 10 月提出了 80 000 马克的赔偿金要求。后来被告人也将病患档案的复印件交给了他的责任保险机构。1995 年 7 月,B 授权律师向波鸿州法院起诉被告人,要求 60 000 马克的赔偿金,理由是被告人有缺陷的治疗行为和未尽到告知义务。被告人在 1995 年 9 月 29 日进行抗辩时提交了其处理过的病患材料。他申请驳回起诉,声称已经告知了 B 器官损伤的可能性,他在 1991 年 11 月 19 日的医生信中已经将全部检查结果告诉了家庭医生,还建议家庭医生进行肾功能检查。

刑事审判庭从有利于被告人的角度出发,认为肾脏损伤不能归咎于被告人的误诊和治疗,被告人不必告知病人可能出现的器官损伤的风险。

州法院认为本案中被告人的行为构成诈骗罪未遂,判处 1 年 9 个月的自由刑。

二、法条索引

本案例引用了如下法条:

1.《德国刑法典》第 22 条(未遂概念规定):

行为人已直接着手实现构成要件,而未发生其所预期结果的,是犯罪未遂。

2.《德国刑法典》第 263 条(诈骗):

(1)意图为自己或第三人获得不法财产利益,以欺诈、歪曲或隐瞒事实的方法,使他人陷于错误之中,因而损害其财产的,处 5 年以下自由刑或罚金刑。

(2)犯本罪未遂的,也应处罚。

(3)情节特别严重的,处 6 个月以上 10 年以下自由刑。情节特别严重一般是指,行为人

①以此为职业或作为为继续实施伪造文书或诈骗而成立的犯罪团伙成员实施此等犯罪的,

②造成重大财产损失,或意图继续实施诈骗,使不特定多数之人有遭受财产损失危险的,

③致使他人处于经济困境的,

④滥用其作为公职人员的职权或地位的,或

⑤为诈骗保险金目的,行为人或他人故意将有重大价值之物予以烧毁,或因纵火而使其全部或部分毁损,或将船舶弄沉或触礁而谎报保险事故的。

(4)相应适用第 243 条第 2 款以及第 247 条和第 248 条 a 的规定。

(5)作为为继续实施第 263 条至第 264 条或第 267 条至第 269 条所列犯罪行为而成立的犯罪团伙成员,职业性地实施犯罪的,处 1 年以上 10 年以下自由刑,情节较轻的,处 6 个月以上 5 年以下自由刑。

(6)法庭可命令行为监督(第 68 条第 1 款)。

三、裁判理由

1. 被告人在本案中因诈骗罪的(不能犯)未遂而受处罚,刑事审判庭的这种法律评价并无不当。

(1)在其他情形中判决诈骗罪既遂的前提是,行为人意图通过行为获得非法的财产利益。财产利益的非法性是《德国刑法典》第 263 条的构成要件要素。本情形中被告人追求的利益是对抗损害赔偿请求权,并由

此免除义务,这将产生非法的财产利益,与之相同的是行为人提出无权要求。[①] 然而对本案的刑法评判必须要看到,病人 B 针对被告人的损害赔偿请求权和赔偿金请求权实际上是不成立的。客观地说,被告人意在对抗的是无权的要求,而这并不意味着非法的财产利益。

被告人想通过欺骗的方式对抗针对自己的要求,单凭这种状况不会使其追求的利益具有非法性。如果追求的目的符合法秩序,那么它不会因为手段违法而变成非法的。[②] 当事人为了提出因举证困难而面临危险的正当要求,或者为了对抗很容易举证的不正当要求,在诉讼程序中进行虚假陈述或者提供处理过的证据手段的,不会使其追求的财产利益成为非法利益。[③] 在这些情形中,即使被告人欺骗法庭的行为引起了驳回起诉的判决,也不成立诈骗罪的既遂,因为缺乏财产利益的非法性和原告的损害。[④]

(2)但是本案中处罚诈骗罪的未遂是可能的,这取决于行为人的主观认识:

如果财产利益(客观上)合法而且行为人也知道这一点,那么他的故意就指向获得合法的利益。因为他不追求任何非法的财产利益,所以他不因欺骗的意图而可罚。[⑤]

相反,如果实际上追求的财产利益在客观上是非法的,但是行为人误以为合法,那么就出现了《德国刑法典》第 16 条第 1 款所规定的构成要件错误:行为人没有认识到客观存在的构成要件要素,即财产利益的非法性,所以没有故意行为。使用欺骗手段提出事实上非法而自以为合法的要求,或者对抗事实上成立而自以为无权的要求都不构成诈骗未遂。[⑥]

---

① Vgl. Lackner in LK 10. Aufl. § 263 StGB Rdn. 264.

② 参见 BGHSt 3, 160, 162 f.; 20, 136, 137; BGH NJW 1982, 2265; BGH MDR 1983, 419, 421; BayObLG StV 1990, 165; 另参见 RGSt 72, 133; 质疑观点参见 Arzt in Arzt/Weber, StGB BT 2. Aufl. Rdn. 462。

③ Vgl. BGH wistra 1982, 68; Lackner, StGB 21. Aufl. § 263 Rdn. 61; ders. in LK a. a. O. § 263 Rdn. 276.

④ Vgl. Lackner in LK a. a. O. Rdn. 317.

⑤ Vgl. BGHSt 3, 160; OLG Karlsruhe MDR 1981, 159; Cramer in Schönke/Schröder, StGB 24. Aufl. § 263 Rdn. 75.

⑥ Vgl. BGH, Beschl. vom 30. August 1988-5 StR 325/88; BayObLG GA 1969, 215; OLG Düsseldorf wistra 1992, 74.

反之,如果追求的财产利益——正如本案中——实际上合法,但是行为人误以为违法,那么他就处于所谓的“颠倒的构成要件错误”当中:他设想了一种不存在的状况,也就是财产利益的非法性,而缺少这一条件时行为人想象中的构成要件必然不会既遂。这一情形满足了可罚的不能犯未遂的前提条件。[①] 所提出的要求的成立性和所追求的财产利益的非法性等是事实状况,对此产生的错误认识只涉及客观构成要件要素,与行为的违法性无关。行为人相信其对于要实现的构成要件的内容和涵射范围都有正确的判断。因此不存在排除未遂可罚性的“颠倒的禁止错误”。[②]

(3)根据认定的事实,被告人不确定他以前的病人提出的要求在事实上是否成立,但是他认为具有可能性,并且通过欺骗行为对抗病人的要求。在追求的财产利益的非法性这一点上,他具有有条件的故意。对财产利益的非法性而言这就足够了。[③] 据此,当行为人到并不清楚追求的财产利益是否违法,但是认为具有违法可能性并且对欺骗行为持容忍态度时,就不符合排除可罚性的构成要件错误。[④] 这样的行为人——正如本案被告人——如果想通过欺骗行为实现其目的,就应该受到诈骗罪未遂的处罚。

2. 存在质疑的是判决的刑罚部分,即因诈骗未遂而判处 1 年 9 个月自由刑。

(1)刑事审判庭没有根据《德国刑法典》第 23 条第 3 款中的“认识错误”减轻刑罚,这样做是正确的。减轻刑罚的前提条件是,未遂自始就不可能达到既遂。但是本案的情形并非如此:根据本案的事实认定,针对被告人的要求可能由于错误治疗、误诊或者缺乏告知行为而成立,这无论从被告人的主观视角还是从客观事实来看,从一开始就都无法排除。

(2)此外刑事审判庭的量刑也有法律错误。

刑事审判庭从有利于被告人的角度考虑量刑,认为被告人的行为“最终”是不能犯未遂。这种反复的表述令人担忧,它将行为的责任程度视为

---

① Vgl. BGHR StGB §263 Abs. 1 Irrtum 7 aE.; Volgler in LK 10. Aufl. §22 Rdn. 134, 139.

② Vgl. KG NStZ 1982, 73, 74; Vogler in LK a. a. O. §22 Rdn. 143.

③ Vgl. BGHSt 31, 178, 181 m. w. Nachw.

④ Vgl. OLG Düsseldorf wistra 1992, 74.

不能犯未遂的责任上限。事实上,不能犯未遂的责任程度之所以得到较低的评价,首先是因为被告人只具有有条件的故意而没有直接的故意。

刑事审判庭认为被告人通过处理病患材料特别严重地滥用了信任,给他的病人带来损失,尤其是因为这些材料"也是由其他医生继续进行治疗的基础"。这种衡量是有法律错误的。当被告人实施更改材料行为时,另一位医生已经进行了检查,摘除肾脏后治疗行为就结束了。所以伪造的材料不可能对其他正确的治疗行为造成危害,对病人而言仅仅意味着其可以提出民法上的请求权。被告人通过提交处理过的材料,使他的病人"失去了正确获悉真实的治疗过程和考虑请求权实现的可能性",其行为直接满足了诈骗未遂的构成要件要素,所以这一情况在量刑时不应再次考量(《德国刑法典》第 46 条第 3 款)。

四、判例评述

本案是联邦最高法院第四刑事审判庭于 1996 年 10 月 17 判决的案件,是关于不能犯未遂的重要判例。本案中行为人试图以伪造医生信件的方式抗辩事实上不存在的损害赔偿请求权,追求事实上合法的财产利益,属于诈骗罪的对象不能犯未遂,不过由于行为人对规范性构成要件要素发生认识错误,因而本案又涉及不能犯和幻觉犯的区别。联邦最高法院在判决理由中的核心观点是,如果行为人将其追求的事实上合法的财产利益误认为非法的,那么他就陷入了颠倒的构成要件错误当中。即使行为人对财产利益的非法性只有有条件的故意,也应该以诈骗罪的不能犯未遂对其加以处罚。

该案例表明,无论行为人误认的是描述性还是规范性构成要件要素,原则上都不影响不能犯的认定。不过对规范性构成要件要素的误认往往导致不能犯和幻觉犯的区分困难。对故意犯而言,规范性构成要件的情形要求行为人不仅认识到构成要件事实,还要根据外行人的平行评价完全理解规范内容。在相反的认识情形中,只有行为人将对构成要件性事实的错误认识和相应的规范内容联系起来时,才会出现不能犯未遂,即关于规范性事实情状的颠倒的构成要件错误(umgekehrter Tatbestandsirrtum über normative Tatumstände)。反之,如果行为人正确认识到了事实和规范内容,但误认为该事实不在规范的涵射范围之内,这就是纯粹的归属错误(禁止错误),其反面就是行为人误认为该事实属于规范的涵射范围,这种颠倒的归属错误就是幻觉犯。①

错误理论的反面推论法(Umkehrschluss der Irrtumslehre)是区分不能犯和幻觉犯的主流观点②,即根据行为人对构成要件事实还是对行为的法律评价产生颠倒性认识错误,从而判断其行为构成不能犯或者幻觉犯。这一标准由德国帝国法院提出,联邦最高法院沿用至今。③ 该方法的基础在于,犯罪的主客观要素之间存在特殊的对称关系,即某个要素只能是客观的或者主观的必要处罚条件。④

至于故意的类型,联邦最高法院认定行为人对于其追求的财产利益的非法性具有有条件的故意,即行为人认为病人的损害赔偿请求权可能成立,并且通过欺骗行为对抗该请求权。行为人虽然具有追求财产利益的意图,但是对该财产利益的非法性持有有条件的故意就足够了。

第六节 谋杀中止未遂案(二)

一、基本案情

被告人为了杀害被害人,用一把长约 17 厘米的厨刀猛力刺向被害人后背上部。接着在被害人的央求下,被告人试图把刀拔出来,但是由于被害人过于疼痛,被告人随即放开了刀柄。二人随后走向被害人停放的距案发现场 300 米左右的汽车那里。被害人打开车门,请求被告人用车里的手机呼叫救护车。被告人坐在驾驶位置,但只是假装打电话。对于被害人的问题,"被告人是否用刀捅了被害人",被告人予以否认。被害人

---

① Vgl. Hillenkamp, in: Leipziger Kommentar StGB, Band 1, 12. Aufl., 2007, § 22, Rn. 182, 205.

② Vgl. Hillenkamp, in: Leipziger Kommentar StGB, Band 1, 12. Aufl., 2007, § 22, Rn. 180, 201; Eser/Bosch, in: Schönke/Schröder, Strafgesetzbuch Kommentar, 29. Aufl., 2014, § 22, Rn. 69; Fischer, Strafgesetzbuch mit Nebengesetzen, 60. Aufl., 2013, § 22, Rn. 43, 49; Puppe, Strafrecht Allgemeiner Teil im Spiegel der Rechtsprechung, 2. Aufl., 2011, S. 241; BGH NStZ 1997, 431, 433.

③ Vgl. RGSt 42, 92, 94; RGSt 66, 124, 126; RGSt 72, 109, 112; BGHSt 2, 74, 76; BGHSt 13, 235, 239 f.; BGHSt 14, 345, 350; BGHSt 15, 210, 213; BGHSt 16, 155, 158; BGHSt 42, 268, 272 f.; BGH JR 1994, 510 ff.

④ Vgl. Puppe, Strafrecht Allgemeiner Teil im Spiegel der Rechtsprechung, 2. Aufl., 2011, S. 242.

希望被告人离开驾驶座位,但他没这么做。被告人觉得他的拖延行为可以促使被害人很快死亡。接着后背仍插着刀的被害人走向一个约700米远的餐馆。被告人“以一定的距离”跟着被害人,在他快到餐馆之前紧跟上去,走进餐馆。餐馆里的人立即给救援中心打电话,最后被害人通过紧急手术而得救。

州法院认定被告人的行为构成谋杀未遂和危险的身体伤害的竞合,结合之前的四个判决,总共判处4年6个月的青少年刑罚。此外州法院还作出了附带判决。

二、法条索引

本案例引用了如下法条:

1.《德国刑法典》第22条(未遂概念规定):

行为人已直接着手实现构成要件,而未发生其所预期结果的,是犯罪未遂。

2.《德国刑法典》第23条(未遂的可罚性)第1款:

重罪的未遂一律处罚;对轻罪的未遂的处罚以法律有明文规定为限。

3.《德国刑法典》第24条(因中止而未遂)第1款第1句:

行为人自愿地使行为不再继续进行,或者主动放弃行为完成的,不因犯罪未遂而处罚。

三、裁判理由

州法院认为本案存在实行终了的杀人未遂,被告人缺少救助努力,因而其行为不构成中止。州法院的观点面临严重的法律质疑在于对被告人主观认识内容的认定有缺陷。

当行为人实施最后一个动作之后认为可能出现构成要件的结果时,这种情形就构成实行终了的未遂,即中止界线(Rücktrittshorizont)。[1] 不过在紧密的范围内存在修正中止界线的可能性。据此当行为人一开始误认为死亡结果的出现是可能的,但是“在马上认识到错误之后”放弃继续

---

① Vgl. Großer Senat, Beschluss vom 19. Mai 1993-GSSt 1/93, BGHSt 39, 221, 227.

实施行为时,杀人未遂就没有实行终了。[①] 根据这些原则应该认定实行终了还是未实行终了的未遂,对这个问题需要进行详细阐释,尤其是当被害人在最后一次受到攻击后仍然能够做出身体反应的时候,而这些身体反应足以质疑被害人已经受到致命伤害。[②] 例如德国联邦最高法院判例所涉及的被害人仍然能够离开案发现场的情形。[③] 这样的情况足以动摇行为人的认识,即已经实施了所有实现构成要件结果的行为。[④]

州法院显然没有考虑这些为修正中止界线而提出的原则。州法院的观点是,被告人在用刀刺向被害人的后背之后认为可能出现死亡结果,当他回到被害人的汽车内时也认为被害人很快就会死亡,州法院的这些认定没有法律错误。但是,被告人在注意到被害人去往餐馆时持有何种主观态度,对此少年法庭并无认定。被害人在被刺之后就跑到自己的汽车那里,并毅然向被告人求助。流血不严重而且生命尚未垂危的被害人成功地凭一己之力走了大概 700 米。他在路上还向四个人请求过帮助。无论如何这些事实认定表明了这样的可能性,即由于被害人的行为,被告人立即或者肯定不久便不再认为他对被害人造成了致命伤。这个判断也不能证明被害人已经远离了被告人,以至于在被告人看来必须做出新的举动才能达到杀人既遂。[⑤]

谋杀未遂的有罪判决就是根据上述缺陷得出。迄今为止关于被告人

---

① Vgl. BGH, Urteil vom 1. Dezember 2011-3 StR 337/11, BGHR StGB §24 Abs. 1 Satz 1 Versuch, beendeter 14, und vom 19. März 2013-1 StR 647/12, NStZ-RR 2013, 273, 274; Beschluss vom 7. Mai 2014-4 StR 105/14;另参见 BGH, Beschluss vom 8. Juli 2008-3 StR 220/08, NStZ-RR 2008, 335, 336; Fischer, StGB, 61. Aufl., §24 Rn. 15a; MüKo-StGB/Herzberg/Hoffmann-Holland, 2. Aufl., §24 Rn. 80:“短暂的错误认识”。

② Vgl. BGH, Beschluss vom 7. November 2001-2 StR 428/01, NStZ-RR 2002, 73, 74; Urteil vom 6. März 2013-5 StR 526/12, NStZ 2013, 463.

③ Vgl. BGH, Beschluss vom 19. Dezember 2000-4 StR 525/00;另参见 BGH, Beschluss vom 15. August 2001-3 StR 231/01:被害人追了行为人“更长的一段路”;Urteil vom 11. November 2004-4 StR 349/04, NStZ 2005, 331 f.:被害人离开回廊的楼梯,到下面的迪厅入口处;另参见 BGH, Urteile vom 19. Juli 1989-2 StR 270/89, BGHSt 36, 224, vom 29. September 2004-2 StR 149/04, NStZ 2005, 150, 151, und vom 8. Februar 2007-3 StR 470/06, NStZ 2007, 399 f.。

④ Vgl. BGH, Urteil vom 11. November 2004, a. a. O.; Beschluss vom 8. Juli 2008-3 StR 220/08, NStZ-RR 2008, 335, 336.

⑤ Vgl. BGH, Urteil vom 8. Mai 2012-5 StR 528/11, NStZ 2012, 688, 689.

中止界线的认识的事实认定不能得出失败未遂的肯定结论。[①] 州法院结合被告人在餐馆中的消极举动才认为,“被告人这时认识到他的行为没有造成(被害人的)死亡并且为此感到沮丧”,但是这不能代替之前认定的必要事实。[②] 州法院在阐释中止时也提到,被告人觉得身边没有伤害被害人的其他可能性:“由于他无能力处理出血状况,他不能够将刀子拔出来再插进去,或者使用其他引起伤亡的辅助手段。”少年法庭是否想通过这些阐释证明和更早的时间点有关的失败未遂,这本身就是有问题的,因为引用的转变性内容直接意味着肯定实行终了的未遂。对被告人其他行为可能性的事实评价——正如联邦总检察长正确解释的那样——和其他的事实认定具有不可协调的矛盾。被告人以直接故意用长刃厨刀刺向被害人,此外在被害人的乞求下,试图将刀从后背拔出来。他中断拔刀的努力不是因为他“不能见血”,而是因为被害人在这个过程中遭受剧痛。被告人还能继续轻易地利用插在被害人背部的凶器,因此不能肯定地说在去往餐馆的途中行为的既遂受阻。

四、判例评述

本案是联邦最高法院第四刑事审判庭于 2014 年 7 月 17 日作出判决的案件,主要问题是区分未实行终了和实行终了的未遂,根据修正的中止界线认定未遂的类型继而判断行为是否构成不可罚的中止。《德国刑法典》第 24 条第 1 款第 1 句规定区分了两种不可罚的犯罪中止的情形,即未实行终了和实行终了的未遂。因此判断行为是否构成犯罪中止首先要确定行为属于未实行终了的未遂还是实行终了的未遂,对此联邦最高法院已经形成固定的观点,即以行为人的视角为标准的中止界线理论。

联邦最高法院以前采取行为计划界线(Tatplanhorizont)的标准,根据行为人在开始行为时的认识判断其行为构成实行终了的未遂或者未实行终了的未遂。[③] 在 1982 年 12 月 3 日关于谋杀案的判决中,联邦最高法院第二刑事审判庭抛弃了以前的标准,采纳了修正的中止理论。据此标准,当行为人实施最后一个动作(Ausführungshandlung)之后认为构成要件的

① Vgl. BGH, Beschlüsse vom 7. Mai 2014-4 StR 82/14 und 4 StR 105/14.

② Vgl. BGH, Beschluss vom 11. März 2014-1 StR 735/13, NStZ-RR 2014, 201, 202.

③ Vgl. BGHSt 10, 129; BGHSt 14, 75, 79; BGHSt 22, 176, 177; BGHSt 22, 330, 331 f.

结果可能出现时,其行为就构成实行终了的未遂。行为人在开始行为时是否对如何引起结果怀有清晰或模糊的想法,或者完全没有想法,这不能当作判断行为人是否根据其认识放弃继续实施行为——除了失败的未遂——的标准。行为人是否在行为开始时计划了特定的实施动作,是否实施了所有计划的动作、替代动作或者未实施预计的动作等,通常对于构成要件结果的评价和归责而言并不重要。[①] 联邦最高法院第四刑事审判庭在 1985 年 8 月 22 日的判决中指出,当行为人实施一开始计划的动作时,还不能认定实行终了的未遂,只有当行为人实施最后一个动作之后认识到导致结果出现的事实状况,或者误认行为适当而以为结果可能出现时,才能认定实行终了的未遂。如果行为过程不足以造成结果,或者至少行为人认为不足以造成结果,那么当行为还没有最终失败时,就成立未实行终了的未遂。[②] 第四刑事审判庭于 1987 年 11 月 12 日所作的判决对前两个判决中中止界线的标准进行了补充,认为即使存在明确的行为计划,区分未实行终了的未遂和实行终了的未遂的标准同样在于,行为人实施最后一个动作之后是否认为可能出现构成要件的结果。[③] 由此联邦最高法院将行为人的中止界线理论确定为区分未实行终了的未遂和实行终了的未遂的一般原则。[④]

联邦最高法院第二刑事审判庭在 1989 年 7 月 19 日作出的杀人案判决首次修正了中止界线标准。在该判决中,联邦最高法院认为行为人在实施最后一个动作后,虽然一开始认为其追求的结果可能出现,但是紧接着认识到犯了错误时,那么根据察觉到的真相所修正的认识对于中止界线就具有决定意义。在这种情形下,如果行为人放弃继续实施行为,那么其行为就会构成免除刑罚的中止,不过这里的限制条件是,行为可能性仍然连贯地存续着,换言之,整个行为过程可以视为法律意义上的一个行为。[⑤] 在 1993 年 5 月 19 日关于杀人案的裁定中,联邦最高法院大刑事审判庭进一步补充了中止界线标准,认为行为人因实现了构成要件以外的

---

① Vgl. BGHSt 31, 170, 175.

② Vgl. BGHSt 33, 295, 299.

③ Vgl. BGHSt 35, 90, 93 f.

④ Vgl. Lilie/Albrecht, in: Leipziger Kommentar StGB, Band. 1, 12. Aufl. 2007, §24, Rn. 55, 144.

⑤ Vgl. BGHSt 36, 224 ff.

行为目标而放弃继续行为时,也可能成立未实行终了的未遂阶段的中止。[1] 在该裁定中,大刑事审判庭不仅总结阐述了区别未实行终了的未遂和实行终了的未遂的判例,而且指出有必要区分这两种未遂形式和自始就不存在中止可能性的失败的未遂。[2] 后来联邦最高法院第二刑事审判庭又解决了一种情形,即行为人在实施最后一个动作后,对行为是否造成结果没有任何认识的,成立实行终了的未遂。[3] 与联邦最高法院对中止界线的首次修正相对应,联邦最高法院第五刑事审判庭在 1998 年 8 月 18 日作出的杀人案判决中指出,当行为人具有连贯行为的可能性时,如果行为人一开始没料想到死亡的结果,但是随即意识到认识有误时,那么根据察觉到的真相所修正的认识同样对于中止界线具有决定意义,此种情形下的未遂就是实行终了的未遂。[4]

本案中,联邦最高法院正是根据修正的中止界线标准,指出州法院的判决没有判断被告人是否在实施杀人行为后修正了主观认识内容,而这一点对于被告人的行为是否构成中止具有关键作用。从联邦最高法院的判决理由中可知,被害人在被刺之后的系列举动足以让被告人修正之前对死亡结果的认识,可以说被告人紧接着便不再认为被害人会死亡。被告人后来也没有利用连贯的行为可能性继续杀害被害人,因此其行为应该构成免予刑罚处罚的中止。

---

① Vgl. BGHSt 39, 221.

② Vgl. Lilie/Albrecht, in: Leipziger Kommentar StGB, Band. 1, 12. Aufl. 2007, §24, Rn. 58.

③ Vgl. BGHSt 40, 304.

④ Vgl. BGH NStZ 1998, 614, 615.

第七章　过 失 犯*

第一节　导　论

相较于故意犯而言，无论是过失犯的检索模板还是相关术语概念，刑法研习者都相对比较陌生。原因首先在于，刑法原则上只处罚故意，只有在《德国刑法典》分则条文明文规定过失可罚时，才处罚过失犯。这是由刑法谦抑性与刑法作为法益保护“最后手段”的功能决定的。① 过失犯罪在以“生命权”和“健康权”为法益的人身犯罪中具有重要意义，这在本章对联邦最高法院判例的选择中可以看出，其所涉及的条文基本是《德国刑法典》第 222 条（过失杀人）与第 229 条（过失伤害）。

根据当前德国通说，相较于故意犯的三阶层构造（构成要件该当性、违法性和罪责），过失犯无论是在不法阶层还是在责任阶层都具有其特殊性。② 首先在不法阶层，过失犯并不区分主观构成要件与客观构成要件，相较于决定故意犯行为无价值的主观构成要件仍然要求事实性（存在论意义上）的故意，过失犯的不法判断则是完全规范化的。在结果犯（Erfolgsdelikte）的情形下，过失犯的不法内容包含了对注意义务的违反、

---

* 唐志威，北京大学法学院博士研究生、德国慕尼黑大学法学院博士研究生。

① Vgl. Kaspar, Grundprobleme der Fahrlässigkeitsdelikte, JuS 2012, S. 16.

② 当前德国的通说被称为“两阶层理论”（Zweistufigkeitslehre），与自然主义犯罪论体系中一层次的过失犯理论仅仅将过失作为罪责形式（Schuldform）不同，通说在构成要件阶段就已经考虑过失犯的不同之处。除此之外，以金德霍伊泽尔为代表的学者还主张另外的“构成要件一阶层过失模式”，即将过失行为的所有特别性要素都放到构成要件阶层中，在罪责阶层只需要考虑，是否能期待行为人能够遵守（规范）所期待的注意义务。

构成要件结果的实现与结果的客观可归责性,在该情形下,法条原文并没有对犯罪(实现)行为进行准确的表述。[①] 相反,在行为犯(Tätigkeitsdelikte)的情形下,其不法的实现仅仅以法条中规定的行为出现为前提。但是,过失犯绝大多数都是结果犯,仅仅在非常少数的情形下才以行为犯的形式出现(例如《德国刑法典》第161条过失虚伪宣誓罪及第316条第2款过失醉酒驾驶罪)。[②] 也正由于过失犯大都是结果犯,所以客观归责理论在过失犯中具有重要意义,与德国联邦最高法院判例至今反对在故意犯中承认客观归责理论不同,在过失犯的讨论中,判例明确承认了一些案例是客观归责中的问题,其中最重要的问题包括了区分自我答责的自我危险化与合意的他人危险化(参见本章第三节"非法竞驶案")。[③]

由于依据当前德国通说,自然主义—目的行为论的犯罪论体系,不法和责任的区分标准为不法是一般的应当(Sollen),责任是特殊(个人)的能力(Können)[④]。因此在构成要件中检验客观上对注意义务违反以及客观的预见可能性之外,在责任阶层还应当讨论行为人依据个人的能力,是否主观上对注意义务违反具有预见可能性。主观上不具有预见可能性的情形包括行为人存在身体或心理上的缺陷,或者在个案中由于惊吓、慌乱等原因完全或暂时失去预见能力。[⑤]

除此之外,学界也长期缺少对过失犯情形的正当化事由进行讨论。存在争议的问题包括,在行为人过失的情形下,是否能够具备例如防卫意思、避险意思等主观正当化要素,从而阻却过失行为的违法性。本章第四节"手枪误判案"中,德国联邦最高法院使用举重以明轻的当然推理(Erst-recht-Schluss)论证方式认为,行为人哪怕在故意犯的情形下也可以成立正当防卫,排除行为的违法性,那么在过失的情形下当然也可以成立正当防卫。

过失的特殊性还体现在过失不作为犯中,由于过失犯不法中的注意

① Wessels/Beulke/Satzger, Strafrecht Allgemeiner Teil, 48 Aufl., S. 395 f.

② 我国《刑法》分论并未规定有过失的行为犯。

③ BGHSt 49, 34, 39; BGHSt 53, 55, 60; BGH NStZ 2001, 205, 206; BGH NStZ 2009, 148, 149; BGH NStZ 2009, 504, 505.

④ Schmoller, Zur Konturierung von Unrecht und Schuld-Überlegungen anhand des Fahrlässigkeitsunrechts, ZStW 129 (2017), S. 1063.

⑤ Wessels/Beulke/Satzger, Strafrecht Allgemeiner Teil, 48 Aufl., S. 409.

义务违反,本质上就内含有不作为要素(Unterlassungsmoment)。因此在过失犯情形下区分作为和不作为就成了难点,也成了德国联邦最高法院数次判决的论证重点(该问题具体可参见本章第五节“肝炎案”)。[①] 虽然联邦最高法院在判例中一再坚持谴责重点说作为区分的简便法则(Faustregel)[②],但是正如许多学者指出的,在例如“肝炎案”中进行这样的区分其实是多余的。

最后,有关共同犯罪与过失犯的交叉领域,德国通说和联邦最高法院都明确否定了过失共同正犯(fahrlässige Mittäterschaft)的概念,而是认为过失犯是区分制共犯体系的例外,适用单一制共犯体系。遇到过失帮助、教唆的问题也应该适用同时犯(Nebentäterschaft)的检索方式来分别讨论行为人的过失可罚性(具体参见本章第六节“大厅倒塌案”)。总而言之,与有关故意犯研究一派欣欣向荣形成鲜明对比,在故意犯的阴影下,过失犯中还有许多具体、细节问题有待进一步讨论和研究。

第二节　诊所案

一、基本案情[③]

1997 年 7 月 18 日,34 岁的 S 根据其管辖法院所作的决定,在服刑多年后被送到由被告人 L 作为首席医生并负责的勃兰登堡州医院的第一精神诊所。S 被安排到由被告人 H 作为主治医生所负责的 6/II 封闭病房。S 在 1980 年 9 月至 1988 年 5 月期间曾因严重的性侵行为、故意伤害以及盗窃前后 4 次入狱,总共被判处 17 年自由刑。1986 年,根据《前民主德国刑法典》第 16 条第 3 款,S 被安置在一家精神疾病机构进行治疗。在柏林布赫诊所里进行治疗的过程中,S 只在那里待了很短的一段时间就于 1987 年 7 月 19 日被允许外出活动,但是他却利用外出的机会多次试图实施强奸行为,因此 S 又被重新强制安置入院。

这项当时还是依据前民主德国法律作出的指令,在 1990 年 10 月 3

---

① Vgl. RGSt 15, 151; BGH NStZ 1999, 607; NStZ 2003, 657; BGH NJW, 2010, 1087.

② 例如:BGHSt 6, 46, 59; BGHSt 40, 257, 265; BGH NStZ 1999, 607。

③ BGHSt 49, 1.

日之后,监护法庭依据《勃兰登堡州对精神病人法院裁定安置措施帮助、保护措施及执行法》,作出了将 S 安置入院的命令(有关过渡阶段法律规定的判决参见 BVerfG NStZ 1995, 399)。州法院根据对 S 进行的新的鉴定结果认定其有严重自恋情结的人格障碍并伴有长期反社会倾向,此外法院还认为 S 对于他人的生命和健康,尤其是女性的生命和健康存在潜在的风险。

被告人医生 L 和 H 通过为其提供精神方面的专家鉴定,得知了 S 之前的罪行,并为他安排了以行为治疗为导向的精神治疗方法,但是没有什么效果。在 1997 年 11 月 15 日和 12 月 20 日,S 弄断了处于防护状态中的病房窗户外已经有点腐坏的护栏,然后利用打结的床单逃到了外面。针对这两次逃脱行为,院方都采取了抓捕措施,并将其逮捕抓回。然而在 1998 年 2 月 7 日,S 得到外出的允许之后就没有再回来了。他在柏林对两个年事已高的妇女实施了两起盗窃。被告人在 1998 年 5 月 8 日在对法庭的辩驳中表示:S 的人格障碍和他所犯的罪行之间没有必然的联系。他们承认这个病人存在随时犯罪的倾向,并且把他归为不可治愈的类型。被告医生曾提出停止其在精神诊所的治疗,但是没有被同意。

S 在柏林服刑 7 个月之后,于 1998 年 9 月 24 日因为之前继续存在的、仍未失效的安置命令被重新遣送到被告的诊所里进行治疗。尽管病房的医生 Hö 在 1998 年 10 月 1 日作出了要多加注意的警告并提示 S 有逃跑的危险,被告医生 H 和 L 仍然还是一致同意 S 可以外出。在 1998 年 10 月 4 日,他和女友出去散步就再也没有回到诊所。之后他藏身于柏林,在 1998 年 12 月 28 日至 1999 年 6 月 7 日期间,实施了八起严重伤害行为,其中有一部分是强奸后的抢劫案件,除此之外还谋杀了两名老年妇女。柏林州法院认为 S 具备完全刑事责任能力,判处其终身监禁,认为其罪行极其严重,同时判处保安监禁。

二、法条索引

本案例引用了如下法条:

1.《德国刑法典》第 13 条(通过不作为实施):

(1)不防止属于刑法构成要件的结果发生的人,只有当其有依法必须保证该结果不发生的义务,且当其不作为与因作为而使法定构成要件的实现相当时，才依法受处罚。

（2）可依第 49 条第 1 款减轻处罚。

2.《德国刑法典》第 222 条（过失杀人）：

过失导致他人死亡的，处 5 年以下自由刑或罚金刑。

三、裁判理由

被告人作为勃兰登堡州医院的精神诊所的负责医生，于 1998 年 10 月 4 日因允许其中一个病人 S 离开诊所，而被控告失职，过失造成八人受伤，两人死亡。州法院判决被告人无罪。由联邦检察官代表的联邦检察院对此案事实部分提出上诉并获得了成功。

1. 州法院在判决书中写道：

（1）（本部分涉及案件事实认定，可参见本节基本案情。）

（2）刑事审判庭在其被认定为无罪的判决中在最后部分尚未确定，对于外出的允许是否违背了被告人的义务。州法院否认了对外出的允许和受害妇女的受伤、死亡之间的因果关系。因为 S 也有可能在任何时候通过暴力手段离开没有足够防护的病房，然后在没有可以归咎于被告人行为的情况下实施犯罪行为。

2. 无罪的判决在事实上也经不住司法的审查。州法院没有依照法律，对 1998 年 10 月 4 日（被告人）允许病人外出的义务违反问题进行完整的审查。允许外出与死亡和伤害案件之间的因果关系不应该因为 S 也能够通过未进行足够加护的诊所窗户而逃跑，就认定为不存在，这可被视为一个法律错误。

（1）根据条件说，被告人作出的允许外出决定与恶性案件的发生具有因果关系。

A. 根据判决惯例，如果缺少一个条件即结果不会发生，那么这个条件就是导致刑法上相关结果的必要原因。[①] 如果存在着这样的可能，即没有这个行为人的行为，另一个人实施了一个行为（现实中其实并没有发生）也同样会导致结果的出现，那么这个前提同样适用。[②]

---

① Vgl. BGHSt 39, 195, 197; 45, 270, 294 f.

② Vgl. BGHSt 2, 20, 24; 45, 270, 295.

在过失的结果违法情形中,如果在被告人即使在遵守交通规则的情况下结果依然发生,或者法官确信根据真实情况不能排除这种结果发生的可能,那在被告人违反交通规则的行为与死亡或伤害结果之间就不存在因果关系。

B. 在这里对于因果关系的考查,要先从直接导致损害发生的具体客观情况的出现开始。① 对于哪些行为符合义务标准的问题,要从这个行为是否违背了义务的角度去分析,且该义务违背行为被视为(直接)导致损害发生的原因。另外鉴定必须基于真实的事件发生过程。由此,能够抽离出去,用相应的合注意义务行为来代替的仅仅只有那些能够对行为人进行谴责的情状;除此之外不得对具体的行为状况做任何的删减、改变及加入任何内容。② 与此相应,只有那些可以作为事件发生直接原因的前提才属于具体的行为③,例如死于交通事故者自己的行为。④

(2)因此,州法院只能把被告人假定可能出现的合法行为,即驳回S的外出申请,与设想可以作为具体行为归责的替代性事件相联系。因此刑事审判庭所提出的S暴力逃走的可能性并不属于上述的情形。因为这或许还需要S自身意愿的因素,而这项因素完全在本次事件过程之外。⑤ 根据州法院的相关查证资料以及S之前有两次逃跑行为,并不存在这种情况出现的充分具体依据。

(3)S暴力逃跑的假设不能排除被告人因允许S外出所产生的因果关系,同时对于诊所建筑的安全负责人也需承担相应责任。⑥ 在一次暴力逃跑的因果联系中,假设并不是由于本案被告人的行为才导致病房糟糕的物理状态,那就应该由那些因违背义务、玩忽职守而导致封闭病房安全防护不足的人代替被告人为此承担责任,是他们让S能够逃出病房。据此,由被告人所允许的外出作为结果发生的原因就不能被排除在考虑因素之外⑦,所以就需要对本案进行重新解释和评价。

---

① Vgl. BGHSt 33, 61, 63 f. m. w. N.; Jähnke in LK 11. Aufl. § 222 Rdn. 1.

② Vgl. BGHSt a. a. O.; BGH VRS 74, 359 f.; BGHR StGB § 222 Kausalität 1; Jähnke a. a. O.

③ Vgl. Schatz NStZ 2003, 581, 585.

④ Vgl. BGHSt 11, 1 f.; 33, 61 f.

⑤ Vgl. Schatz a. a. O.

⑥ Vgl. BGHSt 30, 228, 231 f.; vgl. auch BGHSt 48, 77, 94 f.

⑦ So auch Schatz a. a. O. 583 ff.

3. 对于被告人违反义务的行为,刑事审判庭指出了以下几点:

当义务的违反从主观和客观上都预示出结果产生的情况下,如果根据一个人主观认知和能力能够避免结果发生,如果还满足客观上义务违反的前提,那么便构成过失。[①]

(1)给S提供住宿具体情况的标准是,被告人的义务来源于勃兰登堡州关于帮助和保护措施的法规,以及该州关于对精神疾病患者住宿标准的法院的相关规定。根据《勃兰登堡州关于精神病人法》第15条第3款的规定,在保证监禁目的的情况下,应该尽可能提供宽松的监禁环境。如果新的法官确信,S是不可治愈的,而且根据其犯罪倾向将可能会利用《勃兰登堡州关于精神病人法》第15条第3款中开放式监禁的情形,必须禁止对其作出以医疗为目的(无监管)的外出许可。[②] 其(允许外出的)命令将违背法律,并且在主观上也明显违反了义务。如果是出于符合精神病学规律,以治疗为目的的外出允许,则情况就有所不同。在滥用风险的拒绝理由方面,就出现一个具有预测性的裁判空间。在这个假设的框架下同样也可能作出很多法律上可采用的决定。[③] 在对于结果的错误预测只存在于基于不完全客观的事实基础的情形,以及对确定事实进行不正确评价的情况下,方可否定S利用外出的机会逃跑的可能性,被告人才算是违反了义务。[④] 另外州法院对于被告人在没有其他安全防护的情况下可能是想通过给予S一个宽松的环境,让S感到很舒适,以至于不想再逃跑的这种猜测也是无法让人信服的。[⑤] 这种评价使《勃兰登堡州关于精神病人法》第9条第1款第2句中所明文规定的安置目的,即避免这些人对公众造成危险,完全没有被重视,同时也忽略了《勃兰登堡州关于精神病人法》第16条第2款第1句中出于安全原因对危险病人优先进行转移的安排可能性。

(2)如果在S身上已经确定的精神疾病与其所犯的罪行之间存在了关联的话,那么根据一般的经验,由其造成的被害人死亡和受伤的结果的

---

① Vgl. dazu näher BGHR StGB § 222 Pflichtverletzung 5 m. w. N.

② Vgl. Pollähne in Kammeier, Maßregelvollzugsrecht 2. Aufl. Rdn. F 64; Volckart, Maßregelvollzug 5. Aufl. S. 130.

③ Vgl. BVerfG - Kammer - NJW 1998, 2202, 2204; BGHSt 30, 320, 324 ff. zu der ähnlichen Problematik bei Vollzugslockerungen.

④ Vgl. Pollähne NStZ 1999, 53, 54.

⑤ Vgl. UA S. 30.

可归责性和客观可预见性就可以为人们所接受。即使在《德国刑法典》第20条中由于某些其他精神疾病的情况,不能成立这样的归责关系的个别情况下①,勃兰登堡州法院对于被告人患有自恋型人格障碍的鉴定对于证明这种关联的存在很有意义,因为这种人格障碍会降低一个人在实施犯罪行为时的自控力。②

这种确实存在的关联的另一方面是本案中由于违反义务而允许S外出所带来的特殊损害发生的可能性,据此,对于结果发生的客观可预见性就已经在考虑范围之内。③ 如果没有这样的考量,那么违反义务的必要关联就肯定会被质疑。根据《勃兰登堡州关于精神病人法》第9条第1款第2句、第3款以及第20条第1款第1句,无论采取什么办法,对于S的监禁安排同样要达到保护公众免受S威胁这一目的。根据法律的强制性监禁安排规定与《勃兰登堡州关于精神病人法》第9条第3款和第10条第1款第2句,即使来自S的危险不一定和他的精神疾病有关,被告人都有义务在非治疗的时间段或将S转移到另一机构的过程中,或是刑罚执行的调整以及释放之前都承担着保护公众不受到S威胁的义务。④ 根据目前相关的查证资料,这种潜在的风险在具体的罪行中被实现的可能是可预见的。

(3)如果新的事实审法官根据主审判程序结果能够达到确信,认为被告人应该负刑事责任,他也必须要考虑到本案的特殊性,即被告人是除S故意实施主犯罪行为外过失的同时犯。很重要的是,法官在本案中在确定和裁量法律后果时要更多地考虑有利于被告人的因素,有关他们所负责精神病人的封闭病房要接受例如S这样基本上不能或完全不能被治愈的、犯有严重罪行的精神病人的遣送安排,这对他们的能力是很高的要求和挑战。

四、判例评述

本案判决主要涉及过失的结果犯、违反义务关联以及假设因果流程

---

① Vgl. BGHR StGB §21 seelische Abartigkeit 34; Tröndle/Fischer a. a. O. §20 Rdn. 41 f.

② Vgl. Venzlaff in Venzlaff/Foerster, Psychiatrische Begutachtung 2. Aufl. S. 296 f.

③ Vgl. Jähnke in LK 11. Aufl. §222 Rdn. 6.

④ Vgl. Pollähne in Kammeier, Maßregelvollzugsrecht 2. Aufl. Rdn. F 71.

查明三个问题。[①] 本案判决问题的焦点在于讨论,可接受的无危险性预测与对风险违反义务的误判两者间的边界为何。[②]

首先,对于过失的结果犯,德国通说的检索模板如下[③]:

过失结果犯检索模板: 一、构成要件符合性 (一)构成要件结果发生 (二)因果关系 (三)在客观可预见构成要件结果情形的客观注意义务违反 1. 客观的注意义务违反 2. 客观的可预见性 (四)结果的客观可归属性 1. 保护目的关联 2. 义务违反关联 3. 自我答责原则 4. 第三人介入 二、违法性 三、责任 特别是在主观可预见构成要件结果情形中的主观注意义务违反

对于本案,初审州法院认为,无须视医生违反(注意)义务这个特殊问题而定,就已经可以排除案件中医生成立过失杀人的可罚性。其中原因在于,即使医生未同意其休假申请,该名患者也可能因为缺少安全保障措施而外逃作案。因此,在医生批准患者休假的义务违反性和被害人死亡之间并不存在必要的关联,并由此否认了医生义务违反行为与被害人死亡结果之间的因果关系。[④] 显然,联邦最高法院不同意州法院上述的

① Vgl. Marxen/Henck, famos 01/2004, S. 1.

② Vgl. Pollähne, Anmerkung zu StA Paderborn, 30.01.1997-31 Js 224/94 (ärztliche Verantwortung für rechtswidrige Taten Untergebrachter), NStZ 1999, S. 53.

③ Vgl. Wessels/Beulke/Satzger, Strafrecht Allgemeiner Teil, 48. Aufl., S. 396.

④ Vgl. LG Potsdam Urt. v. 18.10.2002 (23 Kls 1/02); Puppe, Die Lehre von der objektiven Zurechnung und ihre Anwendung-Teil 1, ZJS 5/2008, S. 489.

出罪论证。

其次,两个判决的共同点在于都承认了结果需要有违法义务关联性。也就是说,过失可罚性的前提是,过失行为所创设出来的危险性必须要在结果中实现。此时,如果存在另外一个同样危险的违反义务行为,并且也会导致相同结果出现的话,那么这个时候就要否定前一违反义务行为的可罚性。因此,在过失犯可罚性论证的一开始就包含一个假设性的成分,因此必须首先查明,一个违反义务的行为可能会引发哪些结果。① 在这点上德国学界和判例的观点并无不同。

再次,对于假设性的要素在什么体系性位置进行讨论,德国判例和学界通说则存在争议。判例认为,假设性要素应当放在因果关系的检验中,那么在条件说中则体现为检验构成要件结果是否在合义务行为的情形下仍然可能发生。当在合义务行为的情形下,构成要件结果并不会发生时,则认定违反义务行为与构成要件结果之间存在因果关系。对此,联邦最高法院在经典的货车自行车手案(Lastwagen-Radfahrer-Fall)的判决中就明确表明了态度。② 与判例观点相左,学界通说则认为,因果关系的判定应当维持事实的判断,而不应当掺杂进规范的判断,显然这里假设性的要素属于后者,因此在体系定位上应当将假设性的要素放到条件说(因果关系判断)之后的客观归责阶层中。③ 过失犯教义学理论中的客观归责在文献中又被称作结果的客观可归属性(Objektive Zurechenbarkeit des Erfolgs)或者义务违反关联(Pflichtwidrigkeitszusammenhang)。在通行的教科书中,义务违反关联与保护目的关联、自我答责原则、被害人即第三人违反义务行为一起被作为客观归责阶层检验的下位概念。④

复次,存在广泛争议的还有肯定过失可罚性所需的义务违反关联强度的问题,即从什么时候开始,在合义务替代行为的情形下,可以以结果避免来排除客观归责。⑤ 在此问题上,以罗克辛为代表的少数说坚持危险升高理论(Risikoerhöhungslehre),认为违反义务行为相较于合法替代

① Vgl. Marxen/Henck, famos 01/2004; Wessels/Beulke/Satzger, Strafrecht Allgemeiner Teil, S. 403.

② Vgl. BGHSt 11, 1.

③ Vgl. Marxen/Henck, famos 01/2004, S. 2.

④ Vgl. Wessels/Beulke/Satzger, Strafrecht Allgemeiner Teil, S. 402 ff.

⑤ Vgl. Kaspar, Strafrecht Allgemeiner Teil, 2 Aufl., S. 226.

行为而言,明显升高了结果出现的风险时,则就承认存在义务违反关联。[①] 而通说和判例则支持"存疑有利于被告人"原则在此处的适用并认为,危险升高理论违反了"存疑有利于被告人"的基本原则,从而违反实定法的语义,将本来要求犯罪结果的实害犯转化为危险犯。[②] 针对危险升高理论,通说坚持可避免性理论(Vermeidbarkeitstheorie),认为在可以确认结果在合义务行为的情形下具有临近确定的盖然性(an Sicherheit grenzender Wahrscheinlichkeit)不会出现时,则可以确定客观归责判断中要求的义务违反关联。相反,只要在合法替代行为场合,相关结果也会出现,那么就可以(适用"存疑有利于被告人"原则)作出有利于行为人的解释,否定案件存在义务违反关联,从而否定案件的客观可归责性。[③]

最后,回到本案中的核心问题,即如何在案件的判断中构造假设(Hypothesenbildung)。这里的假设实际上既融合了事实的成分,又融合了虚构的成分,事实的成分是指案件中事实的过失行为,这一部分必须要在假设中抽离出去。相反,进行假设的部分则需要一个虚构的、与事实上过失行为一致的,但是却符合注意义务的行为。如果此时抽离出事实上已经发生的过失行为并加入了相同的符合注意义务的行为时,结果仍然出现,那么就可以排除过失行为与结果之间的因果关系。德国学者形象地将此"开脑洞"过程类比为电影导演。[④] 但是,这样的假设构造会遇到非常多棘手的问题,例如,人的行为总是和周边环境以及第三人的行为联系在一起,那么如何才能找出一个能脱离第三人影响的替代行为呢?其次还必须考虑到,如果假设了一个行为人其他的行为的话,那么是否第三人的行为也会随之改变?那么是否应当考虑第三人可能的行为?如果第三人的行为是违反义务的,那么是否还应当考虑第三人可能的行为?最后还必须放低在假设性替代行为中以事实出现的结果为导向的做法的标

---

① Vgl. Roxin, Strafrecht Allgemeiner Teil, Band I, 4. Aufl., §11 Rn. 88 ff.; Kühl, Strafrecht Allgemeiner Teil, 8. Aufl., S. 610.

② Vgl. Krey/Esser, Deutsches Strafrecht Allgemeiner Teil, 6. Aufl., Rn. 1360; Sternberg-Lieben/Schuster, in: Schönke/Schröder, Kommentar zum Strafgesetzbuch, 29. Aufl., §15, Rn. 179.

③ 对此判例可参见 BGH NJW 2010, 1087;除此之外,"可避免性理论"相关文献可参见 Hillenkamp, 32 Probleme aus dem Strafrecht Allgemeiner Teil, 14. Aufl., 2012, S. 231 ff.; Hoyer, in: Systematischer Kommentar, 2013, Anh. zu §16, Rn, 72。

④ Vgl. Marxen/Henck, famos 01/2004.

准,否则按照前述标准,要求结果在违反义务的行为情形精确地在完全相同时间点,以完全相同的损害形式发生,那么将几乎无法在任何案件中否定客观归责中的义务违反关联(Pflichtwidrigkeitszusammenhang)。[①]

在一审中,州法院的法官正是用假设性替代行为来否定被告人医生过失行为的义务违反关联,即认为,即使被告人拒绝了精神病人S外出的请求,根据其之前的经验,也仍然有可能找到其他方法逃出精神病院而实施谋杀行为,由此应当否定义务违法与结果之间的关联性。这样的观点遭到了联邦最高法院的驳斥,并提出了一个所谓的"过失犯教义学的纯净性原则"(fahrlässigkeitsdogmatisches Reinheitsgebot)。根据上述原则,联邦最高法院的法官认为,只有能够对行为人具有谴责性的行为情状才可以被抽离出去,以及通过符合注意义务的行为进行替代。除此之外具体的行为情状也不允许被忽略、增加以及更改。[②] 对此在实践上的应用,联邦最高法院则援引了之前在道路交通案件中的有关判例的论述,认为只有这样的前提条件,即"这些前提条件的原因是在案件发生过程中自身直接导致",例如"被害人在道路交通中自身的行为",才可以作为假设的对象。[③] 至于如何确定行为是符合义务的,则应该参考直接导致了损害结果的义务违反来确定。除此之外,在判决中,法官还要求认定行为性质必须仅以实施行为事实为基础。

简言之,在本案中,联邦最高法院认为,在被告人医生作出了符合义务的决定,拒绝精神病人S的出院请求时,精神病人S也有可能出逃这样的假定是不被允许的,理由在于:首先,与事实上的发展经过并不存在关联;第二,该假定中考虑了精神病人S自主的意志决定,而该因素并不应当被考虑进去;第三,因为对于精神病院缺乏安全性这一方面,应当对此答责的是其他人,而不是被告医生。因此就此以精神病人存在出逃的机会,排除被告人医生义务违反和损害结果发生之间的关联性,是不恰当的。[④] 正是基于此,联邦最高法院最后撤销了初审判决,并要求下级法院重新进行事实审。最后,在判决中,联邦最高法院的法官还对医生做出错

---

① 这些质疑可参见 Marxen/Henck, famos 01/2004。

② Vgl. BGH NJW 2004, 237, 238.

③ Vgl. BGH NJW 2004, 237, 238.

④ Vgl. Marxen/Henck, famos 01/2004.

误的危险性预测和是否能够构成义务违反，给出了其标准，即认为如果医生在相关不完整的事实基础上或者对于已确认事实存在不正确评价的情形，作出了不存在被滥用风险的判断，则医生对于危险预测的结果违反了义务。

最后，对本案所涉及的教义学问题进行研究可知，有关过失犯中客观归责的判断具有相当的难度，特别是如何假设合法替代行为（符合义务行为）这一问题，在方法论层面，其可操作性有待进一步澄清。对此，联邦最高法院也没有给出令人满意的解决方案，其要求考虑所有行为情状的要求是十分抽象含糊的，其要求前提条件在行为情状中要具有“直接性”，这也是十分难以存在具体标准的。其主要的贡献只是划定了“加入式思考”（Hinzudenken）的边界，至于这里的“加入式思考”如何进行操作，判例并没有给出解答。[①]

第三节　非法竞驶案

一、基本案情[②]

从 2006 年 3 月左右开始，博登湖地区出现了一个叫作“场面”的组织，很多年轻人是该组织的成员。直至 2007 年 3 月，该组织利用“高度改装的汽车”在辛根的周边地区至少举办了 10 场汽车测试赛或者真正的赛车比赛，大多数情况下每场比赛会有 5 到 7 辆车参赛。

被告人 B 拥有一辆 1986 年取得牌照的大众高尔夫 II 代轿车，并为了比赛将这辆车改装，其中配备了奥迪 S3 的发动机，从而使这辆车的最高时速可以达到 240km/h。在 2007 年 3 月之前，他驾驶这辆车已经参加了很多次赛车比赛。B 的朋友 J. P. Sim（后来的受害人）也是“场面”的成员，也参加过多次的赛车，他和 B 在比赛中会交替作为对方赛车的司机副手。

被告人 S 的朋友 H 在 2007 年 3 月 30 日这天可以使用他父亲的一辆

---

① Vgl. Marxen/Henck, famos 01/2004.

② BGHSt 53, 55.

保时捷卡雷拉 4S 的轿车,这辆车有 280kW 的功率,最高时速可以达到 300km/h。

2007 年 3 月 30 日下午,被告人 B、H 和 S 以及 J. P. Sim 相约在扩建成四车道的 B 33 号联邦公路上进行一场被告人 B 的大众高尔夫轿车和保时捷轿车之间的竞速比赛。由赛车带来的对自己和他人的危险都为所有参加者所了解。接着被告人 B 驾驶着由 J. P. Sim 作为副驾驶人的大众高尔夫轿车,被告人 H 驾驶着由 S 作为副驾驶人的保时捷轿车开始在阿伦斯湖旁的扩建为类似于高速公路的联邦公路上行驶。他们在经过了一个最高限速为 120 km/h 的路段之后进行了第一场加速赛。开始时两辆车并驾齐驱,然后由副驾驶人通过手势倒数三个数,司机开始加速,这场加速赛由两个副驾驶人全程录像,其中 J. P. Sim 使用的是被告人 B 的录像机,被告人 S 使用的是自己的手机。

被告人 B 和 H 在 A 81 号高速公路上完成进一步的加速测试后,重新将车驶上 B 33 号联邦公路。在此,他们在完成限速路段(最高限速为 120km/h)后,再次进行了类似的测试。这次是被告人 S 从保时捷轿车里发出了开始的讯号,并要求被告人 H 给油开始加速出发。

为了进行下一场加速赛,在这次比赛结束之后两辆车交换了车道,被告人 B 现在在左侧车道,被告人 H. 在右侧车道。为了比赛的进行,被告人 B 和 H 首先都将车速由 120km/h 降到了 80km/h,然后 J. P. Sim 给出了开始的手势。接着两个驾驶人开始加速。这次比赛中,J. P. Sim 和 S 又重新开始给比赛录像,在两车都达到 120 km/h 之后仍然在继续,在经过同一个交通标志的时候,由 H 驾驶的保时捷轿车的速度是 200 km/h,而由 B 驾驶的大众高尔夫轿车最后达到了 213 km/h 的速度。

即使在前面的右侧车道上出现了由证人 G 驾驶的、载有 4 个人,且时速接近 120 km/h 的欧宝雅特牌轿车,两个人仍然继续进行比赛。当证人看到有两辆车从后面接近时,他把车转向了最右面的车道(在当时联邦公路的那个路段上没有标准的车道区分),被告人 B 向左转向驶向靠近马路中间护栏的车道,与此同时被告人 H 为了超过证人 G 驾驶的车辆,也驾驶着保时捷轿车超过了中间的行车道线驶向左边车道。在超车过程中,三辆车同时并排行驶在公路上,其中大众高尔夫轿车和保时捷轿车之间的车距只有 30 厘米,在超车过程结束之后保时捷轿车在这个最高限速为 120 km/h 的路段上车速已经达到了 240 km/h,“由同时超车所带来的危险是由他们有意识地造成的，且他们对这一危险予以容忍”。

当三辆车在超车过程中并排行驶时，由被告人B驾驶的车辆的左轮撞上了公路中间的绿化带，在尝试着重新回到行车道的过程中，由于被告人B打方向盘时用力过猛，汽车开始打滑，并从右侧偏离了行车道，翻滚着撞向了交通路标，然后又滑向了路中间的防护栏，滑了300米之后最后在右侧车道上停了下来，然后车子开始起火。在车子停下来之前里面没有系安全带的两个人就已经都从车里飞了出来，J. P. Sim由于在这次事故中严重受伤而死亡，被告人B也严重受伤。

被告人H和S目睹了整个事故的经过之后继续行驶至这个四车道路段的尽头，然后从反向车道回到事发地点。

二、法条索引

本案例引用了如下法条：

1.《德国刑法典》第15条（故意和过失行为）：

行为非出于故意或过失的，不罚。过失行为之处罚，以有特别规定者为限。

2.《德国刑法典》第27条（帮助犯）：

（1）故意帮助他人故意实行违法行为的，为帮助犯。

（2）帮助犯之处罚，应依第49条第1款规定，按正犯之刑减轻处罚。

3.《德国刑法典》第216条（受嘱托杀人）：

（1）受他人明示且真诚之嘱托而将其杀死的，处6个月以上5年以下自由刑。

（2）犯本罪未遂的，也应处罚。

4.《德国刑法典》第222条（过失杀人）：

过失导致他人死亡的，处5年以下自由刑或罚金刑。

5.《德国刑法典》第228条（同意）：

得被害人同意而伤害之，仅在该同意违反善良风俗时才视为违法。

6.《德国刑法典》第229条（过失伤害）：

过失伤害他人的，处3年以下自由刑或罚金刑。

三、裁判理由

州法院因被告人B和H犯故意危害道路交通安全罪判处二人1年半自由刑,被告人S作为帮助犯被判处8个月自由刑;所有被告人在执行刑罚的时候都缓期执行。同时取消三名被告人的驾驶资格,吊销其驾驶执照,并判决被告人B和H在3年内,S在2年内不得重新取得驾驶执照。

检察机关、附带起诉人和被告人B、S的上诉主要是针对判决损害了其实体权利这一方面。检察机关和附带起诉人提出,被告人B和H也应因过失杀人而被判刑,此外检察机关还对判决的刑罚提出了抗诉。被告人B则只针对法律后果的判决提出了相应的上诉。被告人S提出上诉,认为自己无罪。从判决的结果来看,由联邦总检察长所代表的检察机关以及附带起诉人所采取的法律手段获得了成功,相反地,被告人B和S提起的上诉则没有被支持。

I.

(该部分涉及案件事实认定,可参见本节基本案情。)

II.

检察机关的抗诉和附带起诉人的上诉获得了成功,双方都依法对被告人B.和H.没有因为过失杀人而承担罪责提出抗议。

1. 根据州法院的查证资料,被告人B和H因为过失造成了J. P. Sim的死亡。

(1)一个客观上违反了其义务的行为人过失犯罪,只要根据他主观的认知和能力可以避免义务的违反,而且其违反义务的行为在主观可以预见的范围内以及客观上引起了结果的发生即可认定。而违反义务的行为所造成的因果流程中的具体细节则不需要被预见。①

(2)两名被告人都违反了作为司机的义务。进行加速测试本身就已经违反了《德国道路交通法》第1条第2款:所有人都应该避免由超车所带来的危险。而且他们也远远超过了事发地的120 km/h的最高限速。

---

① Vgl. BGHSt 49, 166, 174 m. w. N.

(3)根据州法院的查证资料证明,如果被告人 B 和 H 实施符合义务的行为,那么 J. P. Sim 的死毫无疑问是可以被避免的。尤其是当两名被告人发现在前面由证人 G 驾驶的欧宝雅特牌轿车时及时停止比赛,至少是可能的并且没有问题的。

(4)州法院的查证资料也足可以证明被告人 B 和 H 对于 J. P. Sim 的死是可以预见的。鉴于超车时被告人驾驶车辆的车速和车辆之间的距离,一场严重的交通事故和 J. P. Sim 的死亡不仅在客观上而且在主观上也是可以被预见的。因为这种预见不要求被告人对于其行为的结果的每一个细节都有预见,而是只要在整体的严重程度上能够预见就可以了。

(5)同时在被告人的违反义务行为和 J. P. Sim 的死亡之间也不缺乏因果关系。在过失结果犯罪中,对于因果关系考察的重点在于直接导致损害结果的具体的危险情况的出现。[①] 在这一方面导致 J. P. Sim 死亡的原因终归是赛车比赛的进行,超车过程的开始和继续,此外还有被告人 B 在重新调整汽车行驶方向时出现的驾驶错误以及被告人 H 进行的原本被禁止的车道转换。

(6)和部分文献所提出的要求一样,将死亡归咎于被告人也是值得赞同的。不过当存在自我危险化或与例外情形下与之等同的他人危险化时,可能会面临质疑。[②] 然而本案中不是此种情况。

A. 根据联邦最高法院的判决,只要一个人不具有和自杀或自我伤害的人相比更有优势的知识背景,那么即使这个人故意或过失的引起、造成或促使他人实施需要自我答责的导致其自杀或自我伤害的行为,那么这个人通常情况下也是不可罚的。[③] 同样不可罚的行为还有,当该行为不是导致他人的自杀或自我伤害,而是导致一个该人知道的风险的

---

① Fischer StGB 55. Aufl. Vor § 13 Rdn. 33 m. w. N.

② Vgl. BGHSt 39, 322, 324 f.; Roxin NStZ 1984, 411 f.; Lenckner in Schönke/Schröder StGB 27. Aufl. Vorbem. §§ 32 ff. Rdn. 107; weitere Nach-weise bei Fischer a. a. O. Vor § 13 Rdn. 27, 30, 36; Lenckner/Eisele in Schön-ke/Schröder a. a. O. Vorbem. §§ 13 ff. Rdn. 101 b.

③ Vgl. BGHSt 32, 262, 263 f. = NStZ 1984, 410 m. Anm. Roxin; BGHSt 36, 1, 17; 37, 179, 181; 46, 279, 288; BGH NJW 2003, 2326, 2327; BGH NStZ 1985, 25, 26; ähnlich bereits BGHSt 24, 342, 343 f.

实现。①

对于需要自我答责的自我危险化和自我损害的不可罚的参与行为和基本上符合构成要件的他人危险化之间重要的区分标准,就是正犯与帮助犯的分界线。如果对于危害或损害行为的支配行为不仅只是由被危害或被损害的人单独完成的,而是这个参与的人也完成了其中的一部分,那么这个参与的人就算是实施了单独的罪行,并且不能因为其行为所依附的主行为不可罚而主张无罪。②

这通常也适用于过失的自我危险化和过失的他人危险化的情况。同时区分自我危险化和他人危险化也取决于谁控制着案件发展的经过,这种控制力是按照对于故意犯罪行为来说可以发展为其支配行为的客观标准来进行判断的。③ 在判断谁对危害行为拥有操控力的时候,重要的是看直接导致结果发生的行为是由谁完成的。④

B. 由此可见,本案的情况是一个他人危险化的情形,而不是自我危险化的情形。对于在超车过程开始之前和从那时起之后的事件的发展都是由驾驶人来直接掌控的。他们在只有两个车道的情况下,作出了同时超越由 G 驾驶的车辆的决定并付诸了实践。并且是由他们单独决定车辆的速度以及转向的动作。相反,他们的副驾驶人在这段时间内无法通过自己的行为去避免带给他们的危险,只能是被动地承受被告人 B 和 H 的驾驶行为的结果。对于导致 J. P. Sim 死亡的事件, J. P. Sim 自己的行为,尤其是给出开始比赛的讯号和对于比赛过程的录像,和被告人 B 和 H

---

① Vgl. BGHSt 32, 262, 264 f.; 46, 279, 288; 49, 34, 39; BGH NJW 2003, 2326, 2327; BGH NStZ 1985, 25, 26; 1987, 406; BayObLG NZV 1989, 80 m. Anm. Molketin; OLG Zweibrücken JR 1994, 518, 519 m. Anm. Dölling; einschränkend bei deliktischer Handlung des Täters und einsichtigem Motiv für die Selbstgefährdung: BGHSt 39, 322, 325.

② Vgl. BGHSt 19, 135, 139; 49, 34, 39; 166, 169; auch zu den gegenteiligen Ansichten in Rechtsprechung und Schrifttum BGH NJW 2003, 2326, 2327.

③ Vgl. BGHSt 19, 135, 139 (wer das zum Tode führende Geschehen tatsächlich beherrscht hat); BGH NJW 2003, 2326, 2327 (Gefährdungsherrschaft); ähnlich Duttge in Otto-FS 2007 S. 227, 244 (Herrschaft über die dem Schadenseintritt vorausgehende Risikosituation); Dölling JR 1994, 520.

④ Vgl. Dölling GA 1984, 71, 76, 78; Puppe ZIS 2007, 247, 249; Lenckner in Schönke/Schröder a. a. O. Vorbem. §§32 ff. Rdn. 52 a, 107; Rönnau in LK-StGB 12. Aufl. Vor §32 Rdn. 167 m. w. N.; vgl. auch Schweizerisches Bundesgericht Bd 125 IV, 189, 193.

的行为相比是次要的。

C. 州法院认为,本案存在一个与自我危险化相等同的他人危险化。但这并不符合本案的情形。[1] 这种说法不能单纯用这两个人在具体情况中可能互为驾驶人和副驾驶人的偶然性来说明。更重要的是在损害发生时具体的真实情境。至于这些原则在类似的情况下,比如当参与到有风险行为中的人实施了一个和犯罪支配行为具有同样程度的行为时(本案中是两个驾车人和参加赛车的两辆车之间属于密不可分的关系)。是否同样适用,刑事审判庭并没有得出结论,因为不存在被告人 B 和 H 与 J. P. Sim 之间关系的前提。

2. 对于 J. P. Sim 的死亡或死亡风险,受害人也没有作出法律层面上明显的承诺。

(1)尽管司法判决有和普遍原理相一致的地方,根据《德国刑法典》第 216 条在由他人故意导致的死亡中死者的承诺通常不能使对方无罪,相反根据《德国刑法典》第 228 条在有条件的前提下故意或过失地伤害他人,若得到受害者的承诺则可以成为抗辩理由,然而对于被害人对自己的生命危险的允许和承诺的重要性在不同的案件中也有不同的裁量。

在联邦最高法院以前的判决中,这样的承诺通常是不被法院采纳的,因为《德国刑法典》第 222 条的规定是为了保护公众才去用刑罚惩罚一个人的生命,这样的承诺不能排除和过失杀人相关联的行为的不法性。[2] 在最近的判决中,尤其是根据《德国刑法典》第 227 条,联邦最高法院作出一些调整,在对犯罪行为的标准构成要件进行预见性的客观的考察时,被告人通过承诺别人对自己实施伤害行为而使自己陷入生命危险的情况下,对于(故意)伤害自己的行为的承诺本来就违背了社会风俗。这种界定既符合《德国刑法典》第 228 条的意图,也符合从《德国刑法典》第 216 条的规定推导出来的立法价值。它限制了对于杀害或伤害的承诺的抗辩力,因为法律保护的是社会和公共的利益,并且旨在保护这些法益,即使

---

① Vgl. Hierzu Roxin in Gallas-FS 1973 S. 241, 252; ders. NStZ 1984, 411, 412; ders. Strafrecht AT-1, 1997, § 11 Rdn. 107.

② Vgl. BGHSt 4, 88, 93; 7, 112, 114; BGH VRS 17, 277, 279; BGHZ 34, 355, 361; BGH, Urteil vom 20. Juni 2000-4 StR 162/00.

它违背了被害人的意愿。[①] 联邦最高法院将这些原则适用到那些后来的受害者对使自己陷入生命危险的情况表示承诺而这种危险(属于被害人承诺范围之内的情形)在之后实现了的案件之中。在这些案件之中,被害人面临具体的生命危险时所作出的承诺也不能作为罪行的抗辩理由。[②]

(2)对于在道路交通中的危险行为也不例外。尽管立法者试图通过特殊的行为规则来规范道路交通中的危险行为,尤其是依靠道路交通法中的有关规定。此外,道路交通中的危险行为通常情况下也是被禁止的(《德国道路交通法》第1条第2款)。但是这并不意味着,在违反交通相关的注意义务时,被害人的承诺对于来自他人的危险行为一点法律意义也没有。危险的交通行为中的承诺的抗辩力只是通常被那些为了保障道路交通安全的行为的构成要件所排除。如果一个法规是保护个人法益的,仅当被害人承诺违反了善良风俗时,它才会失去抗辩力,比如在具体的生命危险中,而不依赖于法益侵害结果的真正出现。

这同样适用于本案。至于在有120 km/h限速的公路上驾驶高速行驶的汽车进行一场速度比赛对于参加这次比赛的赛车内的人的法益危害而言,是否已经大到足够威胁生命这个问题,刑事审判庭不需要进行判断。但是不管怎样,赛车进行到要同时超越一辆没有参加比赛的车的时候,对于全体相关的交通参与人都产生了一种无法再被掌控的高度风险,这时就有上述危及生命的风险了。在这种对生命有着极大风险的情况下,不管是在比赛开始的时候承诺无条件接受赛车比赛带来的任何风险的层面上,还是在超车过程中有着明显的危险的具体情况下,J. P. Sim都无法对其人身进行任何有抗辩力的承诺。

3. 判决没有指出一个对于被告人B和H都很有利的司法错误。尤其是根据州法院查证的相关资料,被告人依法因故意危害道路交通安全而被判刑。同时刑事审判庭从判决书中的陈述的整体关联中推知,刑事审判庭不认为本案中对犯罪行为参与者和其驾驶的车辆产生的危险是属于《德国刑法典》第315条c第1款中所列的必要风险;而是认为对欧宝雅特牌轿车中的乘客和这辆车所产生的风险才是。州法院在对于超车过

① Vgl. BGHSt 49, 34, 42, 44; 166, 173 f. = JR 2004, 472 m. Anm. Hirsch = JZ 2005, 100 m. Anm. Arzt.

② Vgl. BGHSt 49, 166, 175.

程中产生的危险这个方面的结论没有司法错误。

4. 刑事审判庭可以自行改变罪名进行判决。《德国刑事诉讼法典》第265条第1款对此没有反对,因为对于过失杀人的罪责在起诉状中就已经归咎于被告人了。对罪名的改变将导致法律后果的判决以及作为其基础的查证资料的论断的撤销。州法院将需要重新对法律后果进行裁决并且从一般预防的角度重新考虑关于缓期执行刑罚的相关问题。

III.

根据联邦总检察长在2008年7月28号中的建议书中阐明的理由,来自被告人B的、只针对于法律后果的判决的上诉没有得到支持。

IV.

被告人S的上诉也被驳回。

1. 刑事审判庭得出了准确的结论:被告人S对于由H实施的故意危害道路交通的行为提供了帮助。根据以往的判决惯例,那些能客观上推动主行为导致行为结果发生或为之提供便利的行为在这个意义上来讲都属于帮助行为。而且不要求这些行为对于结果的出现所产生的具体影响必须存在着某种因果关系。此外被告人是否在主行为开始的很久之前就开始进入帮助行为的准备阶段也是不重要的。[①] 起决定性作用的只是这种帮助行为在主行为开始着手到结束之间的某个时刻,对其起到了推动作用或为其提供了便利。[②]

这点在被撤销的州法院判决的查明资料部分中已经明确阐明。根据查证,被告人S的帮助行为不只是被动的在场,更多的是积极地参与到犯罪行为中,尤其是通过对最后一次比赛的录像的方式,其在这一点上是支持了被告人H所实施的犯罪行为。

2. 根据州法院的查证资料,被告人S在行为时也是故意的。根据查证资料,被告人S关于其帮助行为存在故意是不存在质疑的,在判决中不需要进一步论证。他的故意也包括对由他推动的主行为的故意,特别是他在位于大众高尔夫轿车后面行驶的保时捷轿车里对比赛进行录影,即他从开始就清楚知道并了解整个超车过程以及由此产生的危险。根据《德国刑法典》第315条c,不法真正实现的程度不是犯罪行为的法定的

---

① Vgl. BGH NJW 2007, 384, 388 f. m. w. N.

② Vgl. BGH NStZ 2008, 284 m. w. N.

构成要件,因此必须被帮助故意所包含。所以如果帮助人对于主行为所引起的事实上会出现的结果是清楚的话,那么他是否最后真正希望这种结果发生是不重要的。

3. 根据联邦总检察长在2008 年7 月28 日所提出的建议书中阐述的理由表明,对于法律结果的判决是没有法律错误的。根据《德国刑法典》第69 条、第69 条 a 针对副驾驶人的处分措施中需要有更明显的不适宜进行车辆驾驶的行为的迹象。在本案中,州法院认定的被告人 S 的对于故意危害道路交通的行为即给出了前面所说的迹象。

四、判例评述

本案是过失犯领域的经典案件,主要涉及的问题是自我危险化与他人危险化的区分,以及对危险行为阻却违法的被害人承诺,前一个问题主要在构成要件该当性层面进行讨论,后一个问题则涉及违法性层面。

(一) 构成要件领域

首先,在过失结果犯中,要承认构成要件该当,除要求构成要件结果产生、因果关系和对构成要件结果客观可预见的客观注意义务违反之外,还要求结果的客观可归属性。与联邦最高法院的判例在故意犯中否定客观归责理论的适用不同,判例承认在过失犯领域,对于“自我答责的自我危险化”的案件,应当引入客观归责的标准。[①] 显然,在本案中,联邦最高法院判决主要讨论的对象便是过失犯客观归责层面的自我危险化问题。

根据一般承认的自我答责原则(Eigenverantwortlichkeitsprinzip),自我伤害的行为一般不满足刑法上规定的构成要件。而过失的引起、帮助自我危害行为以及使自我危害行为成为可能,在自我危害实施者有意识地实现了最初的风险的情形下,并不能根据过失杀人和过失伤害来处罚引起、帮助自我危害行为以及使自我危害行为成为可能的行为人,因为共同导致了可预见结果的自我危害人自己违反义务地创造了之后流程的条件。[②]

---

① 联邦最高法院有关参与自我答责的自我危险化案件的判例:BGHSt 32, 262; 49, 34, 39; 有关过失杀人罪的判例:BGHSt 11, 1; 有关过失伤害罪的判例:BGHSt 33, 61; 有关伤害致人死亡的判例:BGH NJW 71, 152。

② Vgl. Wessels/Beulke/Satzger, Strafrecht Allgemeiner Teil, 48. Aufl., S. 405.

这里可以认为是自我答责原则对结果归责的限制。相反,当过失作为的行为人可能完整掌握具体危险的范围时,则可以承认行为人过失的可罚性。[①]

其次,这里的思维可以转化到犯罪参与(正犯与共犯)问题的情境中,当引起、帮助他人实施自我危害行为的人仅仅只是共犯意义上的"帮助者",自我伤害的行为应认定为自我答责的自我危险化。相反,如果这里的"帮助者"只是将实施自我伤害行为的人当作一个工具而让自己成为犯罪的间接正犯时,那么则应当承认"帮助者"此时的可罚性。由此可见,在区分正犯和共犯中所扮演重要角色的犯罪支配说(Tatherrschaftslehre)也就成为这里区分不罚的自我(Selbstgefährdung)以及可罚的合意的他人危险化(einverständliche Fremdgefährdung)的重要标准。该观点除是比较通行的学说之外,还受到了判例的支持。[②] 根据犯罪支配说的标准,如果受害者本人对于导致死亡过程的发生具有事实上的支配,那么就成立自我危险化,排除行为人的客观归责,从而不处罚行为人,如果是行为人对于导致死亡结果的历程具有事实上的支配的话,则构成他人危险化,则不排除行为人的客观归责。在确认自我危险化时,还需要进一步探讨有关自我答责性的问题。有关自我答责性的标准,部分观点认为要依照《德国刑法典》第 19 条、第 20 条、第 35 条以及《德国少年法院法》第 3 条的文义进行判断。[③] 对此,相反的(多数)观点则认为,这里的自我答责性应当比照被害人承诺,判断受害人的被害人承诺能力(Einwilligungsfähigkeit),即受害人自己是否没有意思瑕疵并全面地认识到其决定的内容,而作出了自我

---

① 例如,联邦最高法院判处的可卡因案(Kokainfall, BGHSt 53, 288)以及毒品医生案(Drogenarztfall, BGH NStZ 11, 341)。

② 文献参见 Wessels/Beulke/Satzger, Strafrecht Allgemeiner Teil, 48. Aufl., S. 87; Roxin, Strafrecht Allgemeiner Teil, Band I, 4. Aufl., 2006, § 11, Rn, 105 ff.; Lotz, Die einverständliche, beidseitig bewusst fahrlässige Fremdschädigung, 2007, S. 154 ff.; 提倡此标准的判例有:BGHSt 49, 34, 39 f.(第二次海洛因注射案); BGH NJW 03, 2326, 2327(社区服务案); BGHSt 53, 55, 60(第一次汽车竞驶案); OLG Celle StV 13, 27(第二次汽车竞驶案)。

③ Vgl. Roxin, Anmerkung zum Urteil des BGH vom 14. 2. 1984-1 StR 808/83 (BGHSt 32, 262) (Zur Beteiligung an eigenverantwortlicher Selbstgefährdung), NStZ 1984, S. 471; Roxin, Strafrecht Allgemeiner Teil, Band I, 4. Aufl., 2016, § 11, Rn, 114; Kindhäuser, Strafgesetzbuch, Lehr- und Praxiskommentar, 6. Aufl., 2015, vor § 13, Rn. 124.

危害的决定。[①]

最后,在他人危险化的法律后果这个问题上,德国学界内部还存在争议。多数观点和长期以来的判例都认为,如果成立了合意的他人危险化,而非自我危险,那么将不阻却客观归责,而是进一步在违法性层面检验是否符合被害人承诺的前提条件,从而排除行为违法性。[②] 相反,以罗克辛为代表的学者则认为要将合意的他人危险化与自我危险同等对待,在构成要件层面就应排除客观归责。[③]

(二) 违法性层面

根据通说,在他人危险化的场合不排除行为人的客观归责,由此在满足构成要件该当的场合下,必须进入违法性层面的判断。这里主要涉及的正当化事由是被害人承诺。被害人承诺有效的前提条件可参见以下模板[④]:

被害人承诺:
一、客观正当化要素
(一)可支配的法益
(二)支配权限
(三)承诺能力
(四)在行为前的承诺表示
(五)无意思瑕疵
二、主观正当化要素

首先在本案中,涉及对生命权法益的承诺,根据《德国刑法典》第 216 条受嘱托杀人和第 228 条有关善良风俗的限制规定,生命权不具有可支

① Vgl. Kühl, Strafrecht Allgemeiner Teil, 8. Aufl., S. 68; Lenckner, in: Schönke/Schröder, Strafgesetzbuch Kommentar, 29. Aufl., 2014, Vor §§32 ff., Rn. 52a; 支持的判例可参见 BGHSt 61, 28。

② Vgl. Kaspar, Strafrecht Allgemeiner Teil, 2. Aufl., S. 63; Wessels/Beulke/Satzger, Strafrecht Allgemeiner Teil, 48. Aufl., S. 89.

③ Vgl. Roxin, Strafrecht Allgemeiner Teil, Band I, 4. Aufl., 2016, §11, Rn. 121; Rönnau, in: Leipziger Kommentar StGB, Band 3, Vor §32, Rn. 169.

④ Vgl. Kaspar, Strafrecht Allgemeiner Teil, 2. Aufl., S. 100.

配性。但是问题在于,是否《德国刑法典》第 216 条的规定只包含了故意杀人的行为,还是既包含了故意情形又包含了过失情形?对于这个问题,多数观点认为,第 216 条只包含了故意杀人的情形,在过失的情形下仍可认为法益具有可支配性。①

其次,过失犯中对可能导致死亡结果的风险进行承诺是否满足《德国刑法典》第 228 条"善良风俗"的限制,也是本案件中值得争论的教义学问题。其一,善良风俗条款作为一般性条款(Generalklausel)具有非常大的不确定性,这与《德国基本法》第 103 条第 2 款所规定的罪刑法定原则中确定性原则的要求是否相符合,存在争议。② 其二,有关《德国刑法典》第 228 条能否在过失杀人罪中得到适用的问题,通说表示了赞同。③ 原因在于,善良风俗条款的目的以及限制的行为是,行为人使受害人无充分原因地遭受严重身体健康损害的风险。如此一来,行为人是故意还是过失实施了行为,实际上是没有区别的。④ 其三,争议问题还在于,《德国刑法典》第 228 条中违反善良风俗要如何确定。判例修改了之前仅仅关注犯罪行为目的以及参与者动机的观点,认为除犯罪行为目的的可谴责性外,还必须考虑,行为是否会因为其构成要件上的法益侵害严重性(例如受害者承受的身体虐待和健康损害的范围以及随之导致的身体、生命风险程度)而与善良风俗不符。⑤

最后,本案争议的焦点问题还在于,什么才是过失犯中被害人承诺的对象。在故意犯中一致的观点认为,被害人必须要同时对侵害行为和侵害所引发的构成要件实现结果进行承诺。显然在过失犯中,如果要求被害人必须同时对侵害行为所引发的结果(例如死亡结果)表示承诺的话,那么在实践中会面临在过失犯中永远不可能构成被害人承诺的结果。在

---

① Vgl. Brüning, BGH, Urt. v. 20.11.2008-4 StR 328/08 (Die einverständliche Gefährdung bei Fahrlässigkeitsdelikten), ZJS 2009, S. 194.

② Vgl. Brüning, BGH, Urt. v. 20.11.2008-4 StR 328/08 (Die einverständliche Gefährdung bei Fahrlässigkeitsdelikten), ZJS 2009, S. 195.

③ Vgl. Rengier, Strafrecht Besonderer Teil II, 20. Aufl., S. 172.

④ Vgl. Brüning, BGH, Urt. v. 20.11.2008-4 StR 328/08 (Die einverständliche Gefährdung bei Fahrlässigkeitsdelikten), ZJS 2009, S. 195.

⑤ Vgl. BGH NJW 2004, 1054, 1056; Wessels/Hettinger/Engländer, Strafrecht Besonderer Teil 1, 42. Aufl., S. 113; Rengier, Strafrecht Besonderer Teil II, 20. Aufl., S. 173.

过失犯中,绝大多数情形都是承诺发出人尽管对危险行为表示同意,但总是期待会得到一个平安无事的“好结局”,而不希望危险行为所创设危险会最终实现。[①] 由此,根据德国通说,过失犯中被害人承诺的对象只包含侵害行为,不包含构成要件结果的发生,即当承诺人对于实施违反义务行为具有特殊风险而愿意自陷风险时,就可以满足正当化的被害人承诺对承诺对象的要求。[②]

(三) 判例中未解决的问题

本案是客观归责教义学的典型教学案例。[③] 如前所述,主要涉及了自我危险化及合意的他人危险化的区分,过失犯中承诺的对象是否要包含实害结果,以及被害人是否允许对可能带来死亡或严重身体伤害结果的危险行为进行承诺等问题。其中,对于自我危险化和合意的他人危险化的区分,德国宪法依旧坚持犯罪支配说中的标准。但是值得进一步思考的是,这样的标准究竟是否合理,因为在过失犯教义学中,通说并不承认正犯和共犯的区分,而是采取所谓的单一制正犯概念,由此,判例又用只有故意犯才显得有必要的犯罪支配理论作为区分标准,显然是存在问题的。[④]

在坚持用犯罪支配说区分自我危险化和合意的他人危险化之后,判决又简单明了地否定了将两种同等对待、排除客观归责的做法,认为具有犯罪支配的情形,则为合意的他人危险化,具备客观归责以及满足构成要件该当。但是这种只看谁最终实现了构成要件结果的做法显然忽视了现实中的部分情形,例如清醒的受害人让醉酒的行为人开车的情形,这里的

---

① Vgl. Brüning, BGH, Urt. v. 20.11.2008-4 StR 328/08 (Die einverständliche Gefährdung bei Fahrlässigkeitsdelikten), ZJS 2009, S. 195.

② Vgl. Lenckner, in: Schönke/Schröder, Strafgesetzbuch Kommentar, 27. Aufl., 2006, Vor §32 ff., Rn. 102.

③ 详细的讨论还可参见 Duttge, Anmerkung zu BGH, Urteil v. 20.11.2008-4 StR 328/08 (Abgrenzung zwischen eigenverantwortlicher Selbst-und einverständlicher Fremdgefährdung), NStZ 2009, S. 690; Dölling, Zur Strafbarkeit wegen fahrlässiger Tötung bei einverständlicher Fremdgefährdung, FS-Geppert, 2011, S. 54; Jahn, Anmerkung zu BGH, Urt. v. 20.11.2008 (4 StR 328/08)-(Selbst-und Fremdgefährdung bei tödlichem Autorennen), JuS 2009, S. 370; Kudlich, Der Tod war noch schneller-strafrechtliche Verantwortung bei “privaten Autorennen”, JA 2009, S. 390。

④ Vgl. Puppe, Die Selbstgefährdung des Verletzten beim Fahrlässigkeitsdelikt, ZIS 2007, S. 249.

犯罪支配更多地取决于谁是司机、谁又是乘客这样的偶然情形。[①]

最后,该判例虽然承认了合意他人危险化不排除客观归责,但可能可以满足被害人承诺,从而被正当化。但是对于承诺的对象,以及过失致死(《德国刑法典》第 222 条)是否应当适用《德国刑法典》第 228 条有关善良风俗的限制条款,判例都没有给出明确的答案。

第四节　手枪误判案

一、基本案情[②]

被告人于 1991 年获得长管武器的持有资格证明,该证明并不是持有左轮手枪或是手枪的资格。被告人在 2000 年 2 月 27 日的一次紧急情况中使用了该左轮手枪:在案发当晚,66 岁的被告人和他的妻子(证人 P)正在家里睡觉。被告人由于椎间盘疾病和慢性腕关节关节炎在 1996 年就退休了。这次在睡觉前被告人还服用了包括止痛药在内的药物。在大概凌晨零点四十五分的时候,喝多了的被告人妻子的女婿 V 在门口大声叫嚷,开门之后,他直接走到被告人和其妻子在三层的卧室,并且破门而入。V 当时血液中的酒精含量是 2.2‰,他在喝醉酒的状态下有暴力倾向,并且刚刚和他妻子在另一处发生了争执,因为他妻子拒绝和三个孩子一起坐他驾驶的车回家,他就把她打倒在地。V 的妻子最终和一个孩子从 V 那里逃走并躲了起来。

在 V 闯入被告人及证人 P 的房间之后,他抓起证人 P,咒骂她并且试图把她拉出房屋。被告人试图说服 V 使他平静下来,但是 V 却把他一把推倒在地。在继续辱骂和扬言威胁要杀死 P 的过程中,V 扯着 P 的睡衣和头发把强烈反抗、大声呼叫的 P 从房间拖到了楼梯间。他一步步地将她拖下楼梯,其间,被告人跑回卧室,并从床头柜中拿出了一把"风暴鲁格"(Sturm-Ruger)牌左轮手枪,其中还装有一颗子弹。他感觉有些轻微的头晕目眩,因为他刚刚从睡梦中被惊醒,刚刚吃的药(替利定和扶他

① Vgl. Brüning, BGH, Urt. v. 20.11.2008-4 StR 328/08 (Die einverständliche Gefährdung bei Fahrlässigkeitsdelikten), S. 197.

② BGH NJW 2001, 3200.

林)还有一些效果,尽管他之前是往手枪里面装的子弹,但是在当时的情况下,他并不清楚手枪里有子弹这一情况,因为那已经是很久以前发生的事情了。因此他当时错误地以为手枪里并没有子弹。

在楼梯间里,V 还在把用手紧紧抓住楼梯栏杆的 P 不断地往下拽,在被告人出现的时候,P 的背部恰好摔在了一楼和二楼之间的拐角处。脚还位于上一层楼梯最后的台阶上,方向朝上。V 抓着她的头发揪扯着,他辱骂她、威胁她,并且用脚踢了她好多次。为了阻止 V 继续对 P 实施身体伤害行为,被告人在不到两米的距离外将手枪对准 V 的脸部,然后快速地扣动了三四下扳机,他希望,V 能够感到害怕然后放开 P。在被告人扳动扳机的过程中发射了一枪,正好打中 V 的鼻子下方,插入其第三节颈椎,并在很短的时间内就导致了 V 死亡。

二、法条索引

本案例引用了如下法条:

1.《德国刑法典》第 32 条(正当防卫):

(1)出于正当防卫而有必要实行某一犯罪行为者,其行为并非违法。

(2)为避免自己或第三人遭受现在不法之侵害,而实施必要之防卫行为者,为正当防卫。

2.《德国刑法典》第 33 条(防卫过当):

如果行为人出于慌乱、恐惧或惊吓而逾越正当防卫之界限,不罚。

3.《德国刑法典》第 222 条(过失杀人):

过失导致他人死亡的,处 5 年以下自由刑或罚金刑。

三、裁判理由

州法院基于过失杀人与使用半自动式手枪故意实施暴力的想象竞合,判处被告人 1 年 6 个月自由刑缓期执行,此外没收被告人的一支左轮手枪和一支自装卸式手枪。被告人对此提出上诉,认为判决侵犯了其实体权利。上诉获得了法院的支持。

I.

1.(本部分涉及案件事实认定,可参见本节基本案情。)

2. 州法院认为,被告人是出于防卫目的在紧急救助情形下实施的行为,但是却过失地超过了对于本次侵害进行防卫所需的必要限度。他应该采取威胁手段,而不是射击。即使使用射击的方式,也应该在射击之前明确告知并警告侵害者。他对于枪里面有子弹的认知错误可以很轻易被避免。他只需要转开左轮手枪的枪鼓便可以确定里面是否有子弹。其行为不可以(根据《德国刑法典》第 33 条)免责,因为他并非出于惊慌失措、极度恐惧或惊吓而超过正当化紧急救助行为的限度。

II.

对于被告人过失杀人的判决无法经受住法律的审查。判决理由让人们担心,州法院没有能够合适地确定正当防卫手段的限度。此外,对于基础的查证资料和事情认定上也漏洞百出。还有,对于超过正当防卫限度的情形可以免除处罚的问题,其表述也存在论证上的缺陷。另外,刑事审判庭认为,在危急情况下使用手枪构成故意实施暴力也将责任范围扩大得过于广泛。最后,认为在杀人行为和使用武器自卫行为之间存在着想象竞合也存在司法错误。

1. 被告人仅仅由于过失,但是最终还是出于自卫目的导致在使用手枪作为威胁手段时侵害人死亡是合理的。(根据《德国刑法典》第 32 条)被告人在当时的特殊情况下,即手枪里只有一枚子弹,且已经进行了合理警告的前提下,进行瞄准和实施可能导致死亡的射击也是被允许的。如果在客观的具体紧急情况下,在防卫过程中出于过失而伤害到正在实施侵害的人,如果是客观上必要的防卫行为,且不是防卫人出于故意或是即使尽到注意义务也无法避免的,那么行为导致的后果就是合理的。[①] 如果防卫人希望其子弹可以射中侵害人的(故意)情形可以被正当化的话,为了避免评价上的矛盾,当被告人在防卫时选择了较轻的措施,侵害人却由于本用于震慑他的枪支射出的子弹(并非是防卫行为实施人所希望的),而导致了死亡结果,那么这也必须得出被告人行为被正当化的结论。在当前这个案子中,决定性的问题就在于,被告人在有意识的情况下在正当防卫过程中朝侵害人开了一枪是否是合法的。

2. 联邦最高法院的判例中也承认,对于威胁生命枪支的使用是防卫的最后手段。一般情况下防卫人应该在口头警告明显没有效果的情

---

① Vgl. Lenckner in Schönke/Schröder StGB, 26 Aufl. §32 Rdn. 65; Tröndle/Fischer StGB 50. Aufl. §32 Rdn. 14; auch BGH bei Dallinger MDR 1958, 12,13; OLG Hamm NJW 1962, 1169.

况下,在进行致命射击之前尝试伤害更小的手枪使用方式,比如不对准目标的鸣枪警告。防卫人被允许在手边那些可以保证立即、彻底消除危险的防卫工具中进行选择,这项通用的正当防卫原则即使对没有相应枪支持有资格的被告人来说也是适用的。在众多防卫可能性中,只有在防卫人有时间进行选择和权衡防卫手段危害性,且对于侵害人伤害更小的防卫工具一定能够立即、彻底排除危险的情况下,防卫人才必须选择伤害更小的方式。如果更温和的手段可能失败,并且存在之后没有机会再使用更有力方式的风险时,防卫人也无须对违法的侵害人施予哪怕是一点点怜悯。在此,要对侵害的强度、危险度与防卫可能性进行衡量。如果侵害人对于防卫人可以使用的防卫武器的存在并不知情,那么通常,视情况而言,防卫人都会被要求,在使用会威胁生命的武器时,必须警告侵害人。①

3. 州法院的表述没有能够在各个方面正确地对待这些标准。目前的查证资料还不足以最终判断,在正当防卫的情况下,对于侵害人 V 头部致命性的射击是否是合法的,或者被告人是否应根据《德国刑法典》第33 条被宣判无罪。

(1)从相关的查证资料中可以看出,使用手枪是必要的。被告人在案发时已经 66 岁,且有着椎间盘疾病和腕关节炎,他与妻子在自己家中被袭击,两人当时都处于法律中特殊保护的范围内(《德国基本法》第 13 条第 1 款)。而侵害人 V 用暴力的手段闯了进去,被告人和 V 醉酒状态的产生及其侵害行为的开始无关,在查证资料中,关于这一点他的妻子也没有异议。他开始试图让 V 镇定下来,但是失败了,自己也被推倒在地。

根据判决理由中的阐述,V 是一个很强壮的年轻男人。由于酒精的兴奋作用和他当时状态下的暴力倾向,很明显,劝说是无法制止他的侵害行为的。而对于被告人来说,和 V 进行身体对抗显然不在考虑范围之内。V 威胁要杀死 P,并且一直揪扯着大声喊叫、紧抓着楼梯栏杆且被摔到地上还在不断强烈挣扎的 P 往楼梯下走。与此同时他还踢了她好多次,这个已经被证实发生的争执场面也证明了,对于 P 来说出现了急迫危及生命的危险。很有可能证人 P 的头被撞到楼梯的台阶上,或者产生严

---

① Vgl. nur BGHSt 26, 143, 146; 26, 256, 258; BGH NStZ 1996, 29; StV 1999, 143 = BGHR StGB §32 Abs. 2 Erforderlichkeit 14 m. w. Nachw.

重的背部或脊柱伤害。这在州法院描述的被告人的行为方式，与在被告人拿了枪回到楼梯间时，证人境况的查证事实中也写明了。如果州法院在没有做进一步说明的情况下就认为，证人 P 不存在直接的严重伤害甚至死亡的危险，那么就和已经确定的案件经过并不相符。判决本应对于可以支持这种评价的特殊情况进行说明。尤其是因为被告人在答辩中明确声称，其特别害怕妻子会有生命危险。[①] 而州法院却认为，被告人对此无法提出一个“相应的急迫的征兆”。因此，这是存在法律错误的，因为被告人的答辩和余下的相关查证材料是一致的。查证材料表明，当时证人 P 的确存在生命危险，而且极具攻击性、失控的 V 威胁着要杀死 P。如果刑事审判庭在这种情况下仍然否认存在生命危险，就应该对此进行进一步说明。而进一步说明证人 P 对其遭受严重伤害甚至死亡威胁存在恐惧心理的理由，并不是被告人的责任。因为这并非没有原因的，这在州法院的对于案件过程的查证中已经表明。

(2)如果使用枪支是必要的话，即由于没有其他能够针对他妻子所受暴力袭击进行快速、有效防卫手段可供选择时，假如他清楚地认识到情况的话，那么就需要权衡，因为只有枪里唯一的子弹可供射击。[②]

鉴于被告人当时的激动情绪，以及考虑到其妻子可能会在被拖拽过程中背部摔到地上，由此遭受极其严重的伤害，加上侵害人不停地说要杀害 P 的威胁以及不断用脚踢向 P 的情景，使得被告人不局限于只能攻击侵害人的腿部。这次防卫是一次有着很高失败风险的自卫，尤其是考虑到侵害人的攻击性，因为接下来就没有剩余的子弹用以进行成功防卫了。也是出于同一原因(枪里只有一枚子弹)，进行开枪警告也不被列入考虑范围之内。另外，由于在楼梯间，若是开枪警告，可能也会对其他经过楼梯间的人造成很大危险。最后还要考虑到，被告人在整个案件的发展过程中基本上没有时间用来思考，并且因为这次袭击刚在自己的卧室中从睡梦中被惊醒。在这种情况下，侵害的强度和危险性，以及当时仅有的、没有多余选择的防卫可能性，我们可以很自然地认为，一次对准目标的、一定能够快速制止侵害的射击是客观上必要的。州法院没有对本案的特

---

① Vgl. UA S. 14.

② Vgl. zu ähnlichen Fallgestaltungen BGHR StGB § 32 Abs. 2 Erforderlichkeit 4, 6 “letzte Patrone”.

殊性进行仔细研究,没有正确认识到要充分考虑正当防卫相关法规适用的判决原则。

(3)在这个案件中同样值得进行司法上的考量的是,州法院在法律意见中把这次争执描述成一次家庭内部矛盾。这就表明,在这种情况下,要对正当防卫的权利加以限制。这种说法在两个方面存在法律错误:判决书中写明,在这次侵害发生之前,证人P和被告人与侵害人V之间没有发生过矛盾和争执,这次袭击更多是突然、没有缘由发生的。因此自卫权利并不会因此受到限制,因为侵害人和证人P的女儿结婚是出于其女儿的意愿,他们俩共同生活在别的房子里。这种情况下侵害人与证人P与被告人形成的有约束力的近亲血缘关系不足以在法律上被特别考虑。这对于自卫权利是否受到限制这个问题也并不重要,因为这次侵害发生在V暴力侵入证人P和被告人的住宅(一个在法律上受到特别保护的领域)之后发生的。另外鉴于V是处于酗酒之后的状态,而他在这个状态下有暴力倾向。这在当时的情况下不一定就导致,如果防卫人没有保证能成功进行防卫的希望,那么他就面临着很高程度身体上甚至生命上的危险。

(4)据此,正当防卫正当性根据的认定就依赖于被告人是否应该或应该怎样警告侵害人自己要使用枪支以及这种警告是否实际发生。[①] 州法院认为,明确告知对方自己要使用武器与提前警告是必要的。从本案结果来看,这种警告是缺失的。这种评价在这里是有漏洞的,此外他让人们担心刑事审判庭对这种警告的要求过高。这种警告的作用是,告知侵害人让其知道,防卫人拥有着可以使用一种危及生命的武器的可能。在争执的场合下,侵害人可以看到枪支的使用,即具体的使用的操作也可以作为警告的方式。这种情况下具体如何进行,并没有明确的相关规定。与一个在这种争执情境下训练有素的,即在极端复杂情况下,也能按照正确行为标准行事的人不一样,不能要求刚从睡梦中被惊醒的,对眼前发生袭击还没弄清是怎么回事的人能实施各方面都考虑周全的行为。重要的是,侵害人处在一个可以看到并认识到防卫人持有武器,并且已经准备好,如果自己继续实施侵害行为的话,防卫人就可能开枪射击自己。这

① Vgl. dazu auch BGH StV 1999, 145, 146.

时,口头的喊叫或明示并不一定是必要的,警告的方式更多依赖于当时的具体情形。根据侵害的强度和危险性,结合当时使用武器的具体阶段,很有可能只是拿出手枪,对准侵害人这个动作所产生的恐吓效果就足够作为警告的方式。对此判决中并没有进行明确的阐述。州法院只是写明:被告人既没有用言语告知对方自己持有武器,也未警告对方如果再不放开证人 P 的话就开枪。这里没有弄清州法院的后一种说法的含义。因为侵害人 V 位于证人 P 的下方,继续拖着 P 往下走,当被告人冲出房间从上面赶过来时,我们可以想到,V 在被告人开枪之前是可以看到其手中的枪的,即便如此,他还继续实施着侵害行为。很有可能他也能看到,被告人拿枪在对他进行瞄准。这需要进一步论证,因为鉴于证人 P 面临危险的程度,这种威胁完全是可以被推知的。但是州法院在其法律评价中却认为,侵害人 V 对此没有时间来反应。为了达到事实审法官确信,部分可以推知的事件发展可能性不能够被排除时,在必要的证据评价方面应该考虑到,根据存疑有利于作为防卫人的被告人,从更加有利于他的案情推定作为出发点。由此,对于正当防卫的问题需要整体重新进行检验。

4. 我们可以想象,如果被告人由于超过正当防卫限度的条款而无罪的话,那对于之前的种种考虑就不重要了。根据《德国刑法典》第 33 条,如果防卫人是出于惊慌、害怕或者恐惧而超越了正当防卫界限,是不可罚的。州法院刑事审判庭对此进行了核查并作出了否定结论。这里必须面对彻底的法律上的质疑。被告人也引用了自己是出于妻子面临着严重伤害的害怕这一理由为自己抗辩。州法院刑事审判庭则认为,虽然被告人处于可以理解的激动状态下,但却没有陷入恐慌。防卫过当的发生并不是出于不断增加的恐惧。[①] 被告人的判断力和控制力并没有受到很大的妨碍。这又让人们担心,刑事审判庭对于不可罚的防卫过当行为要求过高。尽管不是每种害怕的感觉都应按照《德国刑法典》第 33 条中的恐惧去评价,至少这种恐惧的感觉应该会严重降低当事人理解事件以及对事件进行适当处理的能力。[②] 不要求这种影响是防卫过当行为发生的单独或主要原因,只要是在和其他情绪及冲动的共同作用下一起导致了防卫过当即可。在这种情况下,就要考虑让侵害人自己独自承担防卫人的防

---

① UA S. 14/15.

② Vgl. BGHR StGB §33 Furcht 2, 4; BGHNStZ - RR 1997, 65.

卫过当对其产生的后果,因为是侵害人的行为引起了让防卫人可以超越正当防卫界限的情绪(惊慌、害怕和恐惧)。①

在法律的基础上,刑事审判庭必须考虑到所有行为情状,不仅要从被告人之前服用过药物并且刚从昏睡中被惊醒的角度来看待案件的经过,而且要衡量和阐述对其妻子突然的暴力侵害发生在自己家中这一情况对于被告人所产生的影响,由此就可以理解被告人对整个事件进行适当的反应能力降低,以及被告人(正如州法院所认为的那样)没有注意到自己枪里面装有子弹的情形。

5. 除此之外还应该考虑到,在过失杀人的假设下,提到的上述情况对于构成要件实现的可预见性问题也具有重要意义,在这一点上,需要对责任能力进行评价。本案中唯一的线索是,被告人声称认为自己的武器里是没有子弹的,如果只是说被告人只要简单地转动一下左轮手枪的枪鼓就可以知道枪里子弹的情况,所以他的错误是可以避免的,这一理由是不充分的。在被告人当时的处境以及面临着侵害的短暂瞬间里,这样的要求对被告人来说是不公平的。

6. 对被告人的判决最终不能成立,因为之前在使用枪支行为之上还构成实施实质暴力的竞合(行为单数)的有罪判决是存在法律错误的,州法院并没有对有关杀人罪的竞合关系进行正确的判断。因为被告人当时处于一种紧急情况下(州法院也是这样认为),因此在这种情况里,他至少可以把左轮手枪当作威胁对方的武器。因此对于之后由于真正使用枪支而产生的实质暴力的可罚性就不成立了。②

刑事审判庭没有考虑到由此而产生的使用枪支行为的部分不可罚性,因此过分扩大了责任范围,并且认为被告人长时间同时持有两把枪支的行为是加重处罚的行为。③ 然而不管怎样,在危急情况下对于枪支的使用并非非法持有枪支的情节。如果新的法官仍然觉得被告人有罪的话,那么应该证明,可罚的禁止使用暴力与之后使用武器的自卫行为之间

---

① Vgl. BGH StV 1999, 145, 146/147.

② Vgl. BGH NStZ 1981, 299; BGHR StGB §32 Abs. 1 Rechtfertigung 1.

③ Vgl. UA S. 16.

更多地应被认定为多个犯罪行为。[①]

四、判例评述

本案主要涉及的是作为正当化事由(Rechtfertigungsgrund)的正当防卫的一种特殊情形,即在过失犯情形下的正当防卫。一般而言,正当防卫都是在故意犯的情形下进行讨论的,因此这里必须回答的问题是,是否可以将故意犯中发展而来的基本原则也适用于过失犯的情形。

首先,我们来回顾正当防卫的检索模板[②]:

> 一、客观正当化要素
> (一)防卫情形
> 1. 对法律保护利益的侵害
> 2. 侵害的现时性
> 3. 侵害的违法性
> (二)防卫行为
> 1. 针对侵害人
> 2. 防卫行为的必要性
> (1)防卫行为的适当性
> (2)防卫行为作为相对缓和的手段
> 3. 容许性
> (1)法益间夸张的不成比例性
> (2)对小孩、认识错误人、无责任人的侵害
> (3)亲密的家庭关系
> (4)防卫挑唆的可谴责的前行为
> 二、主观正当化要素(即防卫意思)

从联邦最高法院的解决方案来看,首先,被告人满足了《德国刑法典》第222条过失杀人罪的构成要件,即造成了他人死亡结果的出现、违

---

① Vgl. §53 StGB; BGHR StGB §32 Abs. 1 Rechtfertigung 1; vgl für diesen Fall zum Verschlechterungsverbot Kuckein in KK 4. Aufl. §358 Rdn. 30 m. w. Nachw.

② Vgl. Wessels/Beulke/Satzger, Strafrecht Allgemeiner Teil, 48. Aufl., S. 177.

反了注意义务以及注意义务违反与结果之间可归责。从这三个方面认定被告人实现了过失杀人罪的构成要件,几乎不存在争议。

问题的争议点在于是否可以根据《德国刑法典》第 32 条正当防卫的条文来正当化被告人过失杀人的行为。这里主要涉及防卫权的界限的问题,而这也是本案的争议点。联邦最高法院在本案的判决中指责初审州法院没有正确地确定防卫权的边界,没有充分注意到防卫权的凌厉性(Schneidigkeit)。出于正当防卫权凌厉性的原因,相对于《德国刑法典》第 34 条有关正当化紧急避险包含了持续危险的规定,对正当防卫的"现时性"要件要更加限缩地进行解释。①

在本案中,被告人是由于过失扣动手枪发射子弹造成了侵害人 V 的死亡。但是这里需要讨论的问题其实是,被告人的手段是否满足《德国刑法典》第 32 条对正当防卫的规定,如果该防卫手段符合第 32 条的规定的话,哪怕被告人在故意造成 V 死亡的情况下,其防卫行为(杀人行为)也可以被正当化。相应地,根据联邦最高法院的看法,这里也就需要假设性地检验,如果被告人在故意的情形下,其使用手枪进行防卫的行为是否能够被正当化。② 这里使用的是一种当然推论(Erst-recht-Schluss)中举重以明轻(A maiore ad minus)的论证方法。③ 根据这样的思路,带入上文正当防卫的检索模板,首先我们就要明确是否存在防卫情形(Notwehrlage)。本案中涉及的是侵害人 V 对证人 P 的身体和生命的侵害行为,被告人的防卫行为属于第三人防卫,即紧急救助(Nothilfe)的情形,该情形满足《德国刑法典》第 32 条第 2 款所规定的防卫情形。在具备防卫情形的前提下,再对防卫行为(Notwehrhandlung)进行检验,其中适当性没有问题,用枪进行防卫,能够阻止侵害人的侵害行为。争议的问题在于,被告人的防卫行为是否满足必要性要件中较缓和手段(mildere Mittel)的要求。对此,联邦最高法院的观点是,在使用射击武器时,只要在可能的情形下,必

① Vgl. Kühl, Strafrecht Allgemeiner Teil.

② Vgl. BGHSt 25, 229, 231 f.; Roxin, Strafrecht Allgemeiner Teil, Band I, 4. Aufl., 2006, S. 1099; Kühl, Strafrecht Allgemeiner Teil.

③ 参见 Otto, Anmerkung zu BGH, 21. 3. 2001-1 StR 48/01 (Grenzen der Notwehr und Notwehrüberschreitung), NStZ 2001, S. 594; 有关当然推论解释方法还可参见 Kaspar, Strafrecht Allgemeiner Teil, 2. Aufl., S. 49。

须要在使用之前发出警告性的射击。[①] 正是在这个问题上，初审州法院与德国联邦最高法院出现了分歧。初审州法院认为，他应该采取威胁的手段，而不是射击；即使是用射击的方式，也应该在射击之前明确告知并警告侵害人。这样的观点基本符合此前联邦最高法院对防卫中使用射击型武器的观点。但是，在本案中，联邦最高法院的法官却认为，虽然被告人的防卫行为处在了防卫行为必要性要件的边缘地带（Grenzen des Erforderlichen），但是初审州法院的认定仍然存在漏洞。理由在于：第一，考虑到侵害行为是对身体甚至生命法益的严重攻击；第二，侵害发生在受到《德国基本法》第 13 条第 1 款特别保护的防卫人的住宅中；第三，被告人在最初的时候有尝试过让醉酒状态下具有严重暴力倾向的侵害人 V 冷静下来；第四，必须考虑到，对于被告人而言，当时也不存在其他马上就能有效使侵害停止的手段，而且如果被告人之前就能够正确认识到当时的情况，在进行射击时，他也只剩下唯一的子弹。

除此之外，在本案的认定中，联邦最高法院还认为，本案中并不缺少对于即将使用武器的告知。这里法院的法官使用了目的解释的方法对使用武器的警告进行了比较宽泛的解释，认为只要侵害者认识到防卫人占有并能支配能够造成生命危险的武器即可。因此，只要采取的手段具有威胁的效果，例如展示或者将手枪瞄准侵害人的方向，那么这里就可以被视为起到了威胁的效果。在本案中，侵害人 V 正是在看到了被告人手里有手枪的情形下，还继续实施侵害，由此不应再受到防卫人在使用射击武器进行防卫时应该进行警告的限制。另外，联邦最高法院还认为，还应该考虑案件中被告人由于“动态的发展历程”被从睡梦中拽醒，根本没有时间进行考虑。由此综合侵害的强度和危险性，以及受到限制的防卫可能性都可以得出结论，使用枪支射击的防卫方式在客观上是必要的。

紧接着，在必要性的检验之后，还需要对防卫行为的容许性进行讨论，即防卫行为是否突破了正犯防卫的伦理限制。这里主要会涉及：对轻微犯罪行为（Bagatelldelikte）的防卫；对小孩、认识错误人、无责任人的侵害的防卫；在近亲属家庭关系中所发生侵害的防卫；以及防卫人存在防卫

---

① 有关使用射击武器必要性的判例可参见 BGH, NStZ 1994, 539; BGH NStZ 1997, 96。

挑唆和可谴责前行为的情形。[①] 这里的容许性要件并不是《德国刑法典》第32条中明确规定的对于防卫行为的要求,而是由正当防卫的基本原则推导出来的,即所谓的二元的防卫正当化依据个人保护原则和法确证原则。[②] 在本案中,主要涉及两种形式的伦理限制,第一种是侵害人存在醉酒的情形,可能构成无责任人;第二种是侵害人V是被告人的女婿,因此有可能成立近亲属家庭关系。对于第一种,根据德国通说和判例,面对醉酒的侵害人实施的暴力犯罪,并不会限制防卫人的正当防卫权,这在限制行为能力的时候如此,甚至在完全无行为能力的情形下也只是对正当防卫权进行较小的限制。[③] 对于是否存在近亲属家庭关系,联邦最高法院的法官驳斥了初审州法院有关"家庭间纠纷"的认定,认为一方面,侵害人V只是被告人继女(其妻子与前夫的女儿)的丈夫,其与被告人继女的婚姻关系与被告人的意志决定并无重要关联。另一方面,侵害人V居住在其他住处,而强行入侵了被告人和被告人妻子的住处,被告人的私人住所是一个受到特殊保护的领域。根据上述理由,联邦最高法院判定不应该根据近亲属的伦理限制对本案中被告人的正当防卫权进行限制。

在完成了对被告人防卫行为客观要件的检验后,本案还应当慎重讨论主观的正当化要素,在正当防卫的场合就表现为应当具备防卫意思(Verteidigungswille)。这也是本案的争议之处,联邦最高法院对该问题的观点也对过失犯的正当防卫教义学有十分深远的影响。首先,在本案中,联邦最高法院认为,被告人对侵害人V实施防卫时是具备防卫意思的。但是实际上,按照通说,在过失犯中,并不要求防卫人一定具备防卫意思。[④] 这是由于在过失犯中,并不存在必须通过一个主观的正当化要素来消除的可罚的行为无价值要素,只要正当化事由的客观构成要件成立,

① 存在争议的是问题是,社会伦理限制中是否还包含了禁止在保卫财物的情形下杀人,参见Wessels/Beulke/Satzger, Strafrecht Allgemeiner Teil, 48. Aufl., S. 169。

② Vgl. Kaspar, Strafrecht Allgemeiner Teil, 2. Aufl., S. 78; Kühl, Strafrecht Allgemeiner Teil, 8. Aufl., S. 132 f.; Roxin, Strafrecht Allgemeiner Teil, Band I, 4. Aufl., 2006, §15, Rn. 1.

③ Vgl. BayObLG NStZ - RR 1999, 9 f.; Eisele, Anmerkung, JA 2001, S. 924.

④ Vgl. BGH NJW 01, 3201; Perron/Eisele, in: Schönke/Schröder, Strafgesetzbuch Kommentar, 30. Aufl., §32, Rn. 64; Kühl, Strafrecht Allgemeiner Teil, 8. Aufl., S. 622; Jungclausen, Die subjektiven Rechtfertigungselemente beim Fahrlässigkeitsdelikt, 1987, S. 175; Rönnau, in: Leipziger Kommentar zum StGB, Band 2, 12. Aufl., Vorbemerkung §32, Rn. 92.

此时行为就可以排除违法性。[①] 相反,只有少部分学者坚持,在过失犯形式的正当防卫中,虽然不需要具备防卫意思,但是还是需要防卫人在实施防卫行为时具有例如"一般性的防卫意思"这样的弱化的防卫意思。[②] 但是,即使认为主观正当化要素,即防卫意思是必要、不可或缺的,虽然无法排除违法性,但由于认为防卫人过失行为所实现的构成要件因为缺乏结果无价值是被容许的,另外,其过失行为的行为无价值部分由于刑法并不处罚过失的未遂而最终不具有可罚性。[③] 这里可以看到,过失犯中正当防卫的成立是否需要具备防卫意思其实是故意犯中对于防卫意思是否必要这个问题讨论的延伸。在故意的正当防卫案件中,联邦最高法院认为防卫意思是必需的,不具备防卫意思的情形则不排除可罚性且成立犯罪既遂。[④] 相反,德国学界的主流意见则认为,在不具备防卫意思的场合,防卫行为由于缺少防卫意思确实具备了行为不法中的行为无价值要素,但是因为最终结果是法秩序所认可、容许的结果,因此并不存在结果无价值要素,在这种情形下,行为人的防卫行为应当被评价为未遂犯。[⑤]

由于初审州法院缺少充分的事实认定,联邦最高法院不能作出最终的法律认定,但是在此基础上仍然进一步提及了,哪怕在最后认定被告人的防卫行为超出了正当防卫的界限,不能适用《德国刑法典》第 32 条所规定的正当防卫,排除被告人防卫行为违法性的情形下,也可以继续探讨是否能够适用《德国刑法典》第 33 条,以防卫过当为由进行免责。对此,联邦最高法院在本案中重复了此前判例中的观点,防卫人慌乱、恐惧或惊吓的反应并不必须是超出防卫界限的唯一原因或主要原因,而只要这些

---

① Vgl. Kühl, Strafrecht Allgemeiner Teil, 8. Aufl., S. 622; Ebert, Strafrecht Allgemeiner Teil, 3. Aufl., S. 168; Frisch, Grund-und Grenzprobleme des sog. subjektiven Rechtfertigungselements, in: FS-Lackner, S. 1987, S. 130 f.

② Vgl. Roxin, Strafrecht Allgemeiner Teil, Band I, 4 Aufl., 2006, §24, Rn. 102.

③ 该种论证方式可参见 Kühl, Strafrecht Allgemeiner Teil, 8. Aufl., S. 622; Roxin, Strafrecht Allgemeiner Teil, Band I, 4 Aufl., 2006, §24, Rn. 103; Beck, Dr. Susanne Beck: Fahrlässiger Umgang mit der Fahrlässigkeit! -Teil 2, JA 2009, S. 269; Rönnau, Grundwissen-Strafrecht: Subjektive Rechtfertigungselemente, JuS 2009, S. 596; Kaspar, Grundprobleme der Fahrlässigkeitsdelikte, JuS 2012, S. 115 f.。

④ Vgl. BGHSt 2, 111, 114.

⑤ Vgl. Lenckner, in: Schönke/Schröder, Strafgesetzbuch StGB, 26. Aufl., Vor §32, Rn. 15.

法定的应激性反应是造成超出防卫界限结果的共同原因即可。[①]

最后,联邦最高法院还对案件是否确实存在“构成要件的实现的预见可能性”(Voraussehbarkeit der Tatbestandsverwirklichung)提出了质疑。联邦最高法院批判了初审州法院并没有充分考虑到被告防卫人在行为状态“设身处地”的情形,其不仅服用了药品,还在睡梦中突然被侵害人惊醒,这些与初审法院在论证其“应当具有构成要件实现的预见可能性”的意见,即被告人本可以通过打开枪膛来检查手枪是否处在上膛状态这样的认定是相左的。判决这里的论证涉及过失犯的检索模板,按照德国通说,预见可能性问题分别在构成要件和责任层面进行讨论,前者适用的是一般化的行为人标准,因此被称为客观预见可能性,而后者考虑行为人行为时的具体情境,因此称为主观预见可能性。[②] 由于判决在这里主要考虑了被告人做出防卫行为时的个人情形,所以因当作为主观预见可能性问题在责任阶层(Schuld)进行讨论。[③] 这里也为本案即使加入了其他事情情节后,最终判定被告人超出了正当防卫界限,不能排除违法性的场合,提供了一个新的论证被告人行为不可罚的思路。

第五节 肝炎案

一、基本案情[④]

被告人自1975年到2001年退休期间在一所高校的医学系任职并且开办了一家胸心血管外科诊所。被告人在科学研究领域同样非常活跃,作为一名心脏外科医生声誉极高,每年要亲自给数百名患者做手术。被告人因此被指控因手术使12名病人感染了B型肝炎。

在被告人开始从医后的这些年间都没有进行过医学体检。自1970

---

① 此前的判例可参见BGH NStZ-RR 1999, 264。

② Wessels/Beulke/Satzger, Strafrecht Allgemeiner Teil, 48. Aufl., S. 397 ff.

③ 与二阶层的过失模式不同,少数观点提倡一阶层的过失模式,将二阶层模式中应当在责任中才予以考虑的个人化的特别要素都放在构成要件中进行考虑,即过失犯不法的成立是基于个人具备注意能力却违反了注意义务,具体可参见Kindhäuser/Zimmermann, Strafrecht Allgemeiner Teil, 9 Aufl., S. 304 f.。

④ NStZ 2003, 657.

年发现 B 型肝炎病毒及之后疫苗研发以来,因为同样有必要确定他们体内的 B 型肝炎病毒的状态,该高校诊所在 20 世纪 80 年代会定期对医护工作人员进行预防和控制的检查。这种做法源于当时在德国和很多其他西方国家普及的知识,认为医护人员处于被感染者,尤其是 B 型肝炎患者传染的特殊风险中,同时反过来也存在着病人被感染的工作人员传染的危险。这种几乎覆盖所有高校诊所的工作人员的体检开始于 1999 年,之后每隔 3 年会定期进行一次。对于那些面临极高感染风险的特殊领域的人员这种防控检查的间隔时间还会更短。不用做定期体检的只是那些被雇佣为行政官员的人员,尤其是首席医师和他们的副手。大部分的医护人员从这种体检服务中形成一个传统,就是自觉接种 B 型肝炎病毒疫苗。

被告人也应该对医学界和专业文献上面探讨的存在着医生和病人之间相互感染的危险这个问题,包括外科手术的特别风险有着充分的认识。此外,自从 20 世纪 90 年代以来,在少数情况下少量的,甚至是视觉上不会被发现的血液或者血清的痕迹也会造成病毒的传播这种情况的发生,已经成为了医学上的一个基本常识。

被告人同样也应该知道,除了他和他的副手们,他所在诊所的所有工作人员都会定期进行预防性的体检,另外他的副手也会每一两年自愿进行一次传染病检查,相反只有被告人自己既没有接受校医院医生的检查,也没有到医院去进行体检。此外他也没有接种疫苗。

被告人最晚是在 1992 年感染了 B 型肝炎病毒,当时他身上没有发病的症状,这个病的发病期很长,被告人成为一个很大的传染源,在 1994 年 5 月 27 日到 1998 年 11 月 6 日期间,有 12 个病人在心脏病手术中被被告人传染。他们中的一些人出现了严重的身体上的不适,在 3 名病患身上病程发展较慢。

二、法条索引

本案例引用了如下法条:

1.《德国刑法典》第 13 条(通过不作为实施):

(1)不防止属于刑法构成要件的结果发生的人,只有当其有依法必须保证该结果不发生的义务,且当其不作为与因作为而使法定构成要件的实现相当时,才依法受处罚。

(2)可依第49条第1款减轻处罚。

2.《德国刑法典》第223条(身体伤害):

(1)伤害他人身体或损害其健康的,处5年以下自由刑或罚金刑。

(2)犯本罪未遂的,也应处罚。

3.《德国刑法典》第229条(过失伤害):

过失伤害他人的,处3年以下自由刑或罚金刑。

三、裁判理由

亚琛州法院判处涉嫌12起过失伤害的被告人免于300天拘禁的刑罚,但是每起案件判处被告人支付1500马克的罚金。被告人认为这个判决侵害了其形式及实体上权利,故而提起上诉。但是没有成功。

I.

1.(本部分涉及案件事实认定,可参见本节基本案情。)

2. 根据刑事审判庭的观点,鉴于由被告人的工作领域所带来的特别高的感染风险,以及他所做的手术数量很多,被告人应该有义务,大概每年进行一次流行病防控体检。刑事审判庭认为,被告人违背了医生的注意义务,过失致使12名病人的健康遭受了损害,因为假设他做了体检的话,最迟在1993年就能获悉自己的病情。

II.

被告人的上诉被驳回。

根据联邦总检察长在2002年7月14日提出的申请声明,根据《德国刑事诉讼法典》第349条第2款的规定,被告人针对程序上提出的异议也是毫无根据的。对于案件事实提出的异议,在对之前判决的复核中也没有发现出现过不利于被告人的司法错误。

1. 判决有罪经受得住实质性审查。

(1)与法律审上诉在结果上无可指摘相反,州法院在判决中既未对不作为可罚性的前提,也未对不作为可罚性的法律后果进行明确讨论。

正如刑事审判庭多次提到的那样,被告人值得被谴责的行为的重点不在于在做手术过程中的积极行为,而在于在必要的预防性体检中的不作为,尽管这种表述容易引起误会,但是通过州法院所检查的对注意义务的违反,以及实行开始时间的上下文中可以理解。因为被告人的行为根据案件的整体情况来说终归是可以以作为的方式来进行评价的,所以刑事审判庭的另一个决定就不尽合理了。

刑事审判庭把对作为和不作为的区分作为本案的核心问题,这个问题无法通过表面的或形式化的标准来解决,而是需要考虑社会行为含义下的对标准化的观察。标准的确定是可谴责性的重点。①

在本案中,有关刑法上行为的重点被认为是进行心脏手术,正是该手术直接且不存在中间步骤地导致了病人的感染。上诉的理由是,心脏病手术在医学上来讲是成功的,因此不是可罚性的合适的连接点。只局限在手术操作的过程,涉及的时间太短。人们更多是从一个感染了具有高度传染性的B型肝炎病毒的外科医生不允许进行手术的角度出发,而一个在高度传染性的情况下进行的手术是不符合规定的,因此是刑法上应该惩罚的,也正是如此,刑事审判庭在此基础上得出了没有错误的相应的结论。感染的原因存在于被告人的日常行为中。因此被告人在进行防控体检上的不作为与此相对不是导致可罚性的唯一原因,手术的进行直接导致病人健康受损的行为的实现。毫无疑问,在被告人有意识的疏忽或者甚至是故意而为的行为里,可罚性的重点在于在有感染性的情况下进行手术,而不是被告人在必要的体检中的不作为。

相反,被告人没有尽到义务没有进行防控性体检只是构成其玩忽职守行为的对基础性注意义务的违反。这个不作为的组成部分——通常在不作为罪行中经常存在于预防性注意义务中——在这里必不可少地和过失的积极行为联系在一起了,并且在积极作为的行为特点上没有改变行为方式,而是其内在的一部分。②

(2)另外,上诉人其他的对于有罪判决的反对意见也没有得到支持。刑事审判庭以一种无法辩驳的方式肯定了被告人存在着客观和主观上的对注意义务的违反,与此同时,尤其考虑到对于特别的、谨慎的、有特殊知识背景的人在行为时的特殊位置上和社会角色中在对危险情况的观察上

① Vgl. BGHSt 6, 46, 59; 40, 257, 265; MDR 1982, 624; BGH NStZ 1999, 607.

② Vgl. Rudolphi in SK StGB vor § 13 Rdn. 27; Kühl, Strafrecht AT 4. Aufl. § 18 Rdn. 24; Seelmann in AK StGB § 13 Rdn. 27; Ulsenheimer, Das Verhältnis zwischen Pflichtwidrigkeit und Erfolg bei den Fahrlässigkeitsdelikten, S. 99 und in Laufs/Uhlenbruck, Handbuch des Arztrechts 3. Aufl. § 140 Rdn. 12; Fünfsinn, Der Aufbau des fahrlässigen Verletzungsdelikts durch Unterlassen im Strafrecht, S. 40 ff.; vgl. BGH, Urt. Vom 27. November 1951-1 StR 439/51.

应该被提出特殊要求,而明确了被告应该尽到的注意义务的方式和程度。标准应该是,一个专业方向相同的审慎的经验丰富的医生在相同的情况下是如何行为的,因为这样就不用考虑两者之间的专业知识上的差异了。①

亚琛州法院详细说明了,B 型肝炎病毒从医生传染给病人的危险以及其中原因,在当时不仅是被病毒学家们所熟知,医生们也都是知道的。根据不存在法律错误所得出的结论,在当时的认识水平下,医生即使使用了手术专用手套,也存在着很高的将 B 型肝炎病毒传播给病人的风险。因此刑事审判庭得出了没有法律错误的结论,被告人之前如果没有进行疫苗接种的话,至少有义务定期去做疾病防控体检。

被告人若履行每年都体检的义务,则刑事审判庭也有理由相信,鉴于被告人进行的手术数量众多且和他职业紧密相连的很高的疾病传染风险,他为了降低传染的风险,每年接受一次体检也证明其对于注意义务的责任意识的认知。当时在被告人的诊所中,对于体检周期的实践情况,在判决书的另一处也有提到,和其他医院一样,通过被告人副手们实施自愿的体检具有一定的证明价值。另外,出于公正,联邦最高法院在对针对被告人提出的关于注意义务的要求时考虑到了被告人的特殊职位。

根据这个特殊的义务标准,被告人也必须在其(1994 年 5 月 27 号)实施的第一个手术(被判决为过失伤害行为)之前接受体检,然后在获悉自己病情之后就不应该再进行手术。

2. 刑事判决在结果上也经得起司法的审查。对于亚琛州法院确定的罚款的额度的上诉也被驳回了。经过和被告人义务相符的衡量,在行为人的个人和经济关系被足够查明并且在没有司法错误的情况下被考量的情形中,上诉法院的法官在决定罚金的额度的时候把罚金数额提高到同类案件的最高值。②

判决理由表明,通过对具体而客观的(罚金额度)评估基础进行详细的阐述,上诉法院已经进行了衡量和核查。这些为了复核该评估结果而由法官进行阐述的方面已经足够支持之前的评估结果。另一方面,更是

---

① Vgl. BGH NStZ 2000, 2754, 2758; Ulsenheimer in Laufs/Uhlenbruck, Handbuch des Arztrechts, 3. Aufl. §139 Rdn. 18.

② Vgl. BGHSt 27, 212, 215; 27, 228, 230, BGH NJW 1993, 408, 409.

由于确定的罚款额度并没有在一个不合理的漫无边际的范围里。决定罚款额度的时候也没有超出公平债务清偿的范围。

亚琛州法院在评估结果的附件中写道:在确定罚款的适当金额时没有受到被告人的税务顾问的陈述的影响。刑事审判庭还详细阐述了税务顾问的陈述在计算罚款金额时没有被考虑的原因,并且对于被告人只让他选择的证据申请中的一个证人讲了涉及他退休后的收入和财产情况,法官也用了“值得注意”这样的词。

对于上诉中提出的异议——亚琛州法院违反了《德国刑事诉讼法典》第 261 条利用被告人对于其罪行的谴责保持沉默的合法程序行为而对被告人不利——并没有得到支持。本案中部分保密义务能否和所谓的“部分沉默”一样在质证中被使用①,以及在部分使用程序性权利的情况下是否不允许得出否定性评价等问题上都还存在争议。② 在本案中,正如联邦总检察长指出的那样,明显是一个刑事审判庭作出裁决的辅助性衡量工具,刑事审判庭的量刑并不以此为依据。因为根据之前已经存在的判决书中的陈述部分表明,亚琛州法院即使在没有财务顾问的报告中也是得出同样的罚金额度。

四、判例评述

本案涉及的主要问题是过失犯中作为和不作为的区分。这个教义学问题最早在 1886 年的“药剂师案”(Apotheker-Fall)判决后进入了刑法研究者的视野。③ 落实在具体的案件中,讨论的是,刑法谴责的对象究竟是该名医生实施了导致感染的手术的行为,还是其之前没有进行对医院工作人员的检查。这两者的区分并非是纯粹的思维游戏,其对接下来可罚性的检验具有重大的教义学影响,因为对比作为犯,不真正不作为犯的检验具有如下几个特点:第一,在因果关系的检验上需要假定性地确认;第二,必须满足《德国刑法典》第 13 条第 1 款对于构成不作为的前提条件,即必须具备保证人地位(Garantenstellung)以及等价性(Gleichwertigkeit);第三,可以考虑不具有实施命令行为的期待可能性而在构成要件或者责

① Vgl. insbesondere BGHSt 20, 298.

② Vgl. BGHSt 45, 363 und 45, 367.

③ Vgl. RGSt 15, 151.

任阶层排除可罚性;第四,诉讼时效开始时间可能比作为行为要早;第五,刑罚可以根据《德国刑法典》第 13 条第 2 款得以减轻。[①] 除此之外,由于不作为犯的可罚性具备上述教义学上的难点,其认定常常对于被告人的辩护更加有力,因此也成为控辩双方以及法院裁判说理的重点,同时具有非常重要的实践意义。

根据德国通说,过失不真正不作为犯的检索模板如下:

> 预检验:作为与不作为的区分
> 一、构成要件该当性
> (一)构成要件结果出现
> (二)对命令及可能行为的不作为
> (三)不作为与具体结果的(准)因果关系
> (四)不作为人的保证人地位
> 1. 保护者保证人地位
> 2. 监督者保证人地位
> (五)在构成要件结果客观可预见情形中对交往中必要注意义务的漠视
> (六)结果的客观可归属性,特别是规范保护目的即义务违反关联
> 二、违法性
> 三、责任:特别是对构成要件结果主观可预见情形的主观注意义务的违反

对于本案,第一个也是最核心的问题便是对作为和不作为的区分。在绝大多数问题中,可以通过是否物理性地介入外部世界的因果流程来区分作为和不作为。比较困难的情况发生在既有作为要素,又有不作为要素的情形,例如夜晚骑自行车时没有点灯[②],或者通过按下医疗器械按钮的方式不再继续医治一名插有呼吸机的病人。对于这些兼具作为和不作为要素的案件,理论界和实务界都还存在很大的争议,唯一取得共识的是,这里的区分涉及的是一个评价性的问题。对此,除通说谴责重点说以

① Vgl. Marxen/Sprengel, famos 08/2003.

② 该案件增加作为德意志帝国法院裁判的对象:RGSt 63, 392。

外,还存在能量投入说[1]、因果关系说[2]、能量投入与因果关系组合说[3]以及积极作为优先说(又称竞合说)[4]。

首先是作为判例观点和通说的谴责重点说。[5] 这里的谴责重点不应该和“责任”概念相混淆,虽然在阶层要件中,责任常常会被定义为个人的可谴责性。相反,这里的谴责重点应该理解为“刑法上相关举止的重点”或者“举止的实际非价”。[6] 因此,根据谴责重点说,对于作为和不作为的区分,决定性的标准并不在于外在的事件流程以及纯粹自然主义(经验上)的考察方式,而是通过对行为社会意义(规范上)的价值评价。而对于谴责重点说,则存在两点明显的批评:第一,只要评价的标准还未详细公开,那么这里的评价就是任意及不理性的;第二,提前进行了构成要件该当性和责任的判断。[7]

针对通说谴责重点说的缺陷,许多学者尝试寻找一种价值中立的区分标准。其中,恩吉施(Engisch)创立了能量投入说。该说将是否投入能量作为一种外行人也可以理解的标准,即当行为人往特定方向使用能量

---

① Vgl. Brammsen, Tun oder Unterlassen? Die Bestimmung der strafrechtlichen Verhaltensform, GA 2002, S. 193; Freund, Münchener Kommentar StGB, Band 1, § 13, Rn. 8 ff.; ähnl. Gössel, Die normwidrige strafbare Unterlassung als ontischer Sachverhalt, Kühl-FS, S. 225.

② Vgl. Roxin, Strafrecht Allgemeiner Teil, Band II, 2003, § 31, Rn. 78 ff.; Samson, Begehung und Unterlassung, FS-Welzel, S. 579; Streng, “Passives Tun” als dritte Handlungsform-nicht nur beim Betrug, ZStW 122 (2010), S. 1.

③ Vgl. Duttge, in: Münchener Kommentar StGB, Band 1, § 15, Rn 4 ff.; Gaede, in: Nomos Kommentar, Band 1, § 13, Rn. 7; Herzberg, Die Differenz zwischen Unterlassen und Handeln im Strafrecht, FS-Röhl, S. 282; Jäger/Joecks, Studienkommentar, 12. Aufl., § 13, Rn. 15; Sieber, Die Abgrenzung von Tun und Unterlassen bei der “passiven” Gesprächsteilnahme-Zugleich eine Besprechung der Entscheidung BGH 3 StR 398/81 vom 10. 2. 1982, JZ 1983, S. 431.

④ Vgl. Jakobs, Strafrecht Allgemeiner Teil, 2. Aufl., S. 775; Kindhäuser, in: Leipziger Kommentar zum StGB, Band 1, § 13, Rn. 76; T. Walter, Positive und negative Erfolgsdelikte-Handeln und Unterlassen, ZStW 116 (2004), S. 555.

⑤ 支持谴责重点说的联邦最高法院判例有:BGHSt 52, 159, 163; BGHSt 53, 38; BGH NStZ 1999, 607 und 203, 657; BGH NJW 2010, 1087; BGH NStZ 2010, 214, 215; BGHSt 56, 277, 286 f.。

⑥ Vgl. Wessels/Beulke/Satzger, Strafrecht Allgemeiner Teil, 48. Aufl., S. 416; Ebert, Strafrecht Allgemeiner Teil, 3. Aufl., S. 173.

⑦ Vgl. Kühl, Strafrecht Allgemeiner Teil, 8. Aufl., S. 664.

的话,则是作为;相反未朝特定方向使用能量的情形则为不作为。[①] 与之相类似的还有以耶塞克(Jescheck)、魏根特(Weigend)、罗克辛为代表的因果关系说,这里的因果关系是结果发生的合法则条件意义上的。根据因果关系说,行为人通过施加因果性影响的方式改变外部世界,则为作为;相反,当行为人任由事情依照其发展,则为不作为。[②] 在能量投入说与因果关系说的基础上,以齐白(Sieber)和鲁道菲为代表的学者又提出了两者的组合说,认为作为指的是行为人通过积极的能量投入触碰了因果流程,而不作为是不作为对通过投入能力而对因果进程产生影响的不作为。[③]

最后,以金德霍伊泽尔(Kindhäuser)与普珀为代表的竞合说则提倡在疑难案件中,首先承认其既是积极的作为,又是消极的不作为,然后在既存在作为要素,又存在不作为要素的情形下提倡作为具有优先性,不作为仅具有辅助性。不作为只有在行为人的作为无法构成刑事可罚性时,才加以考虑。[④] 因为在现实世界中,几乎所有的不作为都会同时和积极的作为行为产生联系,因此这种方案的结果就是几乎不存在不作为可罚的情形。[⑤]

正如上文所言,在绝大多数案件中,区分作为和不作为是比较容易且显而易见的,但是在三种情形下,作为和不作为的区分则称为刑法学讨论的重点。这三种情形是故意犯中中断救援努力的案件与消极安乐死的案件以及过失犯案件。而本节肝炎案(Hepatitis-Fall)正是过失犯案件中作为与不作为区分的经典判例。

从联邦最高法院对肝炎案的裁判中我们可以发现,判例并没有对作为与不作为的区分标准再次进行详细论证,只是对什么是谴责的重点这一问题进行裁判和说明。在初审亚琛州法院的判决中,虽然亚琛州法院认定被告人因为作为的过失伤害而判处刑罚,但是在论证时却认为对相关检查的不作为才是谴责的重点。正是在此基础上,被告人才认为其手

---

① Vgl. Engisch, Die Kausalität als Merkmal der strafrechtlichen Tatbestände, 1931, S. 29; ders, FS-Gallas, 1973, S. 170.

② Vgl. Kühl, Strafrecht Allgemeiner Teil, 8. Aufl., S. 664.

③ Vgl. Rudolphi, in: SK-StGB, Band 1, Vor § 13, Rn. 6.

④ Vgl. Gropp, Strafrecht Allgemeiner Teil, 2. Aufl., § 31, Rn. 61 f.

⑤ Vgl. Wessels/Beulke/Satzger, Strafrecht Allgemeiner Teil, 48. Aufl., S. 416.

术是按照专业标准严格进行的，并不应该构成作为的过失伤害罪，因此提出了法律审上诉。对此，联邦最高法院的论证除再度强调谴责重点说公式之外，认为在该案件中谴责的重点是，因为感染不被允许实施手术的外科医生却还实施了手术。至于医生严格按照专业标准实施了手术并未对结果产生任何影响。并且，对有关身体检查的不作为本身并不会具有可罚性，只是在感染的情况下仍然实施了手术才导致了可罚。由此，不作为与过失积极作为是本质上必然联系的，但这并不会改变该行为积极作为的特质。除此之外，判决中还认为，在被告人有认识的过失或者甚至是故意实施的行为情形，可罚性的重点在于被告人在感染的状态下进行手术，而不是被告人在必要的体检中的不作为。对此，联邦最高法院实际上是用了假设该行为是故意的情形下该行为毋庸置疑是一个作为，来验证在过失的情形下，其作为行为也不会发生本质的区别。这样的做法也被称为“故意试验”(Vorsatzprobe)。①

也有学者表示，本案中的作为与不作为区分实际上是个“假问题”。因为整件案情，无论是实施手术的作为行为，还是未定期参与身体检查及注射疫苗的行为，两者都不会构成义务违反行为，因此都不在法律评价的范围之内。只有当两个情状结合在一起时，即在感染的状态实施手术，才有可能会造成《德国刑法典》第229条过失身体伤害罪中健康损害的构成要件结果。这里的(刑法上的)禁止(Verbot)其实只有在一个违反命令(Gebot)的情形下才有可能成为禁止，因此这里法律评价的部分必须是一个整体，而不是将其分离开进行单独的法律评价。由此，这也就展示了区分作为和不作为问题在本案中的多余。②

之所以作为与不作为区分的问题会在包括本案在内的过失犯中变得特别棘手，原因在于过失本质上就包含有不作为要素(Unterlassungsmoment)，这里的不作为要素不应该被独立考察，也不应该被作为不作为犯的基础。③ 因为正如本案中上文所强调的，不是不作为要素本身，即未定

---

① Vgl. Grünwald, Das unechte Unterlassungsdelikt-seine Abweichungen vom Handlungsdelikt, Dissertation Göttingen 1956, S. 24.

② Vgl. Ulsenheimer, Anmerkung zu BGH, Urt. v. 14.3.2003-2 StR 239/02 (LG Aachen), StV 2007, S. 79.

③ Vgl. Ulsenheimer, Pflichtwidrigkeit und Erfolg bei den Fahrlässigkeitsdelikten, 1965, S. 98 f.

期体检和注射疫苗本身就已经是可罚的违反注意义务行为,而是在没有具备这些条件的情形下仍然实施的手术才是过失致人死亡构成要件相关的违反注意义务行为。这里涉及的其实是所谓的"接管过失"(Übernahmefahrlässigkeit/Übernahmeverschulden),相似的情况也包含那些实际上不存在相关资质或能力的医生实施了相关手术。对此,德国学者指出,一位脑部受到创伤的心脏外科医生因为个人能力障碍使病患在手术过程中受到健康损害,与携带高度传染性病毒的医生进行手术导致病患健康受损,在义务违反性上是一样的,因此法律评价也应该是一致的。[①] 而在接管过失的案件中,人们一般并不讨论作为与不作为的区分问题,更多的是直接从作为犯的角度出发来讨论过失的构成要件,尤其是医生是否知道或能够知道其认识、能力及个人资质,以及其过错是否既出现在接管行为中,又出现在之后的继续实施行为中。[②] 由此,在接管过失的案件中,如果引入作为与不作为的讨论的话,只会导致更加混乱的后果,因为一个受到感染的医生,其因为感染他人的危险而被禁止实施手术,禁止的对象永远是作为行为,在本案中禁止的则是实施手术的行为。[③] 最后,即使从一个非法律的、生活的角度来审视该案件,该案件也是一个典型的积极作为的案件,而并不需要进一步质疑如何区分作为和不作为。相似的案例可以追溯到德意志帝国法院判决的著名的"山羊毛案"(Ziegenhaar-Fall),在该判决中,德意志帝国法院根本没有提及作为和不作为区分的问题,而是不言自明地认定,该案被告通过给工人提供未经消毒的制作刷子的山羊毛,过失地创设了使工人感染及造成身体健康损害结果的条件。[④] 本案中的未注射疫苗的心脏科医生和山羊毛案中的被告人实际上也并无不同。

综上,本案是联邦最高法院过失犯中作为和不作为区分说理的典型案例,该问题无论是在教义学上,还是在司法实践中都有重要的意义。但

---

① Vgl. Ulsenheimer, Anmerkung zu BGH, Urt. v. 14.3.2003-2 StR 239/02 (LG Aachen), StV 2007, S. 79.

② Vgl. BGHSt 43, 306, 311; BGH JR 1986, 248, 250.

③ 参见 Ulsenheimer, Anmerkung zu BGH, Urt. v. 14.3.2003-2 StR 239/02 (LG Aachen), StV 2007, S. 80。有关根据规范理论中禁止和命令的标准来区分作为与不作为可参见 Ast, Normentheorie und Strafrechtsdogmatik, 2010, S. 81 ff.。

④ Vgl. RGSt 63, 211 ff.

是在过失犯中该问题的难点在于，几乎所有过失的案件都存在不作为要素，该要素的存在并不会影响将其认定为积极作为行为。

第六节　大厅倒塌案

一、基本案情①

在巴特赖兴哈尔市（Bad Reichenhall）有修建于20世纪70年代的冰上运动馆，自投入运营之后，该场馆举办了多场体育活动。由于建筑老旧，加上之前设计和修建时，运动馆的屋顶结构都显示出严重的稳定性（安全）瑕疵。但是如果不出现其他的负担，例如暴雪等，其并不存在紧迫的倒塌危险。由于冰上运动馆糟糕的状态，巴特赖兴哈尔市收到了包括被告人A工程师在内的多个建筑师的申请（申请中未附上具体的损失），要求对建筑情况进行鉴定。但是出于财政原因，对运动馆状况的调查被一推再推。

最后，被告人A受到了当局委托，对修缮冰上运动馆的预期支出出具一个报告。虽然委托合同中并没有要求对场馆稳定性进行全面的鉴定，却也明文包含了对屋顶结构进行调查。在就地检查建筑的时候，被告人A并没有进一步察看整个屋顶，而是只仔细查看了屋梁，对其他部分则只使用了望远镜进行察看。被告人在其鉴定书中认定场馆为"总体而言好的状态"，同样好的状态还有场馆的稳定性。除此之外，被告人还得出结论，现有的瑕疵"既不对质量，也不对支承结构的负荷能力产生影响"。

在得到鉴定之后，巴特赖兴哈尔市的负责人不仅没有采取任何措施，还无视了一年后建筑师L所作出的鉴定意见，该鉴定意见指出了房屋结构存在一般危险。2年后的冬天降了一场十分罕见的大雪，2006年1月2日，由巴特赖兴哈尔市经营的冰上运动馆的屋顶倒塌，导致15名顾客丧生，另外还有6人重伤。但是无法完全确定的是，如果建筑师A当时采取了符合标准的调查并作出相应鉴定，巴特赖兴哈尔市是否会作出修缮场馆或者至少限制其运营的决定。

---

① BGH NJW 2010, 1087.

二、法条索引

本案例引用了如下法条：

1.《德国刑法典》第13条(通过不作为实施)：

(1)不防止属于刑法构成要件的结果发生的人，只有当其在法律上负有保证该结果不发生的义务，且当其不作为与因作为而使法定构成要件的实现相当时，才依法受处罚。

(2)可依第49条第1款减轻处罚。

2.《德国刑法典》第25条(正犯)：

(1)自己实行犯罪行为，或利用他人实行犯罪行为的，皆为正犯。

(2)数人共同实行犯罪行为的，均依正犯论处(共同正犯)。

3.《德国刑法典》第222条(过失杀人)：

过失导致他人死亡的，处5年以下自由刑或罚金刑。

三、裁判理由

3名被告人被指控过失杀害15人(成立想象竞合)以及过失伤害6人(成立想象竞合)，州法院基于事实上的原因而判决被告人无罪。检察院和6个附带起诉人对此提起了上诉，认为之前的判决侵犯了他们的实体权利，此一法律救济导致涉及被告人的判决部分被撤销，并交由州法院的另一刑事审判庭审理。

I.

被质疑的判决是关于2006年1月2日发生的由于巴特赖兴哈尔市冰上运动馆屋顶倒塌而导致15名顾客丧生，另外6人重伤的事故。检察院要求被告人A(一名高等专科大学土木工程专业硕士毕业的工程师)承担责任。他们认为：巴特赖兴哈尔市将计算修缮费用的任务交给他，他却因为疏忽而没有对冰上运动馆屋顶构造进行足够的检查，从而导致本次伤亡。由于缺乏必要的关注，他没有对屋顶的承重物进行全面的近距离的观察。因此，裂缝和其他损害在当时没有被发现。如果被告人当时提出此点，巴特赖兴哈尔市的负责人会进一步进行检查，并采取必要的措施，比如通过关闭冰上运动馆或通过防止雪荷载的扩大，来避免由于冰上运动馆屋顶建筑有限的承重力而引发的危险。

州法院虽然确定了被告人有被指控的不作为，然而却表示没有充分证明被告人的疏忽行为和此次意外发生具有因果关系。因为，即便被告人提出并告知其发现，该市的负责人是否会因此采取进一步的措施，仍存在诸多的疑问。

II.

州法院对本案作出了如下判决：

1. 该综合馆群的规划和建造

巴特赖兴哈尔市自 1973 年以来在慕尼黑大街 18 号经营一家游泳和冰上运动馆。冰上运动馆在夏季时节被作为网球馆使用。本案涉及的是两座独立的彼此分隔的由中间翼连接的两个建筑部分。两个场馆的屋顶均被设计为木胶结构的平屋顶结构。冰上运动馆首先被建造成双侧开放式构造。从前面看该馆是一个浑圆的封闭建筑，在建造时是很有规划的。在 1977 年完成了对开口的侧面的玻璃化。

从采用木胶结构的屋顶构造（所谓的战斗机载体构造）的承重力来看，冰上运动馆的规划自始就是有缺陷的。另外，整个建造过程也不是没有瑕疵。

对于这种战斗机型支撑建筑有一个一般的建筑规范审批。这个审批只允许该建筑物的作为对应战斗机的双 T 型梁部分的现实承重梁最大高度为 1.2 米。但是由于一个很大的跨度（大约 40 米），冰上运动馆的承重梁（大约 48 米长）的高度是 2.87 米。此外设计者还选择了空心梁却没有单独申请相应的建筑规范审批，所以能否获得批准还不确定。

无论如何，当时主管该项事务的拜仁州最高建设监督机构对于木材等级，除第一级别之外（仅使用第一级别）和使用的胶水方面（仅使用对抗湿度的间苯二酚产品），还提出了特别的或是更高的要求，在黏合之前对于腹板的平坦度也提供了相应的标准值，在一般楔形齿接合（Generalkeilzinkenstößen）的最低承受力和用于建筑工程的木材湿度方面也提供了参考值。

事实上，该场馆使用了质量等级为二的木材和不耐湿度的脲醛胶。结果就是被建成的建筑在弯曲应力、压缩应力和拉伸应力方面都超过了德国工业标准最高值的 42%。而这却因为主管该事务的建筑工程师没有进行相应的必要数据核实而被隐瞒了。

超出被容许的最大承重值会导致安全指数只能达到 1.5，而标准要求的最低安全值为 2.1。由于常规的老化,直至这座冰上运动馆倒塌的那天,也就是自该建筑物建成的 33 年之后,即使在采用合适的建造方法的情况下,安全值可能也要减少 0.5 到 0.6 了。由于初始值本来就比较低,在倒塌事故发生日的安全值指数“在 1 以下”。

如果该场馆的建设按照正常的设计规划进行且建设工作者没有出现错误,则该场馆在建成时的雪荷载能力应该是 150kg/m^2。在一张手写的单子上还载明了雪荷载能力的最大值在静力学上可能能够达到 175kg/m^2。由于以下三个原因,在此不能使用可溶于水的脲醛胶:其一,因为很大的跨度而造成该建筑物的负重相对较大。其二,由于封闭的场馆内有着很高的湿度(冷凝水)。对此,该场馆的建筑师在 1971 年 7 月 22 日向巴特赖兴哈尔市提交的公文中就已经指出来了。其三,由于用块胶将已经订做好的梁的腹板黏在了已经订做好的窄板上,而不是用钉子把每个单个的板子钉到一起。而块胶粘连的技术还没有发展到很成熟的地步,导致中间的缝隙在通常状态下大于一毫米,所以脲醛胶就不再适合在这里使用了。间苯二酚产品本来应该在所有的领域取代脲醛胶,并被广泛使用。但建筑师预估,这样会额外增加 25 000 马克的费用。

除了规划上的失误,建造过程也是有缺陷的,因为腹板上一般的锌质接缝和板梁翼缘的锌质接缝两者的锌质物纵切面不一致,以至于在粘连结合过程中各个部分不是均匀的。且将两翼腹板的铣切和黏合成最终运输交货时的成品翼梁之间的时间,已经超过了德国工业标准的最长许可时间(24 小时)。

2. 运营时间

由于建筑物理原理而形成的冷凝水会造成持续性的潮湿,脲醛胶也因此随着时间的推移而不断地被溶解。这会削弱本来就已经在减少的屋顶建筑部分的承重力,直到它最终不能够在强降雪的情况下承担必要的重量。

即便按照 2006 年 1 月 2 日发生的事故的调查结果所显示的那样,上述原因不是该场馆倒塌的原因,还存在以下的原因:一是由于封顶时的瑕疵(倾斜度太小)和尺寸太小的排水管使得这座冰上运动馆在整个运营期间经常出现渗水的情况。1975 年的场馆整修也没有使情况改变很多。自从 20 世纪 70 年代末期之后就在场馆上方的横梁上不断出现水痕和水渍。二是在 1977 年,场馆的玻璃结构化过程中在屋顶上建造了四个排气装置,且每个排气装置的重量达到 575 千克。这次安装没有得到审批,且未进行力学检测。

被告人在2001年对于该游泳馆顶部的从属建筑部分的检查中就曾经对该部分作出过损坏程度严重和坚固度不足的简要鉴定意见。尽管他在2002年5月另外一次简要鉴定中证明这座游泳馆的屋顶承重结构的承重能力没有减少,但是他指出这部分的管道结构处于让人担忧的状态。由于受缝隙逐渐增大的威胁而出现的渗透现象将对整个木质结构产生不利影响,而这种损坏是无法立即被发现的。

此外,被告人在2001年曾指出该场馆入口区域的不承重的屋顶建筑部分有明显缺陷。这里的木胶横梁的承重力貌似已经消失了,因为各个黏合的部分已经溶解了,只有将该部分的屋顶全部拆除重建才有可能完成修复。被告人在2003年为该建筑群进行整修工作而做的权威性研究中再一次指出了游泳馆和其入口处屋顶的缺陷。巴特赖兴哈尔市最初没有意识到其危害性,因而没有对2001年的鉴定意见中的缺陷采取任何补救措施。直到2005年游泳馆入口处屋顶的一部分倒塌,该市才开始行动起来,首先是用东西支撑住入口处的顶部,后来就拆除了该部分的建筑。

刑事审判庭确信这是因为该市不想在这个馆群建筑上投入太多资金。尤其是自2000年起,由于面临着财政问题,且未预料到该场馆之后发生的事情,该市只能去处理那些最为必要的事情。

巴特赖兴哈尔市从2001年开始综合考虑将来如何处理这个集滑冰及游泳馆于一体的建筑群,因为尤其是游泳馆的技术已经开始老化而且经营不善。因此该市可以选择把这整个建筑群全部拆除,这种情况下应该首先对于修缮的必要费用进行计算。该市首先向建筑师J提出该项请求。希望他能够对游泳馆和冰上运动馆进行鉴定,计算出用于修缮的必要费用,并回答这个现存的建筑物还值不值得修缮这个问题。在指定的日期和地点,该证人发现了混凝土损坏和屋顶承重结构的边梁上面的水痕。该证人指出,由于该建筑群的显而易见的状况,他曾口头告诉并在2002年7月9号书面通知该市负责人员,在对于该建筑物的修缮费用进行测算之前,应该由专业人员对其进行一次细致而深入的检查。证人在几周之内都没有得到该市政府的任何答复,他又打了电话询问,得到的回复是政府对此有其他的考虑。根据一个参加刑事审判庭听证会的专家的陈述,一次全面而深入的检查,尤其是按照相关规定和专业要求的稳固度检测至少要花费3万欧元。

3. 以刑事指控为基础的过程

在2003年1月2日,被告人取代了建筑师J,并受托提交了一份决定性的(场馆)状态鉴定——后来被称作研究报告,他也因此得到一笔包括增值税在内的、总数为3 000欧元的报酬。

如刑事审判庭所言,在“整体鉴定”和“技术说明”中,花费评估针对的是以下部分的必要修缮费用:房顶的外观、房顶建筑结构、房顶排水系统、填充层、钢筋混凝土结构、冰上运动馆和游泳馆建筑物正面结构、房顶附属建筑部分、游泳馆绝热层、地下停车场的填充层和钢筋混凝土结构以及冰上运动馆的地面建筑部分、隔热层和无缝地面。所以从巴特赖兴哈尔市方面来讲并没有把对该建筑的稳固度鉴定的任务交付给被告人,他们本身就没有这样想过。所以被告人因此也就没有义务查看建筑力学构架的相关资料并进行相应的检查。与此结论相反的是,根据一位专家的意见该刑事审判庭确定,这样一个不费吹灰之力的检查,即一个相关的对于房顶整体结构的检查是被包含进被告人的义务中去的。

被告人在获得不同的相关资料之后,曾在指定地点对该建筑群进行了检查。关于房顶结构的力学资料不在其中。

被告人并没有对房顶建筑结构进行这种随手就可以完成的检查,尤其是对于所有胶梁(用胶固定黏合的房梁)。他只是细致地检查了第一根胶梁,可以明显看到上面有水渍,但是他却没有作出任何有瑕疵鉴定。至于其他的胶梁,他只是用摄远镜头检查了混凝土支柱上面的房梁的支座。在可以轻易完成的检查中,被告人本可以发现在板梁底部翼缘和边上的腹板之间的粘连部分的明显缝隙和木质结构上的细小缝隙上的变色情况。从这些缝隙中本可以轻易地看出胶的黏合是有裂缝的,而从变色情况本来也是可以看出木质建筑部分出现了渗水的状况的。

2003年2月13日,被告人完成了一份详细的应该采取的措施的清单。之后他将这份清单交给了巴特赖兴哈尔市的建筑管理部门。其中他写道,该场馆的房顶建筑结构一切正常,紧接着双方约定对建筑物的另一处进行检测。被告人之后于2003年3月21日在为现存游泳馆和冰上运动馆两处建筑进行修缮工作所作出的研究报告中对检测结果作了总结概述:“冰上运动馆的建筑状况:整个冰上运动馆的承重建筑结构,不管是木质结构还是钢筋混凝土结构都处于一个良好的状态,木质结构上的水渍也被确定为是由于屋顶排水系统而出现的偶然的渗水情况。而上述情况对于该建筑物的质量和承重能力都没有影响。渗水情况不会造成对该建筑物的明显损坏。结论是：最终确认，从承重结构规划的角度看这个建筑物的整体状况良好。”

被告人还补充写道，由于设备的使用寿命，这座建筑物的很多部分现在有修缮和翻新的必要性，尤其是游泳馆房顶建筑结构和其附属建筑部分、环绕游泳馆和冰上运动馆的建筑附属层，冰上运动馆的混凝土结构的修缮工作以及对于入口处建筑部分的整体翻新。被告人没有提及关于该场馆房顶建筑部分的翻新的必要性。

4. 关于运营时间的另外说明

2004 年 3 月，拜仁州游泳协会的游泳池建筑专家建筑师 L 在一次对巴特赖兴哈尔市进行实地考察后发表了他的意见，其中他强调，不管怎样，需要对游泳馆的顶部建筑进行一次更加细致的检查。但是该市政府对此没有做出回应。

在冰上运动馆的整个运营期间没有对屋顶房梁进行过任何处理，比如涂一层保护层等。巴特赖兴哈尔市也没有主动要求在任何一个时间点请一个鉴定专家对于胶木的承重能力进行过检测，尽管经常会有渗水状况的发生和房梁上明显的水流过的痕迹这些事由。到 2006 年 1 月 2 日的倒塌事件的发生，巴特赖兴哈尔市都没有采取任何修缮和翻新整个建筑群具体的措施。该市建设管理局的相关负责人员也一直没有考虑过该建筑房顶结构的稳固度问题。实际上，除这些建筑上的瑕疵之外，也确实不存在冰上运动馆倒塌的紧急危险，只要没有另外的负荷，比如下雪等。

5. 冰上运动馆的倒塌

由于直至 2006 年 1 月 2 日仍在持续下雪，冰上运动馆的房顶上方一直有一层厚厚的积雪。2006 年 1 月 2 日上午 10 时，该馆经营负责人曾计算了积雪对房顶所产生的压力为 166kg/m^2，鉴于之前上面提到的力学鉴定文件上面写的 175 kg/m^2 的承重临界值，他认为这应该不成问题，事实上在倒塌的时刻雪对于屋顶的压力可能只有 146 kg/m^2，甚至低于刚建成时的被认为是准确的最高承重值 150 kg/m^2。因此直到德国天气预报机构在当日 15 时发布持续强降雪警告之后，经营人员才决定，从下午 4 点开始馆内人员流动结束后再封馆，以便第二天可以打扫屋顶上的积雪，这种情况之前几年也曾经发生过。但是经营人员没有考虑到构造和建筑时的瑕疵以及屋顶构造的老化毁损使得房顶事实上已经不能够再承受这些负重了。

在下午3时55分的时候冰上运动馆的屋顶坍塌,15人被坠落的物体砸死,6人重伤。

III.

1. 州法院认为,被告人本可以轻易地完成对屋顶建筑部分即承重梁的检查,这一不作为违反了义务。如果他有所作为的话,他就不会在2003年3月21日的鉴定结论中确定房顶建筑处于良好状态。

如果被告人有进行对他来说不费力气的检查,就可以检查出上面所列出的那些建筑上的缺陷(板梁底部翼缘和边上的腹板之间黏合部分的明显缝隙、木质结构部分小裂纹上的变色情况、有裂缝的胶的黏合,以及和变色情况一起出现的木质结构里的渗水的迹象)。这就会促使他建议市政府对该建筑物进行一次高投入的深入检查。他的任务的拓展或者引入其他的专业人士就会被列入考虑范围之内。这本是被告人应该强烈推荐的,同时应该强烈建议的还有物理力学上的稳固度检测。

刑事审判庭认为被告人不作为主要是因为被告人没有进行随手就可以完成的检查,而不是因为他以书面形式作出的承重结构处于良好状态的鉴定。

2. 但是刑事审判庭没有能达到法律上的确信的要求标准,就是被告人的过错行为和2006年1月2日的场馆倒塌具有因果关系。刑事审判庭不能确定,即使是被告人尽职尽责地完成任务也不一定能绝对避免事故的发生。因为突发的倒塌危险一直是存在的,所以也无法确定的是,即使进行了尽职的检查,是否就会马上进行全面的整顿。

由于上面阐述的这些情况,对此事件的进一步深入调查完全有必要,甚至刑事审判庭认为被告人很有可能已经向巴特赖兴哈尔市的负责人作出了场馆需要进一步检查的适当建议,因为这让人想到,在2002年7月建筑师J和2004年3月建筑师L所提出的对于该建筑进行更细致的检查的合理要求都没有被重视。

IV.

对被告人的无罪判决无法经受法律审上诉的检验,因为证据评断并非免于法律错误。

1. 刑事审判庭出于合法的考虑

(1)被告人接受巴特赖兴哈尔市的委托,确定冰上运动馆有无修缮必要。被告人因此具有对该市公众的保证人地位。在他检查任务的范围内,他有责任去尽可能避免一切可能危害冰上运动馆顾客生命安全的因素。

A. 根据《德国刑法典》第13条第1款的规定,不作为的行为仅在以下情况下可以被处罚:当行为人在法律上有责任避免结果发生,且不作为和作为在实现构成要件上相当。在不真正不作为犯的情形中,当某人因为不采取积极行动以保护他人法益而例外地负有责任时,必须证明存在特殊的法律事由。不作为与积极作为的等同前提是,作为保证人的行为人有责任避免结果的发生。①

B. 保证人地位能使损害结果避免的不作为与造成损害结果的作为的等同正当化。不能以抽象的标准来认定保证人地位是否存在,这一认定必须取决于具体个案的情形。另外需要权衡当事人的利益关系和责任范围。当事人双方的合同义务并不足以直接证立一个用刑法保护的保证人义务。在合同关系的范围内,具有刑法上重要性的阐明和澄清义务以下列情况为前提,如存在特殊的信任关系、持续稳定的义务联系、特殊的专业认知或者一方对另一方的决定具有决定性的影响。②

C. 根据这些标准,被告人——其已经就冰上运动馆和游泳馆的建造上的一些缺陷向巴特赖兴哈尔市作出鉴定,且其作为建筑师具有相应的专业知识——有义务在其受委托的范围内按照规定将建筑上的缺陷列入必要的检查之中。并且,当被告人在其受委托范围发现重大缺陷时,其对巴特赖兴哈尔市负有告知义务。只有这样,该市才能主动采取措施,以避免重大缺陷给顾客的身体和生命所带来的危险。

除作为冰上运动馆运营者的巴特赖兴哈尔市需要承担责任外,被告人的保证人地位还来源于,他在受委托范围内承担了鉴定建筑缺陷的职责。它也涉及(会对公众造成危险的)缺陷的消除。被告人接受委托去确定那些具有修缮必要性的建筑缺陷,证立了其对公众负有保护职能,如果行为人不能充分地指出或消除缺陷,公众就陷入了因此而产生的危险

---

① Vgl. BGH, Urt. vom 25. Juli 2000 – 1 StR 162/00 (BGHR StGB §263 Abs. 1 Täuschung 16) m. w. N.

② Vgl. BGH, Urt. vom 25. Juli 2000 – 1 StR 162/00 (BGHR StGB §263 Abs. 1 Täuschung 16); Beschl. vom 22. März 1988 – 1 StR 106/88; Urt. vom 15. Juni 1954 – 1 StR 526/53 (BGHSt 6, 198, 199); Cramer/Perron in Schönke/Schröder, StGB 27. Aufl. §263 Rdn. 22 f.

领域中。

(2)作为一名建筑师,具有专业知识的被告人肯定也知道,没有对于临近胶木之间的缝隙和裂口的检查,只是对于翻修必要性的笼统阐述是不足以被人信赖的。而且,他也已经预见到,不充分检查以及老化的馆群建筑在屋顶结构上仍然隐藏的缺陷的可能后果。该馆群建筑具有一个很大的跨度,被告人自己也确认,特别是在胶的黏合方面存在重大的损坏。

(3)过失杀人和过失伤害都是结果犯,只有当符合构成要件的行为造成了结果的发生,且是以过失为前提,过失伤害的可罚性才能存在。没有发生结果的过失行为只在过失的作为犯中被处罚(例如《德国刑法典》第 316 条第 2 款),可以被看作危险犯。“过失的未遂”不具有可罚性。①

在判断不作为犯的因果关系的时候,要在假想的因果关系即准因果关系上进行判断。如果行为人实施必要的行为能够阻止结果的发生,则不作为与符合构成要件的结果在归责关系上就具有“准因果关系”。②

如果行为人在当时的情形下能够遵守交往规则的话,就不会出现相应的结果。只有这样,违反交往规则的行为才算得上与损害结果的发生具有因果关系。“存疑有利于被告人”原则能否在此得到适用,是存在争议的。不过,仅通过想象认为即便实施了必要行为也会造成相同的结果,是不会妨碍到因果关系的成立的。这种因果关系的证实更多的是要基于特定的事实,并且其相反的方面的可信度已经被具有高度盖然性的合理性排除掉了。③

如果只能证明对于必要行为的不作为只是增加了风险是不够的,因为在当进行了必要的行为即使不能避免结果的发生,但是却肯定能够通

---

① Vgl. Vogel in LK 12. Aufl. § 15 Rdn. 179.

② Vgl. nur BGH, Urt. vom 4. März 1954 – 3 StR 281/53 (BGHSt 6, 1, 2); Urt. vom 19. Dezember 1997 – 5 StR 569/96 (BGHSt 43, 381, 397); Urt. vom 26. Juni 1990 – 2 StR 549/89 (BGHSt 37, 106, 126); Urt. vom 6. November 2002 – 5 StR 281/01 (BGHSt 48, 77, 93); Weigend in LK 12. Aufl. § 13 Rdn. 70; Stree in Schönke/Schröder, StGB 27. Aufl. § 13 Rdn. 61; Kudlich in Satzger/Schmitt/Widmaier, StGB § 13 Rdn. 10; Fischer, StGB 57. Aufl. Vor § 13 Rdn. 39 jew. m. w. N.

③ Vgl. BGH, Beschl. vom 25. September 1957 – 4 StR 354/57 (BGHSt 11, 1); Beschl. vom 29. November 1985 – 2 StR 596/85; Urt. vom 26. Juni 1990 – 2 StR 549/89 (BGHSt 37, 106, 126 f.); Urt. vom 19. April 2000 – 3 StR 442/99 (BGHR StGB § 13 Abs. 1 Ursächlichkeit 1); Beschl. vom 6. März 2008 – 4 StR 669/07 (BGHSt 52, 159, 164).

过对原因行为的影响而改变能够引起结果发生的危险情景的情况下，不能确定因果关系是否成立。

到目前，已经确定的被告人一个接着一个的不作为的情形无法和在同一层面上的相关集体机构的不作为的决定[①]，以及相关机构成员的集体不作为相比。[②] 比如一个企业的负责人一致决定，不进行必要的作为，那么就这个决定而言就产生了共犯的行为。任何一个参与者都不能通过证明自己曾经投过反对票，只是被多数否决了来否认自己对于失职的发生有责任。[③] 相应的，这个本应该对避免损害发生负有责任的机构的成员通过沉默的形式一直表示不做任何事情。所以也没有一个一同保持沉默的成员能够证明自己曾经提出过异议，只是没有得到支持。然而对于这个集体的决定、集体不作为、集体的失职是否和结果的发生具备因果关系，也只能通过假想的因果关系找到答案。[④]

2. 法院若是出于对证据的尊重就认定相关机构成员的失职和2006年1月2日的冰上运动馆顾客死伤事件之间缺乏因果关系，这也是明显有司法错误的。

(1)玩忽职守和行为结果之间应该具有高度盖然性的表达，其实也不是说在因果关系的证明程度方面要比其他情况要求具有更高的标准。所谓高度盖然性就是一直以来所说的对产生法律确信所必需的证据标准。[⑤] 因为这并不是事实上的因果关系的确定，法院需要进行假设性的权衡，然后在此基础上创设出一个确信。在这方面按照更高的或更低的标准去分级，这种方式建立的确信没有说服力。[⑥]

(2)刑事审判庭按照之前的事实，即建筑师J在2002年，之后建筑师L在2004年曾经也徒劳地提出过要进行深入检查的建议，但是从该市负责人到目前为止采取的行动来看，他们肯定是没有作为。同时，刑事审判庭没有分析到，如果被告人对冰上运动馆的屋顶结构进行尽职的“顺手就能完成”的检查，那么该市负责人的决策依据的基础将会是多么不一样。

---

① Vgl. dazu BGH, Urt. vom 26. Juni 1990 – 2 StR 549/89 (BGHSt 37, 106) – Lederspray-Fall.

② Vgl. dazu BGH, Urt. vom 6. November 2002 – 5 StR 281/01 (BGHSt 48, 77) – Politbüro-Fall.

③ Vgl. BGHSt 37, 106, 129.

④ Vgl. BGHSt 37, 106, 126 f.

⑤ Vgl. BGH, Urt. vom 26. Juni 1990 – 2 StR 549/89 (BGHSt 37, 106, 127).

⑥ Vgl. Weigend, in LK 12. Aufl. § 13 Rdn. 72.

建筑师 J 尽管曾经为了证明自己完成了检测的工作,通过表面的观察发现了一些问题,比如混凝土损毁和一些水痕,即通常意义上的较差的整体状况。和 2004 年建筑师 L 的情况一样,这只是让他认识到,如果不进行一次深入的检查就无法弄清重新修缮的必要性。两个人都没有指出已经在直观上就能看出标志着风险的建筑物的损坏部分。他们不能也不需这样做。与此相反的是,被告人在 2003 年 2 月到 3 月期间的那次“顺手就能完成”的检查中发现了冰上运动馆的屋顶结构中承重部分存在明显的、能具体表明危险的迹象,并且将这个信息上报给市里。尤其是胶水粘连部分的裂缝是重要的警报讯号,即使当时在该市很大部分人对此还很无知,因为可溶于水的胶水还在被广泛地使用。尽管只有继续进行深入检查,才能确定损坏规模和实际风险的范围。但是对于在承重结构部分发现具体的可能造成危险的损害并没有引起该市的负责人的注意,这点就值得被讨论。

(3)在这一方面还存在着明显的陈述上的缺陷,对于该市在被告人知冰上运动馆屋顶的承重结构部分存在着上述具体的预示着潜在的危险情况的缺陷后,在屋顶面临很大的积雪压力时是否有提前采取限制营业和对屋顶上的积雪进行及早清理的预防措施,刑事审判庭并没有对此进行分析。鉴于冰上运动馆的建造时间和已经得知之前的预警信号(游泳馆屋顶结构的缺陷、屋顶遮雨台部分的胶水的开裂、屋顶部分的坠落)都本能够让巴特赖兴哈尔市建筑部门的负责人员意识到,不能想当然地认为该建筑群还能和建成之初一样对积雪有着最大的承重能力。此外,根据目前的查证资料,该市害怕深入检查所支出的花费,因而他们选择一个成本更低的检测方式,并向运营人员给出新的关于屋顶对积雪的最大承重能力的指示数值这种做法就容易理解了。在这点上也值得被讨论。

(4)根据目前的查证资料,刑事审判庭首先必须对以下问题进行分析:

很容易推知,被告人在 2003 年 3 月 21 日给出的针对冰上运动馆屋顶及其承重结构的研究报告中的乐观的表述是符合该市相关负责人员的期待的。他们显然乐于接受一个需要花费较低成本即能得出的表面看起来没有疑问的专业的表述。然而为了避免深入检查带来的更高的成本和能够轻松地没有顾虑地推迟进行进一步的行动的决定而对这样的信息采取欢迎的态度,这是值得思考的。

以下几点可能是其中的线索：

根据目前的查证资料，被告人没有义务对场馆的稳固度进行检测。他也没有对屋顶结构的稳固度和承重力进行任何的调查。尽管他在2003年3月21日的报告中谨慎地使用了“看起来很好，整体上的状态可以称得上不错”的用语，但是在最后他对建筑物中的钢筋混凝土部分和木质结构部分的承重能力作出了积极的评价。这是超出他的任务范围的。此外，他对于冰上运动馆承重结构的评价是在他对此没有掌握足够的知识背景的情况下作出的。作为专业人士，他对这一点应该是明悉的。另外在这里值得考虑的还有，他自己曾在2001年对于屋顶的遮雨台部分的胶水粘连状态的损坏进行了确定。此外，他当时还在表述中提到了相关的游泳馆屋顶附属结构和那里的管道系统，认为渗入的水会导致一些从外面发现不了的损害。尽管如此，他还是进行了积极的表述，并认为没有深入检查的必要。而且，其中并没有包含这个已经建造了多年的馆群建筑有重新修缮的必要。此外，冰上运动馆的屋顶在其评价中更是完全没有被提到。

根据目前的查证资料，该市相关负责人员对于之前提到的危险信号（遮雨台和游泳馆）以及建筑物的年龄也是清楚的。他们可能也意识到了，建筑师的任务范围（无需对稳固度进行鉴定）以及任务的酬劳（3000欧元）和被告人对于冰上运动馆屋顶及其承重结构的积极评价（不需要任何深入的检查）之间存在着矛盾。因为该市相关负责机构的专业人员也参加了检测。该市的负责人员可能（只是表面上）接受了被告人对场馆的承重结构给出的积极评价以及有意地对未进一步探究的评估持欢迎态度，之后也并未采取任何严肃的措施来防止该座已经建造了33年、肉眼可见处于糟糕状态下且从未被检查过稳固度的建筑物所可能发生的危险。

因为如果这样的话，被告人在没有充分检测的基础上作出的报告（根据目前的查证资料是被谴责的）对于该市相关负责人的行为的影响就和现在确定的情况不一样了。（谴责）重点便可存在于积极的作为中，即在于给出了这份申明。这时，通过适当的论证就能发现该市的不作为和之后在2006年1月2号发生的倒塌事件以及相关顾客的死伤情况之间的因果关系了。

如果说在本案中该市的行为也被认定为违反了义务的时候，就存在着被告人的过失的共同正犯了。结果的归责不能基于相互交错的、每个单独个体的过失行为。因为过失犯中缺少了只在故意犯中才存在的对于行为计划的归责。[①] 如果另外一个人的义务的违反是在一个人的义务违反的行为中得以实现的,那么就出现了共同正犯。[②] 因为每个对犯罪行为有帮助的行为的因果关系都要被证明出来,所以共同正犯这个概念在很多情况下经常被视作多余的。[③] 本案中,存在着共同的因果关系,但不存在共同正犯。此外,从规范的角度出发对于结果的归责来说也是非常重要的。[④]

如果能证明在被告人和该市相关负责人之间通过明示或暗示的方式有意识地共同实施行为的时候,则两者为正犯的关系。

3. 综上,这个涉及本案被告人的事实还需要重新审理和裁决。

四、判例评述

本案件主要涉及的问题是作为和不作为的区分、过失不作为犯中类因果关系(Quasi-Kausalität)的判断以及同时正犯(Nebentäterschaft)的问题,后者即所谓的过失共同正犯。过失不作为犯的检索模板可参阅本章第一节(诊所案)。

首先,对于本案的第一个问题,作为和不作为的区分,在本章的第二节(诊所案)以及第八章第二节(中断治疗案)中都已经详细介绍了来自学界和判例的几种学说。本案中,联邦最高法院并没有花费太大的篇幅来论证作为和不作为的区分标准,而是根据以往的判例观点[⑤],依据所有行为人所实施行为的谴责性重点来规范判断,倾向于得出被告人 A 实施了一个积极作为的替代性行为(Alternative des positiven Tuns)。因为在案件中,被告人 A 在其作出的鉴定中“明确对钢筋混凝土和木质结构的承重能力都作出了积极的评价”,这样的鉴定意见可能会成为巴特赖兴哈尔

---

① Vgl. Fischer, StGB 57. Aufl. § 25 Rdn. 26.

② Vgl. Fischer a. a. O. § 15 Rdn. 16c, vgl. auch BGH, Urt. vom 22. Januar 1953–4 StR 417/52–(BGHSt 4, 20, 21).

③ Vgl. etwa Schünemann in LK 12. Aufl. § 25 Rdn. 222.

④ Vgl. Murmann in Satzger/Schmitt/Widmaier, StGB § 25 Rdn. 3; Kudlich a. a. O. Vor § 13 Rdn. 38, 48 ff.

⑤ Vgl. BGHSt 6, 46, 59; BGHSt 49, 147, 169.

市市政府“不作为”的原因,而因此最终成为场馆屋顶塌陷以及造成人员伤亡的原因。在这种情形下,联邦最高法院根据“谴责重点公式”认为,其所谴责的对象应该是被告人 A 做出违规义务鉴定这个积极的作为行为。

即便如此,联邦最高法院在判决中还是对如果认定被告人 A 的行为是不作为情形时,其保证人地位(Garantenstellung)来源为何的问题进行了探讨。对于保证人地位的来源,主要存在两种学说:第一种是形式的法义务说(Formelle Rechtspflichtenlehre),认为对行为的命令只能来自于法条和合同[①];第二种是实质理论,即所谓的控制支配说(Lehre von der Kontrollherrschaft),根据控制支配说,作为义务并不来源于法律规定,而是来自事实,在此基础上又可以进一步区分保护型保证人(Beschützergarant)和监督型保证人(Überwachungsgarant)。[②] 在保护型保证人中,作为义务(保证人义务)可来源于:家庭或其他个人紧密关系;合同关系中的责任承担;危险共同体;而在监督型保证人中,保证人义务则可以来源于:物品的危险源;作为危险源的第三人行为;先行行为。[③] 在本案中,被告人 A 是否具有保证人地位、负有保证人义务是非常具有争议性的。可以进行讨论的来源有三种,即先行行为(Ingerenz)、合同(Vertrag)和事实的义务接管(faktische Pflichtübernahme)。

首先,因为被告人建筑师 A 作出鉴定书这个作为行为之前就已经存在了“不作为行为”,即对冰上运动场馆未实施符合规范的检查,这样不作为在作为之前的情形,排除了因违反义务的先行行为(Ingerenz)而成立保证人地位的可能性。其次,被告人建筑师 A 虽然与受害者(即场馆的顾客)之间未签订合同,但是其与巴特赖兴哈尔市之间签订的委托合同可以被视为“附保护第三人作用的合同”(Vertrag mit Schutzwirkung zugunsten Dritter)。但是问题在于合同内容本身,其虽然指出了要对屋顶结构进行检查,但是却没有明确要求要对场馆的稳定性进行评价。但是这里如果将这样内容的合同用于论证场馆顾客的保护义务,显然是极其困难的。此时如果仅仅讨论被告人与市政府之间的合同义务,那么也会因为

---

① Vgl. Berster, Das unechte Unterlassungsdelikt, 2014, S. 24 ff.

② Vgl. Roxin, Strafrecht Allgemeiner Teil, Band II, 2003, §32, Rn. 17 ff.

③ Vgl. Kaspar, Strafrecht Allgemeiner Teil, 2. Aufl., S. 244 ff.

同时存在市政府与其他建筑师间类似的委托合同,而变得棘手。因为被告人建筑师 A 完全可以抗辩,其作出的鉴定并非只是市政府作出不进行修缮以及继续经营决定的唯一根据。最后,或许可以依靠事实上的义务接管来论证被告人 A 具备保证人地位。因为正是通过其对场馆稳定性作出的"好的"评价,事实上创造出了一种信任关系,也因此将责任事实上接手过来。[①] 但是根据通说,这里应该适用"同时性原则"[②](Simultaneitätsprinzip),这里事实上的义务接手必须要与不作为行为同时发生,显然,在本案中,事实的义务接手实际发生在了对建筑屋顶进行检查的不作为行为之后,即在出具鉴定书时才出现。由此可以发现,要论证被告人建筑师 A 对场馆做出符合规范调查的不作为行为的可罚性,是非常困难的。

在进一步讨论巴特赖兴哈尔市负责人(场馆负责人)的可罚性时,其不作为行为依然需要证明其存在保证人义务,这里主要是对危险源的监管与消除义务。场馆负责人本应该关闭场馆却没有关闭,继续运营,最后造成了人员伤亡。在这个方面或许可以考虑被告人建筑师 A 的鉴定被作为辅助材料基础使用到了决策中。此时或许可以考虑被告人 A 作为帮助犯(Gehilfe)的可罚性。那么,此时就进入了本判例中讨论的第二个重点,过失犯中的参与问题。

根据德国通说,过失犯中并不需要区分正犯和共犯,而是适用的所谓单一正犯原则(Einheitstäterprinzip)。[③] 由此即使被告人建筑师 A 依据犯罪支配理论,未亲自实施不作为行为,即能够停止冰上运动馆运营而未停止其运营,其对场馆负责人的不作为的帮助也应该被当作"正犯"进行下一步的检验。根据通说,在过失犯的情形下,并不适用共同正犯的归责原则,主流学说和判例都否定过失共同正犯的概念。[④] 主流学说反对过失共同正犯的理由主要在于,共同正犯成立前提中包含了对构成要件实现

---

① Vgl. Kessler/Klewin, famos 06/2010.

② Vgl. Heinrich, Strafrecht Allgemeiner Teil, 6. Aufl., S. 108.

③ Vgl. Kaspar, Strafrecht Allgemeiner Teil, 2. Aufl., S. 229; Roxin, Strafrecht Allgemeiner Teil, Band II, 2003, §31, Rn. 78.

④ Vgl. Kaspar, Strafrecht Allgemeiner Teil, 2. Aufl., S. 230; Kühl, Strafrecht Allgemeiner Teil, 8. Aufl., S. 809 ff.

的共同决定,这明显只会出现在故意犯的场合。[①] 判例对此虽然进行了讨论,但是最后并没有在案件中作出最后的论断。[②] 相反,少数支持过失共同正犯概念的学者却认为,例如在集体决议(Kollektiventscheidungen)或者在累加因果关系(additive Kausalität)的案件中,有构建引入过失共同正犯的必要性。在上述的案件中,都面临因果关系难以论证和证明的问题,引入了共同正犯中"部分行为全部责任"的相互归责规则可以更加简单和充分地论证行为人的可罚性。[③] 少数说的理由在于,实定法上,即《德国刑法典》第25条第2款并未排除过失犯的适用可能性。另外,"共同犯罪计划"的标准至少在有认识的过失情形下是有可能满足的。[④]

由此,遵循德国通说,本案中对被告人建筑师A仅能以纯粹同时犯(Nebentäter)进入三阶层的检索模板之中。在同时犯的检验中还需要特别注意"存疑有利于被告人"原则的适用,在无法查明最终造成构成要件结果实现的行为是哪个行为人实施的情形,则应按该原则判定所有行为人无罪。[⑤] 如果行为人的行为真的可以满足所有三阶层的检验,认定具有可罚性的话,那么才在量刑的层面对其各自的犯罪贡献进行考量。

但是显然在本案中,被告人A作出鉴定的行为是否最后会导致场馆倒塌造成人员伤亡的结果,还需要经受住因果关系的考验。在本案中,被告人建筑师A的辩护人正是以因果关系为突破口进行辩护,认为巴特赖兴哈尔市的相关负责人即使在被告人对场馆进行了符合规范的检查的情形下,也会无视该鉴定报告,不对场馆采取修缮措施,继续对外营业,从而导致事故和死伤。这里涉及过失犯中注意义务与因果关系的问题(对此还可参见本章第二节"诊所案")。过失犯中的条件说判断,需要加入一个假设性的要素,即原本案件中的注意义务违反如果假设为并没有发生,

---

① Vgl. Otto, Täterschaft und Teilnahme im Fahrlässigkeitsbereich, in: FS-Spendel, 1992, S. 271, 281; Renzikowski, Restriktiver Täterbegriff und fahrlässige Beteiligung, 1997, S. 283; Weißer, Gibt es eine fahrlässige Mittäterschaft?, JZ 1998, S. 230; Küpper, Zur Abgrenzung der Täterschaftsformen, GA 1998, S. 526; Kamm, Die fahrlässige Mittäterschaft, 1999, S. 87 ff.

② 参见 BayObLG NJW 1990, 3032(蜡烛案);OLG Schleswig NStZ 1982, 116 f.(火柴案);BGHSt 37, 106(皮革喷雾案)。

③ Vgl. Kühl, Strafrecht Allgemeiner Teil, 8. Aufl., S. 810.

④ Vgl. Kaspar, Strafrecht Allgemeiner Teil, 2. Aufl., S. 230.

⑤ Vgl. Roxin, Strafrecht Allgemeiner Teil, Band II, 2003, §25, Rn. 240.

而是存在一个符合义务的行为的话,如果结果仍然出现,那么则应该否定该注意义务违反行为与构成要件结果之间的因果关系。[①] 当然,这里的假设性要素(合义务替代行为)的体系性地位还存在争议,既有学者放在因果关系的判断中,也有学者放在因果关系之后的客观归责中。

对于这个问题,德国学界(少数说)提出了风险升高理论(Risikoserhöhungstheorie),认为违反义务行为相较于合法替代行为而言,明显升高了结果出现的风险时,就承认存在义务违反关联。[②] 而判例和学界多数说则坚持可避免性理论(Vermeidbarkeitstheorie),认为在可以确认在没有该义务违反行为情形,构成要件结果具有临近确定的盖然性(an Sicherheit grenzender Wahrscheinlichkeit)不会出现时,则可以确定客观归责判断中要求的义务违反关联。[③] 根据可避免性理论的观点,如果结果仅是以一种弱化或者较轻微的形式出现,例如可能出现的结果是身体健康的损害,而不是被害人死亡,此时就已经可以满足义务违反关联的要求。在本案中相应的假设前提则是,如果被告人建筑师 A 对屋顶进行了亲身检查而没有作出对建筑稳定性未经验证的评价时,是否屋顶倒塌、造成人员伤亡还有可能发生？显而易见,这里的判断十分困难,在本案中联邦最高法院也未给出明确的回答,只是要求重审法院进一步查明,是否巴特赖兴哈尔市政府的负责人在被告人 A 满足其委托合同义务的情形下,会具有临近确定的盖然性采取相应的措施,从而避免死伤结果的出现。可以看出,在本案件中,联邦最高法院又一次重申了可避免性说,对于风险升高理论的观点,仅仅在不作为行为升高了结果出现的风险时便可肯定这里的因果关系,联邦最高法院再次给出了明确的否定。[④]

综上,本案中联邦最高法院判决对三个关键问题,及不作为的保证人义务来源、过失共同正犯和过失犯中的因果关系作出了回答。首先,在论证不作为犯的保证人地位中,联邦最高法院是从保护型保证人和监督型保证人的区分出发,由于保护型保证人仅仅涉及部分的义务人,例如家庭

---

① Vgl. Wessels/Beulke/Satzger, Strafrecht Allgemeiner Teil, 48. Aufl., S. 419.

② Vgl. Roxin, Strafrecht Allgemeiner Teil, Band I, 4. Aufl., § 11 Rn. 88 ff.; Kühl, Strafrecht Allgemeiner Teil, 8. Aufl., S. 610.

③ Vgl. BGHSt 21, 59, 61; BGHSt 49, 1, 4; Cramer/Sternberg-Lieben, in: Schönke/Schröder, Strafgesetzbuch Kommentar, 27. Aufl., § 15, Rn. 174 ff.

④ Vgl. BGH NJW 2010, 1087, 1091.

成员、合同相对人或危险共同体中的人等,因此本案中只能考虑监督型保证人的可能性。至于监督型保证人中具体的保证人义务来源,联邦最高法院对本案并未作出让人满意的解答,无论是合同还是创设与持有危险源都存在论证上的缺陷。[①] 对此,联邦最高法院的判决本可以更加具体化,或者甚至考虑,总结出一种新的类型的保证人地位。其次,联邦最高法院并没有承认过失共同正犯的概念,而是继续沿用同时正犯(Nebentäterschaft)的概念进行解释,强调在过失犯中,多个行为都是一个或相同结果的原因,在不需要将其他人行为归责于一个人的情形下,也可能满足可罚性的要求。重要的是,必须对每个"行为人"认定其各自违反义务的行为方式,其义务违反行为的判断之间不能相互影响。再次,有关过失犯因果关系的认定,联邦最高法院继续坚持"可避免性说",这样实际上就把因果关系认定的压力更多地留给了事实审法院,要求其对所有掌握的情况和证据进行更加确切的评价。最后,本案中在很多问题上,联邦最高法院都体现出了其一贯的保守作风,但是从另外一方面来说,这也能体现出德国司法通过系列判例的形式对于法安定性和法明确性的追求。

---

① Vgl. Kessler/Klewin, famos 06/2010.

第八章　不作为犯*

第一节　导　论

刑法以处罚作为为原则,处罚不作为为例外。这与自启蒙运动以来奠基于社会契约论基础之上的法治国基本原则相一致。出于对公民行动自由的尊重,法秩序通常仅禁止公民从事特定的行为,而并不强制公民必须实施特定的行为。但在例外情况下,法律也会将特定的不作为纳入刑罚处罚范围之内。首先,不作为犯在犯罪构造上与作为犯相比具有诸多特殊性。刑法教义学在不作为犯中首先遇到的问题是以何种标准区分作为与不作为,对此德国刑法理论与判例上大致存在本体论与规范论两种解决路径。本章的第一个案例将要讨论的是联邦最高法院在中断治疗案件中关于区分作为与不作为的标准的讨论。其次,与作为犯的因果关系不同,不作为犯的因果关系的检验具有特殊的困难,联邦最高法院在判例中发展出了一系列检验不作为犯的因果关系的标准,理论上在此问题上最有代表性的则是风险降低理论。在本章的第二个案例中将讨论医生没有采取特定的治疗措施与病人的死亡之间的因果关系的认定问题。再次,不作为犯可以分为纯正的不作为犯与不纯正的不作为犯。前者因立法上为其设置了单独的构成要件,在认定上通常较为容易,而后者则是以不作为形式实施了作为犯的构成要件,因而产生不作为与作为的等价问

---

* 徐凌波,南京大学法学院副教授,北京大学法学院博士,德国维尔茨堡大学法学院博士候选人。

题。根据《德国刑法典》第13条的规定,不纯正不作为犯的成立以存在保证人地位为其一般性前提,因此保证人地位的成立成为德国刑法理论和判例在不作为犯问题上最受关注以及最具争议性的问题。传统的形式法义务理论将保证人地位的来源区分为法律、合同、前行为以及生活共同体等,随着保证人实质化运动的发展,理论与实践上越来越多地根据功能理论将保证人区分为保护型保证人与监督型保证人两种类型,在这两种类型之下又可以进一步细化为不同的保证人类型。在保证人类型中,前行为保证人是最具争议的保证人类型之一。本章第三个和第五个案例均涉及以何种根据认定保证人地位成立的问题。最后,在第四个案例中,将要讨论的则是不作为的正犯性问题,尤其是如何区分以不作为实施的参与自杀与不作为的故意杀人之间的界限。

第二节 中断治疗案

一、基本案情①

被告人是K女士及其子女的律师,专攻医事领域的法律问题。K女士于2002年10月因脑出血而陷入深度昏迷,只能通过插入胃部的PEG导管(Die perkutane endoskopische Gastrostomie,经皮内镜下胃造瘘术②)来维持营养供给。2006年K女士左臂被截肢,2007年她的体重已经下降到40公斤,身体健康状况已无好转的可能。2002年9月,K女士的女儿G与儿子PK曾经询问过她,如果发生了什么意外,他们应当如何处理。K女士当时表示如果自己失去意识绝不要采取任何维持生命的措施,总而言之她不想自己身上被插入任何管子。K女士一开始由自己的丈夫照料,后来又请了专门的护工协助。2005年其夫死亡,该名护工就单独负责K女士的护理。2006年3月,G告诉了该名护工自己于2002年与母亲的谈话内容,但谈话内容并没有被书面记录下来。

---

① BGH NJW 2010, 2963 ff.

② 经皮内镜下胃造瘘术(Percutaneous Endoscopic Gastrostomy, PEG)及内镜下空肠造瘘术(Percutaneous Endoscopic Jejunostomy, PEJ)是在内镜引导及介入下,经皮穿刺放置胃造瘘管和(或)空肠营养管。

G与自己的兄弟PK表示希望自己的母亲能够有尊严地死去。但护工坚持拒绝移除胃管。被告人作为律师,为G和其兄弟PK提供法律意见。被告人与G还有PK试图一起移除人工维持营养的设备。负责治疗的医生也支持被告人的计划,因为在他看来医学上已经没有任何充分的理由需要继续维持人工的给养。但他们的计划遭到了疗养院的反对。疗养院方面最后提出妥协,疗养院只负责必要的护理,如果G与PK要帮助自己母亲死亡,那么他们要自己动手移除设备。在向被告人咨询法律意见后,G与PK都同意了这一方案。2007年12月20日,他们撤除了营养以及水分的供给。

第二天,疗养院的董事会要求疗养院重新恢复给养。被告人当天建议G与PK直接切断胃管。根据他对情况的判断,任何诊所都无权任意将新的管子插入病人体内,K女士就可以有尊严地死去。G听从了被告人的建议。疗养院的工作人员随后叫来了警察,K女士在检方的要求下被送入医院。数天后,K女士死亡,但无法查明其死亡与短时间内撤出胃管之间是否存在因果关系。

州法院判决被告人成立故意杀人罪未遂,而G则由于存在不可避免的禁止错误而被宣告无罪。

二、法条索引

本案例引用了如下法条:

1.《德国刑法典》第13条(通过不作为实施):

(1)不防止属于刑法构成要件的结果发生的人,只有当其有依法必须保证该结果不发生的义务,且该不作为与以作为的方式实现法定构成要件相当时,才依法受处罚。

(2)可依第49条第1款减轻处罚。

2.《德国刑法典》第17条(禁止错误):

(1)行为人行为时没有认识其违法性,如该错误认识不可避免,则对其行为不负责任。

(2)如该错误认识可以避免,则依第49条第1款减轻处罚。

3.《德国刑法典》第212条(故意杀人):

(1)非谋杀而故意杀人的,处5年以上自由刑。

(2)情节特别严重的,处终身自由刑。

4.《德国刑法典》第216条(受嘱托杀人):

(1)应受被害人明示且真诚之要求而将其杀死的,处6个月以上5年以下自由刑。

(2)犯本罪未遂的,亦应处罚。

三、裁判理由

州法院认为,被告人与死者的女儿G于2007年12月21日所实施的行为共同构成了以积极作为方式实施的故意杀人罪未遂。该行为既无法根据死者K女士的推定同意,也无法根据正当防卫或者排除违法性的紧急避险而排除违法性。被告人也无法基于免责的紧急避险而排除责任。尽管他存在容许错误,但作为专长于此领域的律师是可以避免该认识错误的。

而共同被告人G则由于接受了被告人所提供的法律意见而产生不可避免的禁止错误,因而适用《德国刑法典》第17条的规定排除了其行为的责任。

1. 州法院认为,疗养院违背病人的监护人及其主治医生的意愿重新安装人工供养设备的行为,是对死者的自我决定权的不法侵害。但这一观点的成立是以此前撤除给养设备的行为是合法的为前提。州法院的观点在结论上是正确的。

1994年9月13日,联邦最高法院第一刑事审判庭便对作为看护人的儿子以及负责治疗的医生共同结束了因不可逆转的严重脑损伤而欠缺作出决定能力的病人的人工营养供给行为作出了判决。[①] 由于病人的基本病情尚未进入直接濒死阶段。因此,根据德国医生协会所给出的安乐死标准,尚不构成"消极的安乐死"。但同时联邦最高法院也承认,鉴于本案的特殊情况,只要病人对于中断治疗存在推定承诺,自始便排除了例外地允许通过中断医生的治疗或其他措施来实施消极安乐死的可能性。在此种情况下,病人的自决权应当得到关注。违背病人意志的治疗行为既不应着手实施也不应继续进行下去。

---

① Vgl. BGHSt 40, 257 = NJW 1995, 204 = NStZ 1995, 80.

在何种条件下以及何种范围内允许基于病人的意愿结束维持生命的治疗措施,2009 年 7 月 29 日通过的《照管法》(Betreuungsrecht)第三次修正案的规定在一定程度上消除了这一问题上的不确定性。根据《德国民法典》第 1901a 条第 3 款的规定,中断治疗的允许范围并不取决于病人所患疾病的种类及病情的发展程度。

州法院正确地认定,疗养院管理层所实施的重新安装人工给养装置的行为是对病人的身体完整性的不法侵害。根据行为当时的通行观点,无论是根据护理协议还是《德国基本法》上的良心自由,疗养院及其工作人员都无权无视病人的自我决定权而专断干预病人受到宪法保护的身体完整权。

2. 对于判决所评价的被告人及前共同被告人的行为,州法院正确地认为其不能通过《德国刑法典》第 32 条的紧急救助(Nothilfe)规定得以正当化。尽管《德国刑法典》第 32 条所规定的正当防卫情形的确存在,但防卫行为并非针对侵害者本人的法益,而是针对被侵害者的最高等级的生命法益。对被攻击者的生命法益的侵害显然不能通过针对侵犯身体完整性的正当防卫来得以正当化。

3. 杀人行为不能仅仅根据作为监护者的 K 女士的子女对中断治疗的同意而得以正当化。

本案与此前判决相比的特殊性在于,对于前共同被告人 G 阻止重新设置人工供养设备而直接以结束生命为其目的的行为,州法院正确地将其认定为符合《德国刑法典》第 25 条第 3 款规定的行为,根据一般的规则应视为作为而非不作为。此前的判决并没有认可在这类案件中对于安乐死的正当化事由。

(1)立法者通过 2009 年 7 月 29 日的立法修正确定了以病人意志为导向的限制治疗行为……这项新规定的基础一方面在于宪法所保障的自我决定权,根据这项权利,个人有权拒绝医生的治疗行为以及在必要时有权拒绝维持生命的措施,而不必考虑该措施的必要性。而另一方面同样需要考虑通过《德国刑法典》第 212、216 条的规定所表达的宪法对于个体生命的保护。

(2)这项新规定对于刑法同样产生了影响。但《德国刑法典》第 212、216 条的规定并不因此而动摇……关于杀人行为在刑法上的正当化事由也并不能仅仅作为从属于民法的问题来处理。承诺发挥正当化功能的界限,何时又应肯定基于承诺的杀人,这一问题与承诺作为身体伤害罪的正当化事由一样都是刑法所特有的问题。这一问题尽管需要考虑宪法以及其他部门法的规定,但根本上仍然取决于实体刑法所设定的标准。

《德国民法典》第1901a条也为失去意志表达能力的人的个人自决权的实现提供了程序性的保障。

4. 州法院拒绝以病人的承诺作为被告人及其共犯行为的正当化事由。因为根据州法院的观点,这里并没有满足构成以不作为实施的消极安乐死的条件。州法院将切断导管的行为评价为积极的作为,因而病人的承诺便不具有使该作为正当化的效力。

(1)州法院的这一观点与当时判例与文献上的主流观点一致。该观点区分了为法律所允许的消极与间接安乐死,以及始终被禁止的积极安乐死。单纯地撤除人工维持生命的设备因而根据其外在的表现而非刑法相关行为的重点能被视为不作为而非积极的作为,是消极的行为方式。按照迄今为止的通说,以这一区分为基础,所谓的被允许的消极安乐死总是法律意义上的不作为。而自然意义上的积极作为则总是被视为违法的杀人行为而受到刑事处罚。

(2)联邦最高法院并不赞同以外在表现作为区分作为与不作为的标准,进而在存在病人现实的或推定的承诺的情况下,区分正当与违法地导致他人死亡的行为。

A. 联邦最高法院的判例在过去也没有一贯的立场,因为违反义务的不作为可以符合《德国刑法典》第216条的构成要件。① 这表明,判断行为究竟被允许还是被禁止的标准并不单纯存在于行为的外部特质(äußerlichen Handlungsqualität)之中。尽管立法者区分了违反义务的、没有阻止结果发生的不作为与积极地造成结果发生的作为,因为根据《德国刑法典》第13条第2款的规定,对于以不作为导致结果发生的情况可以减轻处罚。但只要其所基于的生活事实如此要求,这一区分也能够对作为与不作为作同等评价以及同等处理。

B. 根据自然意义上的消极不作为与积极作为来区分被允许的安乐死与根据《德国刑法典》第212、216条受到刑事处罚的杀人行为是没有意义

① Vgl. BGHSt 13, 162, 32, 327.

的。以自相矛盾的规范评价而将一个现实的积极作为转化为“规范理解下的不作为”(normalistisch verstandenes Unterlassen),从而能够将这一行为评价为“消极安乐死”,在法律上使其正当化。这一做法在过去已经得到诸多正确的批评,并在教义学上被视为不被允许的人为捏造(Kunstgriff)。

将积极的作为转化为规范的不作为的做法也并不适用于本案所出现的问题。“中断治疗”并非仅仅是纯粹的不作为,而是通常包含了积极的与消极的行为的混合体。根据教义学以及判例基于《德国刑法典》第13条不作为犯的规定而发展出来的标准对其加以归类是存在问题的,而且这种评价往往具有偶然性。因此将对医生结束治疗行为的评价与规范的“中断治疗”这一上位概念相结合是有意义且必要的。中断治疗这一概念除了考虑客观的行为要素,还需要结合主观的目的设定。中断治疗不仅包括根据病人的意愿而结束一个已经开始实施的治疗行为,也包括根据其或者其监护者的意志基于护理以及治疗的必要性而对治疗的内容予以缩减。因为如果病人能够要求不实施治疗,则他同样可以要求结束一个不再为病人所愿意的治疗行为,无论结束治疗是通过作为还是不作为的方式加以实施的。同样,在涉及重新采取一个不再符合病人意愿的治疗行为时,该治疗行为应当被阻止。

C. 区分积极与消极行为的外部性标准不足以合乎事实且根据个案正义的需要确定界限,从而能够肯定病人不实施治疗行为或者中断治疗行为的意愿作为使行为正当化的根据,必须发展出新的标准,从而使得这一区分成为可能。这一标准来自于“死亡帮助”与“中断治疗”概念本身以及在宪法所确定的法秩序整体背景下进行的相关法益衡量。

允许通过不实施、限制以及中断治疗的方式实施安乐死的前提在于,病人的病情已经危及生命,而相关的医疗措施也足以维持或延长病人的生命。只有在这个意义上,安乐死这个概念才具有体系上的,以及作为刑法正当化事由的意义。超出这个范围的故意结束他人生命的行为,是自始无法通过“被害人承诺”而得到正当化的。这主要是基于《德国刑法典》第216条与第228条的规定,以及这些规定背后的法秩序价值选择。

通过承诺得以正当化的安乐死行为在客观上与主观上都必须与治疗行为直接相关。被允许的安乐死包括不作为即不采取维持生命的治疗措施以及间接的安乐死行为,即为减轻病人痛苦而采取以病人死亡提前作为代价的措施。

以内在于“中断治疗”概念的治疗相关性以及实现病人意志的标准区分允许和禁止的帮助死亡,较之通过区分积极的作为与消极的不作为的做法是更为合适的,后者在教义学上存在问题而在实践中也很难得到贯彻。这一新的标准能够更好地对相关的法益进行衡量,并为相关人员提供更为清晰的法律指引。

《德国刑法典》第216条所设定的界限并未受到动摇。这与立法者在照管法第三次修正案中所体现的意志是一致的。立法者希望将拒绝采取治疗措施的行为与《德国刑法典》第216条所规定的基于要求的杀人行为严格区分开来。

D. 如何确定与治疗相关的病人意愿在证明上需要采用严格的标准。

(3)上述中断治疗行为的正当化规则不仅适用于病人的主治医生、监护人以及全权代理人的行为,同样适用于第三人的行为,只要其作为参与治疗与护理的相关帮助人员即可。这是因为,中断治疗通常并不仅限于一个作为或者不作为,而是多种治疗措施的结合体,而这些措施并非必须由医生本人来加以完成。

四、判例评述

(一) 理论背景:德国法与理论上关于安乐死的讨论(Sterbehilfedogmatik)

本案所涉及的基本问题在于以中断治疗的方式实施安乐死(Sterbehilfe)行为的正当性问题。理论传统上将安乐死行为的允许界限与行为方式属于作为还是不作为相联系。在“安乐死”这一上位概念之下,区分了积极的、消极的以及间接的安乐死。

所谓积极的安乐死(aktive Sterbehilfe),是指在获得病人承诺的情况下以积极的作为结束身患不治之症的病人的痛苦。[①] 通说认为,《德国刑法典》第216条关于受托杀人罪的规定意味着立法者认为,在杀人案件中,被害人的承诺是无效的。因此即便存在病人的承诺,以积极作为的方式结束他人生命均符合杀人罪的构成要件,问题仅仅在于是否存在被害人明确的真诚的要求。如果存在被害人的要求则构成《德国刑法典》第

---

① Vgl. Engländer, Von der passiven Sterbehilfe zum Behandlungsabbruch, Zur Revision der Sterbehilfedogmatik durch den 2. Strafsenat des BGH, JZ 2010, S. 513.

216 条受嘱托杀人,反之不存在被害人的要求,则应根据第 212 条故意杀人罪的规定受到处罚。

所谓消极的安乐死(passive Sterbehilfe),则是按照病人的意愿放任病人死亡而不采取维持生命措施以阻止死亡结果发生。消极安乐死原则上不仅适用于病人的病情已经进入濒死阶段(Sterbeprozess)的情况,也适用于尽管尚未进入濒死阶段但病人的病情已无好转可能的情形。① 消极安乐死通常被认为是不可罚的,通说主要通过否定医生的保证人义务以否定消极安乐死成立以不作为方式实施的故意杀人。由于病人的自我决定权意味着,即便治疗方案在医学上是有效的,病人也有权拒绝实施该治疗。因此尽管医生相对于病人居于保证人地位,但基于该保证人地位所产生的保证人义务中,并不能包括违反病人的意愿进行专断治疗的义务。据此,消极安乐死并不符合故意杀人罪的构成要件。

此外,还有间接的安乐死(indirekte Sterbehilfe),即给身患不治之症的病人注射药物以缓解其痛苦,尽管该药物的注射会缩短病人的生命。与消极安乐死一样,间接安乐死在刑法上也不具有可罚性,但其排除可罚性的理由仍然存在争议。通说认为间接安乐死可以以《德国刑法典》第 34 条紧急避险的规定作为正当化根据。②

这一关于安乐死的理论原则上得到了认可,但它仍然存在两个问题。其一如何使允许间接安乐死与无例外的禁止积极安乐死之间协调一致。因为如果不考虑间接安乐死所追求的目标,则注射减轻痛苦的药物加速病人的死亡就是一个积极的杀人行为。因此有学者认为,第 34 条不仅能够作为间接安乐死的正当性根据,也可以作为部分积极安乐死的例外案件的正当化根据。③

另一个问题则在于,以作为还是不作为区分被禁止的积极安乐死与被允许的消极安乐死。④ 在涉及中断治疗案件的处理时存在困难,这类

---

① Vgl. Engländer, Von der passiven Sterbehilfe zum Behandlungsabbruch, Zur Revision der Sterbehilfedogmatik durch den 2. Strafsenat des BGH, JZ 2010, S. 513.

② Vgl. Schneider, in: Münchener Kommentar zum StGB, 3. Aufl., 2017, vor. §211, Rn. 103.

③ Vgl. Merkel, Aktive Sterbehilfe, Anmerkungen zum Stand der Diskussion und zum Gesetzgebungsvorschlag des "Alternativ-Entwurfs Sterberbegleitung", in: Festschrift für F. C. Schroeder, 2006, S. 298.

④ Vgl. Engländer, Von der passiven Sterbehilfe zum Behandlungsabbruch, Zur Revision der Sterbehilfedogmatik durch den 2. Strafsenat des BGH, JZ 2010, S. 514.

案件中行为人以积极的作为方式关闭了治疗设备。因为一方面根据自我决定权,病人有权拒绝接受任何进一步的治疗,即便该治疗手段对于维持其生命是必要的。因为个人并没有义务继续活下去,因此他不需要违背自己的意愿被迫忍受维持或延长生命的治疗措施。如果缺少病人对治疗的承诺,则治疗者不仅有权而且有义务结束该治疗行为。如果他没有履行该义务结束治疗,则该治疗行为构成对病人的身体完整性与自我决定自由的不法侵害。这一不法侵害不能通过医生的良心自由得以正当化。但另一方面,当医生使用能量实施了治疗的中断,根据传统上对积极与消极安乐死的区分标准,其中断治疗的行为将被认定为被禁止的积极安乐死而受到刑罚处罚。医生既不得继续治疗又不得中断治疗,这就成为一个典型的规范逻辑矛盾。

本案的特殊性在于被告人以及死者的女儿 G 切断导管的行为一方面被评价为积极的作为,另一方面法院却试图排除其行为可罚性。但这在传统的安乐死理论框架内是不可能做到的,因为根据前述理论,安乐死行为的可罚性仅仅取决于行为方式是以积极的作为还是消极的不作为实施的,以积极作为实施的积极安乐死原则上被认为是可罚的杀人行为。

本案中州法院根据外部表现这一标准将被告人及其前共同被告人,即死者 K 女士的女儿 G 切断导管的行为认定为积极的作为,因此这一行为尽管符合死者的意愿,但属于积极的安乐死行为,因而死者的意愿无法使该行为正当化,此外本案中也无法认定被害人的"真诚、自愿的请求"的存在,因而不符合《德国刑法典》第 216 条的规定,被告人应当根据第 212 条的规定承担故意杀人的刑事责任。但由于被害人的死亡与其切断导管之间的因果关系无法被证明,因而认定其构成未遂。前共同被告人 G 因为在行为之前接受了作为律师的被告人所提供的专业意见,因而对自己行为的违法性存在不可避免的禁止错误而被宣判无罪。而作为律师,被告人的禁止错误是可以避免的,因而需要承担故意杀人未遂的刑事责任。

案件中,否定被告人行为可罚性的途径有二:其一是将切断导管的中断治疗行为评价为不作为,这需要一个新的区分作为与不作为的标准;其二则是放弃传统理论以行为方式作为安乐死行为可罚性的边界的做法。联邦最高法院采取了后一种做法,并对前一种做法进行了批评。由此涉及两个问题,一是作为与不作为的区分标准,二是奠基于病人自治原则基础上的中断治疗行为的可罚性。

(二) 作为与不作为的区分

如前所述,根据理论和判决在安乐死问题上的传统见解,行为人以积极的作为还是消极的不作为实施了安乐死行为对于划定安乐死行为的可罚性具有决定性的意义。

特定情况下,刑法所评价的究竟是作为还是不作为,又是存在疑问的。德意志帝国法院在山羊毛案中认定行为人的行为构成不作为,但事实上该行为应被认定为积极的作为。与之相反,医生对癌症患者的治疗行为则被评价为不作为,因为导致死亡的并非本身无害的自然治疗手段,而是手术的推迟。① 带着孩子驾驶汽车而没有锁好车门是积极的作为。② 重型卡车司机将对汽车的操纵转交给过度疲劳的同伴构成作为,而当丧失了驾驶能力的人坚持要回对汽车的操纵时,帮助者不再继续驾驶汽车构成不作为。过失的作为之后可以存在一个故意的不作为。③ 合法的作为之后也可以伴随过失的不作为。④

德国刑法理论与判例上对于区分作为与不作为的标准,尽管提出过多种方法,但主要可以分为两种路径,其一,从自然主义的本体论的角度进行观察,其二则从规范论的角度予以说明。本案中,州法院将被告人以及 G 的行为认定为积极的作为,其所采用的是前一种路径,即根据行为的外部表现(äußere Erscheinungsbild)加以判定。而联邦最高法院在过去判例中所采取的一贯立场则是规范论的路径,即以行为人举止的评价重点(Schwerpunkt des Tätersverhaltens)作为区分作为与不作为的标准。⑤

联邦最高法院所采取的规范论路径在理论上受到了诸多批评。文献中越来越多的观点认为以规范的评价重点这一标准来区分作为与不作为实际上是在循环论证,而且从法安定性的角度考虑,公众需要有一个可感知的明确的标准来界定作为与不作为,因此从行为的外部表现来认定作为还是不作为可能是更为妥当的。⑥ 耶塞克教授认为,"评价重点"这一

---

① Vgl. RGSt 75, 324.

② Vgl. OLG Karlsruhe, Die Justiz 1976, 435.

③ Vgl. BGHSt 7, 287.

④ Vgl. Weigend, in: Leipziger Kommentar StGB, 12. Aufl, Vor § 13, Rn. 83.

⑤ Vgl. BGHSt 6, 46.

⑥ Vgl. Zieschang, Strafrecht AT, 3. Aufl., 2012, S. 26.

标准尽管在部分案件中也能得出正确的结论,但实际上该标准并不能够真正提供任何帮助。[①] 格索尔(Gössel)则指出,通过规范判断区分作为与不作为以法律评价的对象或重点为基础。即如果法律所责难的是医生的错误治疗行为,则存在积极的作为,而如果法律所责难的是医生拒绝出诊的行为,则构成不作为。这一标准显然无法区分作为与不作为,因为事实上这一标准是以作为与不作为的区分为前提的,首先必须回答的问题是,法律责难所针对的部分,究竟是作为还是不作为。[②] 规范性的区分方法因此是不具有可操作性的。

理论上试图在法律的意义上为区分作为与不作为寻找一个自然意义上的标准。其中具有代表性的观点是所谓的"使用能量"(Energieeinsatz)这一标准。这一标准是由恩吉施(Engisch)发展出来的,根据恩吉施的观点,所谓积极的作为就是特定方向上的能量的使用。而与之相反,不作为便是特定方向上能量的不使用。[③] 奥托认为,规范性的理论陷入了循环论证之中。与此相反,"在特定方向上使用能量"则使区分作为与不作为不再取决于个案中应受惩罚性的衡量,从而能够合乎事实地对行为进行分析与归类。[④] 类似的还有耶塞克教授所提出的因果关系标准(Kausalitätskriterium)。[⑤] 罗克辛教授也认为,区分作为与不作为的标准既不在于法律评价的重点,也并非行为的"社会意义",而是一个积极的作为是否是结果的原因。[⑥]

从外部表现看,作为与不作为在大多数情况下是易于区分的。行为人通过使用力量而使某个因果事件发生或者朝特定的方向操纵,是积极的作为;反之,如果行为人只是放任某个事件自然发展而没有利用介入的可能性,则是不作为。困难在于,对于一个具有多种意义的行为而言,应当将其中的哪一部分作为对刑法评价具有决定性意义的根据,是否行为的外部表现必然决定了其作为作为犯或者不作为犯的法律性质。对于具有双重意义的行为,许多学者认为,其作为积极的作为的意义还是应当优

---

① Vgl. Jescheck/Weigend, Lehrbuch des Strafrechts Allgemeiner Teil, 5. Aufl., S. 601.

② Vgl. Gössel, Zur Lehre vom Unterlassungsdelikt, ZStW 96 (1984), S. 321 ff.

③ Vgl. Engisch, Tun und Unterlassen, in: Festschrift – Gallas, 1973, S. 170 ff.

④ Vgl. Otto, Die Grundlagen der strafrechtlichen Haftung, Jura 1985, S. 531.

⑤ Vgl. Weigend, in: Leipziger Kommentar StGB, Band 1, 12 Aufl., Vor § 13, Rn. 83.

⑥ Vgl. Roxin, Pflichtwidrigkeit und Erfolg bei fahrlässigen Delikten, ZStW 74(1962), S. 415 ff.

先考虑的,如果能够肯定存在积极的作为,是否还属于不作为?如德意志帝国法院在山羊毛案中认为,工厂主没有履行其对山羊毛进行消毒的义务构成不作为。但该案在后来的理论探讨中通常认为是以过失实施的积极的作为,从而将对这个案件的讨论从不作为犯领域转移到了过失犯领域。

耶塞克教授认为,通过符合客观构成要件的行为导致了构成要件结果的发生,这才是刑法评价的关键。随后则需要考虑行为人的行为究竟是基于故意还是过失。在故意或过失的情况下,积极的作为本身在刑法上具有重要性。如果确定行为人虽然是故意或过失地实施了积极的行为,但该行为是社会相当的、合法的或者欠缺责任的,则需要进一步审查,行为人是否没有实施一个被期待的、能够阻止结果发生的行为。阻止或者中断他人的救助行为是积极的作为。所以当行为人在泳池溺水事例(Badeunfall)中阻止救援者驶向溺水者时,他实施的是积极的作为。相反,没有提供必要的帮助则构成不作为。[①]

(三) 中断治疗行为(Behandlungsabbruch)的评价

中断救助的行为也往往具有双重意义。在一般的中断救助行为的案件中,通常认为,如果行为人积极地阻止了他人的救助行为,构成积极的作为,而在中断自己的救助行为的情况下,则取决于自己的救助行为是否已经到达被救助者。中断自己的救助行为通常被归为不作为,如果救助行为尚未达到陷入危险的客体,从而产生可以实现的救助可能性时。而在这个时间点之后,阻止一个可实现的救助可能,则属于作为犯。[②]

治疗行为的中断可以被认为是救助行为中断的一种特殊情况,但对于中断治疗行为的处理却与对中断救助行为的处理的一般规则不同。对于仅仅以纯粹消极的不作为中断对病人的治疗的情形,通常可以较为容易地排除行为的可罚性,因为这类案件中缺少作为的义务。但中断治疗也可以以积极的作为方式实现,如医生撤除自己安装的心肺呼吸机,因为他想放任病人的死亡。如果医生积极地按下按钮、关掉设备,根据因果关系标准或者使用能量的标准都应认定存在积极的作为。本案中州法院也

① Vgl. Weigend in: Leipziger Kommentar StGB, 12. Aufl., Vor § 13, Rn. 83.

② Vgl. Otto, Die Grundlagen der strafrechtlichen Haftung, Jura 1985, S. 531.

采取了这一标准将被告人与 G 切断导管的行为认定为积极的作为。但在传统的安乐死理论中，以积极作为实施的积极安乐死构成故意杀人(《德国刑法典》第 212 条)或者受嘱托杀人(《德国刑法典》第 216 条)，无法排除此种情形的可罚性。正因如此，州法院的判决中认可了被告人成立故意杀人罪的(未遂)，而仅因为存在不可避免的禁止错误而排除了 G 的罪责。

但理论上认为将以积极作为方式实施的中断治疗行为认定为杀人罪这一结论是荒谬的。[①] 将此类案件作为杀人罪处理，在刑事政策上也是不能接受的。[②] 理论上尝试将这种情况解释为“不作为”，从而能够在传统的安乐死理论框架下将此种情况认定为消极的安乐死以排除行为的可罚性。如罗克辛教授提出，这种情形属于“以作为方式实施的不作为”(Unterlassen durch Tun)，在关闭呼吸机或者其他维持生命的医疗仪器的案件中，尽管行为外部表现为作为，但在规范意义上则应理解为不作为，由于缺少作为的义务因而该不作为是不可罚的。[③] 但这一规范意义上所理解的“以作为方式实施的不作为”如何与罗克辛教授所坚持的以因果关系标准区分作为与不作为的一般规则相协调，仍然存在一定的疑问。联邦最高法院在本案判决中提出了批评，认为将事实上积极的作为——如关掉呼吸机——转化为规范意义上的不作为，不仅在教义学上是很可疑的，而且在实践中也会得出纯粹偶然而不合乎事实的结论。

理论上也有观点从客观归责的理论出发，认为问题的关键并不在于如何区分作为与不作为，而在于行为人是否违反了义务。[④] 兰齐克(Ransiek)认为，根据客观归责理论，需要考虑的是行为人所制造的法所不允许的风险是否在结果中实现。即使行为人是通过不作为制造了该风险，仍然首先需要考虑其所制造的风险是否是法所不允许的。该风险只有在行为人有义务阻止结果发生时才是法所不允许的。因此在山羊毛案中，更令人信服的方案是，对于肯定构成要件该当性而言，并不取决于行为究竟是作为还是不作为，而应直接考虑，工厂主是否有消毒的义务，以及结

① Vgl. Roxin, Strafrecht Allgemeiner Teil, Band II, 2003, § 31, Rn. 116.
② Vgl. Roxin, Strafrecht Allgemeiner Teil, Band II, 2003, § 31, Rn. 118.
③ Vgl. Roxin, Strafrecht Allgemeiner Teil, Band II, 2003, § 31, Rn. 117.
④ Vgl. Otto, Die Grundlagen der strafrechtlichen Haftung, Jura 1985, S. 531.

果是否是由于这一义务的违反而造成的。车上没有安装照明灯的夜间行车者,其行为的重点究竟是作为还是不作为并不重要。关键仅仅在于,他是否负有安装车灯的义务。某人阻止了他人的或者中断了自己的救助行为,如果继续讨论这里存在的是作为还是不作为,这个问题是肤浅的。救助行为的中断是否存在超出了《德国刑法典》第 323c 条所规定的不提供救助行为的不法。如果行为人阻止了第三人的救助行为时,这是可以肯定的。但没有理由将中断自己实施的救助行为与从一开始便没有采取任何救助行动区别对待。如果某人在用绳索将溺水者拉上来的过程中突然放手,其行为中所包含的不法并不高于他从一开始便没有放下绳索。[①]医生的行为也是如此。医生不得违反病人的意愿强行继续进行治疗,或者至少他是可以中断进一步的治疗的,这在医生以积极作为的形式中断治疗的情形中同样适用。因为对于构成要件是否实现的判断而言,必要的是考虑由医生制造的、法所不允许的风险是否在结果中实现。尤其是不得对病人进行进一步治疗时,医生的中断治疗行为显然没有制造任何法所不允许的风险,因此也就没有实施任何不法,无论该中断治疗行为被归为作为还是不作为,二者应该是等同的。[②]

(四) 病人自决权与中断治疗行为的正当化根据

在放弃了以行为方式区分积极与消极的安乐死,从而划定可罚性界限的传统处理方式之后,联邦最高法院将中断治疗行为的正当性根据奠定在《德国基本法》所保护的病人自决权的基础上。因此在中断治疗的案件中,如果存在病人事实上的以及可能的同意,则该病人的同意具有使中断治疗行为得以正当化的效果。正当化的中断治疗行为与《德国刑法典》第 212、216 条所规定的杀人行为之间的边界,一方面取决于行为的“治疗相关性”,即该行为必须在客观上与主观上都与“中断治疗”直接相关,另一方面则取决于病人事实或可能的同意的存在。这与德国于 2009 年在民事法规上的修改有关,《德国民法典》第 1901a 条第 1 款第 2 项规定,如果病人有意放弃采取延长自己生命的措施而事先在病人处分书(Patientenverfügung)上书面对此种情况加以确认,则该意愿声明具有约束力。该条第 2 款规定,如果不存在事先做出的病人处分书或者不符合

---

① Vgl. Ransiek, Das unechte Unterlassungsdelikt, JuS 2010, S. 493.

② Vgl. Ransiek, Das unechte Unterlassungsdelikt, JuS 2010, S. 493.

其中规定的情况,则涉及可能的病人同意。该条第 3 款规定,上述规定并不取决于病人的病情是否已经进入濒死阶段。《德国民法典》第 1904 条第 4 款规定,如果病人的监护人与医生一致认为,放弃延长生命的治疗措施符合病人的意愿,则不实施或者结束治疗的行为并不需要获得监护法院(Betreuungsgericht)的许可。

英格兰德(Engländer)认为,联邦最高法院第二刑事审判庭正确地将消极安乐死的适用范围与《德国基本法》第 1 条第 1 款与第 2 款所保护的病人自治权相结合。这样它就可以避免传统理论在安乐死问题上所遇到的障碍与矛盾。被允许的消极安乐死的范围并不取决于根据病人真实的或者推定的承诺而中断治疗的行为是以作为还是不作为的方式实施。法院还正确地批评了将以作为实施的中断治疗行为转换为不作为的做法是多余的。关键在于,个人有权要求停止他所拒绝的对自己身体完整性的侵害,因此所有不再符合其事实或可能的意愿的治疗行为都应当停止。这同样适用于当时已经失去同意能力的病人。如果他在病人处分书上事先否定了特定情况下继续治疗的可能,则该意愿应当得到尊重。① 但另一方面,联邦最高法院的这一方案仍然存在问题,因为从病人自治原则出发,首先需要正当性根据的并非治疗的中断而是治疗的实施。作为对病人身体完整性的侵犯,治疗只有在存在病人真实的或推定的承诺时才是被允许的。若不存在该承诺,则进一步的治疗便失去了其正当性根据,因而应当予以停止。

第三节　盲肠手术案

一、基本案情②

1975 年 6 月 4 日,被告人作为私人诊所 Dr. R 的临床医生,为当时 14 岁的学生 E 做了盲肠切除手术。术后病人出现了高烧、持续呕吐以及无法排便等多种症状。病人告知被告人自己感到头晕以及腹痛。1975

① Vgl. Engländer, Von der passiven Sterbehilfe zum Behandlungsabbruch, JZ 2011, S. 516 ff.

② BGH NStZ 1981, 218.

年6月9日,诊所主治医生诊断病人患有腹膜炎并将此告知了被告人。被告人并不同意该诊断。被告人没有对此做进一步的检查,而是坚持认为病人只是肠道动力不足(Darmatonie)。病人其他的症状也没促使被告人采取任何措施。6月12日,病人出现精神紊乱的症状,医生只能使用外力强迫其躺在床上。随后病人由Dr. R诊所转院至大学外科医院后立即进行了手术,病人的腹腔中出现化脓。1975年6月16日,病人在整体状况稍有好转后再次接受了手术。但其病情已经无法控制,最终于1975年6月19日死亡。

州法院判决被告人成立过失杀人罪,判处1年自由刑。上诉未能改判。

二、法条索引

本案例引用了如下法条:

1.《德国刑法典》第13条(通过不作为实施):

(1)不防止属于刑法构成要件的结果发生的人,只有当其有依法必须保证该结果不发生的义务,且当其不作为与因作为而使法定构成要件的实现相当时,才依法受处罚。

(2)可依第49条第1款减轻处罚。

2.《德国刑法典》第222条(过失杀人):

过失导致他人死亡的,处5年以下自由刑或罚金刑。

三、裁判理由

1.

(1)致死原因是被告人没有及时诊断出并进行治疗的腹膜炎。如果病人于1975年6月11日接受手术,则该手术至少能延长病人一天的生命。对病人的及早治疗都能够显著地延长病人的生命,并有高度的盖然性能使病人康复。被告人最晚应当于6月10日对病人进行手术。

(2)根据专家证人的专业意见所查明的事实,足以认定不作为与构成要件结果之间存在因果关系。对于认定因果关系而言,病人是否因为腹膜炎而最终死亡并不重要。只要与病人的实际死亡时间相比,被告人存在违反义务的不作为行为,病人的死亡时间提前了,这便足以认定被告人的不作为与病人的死亡结果之间的因果关系。

(3)州法院认为被告人最晚应于1975年6月10日对病人的异常病情作出反应,但他却没有,因此被告人违反了义务。对被告人而言,应于当日采取的可期待的措施包括准确地做出诊断并进行第二次剖腹手术。刑事审判庭认为,无论被告人听取了专家的意见或者将病人送到其他医院,都能够作出准确的诊断。

(4)上诉审在考量没有采取的治疗措施与结果的因果关系问题时认为,“仅仅”延长病人一天的生命尚不能认为具有本质意义,这一观点是不应被赞同的。

没有显著的理由可以认为,缩短他人一天生命的行为可以被视为不重要的而不必归责于行为人。根据预审法官的调查,应当认为被告人最晚应在6月10日进行手术。在6月10日进行手术能够以“接近确定的盖然性”至少延长病人一天的生命,也有“高度的盖然性”能使病人活下来。即便在6月11日进行手术,病人都至少能多存活一天。这表明,6月11日只是被视为所应采取延长病人生命措施的最后时间,以明确被告人有责地没有实施必须于6月10日实施的可期待的措施与死亡结果之间的因果关系。本案并不违背罪疑惟轻原则。

2. 刑事判决不存在法律上的疑虑。刑事审判庭考虑了加重刑罚以及一般预防的观点。

四、判例评述

(一) 抽象结果与具体结果

在判断因果关系是否存在这一问题之前,首先需要解决什么是需要判断的“结果”。这里有抽象结果与具体结果之分。如本案中,所谓抽象结果就是抽象的被害人死亡,而无论被害人死亡的具体时间、地点,立足于这一抽象结果,则根据法院对事实的调查,被告人即便实施了合乎其义务的行为,病人能否存活只具有“高度的盖然性”而不具有“接近确定的盖然性”,因而不符合联邦最高法院关于不作为因果关系所确立的一贯标准,应当否定因果关系存在,仅存在成立未遂的可能。与之相对,具体结果则需要考虑病人的具体死亡时间、地点等多种因素,立足于具体的死亡结果,本案中病人死于6月19日还是死于6月20日是两个不同的具体结果。而法院所查明的事实是,如果最晚于6月10日进行手术,则有“接近确定的盖然性”使病人多存活一天,这便满足了联邦最高法院的标准,应当肯定因果关系的存在。

通说在解决作为犯中的假定的因果关系问题时,通过将结果解释为具体结果来否定假定因果关系能排除归责的可能。如在提前杀死将要被执行死刑的犯人的案件中,并不会因为即便没有此杀人行为,犯人也会因死刑的执行而死亡而否定对杀人行为的归责,这是因为就具体的时间地点而言,这是两个不同的具体的死亡结果。因此可以认为在作为犯中通常是基于“具体结果”的立场来对结果加以考察的。但具体结果概念在理论上也遭到了诸多反对意见。例如普珀教授认为,具体结果中对于结果的具体描述存在恣意性,容易将各种与法益侵害无关的因素纳入对结果的描述中从而肯定其因果关系,且若将引起结果的因果流程纳入结果的具体描述,则在认定因果关系时导致循环论证。[①] 不过即便是在采取抽象结果的观点中,对于生命法益而言任何生命时间的缩短都是重要的法益减损,因此死亡的时间对于抽象的死亡结果而言也是其中的必要内容。

(二) 不作为因果关系判断的标准:接近确定的盖然性(An Sicherheit grenzender Wahrscheinlichkeit)

本案判决的核心问题在于如何确定不作为与结果发生之间的因果关系。与作为犯中作为是对外部世界的积极介入不同,根据“使用能量”标准或者因果关系标准,不作为被定义为对外部事件因果流程的不介入,因而判断一个不作为与结果之间是否存在因果关系较之作为犯中的因果关系判断更为困难。所谓的“不作为的因果关系”,在概念上很难与作为的因果关系相等同,但不作为与结果之间的关联能否与作为犯中积极的作为对结果的作用在概念上相等同,这一问题在现行法下是不重要的。因为在刑法上对不作为犯中阻止结果发生的可能性与作为犯中导致结果发生一样,是以不作为与结果发生之间存在“合法则的关联”(gesetzmäßiger Zusammenhang)为前提。[②] 物理意义上的因果关系在不作为犯中并不存在,但这是不重要的,因为对于刑法的规范观察而言,并不取决于自然科

---

① Vgl. Puppe, Naturalismus und Normativismus in der modernen Strafrechtsdogmatik, GA 1994, 294 ff.

② Vgl. Baumann/Weber/Mitsch, Strafrecht Allgemeiner Teil, 10. Aufl., § 15, Rn. 23.

学意义上的因果关系，而只需要在不作为与结果的发生之间存在“合法则的关联”便已经足够。部分学者也将不作为的因果关系称之为“拟制的因果关系”[①](Quasi-Kausalität)。对于不作为的因果关系无法简单通过原初的条件公式加以检验，因而通说认为检验不作为的因果关系首先需要对条件公式进行修正，即在不作为犯中需要考虑的是，能否在设想法律上所期待的行为存在时，结果不发生。[②] 在不作为犯中，因果关系问题所要考察的不是行为是否积极导致了结果的发生，而是在“阻止结果发生”的意义上考虑，如果不作为人实施了所期待的行为，结果是否就不发生。

对于这一问题的判断，判例上一贯所坚持的是所谓“接近确定的盖然性”这一标准，即没有实施的行为必须具有接近确定的盖然性阻止结果发生。这一标准是联邦最高法院在处理不作为犯因果关系上的一贯立场。因此当能够确定在火灾中将孩子扔出窗外便能使孩子得救时，便能肯定父亲没有将孩子扔出窗外的不作为与孩子的死亡之间的因果关系。联邦最高法院认为，在不作为犯罪中，只有当结果无法被排除则不能想象没有实施的行为存在时，才能够将没能阻止结果发生归责于行为人。因此，当将孩子扔出窗外能够阻止孩子的死亡时，被告人的不作为就是孩子死亡的原因。所查明的事实满足了“接近确定的盖然性”这一标准。[③] 此外，在负责治疗病人的医生在周末自己放假期间虽然得知病人病情恶化而没有及时作出反应，病人最终因心脏衰竭而死亡的案件中，联邦最高法院认为，如果实施了所要求的行为，即便不能拯救病人的生命，也至少能将病人的生命延长数个小时。这一事实已经满足了判例上对于违反义务的不作为与构成要件结果之间是否存在因果关系所提出的要求。如果所出现的结果不存在，则没有被实施的行为也不能排除。必须存在“接近确定的盖然性”，如果实施了所要求的行为，则结果不发生。因此，如果没有被告人违反义务的不作为，则病人的死亡可以延迟数个小时，这已经足以肯定不作为与死亡结果之间的因果关系。[④] 而在另一起案件中，德国联邦最高法院认为，即便存在90%的盖然性认为治疗能够延长病人的生命，也

---

① Wessels/Beulke, Strafrecht Allgemeiner Teil, 42. Aufl., § 16, Rn. 711.

② Vgl. Wessels/Beulke, Strafrecht Allgemeiner Teil, 42. Aufl., § 16, Rn. 711.

③ Vgl. BGH MDR 1971, 173.

④ Vgl. BGH NStZ 1985, 27.

没有满足接近确定的可能性这一标准,因而这个疏忽的不作为也不能因为过失杀人罪而受到处罚。①

(三) 风险升高理论

基于"接近确定的盖然性"这一标准,联邦最高法院在判决中始终拒绝了理论上日益得到重视的"风险升高理论"。风险升高理论认为,在作为犯中,如果行为人的违反义务行为提高了结果发生的风险,则结果的发生应当归责于行为人的违反义务行为。而在不作为犯中,则调整为"风险降低理论",考虑行为人没有实施的被期待的行为能否降低结果发生的风险,若然,则该结果的发生便应归责于行为人的不作为。② 但通说认为,行为只是能够降低结果发生的风险,并不足以认定不作为的因果关系。因为导致结果的发生并不等于结果发生风险的提高;与之相对,阻止结果发生也不等于降低结果发生的风险。在皮革喷雾剂案判决中,联邦最高法院明确拒绝了这一理论,认为对于不作为因果关系的认定标准不应低于作为犯的因果关系,因此风险降低理论在不作为的因果关系认定中是不可取的。因为当所期待实施的行为能够降低结果发生的可能性时便肯定二者之间的因果关系,显然低于判例上所一贯坚持的"接近确定的盖然性"这一标准。③

文献上的通说追随了判例的立场,坚持以"接近确定的盖然性"作为判断的标准。在作为犯中拒绝风险升高理论的学者,在不作为犯领域也拒绝了风险降低理论。而另一部分学者尽管在作为犯中接受风险升高理论,但在不作为犯领域却拒绝风险降低理论。拒绝风险降低理论的理由在于,当所要求的作为能否阻止结果发生存在疑问时就肯定结果的归责,则完全放弃了对不作为的因果关系的证明。这里以放弃基本的归责条件为代价,导致结果犯转化为危险犯,而且违反了罪疑惟轻原则。而在作为犯中则不同,因为正犯行为的因果关系是确定的,而风险的升高则是对可罚性的限制性标准,在不作为犯中,以风险降低作为标准则将导致可罚性的扩张。④

---

① Vgl. BGH NJW 1987, 2940.

② Vgl. Roxin, Strafrecht AT II, 2003, S. 642.

③ Vgl. BGHSt 37, 106, 127.

④ Vgl. Roxin, Strafrecht AT II, 2003, S. 643.

第四节　维蒂希案

一、基本案情

被告人是76岁寡妇U的家庭医生。U患有重度的心脏冠状血管硬化，并因为髋部和膝盖的关节炎而行走困难。其丈夫彼得勒（Peterle）于1981年3月去世后，她感到生命已经失去意义。U曾多次向被告人以及其他人表示想要结束生命。早在其夫健在之时她已经开始研究自杀的相关问题并看了很多书，她不想陷入生活不能自理然后被送进医院或者疗养院。这些她都告诉了被告人，被告人也曾试图打消她的自杀念头但失败。

U于1980年10月写下了下面这段话：

意志声明：在我头脑完全清醒的状态下，我请求我的医生不要将我送进医院、疗养院或者重症监护室，不要使用任何用以延长生命的药物。我希望能有尊严地死去。不要使用任何器械仪器，不要进行器官移植。

1981年4月13日，她又补充了一个声明："我已经76岁了，已经活得够久的了。"

1981年11月27日，被告人去U家探访时表示自己将在次日19点到20点之间再次探访她，与她商量有关她所拒绝被送入医院的建议。1981年11月28日，被告人如约按响了U女士的门铃但U女士没有回应。他随即去找了住在附近的共同被告人B，从B处他得知B有备用钥匙。两人用备用钥匙进入了U女士屋中，发现其倒在沙发上昏迷不醒。在她交叠的双手下发现了一张手写的字条："我的医生，请不要送我去医院，让我解脱吧！1981年11月28日。"另一张在房间里的字条则写着："我要去见我的彼得了。"看着大量的空药盒和字条，被告人意识到U女士服用了过量的吗啡和安眠药自杀。他发现她还有呼吸，尽管十分微弱，1分钟只有几次，但已经摸不到脉搏了。被告人判断病人即使被救也很难不留下后遗症。认识到这一点，再加上之前U女士所表达的自杀意愿以及目前的状况，使他最终决定放弃救治。他与共同被告人 B 在屋中一直停留到第二天早晨 7 点左右确认 U 死亡为止。

不清楚的是，如果 U 女士当时被及时送往医院的重症监护室或者采取其他紧急救助措施是否能够被救活。

州法院宣判两人无罪。共同被告人 B 的无罪判决已经生效。被告人无罪的根据在于：并不存在基于承诺的实施终了的杀人行为，因为被告人的不作为并不是 U 女士死亡的原因。基于承诺的杀人未遂也被排除，因为当保证人服从自杀者自我答责的自杀决定时，杀人未遂不可能通过不作为实施。以此事实为基础，自杀也不符合《德国刑法典》第 323c 条的规定，因为被告人的救助既非必要也非可期待，因此其行为也是不可罚的。

二、法条索引

本案例引用了如下法条：

1.《德国刑法典》第 13 条(通过不作为实施)：

(1)不防止属于刑法构成要件的结果发生的人,只有当其有依法必须保证该结果不发生的义务,且当其不作为与因作为而使法定构成要件的实现相当时,才依法受处罚。

(2)可依第 49 条第 1 款减轻处罚。

2.《德国刑法典》第 212 条(故意杀人)：

(1)非谋杀而故意杀人的,处 5 年以上自由刑。

(2)情节特别严重的,处终身自由刑。

3.《德国刑法典》第 216 条(受托杀人)：

(1)应受被害人明示且真诚之要求而将其杀死的,处 6 个月以上 5 年以下自由刑。

(2)犯本罪未遂的,也应处罚。

4.《德国刑法典》第 323c 条(怠于救助;阻碍救援人员)：

意外事故、公共危险或困境发生时,根据行为人当时的情况救助有可能,尤其对自己无重大危险且又不违背其他重要义务而不进行救助的,处 1 年以下自由刑或罚金刑。

三、裁判理由

（一）以不作为实施的故意杀人

《德国刑法典》第211条至第221条对杀人罪作出了规定,第211条规定了预谋杀人罪,第212条规定了故意杀人罪,第216条规定了受嘱托杀人罪。这些罪名构成了德国刑法上杀人罪的体系。就杀人罪体系内部不同法条之间的关系而言,通常认为,第212条故意杀人罪规定了杀人罪的基本构成,而第211条预谋杀人罪则是在此基础上的加重构成,而第216条受嘱托杀人罪则为被害人真诚要求行为人杀死自己时的特殊情况。

通常的检验顺序是首先讨论行为人的行为是否符合《德国刑法典》第212条故意杀人罪的基本构成,如果满足第212条故意杀人罪的要件后,如果案件中存在被害人真诚的请求行为人杀死自己这一特殊情况,则满足了第216条的构成要件。

但本案的特殊性在于,被告人并非以积极的作为方式杀死被害人,而是在看到被害人已经失去意识时没有采取任何救助措施而放任了被害人的死亡。作为死者的家庭医生,被告人基于双方之间所存在的医患关系而对死者的生命以及身体健康具有保证人地位,而保证人的不作为放任了死者的死亡,应当认定为以不作为形式参与到死者的自杀之中,该行为是不可罚还是应当认为是以不作为形式实施了杀人行为因而可罚,这是联邦最高法院在本案判决中所要处理的核心问题。

（二）以不作为方式实施的故意杀人与参与自杀(Beihilfe zum Selbstmord)

联邦最高法院首先回顾了过去判例在参与自杀上的立场,指出,判决对于参与自杀的多种情形并没有形成一贯的规则,尽管过去判决中通常认为参与到他人自主决定的自杀中是不可罚的,但近来判例也努力尝试区分出其中一部分可罚的参与自杀的情形。

迄今为止,判例对此并没有形成完整的体系,此前对于涉及积极或消极地参与他人自主决定自杀的不同阶段的第三人的不同案例群,判例始终努力使这些案件的刑法评价合乎实际且逻辑自洽。文献中并没有认为这是错误的。就目前的现行法律状况而言,在边缘性案件中一定程度的评价冲突是无法完全避免的。

曾经有判决指出,自主决定并实现的自杀是不可罚的,因为它并不满足杀人罪的构成要件。[①] 参与者无论其动机强度,无论如何也不能作为教唆犯或帮助犯受到处罚。但在最近几年中也有各种尝试在现行刑法框架下论证自杀参与者的可罚性。

所谓“可罚的不作为参与自杀”主要讨论的是在对于他人生命负有保证人义务的保证人对于自杀者没有采取救助的情形。文献中的有力观点认为保证人对自杀者不实施救助的行为并不构成不作为的故意杀人,而仅仅是以不作为的方式帮助他人自杀,因而是不可罚的。

该观点认为,自主决定的自杀并不是《德国刑法典》第323条意义上的案件,因此并不引起一般性的救助义务,持这种观点有埃塞尔(Eser),但他同样认为,医生对于一个失去意识的自杀者所负有的救治义务与对一般病人的救治义务并无不同。特隆得勒(Tröndle)也认为,当自杀者失去意识且没有任何迹象表明他撤回了这一自杀的决定的时候,保证人并没有义务干涉这一自主决定进行的进程,但他也认为存在例外情况,即基于亲属的请求下,医生应当对昏迷的自杀者进行治疗。杨克(Jähnke)同样赞成这一观点,但在大部分的自杀案件中得出了相反的结论,因为在他看来,只有5%的自杀者是自我答责的,因此95%的案件中保证人的不作为都是可罚的。霍恩(Horn)表达了类似的观点,只有在“完全的自杀成功”中才能认为保证人不可罚。

而联邦最高法院则认为,保证人的不作为是“可罚的参与自杀行为”,即以不作为方式实施的可罚的杀人行为。

根据杀人的构成要件以及由此发展出来的一般原则,对自杀者的生命负有保证人义务者参与他人自杀的行为是可罚的。以不作为方式实施的杀人行为是可罚的。因故意杀人还是过失致人死亡而受到刑罚处罚,取决于他对于缺少它的干预而迫近的死亡中的主观意愿与行为。

区分保证人的不作为究竟是可罚的不作为杀人还是不可罚的参与自杀,联邦最高法院认为,区分的关键在于保证人的不作为所具有的“正犯性”,而指示该“正犯性”的因素则在于“行为支配”(Tatherrschaft)。

因为在对保证人的不作为进行评价时,较之参与帮助被害人不可罚的主行为而言,指示其正犯性的要素更具优势。如当自杀者最终失去了

---

① Vgl. RGSt 70, 313; BGHSt, 2, 150, 152; 6, 147, 154; 13, 162, 167; 19, 135, 137; 24, 342, 343.

影响事件的事实可能性(行为支配),由于他因失去意识而不能撤回自己的决定,因此死亡的发生完全取决于保证人的行为。被害人能否得到救助从现在就取决于保证人了,他在法律上有义务介入并保障被害人的生命。这一阶段如本案中死亡结果还要过几个小时才会发生,此时只要他已经认识到接下来发生的事都独立于被害人的决定,保证人而非自杀者拥有了行为支配和正犯意志。保证人想要满足死者之前以行为所表达的意愿在此都在所不论。

反对意见[①]认为,行为支配从自杀者过渡到保证人并非关键,是否存在介入的法律义务对于刑罚才是决定性的。因为不作为的正犯性不仅要求存在行为支配,也要求存在介入的法律义务。这一阻止死亡的义务是基于此前产生的保证人地位(这里是指通过医生的治疗行为所形成的医患关系)。在行为支配过渡之前,这一义务与帮助一个具有完全责任能力的自杀者不可罚这一立法者的决定是重合的。在被害人失去意识与行动能力之后,不能由此得出对保证人行为的评价结论。

此外,联邦最高法院试图通过举轻以明重的方式论证保证人对自杀者的不救助是可罚的。因为一般人对于自杀者基于《德国刑法典》第 323c 条负有一般性的救助义务,因此一般人对于自杀者的不救助行为可以符合第 323c 条的构成要件。与之相对,保证人对自杀者的生命所负有的保证人义务是高于一般性救助义务的。因此,如果反而认为保证人的不救助行为仅构成不作为的帮助自杀而非不作为的故意杀人是不合理的。

虽然只要自杀者还支配着事件,保证人便欠缺行为支配,因而从法律的观点看,并没有义务进行干涉。这一阻止死亡发生的义务来自于之前便已存在的保证人地位(该保证人地位来自于病患关系中医生治疗行为的自愿承担)。但仍然可以从《德国刑法典》第 323c 条所规定的对每个人都有效的一般性的救助义务中得出使其在发现被害人失去意识时阻止自杀结果的义务变得可能且可期待。

根据联邦最高法院的判决,只要自杀者以明显的自杀意图陷入危险状态且第 323c 条所设置的其他条件均被满足时,该义务便发生了。自杀案件中的行为支配仅在共同作用者除一般性的救助义务之外还对被害人

---

① 例如 Jähnke a. a. O. Rn. 24 m. w. N. 。

的生命负有保证人地位时才有意义。行为支配过渡到负有照管义务的保证人时便导致了保证人将因杀人罪而受到刑罚处罚,此前已经基于第323c条所产生的可罚性则被取代。

文献上有部分观点认为,《德国刑法典》第323条仅适用于对法律上有意义的存在意志瑕疵的自杀案件,而不适用于具有完全责任能力的自杀者。刑事审判庭与之前的判决一样拒绝这一区分。联邦最高法院负责刑事案件的大刑事审判庭认为自杀者的意志原则上是不重要的。但不确定该理由是否能得到全面的认可。每个案件的结论都需要个别、具体地加以确定。因为如果《德国刑法典》第323c条用以提供团结社会的生命保护的功能在自杀案件中也得以满足时,每个人承担一般性的帮助义务不再取决于具体案件中自杀者究竟是处于完全责任能力还是在存在意志瑕疵的基础上作出的行为决定。在当时作出救助决定所拥有的极短时间内,如果缺少精神病学与心理学的专业知识,没有对表达出来的以及内在的动机因素进行细致的澄清,这是很难进行判断的。

(三) 义务冲突:保护病人身体健康与尊重病人的自决权

尽管联邦最高法院认为,作为死者的家庭医生,被告人没有救助死者的行为在构成要件层面该当了杀人罪的构成要件,但基于义务冲突,在本案中是挽救病人生命与尊重病人的自决权这两项义务之间的冲突,而排除了被告人行为的违法性。

被告人认为如果施救,这位76岁身患重度心脏病的女士将要承受严重的后遗症。他知道,经过数月的正常的认知过程,她决定拒绝被送进疗养院、医院尤其是重症监护室包括使用可以延长生命的药物,一直到她昏迷之前她都坚持着这一决定。他所见的服用了致命性药物的自杀情况使他陷入作为医生不放弃任何救助自己病人的机会的义务与尊重病人的自杀意愿之间的冲突。哪项义务在冲突中具有优先性取决于医生合义务的决定,该决定则与法秩序以及医学伦理所确定的比例相适应。对此有如下几点考虑。

1. 尊重病人的自杀决定权是医生义务的主要部分。当病人拒绝治疗时,医生应当尊重病人根据《德国基本法》第2条第2款第2项所享有的身体完整性不受损害的权利。这在联邦最高法院在无条件必要的手术案件中作出如此判决并为文献所认可。在救治自杀者时,是否禁止医生违背病人的意愿而进行治疗,这在联邦最高法院的判决中尚未明确地作出决定。这一问题要根据 BGHSt6,147 与 BGHSt13,162 这两个判决的紧张关系,对是否要基于更为重要的理由对采取治疗措施本身进行肯定,以及在尽管意识清醒但已经受到重伤的自杀者的场合而对其进行限制。因为在被告人决定是否采取治疗时,U 女士已经失去意识。

判决中,联邦最高法院一方面肯定了医生应当尊重病人的自决权,另一方面又认为医生的决定不能完全屈从于病人的意志,不能简单根据病人昏迷之前所表达的意志行动而需要根据医生的自我理解作出判断。

2. 无论如何,当缺少救治便会死亡的自杀者已经失去意识时,治疗的医生不得仅仅根据其在昏迷之前所表达的意志而行为,而应当独自答责地作出是否采取可能有成效的治疗措施的决定。

医患关系并非仅仅是法律性而排除了合同双方意志而确定的关系。医生的标准伦理也并非与其权利相独立。正如德国联邦宪法法院对施密特的判决中所提出的那样,医学伦理在所有的医生与病人的法律关系中均持续地发挥着作用。由此医生作出其决定时不得忽视自己与病人生活于其中的法律共同体的社会伦理性要求。

与之相应的是医生的自我理解,只要对于致命的疾病或者受伤存在好转的可能性,便应当对失去意识或者失去判断能力的病人提供帮助以挽救其生命。德国外科医生协会在关于治疗绝症患者与生命垂危者的决议中,在预测结果不确定时同样要求进行治疗行为,尽管预计会造成无法挽回的损害,另一方面该决议同样指出,对于失去意识者的治疗应当根据病人在当时情况下清楚地被理解的利益及其可能的意愿进行。刑事立法者同样以生命保护的优先性作为前提。因此《德国刑法典》第 216 条保证了他人生命不可侵犯性的原则,与此同时保护重病患者,第三人直接或间接、明显或不明显地引起了他人的自杀意图。

另一方面,医生并不存在不惜一切代价救助濒临死亡的生命的法律义务。采取延长生命的措施的义务并非因其技术上可能便不可免除。鉴于现有医学技术进步所达到的界限,并非医疗设备的效率,而是以对生命和人性尊严的尊重为指向的个案判断确定了医生的治疗义务。

被告人陷入的这一具有法律意义的冲突状况并不取决于医生是否可以服从自杀者的死亡意志这一一般性问题。正如前述,这一问题原则上是不可信的。毋宁说减轻被告人责任的特殊情况在于,考虑到进一步的情况,他认为死者的中毒情况是致命性的,因此只有使用 U 女士一直厌恶的特别看护治疗措施,而且是在接受不可弥补的严重损害的情况下才能延长U女士的生命。但无效的判决并没有明确地确认本案的被告人估计为了延长生命会导致何种后遗症。该后遗症的种类以及程度对于医生不同的行为可能性的合义务的考量具有重要的意义。正如刑事审判庭从判决理由以及其中报告的事实鉴定意见中所得出的,被告人显然认为,死者器官的关键功能受到了严重的损害,以至于进一步的衰弱已经无法避免。

当被告人面对保护生命的义务与尊重他认为已经病重而无法逆转地受到损害的病人的自杀决定权的义务之间的冲突时,如果他没有选择将病人送入重症监护室这样较为轻松的方式,而是尊重生命垂危者的人格一直到死亡结果的最终出现,那么他作为医生的良心决定(Gewissenentscheidung)从法律的观点上看是不应当受到指责的。

四、判例评述

(一) 基于要求的杀人与不作为

本案判决中所讨论的核心问题在于,《德国刑法典》第216条所规定的受嘱托杀人罪(Tötung auf Verlangen)是否可能以不作为的方式实施。如前所述,关于杀人的相关罪名以第212条故意杀人罪为基本构成要件,而第216条基于要求的杀人则是在此基础之上因为存在被害人的自愿且真诚的请求而予以减轻处罚的特别规定。

从逻辑上看,既然《德国刑法典》第212条故意杀人罪能够因为第13条的存在而以不作为的方式实施,那么第216条也能够以不作为的方式实施,因为基于要求的杀人终究也是一个杀人行为。这也是德国联邦最高法院在此问题上的一贯立场,此前的判决中也指出,第216条所规定的受嘱托杀人能够以不作为的方式实施;对于由自杀者本人所引起的导致死亡的事态居于支配地位的人,可以构成以不作为方式实施基于要求的杀人的正犯而受到处罚。[1] 在本案判决中,联邦最高法院认为,在死者明确、真诚的请求下,保证人没有阻止死者自杀的行为可以构成基于要求的杀人。

---

① Vgl. BGHSt 13, 162, 166.

与之相反,理论上在此问题上则持相反的观点,理由在于这里涉及的只是以不作为方式参与死者的自我答责的自杀当中,因而是不可罚的,肯定保证人的不作为能够构成受嘱托杀人,意味着通过不纯正不作为的构造将原本不可罚的自杀参与转化为可罚的杀人,这并不符合立法者在设置第216条时的考量。[1] 通说认为,如果一个以积极作为形式帮助他人自杀的行为都可以被认为是不可罚的参与自杀行为,那么便没有理由认为在事后对于自杀者的不救助可以构成可罚的不作为杀人。[2]

(二) 基于要求的杀人(Tötung auf Verlangen)与参与自杀(Teilnahme am Suizid)

《德国刑法典》第216条所规定的受嘱托杀人在法政策上具有重要的意义。理论上认为,由于第216条专门设置了受嘱托杀人,这意味着立法者认为,即便被害人自愿、真诚地请求行为人杀死自己,行为人的行为仍然构成杀人罪,只是因为符合第216条的特别条件而予以减轻处罚,因此对于杀人禁令而言,被害人对自己生命的处分是无效的,这里体现了立法者在被害人能否处分自己生命这一问题上的价值判断。但另一方面,第211条以下所规定的杀人罪相关罪名仅仅指他杀(Fremdtötung)而不包括自杀(Selbsttötung),因此自杀不符合杀人罪的构成要件,因而不是《德国刑法典》第26、27条所规定的"正犯行为"(Haupttat),由此参与自杀的行为在刑法上也不具有可罚性。由此,基于要求的杀人与参与自杀之间便是可罚与不可罚之间的区别。

但实践中,"基于要求的杀人"与"参与自杀"之间并不像其在概念表述上那样界限分明,如本案中,被告人作为死者的家庭医生在发现死者已经服用过量的药物而昏迷时,没有采取救助措施而放任死者的死亡,该不作为究竟应视为以不作为方式实施的可罚的"基于要求的杀人"还是以不作为方式实施的不可罚的"参与自杀"。本案中联邦最高法院的全部论证的目标在于努力将保证人未对自杀者予以救助的不作为从通常不可罚的参与他人自杀中区分出来。联邦最高法院甚至采用了"以正犯方式参与他人自杀"(täterschaftliche Suizid-Mitwirkung)这种表述来论证作为保证人的医生应当作为不作为的正犯对死者的死亡承担责任。但这一表述

---

[1] Vgl. Wessels/Hettinger, Strafrecht Besonderer Teil 1, 35 Aufl., Rn. 161.

[2] Vgl. Sinn, in: Systematischer Kommentar zum StGB, §212, Rn. 9 ff.

本身就是自相矛盾的,如果保证人的不救助行为具有正犯性,那么该行为便不是参与他人自杀行为而是他杀行为。换言之,“基于要求的杀人”与“参与自杀”之间在边缘案件上的模糊性给解释留下了空间,使得在联邦最高法院能够通过不纯正不作为犯这一构造将一部分所谓“以正犯方式”实施的参与自杀置换为“杀人”行为,其背后则是将此类行为纳入可罚性范围之内的诉求。因此,在边缘性案件中,提供区分“受嘱托杀人”与“参与自杀”的明确标准对于行为的可罚性判断具有重要的意义。

(三) 以不作为实施的正犯行为(Täterschaft)与帮助行为(Beihilfe)

在判断行为的正犯性问题上,联邦最高法院始终缺少一贯的立场,在部分案件中采取的是主观的正犯理论,认为正犯性取决于行为人的“正犯意志”(Täterwille),而在另一部分案件中,联邦最高法院则认为正犯性取决于“行为支配”(Tatherrschaft),且将此种行为支配仅仅等同于阻止结果发生的可能性(Erfoglsabwendungsmöglichkeit)。[①] 如本案中联邦最高法院认为,判断行为人的不作为究竟是故意杀人的正犯行为还仅仅是自杀帮助行为,其标准在于行为支配(Tatherrschaft)。由于死者已经完全失去了对事态的控制,所以当医生进入死者家中发现死者昏迷时,他就拥有了对犯罪的支配。

对于此种将行为支配仅仅理解为阻止结果发生的可能性的观点,罗克辛教授提出了批评。他认为,在维蒂希案中仅仅存在的是医生的单纯的干预可能性,这种单纯的干预可能性并不能成立行为支配。罗克辛教授指出,人们无法通过单纯的消极性(reine Passivität)对外部事态进行支配,阻止结果发生的可能性仅仅是不作为犯在概念上成立的一个条件,因而还无法据此建立“支配”。即便是在作为犯的情况下,帮助者或者一个与之完全无关的第三人也不能因为他能够阻止结果发生就成为正犯。[②] 因此即便从行为支配的角度看也应当认为,医生由于缺少对事件的行为支配而应否定其不作为构成杀人罪的正犯行为。

罗克辛等人试图通过被害人的自我答责性(Selbstverantwortlichkeit)来解决医生行为的可罚性问题。[③] 根据自我答责原则,被害人在未受到

---

① Vgl. Roxin, Strafrecht Allgemeiner Teil, Band II, 2003, §31, Rn. 132.

② Vgl. Roxin, Die Sterbehilfe im Spannungsfeld von Suizidteilnahme, NStZ 1987, S. 346.

③ Vgl. Roxin, Die Sterbehilfe im Spannungsfeld von Suizidteilnahme, NStZ 1987, S. 346.

强制也没有陷入错误的情况下决定危害自己法益时,原则上应当对由自己的行为所导致的结果负责,而他人便不应对此损害结果负责。[①] 该观点将问题放在客观归责的层面上予以解决。罗克辛认为区分不可罚的参与自杀与可罚的基于要求的杀人之间应当回溯到立法者对于《德国刑法典》第216条受嘱托杀人的基本考量上。立法者之所以一方面处罚受嘱托杀人行为,而另一方面认为参与自杀的行为不可罚,是因为在参与自杀的情况下,参与者只是听任一个自我答责的自杀行为。而第216条的规定则是被害人让另一个人来执行实现自己死亡的最后的、不可逆转步骤的情形。纽曼(Neumann)也认为,只要是在自我答责的自杀中,参与自杀的人是不可罚的。[②] 根据被害人自我答责原理,在维蒂希案中由于死者所实施的是一个自我答责的自杀行为,因此被告医生后续的不救助行为便不能被视为不作为的杀人行为而予以处罚。

尽管被害人自我答责原则似乎给此类案件提供了一个清晰的具有可操作性的解决方案,但实际上这一原理只是在自杀相关案件中提出,他人不应对死者的自我答责的自杀承担刑法上的责任,但究竟何为自我答责的自杀却还需要进一步明确的界定。在这个意义上,被害人自我答责原则的运用并不能为区分自杀与他杀提供界限标准,而相反,它其实是以自杀与他杀的区分作为运用这一原则的前提条件。

当然,自我答责原则的提倡者对此也提出了一些区分的标准,如罗克辛教授认为区分的关键在于,从自杀者的角度看对于直接结束生命的行为的支配在哪一方,在想要结束生命的人自己手中则构成自杀,他人参与其中的行为均不可罚;而反之在外部第三人手中,则属于受嘱托杀人。[③] 对于被害人自我答责原则在自杀相关案件中的运用,关键则在于存在自我答责的自杀行为(die freie, selbstverantwortliche Selbsttötung)。在此,关键的问题在于对自杀行为的“自由性”(Freiheit)以及“自我答责性”(Selbstverantwortlichkeit)的判断。

(四) 小结

综上所述,本案的特殊性在于作为死者家庭医生的被告人的行为仅

---

① Vgl. Zaczyk, Strafrechtliches Unrecht und die Selbstverantwortung des Verletzten, 1993, S. 40.

② Vgl. Neumann, in: Nomos Kommentar StGB, 3. Aufl., § 216, Rn. 9.

③ Vgl. Roxin, Die Sterbehilfe im Spannungsfeld von Suizidteilnahme, NStZ 1987, S. 346.

仅是一个消极的不作为,将这个消极的不作为究竟评价为不可罚的参与自杀还是可罚的以不作为方式实施的受嘱托杀人罪的正犯行为,则产生在自杀案件中保证人的不作为在刑法上应当如何评价的问题。

联邦最高法院显然将保证人对自杀者的不救助评价为以不作为方式实施的受嘱托杀人来加以理解,从而在不纯正不作为犯的框架下得出该行为可罚的结论。根据《德国刑法典》第 13 条的规定,不纯正不作为犯的成立以行为人具有保证人地位为前提条件。根据形式法义务论,保证人地位可以产生于法律和合同所规定的义务、危险前行为、保护功能的自愿承担以及紧密的共同体关系等。通常保证人地位是不纯正不作为犯的核心问题,保证人地位的成立直接决定了不纯正不作为成立的范围,因此刑法总论关于不作为的相关理论均致力于通过各种方式来限制保证人地位的范围,从而防止不作为犯可罚性的不必要扩张。但在本案中,法院从一开始就认定了医生基于与死者之间的医患关系而居于保证人地位对死者的死亡负有阻止的义务,并以此为前提讨论医生的不作为是否能够视为第 216 条受嘱托杀人的正犯行为而受到处罚。对此法院认为,被告人不作为的正犯性取决于保证人在死者昏迷之后对整个事件具有行为支配,因为作为医生他拥有阻止死亡的可能性。

由此,不纯正不作为的保证人地位与不作为的正犯性便成为了分开判断的两个问题,肯定保证人地位的成立尚不等于肯定具有行为支配。[①] 判决基于医患关系而肯定了医生的保证人地位,再通过医生对于当时事态的行为支配而肯定其不作为的正犯性。与之相反,罗克辛教授则认为,不作为犯的正犯性并非建立在行为支配之上,而是建立在结果防止义务之上。该结果防止义务产生自不作为行为人与被害人之间所存在的亲属关系以及照料关系。[②] 在本案中,由于死者所实施的是自我答责的自杀行为,因而排除了被告医生的结果阻止义务,从而否定医生的不作为应当作为受嘱托杀人的正犯行为而受到处罚。

由本案的判决可以看到不纯正不作为犯由于其与作为犯相比在教义学上所具有的特殊构造,使得对于具体案件的解释可以通过不纯正不作为将原本不可罚的行为置换为可罚的犯罪行为,这固然在一定程度上能

---

① Vgl. Fischer, Strafgesetzbuch und Nebengesetze, 56. Aufl., §216, Rn. 6.

② Vgl. Roxin, Die Sterbehilfe im Spannungsfeld von Suizidteilnahme, NStZ 1987, S. 346.

满足刑事政策上对于特定的案件的处罚需求,但同时也可能存在使得构成要件丧失明确性的危险。相反,理论则坚持认为,《德国刑法典》第216条受嘱托杀人只能通过积极的作为方式实施,而不能通过不作为的方式实施①,因为以不作为方式实施受嘱托杀人与参与自杀不可罚的基本立场是不兼容的。② 由此也可以看出,不纯正不作为与作为的等价问题除满足保证人地位这一一般性条件之外,还需要在具体构成要件的解释中进行具体的考量。

第五节 清洁剂案

一、基本案情③

州法院审理查明,被告人A于2006年与被害人O交往。双方关系亲密,被害人对被告人充满了迷恋。被告人时而显得很有攻击性。交往期间,被告人在两人进行性行为过程中羞辱被害人并进行情感勒索,导致被害人经常向家人和友人求助。被害人坚持完成了学业并将于2008年至2009年的冬季学期到特里尔上大学。在这种情况下,被告人与被害人商量结束两人的关系。被告人交了新的女朋友,并与之订婚。但他仍然与被害人继续保持联系。2009年6月7日,被告人在与女友吵架之后约被害人在特里尔一起过一段时间,当时被害人在特里尔租了一间集体宿舍的其中一间屋子。被告人带去了大半瓶"清洁魔法",这是一种含有γ-丁内酯(简称GBL)成分的清洁剂。被告人在网上查到了使用的方法,并极其小心地以精确的含量将其作为毒品的替代物加以使用。他还劝说被害人使用,但并没有成功。被害人知道该清洁剂的危险性,尽管不如被告人所知的那么准确。被告人将"清洁魔法"放在被害人房间的桌子上。两人在房间里消磨了大部分的时光,每天数次发生性行为。被害人称被告人是此生至爱并憧憬着两人共同的未来。

2009年6月12日,被告人告诉被害人他不想取消他与未婚妻的婚

① Vgl. Neumann, in: Nomos Kommentar StGB, 3. Aufl., §216, Rn. 9

② Vgl. Sinn, in: SK-StGB, 8 Aufl., Band 4, §216, Rn. 17.

③ BGH NStZ 2012, 319 f.

约。被害人因而非常失落。23 时左右,同住在集体宿舍的 Kerstin W. 听见从被害人屋子里传来吵闹声,她隔着房门询问是否一切正常,被害人表示肯定。但随后在 23 时 35 分之时被害人突然决定喝下"清洁魔法",尽管此前她从来没有向被告人表示过自己有自杀的想法。被害人将约 30 毫升的清洁剂倒入杯中并将其与其他饮料混合,随后喝下了大半杯混合物,其中约含有 15~25 毫升的清洁剂。已知 6~7 毫升的清洁剂便足以导致人失去意识,并伴有呼吸的停止。

被告人当时坐在电脑前,他已经察觉到了被害人的绝望以及被害人想要喝下杯子里的清洁剂。他也注意到了清洁剂的使用量。而且他知道这种物质被人喝下去后会给人带来生命危险。他让被害人把清洁剂吐出来。被害人在喝下清洁剂的五分钟后吐出了一部分液体随后昏迷。被告人在网上查找相关的应对措施,但他没有叫医生并容忍了被害人的死亡。他只是看着事情发生并继续在网上搜索。如果他当时立即叫医生,则被害人在服下清洁剂的半小时之内仍然有被救活的可能。0 点 30 分左右,Kerstin W. 敲门询问被害人的情况。但被告人决定不寻求他人帮助而回答被害人已经睡了。1 点 55 分,被告人关掉了电脑然后离开房间。随后 Kerstin W. 和男友发现了生命垂危的被害人并立即叫来了医生,但并未能挽救回被害人的生命。

州法院认为,被告人有义务立即寻求医生的救治,被害人的自我答责性并不否定该义务。被告人以有条件的杀人故意违反了自己的救助义务并导致了被害人的死亡。

州法院认定被告人成立不作为的故意杀人罪,判处 7 年自由刑。被告人上诉称认定事实不清,但该上诉被驳回。

二、法条索引

本案例引用了如下法条:

1.《德国刑法典》第 13 条(通过不作为实施):

(1)不防止属于刑法构成要件的结果发生的人,只有当其有依法必须保证该结果不发生的义务,且当其不作为与因作为而使法定构成要件的实现相当时,才依法受处罚。

(2)可依第 49 条第 1 款减轻处罚。

2.《德国刑法典》第 212 条(故意杀人):

(1)非谋杀而故意杀人的,处 5 年以上自由刑。

(2)情节特别严重的,处终身自由刑。

三、裁判理由

被告人的上诉是无根据的。被告人以不作为的方式有责地实施了杀人行为。

根据一般原理,任何制造了危险源的人都必须采取必要的措施对他人加以保护。[①] 防止危险的绝对的保障是不可能的,因此"交往安全义务"限于要求采取一个就整体情况而言可以期待的、一个审慎理智之人认为是为保障他人免于损害所必要的措施。当存在接近的会对他人造成损害的可能性(naheliegende Möglichkeit)时,没有阻止由保证人所开启的危险源中产生的危险的行为是可罚的。被告人将装有危险物质的瓶子放在被害人房间桌子上,因而制造了一个重要的危险源。他之前曾经将清洁剂提供给被害人,因此被害人就有可能饮用该清洁剂。当被告人觉察到被害人要饮用瓶子内的清洁剂时,被告人的行为义务便产生了。因为此前在网上的调查,他对于饮用该物质所可能给人体造成的特殊危险是有认识的,并且他也注意到被害人已经大量饮用了该物质。在他发现被害人并没有将全部的液体吐出时他就必须呼叫医生予以救治。他有责地没有履行该义务,州法院正确地认为这一不作为导致了被害人的死亡。

本案中被害人的行为并非自我答责的自杀行为。因为被害人并不存在一个真诚的、自我答责的自杀决定,因而作为保证人的被告人没有阻止被害人的死亡便应被认定成立故意杀人罪。州法院正确地认定,被害人临时喝下清洁剂的行为中并不存在真诚的自杀决定。被害人在被告人在场的情况下喝下清洁剂,是认为自己这样做能够引起被告人的注意。因此这里并不存在自我答责的自杀。这一点也可以从她在被告人的要求下将清洁剂吐出这一事实中得以明确。

四、判例评述

理论上对于本案判决的评论主要集中于两个问题上,其一是如何认

---

① Vgl. BGHSt 53, 38, 42.

定被告人对被害人的保证人地位以及由此而生的保证人义务;其二则是本案中被害人的行为应如何评价,联邦最高法院在判决中否定了被害人的行为构成自我答责的自杀,因为被害人此前并没有表达过自杀的想法,而她喝下该清洁剂混合物也只不过是试图使被告人回心转意。但学者在讨论中认为,即便被害人的行为不能被认为是自我答责的自杀,也属于自我答责的自陷风险行为,对于被害人自陷风险的情形同样应当排除归责。

(一) 保证人地位

根据《德国刑法典》第 13 条的规定,不纯正不作为犯以具有保证人地位为其前提要件。理论上最初根据所谓的“形式法义务理论”,将保证人地位的来源分为法律、合同以及前行为。随后判例上又将生活共同体以及危险共同体也作为保证人地位的来源,因此形式法义务理论又被称为法源理论(Rechtsquellenlehre)。随着保证人地位实质化运动的展开,形式法义务论逐渐被抛弃。当前理论上通常采纳阿明·考夫曼(Armin Kaufmann)所发展出来的功能理论,根据保证人的功能而将保证人地位区分为保护型保证人地位与监督型保证人地位。其中对于特定的法益负有特殊保护义务的保护型保证人,可以产生自特定的法律规则、紧密的血缘关系、生活或者危险共同体、保护义务的自愿承担以及作为政府公务员或法人机构的地位;而对特定危险源进行监督的监督型保证人的义务则可以源于交往安全义务(Verkehrssicherungspflichten)、对第三人进行监护的义务、违反义务的前行为。①

但理论上也有观点认为,以实质化运动为背景而产生的功能理论包含了允许创设新的保证人地位的趋势,而这从法治国原则的角度观察是十分可疑的。从罪刑法定限制中解放出来的不作为犯是除抽象危险犯之外又一个满足刑事政策需求的工具。由于将保证人地位的法定的合法性基础简化为“只要存在危险,便应当有人或是对危险源进行监督或是对受到威胁的人或物加以保护,如果危险实现,则他人便应当承担刑事责任”这样的规则。这一规则从实然中推导出应然,而对于保证人地位的法定限制也便失去意义。因此传统的形式法义务论的指引功能仍然是不应被放弃的。②

---

① Vgl. Wessels/Beulke, Strafrecht Allgemeiner Teil, 42. Aufl., § 16, Rn. 716.

② Vgl. Baumann/Weber/Mitsch, Strafrecht Allgemeiner Teil, 11. Aufl., § 15, Rn. 51.

联邦最高法院在本案判决中肯定了被告人 A 对于被害人居于保证人地位所根据的理由受到了理论上的批评。根据其观点，“根据一般原则，任何制造了危险源的人都必须采取必要的措施对他人加以保护”，“当存在接近的会对他人造成损害的可能性(naheliegende Möglichkeit)时，没有阻止由保证人所开启的危险源中产生的危险的行为是可罚的”，而“被告人将装有危险物质的瓶子放在被害人房间桌子上因而制造了一个重要的危险源”，因此被告人 A 便负有防止由这个危险源所产生的危险造成损害的义务。联邦最高法院认为被告人 A 的保证人义务来源于其所负有的交往安全义务(Verkehrssicherungspflicht)。

但将被告人 A 的保证人地位奠定在监督型保证人地位之上仍然存在以下三个问题。

首先，就监督危险源的保证人类型而言，首先需要确定的是“危险源”的范围。尽管毫无疑问的是此种清洁剂中的成分具有毒性，会对人体造成损害。但正如默尔曼(Murmann)所指出的，就社会相当性而言，GBL 是一种广泛销售的清洁产品。任何一个成年人都可能在市场中买到这一产品，被害人自己也同样可以获得。该清洁剂的所有者并不负有一般性的义务以采取特殊的预防措施防止滥用该清洁剂进行自伤。认为该义务存在与这一产品能够被任何人自由获取之间是相矛盾的。这并不因为被告人的主观目的是将该清洁剂作为毒品替代物加以使用而改变。如果行为人并非出于作为毒品使用的目的，而是其他无害的目的，如为了清洁被害人汽车轮胎而将清洁剂带到被害人处，联邦最高法院显然也认为其居于保证人地位，并没有根据被告人的目的而作出不同的评价。因此，使用 GBL 的目的并不具有重要性。

其次，联邦最高法院也将“对危险源进行监督的保证人”限制在存在“接近的可能性”的范围内。但就本案事实而言，是否存在“接近的可能性”理论上则有不同的看法。如布吕宁(Brüning)指出，联邦最高法院认为，这一“接近的可能性”存在于被告人将清洁剂的瓶子放在桌子上并多次建议被害人使用这一行为。联邦最高法院显然认为，将瓶子放在桌上的行为应被评价为一个默示的提供清洁剂的行为。但需要注意的是，被害人 O 此前始终拒绝和被告人一起吸食该毒品。联邦最高法院并没有解释基于何种理由可以认为尽管被害人始终拒绝吸食毒品，但被告人的放置行为仍然制造了一个“接近于损害法益的可能性”[①]。默尔曼也认为,危险性这一要求需要有规范的界定,因为并非所有制造危险的行为都能产生阻止危险的义务。联邦最高法院首先通过危险的程度对交往安全义务进行规范限制。只有当显然可能造成危险时,没有阻止由保证人开启危险源的行为才是可罚的。这种“接近的可能性”存在于被告人将清洁剂的瓶子放在被害人房间桌子上这一行为之中。一个成年人仅仅因为毒药在她可及的范围内便喝下毒药这种可能性显然通常不能认为是“接近的”。联邦最高法院所给出的理由,认为被告人之前向被害人提供了清洁剂,因此被害人便有可能饮用这一物质。但显然被害人因为与被告人的分离而感到绝望,这种情况下被害人并不能想起被告人之前提供清洁剂的行为。令人惊讶的是,联邦最高法院认为自我伤害行为的迫近的危险并不在于被害人因为与被告人分手而感到绝望这一事实,尽管这一事实才是这一接近的危险存在的最有力的证明。[②]

再次,就监督危险源保证人地位下保证人负有何种具体的保证人义务,应当实施何种行为也存在疑问。布吕宁指出,即便肯定了被告人负有监督危险源的保证人地位,也不能肯定被告人有义务在其后对被害人进行救助。这一义务首先是基于前行为保证人地位而产生的。而监督危险源保证人地位仅仅使保证人负有阻止现存的危险的义务。在这个意义上,联邦最高法院正确地指出,当被告人预感到被害人的确会喝下清洁剂之时,被告人产生了一个行为义务。但并没有根据可以认定被告人在这个时点上已经具有故意。没有阻止被害人喝下清洁剂的行为由于欠缺故意,因而尚不构成不作为的故意杀人。联邦最高法院认为没有呼叫医生救助的行为存在杀人的故意,可以构成故意杀人行为,则实际上法院所考虑的是前行为的保证人义务。[③]

---

① Brüning, Anmerkung zu BGH, Urt. v. 21.12.2011-2 StR 295/11 (Totschlag durch Unterlassen-Zu den Voraussetzungen einer Rettungspflicht gegenüber einer spontan Drogen konsumierenden Person), ZJS 2012, S. 694.

② Vgl. Murmann, Anmerkung zu BGH, Urt. v. 21.12.2011-2 StR 295/11, NStZ 2012, S. 387 ff.

③ Vgl. Brüning, Anmerkung zu BGH, Urt. v. 21.12.2011-2 StR 295/11 (Totschlag durch Unterlassen-Zu den Voraussetzungen einer Rettungspflicht gegenüber einer spontan Drogen konsumierenden Person), ZJS 2012, S. 694.

最后,如果考虑从前行为保证人的角度确定被告人 A 的保证人地位也存在疑问。联邦最高法院在判决中一贯认为前行为保证人地位的成立仅限于违反义务的危险前行为范围之内,而被告人购买清洁剂、带到被害人房内的行为是否存在违反义务性便存在问题。布吕宁指出,前行为保证人至少以危险前行为与构成要件结果出现之间存在义务违反的关联性为前提。但本案中恰恰对于是否存在这一义务违反的关联性是存在疑问的。这一方面是因为与前行为相关联的必须是一个不被允许的风险。“清洁魔法”是一种在市场上可以任意买到的清洁剂。取得该清洁剂并将其带到被害人的房间内尽管具有危险,但其中所包含的危险是法秩序所允许的。如果被告人 A 只是出于打扫房间的目的而将清洁剂带入房间,则很难认为该行为是具有刑法相关性的前行为。偏离清洁剂的正常使用目的而作为毒品替代物使用并不影响这一评价。因为清洁剂中所包含的成分并不在德国《联邦麻醉剂管理法》(BtMG)的适用范围内。另一方面,从允许的风险角度看,结合义务违反关联性问题,则需要考虑是否是被害人自我答责的行为在构成要件结果中实现,而不是危险前行为的风险。①

（二）自我答责地自陷风险

联邦最高法院在判决中仅仅讨论了被害人喝下过量清洁剂的行为并不是一个“自我答责的自杀”行为,因为被害人并非以自己的死亡为目的,而仅仅是为了引起被告人 A 的注意。在排除了被害人成立自杀之后,联邦最高法院便得出了应将被害人的死亡结果归责于被告人 A 的结论。理论上则认为,尽管被害人的行为不成立自杀,但仍然是一个自我答责的自陷危险行为,在这一范围内应排除对被告人的归责。

客观归责理论通常将参与他人的自陷风险作为排除客观归责的一种情形加以讨论。② 而联邦最高法院虽然没有接受客观归责理论,但在被害人自陷风险的案件中也认为,应当否定那些参与他人自陷风险行为中的人的行为满足客观构成要件。

联邦最高法院在案例 BGHSt32, 262 中承认,当被害人在结果实现时有

---

① Vgl. Brüning, Anmerkung zu BGH, Urt. v. 21. 12. 2011-2 StR 295/11 (Totschlag durch Unterlassen-Zu den Voraussetzungen einer Rettungspflicht gegenüber einer spontan Drogen konsumierenden Person), ZJS 2012, S. 694.

② Vgl. Roxin, Strafrecht AT I, 4. Aufl, 2006, S. 401.

意陷入风险,自我答责地自陷风险的行为排除身体伤害罪与杀人罪的构成要件。放任、实现或者推动了他人的自陷风险行为并不构成身体伤害罪或杀人罪,不应受到处罚。在案例 BGH NStZ 1986, 266 中,联邦最高法院则认为,只有当自陷风险者与参与者对风险具有同等程度的认识时,才排除归责。如果放任或者促进被害人自陷风险的人认识到,被害人对于自己所作之决定的作用范围缺少充分认识时,他便制造了一个风险,这个风险无法为被害人的意志所包含,该风险的实现便应当归责于参与风险者。

联邦最高法院在许多积极参与他人自我答责的自陷风险案件中排除了行为人的可罚性,但仍然认为毒品的提供者构成以不作为方式实施的过失杀人罪,因为该提供者在被害人吸食毒品失去意识之后没有及时叫医生进行救治。罗克辛认为此类判决是不值得赞同的。"在排除了参与他人自陷风险的行为的可罚性之后又认为保证人的不救助行为具有可罚性,则排除参与他人自陷风险行为的可罚性就失去意义了"①。

本案中,即便肯定了被告人 A 对于被害人 O 居于保证人地位,仍然需要讨论 O 的行为是否构成自我答责的自陷风险,从而排除 A 的行为的构成要件该当性。布吕宁认为,法院正确地判断出 O 的行为只是为了引起 A 对自己的注意从而使 A 回心转意。即便认为 O 并不愿意自己死亡结果的出现,但也并不能就此得出结论认为这里不存在自我答责的自陷风险。O 知道不以清洁本身为目的将清洁剂作为毒品替代物使用是危险的,这一点并不因为她并没有 A 了解得那么清楚而改变。应当认为,对于直接饮用清洁剂具有致死效果这一点 O 是知道的。即便认为这个危及生命的行为仅仅是为了引起 A 对自己的注意亦是如此。②

本案中值得注意的一点在于,O 尽管了解清洁剂是有危险的,但她并没有 A 了解得那么详细。在这一点上,O 对于危险性的了解是不足够充分的,此种认识的不充分性是否会影响对 O 自陷风险行为的"自我答责性"的判断则仍然有进一步讨论的必要。布吕宁认为,从责任主义原则的基础出发,应当认为每个人都应当对自己行为所造成的结果负责,当他自

---

① BGH NStZ 1984, 452; BGH NStZ 1985, 319 f.

② Vgl. Brüning, Anmerkung zu BGH, Urt. v. 21.12.2011-2 StR 295/11 (Totschlag durch Unterlassen-Zu den Voraussetzungen einer Rettungspflicht gegenüber einer spontan Drogen konsumierenden Person), ZJS 2012, S. 694.

行进入风险时,这一点同样适用。因此当人们低估了风险而对危险性的范围缺少估计时,同样属于自陷风险的情形。当人们作出了自陷风险的决定并认识到自己对风险缺少充分的认知时亦是如此。因此 O 应当承担自己对危险缺少估计而造成的风险。对危险缺少充分的估计并不能否定其自陷风险的决定并不是自我答责的。①

默尔曼则认为,自我答责性并不以对风险的完全认知为必要,而是当人即便意识到自己欠缺对风险的认识,仍然作出决定实施特定行为时也存在自我答责性。没有对风险作出充分估计便进入风险之中也属于人的自由范围。被告人对于 GBL 的危险是否比被害人知道得更详细,因而具有优势认知这一情况在本案中不具有相关性,尤其是当被害人已经知道了自己行为的危险性并且在被害人作出决定的时点上,被告人尚不具备优势认知时。即便被告人较之被害人能够更好地对危险性作出估计,这也只存在于当被害人由于欠缺对事实的认识而没有作出决定时。②

第六节　皮革喷雾剂案

皮革喷雾剂案是德国刑法理论在新兴的产品责任领域中最重要的案例之一。这一理论中涉及了因果关系以及不作为等诸多刑法基础理论问题。尤其是在前行为保证人地位以及不作为的因果关系的判断上,一方面,刑法基础理论中的普遍性命题仍然应当予以坚持;另一方面,在案件的处理上也需要考虑产品责任这一新兴领域的特殊性。

一、基本案情③

本案涉及 W、E、S 三家公司,W 主要生产的是各种鞋以及其他皮革护理产品,包括了皮革喷雾器。E、S 是负责销售的子公司。W 公司生产

---

① Vgl. Brüning, Anmerkung zu BGH, Urt. v. 21.12.2011 - 2 StR 295/11 (Totschlag durch Unterlassen - Zu den Voraussetzungen einer Rettungspflicht gegenüber einer spontan Drogen konsumierenden Person), ZJS 2012, S. 694.

② Vgl. Murmann, Anmerkung zu BGH, Urt. v. 21.12.2011 - 2 StR 295/11, NStZ 2012, S. 387 ff.

③ BGHSt 37, 106.

的皮革喷雾剂一开始由 E 销售,下架之后又由 S 来销售。1980 年秋末,几家公司开始接到投诉,一些使用喷雾器的消费者存在健康状况恶化问题,诊断的结果是他们都存在肺部的积水。在收到第一起损害报告之后公司开始了内部调查,焦点集中到了公司所生产销售的皮革喷雾剂上。能够确定的仅仅是,1980 年年中,里面的硅酮油(Silikonöls)成分被提高了,因此在 1981 年年初公司决定在产品中降低硅酮油的成分。但是,这一措施并未起到防止损害发生的效果,于是三家公司就与两家化学制品公司以及一名顾问医生进行了专家论证,但是没有得出任何结论。因此,W 公司并没有停止皮革喷雾剂的生产和销售,而只是将硅酮油从产品中除去。1981 年 5 月 12 日,W 公司董事会召开了特别会议,与会者包括 W 公司的全体董事,S、Sch 博士、Bo(后来检方撤回了对 Bo 的起诉)以及后来去世的 Br,其中该公司的公司中心实验室主管,首席化学家 B 博士在会议上表示,从现有的调查来看,没有任何理由认为产品存在毒性。因此也不能认为皮革喷雾剂是有毒的,也就没有理由召回产品。但是他建议委托外部的机构来进行进一步的调查,同时在产品的外包装上对消费者作出一定的警示。董事会赞同了这个建议,他们认为,在接下来的调查中如果发现确实存在产品缺陷或者对消费者存在值得注意的风险时才需要作出停止销售、召回以及提醒的决定。会议之后,子公司 S 的董事 W,以及 E 公司的董事 D 均完整获悉了会议的内容,并表示赞成会议的内容而继续销售产品。此后仍然不断有投诉称发生了身体损害,但进一步的调查研究始终没有确定皮革喷雾剂中的致害成分。与此同时,产品包装上的警示得到了进一步的补充与改进。1983 年 9 月 20 日,W 公司在德国联邦卫生部和内务部的干预下决定停止销售并开始召回产品。

州法院判处本案被告人 S、Sch、W、D 成立危险的身体伤害罪与过失伤害罪,其中原因部分是由于他们没有及时地召回产品,部分则是由于他们继续生产和销售产品。首席化学家 B 博士则被认定为帮助犯,因为他在特别会议上并没有提供充分的信息与咨询建议。联邦最高法院肯定了州法院对四名被告人 S、Sch、W、D 的判决,但重新考察了判决理由,如四名被告人的保证人地位来源,此外 B 博士被宣判无罪。

二、法条索引

本案例引用了如下法条:

1.《德国刑法典》第 13 条(通过不作为实施):

(1)不防止属于刑法构成要件的结果发生的人,只有当其有依法必须保证该结果不发生的义务,且当其不作为与因作为而使法定构成要件的实现相当时,才依法受处罚。

(2)可依第 49 条第 1 款减轻处罚。

2.《德国刑法典》第 223 条(身体伤害):

(1)不法伤害他人身体或损害其健康的,处 5 年以下自由刑或罚金刑。

(2)犯本罪未遂的,亦应处罚。

3.《德国刑法典》第 224 条(危险的身体伤害):

(1)以下列方式伤害他人身体的,处 6 个月以上 10 年以下自由刑。情节较轻的,处 3 个月以上 5 年以下自由刑。

①投放毒物或其他危险物质,

②使用武器或其他危险工具,

③阴险的突然袭击,

④与他人共同实施伤害行为,或

⑤以危害生命的方式伤害他人。

(2)犯本罪未遂的,亦应处罚。

4.《德国刑法典》第 229 条(过失伤害):

过失伤害他人身体的,处 3 年以下自由刑或罚金刑。

三、裁判理由

皮革喷雾剂案在德国理论界引发了极大的争议。本案判决以及理论争议必须在德国刑法文本、过去司法实践以及刑法理论探讨所构筑的语境下才能够得到理解。理解本案的判决以及围绕其展开的学理争论的关键在于,与我国刑法在总则中对单位犯罪作出专门规定不同,德国刑法中法人并不是承担刑事责任的适格主体,亦即公司本身无法承担刑事责任、受到刑事制裁,因此联邦最高法院判决的整个说理过程的核心指向便是要将公司生产、销售的产品所造成的损害结果归责于每一个公司董事。

(一) 产品缺陷与消费者身体伤害之间的因果关系

作为结果犯,故意以及过失的身体伤害罪的成立都以能够确定行为与结果之间存在因果关系为前提。而本案的特殊性则在于,根据州法院对事实的调查,并无法从科学上确定是皮革喷雾剂中的哪一种成分导致了其使用者所受到的损害。在此种情况下,能否确定皮革喷雾剂这一产品与身体伤害有关则存在问题。[①] 州法院在没有查明皮革喷雾剂的致害成分的情况下便肯定了产品自身特性与损害之间的特性,而联邦最高法院则认为因果关系的确认是一个事实问题,由于州法院对于这一问题的结论受到《德国刑事诉讼法典》自由心证原则的保护,因此联邦最高法院认可了这一结论。但在理论上对于产品特性仍然存在诸多争议,尤其是在缺少关于一般因果规律的自然科学知识的情况下,如何能够运用条件公式证明因果关系。

(二) 公司董事的保证人地位与前行为保证人类型

本案中,W、E、S 三家公司受到法院审查的行为主要分为两部分,其一是在明知本公司的产品具有造成他人身体健康的危险而继续销售的行为,也就是以积极的作为实施的身体伤害行为;其二则是在对于已经销售出去的产品,公司并没有采取积极的措施阻止其损害作用的发生,亦即通过消极的不作为对消费者的身体健康造成了损害。其中最重要的便是 1981 年 5 月 12 日三家公司董事在特别会议上作出不召回决定。在确定了产品本身与损害结果的因果关系之后,对于以积极的作为方式实施的伤害罪而言,归责并不成为问题,但在论证不作为的身体伤害罪成立上仍然存在困难。

1. 危险前行为保证人类型(Ingrenz)

首先,根据《德国刑法典》第 13 条的规定,不纯正不作为犯的成立以行为人具有保证人地位为前提。州法院的判决是以民法上的安全交往义务(Verkehrssicherungspflicht)以及产品瑕疵担保责任(Produktbeobachtungspflicht)为基础肯定公司董事的保证人地位的。[②] 这一直接将民法上的义务转化为刑法上的义务的做法并没有为联邦最高法院所采纳。尽管并没有明确地拒绝一切民事义务作为保证人地位成立的理由的可能,联

---

① Vgl. BGHSt 37, 106.

② BGHSt 37, 106.

邦最高法院还是认为,旨在解决损害赔偿的民事责任并不能直接地作为奠定保证人地位的基础。而联邦最高法院则延续了以往判例中的规则,以违反义务的危险前行为作为确定被告人保证人地位的基础。尽管表面上联邦最高法院在判决中仍然声称自己与以往的判决保持一致,坚持前行为必须具有义务违反性(Pflichtwidrigkeit)[①],但另一方面在具体论证上则突破了客观的违反义务性这一对前行为保证人类型的限定性条件。

联邦最高法院认为,以违反义务的方式制造了危险的人有义务阻止该危险所可能造成的损害。这一原则同样适用于生产和制造存在瑕疵的产品上。违反义务地将有缺陷的产品带入流通领域,从而给消费者造成危险的产品生产者、销售者有义务防止这一危险在相应的损害中实现。四名被告人的制造危险的前行为体现在,作为公司董事,他们将皮革喷雾剂带入了市场流通中,该皮革喷雾剂在合规范的使用过程中会给消费者造成身体健康上的损害。被告人的行为在客观上也是违反义务的。这是因为法秩序原则上是禁止制造危险的,即便不存在特别的规定处罚这种制造危险的行为。对身体完整性这一法益的一般性保护已经表明这一点。因此被告人的制造危险的行为便是客观上违反义务的行为。但基于法秩序原则上禁止制造危险这一命题,判决实际上将义务违反性等同于制造危险,从而使义务违反性这一标准失去了对危险前行为范围的限定作用。

2. 公司内部分工与公司董事的保证人义务

从承认本案中的公司董事对于使用产品的消费者居于保证人地位这一结论出发,还需要考虑的问题是从此保证人地位中能够推导出何种内容的保证人义务。笼而统之固然可以说每一个具有保证人地位的公司董事都负有防止损害发生的义务(Schadensabwendungspflicht),但是在现代公司的日常运作中,根据公司内部治理结构内的责任分工,每一个公司董事都有自己所负责的特定领域,通常仅对该领域所产生的危险负有防止损害结果发生的义务。库伦(Kühlen)教授指出,不同的董事主管不同的领域,通常情况下个人仅对该领域负有责任,董事在企业内部的责任分工对于其所承担的义务显然不仅是构建性的而且是限制性的。在企业内部,董事个人并无权单独决定采取措施履行公司的义务,与之相应,公司

① BGHSt 37, 106.

董事的义务也就限定在"尽到其所可能与可期待的全部共同作用权限",以促成董事会作出必要的决定。①

联邦最高法院基于信赖原则的考虑同样认为在通常情况下,公司内部的责任分工是对公司董事个人责任的重要限制,亦即每位公司董事都可以相信其他人在自己所负责的领域内是合义务地实施行为的,因而不必为非自己负责领域内所造成的损害负责,但本案并非此种通常情况,这种大范围的产品损害事件被视为紧急以及例外地需要公司各部分通力合作的情况(Krisen und Ausnahmesituationen)。由此,在公司内部原本负责不同领域的公司董事,在皮革喷雾剂致损这个事件中,均负有阻止损害结果发生的义务,也就是在特别会议上应该尽一切可能努力促成召回决定。但是事实上所有的与会董事都投票支持了不进行召回的决议,在这个意义上,董事们都没有履行其保证人义务,因而其行为该当构成要件。

(三) 不作为的因果关系与集体表决

在此,联邦最高法院再次在因果关系的确定上遇到困难。因为要将损害结果归责给每一个不作为的公司董事,则需要确定每一个公司董事的不作为与结果之间的因果关系。但似乎每个公司董事都可以主张,即便自己投票支持召回产品,剩下三名董事的不作为,仍然能够促成不召回决定的作出,因为在4人的董事特别会议上3票就已经是多数了。② 法院判决以及理论上均认为公司董事并不能以此为借口免除自己责任,联邦最高法院通过共同正犯(Mittäterschaft)以及累积的因果关系(Kumulative Kausalität)来处理这个问题。在联邦最高法院看来,公司董事共同违反了阻止结果发生,作出召回决定的义务,因而成立共同正犯,在共同正犯的框架下,因果关系应当就整体进行判断,只要每个董事都在事实上投票赞成了不召回决定,其行为就是导致损害结果的原因。

四、判例评述

综上所述,在皮革喷雾剂案中,联邦最高法院的判决以及德国理论界的讨论集中于三个层面:其一,论证产品本身与损害结果之间的因果关系;其二,论证公司董事的保证人地位,从而为不纯正不作为的成立奠定

---

① Vgl. Kuhlen, Grundfragen der strafrechtlichen Produkthaftung, JZ 1994, S. 1142.

② Vgl. BGHSt 37, 106.

基础;其三,解决公司董事的不作为与损害结果之间的因果关系问题。以下就上述三个问题分而述之。

(一) 因果关系一:产品致害原因性

1. 合法则性学说(die Lehre von den gesetzmäßigen Bedingungen)与条件公式的运作

如前所述,证明消费者的身体健康损害是由产品本身的性质造成的,是本案判决所必须解决的首要问题。在这一点上,联邦最高法院坚持认为,即使无法在科学上确认究竟是皮革喷雾剂成分中的一种还是几种物质的综合作用导致了消费者的身体健康损害,但是根据州法院的事实调查,可以排除消费者的不当使用或者特殊的使用习惯造成伤害结果的可能,基于此足以确定伤害结果是由皮革喷雾剂这一产品自身的某种特性造成的,而我们并不需要明确地知道究竟是哪种特性。[1] 德国法院判例传统上以条件理论来确定具体案件中行为与结果之间是否存在因果关系,而本案中联邦最高法院的这一论证却回避了条件公式的直接适用,而是通过反向排除其他可能导致身体受损的原因加以确认。尽管结论值得赞同,因为这一因果关系的存在是将消费者所受到的损害归责于公司董事的基础和前提,但联邦最高法院的论证说理过程在理论上则存在争议,赞同的观点如罗克辛教授认为无法查明产品中的具体致害成分,并不影响因果关系的查明,"这就像是 A 捅了 B 很多刀导致了 B 的死亡,但我们并不需要知道究竟是哪一刀捅死了 B"[2]。

反对的意见则认为,查明产品的具体致害成分以及具体的导致损害发生的科学原理对于查明因果关系是必不可少的。如普珀教授认为,在不知道产品的何种成分具有对身体健康的致害性时,联邦最高法院所使用的反向排除法是不可能穷尽地排除所有致害可能性的。应根据合法则性学说(die Lehre von den gesetzmäßigen Bedingungen)作为确定因果关系的公式,条件说的前提在于存在合法则性的条件,而合法则性的确定则来源于确定的自然科学知识。如本案中在科学上无法确定适用于本案的一般因果法则(allgemeine Kausalgesetz),则条件公式将失去其适用的前提,

① Vgl. BGHSt 37, 106, 112.

② Roxin, Höchstrichterliche Rechtsprechung zum Allgemeinen Teil des Strafrechts, 1998, S. 211.

也就不能用条件理论来确定因果关系,因为不知道产品中的何种成分导致了结果的发生,也就不能简单地说,“如果没用使用该皮革喷雾剂产品就不会发生损害结果”,因此存在确定的关于一般因果法则的知识是条件说得以运作的前提,在不知道这一前提性知识时,联邦最高法院所使用的排除法是无法证立因果关系的,因为存在无限多种致损的原因可能,也就无法将这所有的可能一一排除。①

这一争议的核心在于条件理论所提出的条件公式的适用前提。条件理论的核心是一个逻辑公式:“若非 A 仍 B,则 A 不是 B 的原因,反之,A 是 B 的原因。”②根据此公式,只要满足“非 A 则非 B”这个条件的所有事件,A 都能够成为事件 B 的原因或称为条件,所有事件 A 在作为事件 B 的原因这一点上没有差别,因而被称作等值理论(äquivalenztheorie)。理论上通常对条件理论的批评集中在其容易不当地扩大刑事处罚的范围,相当性理论、客观归责理论均是在条件理论的基础上进一步以规范性标准来限定因果关系的范围,但另一方面,这也意味着这些理论仍然要以条件理论意义上的因果关系存在为前提。反之,如果条件理论意义上的因果关系不存在,则后续的归责也便失去其基础。

本案所涉及的问题恰恰在于确定条件理论上的因果关系,如前所述,条件公式所描述的并非真实发生的因果流程,而是使用“想象不存在”的方法(Weg-Denk-Methode)来验证因果关系的存在。但这一公式在适用时容易导致错误,耶塞克指出:“适用一个假定的剔除程序,在该程序中,人们考虑到涉及结果发生的原因行为,以便以此来确定是否存在结果。司法中使用的将真实的事件与假定的因果过程进行比较的公式,具有双重错误。一方面,该公式没有直接运用因果联系,而是逻辑地以它为前提;另一方面,如果在缺少行为的情况下,一个其他的原因在稍后出现,或甚至同时并以同样的方式导致相同的结果,或如果结果因数个同时且互不关联的有效条件所造成,那么将真实的事件与想象的其他过程进行比较往往会导致错误。”③1930 年,恩吉施在《作为犯罪构成要件要素中的因

① Vgl. Puppe, Anmerkung zu BGH, Urt. v. 6.7.1990-2 StR 549/89 (BGHSt 37, 107), JR 1992, S. 30.

② Jescheck/Weigend, Lehrbuch des Strafrechts Allgemeiner Teil, 5. Aufl., §28, S. 278 ff.

③ Jescheck/Weigend, Lehrbuch des Strafrechts Allgemeiner Teil, 5. Aufl., §28, S. 278 ff.

果关系》(die Kausalität als Merkmal der strafrechtlichen Tatbestände)中提出"合法则性学说"(die Lehre von den gesetzmäßigen Bedingungen),试图从正面描述真实发生的因果流程,以替代条件理论的"想象不存在的"验证方法,目前广为使用的"合法则性公式"(Formel der gesetzmäßigen Bedingung)则是由耶塞克教授提出的,"对条件论意义上的因果关系而言仅仅取决于,在紧接着行为之后是否产生对外界的改变,而且这种改变依据我们所知晓的自然法则与行为是存在必然的联系的,并作为符合构成要件的结果"[①]。文献上认为合法则性学说与条件理论在判断因果关系的问题上结论是相同的。[②] 二者的差别在于,条件理论只是暗含了以因果法则作为公式得以运作的前提,而合法则性学说则明确承认了一般的因果法则作为根基,由此使得因果关系的确定更为理性化。[③]

自恩吉施提出合法则性学说,理论上通常承认,作为一个逻辑公式,条件公式本身并不能定义因果关系,而仅仅是检验因果关系是否存在的工具。"非 A 则非 B"这一逻辑语句极可能为真也可能为假,要是这一判断为真也就是条件公式得以运作的前提在于,一般的因果法则的存在。[④] 亦即只有"当人们知道在原因与结果之间存在原因性的关联,人们才能说如无这个原因则结果不发生",如果该因果法则不存在,则具体案件中行为与结果的因果关系便无法查明。在皮革喷雾剂案中所存在的争议之一,便是作为条件说运作前提的因果法则是否存在,这一问题并非始于皮革喷雾剂案,早在 1971 年康特根案(Contergan-Verfahren)中[⑤],亚琛州法

---

① Jescheck/Weigend, Lehrbuch des Strafrechts Allgemeiner Teil, 5. Aufl., §28, S. 278 ff.

② Vgl. Wessels/Beulke, Strafrecht Allgemeiner Teil, 42. Aufl., §6, Rn. 168a.

③ Vgl. Ulrike Unger, Kausalität und Kausalitätsbeweis produktverursachter Gesundheitsschädigungen, 2001, S. 54.

④ Vgl. Hilgendorf, Fragen der Kausalität bei Gremienentscheidungen am Beispiel des Lederspray-Urteil, NStZ 1994, S. 564.

⑤ LG Achen, JZ, 1971, 507 ff. 1956, 年德意志联邦共和国一家公司 Chemie Grunenthal 首先将沙利窦迈以商品名 Contergan 在德意志联邦共和国生产上市,当时沙利窦迈被认为是最安全的镇静剂,作用快、不成瘾,也无毒性,同时也发现它对抑制怀孕造成的呕吐非常有效,因此使它在欧洲广为使用。然而在一年后,医生开始注意到在怀孕早期使用沙利窦迈的孕妇会产下罕见的畸形婴儿,例如:海豹肢(Phocomelia)或无四肢(Amelia)、骨骼发育不全(Hypoplastic)或不发育、颜面麻痹、眼部异常及先天性心脏病、肠胃道或泌尿道异常,以及其他内部器官的异常,这些发现终于导致沙利窦迈在 1961 年 11 月被全面回收并禁止上市。然而为时已晚,德国已约有一万名,日本约有一千名、英国约有 400 名、斯堪的那维亚国家约有 280 名畸形婴儿出生。

院判决就认为,孕妇所服用抗妊娠反应的药物沙利窦迈(Thalidomid)是导致胎儿畸形的原因,考夫曼教授便对其中的因果法则是否存在提出了质疑。

考夫曼教授指出:“康特根案中因果关系问题的特殊性在于,本案首先并不涉及通常在实践与理论上所讨论的因果问题,即行为人 Y 的行为是否是结果 X 的原因。对于这个问题的回答要求将得到普遍认可的一般性法则适用到具体案件中,必要时法官可以通过专家证人(Sachverständigen)来了解该法则。本案中需要回答的恰恰是这一前提性问题,即是否存在因果法则,能够使人们相信服用沙利窦迈这一药物与婴儿畸形以及神经损害之间存在原因与结果的关系。”①因果关系是客观构成要件要素,人们通常在主流的条件理论的意义上理解“导致”(Verursachung)这一构成要件要素,但必须意识到,该理论所提出的公式仅仅是对所涉及的因果法则的结构的描述,只是提供了一个运用该法则进行检验的可能。直接可适用的并非条件公式本身,而是其背后所存在的一般因果法则使具体因果流程的确定成为可能。②

在论述中,考夫曼教授区分了一般因果关系(generelle Kausalität)与具体因果关系(konkrete Kausalität)两个层面的问题,前者处理的是一般的因果法则是否存在的问题,而后者则是将因果法则适用到具体的案件中以确定行为人的行为与结果之间的因果关系,从而为具体案件的结果归责奠定基础,具体的因果关系的确定以一般的因果法则的存在为前提,因此首先需要确认一般因果法则的存在。

2. 因果法则(Kausalgesetz)的地位及其证明

如上所述,在具体案件中认定行为与结果之间存在具体的因果关系的前提是存在一个确定的、在科学上得到承认的因果法则,通过条件公式的适用,实现从一般到具体的三段论演绎论证。但是,如果作为前提的一般因果法则并不明确,那么具体因果关系的认定是否仍然可能就存在疑问。对此出现两个层面的问题,其一,如果因果法则是否存在并不明确,

---

① Kaufmann, Tatbestandsmäßigkeit und Verursachung im Contergan-Verfahren, JZ 1971, S. 575.

② Vgl. Kaufmann, Tatbestandsmäßigkeit und Verursachung im Contergan-Verfahren, JZ 1971, S. 569.

人们能否绕开因果法则的证明直接根据其他证据证明具体因果关系的存在;其二,如果无法绕开因果法则,那么因果法则的证明标准为何。

对于第一个问题,首先涉及对一般因果法则与具体因果法则之间关系的理解,就此问题可以分为两种观点:其一,一般因果法则仅仅是证明具体因果关系存在的证据,而只有具体的因果关系才是案件的待证事实;其二,一般因果法则本身就是具体因果关系的组成部分,其自身便是待证事实。博伊尔克(Beulke)指出,法官是否能够在缺少科学证明一般因果法则存在时仍然肯定案件中的因果关系的存在,取决于对一般因果法则的理解,如果是一个实体法律问题,则要受到法律的上位原则的约束;如果只是一个事实问题,则可以诉诸法官的自由心证。①

如果一般因果法则仅仅具有证据的意义,则在缺少该因果法则时,法院仍然可以基于其他的证据进行自由心证(freie Beweiswürdigung),认定因果关系的存在。事实上,在皮革喷雾剂案中,联邦最高法院便采取了此种观点,其避免直接适用条件公式,也就绕开了因果法则是否存在这个问题,而直接认为州法院反向排除了其他消费者的特殊使用习惯或者不当使用作为致损原因,这一过程便是法官自由心证的过程。根据《德国刑事诉讼法典》的规定,上级法院在法律审的过程中应当尊重下级法院法官自由心证的结论。但在程序法上,这种反向排除法存在问题。联邦最高法院通过反向排除其他可能导致身体损害结果的原因,绕开了因果法则是否存在的问题,而将实体法上的因果关系确定转变为了程序法上法官的自由心证问题。② 在程序法上也导致了举证责任的倒置,这种排除法使得被告人几乎没有可能提出反证,形象地说就是,只有当被告人把真正的犯罪人带到法官面前,方能免除自己的责任。③

与联邦最高法院的观点不同,普珀教授则认为,前一种观点建立在这样一种对因果概念的哲学理解基础上,即在个案中将原因与结果联系起来的是一种力(Kraft)或作用(Wirkung),而这种力是人不能直接感知的,

---

① Vgl. Beulke/Bachmann, Die "Lederspray - Entscheidung" - BGHSt 37, 106, JuS 1992, S. 737 ff.

② Vgl. Beulke/Bachmann, Die "Lederspray-Entscheidung"-BGHSt 37, 106, JuS 1992, S. 737 ff.; Brammsen, Kausalität-und Täterschaftsfragen bei Produktfehlern, JURA 1991, S. 533.

③ Vgl. Puppe, Anmerkung zu BGH, Urt. v. 6.7.1990-2 StR 549/89 (BGHSt 37, 107), JR 1992, S. 30.

但幸运的是我们能够确定这种力,因为这些力都是根据严格的一般性法则被安排好的。[①] 但这种对于因果概念的理解在哲学和科学上早已被放弃,而且这种理解尽管在法学上得到广泛认可,但在解释不作为的因果关系的问题上则会碰到异常的困难。[②] 希尔根多夫(Hilgendorf)教授同样也指出了这种将因果关系还原为力的理解是存在问题的,“因果性的解释终究是归纳推理的一种,重要的是因果性的分析并不能简单地还原为‘力’或者‘自然必然性’的作用,这一种将原因归结为‘力’的观点在哲学上至少在休谟那里就已经被认为是过时的了”[③]。因果关系涉及的并非纯逻辑(rein logisch),而是逻辑—经验性(logisch-empirisch)的关系,因此是经验性的一般因果法则使我们能够判断某一事实是另一事实发生的必要条件或充分条件,或者是该充分条件的必要组成部分。缺少该法则则无法对因果关系加以说明。因此因果法则在具体案件的因果关系确立中应当具有新的地位。它不应仅是力之间在逻辑上与之独立的可思考与可描述的关联的证据,还是待确定的具体因果关系的组成部分,在刑事实体法上作为构成要件而存在。而在刑事诉讼法上,因果法则与因果关系都属于待证事实。[④]

由此,一般因果法则应当是具体因果关系的必要组成部分,作为待证事实在程序法上是无法绕开一般因果法则来认定具体因果关系的。因此联邦最高法院试图在不知道一般因果法则的情况下回避这一问题,而直接适用排除法的做法也是不成功的。同理,罗克辛教授所进行的类比也是无法成立的,罗克辛教授认为我们无须知道产品的哪种成分能导致身体损害,就像我们不需要知道究竟是哪一刀捅死了被害人一样,但是对于后者,“刀刺能够致人死亡”这个一般的因果规律是明确的,而对于前者,如果不知道产品的具体致害成分,则该因果法则无从知晓,因此两类案件并不具有可类比性。

如果一般因果法则是具体因果关系的一部分,则该法则就成为必须

---

① Vgl. Puppe, Naturgesetz vor Gericht, JZ 1994, S. 1148.

② Vgl. Puppe, Naturgesetz vor Gericht, JZ 1994, S. 1148.

③ Hilgendorf, Fragen der Kausalität bei Gremienentscheidungen am Beispiel des Lederspray-Urteil, NStZ 1994, S. 561.

④ Vgl. Puppe, Naturgesetz vor Gericht, JZ 1994, S. 1147.

证明的待证事实。但该法则在法庭上的证明却存在困难，尤其是在现代科学技术迅速发展的今天，大量的理论被提出、被检验、被推翻，各种理论都面临来自同行的质疑与挑战，对于具体专业领域内得到普遍认可的因果法则能否直接为法院所接受，如果该法则在科学专业领域内仍然存在争议，是否就确定不能为法院所采纳；如果认为仍然可以采纳，那么选择这一理论而非另一理论的理由又何在。

考夫曼教授在对康特根案的评述中认为，只有那些在相关的科学领域内得到确认的法则才能够为法官所接受，从而作为因果法则用以肯定因果关系的存在。而对于仅在统计数据上呈现出高度相关性的规律则持拒斥的态度，他认为，统计学上的法则（statistische Gesetzmäßigkeit）不能作为因果法则加以接受，这种统计上的高度相关或许是由于因果法则的作用，但也可能出于完全的偶然性。① 而与此相反，希尔根多夫教授对于何种法则能够作为因果法则的态度则更为开放。在他看来，合法则性不仅可以源自确定的自然科学知识，也可以源自经济学或者社会学的知识，对于合法则性的确定而言，规则的可检验性才是具有决定性的。通过动物实验所积累的经验性知识是可以确定产品本身与损害结果之间的因果关系的。② 他区分了必然性法则（determinsiche Gesetz）与盖然性法则（probalistische Gesetz）或者也称统计学上的法则（statistische Gesetz）。当然，如果存在必然性法则，则原则上解释特定事件发生的原因并不存在问题。但社会科学领域内的大部分法则都是非决定性的，而且都是统计学上的或是盖然性的法则，这些法则固然并非必然性法则，也仍然可以作为因果法则加以接受，从而对具体案件的因果关系加以肯定。③ 根据当下通说的观点，因果关系取决于根据日常经验知识所确定的标准在行为与结果之间是否存在合法则的关联，或者说“时间上后于某一行为的外部世界的变化是否合法则地与该行为相联系，而该变化本身又是该当构成要件的结果”。是否存在这种合法则性，原则上取决于经验科学的能力（Kompe-

---

① Vgl. Kaufmann, Tatbestandsmäßigkeit und Verursachung im Contergan-Verfahren, JZ 1971, S. 575.

② Vgl. Hilgendorf, Fragen der Kausalität bei Gremienentscheidungen am Beispiel des Lederspray-Urteil, NStZ 1994, S. 561.

③ Vgl. Hilgendorf, Der gesetzmäßige Zusammenhang im Sinne der modernen Kausallehre, JURA 1995, S. 514 ff.

tenz der empirischen Wissenschaften)。①

因此在许多新兴的学科中,仍然存在争论的领域中在多大程度上能够确定因果关系,取决于法学上将某一理论作为因果法则加以接受的标准。如果采用考夫曼教授的标准将因果法则仅仅限于自然法则、必然性法则,则在很多情况下都必须否定因果法则进而是具体因果关系的存在,由此建立在因果关系基础上的后续的刑法归责都成为不可能。考夫曼教授颇为绝望地表示,现有的因果关系理论都无法解决这一问题,因为相当性理论、客观归责理论均是以肯定条件说意义上的因果关系为前提,然后以规范性标准来限制因果关系的范围。②

(二) 公司董事的保证人地位

根据《德国刑法典》第13条的规定,保证人地位是不纯正不作为的必要前提。要认定公司董事的行为构成不作为的故意或过失伤害,都必须先解决保证人地位问题。如前所述,从民法的交往安全义务引导出保证人地位这种形式法义务论式的论证并没有为联邦最高法院所采纳,下文重点要说明的是联邦最高法院所采取的前行为保证人地位这一类型,以及学界对此提出的批判和其他解决方案。

1. 判例上前行为保证人类型的发展

从联邦最高法院过去的判决看,奠定前行为保证人地位,必须存在一个违反义务的、危险的前行为。其中违反义务性这一要求在联邦最高法院过往的判决中得到了反复的确认。德国联邦最高法院表明,作为合法行为的正当防卫行为不属于危险前行为保证人的范围,“实施正当防卫的人并不因自己的正当防卫行为而具有保证人地位,虽然正当防卫造成了结果发生的危险,但该行为是合法行为而非非法行为”,表明了联邦最高法院对前行为保证人地位采取的限制性态度。③ 但是,联邦最高法院并没有表明对紧急避险案件的态度,固然正当防卫的行为人对于不法侵害人没有防止结果发生的义务,但若紧急避险人给他人造成侵害危险,是否

① Vgl. Hilgendorf, Fragen der Kausalität bei Gremienentscheidungen am Beispiel des Lederspray-Urteil, NStZ 1994, S. 561.

② Vgl. Kaufmann, Tatbestandsmäßigkeit und Verursachung im Contergan-Verfahren, JZ 1971, S. 575.

③ Vgl. BGHSt 23, 327.

也当然因紧急避险的合法性而否定其具有保证人地位呢，严格采取限制性的观点，可能使得保证人地位在这类案件中失之过窄，因而也有限制性理论将其作为例外的情况加以处理，但并没有相应给出更多的理由说明。

除正当防卫案件以外，其他具有社会相当性的日常行为也不属于危险前行为的范围。如在销售酒精饮料的案件中，由于德国法上并不禁止酒店老板向顾客出售酒精饮料，而仅在《德国餐馆法》（Gaststättengesetz）第20条第2项禁止酒店老板向醉酒者出售含酒精的饮料，所谓的“醉酒”是指通过较为明显的身体和精神上的事态从外部就可以看出来的状态。因此普通的出售酒精饮料的行为并非创设了危险的前行为，而只是一个具有社会相当性的正常经营行为，酒店老板并不能因为自己正常的销售行为而对顾客负有保证人地位；相反，向醉酒者出售含酒精的饮料，则违反了《德国餐馆法》第20条第2项的规定，构成了违反义务的危险前行为。在这里，违反义务构成危险前行为认定的前提，并对危险前行为的保证人地位的成立范围构成限制，从而限制不作为的处罚范围。与之相类似的还包括宴会的主人、一起饮酒的顾客均并不因为正常的宴请、饮酒行为而负有保证人地位。

对于交通驾驶这类具有日常风险的行为，德国联邦最高法院采取了与“容许的风险”相一致的立场，认为一个在遵守交通规则前提下进行合理行驶的机动车司机，对于事故的被害人没有保证人地位。驾驶机动车尽管是具有一定风险的行为，但是只要司机是遵守交通规则进行合理驾驶，便仍然处在容许的风险范围之内，而没有创设法所不允许的风险，在这个意义上强调创设的是法所不允许的风险对于限制危险前行为保证人地位的范围具有重要的意义，何谓“法所不允许的风险”则取决于行为人的行为是否违反了义务。由此可见，对于危险前行为人的限制最终都汇聚到行为人的前行为是否具备违反义务这一点上。随后，在一起违反交通规则驾驶车辆的案件中，联邦最高法院再次重申并补充了这一规则，即被告人的违反交通规则的驾驶行为与本案有着直接的联系，他因而负有义务防止被害人的伤害结果发生。而他并没有这么做，因此他对于结果承担与积极行为造成结果时同样的责任。[①]

---

① Vgl. BGH, NStZ 1986, 452.

由此可见,德国判例上的一贯观点在于,要从危险前行为的角度得出被告人的保证人地位,需要满足两方面的条件:其一是开启了结果发生的因果流程的前行为,并具有导致结果发生的危险,其二是该前行为违反了客观的注意义务。

在本案中,联邦最高法院所赖以确认保证人地位的几名公司董事的前行为是指在特别会议之前销售皮革喷雾剂,或者说是将皮革喷雾剂带入流通领域中的行为。理论上通常所理解的"带入流通"不仅包括了将产品送到终端消费者手中,而且包括将产品从生产者手中交给销售者。联邦最高法院在表面上声称自己坚持了过去判例所确立的违反义务性这一规则,并对"将皮革喷雾剂带入流通"这一前行为的违反义务性进行了审查。但判决中法院又峰回路转地表示,"违反义务性"并不仅限于行为违反了谨慎注意义务的情形,本案中从身体伤害罪这一罪名出发就能看出法秩序是一般性地反对危险的制造,因此只要法秩序反对制造危险就可以了。[①] 在此,法院玩了一个文字上的游戏,过去判决中前行为保证人类型的前提是前行为违反义务地制造了危险,也就是用违反义务性来限定所制造危险的范围。根据前述联邦最高法院的立场而言,客观的违反义务性是限制危险前行为的前提条件,义务的违反相对于危险的认定而言,具有逻辑上的在先性,亦即只有违反义务的行为才是制造危险的行为,唯其如此,义务违反性才能构成对危险前行为的限制,因此危险前行为中的所谓的危险是"法所不容许的危险"而不包括"容许的危险"。

但是,为了证立"企业的董事将具有身体致害性的皮革喷雾器置于流通领域"这一行为成立危险前行为,联邦最高法院转换了定义的顺序,认为"法秩序原则上禁止制造危险"。由此,只要是制造了危险的行为便是法秩序所禁止的行为,也便成为违反义务的行为,这样在定义的逻辑先后关系上,"义务违反"与"危险"便被颠倒了。

违反义务的行为是制造危险的行为,与制造危险的行为是违反义务的行为相比,这两种表述看似只是表述顺序的变化,但实际上却有位阶顺序之不同。对于前者,"违反义务"构成对"危险"概念的限制,而对于后者,以存在发生结果的危险来定义义务的违反,那么义务违反对于危险的

---

① Vgl. BGHSt 37, 106.

这种限制便不复存在。法秩序原则上禁止危险,因此所有危险便都是法所不允许的危险。“法所不允许的危险”与“危险”便在外延上不存在差异,那么“法所不允许”便无法构成对危险的限制,因而失去其存在价值。因此本案中将致害产品带入流通领域这一行为的义务违反性并不在于其违反了具体的行业安全生产经营规范,而在于其违背了一个原则性的禁令,亦即“制造危险”。

因此,法院通过“法秩序原则上反对危险”这样的方式认定违反义务性,实际上倒转了“违反义务性”与“危险”的逻辑先后顺序,进而将违反义务性与危险性等同起来。将二者予以等同的结果便是,违反义务性丧失了限定危险进而限定前行为范围的功能,从而也就导致了一个无限扩张的刑事责任范围。

此外,在危险的判断上,法院的判决也受到了批评。法院所认定的“将产品带入流通领域”这一行为的危险是根据事后的各种情况加以综合判断而得出的。但从积极一般预防的观点出发,法律规范应当能够推动公民实施合法行为的动机,那么对于危险就应该进行事前判断,一个事后判断得出的危险是无法影响行为人在行为时所作出的行为决定的,因为行为人在事前并无法判定其行为的危险。①

对此,哈赛默(Hassemer)教授评价,在产品责任的案件中,在将产品销售出去的时间点上,没有人能够预测到该产品的危险性。因此在前行为保证人类型上就存在两个问题。其一,如何理解“危险性”这一概念。其二,危险性与其可认识性之间是何种关系。对于第一个问题,刑法理论上存在两种相反的观点。一方观点主张,前行为保证人地位仅在不作为行为人此前违反义务地制造了危险时才存在。前行为的违反义务性要求可以保障不作为行为人无须对所有生活中的日常风险都有干涉的必要,而仅当该风险特别值得注意,或者违反了一个明示的法律义务时,才有介入的义务。而相反的观点则认为,制造风险的行为只需要存在比日常风险更高的风险时便可满足。在皮革喷雾剂案中,联邦最高法院的判决已经背离了前行为的违反义务性要求作为不作为可罚性条件的原则。判决在论证过程中,将可罚性仅仅归结于模糊的日常危险的升高。单纯将风

---

① Vgl. Kuhlen, Strafhaftung bei unterlassenem Rückruf gesundheitsgefährdender Produkte, NStZ 1990, S. 566 ff.

险升高作为可罚性的条件,如果它真正地被贯彻了,则不仅将威胁到相关人员的法安定感,而且也会不适当地扩大可罚性的范围。[1]

2. 理论上的其他解决方案

除对联邦最高法院判决的批判外,理论上也提出了其他的解决方案。在理论上部分观点认为,对于危险前行为应当放弃"义务违反性"的要求,如雅各布斯(Jakobs)教授认为,造桥铺路、买房子、垄断市场、抱走流浪动物的行为都属于制造在自己组织活动势力范围内的危险的前行为。[2] 甚至出现了所谓"因果的危险前行为",此种理论在前行为的判断上采取条件说,认为只需要具有条件说意义上的因果关系,就可以产生保证人地位。但正如反对学说所批评的,条件说所确定的宽泛的因果关系范围将导致前行为保证人地位范围的过分扩大,让凶手的母亲也变成危险前行为的保证人[3],这样,原本通过因果关系以及客观归责理论在作为犯中已经排除的构成要件行为,却因为未对其所开启的因果流程加以干涉而以不作为犯受到处罚。在批评了法院在判决中的自相矛盾之后,库伦(Kuhlen)教授实际上比法院走得更远,他认为法院从危险前行为角度来论证保证人地位是恰当的,只是应当放弃危险前行为的违反义务性要求,而只需要存在一个升高了风险的前行为即可,这种方案实际上并不会无限扩张前行为保证人的范围,只要将其建立在实质判断风险的基础之上即可。但库伦教授并没有在此进一步展开论述实质判断风险的标准以及这种判断如何进行,所以实质判断风险是否能真正限制前行为保证人的范围从而防止刑事处罚的无限扩张,仍然存在一定的疑问。[4]

勃拉姆森(Brammsen)教授提出可以从监督型保证人地位(Garantenstellung aus Überwachungspflicht)来论证董事的保证人地位。[5] 但是问题在于,监督危险源的保证人通常在空间上能够事实地控制这种危险,但当产品已经到达终端消费者手中时,这种监督在空间上是否可能就存在疑问。

---

① Vgl. Hassemer, Produktverantwortung im modernen Strafrecht, 1994, S. 52 ff.

② 参见许玉秀:《当代刑法思潮》,中国民主法制出版社 2005 年版,第 670 页。

③ 参见谢绍华:《先行行为——保证人类型之否定》,载《中国刑事法杂志》2008 年第 6 期,第 20—28 页。

④ Vgl. Kuhlen, Strafhaftung bei unterlassenem Rückruf gesundheitsgefährdender Produkte, NStZ 1990, S. 566 ff.

⑤ Vgl. Brammsen, Strafrechtliche Rückrufpflichten bei fehlerhaften Produkten?, GA 1993, S. 97 ff.

与库伦教授不同,许乃曼教授并非从前行为不具有义务违反性角度否认在皮革喷雾剂案中的行为人的保证人地位,而是直接否认了前行为的保证人类型,并认为,皮革喷雾剂的制造商在将产品置于流通领域之后便对产品丧失了实质的支配。对此联邦最高法院在判决中也进行了回应,考虑到所有的伤害投诉都汇集到了生产商与销售商那里,应当认为生产商与销售商掌握了优势的信息与认知。基于此,在犯罪支配的观点下也可以肯定保证人地位。[1] 而就生产商与销售商在事后所获知的产品存在危险的可能性这一点而言,许乃曼则认为仅就此一认知而言也无法填补所欠缺的实质支配关系,他指出,在这一过程中除生产商、销售商以外还有其他人也同样会获得此种认识,比如材料的检验单位,本案中负责检验产品的首席药剂师 B 都没有因此而被肯定犯罪支配的存在并进而肯定其保证人地位,仅凭信息优势这一点也无法肯定犯罪支配的存在。[2] 尽管在限制的危险前行为观点下,皮革喷雾剂的制造商无法经由其先前将危险产品带入流通领域的行为而形成对消费者的保证人地位,但许乃曼教授认为,作为生产制造者的企业,从对结果原因的支配观点来看也无法形成保证人地位,因为产品一旦进入流通领域便脱离了企业的控制,这一观点仍然有待商榷。诚然,仅凭企业所掌握的信息优势这一点无法肯定保证人地位,但企业所掌握的并非只有优势的信息,还有优势的组织机构与技术力量,相对于消费者而言,其处于优势性的地位这一点是明显的。

罗克辛教授则试图从承担保护功能的角度论证保证人地位(Garantenstellung aus dem Übernahme einer Schutzfunktion)。作为产品的生产者与销售者,公司不仅掌握了所有的产品损害投诉信息,而且拥有较之一般人更全面的专业知识,在信息上居于优势地位,因此与不相关的第三人相比,作为被告的公司董事更有可能阻止损害的发生与扩张。事实上,联邦最高法院在判决中也涉及了这个层面的论证。罗克辛教授认为这部分论证与前行为保证人类型无关,而是基于事实支配的承担保护功能的保证人地位。[3]

---

① Vgl. BGHSt 37, 106.

② 参见〔德〕许迺曼:《不作为法理现状》,陈志辉译,载许玉秀、陈志辉主编:《不移不惑献身法与正义——许迺曼教授刑事法论文选辑》,新学林出版股份有限公司 2006 年版。

③ Vgl. Roxin, Strafrecht Allgemeiner Teil, Band II, 2003, § 32, Rn. 210 ff.

3. 集体表决与不作为的因果关系

与以作为方式实施的犯罪相比,不作为犯罪中的因果关系更加难以确定,理论上通常反用条件公式来推导不作为的因果关系,即如果行为人实施了所期待的行为,则结果不发生。不作为的因果关系具有拟制性,其所描述的并非一个真实存在的因果流程。本案中的公司集体表决使得这个问题似乎显得更为复杂。但事实上,从文章在开头提到的在德国刑法语境下需要确定每个公司董事的个人责任而言,只需要分别考量每个公司董事的不作为与损害结果之间的因果关系问题即可。在结果归责的问题上,本案所涉及的核心问题仍然是如何将损害结果归责于违反保证人义务的不作为的行为。理论上通常在过失犯罪中所讨论的义务违反关联性便是此问题的核心。

在此问题上具有很大影响力的学说是以罗克辛教授为代表的风险升高理论(Risikoerhöhungstheorie),尽管在理论内部存在各种分歧,该理论的核心在于如果违反义务的行为升高了结果发生的危险,则可以将结果的发生归责给该违反义务的行为。在不作为的情形下,又被称为风险降低理论(Risikoverminderungstheorie),也就是行为人合义务地实施了相关行为,则能够降低结果发生的危险,那么结果的发生就可以归责给行为人的不作为。理论上对于风险升高理论的批评主要集中在确定该义务违反关联性是违反了罪疑惟轻的原则,以及将实害犯转化为了危险犯。而在不作为案件的因果关系判断上,拒绝风险降低理论的理由主要是基于以下考量:无法确定所要求的行为是否能够阻止结果发生,就将结果归责于行为,这意味着放弃了不作为的因果关系的证明。由此不仅牺牲了一个重要的归责条件,还将伤害罪的构成要件转化成了危险犯的构成要件,除此之外,风险降低理论也违反了罪疑惟轻的原则。作为犯与不作为犯是存在区别的,在作为犯中,由于因果关系是确定的,因此风险升高理论可以仅作为额外限制可罚性的标准,而在不作为犯中适用风险降低理论时,就会以扩张刑法的方式取代因果关系的判断。[①] 根据风险降低理论,本案中对各个不作为的公司董事的归责是没有问题的,因为如果一个公司董事合义务地投票支持召回产品,尽管其他三个人还是可能投票决定不

① Roxin, Strafrecht Allgemeiner Teil, Band Ⅱ, 2003, §31, Rn. 46 ff.

召回产品,也都在一定程度上降低了结果发生的危险。但联邦最高法院明确拒绝了这一理论。

联邦最高法院所采取的以共同正犯与累积的因果关系来论证因果关系成立的做法也受到了普珀教授的批评。她指出,联邦最高法院的判决实际上是在循环论证,其先预设了公司董事成立共同正犯,进而肯定每个董事的不作为的原因性。但是共同正犯成立的前提本身就是每个行为人与结果之间的因果性。① 当然,理论上支持联邦最高法院判决的观点认为普珀教授的这一观点并不充分,对于共同正犯的成立而言,因果关系的存在并非前提。② 因此在共同正犯基础上的累积的因果关系这一解决方案是不成功的;相反,她认为这里是一个多重的因果关系问题。

希尔根多夫教授则继续从合法则条件学说出发讨论这一问题,如前所述,在他看来,合法则性的条件不仅可以从自然科学知识中获得也可以从经济学、社会学乃至生活中的交往规则中得出。如果存在必然性法则,当然可以对因果关系作出确定的判断,但在社会科学领域内,这种必然性法则是极少的。在社会科学领域中鲜有可供适用的必然性法则,但并不意味着要在这些领域内放弃法则性知识(Gesetzwissen)。社会科学领域内的大部分法则都是非决定论式的(indeterminische),而且是统计学(statistische)上的或是盖然性的法则,如当 A 出现时,则 B 出现的可能性为 p%。在个体心理学以及医学中也存在许多统计学的法则。而在部分物理学的领域内,也承认统计学上的法则可以被认为是自足且可以作为理论基础的法则。这些法则同样可以被接受为因果法则,从而为判断具体因果关系提供前提。因为他们同样具有客观的属性,并不随人的意志而改变,人们可以通过这些法则对彼此之间的行为作出可靠的预测与判断。③ 本案中,公司集体表决的程序规则就为解决董事投票与结果发生之间的因果关系的确定提供了合法则性,在公司集体表决的框架下,董事投票行为对于结果的发生具有因果性。从这一观点出发,希尔根多夫教

① Puppe, Anmerkung zu BGH, Urt. v. 6. 7. 1990-2 StR 549/89 (BGHSt 37, 107), JR 1992, S. 30.

② Kuhlen, Strafhaftung bei unterlassenem Rückruf gesundheitsgefährdender Produkte, NStZ, 1990,566; Meier, Verbraucherschutz durch Strafrecht?, NJW 1992, S. 3193.

③ Vgl. Hilgendorf, Der gesetzmäßige Zusammenhang im Sinne der modernen Kausallehre, JURA 1995, S. 518.

授进一步批评了风险升高理论与客观归责理论实际上都将问题不必要地复杂化了,这些问题原本是可以作为因果关系的特殊问题予以解决的。①

本案在最后附带产生了一个问题,即过失共同正犯存在的可能性问题。根据德国刑法教义学的传统观点,由于并不存在一个共同的行为决意,所以并没有过失的共同正犯存在的空间。但联邦最高法院在论证董事的不作为的因果关系时由于先肯定了公司董事成立共同正犯,而四名公司董事又同时构成故意的危险伤害与过失伤害两个罪名,也就在实际上认可了过失共同正犯存在的空间。德国理论上对于过失共同正犯的讨论极为有限,只有少数观点如奥托教授一般性地支持过失共同正犯。但在本案中,相关学者的讨论都动摇了传统观点。如希尔根多夫教授就认为,在公司集体表决的情况下,过失共同正犯在结构上是可能的,因为集体表决的存在,使得共同的行为决意是有可能的。②

(三) 余论

1. 产品责任与中德两国的不同刑法语境

产品刑事责任问题是当前各国刑法理论与实践都必须面对的新兴问题。但不同国家对产品刑事责任问题的解决都必须置于本国的刑法语境下予以思考。正如文章在开头所述,皮革喷雾剂案的判决以及理论的所有关切都必须在由德国刑法文本、司法实践传统以及理论传统所构筑的德国刑法语境下才能得到理解,根本一点在于德国法上公司法人本身并不能承担刑事责任,因此本案判决以及理论上的所有努力都必须在刑事责任的个人化上加以理解。但这一问题在中国并不适用,我国刑法在总则中专门规定了单位犯罪,使得追究单位的刑事责任,并在单位犯罪框架下追究直接主管人员和其他直接负责人员的刑事责任有其法律文本上的根据。中国刑法下也不需要去单独考虑每一个公司董事的保证人地位,进而论证每一个公司董事的不作为与结果之间的因果关系。相反,我们只需要考虑公司的保证人地位,与公司的不作为行为的因果性即可。以2008 年河北省高级人民法院对三鹿奶粉事件的审判来看,在公司作为独

① Vgl. Hilgendorf, Der gesetzmäßige Zusammenhang im Sinne der modernen Kausallehre, JURA 1995, S. 514 ff.

② Vgl. Hilgendorf, Fragen der Kausalität bei Gremienentscheidungen am Beispiel des Lederspray-Urteil, NStZ 1994, S. 561.

立承担刑事责任主体的框架下追究公司董事的责任是更为高效与全面的,更符合法政策上有效打击犯罪的要求,由于在立法上直接规定了单位与单位的直接主管人员的双罚制,从而免去了德国法院在将结果责任具体归责于每一位董事的行为上的说理困难。但反过来,在教义学上细致地考虑每一位公司董事的行为及其对于消费者所受到的损害是否负责,更有利于刑法解释的精确化。一个精确的刑法解释能够更好地形成对公民行为的指引,从而实现积极一般预防的刑罚目的,在这一点上教义学的任务与刑事政策的目标是一致的。

2. 产品责任与风险社会

普里特维茨(Prittwitz)教授在其 1993 年的教授资格论文《刑法与风险》中指出,刑法在现代风险社会中是失败的,因为在这些新的领域中无法得出可见的结论。根据这一批判性的观点,现代刑法的发展,即产品刑事责任,并不能归结于刑法的法益保护任务。相反,其观点被认为是象征性刑法。根据这一理论,现代刑法的功能在于体现国家对问题所作出的积极应对反应,从而安抚公众情绪。这一反应尽管无助于解决问题,但却能形成这样一种表象,它象征着国家的行动力,能够安抚不安的公众,从而巩固国家的政治合法性。[①] 在这个意义上,联邦最高法院的判决并没有带来更高的产品安全,但却能在特别严重产品损害案件中安抚公众的情绪,因为通过司法判决,人们能够感到国家有能力通过积极的行为确保消费者所需要的安全。由于这种安抚作用建立在对公众的欺骗之上,因此产品刑事责任以及象征性刑法一般并不具有合法性。

风险社会下刑法所面临的挑战之一便是因果关系的日益复杂化与不查明。尽管本案因为中德语境的不同而使某些问题在我国并不存在,本案所涉及的细节问题,如因果关系问题等仍然对我国是有意义的。对于产品自身性质与结果损害发生之间的因果关系的确定,我国的刑事判决在产品责任领域并没有进行细致的分析,其得出确认或者排除因果关系的理由以及过程都是不可知的。从 2008 年石家庄中级人民法院与河北省高级人民法院对三鹿事件的一审与二审判决来看,法院仅仅简单提到了缺少充分证据证明因果关系的存在而否定了三鹿公司及其高管符合生

---

① Vgl. Prittwitz, Strafrecht und Risiko, Untersuchungen zur Krise von Strafrecht und Kriminalpolitik in der Risikogesellschaft, 1993, S. 56.

产销售有毒有害食品罪的构成要件,但除此之外并没有对此进行更多的论证,学界对此问题的关注度也并不深入。[①] 因果关系的相关理论也并没有得到很好的讨论。作为实体的犯罪构成要件,因果关系的确定属于实体刑法的领域,但却很难与其在证据法上的证明问题区分开来。条件说与客观归责理论尽管被引介到中国,但作为条件说的前提的合法则性问题并没有得到进一步的展开,合法则性的来源以及确立在很大程度上来源于刑法之外的自然科学、社会学、统计学知识,在此基础上通过条件公式判断的刑法因果关系,乃至进一步的客观归责便并非独立封闭、自在自为。

现代社会的因果关系较之古典时代已经变得复杂得多,德国学者许乃曼教授曾经在谈论现代社会因果关系的复杂性时指出:今日工业社会的特殊之处在于,在非常高度复杂的因果交错关系之中,由于非常紧密的工业化网络,现在在许多方面都不可能用单一的因果关系去解释一个特定地区居民健康损害的情形,这种单一的因果关系,例如是由某个特定的企业排出有毒物质所造成的,对于目前的工业社会而言,典型的情形是多重的因果关系。随着今日自然科学所使用的方法和器具,多重因果关系的互动交织以及复杂的共同作用,原则上无法完全进行澄清。[②]

从科学上难以为损害结果的产生提供单一因果关系的说明,而是越来越多地承认多重原因力的共同作用。与此形成反差的是,除共同犯罪以外,刑法仍然将多个行为区分开,然后再分别单独地确定其与结果之间的因果关系,从而导致无法肯定具体案件中事实的因果关系,进而也完全失去了进一步进行归责判断的可能,而最终将某一具体结果归责到特定行为上的努力便不可能成功。许乃曼认为,因果关系确定的困难恰好为刑法上抽象危险犯的设置提供了合理性的根据。但是,即使是抽象危险犯的设置也只是回避了结果归责之不可能的问题,而没有真正解决,因为抽象危险犯所处罚的是违反规范造成危险的行为本身,如果不考虑因果关系的联结,虽然违反规范的行为人受到了处罚,但处罚的根据是其违反

---

① 相关评论参见高艳东:《身份、责任与可罚性——三鹿案判决的规范错误与立场偏失》,载《刑事法评论》(第27卷),北京大学出版社2010年版。

② 参见〔德〕许迺曼:《批判德国刑法学思潮》,钟豪峰、彭文茂译,载许玉秀、陈志辉主编:《不移不惑献身法与正义——许迺曼教授刑事法论文选辑》,新学林出版股份有限公司2006年版。

规范的行为本身，而非损害结果，那么最终的损害结果仍然是没有人承担的。从前述三鹿案件中石家庄中级人民法院和河北省高级人民法院的判决来看，在否定了三鹿集团的行为与婴儿致死结果之间的因果关系之后，尽管仍然能够认定其符合生产销售有毒有害食品罪的抽象危险构成和生产销售伪劣产品罪，并根据《中华人民共和国刑法》第 149 条关于《中华人民共和国刑法》第三章第一节“生产、销售伪劣商品罪”下诸罪名的法条竞合规则来定罪处罚，生产、销售有毒、有害食品罪的实害构成（即“致人死亡或者对人体健康造成特别严重危害”）最终仍然并没有得到适用。因此，使得婴儿的死亡结果也并没有被纳入定罪量刑的考量之中。生产、销售有毒、有害食品罪的实害构成没有得到适用，其根本的困难就在于因果关系的无法确定，这并非本案的特殊状况，而可能会成为食品安全领域的普遍现象，各种食品安全乱象大多非出自单独某家企业之手，而是涉及该行业领域中的整个生产流程和多个经营主体，单一的因果关系难以确定，则意味着生产、销售有毒、有害食品罪该条的实害构成无法适用，而其抽象危险构成在量刑上又可能轻于《中华人民共和国刑法》第 140 条生产、销售伪劣产品罪所判处的刑罚，那么《中华人民共和国刑法》第 144 条所规定的罪名就有实际上被虚置的危险，不仅无法发挥其针对食品安全领域进行规制的作用，也无法真正实现国家政策对于食品安全问题所给予的特别关注。

德国学者在因果法则上的讨论根本上取决于在刑法上应当采取一个什么样的因果概念，从而用以决定能够将多大范围内的法则接受为因果法则用以确定具体因果关系，如果采取考夫曼教授的立场，仅仅接受必然性的自然法则作为因果法则，则在很多新兴的刑法领域内无法确定因果关系从而导致归责不可能，而这与法政策上对相关行为进行处罚的需要背道而驰，其结果或是教义学与刑事政策学之间的“李斯特鸿沟”日益加深，或是由教义学向法政策学倾斜而放弃因果关系的要求。考夫曼教授认为，具体危险犯的设置并无助于解决因果关系认定上的困难。只要“具体危险”的概念在定义上设置了行为与结果之间存在因果关系作为判断具体危险是否存在的条件，那么因果关系的认定便仍然是绕不开的问题，而只是将行为与结果之间的因果关系转换成了“行为的危险性”而已。从具体危险犯的构成上而言，立法上只是放弃了对实害结果的要求，而并没有放弃因果关系的要求。[①] 库伦教授同样认为,一般因果法则所带来的问题通过《德国刑法典》第319条所设置的危险犯构成得到了一定的软化,但实际的问题并没有得到真正解决,而只是将问题转化为了产品的危险性问题,这一问题实际上并不比产品使用与法益损害之间的因果关系问题简单。[②]

考夫曼教授指出,法政策上立法者放弃因果关系的要求而提供刑法保护的现象在过失犯罪中亦是如此。对此有人提出质疑,放弃条件理论是否就能缓和因果关系的问题。尽管可能通过使用另一个新的"因果概念"来重新定义"导致"。但目前因果理论都不足以解决问题,相当性理论亦然。因为所有这些因果理论都仅仅为归责提供了规范性的限制,它们均以在条件理论意义上肯定因果关系为前提,同样也要求前述所讨论的"一般"因果概念。即便通过设置具体危险犯也同样无法解决这一问题。因为主流的"危险"概念仍然要求在具体案件中肯定因果法则的存在。[③]

风险社会所存在的问题同样出现在保证人地位的实质化过程中,这在联邦最高法院实际上放宽了对危险前行为保证人地位中"危险"的定义上体现得尤为明显,在取消了对"违反义务性"的要求之后,对于"危险"的定义实际上已经失去了形式的边界。正如哈赛默教授指出的,在科技迅速发展的今天,每天都会在生活中发现危险,与之相对应,不作为责任的保证人要件则不断地被去形式化。该解释认为任何做出升高风险行为的人,都负有阻止危险发生的刑法义务。尤其是在公众感到不安的情况下,刑法对行为规范的明确性要求以及可期待性要求就要退居其次。这尽管是可以理解的,但从长期来看,以及从保障法治国原则的视角来看都是不合时宜的。[④] 刑法在概念上保持一个开放的风险概念,从而与风险社会解决问题的需求相适应。尽管在短期内能够满足在个案中对于新兴领域中出现的具有处罚必要性的行为的需求,但这种观点将刑法作为

---

① Vgl. Kaufmann, Tatbestandsmäßigkeit und Verursachung im Contergan-Verfahren, JZ 1971, S. 569.

② Vgl. Kuhlen, Grundfragen der strafrechtlichen Produkthaftung, JZ 1994, S. 1142.

③ Vgl. Kaufmann, Tatbestandsmäßigkeit und Verursachung im Contergan-Verfahren, JZ 1971, S. 569.

④ Vgl. Hassemer, Produktverantwortung im modernen Strafrecht, 1994, S. 52 ff.

危险状况下进行灵活的预防性干涉的工具。“刑法所管辖的危险状况越是不确定,刑法的反应也便更灵活、更迅速以及更适应具体情况”,刑法具有更强的灵活性,但并不一定意味着其在刑事政策上具有正当性与合理性,一个精确的危险概念更能够对人们的行为加以指引,推动人们实施合法行为,从而降低危险发生的可能性。

第九章　正犯与共犯*

第一节　导　论

德国刑法教义学采取正犯和共犯区分制(dualistisches Beiteiligungs-system),共犯包括直接单独正犯(Unmittelbarer Alleintäter,《德国刑法典》第25条第1款第1项)、间接正犯(Mittelbarer Täter《德国刑法典》第25条第1款第2项)、共同正犯(《德国刑法典》第25条第2款)和同时犯(Nebentäter,在刑法典中没有明确的规定);共犯包括教唆犯(Anstiftung,《德国刑法典》第26条)与帮助犯(Beihilfe,《德国刑法典》第27条)。《德国刑法典》第25条第1款明确规定"实施了……犯罪的人就是正犯",即实施了符合犯罪构成要件行为之人为正犯。在一人单独实施犯罪的案件中,正犯的界定没有难度。只有当多人参与到一个犯罪行为的实施当中,不同犯罪人行为之间出现了分工合作与竞合,即共犯的不同形式出现了对抗,共犯与正犯才有区分的必要性,共犯的概念才具有界定的意义。

本章选取了联邦最高法院和德意志帝国最高法院的五个典型案例:猫王案、浴缸案、天狼星案、钱币商人案和杀害姑母案。分别从五个方面讨论了正犯与共犯教义学的基本问题:第二节"猫王案"中讨论了在犯罪工具者(der Tatmittler)产生一个可避免的禁止错误(vermeidbare Verbot-sirrtum)的情况下,如何界定间接正犯(mittelbarer Täterschaft)和教唆犯。

---

* 申柳华,德国奥格斯堡大学法学院讲师,北京大学法学院法学博士。

第三节“浴缸案”的重要之处是为正犯与帮助犯的界定提供标准。第四节“天狼星案”是联邦最高法院关于间接正犯对犯罪行为的支配的系列著名案例之一。审查的要点是关于自杀者受到欺骗而实施自杀行为时，可罚的杀人罪正犯与不可罚的自杀参与之界限。它说明了在幕后者具有优势意识(überlegenen Wissens)，当犯罪工具者行为的实施正是由于与犯罪构成要件层面相关的犯罪事实的被欺骗的情况下——即所谓的对认识错误的支配(Irrtumsherrschaft)，其具有对犯罪行为的支配，成立间接正犯。第五节“钱币商人案”讨论的是共同正犯是否需具备共同的犯罪故意，共同正犯因犯意的不同，是否可以在符合不同的犯罪构成要件的情况下，仍构成共同正犯；需要检验的是，想象的共同正犯(即不必要共犯，vermeintlicher Mittäterschaft)在不能犯未遂(untauglichen Versuchs)时的刑事可罚性。第六节“杀害姑母案”确认了“共犯间具有相对独立性”的观点，共同正犯的行为可能符合不同的犯罪构成要件，却仍然成立共同正犯。在该案中，共同正犯中可能成立一人犯故意杀人罪，一人犯谋杀罪。

第二节 猫王案

猫王案①是由联邦最高法院第四刑事审判庭于1988年9月15日作出的判决。初审法院为波鸿州法院，提交联邦最高法院审判的争议点是：在犯罪工具者产生一个可避免的禁止错误的情况下，如何界定间接正犯和教唆犯。

一、基本案情

州法院以谋杀罪未遂判处被告人H和P终身自由刑，被告人R 9年自由刑并命令将其收容于精神病院。在上诉中，被告人指控该判决违反了实体法(materiellen Rechts)；被告人H将其上诉请求限制在原判决内。联邦最高法院否定了州法院的判决，被告人P和R的上诉没有成功。

---

① BGH vom 15.09.1988-4 StR 352/88.

被告人R与被告人H和P生活在一种受“神秘主义、虚幻认知和妄想”(Mystizismus, Scheinerkenntnis und Irrglauben)影响的“神经质的关系网”(neurotischen Beziehungsgeflecht)中。被告人H在P有意识的共同作用下,一起成功地使容易受影响的被告人R相信了如下描述:首先,H编造自己受到皮条客和恶棍的威胁,R应当扮演保护者的角色来保护H;二人再通过一些表演性的伎俩,使得R相信了“猫王”的存在——它自数千年以来都是邪恶的化身,并威胁着世界。R由于受到其判断能力的限制,同时也为了争取到H的爱情,终于说服自己与H和P共同投入反抗猫王的战斗中。但是,他首先应当通过一些勇气的测试,受洗礼成为天主教徒,宣誓效忠于H;这样他将甘愿成为供H和P娱乐的工具。1986年中,当H得知自己前男友Udo N.结婚的消息,出于仇恨与嫉妒,她决定利用被告人R的迷信,由R杀死其前男友的妻子N女士。在P的默认下,被告人H为了除掉她的情敌,在被告人R面前表演道:由于R犯了很多错误,“猫王”要求将N女士作为人祭(Menschenopfer)献给他;如果R不在短限内完成这个献祭行为,他就必须离开H,并且整个人类或者数以百万计的人将会被“猫王”灭绝。R意识到这是谋杀,并徒劳地从摩西十诫中的第五条诫命(das fünfte Gebote)中寻找出路。H和P则不断地指出,杀人的诫命对他无效,“因为这是神的旨意,命他拯救人类”。在R对着H宣誓必须“以耶稣的名义”杀人之后,H又指出如果R违反了誓言,他“不朽的灵魂,将受到永恒的诅咒”。R决定实施犯罪行为,他虽饱受良心的折磨,但是衡量到“通过牺牲N女士”,可以拯救“数以百万计的人于危险之中”,决定实施犯罪。在1986年7月30日深夜,R以买玫瑰的名义,来到N女士工作的花店中。按照P的建议,同时也在H的同意之下,R利用P留下的匕首,从后面刺向了毫无准备、没有防范的N女士的脖子、脸上和身体多处,以达到将其杀死的目的。由于看到多位路人听到呼救赶来,R为了不被人认出,放弃继续刺杀,逃离现场。但是他预计该被害人会死亡。实际上,N女士并未死亡。

二、法条索引

本案例引用了如下法条:

1.《德国刑法典》第17条(禁止错误):

(1)行为人行为时没有认识其违法性,如果该认识错误是不可避免的,则对其行为不负责任。

(2)如该认识错误是可以避免的,则依照第49条第1款减轻处罚。

2.《德国刑法典》第20条(因精神障碍无责任能力):

行为人行为时,由于病理性精神障碍、深度的意识错乱、智力低下或者其他严重的精神疾病,不能认识行为的违法性、或者依照其认识而行为的,不负刑事责任。

3.《德国刑法典》第21条(减弱的责任能力):

行为人认识行为违法性的能力或者依照其认识而行为的能力因第20条规定的某种原因而显著减弱的,依照第49条第1款减轻其刑罚。

4.《德国刑法典》第23条第2款(未遂的可罚性):

(1)……

(2)未遂可比照既遂减轻处罚(第49条第1款)。

5.《德国刑法典》第24条第1款(因中止而未遂):

(1)行为人自愿地放弃行为的继续进行,或者主动阻止其完成的,不因犯罪未遂而受处罚。如果行为无中止犯的努力不能完成的,只要行为人自愿和认真努力阻止该行为的完成,那么应不予处罚。

6.《德国刑法典》第25条(正犯):

(1)自己实施犯罪,或者通过他人实施犯罪的,以正犯论处。

(2)多人共同实施犯罪的,均以正犯论处(共同正犯)。

7.《德国刑法典》第32条(正当防卫):

(1)正当防卫不违法。

(2)为使自己或他人免受正在发生的不法侵害而实施的必要的防卫行为,是正当防卫。

8.《德国刑法典》第34条(合法化的紧急避险):

为使自己或他人的生命、身体、自由、名誉、财产或其他法益免受正在发生的危险,不得已而采取的紧急避险行为不违法,但须衡量两种冲突利益,即其所要保护的法益应明显大于所造成危害的法益。仅在行为属于避免该危险的适当的措施的情况下,方可适用本条的规定。

9.《德国刑法典》第 35 条第 1 款(减免责任的紧急避险):

(1)为使自己、亲属或其他与之关系密切的人的生命、身体或自由免受正在发生的危险,不得已而采取的违法行为不负刑事责任。在因行为人自己引起危险或因其处在特定的法律关系中而需容忍该危险的限度内,不适用该规定。但是,如果行为人不考虑特别的法律关系也必须容忍该危险者,得依第 49 条第 1 款减轻刑罚。

(2)……

10.《德国刑法典》第 49 条第 1 款(特别的法定减轻理由):

(1)法律规定或允许可依本条减刑的,适用下列各项规定:

①终身监禁时,代之以不低于 3 年的自由刑。

②有期自由刑的情况最高可以判处最高限度的 3/4。该标准同样适用于罚金刑中日额的最高数量。

③被提高了的最低自由刑,在最低自由刑为 10 年或 5 年的情形下,减至 2 年;在最低自由刑为 3 年或 2 年的情形下,减至 6 个月;在最低自由刑为 1 年的情形下,减至 3 个月;在其他情形下减至法定最低刑。

11.《德国刑法典》第 63 条(收容于精神病院):

实施违法行为时处于无责任能力(第 20 条)或限制责任能力(第 21 条)状态的,法院在对行为人及其行为进行综合评价后,如果认为其还可能实施违法行为,对公众具有危险性的,可命令将其收容于精神病院。

12.《德国刑法典》第 211 条(谋杀罪):

(1)谋杀者处终身监禁。

(2)谋杀者是指出于杀人嗜好、性欲的满足、贪财或者其他卑劣动机,以阴险、残暴或者危害公共安全的方法,或意图实现或者掩盖其他犯罪行为而杀人的人。

三、裁判理由

州法院正确地判决所有被告人成立谋杀罪未遂之正犯。

(一) 被告人 R

刑事审判庭无法律错误地认定该被告人符合“用阴险的方法谋杀”这一构成要件。R“为了完成自己的使命,以杀人的故意,亲手刺向 N 女士”;并且他有意识地利用了 N 女士的不怀疑与无抵抗能力(Arg-Wehrlogsigkeit)的状态。谋杀的未遂行为已经完成,因为最后的刺杀行为实施完成之后,被告人相信被害人死亡的结果会发生。[①] 未遂行为不能免除刑罚,因为被告人没有采取《德国刑法典》第 24 条第 1 款第 2 句规定的措施,努力阻止犯罪结果的发生。

州法院也正确地认为,被告人要为自己的行为承担刑事责任。经咨询专家意见,刑事审判庭确信,被告人并不存在智力障碍(schwachsinnig),也没有精神病。他的行为可能出于“高度异常人格”,这是一种“神经质的深度的扭曲和变形”的人格。刑事审判庭进一步指出,他的这种状态导致了他被“H 和 P 成功地说服”,在犯罪行为实施的阶段生活在“确定的妄想”(Wahngewißheiten)状态中。州法院并没有把这种人格的画像(Persönlichkeitsbild)归属为《德国刑法典》第 20 条表述的构成要件。从他的实行行为可以清楚地看出,他作为严重的其他异常精神病态人意义上的实施步骤。但是这并没有影响到被告人的理解能力,因为他认识到杀人是被禁止的,并且他认识到事情的来龙去脉。被告人也没有丧失控制能力,他可以放弃犯罪行为的实施。由于被告人存在着妄想和由其造成的病理上的感觉,刑事审判庭认为可以考虑适用《德国刑法典》第 21 条中减弱的责任能力的规定。

被告人 R 不能援引正当防卫或者紧急避险(《德国刑法典》第 32 条)的规定,因为如同他所意识到的那样,他和其他人没有受到一个现时的、来自被害人的违法侵害。根据《德国刑法典》第 34 条,阻却违法的紧急避险也不存在,因为缺乏一种现实的、正在发生的危险。尽管 R 相信存在这样的一种危险。但是,他这种对“《德国刑法典》第 34 条事实条件的认识错误”不能被认定为“符合构成要件的认识错误”。因为《德国刑法典》第 34 条中作为前提的是,被保护的利益大于被损害的利益——这不适用于“生命对生命的衡量中”。[②] 被告人错误地衡量了这种利益冲突,这也不能作为评价错误(Bewertungsirrtum)而阻却故意,而是符合《德国

---

① 类似情形参见 BGHSt 35, 90, 92.

② Vgl. u. a. OGHSt 1, 321, 334; 2, 117, 121; Dreher/Tröndle, Strafgesetzbuch, 44. Aufl. § 34, Rn 10.

刑法典》第17条规定的——可避免的禁止错误。[①] 然后作为一名警察,考虑到其个人能力和良心上的不安所导致的幻想,以及可期待其向值得信任的人(比如牧师)咨询,他应当可以认识到法律禁止将一个以数量计量的人类的生命作为最高的价值。

刑事审判庭同样正确地否定了被告人的行为构成《德国刑法典》第35条中的阻却责任的紧急避险规定的免责,因为行为人没有使家人或者其他亲近之人避免幻想中的危险的意愿。[②] 他不担心自己的死亡,因为他相信H和P编造的瞎话,认为他已经活过多次,其灵魂将会重新回来;他并没有考虑过家人和其他亲近之人。

州法院没有证明,被告人是否属于超法规事由的应用领域,是否可以适用《德国刑法典》第35条超法规的阻却责任的紧急避险的规定。[③] 但这并不能抵消被告人的罪责。这样的罪责排除事由或者排除刑罚事由,只有在被告人认识到紧急避险的状态的前提下,才可能成立。因此,被告人如州法院所认定的那样,符合《德国刑法典》第34条规定的可避免的禁止错误,不构成阻却责任的紧急避险。

(二) 被告人P

州法院也正确地判决被告人P成立正犯。P和被告人H(其没有提出对刑事责任判决的上诉)一起,通过他人实施了符合《德国刑法典》第25条第1款意义上的犯罪。他们的行为是出于卑劣的动机。因此两人都不只是教唆犯,共同被告人R也被定罪为正犯。

1. 问题是,幕后者作为有责行为之正犯是否可以是间接正犯,这是个备受争议的问题,联邦最高法院尚未作出判决。联邦最高法院在其判决[④]中解释道,间接正犯是指没有亲自实施,而是通过他人实施犯罪行为的人。这一概念可以概括通常意义中的间接正犯,但是能否适用于本案,存在争议。在本案中,需要回答的问题是,被告人H和P——根据州法院所认定的——是否符合谋杀罪未遂的教唆犯所要求的"阴险"(Heimtücke)

① Vgl. Lenckner in Schönke/Schröder, Strafgesetzbuch, 23 Aufl. §34, Rn 51; Dreher/Tröndle, Strafgesetzbuch, 23 Aufl. §34, Rn 18.

② Hirsch, LK, 10. Aufl., §35 Rn 83.

③ Lackner, StGB, 17 Aufl. §32 Anm. 111 3m.

④ BGHSt 2, 169, 170; BGHR 30, 363, 364.

这一犯罪构成要件特征。[①] 被告人 P 应作为谋杀未遂的正犯受刑罚，因为其符合“其他卑劣动机”（niedrigen Beweggrunde）这一构成要件特征。

文献上关于教唆犯与间接正犯之界限问题存有争议。[②] 按照大多数的观点，根据答责原则，当工具者自身是有责任的正犯时，不成立间接正犯。[③] 这同样也适用于本案，犯罪工具者在一个可避免的错误中实施犯罪行为的情况，不同于无责任能力或者不可避免的禁止错误的情况，在此情况下，犯罪行为人没有机会实施合规范的行为，而可避免的禁止错误的犯罪行为人享有实施合规范行为的机会。

赫兹伯格（Herzberg）[④]反对上述的观点。他认为，答责原则与将“可避免的禁止错误之行为人视为犯罪工具者”的假设并不冲突；故意的犯罪人的答责性的原因在于其过失地对禁止的无知；作为一个过失犯罪的“犯罪工具者”并不排除间接正犯的幕后者（mittelbare Täterschaft des Hintermannes）的情况。同样持这一观点的是博莱[⑤]，他指出当故意犯罪是在可避免的禁止错误下实施时，应当给予过失犯罪行为人与故意犯罪行为人同样的判决。罗克辛[⑥]认为，答责原则不能被运用于认识错误的案例中。他认为在犯罪工具者存在可避免的禁止错误的案件中，由于幕后者的多元决定性作用，间接正犯有存在的可能性。但是他具体区分了两类不同的案件[⑦]：一类案件中，由于认识错误而没有认识到其行为的实质不法（间接正犯有可能认识到）；在另一类案件中（间接正犯没有可能认识到），清楚其行为的实质不法，却缺乏对形式违法性的认识。[⑧]

---

① BGH, Dalinger MDR 1969, 193; BGH, 06. Juli 1982 – 1 StR 281/82; Jähnke, LK, 10. Aufl., §211 Rn 62, 64.

② Vgl. Lackner, StGB, 17Aufl. §25 Rn1b.

③ Vgl. Jescheck, Lehrbuch des Strafrechts. Allgemeiner Teil, 3. Aufl., S. 540, 544; Stratenwerth, StGB Allgemeine Teil, 3. Aufl., S. 224.

④ Herzberg, Täterschaft und Teilnahme: eine systematische Darstellung anhand von Grundfällen, Beck, 1977, S. 22, 23.

⑤ René Bloy, Die Beteiligungsform als Zurechnungstypus im Strafrecht, Schriften zum Strafrecht (SR), Band 60, Duncker & Humblot, 1985, S. 344, 348.

⑥ Roxin, Festschrift für Richard Lange zum 70. Geburtstag, S. 173, 178 ff.; Roxin, LK, 10 Aufl. §25 Rn 66.

⑦ Cramer in Schönke/Schröder, Strafgesetzbuch, 23. Aufl., §25 Rn 38.

⑧ René Bloy, Die Beteiligungsform als Zurechnungstypus im Strafrecht, Schriften zum Strafrecht (SR), Band 60, Duncker & Humblot, 1985. ab S. 349.

2. 各种解决方案的侧重点各异,一种排他性地由依赖者对行为的支配性决定,另一种则强调幕后者的决定性影响,这清楚地说明,该问题是一个开放性的评价问题①,没有明确的界定。② 无论是从立法用语,还是间接正犯这一法律形象(Rechtsfigur)在直接正犯与教唆犯构成的体系的地位中,都推导不出两种解决方案中任意一种在原则上具有优越性。《德国刑法典》第25条第1款所要求的无论如何不是如同从答责原则中推导出来的那种,对间接正犯概念的狭隘理解。由于正犯形式的多样性,立法者意识到这一现实状态,而拒绝在立法中进行明确界定。③ 单独依靠答责原则的帮助,不可能划定一个清楚的界限,甚至连该理论的代表人物自己都承认,在通过一种权力机构而组织的犯罪(Machtapparat organisierten Verbrechen)案件中,不必考虑行为人在法律上完全的可答责性而承认存在一种"正犯后的正犯"。④ 不可避免的禁止错误(在这里间接正犯无疑是可能的)与可避免的禁止错误在评价上的比较表明,错误的可避免性本身不是合适的区分标准(Abgrenzungskriterium)。基于这样的认识错误而行为的人在行为时也缺乏对不法的洞察(Unrechtseinsicht)。他在具体场合没有意识到其本来应当认识到的知识,但是这没有影响到许可行为发生的幕后者对犯罪行为的支配;至少幕前者可以被视为一个必要的犯罪行为的实施方式。在可避免的禁止错误的幕前者作为直接行为人的案件中,应当检验的是,以承载着犯罪意志的客观性犯罪事实支配(objektiven Tatherrschaft)为标准来判断幕后者是否为间接正犯。⑤ 具体判断需要在具体案件中进行分析。这样的界定也符合为了判断直接正犯与共犯而设定的基本原则。

区分的标准在具体情况下取决于错误的方式与范围,以及幕后者影

---

① Vgl. Maurach, Gössel, Zipf, Strafrecht Allgemeiner Teil. Teilband 2, 6. Aufl., S. 220, 222, 237.

② Vgl. Sratenwerth, StGB Allgemeine Teil, 3. Aufl., S. 224.

③ Vgl. Cramer Schönke/Schröder, Strafgesetzbuch, 23. Auflage, § 25 Rn 6; BT Drucks. IV/650, S 149, V/4095, S. 12.

④ Vgl. Täterschaft hinter dem Täter, in Stratenwerth, Strafrecht AT I, 3. Aufl. Vahlen, S. 226; Bockelmann, Paul/Volk, Strafrecht AT, 4. Aufl. 1987, S. 182.

⑤ Vgl. Maurach/Gössel/Zipf, Strafrecht AT Teilband 2, 6. Aufl., S 225.

响的强度。[①] 杀人或者杀人未遂的间接正犯是指，在由其有意识地引发的错误认识的导向下，事件如其期待发展并且控制了事件进程的人。产生认识错误者在价值评判中被视为工具的人——虽然其行为（还）是有责的行为。

3. 据查证，本案为：一方面被告人 H 和 P 引发了被告人 R 的幻想，后来为了打消 R 的法律上的疑虑和良心上的折磨，以及为了 R 能够按照他们的方案和计划去实施其希望发生的犯罪行为，其后又有意识地利用了 R 的幻想。通过这种心理上的方式，他们控制着整个犯罪计划。并且二人还确保了重要部分犯罪的实施。P 给了被告人 R 实施犯罪的武器，并向他解释了如何实施犯罪计划，比如他应当从后面行刺被害人，正如日本海军陆战队在“二战”中所做的那样，被害人可以立即毙命；周围不应当有目击者出现。R 都遵照了这些特别的指示。另一方面，R 在犯罪时不只是对其行为的禁止性产生了错误，更多的是他认为自己的控制力受到了显著的限制。他认为自己处于一个紧密的关系和互相影响的网络中，被告人 H 和 P 利用该网控制了他，以至于其很难从二人的特定影响中脱身出来。

因此被告人 H 和 P 决定着 R 对犯罪的实施，并通过其影响和优势的知识而操纵了犯罪行为的实施。他们因为对犯罪的控制作用，不是帮助犯，因为他们明知且愿意 R 独自实现客观的犯罪构成要件，同时不希望 R 的犯罪行为会被归责到自己的身上。

（三）上面的刑法判决不成立

对所有被告人也不能适用《德国刑法典》第 23 条第 2 款和第 49 条第 1 款中关于减轻刑罚（Strafrahmenmilderung）的规定，即这种刑罚的变动（Strafrahmenverschiebung）[②]应当被拒绝适用。这以犯罪行为人的实施行为的具体状态和人格作整体考察为基础。本案中，具有重要意义的是与未遂相关联的犯罪具体要件——其行为接近于犯罪的完全实施，未遂行为具有的危险性以及犯罪能量的耗费。[③] 刑事审判庭尽管采纳了这种观

---

① BGHSt 32, 38, 42.

② Strafrahmenverschiebung 直接翻译是刑罚的变动，在德国刑法理论中是指根据案件的具体情况，加重或减刑刑罚，因此对应的是我国刑法中加重刑罚或者减轻刑罚的规定。

③ Vgl. BGHR StGB §23 Nr. 2 Strafrahmenverschiebung I, 2 und 4.

点,但令人担心的是,它并没有权衡考虑到所有重要的有利于被告人的理由。判决理由表明,刑事审判庭整体性地考虑了是否对被告人H和P适用刑罚的变动可能性,并没有对两名被告人进行区别论证。因此,在判决中不可能根据两名被告人对犯罪行为的贡献,对其判处不同的刑罚。她们共同实施了犯罪行为,两人都是正犯。但是H是最重要的犯罪行为驱动力量;P管理了犯罪行为的实施,当然也是出于自己的利益。值得考虑的还有,州法院法官根据《德国刑法典》第23条第2款,在检验的刑罚减轻事由的框架内,对被告人H和P的人格变态行为(Persönlichkeitsabnormitäten)以及她们独特的关系网没有给予足够的衡量。H可以被视为精神错乱的人格(gestörte Persönlichkeit)。P是"三个被告人中最聪明的""但是却在哪儿都找不到一个属于自己的稳定和可靠的生活空间"。两名被告人在人格上的缺陷虽然不能导致适用《德国刑法典》第21条,但是应当被考虑于刑法量刑中。但是这种可能性的实现被刑事审判庭所阻隔,通过其未在根据《德国刑法典》第23条第2款检验刑罚的变动时,同时考虑被告人的人格结构。

在原判决中对两名被告人的犯罪人格方面没有进行充分的评价。刑事审判庭基于对被告人有利的相关犯罪情节的考量,适用刑罚的变动,不能再以《德国刑法典》第211条谋杀罪判处二人终身监禁的刑罚。州法院的这一考虑上的缺陷导致了两名被告人没有被适用终身监禁刑。同时也应考虑对被告人R废除适用有限的生命刑法,因为需要考虑的是,州法院没有充分权衡他的人格结构,并可能因根据《德国刑法典》第23条第2款而适用的刑罚的变动;即在该案中,禁止错误的不寻常的发生条件,以及被告人的控制能力受到明显的限制,这些都需要被同时考虑到。

因此,刑事审判庭认为,如果州法院无法律错误地运用了《德国刑法典》第23条第2款,对所有的被告人适用了一个轻缓的刑罚结构,那么该判决应该是成立的(换言之,州法院的判决有错误)。

(四)对州法院判决的废止不涉及其对被告人R根据《德国刑法典》第63条处置的无法律错误(rechtsfehlerfreie)问题

四、判例评述

猫王案是德国刑法正犯与共犯一章理论中非常重要的一个案例,其中涉及该章多个重要的理论点,被众多教科书和学者作为重要的基本案例进行介绍。[1] 本案涉及的讨论点主要是:间接正犯与教唆犯如何界定,非完全无责任的工具是否可以成为间接正犯中的工具的问题。

根据《德国刑法典》第 25 条第 1 款规定的第二种情况,"通过他人实施犯罪的"是正犯。正犯包括单独正犯和共同正犯。间接正犯是 19 世纪中叶从教唆犯中分离出来的一个法律概念,其目的主要是为了弥补对犯罪过程有支配力的教唆犯的立法漏洞。德国文献中关于教唆犯与间接正犯之界限问题存在争议。

按照德国刑法的规定,间接正犯是指,利用他人实施犯罪的人。根据通说,间接正犯的成立须具备:幕后者适格、因果关系、工具的刑事可罚性有瑕疵、明知且有意识的幕后者之支配力等前提。间接正犯中被利用的工具分为如下五种:第一,不具备构成要件的该当性的工具,即工具不适格;第二,行为合法的工具;第三,无责或非完全无责的工具;第四,行为是完全有责任的工具;第五,受害人作为工具。本案中的工具属于第三种情形。在本案中,被告人是可避免的禁止错误的犯罪行为人(即可认识并已经认识到杀人是为法律所禁止的行为),其有机会实施合规范的行为(即不杀人),并享有实施合规范行为的机会。根据当时学术界多数的观点,当工具者自身是有责任的正犯时,犯罪工具者在一个可避免的错误中实施犯罪行为的情况,不同于无责任能力或者不可避免的禁止错误的情况,根据答责原则,不成立间接正犯。[2] 也有学者反对这种观点,例如,赫兹伯格(Herzberg)认为,答责原则与将"可避免的禁止错误之行为人视为犯罪工具者"的假设并不冲突;故意的犯罪人的答责性的原因在于其过失地对禁止的无知;作为一个过失犯罪的"犯罪工具者",并不排除间接正犯

---

① 德国学者关于猫王案的讨论可以参见 Roxin, Täterschaft und Tatherrschaft, 8. Aufl., 2006, S. 603, 653; Herzberg, Abergläubische Gefahrenabwendung und mittelbare Täterschaft durch Ausnutzung eines Verbotsirrtums, JURA 1990, S. 16; Schaffstein, Der Täter hinter dem Täter bei vermeidbarem Verbotsirrtum und verminderter Schuldfähigkeit des Tatmittlers-Zugleich eine Besprechung von BGH-4 StR 352/88, NStZ 1989, S. 153; Küper, Die dämonische Macht des Katzenkönigs oder: Proble-me des Verbotsirrtums und Putativnotstands an den Grenzen strafrechtlicher Begriffe, JZ 1989, S. 617, 935; Schumann, Anmerkung zu BGH, 15.09.1988-4 StR 352/88 (Abgrenzung von mittelbarer Täterschaft und Anstiftung), NStZ 1990, S. 32 ff.; Spendel, Zum Begriff der Täterschaft, FS-Lüderssen, S. 608 ff.。

② Vgl. Jescheck, Lehrbuch des Strafrechts Allgemeiner Teil, 3. Aufl., S. 540, 544; Stratenwerth, Strafrecht Allgemeiner Teil I, 3. Aufl., S. 224.

的幕后者的情况。[①] 在本案中,联邦最高法院支持了当时少数学者的观点,认为本案中 H 和 P 是间接的共同正犯,尽管作为犯罪工具的 R 在实施犯罪行为时,在一个可避免的认识错误指导下,具有实施合规范行为的期待可能性。判决作出后获得了大多数德国学者的支持,纷纷发文表示对该案基本上赞同联邦最高法院的观点,下面以格罗普(Gropp)的观点为代表进行介绍。[②]

格罗普认为,在猫王案中,R 以亲手犯的形式实施了杀害 N 女士未遂的行为。H 与 P 可以作为与 R 有关联的间接正犯,她们通过 R 实施犯罪行为,把 R 作为她们的犯罪工具。另外 H 和 P 可以因为两者的共同作用,作为共同正犯实施犯罪行为。那么 H 和 P 将是间接共同正犯。在该案中,争议的关键是,H 和 P 是否可能不是作为通过 R 未遂杀害 N 女士的间接正犯,而是仅作为 R 实施犯罪行为的教唆犯。R 在他的幻想中,没有出于私心的动机(selbstsüchtigen Motiven),而是为了拯救人类,才欲置 N 于死地。对于 H 和 P 而言,则自始至终存在着个人的动机:仇恨和嫉妒。另外 H 和 P 通过猫王的故事将易受影响的 R 控制于股掌之间。因此罪恶的一方应该是 H 和 P。这种角色的分工也应当在刑法的参与犯体系(Beteiligungssystem)中得到体现。根据客观正犯理论(objektive Täterschaftstheorie)中的实质客观理论(die materiell-objektive Theorie),其主张可以将没有亲自实施犯罪行为的正犯,纳入间接正犯考虑,因此在该案中,可能将 H 和 P 视为间接正犯。根据严格的"以谁具有实施犯罪的意愿为标准来判断正犯(die animus auctoris)"的主观正犯理论(subjektive Täterschaftstheorie),H 和 P 由于具有明显的出于仇恨和嫉妒杀死 N 的犯罪故意而应当被视为正犯。而轻易受到影响的被告人 R 是帮助犯。根据犯罪事实支配理论(Tatherrschafts-Lehre),该案是在 H 和 P 的支配控制下进行的。值得考虑的是,R 尽管因相信关于猫王的瞎话而执行了杀害 N 的行为,这种行为是在"一种故意杀人的故意支配下进行的"。因此,是否应当考虑三人都是正犯。尽管在该案中,R 基于认识错误,认为

---

① Vgl. Herzberg, Täterschaft und Teilnahme: eine systematische Darstellung anhand von Grundfällen, 1977, S. 22, 23.

② Vgl. Walter Gropp, Strafrecht Allgemeiner Teil, 3. Aufl., 2005, S. 348, 349, 351, 355, 356, 359, 366.

猫王真实存在,并要求一个人类做祭品,但是R在犯罪行为的当时,很清楚地知道他将要杀死一个人,并且也希望杀死这个人。因此R是杀人未遂的正犯。联邦最高法院认定了被告人H和P是间接正犯。因为尽管R是作为工具,但他意识到要杀人并对杀人的禁止具有理解和认识能力。H和P对整个犯罪行为有支配力,她们造成了R的幻想,并利用了R的幻想,运用心理控制方式控制了整个犯罪行为计划。同时她们也肯定了犯罪事实的重要部分。该案中,作为间接正犯的H和P的刑事可罚性开始的阶段是当R开始用匕首刺向V之时。R的刑事可罚性开始于其接近N女士之时。值得注意的是,应当区分H和P在该案中的作用,P是受制于H的。

罗克辛一直主张:答责原则不能被运用于认识错误的案例中。在犯罪工具者存在着可避免的禁止错误的案件中,由于幕后者的多元决定性作用,间接正犯有存在的可能性。[①] 该案的联邦最高法院判决公布后,罗克辛对该案也进行了评价。[②] 他认为,联邦最高法院的判决指出,幕后者具有对犯罪行为的支配力,尽管犯罪工具者因为可避免的禁止错误而被视为故意的正犯。这不意味着逻辑上有冲突。因为犯罪行为的支配有着不同的形式。直接正犯对行为有支配力,其亲自支配着犯罪构成要件的实现;而间接正犯对犯罪行为有意志上的支配力,其通过优势意志(强制或者欺骗等方式),支配着直接行为人,间接控制着犯罪行为的实施。在猫王案中,幕后者对犯罪行为实施人的支配建立在欺骗之上:她们欺骗R,让其认为是奉神的旨意行动。他将拯救数以百万计的人,从而排除了本可以阻止R杀人的障碍,R因此成了听从两位幕后者支配的工具。

第三节　浴缸案

浴缸案(Badewanne-Fall)[③]是1940年2月19日由德意志帝国最高法院第三刑事审判庭作出的判决。初审法院是特里尔州法院。根据《德

---

① Vgl. Roxin, in: Lepziger Kommentar StGB, 10. Aufl., §25, Rn. 66.

② Vgl. Roxin, Höchstrichterliche Rechtsprechung zum Allgemeinen Teil des Strafrechts, 1998, S. 120.

③ Vgl. RGSt 74, 84: Urteil des Reichsgerichts, III. Strafsenat vom 19.02.1940.

国刑法典》第217条,提供帮助的人只能被判决为谋杀或者故意杀人的帮助犯。需要检验的是,主犯的行为是否是出于考虑后的行为,尽管这个判断本身对于《德国刑法典》第217条的构成要件没有法律上的重要意义。

一、基本案情

上诉人S在她的姐姐(或妹妹)[①]——另一被告人R有意识和有意愿的共同作用下,将R刚出生的、明显可听到呼吸声的非婚生孩子,放在浴缸中溺死。因为上述行为,根据《德国刑法典》第211条,州法院认定其罪责,判处被告人构成谋杀罪。经确认,上诉人S明确知道,该孩子活着出生,而将其放入浴缸中,导致其溺亡。因此,她故意(如州法院所认定)实施了导致符合犯罪构成要件结果发生的行为,并经过思考,杀害了该孩子。

德意志帝国最高法院认为,州法院的判决根据目前的调查结果不能被认定是正确的。

二、法条索引

本案例引用了如下法条:

1.《德国刑法典》第50条(减刑理由的竞合):

某一情形单独或与其他情形一起构成不严重的情形,且该情形同时属于第49条规定的特别法定减轻理由的,只能被考虑一次。

2.《德国刑法典》第211条(谋杀罪):

(1)谋杀者处终身监禁。

(2)谋杀者是指出于杀人嗜好、性欲的满足、贪财或者其他卑劣动机,以阴险、残暴或者危害公共安全的方法,或意图实现或者掩盖其他犯罪行为而杀人的人。

3.《德国刑法典》第212条(故意杀人):

(1)非谋杀而故意杀人的,处5年以上自由刑。

(2)情节特别严重的,处终身自由刑。

---

① 因Schwerster在德语中是姐姐或妹妹的意思,本案中没有继续提及上诉人S与R的关系,无法判断为姐姐或是妹妹。暂译为姐姐(或妹妹)。

4.《德国刑法典》第 217 条(已废除)(杀婴罪):

(1)在生产过程或生产后立即杀死其非婚生孩子的母亲,处 3 年以上自由刑。

(2)在较轻的严重情节中处以 6 个月以上 5 年以下自由刑。

三、裁判理由

根据州法院的判决认定,上诉人因为亲自实施了符合犯罪构成要件的行为,所以认定其为有罪责的谋杀罪的犯罪行为人。这种判决的法律观点与德意志帝国最高法院一贯的法律判决中关于正犯(共同正犯)与帮助犯的定义相矛盾。然而,所有与结果有关的条件,无论是正犯还是帮助犯产生的,都被视为具有同等的意义;加入实行行为本身不能作为区别的构成要件特征。具有决定意义的更多是实施行为的有罪者是否具有实施犯罪行为的意愿,也就是说其愿意把犯罪行为当作自己的行为,或者他仅仅是愿意作为旁人为他人的行为提供帮助。前者是正犯,后者为帮助犯。

根据州法院的认定,上诉人在孩子出生之后,有意识和有共同意愿地与她的姐姐(或妹妹)共同实施了杀人行为。确定其是否符合谋杀罪的构成要件,需要看其是否故意且有考虑地实施了杀人行为。更需要检验的是,她是否出于自己的意志实施了杀人行为,把犯罪行为当作自己的行为来实施,或者只是为了给她的姐姐(或妹妹)提供帮助。某人是否把犯罪行为当作自己的行为来实施,根据她自己的利益的程度来实现结果,是最重要的判断正犯的标准,但不是唯一标准。

在本案中,R 具有"更大的兴趣除掉这个孩子,因为父亲的指责以及这位未婚生育的母亲受到了明显的歧视"。从另一个角度来说:"如果 R 生下非婚生孩子的消息为她的家人或者当地的人所知晓,受到不良影响的首先不是上诉人,而应当是她的姐姐(或妹妹)。受到父亲指责和明显歧视的人也是她的姐姐(或妹妹),而非其本人。"州法院没有回答如下的问题,她是否是出于正犯的意愿来实施行为还是只是为了帮助她的姐姐(或妹妹)去实施犯罪行为。由于明显忽视了正犯和帮助犯的区分要件特征,州法院的判决应当被否定。

州法院应当注意到以下方面:R 只能根据《德国刑法典》第 217 条受到处罚,上诉人不能根据《德国刑法典》第 50 条受到处罚。她应当被判定为——以帮助行为和相应的存在故意为前提——《德国刑法典》第211条谋杀罪或者第212条故意杀人罪的帮助犯。这里具有决定性的并不是上诉人有没有经过思考而行为,而是孩子的母亲在本案中在多大程度上对上诉人的帮助进行了指示,尽管这个问题的判断对认定R是否符合《德国刑法典》第217条构成要件没有显著的法律意义。①

四、判例评述

本案尽管是1940年由德意志帝国最高法院作出的判决,其影响意义是深远的。本案的重要之处是为正犯与帮助犯的判定提供了标准。

正犯与帮助犯的区分理论是正犯与共犯一章中核心的法律问题。正犯刑法教义学中最重要的就是正犯理论(Täterschaftsthorien),即依照何种标准确定正犯。浴缸案根据不同的正犯理论,得出的判断不一样。

正犯理论主要有客观理论和主观理论两种区分。② 客观理论又分为形式客观理论(die formal-objektive Theorie)和实质客观理论。前者以学者李斯特(Lizt)和施密特以及希佩尔(Hippel)为代表。他们认为,正犯是亲自实施了符合犯罪构成要件行为的人,或者至少部分实施了符合犯罪构成要件行为的人。形式客观理论的缺陷在于无法容纳间接正犯。根据形式客观理论,浴缸案中被告人作为杀人罪的正犯,其姐姐(或妹妹)R则是教唆犯。实质客观理论则弥补了形式客观论无法解释间接正犯的缺陷,认为不仅亲自实施符合犯罪构成要件行为的人构成正犯,凡是做出导致符合犯罪构成要件行为发生的危险行为的人都是正犯。这样在浴缸案中R可被视为间接正犯。

相反,主观理论在德国刑法学中很长时间都占据主导地位。本案中帝国法院采纳的是主观主义标准(subkektive Theorie),即带有正犯意志(Täterwillen animues auctoris)实施犯罪行为,并把其当作自己的事务的是正犯;带有帮助意志(animus socii)实施犯罪行为,并把行为当作为他人的行为提供帮助的是帮助犯。主观理论是以是否具备正犯意志为界定标准,正犯是以正犯意志行为之人,共犯是以帮助意志行为之人。德意志帝国最高法院在本案中以及联邦最高法院在早期的其他诸多案件中,采用

① Vgl. RGSt. Bd. 72 S. 373.

② Vgl. Walter Gropp, Strafrecht Allgemeiner Teil, 3. Aufl., 2005, S. 354.

的都是严格的主观主义标准（extrem-subjektive Theorie），例如著名的斯塔施林茨基案[①]中法院判决间谍是上级所实施的犯罪行为的帮助犯。本案中，行为人应其姐姐（或妹妹）的要求，将其刚出生的非婚生子直接溺死在浴缸里。德意志帝国最高法院建议下级法院将其作为当时仍躺在床上的姐姐（或妹妹）所实施的杀婴罪的帮助犯，而非以谋杀罪对行为人进行判决。因为行为人对犯罪的结果并不感兴趣，她根本不将犯罪作为"自己的"行为，即缺乏"正犯之意志"。正是出于应当对"正犯意志"这一概念作出清晰界定这一考虑，联邦最高法院在斯塔施林茨基案中也作出了类似的判决，将接受上级命令暗杀德意志联邦共和国流氓政治家的苏联间谍判决为上级所实施行为的帮助犯。但是也有观点反对"意志论"，认为该理论将造成这样一种局面，即不是参与人的角色决定可能判处的刑罚，而是希望判处的刑罚决定参与人的角色。[②]

但是在今天的德国，这种极严格的主观理论已经失去了运用的基础。因为纯粹的主观理论不考虑参与人的行为对于构成要件实现的客观贡献大小，偏离了正犯的法定基础。但是客观理论又忽视了犯罪行为是正犯与共犯的意识和意愿共同作用下的产物，体现了犯罪参加人对于犯罪行为的共同策划和共同安排的意志，而并非完全体现在对于行为具体发生过程的"客观可支配性"上。如同每个犯罪行为都是一个客观和主观方面要素组成的意志整体那样，对于正犯和共犯的区分，也只能通过一个主观和客观标准相结合的规范的整合性的理论（normativen Kombinationstheorie）才能符合事实的要求。因此，目前德国刑法理论和联邦最高法院的观点中，在直接正犯的领域内，犯罪事实支配理论已经压倒了极端的主观理论（具体发展情况参见本章第四节"天狼星案"）。根据犯罪事实支配理论，对于正犯的确定，具有决定性的是其对犯罪行为实现的客观上的贡献种类和大小，以及其参与意志对于犯罪构成要件的是否实现或者如何实现是否有支配性或者有共同的支配作用，以至于结果表现出（该行为）

---

① Staschinsky-Fall, BGH 9 StE 4/62StGB 18, 87. 联邦最高法院 1962 年 10 月 19 日判决，被告人受苏联情报机构的委托，亲手并且非强制地用一把手枪（Giftpistole）杀死了两位流亡在德意志联邦共和国的苏联政客。联邦最高法院坚持绝对主观理论，判决认为行为人斯塔施林茨基（Staschynski）应当作为两起谋杀行为的帮助犯被处罚，而非作为正犯。

② 参见〔德〕冈特・施特拉腾韦特、〔德〕洛塔尔・库伦：《刑法总论 I——犯罪论》（第 5 版），杨萌译，法律出版社 2006 年版，第 290 页。

是其有目的地操纵或者共同意志的产物。[1] 这种主要被罗克辛大力发展出来的理论主要解决了在有多个参与人的情况下,谁最主要地支配了犯罪行为的问题。根据毛拉赫(Maurach)的表达公式,具有犯罪行为支配性可以表达为:"在故意支配下,并将符合犯罪构成要件的事件发生过程掌握在手中。"对于犯罪事实支配而言,重要的是谁"掌握和控制"了构成要件充分的整个事件流程。

但是,通过仔细观察,并不难发现"犯罪支配"这一概念的含义并不清楚。在共同犯罪的情况下,实际上会发生数个犯罪支配力竞合的情况。而且同样的行为对不同事件的支配形式和支配程度可能明显都不同。例如上一节"猫王案"中,H 和 P 凭借其精神优势,对 R 这个幻想症患者进行了控制,但实际上杀人行为的控制力把握在 R 的手中。又如共同的盗窃犯,几人共同搬动了盗窃物品,这几人共同支配了这个事件。所以德国学术界一致认为,犯罪支配原则首先只是一个指导性的原则,在深入研究多人的共同作用时,仍需要将其具体化,不能依据犯罪支配原则进行简单推论。

犯罪事实支配理论实际上主要回答了谁实施了符合犯罪构成要件的实行行为。因此普遍观点认为,犯罪事实支配理论仍然需要进行限制,即犯罪事实支配理论的补充条件。但是,某些情况下,仅仅实施了符合犯罪构成要件的行为并不足以构成正犯,还需要具备补充要件。例如,如果构成要件在故意以外还规定了超过的主观要素,又如某些有企图、动机、目的等情况下,只有同时具备了相应主观要素之人,才能构成正犯。例如本章第五节"钱币商人案"中,只有当直接实施符合犯罪构成要件之人,除故意主观要件之外还具备了共同骗取保险款之目时,才是正犯,构成诈骗罪共犯(详细论证参见本章第五节)。又如本章第六节"杀害姑母案"中,除实施杀人之故意行为这一构成要件充分行为之外,只有具备了谋杀故意之人才可能构成谋杀罪正犯,否则为其母的帮助犯,独自成立故意杀人(详细论证参见本章第六节)。类似情况还出现在身份犯中,正犯不仅需要对犯罪流程有实际支配力,还需要负有特定义务(特定身份)。因此,仅仅支配了犯罪流程不足以构成正犯。值得讨论的是,负有特定义务(特

---

① Vgl. Wessels, Beulke, Strafrecht Allgemeiner Teil, 40. Aufl., 2010, S. 188, 189, 190.

定身份）之人没有直接支配犯罪行为的实施，是否仍可构成正犯。在身份犯中，只有负有特定义务（具有特定身份）的人才可能成为正犯。如果不具备资格之人，在负有特定义务（特定身份）之人的唆使、鼓动之下实施了符合犯罪构成要件要求的行为，他虽然可能支配了犯罪事实，但因为缺乏必要的资格，而不构成正犯。最后，在亲手犯的情况下，犯罪事实支配标准也受到限制。如果仅仅是表面控制了满足犯罪构成要件的事实的发生，还不足以成立正犯，还需要身体力行实施法律禁止的行为。

第四节　天狼星案

天狼星案（Sirius-Fall）[①]是 1983 年 7 月 5 日由联邦最高法院第一刑事审判庭作出的判决。初审法院是巴登州法院。本案审查的要点是关于自杀者受到欺骗而实施自杀行为时，可罚的杀人罪正犯与不可罚的自杀参与之界限。

一、基本案情

州法院以谋杀未遂、诈骗还有故意身体伤害罪构成数罪（Tateinheit，想象竞合），以及冒充学术头衔（unbefugter Führung akademischer Grade）和违反《自然疗法法》（Heilpraktikergesetz）的轻罪合并判处 7 年自由刑。上诉审理的范围是被告人谋杀未遂的判决，其结果是维持原判。刑事审判庭在上诉理由范围内对原判决事实进行了审查。州法院经审理确认：

1973 年或者 1974 年间，被告人在迪吧认识了 1951 年出生的被害人 H. T.，此时她是一个没有完全独立性和依赖性很强的女青年。她与比她大 4 岁的被告人发展出一种很紧密的友情，其中性关系占无关紧要的地位。他们的这种关系主要是探讨心理学和哲学方面的问题，隔一两个月就见面一次，经常通电话几个小时。在这期间，被告人扮演着哲人、老师和顾问的角色，回答她所有生活中的问题。他对 H. T. 随叫随到，H. T. 也盲目地信任和相信被告人。通过他们之间大量的哲学谈话，被告人让 H. T. 相信，他是生活在天狼星上的居民。天狼星人是一种充满哲学性并远

---

① BGHSt 32，38，1 StR 168/83.

高于人类层次的种族。他受命被遣送到地球来,是为了选择一些有价值的人类,在失去其躯壳之后,其精神能够再生于其他星球或者天狼星。H. T. 为了达到这个目标,仍需要在精神和哲学层面进一步的发展。但被告人意识到 H. T. (受害人)已经完全相信他之后,决定利用她的这种信任,给其带来好处。他对 H. T. 说道,凭借她的能力,在其死后能够得到别的天界的身体而继续生存,因此要求她到一个著名的修道士(Uliko)处修行一段时间的深程度静坐(Meditation)。通过这种方式,她的身体有可能在熟睡中穿越多层空间,从而得到精神上的提升。因此需要支付修道院的生活费 3 万马克。H. T. 相信被告人的说法,但是她并没有足够的钱,于是从银行贷出了相应的款项。被告人帮其消费和支出了这笔钱。H. T. 在其后的几个月中在修道院进行了静坐的训练。被告人随后向她解释道,修道士冒着巨大的危险努力帮助 H. T. 实现生命层次的飞跃,但是没有成功,因为她的潜意识是一个巨大的、妨碍其精神进一步发展的障碍。根源在于 H. T. 的身体;只有通过放弃旧躯壳,占领一个新的躯壳才可能冲破此障碍。

当被告人意识到,H. T. 深信他的这种解释的正确性之后,决定实施他利用其信任来继续赚钱的计划。被告人向 H. T. 捏造说,在日内瓦湖畔的一座红房子中已经为她准备好了一个新的躯壳,当她从她的旧躯壳中成功脱离出后,她将作为女艺术家被人们发现。当然她的新生命仍然需要钱。因此他让 H. T. 签订了一份保单价值为 25 万马克(意外死亡保价为 50 万马克)的人寿保险,以被告人作为受益人,并通过一次意外事故结束其现在的生命。得到这笔赔偿之后,被告人将会把钱带给新生后的 H. T. 。H. T. 根据被告人的建议签订了约定的保险合同,保险保护期间开始于 1979 年 12 月 1 日,每月支付 58 750 马克保险费。被告人给了 H. T. 4 000 马克的现金,因为如他对她所解释过的那样,当 H. T. 在日内瓦湖畔获得新的生命之后,他将把这笔钱马上带过去给她,作为必要的启动资金。在被告人的计划中,H. T. 的生命应当在一个虚假的交通事故中结束,后来这个计划由 H. T. 泡澡时将一个通电中的电吹风放进浴缸中的计划所取代。

根据被告人的建议和指示,H. T. 试图在 1980 年 1 月 1 日在她的公寓中实现这一计划,以结束她的生命。但是当 H. T. 按照计划,坐在装满水的浴缸中,把通电的电吹风扔入水中的时候,致命的电流居然消失了。由于“技术上的原因”,在 H. T. 的身上只留下了红色的印痕。被告人留在巴登,当 H. T. 应答了他的检验电话后,他感到无比惊奇。在其后的三个小时之内,他给 H. T. 打了 10 次电话,指示她应当继续努力以结束其生命。直至最后,H. T. 仍未成功,被告人放弃了努力。

H. T. 完全相信被告人的解释。她满怀希望地把电吹风放入水中,希望能够在一个新的躯壳中苏醒过来。她从未有过一种“自杀意义上”,即通过自杀而“永久地结束自己生命”的想法。她本人是反对自杀的,认为没有人有自杀的权利。被告人完全意识到,H. T. 的行为是出于他的欺骗和指示。

二、法条索引

本案例引用了如下法条:

1.《德国刑法典》第 20 条(因精神障碍无责任能力):

行为人行为时,由于病理性精神障碍、深度的意识错乱、智力低下或者其他严重的精神疾病,不能认识行为的违法性、或者依照其认识而行为的,不负刑事责任。

2.《德国刑法典》第 35 条(减免责任的紧急避险):

(1)为使自己、亲属或其他与之关系密切的人的生命、身体或自由免受正在发生的危险,不得已而采取的违法行为不负刑事责任。在因行为人自己引起危险或因其处在特定的法律关系中而需容忍该危险的限度内,不适用该规定。但是,如果行为人不考虑特别的法律关系也必须容忍该危险者,得依第 49 条第 1 款减轻刑罚。

(2)……

3.《德国刑法典》第 211 条(预谋杀人):

(1)谋杀者处终身监禁。

(2)谋杀者是指出于杀人嗜好、性欲的满足、贪财或者其他卑劣动机,以阴险、残暴或者危害公共安全的方法,或意图实现或者掩盖其他犯罪行为而杀人的人。

4.《德国刑法典》第 212 条(故意杀人):

(1)非谋杀而故意杀人的,处 5 年以上自由刑。

(2)情节特别严重的,处终身自由刑。

三、裁判理由

联邦最高法院确认了被告人成立谋杀罪未遂之间接正犯的判决;关于其参加他人自杀未遂的行为不受刑法处罚。

被告人有罪责的判决是正确的。

1. “可罚的杀人罪正犯与不可罚的自杀参与”之区分问题[①]不能抽象地被回答于如下的情况中——在自杀者受到他人的影响或者加功的场合,当其既未表现出《德国刑法典》第 20 条所涉及的心理状态,又不符合《德国刑法典》第 35 条意义上的紧急避险之要求,而是因受欺骗才实施了自杀行为。其区分取决于具体情况中认识错误的方式和范围。向自杀者隐瞒事实,并成为导致自杀者死亡原因的人是通过优势意识而实施(未遂或者既遂的)杀人罪的正犯——他造成了自杀者的认识错误,并利用该认识错误,有意识和希望被骗者死亡或者应致被骗者死亡之事件的发生,其优势意识控制了产生认识错误者,并使其成为行为人的工具。[②]

2. 事实如下。根据事实审法庭查明的事实,被告人不是欺骗被害人其将通过死亡之门进入一种超验的存在(transzendente Existenz),而是置其于下述认识错误之中,即尽管她看上去是躺在浴缸里的尸体——首先作为人类继续其尘世的生活,实际上躯体和精神都要发生那种能够发展成为更高级的星界生物(astralen Wesen)的变化。根据 H. T. 女士的生理和心理上的性格和个人独特的体验,对其有说服力的不仅仅是如同被告人所说的那样,到高级星球去生活以及得到她生活所需要的钱,而且,也是如被告人所描述的那样,她将会在日内瓦湖畔一个安静的红房间内被发现,同时在旁边的房间里面也会找到那些必要的文件。H. T. 女士没有想到、也不希望发生的,却是被告人所追求的结果:两人都期待的是——电流应当结束被骗的受害人的生命,而被告人则得到那笔被害人认为是将作为自己新生活的经济基础的保险赔偿金。被告人通过给出几个小时的指示来指导实际的犯罪过程,其决定性地控制着被告人,即作为其自己

---

① Vgl. Roxin, Festschrift für Dreher, 1977, S. 331, 332.

② Vgl. Bottke GA 1983, S. 22, 31; Jähnke, LK, 10 Aufl. §211 Rn. 25, 26; Lackner, StGB, 15Aufl., §211 Rn3b; Roxin, LK, 10. Aufl. §25 Rn 83; Samson, SK, §25 Rn 30.

的犯罪事件,实施了一项间接杀害他人未遂的犯罪行为。尽管 H. T. 女士没有精神障碍(psychischen Störungen),却毫不怀疑地听从了被告人的建议,这一点影响了上述法律上的论断。被告人影响了被害人的心理状态,从而接受了该建议。编造内容的荒谬性不导致其无罪。

3. 即使 H. T. 女士认为,在她于日内瓦湖畔的红房子里"醒过来"之前必须先死亡一次,死后她将进入一种新生活,即不是继续自己(或多或少修正了)的个性,而是作为另一种(更高级的)生命而生活,对被告人的判决也是正确的。在这种错误存在的场合,与被告人是否只是在"具体的行为意义"(konkreten Handlungssinn)方面欺骗了被害人或者仅仅是导致了一个"纯粹的动机错误"(bloßen Motivirrtum)无关,也与这种错误是否足以导致其犯罪事实支配无关。[①] "死亡不过是新生命的开始"这种虚构的事实本质上是一种"具体的行为意义"的欺骗。以此为基础产生的认识错误对于被害人的死亡是否发生有着同等的分量。这种作用不少于那些鼓动被害人动机形成的人,同时可以确定的是,被告人通过优势意识具有对犯罪行为的支配力(Tatherrschaft)。

4. 事实审法庭认为,被告人出于贪婪而杀人,因此应当判决其为谋杀未遂,刑事量刑也是无可指责的。判决也符合联邦总检察长的请求。

四、判例评述

天狼星案是联邦最高法院关于间接正犯对犯罪事实的支配的著名案例之一。犯罪工具人正是在被幕后者欺骗的情况下,对犯罪构成要件层面相关的犯罪事实产生了认识错误,而实施了犯罪行为。在这种情况下,幕后者之所以能主导局势,是因为他正确地把握了事实情况,并以有计划的指挥方式将整个事件掌握在手中。[②] 即当所谓的幕后者对工具人的认识错误的产生具有支配力,由此支配了犯罪行为时,成立间接正犯。幕后者的这种支配可以被承认为凭借高超的知识(überlegenen Wissen)、优越的意志或基于组织机构赋予的权力而存在。例如凭借高超的知识占据优势、基于对工具人的欺骗或者利用其相对于幕后者在知识水平上的某些

---

① Vgl. dazu Roxin in LK 10. Aufl. §25 Rdn. 83 m. w. N.; Samson in SK-StGB §25 Rdn. 30 m. w. N.

② Vgl. Wessels/Beulke/Satzger Strafrecht AT, 46. Auflage, 2016, Rn 773.

不足。[1]

本案属于以被害人合法行为作为工具的间接正犯的情况。首先涉及教唆犯与间接正犯的区分问题。这对唆使他人自杀或者自伤之人是否受到刑事处罚具有关键意义。因为,如果自杀者或自伤者没有实现任何犯罪构成要件,那么,单纯参与的行为(教唆或帮助)就不受处罚。如果教唆者是正犯,那么被害人死亡或者被伤害的结果就应当作为参与人导致的结果归责于之。然而,如果受害人不知内情,仅为被他人利用的工具,就能成立间接正犯。在以被害人合法行为作为工具的间接正犯的情况下,作为行为工具的被害人不具备故意。例如被害人受教唆、毫无疑心地喝下被投毒的饮料或食用被投毒的食物。或者如本案受害人受人劝说而愚昧地相信破坏自己身体后就可以以另外一种更高的生命形式存在。又如邪教的受害人在邪教教义的迷惑下或者首要分子的鼓动下,采取自焚、爆炸等自杀方式,以期待死后得到解脱或以高级生命形式生活在天堂,或者能够赎罪免下地狱,等等。

本案中,联邦最高法院一改过去德意志帝国最高法院和早期联邦最高法院所采纳的主观主义的正犯标准(subkektive Theorie),采纳犯罪事实支配理论的标准,认为"被告人可以通过高超的知识实行其对犯罪事实的支配"。在这类基于认识错误的自我伤害(Seblstverletzung aufgrund Irrtum)案件中的间接正犯是否成立,通常可以从结果进行分析。凡是幕后者明知和意图利用某个不完全符合构成要件、不违法或者不完全承担刑事责任的人去实施故意犯罪行为的,通常可以认定其构成了间接正犯。反之,在通常否定成立间接正犯,如果实现了犯罪构成要件,却无认识错误发生的情况下,直接行为人是自我答责的故意正犯,尽管该犯罪的实施是后者追求或促使的结果。例如,妻子 F 有个完全听从于她的情夫 L,F 利用 L 对其心理上的依赖性让其杀害自己的丈夫 M。从杀人罪或者谋杀罪构成要件实现的角度上看,只要 L 的心理依赖性没有达到可以对其免除刑罚上的责任的程度(参见《德国刑法典》第 20 条),直接行为的支配性在就 L 处。L 为直接正犯,F 通常被视为共同正犯或者教唆犯。[2] 有争论的是,自杀者或者自我伤害者的决意什么时候应当被视为自我答责,应

[1] Vgl. Joecks/Jäger, Studienkommentar StGB, 12. Aufl. 2018, §25 Rn. 22 f.

[2] Vgl. Wessels/Beulke, Strafrecht Allgemeiner Teil, 40. Aufl., 2010, S. 199.

当依据什么标准进行判断。这在德国刑法学界有两种学说。第一种被广泛支持的学说主张，根据免除责任规则（Exkulpationsregeln），如《德国刑法典》第20条精神障碍者的无责任能力和第35条阻却责任的紧急避险，在行为人心理有缺陷和被强制状态下，如果其在同等情形下，不是伤害了自己，而是伤害了第三人时，是否会被认为是有罪者的行为。如果他所面临的危险没有达到《德国刑法典》第35条作为前提的严重程度，其自我答责性便得到确认。另一种正在获得更多认可的学说主张，在那些通常可以放弃自己法益的情形中，根据同意理论（Einwilligungslehre）来判断一个具有正当性的同意是否有效。[①] 但德国刑法理论与司法实践认为，根据《德国基本法》第1、2、3条，法律面前生命平等，没有所谓的不同的"生命价值"。因此，人们不允许对生命进行权衡。德国学者一致同意，生命法益是无法放弃的，不能适用同意理论。因此，在积极安乐死案件中，同意理论没有适用的余地。在本案中，联邦最高法院对上述两种学说意见都没有支持。因为在本案中，那个被几乎是童话般谎言所诱导自杀未遂的H.T.女士没有精神障碍，也不是处于被强制的状态之中。根据这个判决，在误导被害人的情况下，可罚的杀人罪正犯与不可罚的自杀参与之区分问题取决于具体情况中认识错误的方式和范围。

罗克辛也对联邦最高法院判决中未采取学界两种通说的立场进行了评论。他指出，在本案中，"在区分可罚的杀人罪正犯与不可罚的自杀参与时，联邦最高法院在精神障碍状态（Defektzustände）领域追溯到《德国刑法典》第20条的规定，在强制领域则追溯到《德国刑法典》第35条的规定。这不符合德国刑法学文献中所采纳的同意规则（Einwilligungsregeln）这一主流观点，即根据自杀是否是基于一个真正理解了自己行为的后果的决意来判断。联邦最高法院所主张的观点有利之处是，区分二者时，它具有更多的安全性"[②]。罗克辛还假设了"倘若被告人使H.T.女士确信了，她死后才将进入那种生活"的情况对判决结论的影响。他认为，此时不能认为被告人构成间接正犯。因为如果H.T.女士"没有受到精神上的扰乱"故意地走向死亡，幕后者就是在教唆他人自杀。欺骗一个恐怖

---

① Vgl. Wessels/Beulke, Strafrecht Allgemeiner Teil, 40. Aufl., 2010, S. 199.

② Roxin, Höchstrichterliche Rechtsprechung zum Allgemeinen Teil des Strafrechts, 1998, S. 119.

分子去杀人,说他做的是一件光荣的事情,会因此得以升入天堂的人,“只”构成谋杀罪的教唆犯,而不是间接正犯。当然,欺骗性地教唆他人自杀也是值得刑罚处罚的,这可能也是联邦最高法院希望以之作为间接正犯处罚的原因。他认为,更好的处理方式应当是以《瑞士刑法典》第115条利诱和帮助自杀罪(Verleitung und Beihilfe zum Selbstmord)为蓝本,为“基于自私动机而唆使他人自杀”的人配以独立的刑罚。①

第五节 钱币商人案

钱币商人案(Münzhändler-Fall)②是1994年10月25日由联邦最高法院第四刑事审判庭作出的判决。初审法院是明斯特州法院。依据的法条是《德国刑法典》第22条和第25条第2款。需要检验的是,想象的共同正犯(不必要共犯)在不能犯未遂时的刑事可罚性。

一、基本案情

据查明,被告人在一个饭馆里认识了一个名叫Z的男人。两人就如何能够挣到钱的问题聊了起来。Z对被告人说,他认识一个想骗取保险赔偿金的钱币商人。他建议被告人闯入钱币商人家中抢劫,这些都是为该钱币商人所认可的。在Z给被告人许诺入伙可分得5万马克之后——其中1万5千马克提前支付给他,其余3万5千马克允许他从钱币商人的保险柜中拿走,被告人当即表示要加入这个行动。这个虚假的抢劫案所获得的钱币应当交给Z。Z指示被告人,应当不要被钱币商人认出来,并让其知道,Z同意了该抢劫案。

在动手前几天,Z支付了被告人1万5千马克,并告诉他钱币商人的名字和地址。事实上,并非如Z向被告人所说的那样,钱币商人同意其被抢劫。被告人携带了一支仿真手枪,与另一名同案犯共同实施了这起计划中的抢劫案。涉案金额达35万到40万马克。被囚禁在洗衣地窖中的

---

① Vgl. Roxin, Höchstrichterliche Rechtsprechung zum Allgemeinen Teil des Strafrechts, 1998, S. 119.

② Vgl. BGHSt 40, 299, Urteil des Bundesgerichtshofs, 4. Strafsenat vom 25.10.1994 (4 StR 173/94).

钱币商人设法逃脱并报警。当天钱币商人通知了保险公司,申报损失。

二、法条索引

本案例引用了如下法条:

1.《德国刑法典》第 22 条(未遂的概念规定):

行为人以直接着手实现犯罪构成要件,而未发生行为人所预期的结果的,是犯罪未遂。

2.《德国刑法典》第 23 条(未遂的可罚性):

(1)重罪的未遂总是可罚的,轻罪的未遂只有在法律有明文规定时才受处罚。

(2)未遂可比照既遂减轻处罚(第 49 条第 1 款)。

(3)如果行为人出于重大无知,对行为对象、使用手段的性质、未遂时根本不可能完成行为发生了认识错误,那么,法院可以免除刑罚或者酌情减轻处罚(第 49 条第 2 款)。

3.《德国刑法典》第 25 条第 2 款(正犯):

(1)……

(2)多人共同实施犯罪的,均以正犯论处(共同正犯)。

4.《德国刑法典》第 263 条(诈骗罪):

(1)意图为自己或第三人获得不法财产利益,以欺诈、歪曲或隐瞒事实的方法,使他人陷于认识错误之中,因而损害其财产的,处 5 年以下自由刑或者罚金刑。

(2)凡本罪未遂的,亦应处罚。

三、裁判理由

刑事审判庭无法律错误地认定被告人成立诈骗未遂。

1. 据查证,被告人错误地认为被害人钱币商人同意了这起袭击抢劫案件。被告人的认识错误导致其不具有严重抢劫的犯罪故意。[①] 因此该判决正确。

---

① Vgl. BGHSt 17, 87, 91; 31, 264, 286/287.

2. 上诉要求认为,被告人受指责的行为(vorgeworfene Verhalten)仅仅是一个不可罚的诈骗帮助行为,是不正确的。

(1)州法院关注了法律判决中一直存在的关于如何区分共同正犯与帮助犯的标准。[①] 被告人在整个犯罪过程中都以一个合格的共同正犯的身份,认为自己与Z和钱币商人共同实施了犯罪行为,抢劫行为的实施是向保险公司申报损失的必要前提,他被承诺获得的5万马克也是他之所以实施该犯罪行为的动机,这些都是需要被考虑的重要事实基础。

在上诉申请里,针对行为人实施了共同正犯行为的主要抗辩理由是——被告人并未获得保险赔偿,而是事先得到了奖赏,他因此对诈骗的结果并没有兴趣,也不能影响钱币商人是否提起保险赔偿的申请——他的参与对于整个计划中的诈骗案件(实施保险诈骗案)没有特殊的意义:诈骗罪的犯罪构成要件也可以通过对他人有利的行为(fremdnützigem Handeln)实施,因此,共同犯罪的犯罪构成要件的实现并没有要求被告人有意愿分享通过诈骗实现的财产利益。

判断准备或支持犯罪的行为是否构成共犯的基本原则是,共犯在共同意愿的基础上实施了促进犯罪的现实行为[②],因为在本案中,共犯对于申请保险赔偿没有施加任何影响,因此排除其构成诈骗共犯。在如上情形中,诈骗罪的共同正犯更多可能是那些本人没有参加保险,但是通过实现欺骗或者损害保险物这一前提条件,在提出保险赔偿申请之前就已经获得好处(报酬)的人。[③]

(2)被告人想要实施的犯罪行为是给钱币商人的保险公司带来损失的共同诈骗行为,其不可能既遂,因为钱币商人实际上成了一个真正的抢劫案的受害人,根据查证"该商人不希望也不愿意实施保险诈骗行为"。被告人因此根据《德国刑法典》第263条第1款、第2款,第22条,第23条,第25条第2款,以不能犯的诈骗罪未遂受到处罚。[④] 行为人直接着手实现犯罪构成要件,而未发生行为人所预期的结果的,是犯罪未遂。也就是在如下情况中,行为被认为实施了,当它根据犯罪计划不受干扰地、直

---

① Vgl. u. a. BGHSt 37, 289, 291; BGHR §25 Abs. 2 Mittäter 9; BGH NStZ 1984, 413.

② Vgl. BGHSt 11, 268, 271/272; 16, 12, 14; 37, 289, 292; BGH NStZ 1993, 180.

③ Vgl. BGHR StGB § 25 Abs. 2 Mittäter 3.

④ Vgl. RGSt 42, 92; 50, 35 f; BGHSt 4, 254; 14, 345, 350.

接地朝满足犯罪构成要件的方向发展或者直接在空间和时间上与之有关。[①] 在共同犯罪中,所有的共同正犯只要有一个人直接着手实现犯罪构成要件时,就统一进入未遂阶段,而不管是否只是有个别的共犯进入了预备阶段。[②]

这个标准也适用于不能犯未遂(untauglichen Versuch),其值得刑罚性(Strafwürdigkeit)存在的基础是其已经具有危害受法律保护的规则的危险性。[③] 这里具有决定性的是行为人是否设想过其行为的能犯性(Tauglichkeit der Handlung),及其能否被当作《德国刑法典》第22条意义上的直接着手实现犯罪构成要件行为。[④] 符合犯罪计划的行为,应当直接导致犯罪构成要件的实现[⑤],并根据自然观点(natürlicher Auffassung)也能够导致犯罪构成要件的实现,则将被认为是能犯(tauglich)。[⑥]

尽管根据被告人的观点,被骗发生的抢劫行为是期待中的保险诈骗罪的预备行为[⑦],通过想象中的共同正犯(钱币商人)在被袭击之后按照犯罪计划申报损失,从而成功按照犯罪计划获得保险赔偿。如此,被告人将会按照自己的想象被归责为共同的行为犯,由此,预备行为跨过界限转变为未遂。[⑧]

以诈骗未遂作出的判决是正确的。因根据实体诉状审查判决,未发现任何不利于被告人的法律错误,故必须驳回上诉。

---

① Vgl. u. a. BGHSt 28, 162, 163.

② Vgl. BGHR StGB §22 Ansetzen 3; Eser in Schönke/Schröder StGB 24. Aufl. §22 Rdn. 55; Lackner StGB 20. Aufl. §22 Rdn. 9.

③ Vgl. BGHSt 4, 254; 11, 268, 271; 30, 363, 366; Dreher/Tröndle StGB 46. Aufl. §22 Rdn. 24.

④ Vgl. BGHSt 11, 324, 326/327; 30, 363, 366; Jescheck, Lehrbuch des Strafrechts AT 4. Aufl. §50 I 5; Baumann/Weber, Strafrecht AT 9. Aufl. §33 IV 1 b, 2.

⑤ Vgl. BGHSt 26, 201, 203.

⑥ Vgl. BGH bei Dallinger MDR 1973, 900; Jescheck a. a. O.; Baumann/Weber a. a. O.

⑦ Vgl. BGH NJW 1952, 430, 431 gegen RGSt 72, 66; OLG Koblenz VRS 53, 27, 28; Dreher/Tröndle a. a. O §22 Rdn. 15; Eser a. a. O. §22 Rdn. 35, 45.

⑧ Vgl. BGHSt 37, 294, 296; BGH, Urteil vom 17. Dezember 1982 – 2 StR 429/82; BGH, Urteil vom 16. Januar 1992 – 4 StR 509/91; Dreher/Tröndle a. a. O §263 Rdn. 44; Vogler in Festschrift für Stree/Wessels, 1993, S. 285, 296.

(3)就联邦最高法院第二刑事审判庭判决[①]和第三刑事审判庭判决[②],申请大刑事审判庭审查刑法事实不是必需的。第二刑事审判庭在上述案例中,根据第三刑事审判庭所指出的基本法律原则,即所有共同正犯着手后进入未遂阶段,只要其中一人直接着手实施了犯罪构成要件行为,仅当该参与人(仍然)有实施犯罪行为的意图时。

第一、第三和第五刑事审判庭申明过,其法律判决并不互相排斥。第三刑事审判庭进一步解释道,由于具体案情的不同,导致了判决的区别。第二刑事审判庭指出,将坚持其判决(BGHSt 39, 236)中所代表的观点,认为想象的共同正犯(vermeintlicher Mittäterschaft)不具有可归责性。

为第二刑事审判庭判决所认定的事实行为是,该犯罪行为没有完成,因为事先许诺要参与犯罪并直接实施犯罪行为的特定行为人,没有应约而行为或者后来不准备参加计划中的犯罪行为并通知了警察。根据"只要一人直接着手了犯罪行为,所有共同正犯立即进入未遂阶段"的基本原则,第二刑事审判庭判定,约定要参与犯罪的"虚假"共同正犯不应当作为其他共同正犯实施的整个计划中的犯罪行为的一部分被归责。

本案已认定的事实说明,钱币商人对进入所谓未遂阶段的犯罪计划并不知情,他对整个犯罪计划都不了解,并且本人成为犯罪行为的被害人,因此申报了其相关的保险赔偿。被告人想象中的共同的保险诈骗行为从一开始就不可能实现,因为被告人受第三人误导产生认识错误(通过获得被害人同意的抢劫来骗取保险赔偿金),并不具备犯罪构成要件特征。本案属于不能犯未遂[③],不同于第二刑事审判庭判决认定的事实行为。第二刑事审判庭的判决(BGHSt 39, 236)中也没有提及不能犯未遂的问题。因为关于不能犯未遂有特别的标准——刑事可罚性来源于犯罪人对于行为的可罚性的预期,根据联邦最高法院的观点,这种区别不存在。

四、判例评述

联邦最高法院对本案的判决在德国刑法学界引起了很大的反响,大量学者撰文赞成或批判。因为其核心涉及多个重要的共犯教义学问题,

---

① BGHSt 39, 236 mit krit. Anm. Hauf NStZ 1994, 263.

② BGHR StGB § 22 Ansetzen 3.

③ 关于 untauglichen Versuchs,请参见 Dreher/Tröndle a. a. O §22 Rdn. 23。

例如想象共犯、不能犯未遂与预备行为的界限、未遂的主观构成要件和客观构成要件的判断标准问题。其中有代表性的批评者是学者施特恩(Streng),他曾在《齐普夫纪念论文集》中撰写《客观未遂构成要件如何客观化?》一文,对主观性和客观性的未遂构成要件学说进行了研究,并点评了本案。①

在德国刑法学中,未遂的构成要件可以被划分为主观构成要件和客观构成要件两类,这是一个无可争议的问题。以《德国刑法典》第22条为准绳,未遂的构成要件中,客观构成要件表现了"犯罪的决意"(Tatentschluß)这一主观构成要件的要求。主观的未遂构成要件以共犯关于"犯罪的设想"(Vorstellung von der Tat),即犯罪的决意为表现形式,必须通过客观的构成要件,即"直接导致犯罪构成要件实现的着手"(zur Verwirklichung des Tatbestands unmitterlbar Ansetzen)得以外化。犯罪计划(Tatplan)的表达,即犯意表示是否就足以构成未遂?只有当这个阶段直接能够过渡到犯罪构成要件的实现时,才可能构成未遂。在联邦最高法院的判决中也将实行行为作为实施客观构成要件与"现在开始实施"的主观性标准一起考虑。根据联邦最高法院的判决和一些赞成的学者观点,主观性的构成要件特征(subjektive Merkmale)不仅仅表现为"犯罪决意"(Tatentschluß),而是根据对犯罪决意的赞同,愿意将现存的实行行为作为自己的事务并跟随其进一步发展,也就是说需要具有"实行的决意"(Ausfühungsentschluß)。实行的决意作为明确的主观性要件,应当被理解为一个独立的归于"犯罪决意"的主观要素。这种主观要素的进一步发展,也就是对于实行行为成立方面的模糊的客观性意义(quasi-objektive Bedeutung),在"钱币商人案"中得到了很多的讨论。

根据《德国刑法典》第25条第2款的规定,与他人"共同"实施犯罪的,将作为正犯受到处罚,即共同正犯。可以看出,该法条强调了共同正犯在于共同实施了犯罪行为。但是如何在具体案件中认定,行为人实施了犯罪并参与了对犯罪的共同支配仍然是个问题。共同正犯基本上应当满足两个条件:其一,主观要件,共同实施犯罪之决意;其二,客观要件,共同"分工合作"实现决意。其中共同实施犯罪的决意,即决定

---

① Vgl. Streng, Wie "objektiv" ist der objektive Versuchstatbestand? -Der "komplettierte Tatentschluß" und seine Ausführung durch Tun oder Unterlassen, in: GS-Zipf, S. 325.

了共犯是否成为一个整体,同时也在这一整体之间划出了彼此的界限。如果行为人仅以参与的意愿实现了构成要件的部分事实,无疑他应当只为自己单独实施的犯罪承担责任。例如,本案中被告人为以抢劫方式进行保险诈骗的行为承担刑事责任,只有当具备共同的抢劫决意时,才能将其行为纳入抢劫的共犯行为中;或者在本案中只有被告人具有共同保险诈骗的决意,并与Z共同实施了保险诈骗行为时,二人才构成共同正犯。总之,共犯的决意是将犯罪参与的数个行为人的不同犯罪连接起来的重要连接点,这使得他们中的任何一人都应当为其他人实施的那部分犯罪承担责任。

在本案中,第四刑事审判庭因基于被告人对犯罪构成要件的认识错误,并未将其判定为抢劫罪,而是构成诈骗未遂的共同犯罪。这个判决受到了二十多位德国刑法学者的撰文批评。[①] 基本观点认为,因为在本案中不存在共同犯罪所必需的"共同的犯罪决意",因此,在未遂开始阶段共犯对整体行为(Gesamtlösung)的控制性意义上,缺乏将实行行为归责于共同正犯的必要基础。[②] 在本案中,由于缺乏共同的犯罪决意,在实行阶段,尽管抢劫行为实际上造成了保险公司赔偿的后果,想象共犯之间也缺乏共同的实行行为。本案中缺乏《德国刑法典》第22条意义上的从主观构成要件抽象化的客观构成要件,无法将一个行为人作为自己事务实施的犯罪行为,归责于另一个行为人。至于源自共犯的犯罪决意直接着手的实行行为,才能够归责于共犯,才能归责于未直接着手的共犯参加人。

---

① Vgl. Erb, Zur Konstruktion eines untauglichen Versuchs der Mittäterschaft bei scheinbarem unmittelbarem Ansetzen eines vermeintlichen Mittäters zur Verwirklichung des Tatbestandes (zugleich Besprechung von BGH, Urt. v. 25.10.1994-4 StR 173/94, NJW 1995, 142 = NStZ 1995, 120), NStZ 1995, S. 424 ff.; Roxin, Zur Mittäterschaft beim Versuch, in: FS-Odersky, 1996, S. 489 ff.; Streng, Der Irrtum beim Versuch-ein Irrtum?, ZStW 109 (1997), S. 891 ff.

② 相关的观点参见 Erb, Zur Konstruktion eines untauglichen Versuchs der Mittäterschaft bei scheinbarem unmittelbarem Ansetzen eines vermeintlichen Mittäters zur Verwirklichung des Tatbestandes (zugleich Besprechung von BGH, Urt. v. 25.10.1994-4 StR 173/94, NJW 1995, 142 = NStZ 1995, 120), NStZ 1995, S. 424 ff.; Joerden, Anmerkung zum Urteil des BGH vom 25.10.1994-4 StR 173/94 (= NJW 1995, 142); zur Strafbarkeit wegen untauglichen Versuchs bei nur vermeintlicher Mittäterschaft, JZ 1995, S. 735 ff.。共犯未遂可罚性的判决,最主要的是需要判断犯罪是否进入未遂阶段,一般认为应当以共犯的"整体行为"开始来定义,也有观点认为,应当以共犯根据犯罪决意开始自己的实行行为,也就是个体的行为(Einzellösung)作为界限。

学者施特恩认为,联邦最高法院关于"钱币商人案"作出的判决是错误的,因为其仅仅通过一个想象中的实行行为,完全根据主观进行归责,而对客观性的未遂构成要素则没有进行任何考虑。这违背了法律规定的"主观/客观"相结合的界定理论,而是依据"主观/主观理论"。按照《德国刑法典》第22条规定,在想象共犯的情况下,以"根据犯罪计划实施的实行行为"为客观前提条件,而根据联邦最高法院的这个判决,这一前提将不复存在。而代之以一个犯罪计划以及单纯的预备行为,这就足以构成未遂。[①] 这个判决也忽略了联邦最高法院一些正确的观点,这些观点试图根据"主观/客观理论"来区分预备行为和未遂行为,以及如《德国刑法典》第43条所规定的以一个客观确定的犯罪决意为必要前提。这个判决将导致一个危险的趋势:违反法治国原则,而代之以"思想刑法"[②]。

第六节　杀害姑母案

杀害姑母案(Tante Fall)[③]是1989年7月25日由联邦最高法院第一刑事审判庭作出的判决。初审法院是贝鲁特州法院。应用的法律条款是《德国刑法典》第211条预谋杀人罪、第212条故意杀人罪和第25条第2款。需要检验的是,共同正犯中可能成立一人犯故意杀人罪,一人犯谋杀罪。

一、基本案情

州法院判决被告人P因谋杀罪处终身监禁,她的儿子曼弗雷德·P.(Manfred P.)因故意杀人处6年自由刑。针对曼弗雷德·P.的判决已经生效。被告人所提出的上诉事实没有充分的理由支持。

据查实,被告人与她的儿子商量,共同杀死被告人的姑母,以获得现金以及继承其财产。开始处于犹豫中的儿子为了取悦他的母亲而同意了这

---

① Vgl. Streng, Wie "objektiv" ist der objektive Versuchstatbestand? - Der "komplettierte Tatentschluß" und seine Ausführung durch Tun oder Unterlassen, in: GS-Zipf, S. 329 f.

② Streng, Wie "objektiv" ist der objektive Versuchstatbestand? - Der "komplettierte Tatentschluß" und seine Ausführung durch Tun oder Unterlassen, in: GS-Zipf, S. 330 f.

③ BGHSt 36, 231: BGH vom 25.07.1989-1 StR 479/88.

一建议。被告人在她的儿子明知且在场的情况下,试图用药片毒死自己的姑母。但是被害人只是感到困倦,在睡房里床上睡着了。在那里,曼弗雷德·P.用一个氧化铅玻璃花瓶砸死了被害人。被告人要求曼弗雷德·P.用这一方式实施了犯罪行为,并在门外放风,在认为被害人已经死亡后要求曼弗雷德·P.停止行动。被告人希望通过犯罪能够马上得到被害人的首饰和现金,同时也希望能够继承其财产。她也希望,犯罪行为能够通过这种方式及手段实施——利用被害人睡着了的这种状态,因为其有利于犯罪行为的顺利实施。被告人之子曼弗雷德·P.不具有被告人的贪婪(Habgier)和阴险(Heimtücke)这些犯罪构成要件特征,因为他并不是为了谋财而实施了犯罪行为,鉴于他明显减弱的控制能力(因为其脑组织受伤,很容易受影响,并非常激动),并没有意识到恰好可以利用被害人睡着这一条件。

根据作为判决基础的理由,被告人和她的儿子是共同正犯。

二、法条索引

本案例引用了如下法条:

1.《德国刑法典》第 25 条第 2 款(正犯):

(1)……

(2)多人共同实施犯罪的,均以正犯论处(共同正犯)。

2.《德国刑法典》第 47 条旧版本(短期自由刑为例外)①:

当多人共同实施了一个应受刑法处罚的行为,每人都应当被视为正犯被处罚。

3.《德国刑法典》第 211 条(预谋杀人):

(1)谋杀者处终身监禁。

(2)谋杀者是指出于杀人嗜好、性欲的满足、贪财或者其他卑劣动机,以阴险、残暴或者危害公共安全的方法,或意图实现或者掩盖其他犯罪行为而杀人的人。

---

① § 47 StGB (a. F.): Wenn mehrere eine strafbare Handlung gemeinschaftlich ausführen, so wird jeder als Täter bestraft.

4.《德国刑法典》第 212 条(故意杀人):

(1)非谋杀而故意杀人的,处 5 年以上自由刑。

(2)情节特别严重的,处终身自由刑。

5.《德国刑法典》第 240 条(强制罪):

(1)非法使用暴力或者明显的恶行威胁,强迫他人为一定行为、容忍或不为一定行为的,处 3 年以下自由刑或罚金刑。

(2)如果使用暴力或者恶行威胁,迫使他人达到所追求的目的的,被认为是可受谴责的,该行为即是违法的。

(3)犯本罪未遂的,应受处罚。

(4)情节特别严重的,处 6 个月以上 5 年以下自由刑。情节特别严重一般是指,行为人

①强迫他人为性行为,

②强迫孕妇中止妊娠,或

③滥用其作为公务人员的职权或者地位。

6.《德国刑法典》第 242 条(盗窃):

(1)意图盗窃他人动产,非法占为己有或给第三人占有的,处 5 年以下自由刑或罚金刑。

(2)犯本罪未遂的,亦应处罚。

7.《德国刑法典》第 249 条(抢劫):

(1)意图使自己或第三人不法占有他人财物,用暴力或以身体或生命受到现实危险相威胁抢劫他人动产的,处 1 年以上自由刑。

(2)情节较轻的,处 6 个月以上 5 年以下自由刑。

三、裁判理由

对被告人判处谋杀罪的判决是正确的。需要研究的是作为共同正犯的儿子是否能以故意杀人罪判决。

1. 这个问题将无法得到回答,如果被告人自己亲自实施了所有符合构成要件的行为,她将会被判定为犯罪行为人,而不考虑其他参与人。但是本案并非如此,被告人并没有亲手完成犯罪行为。因为她与她的儿子共同实施犯罪行为,并且以之为自己的意愿,拥有对犯罪的行为支配,故作为直接行为人的儿子之犯罪行为部分也应当归责于被告人。州法院根

据《德国刑法典》第 25 条第 2 款相关的归责原则确定了被告人的犯罪行为支配责任(Täterschaftliche Haftung)。因此判决中重要的是,预谋杀人罪和故意杀人罪是否可能成立共同正犯。刑事审判庭肯定了这一答案。

2. 联邦最高法院第四刑事审判庭在其中的一个判决(BGHSt 6, 329, 330)中没有表达出其对"谋杀和故意杀人是否成立共同正犯"这一假设的足够及慎重的思考。共同正犯只能存在于一个基本犯罪构成要件中。预谋罪和故意杀人罪根据联邦最高法院的判决(BGHSt 1, 368, 370)确定为独立的、不具有互相依赖性的犯罪构成要件,包含着不同的不法内涵。

因此刑事审判庭婉转地提出,这个问题的判决不取决于这两个条文之间的关系。从《德国刑法典》第 212 条故意杀人罪是作为整体实现的犯罪行为的基础犯罪的观点看[①],故意杀人罪和预谋杀人罪之间是基本构成要件和加重构成要件(Qualifikation)的关系[②];既然人们认同判决中一贯认可的预谋杀人罪和故意杀人罪作为独立的犯罪构成要件[③]的观点,那么就没有必要规定,当他们共同杀害了同一个人时,谋杀罪和故意杀人罪实施的是与《德国刑法典》第 25 条第 2 款意义不同的犯罪行为。

3. 共同正犯共同实施了犯罪行为(《德国刑法典》第 25 条第 2 款)。这里不仅仅是从一个程序上的意义来理解共同正犯行为的共同性(一致性),还要理解实体法犯罪构成要件意义上的共同性。但是共同正犯之间不是互相依赖的,对于其各自的犯罪参与部分可以作出不同的法律判决。因此,《德国刑法典》第 25 条第 2 款意义上的共同正犯行为并不以侵害同一法条作为前提。[④] 同样的犯罪行为可能侵犯了不同刑法条文,当一个法条的全部内容也被另一个法条包含时,犯罪行为人共同地损害了同样的(同等的)犯罪构成要件。被一个犯罪行为实现的两个犯罪构成要件,可归责于附加的构成要件特征,通过构成一个特殊的构成要件,并不意味

---

① Vgl. Jähnke, LK, 10. Aufl. §211 Rdn 39 etc.

② Vgl. Eser in Schönke/Schröder, StGB, 23. Aufl. §211 Rdn 43; Jähnke LK, 10. Aufl. §211 Rdn 61, §212 Rdn 6.

③ Vgl. BGHSt 1, 368, 370; BGHSt 22, 375, 377; BGH StV 1984, 69.

④ 同样的观点参见 Cramer, Schönke/Schröder, StGB, 23. Aufl. §25, Rdn 87; Lackner, StGB,18 Aufl. §25, Kommentar 2c; Jescheck, Strafrecht AT, 4. Aufl. S. 613; Beulke/Hillenkamp, Jus, 1975, 309, 313; Blei, Strafrecht AT, 18. Aufl. S. 282; BGHR StGB §22 Ansetzen 3。

着这些共同实现的罪名是不同的犯罪行为——这更符合法条竞合(Gesetzeskonkurrenz)的情形。在两个犯罪构成要件中同等包含着的犯罪行为可以由共同正犯实施。当这种(共犯间的)共同作用是在对方同意的情况下而为时[①],分工合作实现的犯罪行为将可以通过《德国刑法典》第25条第2款的归责原则被归责于客观构成要件。参与人当中从这个同意出发实施侵害法益的行为的人,被作为单独的犯罪人(Einzeltäter)来归责。[②]

在这个意义上,判决再次声明共同正犯存在于没有共同实施同一个犯罪构成要件行为(甚至也不在同一基本犯罪构成中)的情形中;在通过行为或者动机方面的参与来实现一个犯罪构成要件的情况下,行为人共同实施的犯罪构成要件符合法条竞合。在德意志帝国最高法院关于故意身体伤害和故意杀人的判例中[③]、关于杀婴罪(Kindstötung,该法条已废除)和故意杀人或者预谋杀人的判例中[④]、关于盗窃罪和抢劫罪的判决中[⑤],以及联邦最高法院关于抢劫罪(Raub)和强迫罪(Nötigung)的判例中[⑥],《德国刑法典》第25条第2款的规定尽管使用不同的字句,但是实际上与作为判决基础的《德国刑法典》第47条并没有区别。[⑦]

盗窃罪和抢劫罪(同样延伸至抢劫罪和强迫罪)是完全没有关系的、独立的犯罪构成要件。[⑧] 一个参与行为人的过限行为在分工合作的共同犯罪(arbeitsteiligem Vorgehen Mittäterschaft)中不影响其他共同犯罪正犯行为,因而导致了根据不同的犯罪构成要件对共同正犯作出不同的判决。[⑨]

4. 与《德国刑法典》第249条中包含着第242条和第240条的完整的构成要件一样,《德国刑法典》第212条的不法内涵也被包含于第211

---

① Vgl. RGSt 12, 8, 10.

② Vgl. Busch ,LK,9Aufl., §47, Rdn 24.

③ Vgl. RGSt 44, 321, 323.

④ Vgl. RGSt 12, 8, 11.

⑤ Vgl. RGSt 12, 8, 10.

⑥ 参见德国联邦最高法院戈尔特达默刑法档案,1968年,第121页。

⑦ Vgl. Roxin, LK, 10Aufl., §25, Rdn107; E 1962 S. 149.

⑧ Vgl. BGHSt 1, 368, 370; BGH, Neue JuristischeWochenschrift, 1968, S. 1292.

⑨ Vgl. Cramer, Schönke/Schröder, StGB, 23. Aufl. §25 Rdn 90; Roxin, LK, 10Aufl., §25, Rdn121.

条的规定中。[①] 第212条中的故意杀人是第211条构成预谋杀人罪的一个必要的构成要件特征。[②] 虽然在《德国刑法典》第212条的文字中,没有“谋杀者”字样,但二者并不是自相矛盾的。在确定预谋杀人和故意杀人者的人格的界限时,标志犯罪人的类型应当具有特别重要的意义。[③] 这是因为在法律的独立性上,两者并非两个完全不同的犯罪行为。[④]

在本案中,两个犯罪人基于完全不同的动机和意识,具体行为的实施也有别,因此符合了两个完全不同的刑法条文。故意杀人行为和预谋杀人行为之间具有共同性的是,两者都故意地杀死了他人,这种行为符合刑法第25条第2款规定的共同行为的意义。[⑤] 当一个行为以同样的(einheitliche)杀人为目的,并实现之,却符合了不同的刑法条文,由于其中一个参与人在实施同样的行为之外还具有别的行为动机,或者其行为以特殊的方式实施,或者一个参与人的具体情况不符合主观构成要件的规定,共同正犯依然可能成立。当犯罪行为人实施了预谋杀人罪的所有构成条件,他就应当被判决为预谋杀人者,当与他一起实施的故意杀人行为没有表现出预谋杀人的特征,则不应当被判决为预谋杀人罪。

四、判例评述

德国刑法分则各犯罪类型中的各罪之间存在着一定的阶层关系,被德国刑法学界骄傲地称为“体系化的犯罪群”[⑥]。典型的例子是《德国刑法典》第211条预谋杀人、第212条故意杀人、第213条故意杀人的减轻情形和第216条受嘱托杀人这一类严重的针对生命的犯罪群。在杀人罪的犯罪群中,第212条故意杀人是基础的构成要件(Grundtatbestand),或者说是基础的犯罪(第212条第2款和第213条故意杀人的减轻情形属于量刑规则);第211条预谋杀人是合格的犯罪构成要件(Qualifikationstatbestand),即加重的犯罪构成要件;第216条受嘱托杀人是优先的构成

① Vgl. Beulke/Hillenkamp, Jus, 1975, S. 313.

② Vgl. BGHSt 1, 368, 370.

③ Vgl. Eser in Schönke/Schröder, StGB, 23. Aufl. §211 Rdn 6.

④ Vgl. Beulke/Hillenkamp, Jus, 1975, S. 313.

⑤ Vgl. Roxin, Täterschaft und Teilnahme, 4. Aufl. S. 289.

⑥ 申柳华:《德国刑法被害人信条学研究》,中国人民公安大学出版社2011年版,第145—146页。

要件(Privilegierungstatbestand),即具有减轻情节的要件。从量刑上看,也可以观察到犯罪群内的阶层关系。第212条故意杀人第1款规定,处5年以上自由刑;该条第2款规定,情节特别严重的处终身自由刑;第213条故意杀人的减轻情形规定处1年以上10年以下自由刑。第211条预谋杀人处终身监禁(因德国无死刑,已为最高刑罚)。第216条受嘱托杀人则处6个月以上5年以下自由刑。预谋杀人与故意杀人的区别在于,在故意杀人行为之外,预谋杀人还需要符合特别的构成要件,分为:其一,行为层面的预谋杀人构成要件,包括狠毒(Heimtücke)、残忍(Grausam)、危害公共安全的方法(Gemeingefährliche Mittel);其二,行为人层面的预谋杀人构成要件,包括杀人成性(Mordlust)、满足性欲、贪婪(Habiger)、其他低劣的目的、实施其他犯罪或掩盖犯罪行为的目的。但是直至今天,德国刑法学学界和司法判决之间仍对预谋杀人与故意杀人犯罪构成要件之间究竟为何种关系争论不休。上述认为预谋杀人是故意杀人的加重构成要件的观点,为目前学界所主张。而德国法院判决则认为预谋杀人和故意杀人是两个独立的犯罪构成要件,各自包含着完全不同的不法内涵,这一观点在本案判决理由中被德国联邦最高法院再次强调。

本案判决中,联邦最高法院不仅明确了实施同一犯罪群内的不同犯罪构成要件的行为人,类似于法条竞合的情形可以构成共同正犯;同时秉承德意志帝国最高法院判决的思路,再次肯定了实施不同的犯罪构成要件的行为人也可能构成共同正犯,成立不同的罪名;表明共同正犯之间具有相对的独立性,不为他人的过限行为或者加重、减轻情节的行为承担责任。

此前德意志帝国最高法院在故意身体伤害和故意杀人的判例,杀婴罪和故意杀人或者谋杀罪的判例以及盗窃罪和抢劫罪的判决中曾声明“共同正犯存在于没有共同实施同一个犯罪构成要件行为(甚至也不在同一基本犯罪构成中)的情形中”①。在联邦最高法院关于抢劫罪和强迫罪的判决中以及关于盗窃罪和抢劫罪的判决②中也确定了“在完全没有关系的、独立的犯罪构成要件中,也可能成立共同正犯,应当根据不同的犯罪构成要件对共同正犯作出不同的判决”。

---

① RGSt 44, 321, 323; RGSt 12, 8, 11; RGSt 12, 8, 10.

② Vgl. BGH GA 1968, 121; BGHSt 1, 368, 370.

类似的判决在德意志帝国最高法院和联邦最高法院判例集中有很多。德国刑法学界和司法实务界一致认可了“共犯间具有相对独立性”的观点。例如,德意志帝国最高法院 1933 年 11 月 23 日针对柏林州法院作出的判决[①]中回答了如下问题:在其他共同正犯以共同故意伤害罪作出判决的案件中,当其中一个正犯在其行为过程中,出于故意杀人的故意,使用他人未同意使用的武器来实施犯罪行为,死亡的后果可否直接归责于其他犯罪实施人?在该案中,上诉人 S 一开始与其他三个共犯共同实施了殴打被害人这一故意的身体伤害行为。在犯罪实施过程中,S 忽然掏出匕首多次刺向被害人。这一行为未得到其他共犯的认可,也超出了最初的犯罪设想(Vorstellung)。德意志帝国最高法院认为,S 这一临时决定实施的超越犯罪计划的行为,是否获得其他共犯的认可,可以通过这一行为表现出的“故意杀人意图”不同于共犯间认可的“共同的故意伤害意图”来判断。S 这种超越共同犯罪合意的意愿(übereinstimmenden Willen)的行为,完全不同于最初共同商定的实施故意伤害的犯罪意愿,因此其具有故意杀人的故意,判决其成立故意杀人罪,而其他共犯只具有故意伤害的故意,成立故意伤害罪。S 辩称其他参与人明知其携带了凶器,并可能使用,因此从另一方面可以认定,其他参与人默认了其使用凶器的行为,其行为没有超越原有共同犯罪的计划。当然 S 也无法证明其他参与人明知并同意了其使用凶器。德意志帝国最高法院认为,在其他共犯的直接行为导致共犯的故意伤害行为发展为造成死亡后果的故意杀人案件中,只能在双方明确表示(beiderseitigen ausdrücklichen)或者默许(stillschweigenden Einverständnisses)故意伤害行为的实施,并愿意将这一过限的故意伤害行为作为自己的行为的情况下,才能将死亡后果归责于所有共犯。在本案中,其他共犯都不希望死亡后果的发生,只同意实施共同的身体伤害行为。因此 S 临时实施的故意杀人行为这一超越共犯故意的过限行为不能归责于所有的共犯,应当独自承担故意杀人的刑事责任。[②]

---

① Vgl. RGSt 67, 367 Urteil des Reichsgerichts, II. Strafsenat vom 23. 11. 1933: II 1170/33.

② Vgl. RGSt 14, 119; RGSt 21, 267; RGSt 59, 389; RGSt GA 50, 398; RGSt GA 69, 99.

第十章　刑罚与保安处分*

第一节　导　论

刑罚与保安处分是犯罪的法律后果。① 其中,刑罚以责任为前提,并同时以责任填补和犯罪预防为目标;而根据理论界通行的观点,保安处分则排他性地追求犯罪预防的目的,且无须以责任作为前提。

有关刑罚与保安处分的讨论,多具思辨属性,带有朝刑法哲学靠近的倾向,但这些理论讨论并非没有实践价值。刑罚正当化理论,会通过刑罚裁量的基本原则影响实践。反过来,也有实践领域的判决反过来挑战理论界普遍接受的观点。

本章的第一个案例涉及责任填补和犯罪预防这两重目的如何在量刑阶段和谐共存,联邦最高法院第五刑事审判庭借这一案例,发展出了“活动空间理论”,该理论至今仍是理论和实践领域占优势地位的学说。

第二个案例涉及量刑事由的外在界限。由于刑罚只能建立在责任和预防的基础上,则道德化的衡量不能成为判处更重刑罚的理由。

第三个案例涉及保安处分在整个法律体系内的定位。理论界一直以是否以责任为前提作为区分保安处分与刑罚的标准,并以此为由主张保

---

* 陈金林,武汉大学法学院副教授,武汉大学法学院法学博士。

① 理论界有观点认为应将事后的赔偿(Wiedergutmachung)作为犯罪后果的“第三轨”,《德国刑法典》第46条a也为此提供了空间。但在实践层面,“第三轨”的权重还远跟不上刑罚和保安处分。参见 Roxin, Strafrecht Allgemeiner Teil, Band Ⅰ, 4. Aufl., 2006, §3, Rn. 72 ff.。

安处分不受“法不溯及既往”的限制。但这种纯理论化的进路在欧盟法的框架之下受到了严峻挑战:在该判决中,欧洲人权法院没有以责任这一理论符号为依据;相反,它更关心这两种法律措施在执行层面呈现出来的实质内容。

第二节　责任能力减弱者杀害亲生女儿案

行为人的责任能力明显减弱时,通常可以在法定刑幅度的底限以下判处刑罚,只有在原本的法定刑幅度内量刑能与责任相符之时,才能不作减轻并在原法定刑幅度之内判处刑罚。后者所述的情形,包括将威慑的需要当作一种附加的刑罚目的作为从重处罚的事由加以考虑。

一、基本案情[①]

被告人因谋杀(未遂)案发时仅有 19 个月大的婚生女尤她(Jutta),被汉堡刑事审判庭(Schwurgericht Hamburg)判处终身惩役(Zuchthaus)。[②]由于被告人智力低下,致其控制能力大幅度减弱,因此刑事审判庭确认了《德国刑法典》第 51 条第 2 款规定的因责任能力显著减弱而进行减刑的可能性,但刑事审判庭并没有现实地运用这一规定在法定刑幅度的底限之下判处刑罚。被告人认为刑事审判庭在这一问题上受到了非法裁量的引导,故提起上诉。联邦最高法院第五刑事审判庭认为,汉堡刑事审判庭已经以在法律上无可指摘的方式认定了谋杀未遂罪和谋杀罪的内部和外部条件。同时,初审判决的量刑也没有留下任何需要根本性质疑的空间。因此,第五刑事审判庭认为其上诉请求不成立。

二、法条索引

本案例引用了如下法条:

---

① BGHST 7, 28. 本案是由联邦最高法院第五刑事审判庭于 1954 年 11 月 10 日作出的判决。

② 判决当时,自由刑尚未统一化,因此存在惩役和监禁之分。被判惩役者应被强迫参加沉重的体力劳动,且带有强烈的谴责效果。1969 年 6 月 25 日,惩役和监禁统一为自由刑。

1.《德国刑法典》旧版第 51 条(无责任能力与减轻责任能力)[①]:

(1)若行为人行为时因为意识障碍、病理性精神活动障碍或者智力低下不能认识到行为的违法性,或不能依该认识而行为,其行为不是犯罪。

(2)若行为时对行为违法性的认识及依据其认识行动的能力因前款所述的原因显著减弱,其刑罚可以依照有关未遂犯量刑的规定减轻。

2.《德国刑法典》旧版第 44 条(犯罪未遂的刑罚)[②]:

(1)重罪或者轻罪的未遂可以比照既遂犯减轻处罚。

(2)如果重罪既遂的刑罚是终身惩役(das lebenslange Zuchthaus),则未遂的刑罚可以是 3 年以上的惩役。

(3)如果重罪既遂的法定刑是终身监禁(Gefängniß),则未遂犯的监禁可以为 3 年以上。(该款规定已经于 1943 年 6 月 15 日删除,但与本案相关。)

(4)①在其他情形下,未遂犯的刑罚可以减轻至既遂重罪或轻罪最低自由刑或罚金刑的 1/4。②如果用这种方式得出的惩役在 1 年以下,则根据第 21 条的标准将其转化为监禁。

---

① “《德国刑法典》旧版”是指裁判时有效的《德国刑法典》,与讨论时有效的《德意志联邦共和国刑法典》相区分。若无特别说明,本书以下所有同一表述与此同。经过 1969 年的《第二次刑法典改革法》的调整后,今天的《德国刑法典》不仅条文编排已经与当时有所不同,内容上也有比较大的改动。如今,《德国刑法典》第 20 条和第 21 条与当时第 51 条的内容相对应。其条文内容分别为,第 20 条精神障碍者无责任能力:若由于病理性精神障碍、深度意识错乱、智力低下或其他严重的精神病态,行为人行为时不能认识其行为的违法性,或依其认识而行为的,不承担刑事责任。第 21 条减弱的责任能力:行为人认识行为违法性的能力或依其认识而行为的能力因第 20 条规定的某种原因而显著减弱的,可依第 49 条第 1 款减轻其刑罚。

② 与当时的《德国刑法典》第 44 条对应的是现在《德国刑法典》第 23 条第 2 款,其内容是:未遂可比照既遂减轻处罚。其标准规定在现在的《德国刑法典》第 49 条,其内容是:第 49 条“特别的法定减刑理由”:(1)法律要求或许可以本条减刑的,适用下列各项规定:a. 终身自由刑由 3 年以上自由刑替代。b. 针对有期自由刑最高可判处最高刑的 3/4。该标准同样适用于罚金刑的日额金的最高额的确定。c. 被提高了的最低自由刑情形,适用以下标准:最低自由刑为 10 年或 5 年者,减至 2 年;最低自由刑为 3 年或 2 年者,减至 6 个月;最低自由刑为 1 年者,减至 3 个月;其他情形减至法定最低刑。(2)法院可依据适用于本条规定的法律酌定减刑的,可将刑罚减至法定最低刑,或以罚金刑替代自由刑。

3.《德国刑法典》旧版第 14 条(惩役)[①]**:**

(1)惩役分终身惩役和有期惩役。

(2)有期惩役的最高期限是 15 年,最低期限为 1 年。

(3)罪刑规范确立的法定刑没有明文规定惩役为终身惩役的,皆为有期惩役。

三、裁判理由

联邦最高法院第五刑事审判庭肯定了被告人有关刑罚裁量的上诉权,认为虽然《德国刑法典》旧版第 51 条第 2 款并没有将责任能力显著减弱作为强制性的减刑事由,而是将是否减刑的决定权交给了事实审法官合义务的裁量。但这并不妨碍上诉法院判断初审判决的裁量是否存在非法衡量。虽然原德意志帝国最高法院认为事实审法官在判决时的裁量不受限制[②],但审理本案的刑事审判庭不认同这种观点,并认为这一观点不符合当前法律条款的本义。在此基础上,联邦最高法院第五刑事审判庭认为,汉堡刑事审判庭有关刑罚的裁量并没有可供质疑的空间,因此上诉人的请求不能得到支持。其具体理由是:

《德国刑法典》旧版第 51 条第 2 款规定,在行为人责任能力显著减弱的情形下,所判处的刑罚可以根据有关未遂犯的处刑规定(《德国刑法典》旧版第 44 条第 1 款、第 2 款)减轻,这意味着,事实审法官可以对这类罪犯判处针对正常责任能力所适用的法定刑幅度之下的刑罚;在一定的情形下,甚至可以判处更轻的刑种;如果正常情形的法定刑是绝对确定的法定刑,则针对责任能力减弱者的宣告刑可以比正常责任能力者更轻。但法官在判处刑罚时应当受到约束,即不得向下突破《德国刑法典》旧版第 44 条第 2 款和第 3 款所确立的刑罚下限。

相对于通常情形下法律所确立的刑罚幅度,《德国刑法典》旧版第 51 条第 2 款给法官提供了一种新的法定刑幅度,即一种向下扩展的法定刑幅度。在法律只为通常情形规定了终身惩役的场合,《德国刑法典》旧版

---

① 与本法条对应的是现在《德国刑法典》第 38 条,其内容是:第 38 条“自由刑的期限”:(1)自由刑是有期限的,但法律规定为终身自由刑的不在此限。(2)有期自由刑的期限最高为 15 年,最低为 1 个月。

② Vgl. RGSt, 71, 179; RGSt 74, 217; RG DR 1942, 329.

第51条第2款则为法官提供了一个新的法定刑幅度:根据《德国刑法典》旧版第44条第2款,其下限是3年,上限则根据通常情形所规定的终身惩役来确定,但根据《德国刑法典》旧版第14条第2款的规定,最高不得超过15年。

如果事实审法官没有依照《德国刑法典》旧版第51条第2款的规定作宽缓处理,并不意味着他拒绝对责任能力减弱的人判处比责任能力正常的人更轻的刑罚,而只是意味着,他认为超出通常法定刑幅度下限或者在绝对确定的法定刑之下宣告刑罚是不适当的。其主要依据不是对裁量权无节制的滥用,而更多是建立在《德国刑法典》旧版第51条第2款的立法根基之上。

《德国刑法典》旧版第51条第2款的思想根基是,刑罚须与责任相适应,责任能力明显减弱从根本上改变了责任的内容,并因此降低了犯罪值得处罚的程度。[①] 因此,在责任能力显著减弱的情形下,法律给通常情形设定的最低刑或者绝对确定的法定刑很可能也超过了与责任相适应的程度。由此得出的结论是,因责任能力显著减弱是否需要宽缓处刑的问题,应根据犯罪的责任内容加以确定。不过责任内容不仅受责任能力的影响,而且应当根据所有在责任的侧面影响犯罪轻重的各种因素加以确定。即便在行为人责任能力明显减弱的情形下,犯罪的责任程度也完全有可能比可能考虑到的最轻微的一般情形(这是立法者确立法定最低刑或者绝对确定的法定刑时所预想的情形,该法定刑是立法为一般情形也即有正常责任能力的人确定的)更重。如果用这种方式去评价责任能力减弱者所实施犯罪的责任内容,则《德国刑法典》旧版第51条第2款所规定的减刑的可能性就完全有可能不针对责任减弱的罪犯适用。

判断刑罚是否与责任相当,除其他情节外,还必须注意罪犯的刑罚敏感度。与责任相适应的刑罚,可能因罪犯不同的刑罚敏感度而不同。但事实审法官不得根据与责任无关的因素排斥刑罚的宽缓,以致判处的刑罚明显超过罪犯所能预测的与责任相适应的刑罚幅度。

根据这里所确立的原理,初审判决的刑罚宣告在法律根据上是无可指摘的。判决理由清楚地表明,虽然罪犯的责任能力明显减弱,但考虑到

① Vgl. BGH NJW 1953, 1760; RGSt 69, 314 (317).

其他导致责任加重的情节,刑事审判庭认为终身惩役才是与被告人所犯的谋杀罪的责任相当的刑罚。与判决理由相一致,刑事审判庭认为导致责任加重的情节包括以下几个方面:被告人谋杀了自己的孩子;他以非人道的固执追求其杀人的目的;他在自己孩子睡觉的时候谋杀了她;此外,他可能亲眼观看了自己的孩子在电流冲击下抽搐直至昏死;罪行完成之后,他仔细地清除了犯罪行为留下的现场痕迹,并装作若无其事地与他的妻子(被谋杀孩子的生母)去参加一个家庭庆祝会。在这一案件中不存在法律适用错误。

此外,刑事审判庭在其判决中还表明,其判决受到了一般威慑思想的引导。对这一点,也不得从法律根基的角度进行质疑。究竟什么样的刑罚是与责任相符的,无法加以精确的确定。在这里存在一个活动空间,该空间的上限与下限都是与责任相一致的刑罚。事实审法官宣告的刑罚不得超过这一活动空间的上限,因而不得判处明显不再与责任相当的重刑。但在与责任相当的活动空间里,事实审法官可以按自己的裁量选择具体的刑罚作为宣告刑。在法律对通常情形规定了终身惩役的情形(如本案),则对责任能力明显减弱的行为人而言,终身惩役和有期惩役都在该活动空间的范围之内。对同一谋杀行为,对责任能力明显减弱的行为人而言,可能 15 年惩役就已经足够与责任相适应,而终身惩役也完全有可能被视为与责任相当。在这种情形下,事实审法官在两个不同但都与责任相一致而且其有权选择的刑罚之间,出于一般威慑的需要选择了更重的刑罚,这并不是法律适用的错误。

初审判决附带性地引出了一般威慑的需要,这并不意味着刑事审判庭认为终身惩役是与责任不相当的刑罚,也不意味着这一刑罚完全建立在一般威慑的要求之上。初审判决多次表明,刑事审判庭将终身惩役视为与犯罪的责任内容相当的刑罚。附带性地引出一般威慑,只能作如此理解:一般威慑的思想阻止了法官在与责任相当的刑罚幅度内选择更轻的刑罚。这里并不存在法律适用错误。

四、判例评述

以刑事责任减弱者实施谋杀案的刑罚判处问题为切入点,联邦最高法院第五刑事审判庭确立了对量刑理论造成了深远影响的“活动空间理论”。在刑罚正当化根据的层面上,一直存在着绝对主义和相对主义的对立,而这种宏观层面的对立也影响到了个案层面的刑罚裁量。代表着责任刑的责任填补与犯罪预防的要求(包括一般预防与特殊预防)究竟如何协调,在理论和实践中都是一个难题。联邦最高法院通过本案判决确立的"活动空间理论",就是解决这种难题的方案之一。

"活动空间理论"与刑罚正当化根据理论中的综合理论(Vereinigungstheorie)相一致。在个案中,与广义的责任(综合了不法与狭义的有责性的内容)相适应的刑罚并非一个特定的"点"(即所谓的"点的理论"[①]),而是一个相对于法定刑而言比较狭窄的"活动空间"或者"责任幅度"(Schuldrahmen)。在这一活动空间之内,而且也只能在这一空间之内,法官可以考虑一般预防或者特殊预防的目的。法院可以基于一般预防或者特殊预防的需要,在这一活动空间的顶端判刑;也可以出于预防的需要,在这一活动空间的最低点确定刑罚。但根据联邦最高法院的观点,这一活动空间的上限[②]与下限[③]都不得被突破。

这种方案为责任刑和预防刑之间的旷日持久的争执提供了一种妥当的解决方案,因此在理论界和实务界都受到了欢迎。在理论界,它不乏大量的拥趸。在实务界,它是联邦最高法院处理预防目的与责任之间关系一贯采用的理论。[④]

不过,虽然联邦最高法院仍在坚持这种理论,当前的理论界却对这种理论进行了激烈的批评。塔特亚娜·赫恩勒(Tatjana Hörnle)指出的"活动空间理论"的缺陷,主要包括以下四个方面。[⑤]

第一,"活动空间"的幅度无法加以确定。确立这一"活动空间",原本是为了解决责任刑与预防刑之间的冲突,但实际上这两者的冲突显然是无法通过这一空间得到完全的解决的。如果将重点放在预防目的之上,就会导致"活动空间"幅度太大,最终的宣告刑就主要是依据预防的必要性加以确立。在这种情况下,预防的必要性动摇了责任刑的地位。

---

① Vgl. Kaufmann, Das Schuldprinzip, 1961, S. 261.

② Vgl. BGHSt 20, 264.

③ Vgl. BGHSt 24, 132; BGH JR 1977, 159; BGH Urteil von 8. 9. 1999.

④ 除初次使用该理论的本案判决外,其他采用该理论的典型判决包括:BGHSt 20, 264; BGHSt 24, 133; NStZ 1982, 464; MDR 1976, 941; NJW 1987, 2686; NStZ 1993, 584 = StV 1993, 638(639); BGH Urteil vom 23. 10. 2002 -5 StR 392/02。

⑤ Vgl. Tatjana Hörnle, Tat proportionale Strafzumessung, 1999, S. 27 ff.

如果将重点放在责任填补之上,则会导致“活动空间”的幅度太小,这又会导致预防的目的可能无法实现。而且,法官在实践中原则上不会先确立与责任填补相符的“活动空间”,然后在这一空间之内考虑预防目的。因此,活动空间理论更多是一种幻想。

第二,责任幅度实际上根本没有严格的界限。虽然德国联邦最高法院一直坚持禁止出于特殊预防的必要性突破“责任幅度”的下限,但实际上它又认可了在确立责任幅度时将责任填补个别化,并引入了刑罚敏感度的概念。虽然论证方式不同,但责任判断的个别化与刑罚敏感度这些理由达成的效果,实际上也会导致刑罚突破责任幅度的下限,所谓的责任幅度的限制也不会得到严格的遵守。

第三,理论上很少仔细考虑与犯罪预防相关的因素。虽然“活动空间理论”主张量刑要考虑特殊预防与一般预防的需要,但并未分析如何考虑这些需要。预防必要性的考虑必须建立在经验科学的研究成果之上,例如特殊预防需要考虑犯罪人格,一般预防需要考虑犯罪的环境,等等,但至少目前不存在将以经验科学的发现作为量刑根据的倾向。

第四,量刑实践并没有将预防性的考量转化为现实的操作。如果法官需要考虑特殊预防以及一般预防的需要,则必须调查犯罪人的人格形成过程、对其将来犯罪的可能性进行诊断、判断行为被模仿的可能性等。实际上,在量刑实践中,预防性的考量所起的作用实际上是非常有限的。

但即便存在上述批评,目前德国的判例仍在坚持这种理论。但赫恩勒等指出的缺陷无疑是存在的。如何应对这些缺陷,是理论和司法实践必须共同面对的问题。

第三节 警察剥削卖淫女友案

一、基本案情[①]

行为时23岁的被告人是H地预备警察局的警察,爱上了与他同龄的

① 本案是联邦最高法院于1987年4月29日作出的判决,本案判决收于BGH, 2 StR 500/86,判决的内容同时刊载于NJW, 1987, S. 2985 ff.。

售货员 G。被告人自称为 M,给人造成一种自己是有钱人的假象,且对 G 隐瞒了自己是警察这一事实。在他们认识之前不久,G 曾作为应召女赚点外快。被告人遂提出要求,让 G 在 F 妓院作为卖淫女工作,并要求她分给自己部分收入。G 最初一个月(1984 年 12 月)每天给被告人 200 马克,自 1985 年 1 月起则将自己的一半收入交给他。被告人欺骗她说,这些钱将作为为了将来的共同生活而设立的基本基金存在一个账户上。紧接着,他成功地说服了 G,让她再将其收入的 1/4 交给他。当 G 认识到被告人实际上只对她的钱感兴趣时,她想与被告人分手,并提出可以给予对方一定的补偿。被告人要求对方给自己 15 000 马克。在 G 支付给他 5 000马克之后,被告人通过恐吓迫使她承诺,将今后所有的收入全部给他。利用这一胁迫的机会,他还拿走了 G 刚花 4 000 马克买到的卡西欧手表。据他自己声称,这块手表是为了保证 G 实现"将自己全部收入都交给他"的承诺。不过几天后,他将手表还给了 G。4 月中旬,当这位女士提出建议,希望此后她做卖淫女的收入能够两人平分时,被告人暴跳如雷,再次恐吓她,多次用拳头打她的大腿,并要求她把手表"还给"他。他想将手表转卖,以此来"惩罚"她这种在他看来非常"放肆"的行为。几天之后,G 悄悄地逃离了被告人的控制,并于 1985 年 4 月 25 日跟随一位美国公民逃到了美国。在此期间,被告人共从 G 那里取得了 30 000 马克。此后他曾四处打听 G 的下落,但最终没能找到她。州法院认为行为人触犯剥削卖淫者罪、强制罪、抢劫罪与敲诈勒索罪,各罪之间构成竞合(属于行为单一),因此判处行为人 5 年自由刑,并永久性地剥夺了其再次从事警察职业的权利。

被告人提出了上诉。被告人的上诉请求得到了部分支持。

二、法条索引

本案例引用了如下法条:

1.《德国刑法典》第 46 条(量刑的基本原则):

(1)责任是量刑的基础。量刑应当考虑刑罚对罪犯将来的社会生活可能造成的影响。

(2)量刑时,法官应衡量有利于以及不利于罪犯的情节。此时应当考虑的情节包括:罪犯的动机与目的;犯罪所呈现的态度,以及犯罪时的意愿;义务违反的程度;犯罪实施的方式以及应当被谴责的犯罪的外在效果;罪犯犯罪前的生活经历,其个人状况与经济状况;罪犯在犯罪后的表现,尤其是其恢复损失、为填补被害人损害所作出的努力。

(3)法定的构成要件情节,不得在量刑中加以考虑。

2.《德国刑法典》第70条(职业禁止的命令):

(1)对通过滥用职业或营业或者严重违反职业与营业的义务实施违法行为而被判刑或者仅仅因为被证明无责任能力或无法排除无责任能力而未被判刑者,如果对行为人及其行为的综合评价可预测其继续从事相关职业、营业或在相关职业、营业领域会存在实施与职业或营业相关的严重违法行为的危险,法院可以对其宣布1至5年的从业禁止。如果可以预测,法律规定的最高期限的职业禁止仍不足以防止行为人所具有的危险,则可以宣布终身的从业禁止。

(2)如果行为人此前曾被宣布临时从业禁止的(《德国刑事诉讼法典》第132条a),则从业禁止的最低期限可以减去此前生效的临时从业禁止的期限。但最低期限不得少于3个月。

(3)在禁止从事相关职业或营业、禁止进入相关职业或营业领域的命令有效期间,行为人也不得为他人从事这些活动,也不得指使从属于自己的人为自己从事这些活动。

(4)从业禁止的命令自判决生效时起生效。如果判决能够对保安与改善处分的基础性事实作终极性的审查,则此前因同一行为被宣布的临时从业禁止中经过的期限应被算入从业禁止的期限内。行为人基于官方命令而在相关机构内经过的时间,不算在从业禁止的期限之内。

3.《德国刑法典》旧版第181条a(介绍娼妓)①:

(1)为了长期保持与下列对象的关系而实施下列行为者,处6个月以上5年以下自由刑:

①剥削从事卖淫的人;

---

① 此后的法律经过了多次修正。目前的法条内容为:第181条a“介绍娼妓”:(1)为了维持与卖淫者超越个案的关系,①剥削卖淫者;或②为了营利的目的而监控他人卖淫的过程,指定卖淫的时间、地点、范围或其他因素,或阻止其终止卖淫。(2)营业性地给他人介绍性交易的方式帮助他人卖淫,以此影响他人人格或经济独立,并长期维持与卖淫者的这种关系的,处3年以下自由刑或罚金刑。(3)针对配偶或伴侣实施前两款规定的行为,按照前述规定处罚。

②出于财产上的目的,对从事卖淫者的他人进行监视,确定卖淫活动的地点、范围等其他情况或者采取措施阻止他人终止从事卖淫的。

(2)为了长期与行为对象保持特定的关系,以赢利为目的帮助卖淫者与他人达成性交合意的,判处3年以下自由刑或罚金刑。

(3)对自己的配偶实施第1款第1、2两项以及第2款所规定的犯罪的,按照第1款和第2款的规定判处刑罚。

4.《德国刑法典》第249条(抢劫)[①]**:**

(1)对他人使用暴力或以即时对身体或者生命的危险进行威胁,意图取走他人所有的动产并将其非法据为己有的,处1年以上自由刑。

(2)情节轻微的,处6个月以上5年以下自由刑。

三、裁判理由

(一) 初审法院的判决理由

州法院刑事审判庭否认了被告人的抢劫行为属于《德国刑法典》旧版第249条第2款意义上的情节较轻的情形,因为被告人的行为表现出了高度的社会危害性。他对该女士的负面作用是巨大的、强烈的。其行径建立在事前精心设计的计划之上,旨在为自己捞取钱财,以满足自己的私欲。在此基础上,州法院进一步论证道:"在这一视角之下,考虑到对抢劫行为有影响的、呈现出强烈犯罪动因的一些背景,在例外的较轻的法定刑幅度内判处被告人的刑罚是不妥当的。"被告人作为秩序的守护者,却过着一种"双面生活",这让他的行为尤其受人厌弃。这表明他是一个非常危险的人。

在狭义的量刑过程中,州法院刑事审判庭考虑到被告人没有前科的事实,作出了有利于被告人的选择,根据刑事审判庭的判断,被告人天性骄傲自大且爱自我吹嘘,因此在同事中不受欢迎,且有着警察的薪水无法满足的物质需求。剥削卖淫者对他有着独特的吸引力,他与女性的关系也降格为纯粹的性和利用关系。考虑到这些事实,就更能理解他为何走上了邪路。他一直想补高中课程获得毕业证书并上大学学习法律,这一

---

① 当前有效的法律条文与当时相比略有变动。其第1款修订为:"意图使自己或第三人不法占有他人财物的,用暴力或以身体或生命受到现实、危险相威胁、抢劫他人动产的,处1年以上自由刑。"

事实也证明了他生活在自我高估的虚幻之中。他在闲暇之余所交往的人群,也并非一个警察应接触的圈子。除此之外,不能找到其他有利于被告人的情节。

在认定对其不利的情节时,被告人犯罪时的动机和目的起到了重要的作用。其动机是根据被告人过于强烈的占有欲加以确定的,其对金钱的需求非常强烈。行为时,被告人只能通过自己做雇主的方式来满足这种需求,因为作为警察,在薪水之外他无法获得足够的金钱。卖淫女能在短时间之内为他带来足够的金钱,且不需他以警察这一公务员身份作为成本进行冒险,尽管他只是把这一职业当成儿戏,因为他从未真正地投入这一工作。但这一工作对他而言是绝好的伪装,当然,这不是量刑的根据,而是被告人动机状况的反映。出于强烈的占有欲望这种动机,他在所描述的伴随状况之下实现了外在的结果。由于导致了高于通常情形的社会危害性,而且存在一种明显的伦理上的负面影响,因此宜判处被告人严厉的刑罚。他以一种"双面生活"的方式实施犯罪长达几个月的时间,也在很大程度上影响了从严量刑的结果。在其行为表现中可以看见一种明显的冷酷无情和强大的犯罪能量。他固守一种双重的角色,白天穿着一身警服做秩序的维护者,晚上在相应的色情场所上演剥削卖淫女的活动,这需要相当程度的冷血和犯罪能量才能实现。被告人以"大棒 + 胡萝卜"的精心算计来进一步剥削这位卖淫女,也对其刑罚的从重判处起到了作用。在他的行为表现中,足以看出一种毫无怜悯的残忍。当他得知这位女士不再想为他卖力时,这一特征更是体现得淋漓尽致。这正是其铁石心肠、肆无忌惮、隐藏暴力倾向的内心状态的体现。他的顽固达到了危险的程度,觉得自己比谁都强,因此他决意要实施某一行为时,没有任何人能够阻止他。这一点须以不利于他的方式加以考虑,因为在与色情场所相关的情形之下,他的身上蕴藏着一种滑向严重犯罪的危险性。

另外,也要考虑到,被告人通过一个行为违反了多处刑法条文的规定。通过刑罚,他会失去公务员的工作岗位,也会因此丧失相应的权利,这些都不得作有利于被告人的考虑,因为他自己声明,警察这一职业原本就不是他愿意从事的,他也不再想从事这一职业了。

(二) 联邦最高法院的判决理由

联邦最高法院认为初审判决在关键问题上存在缺陷。其理由是:

量刑的根据,最重要的应该是犯罪的严重程度、犯罪对法秩序破坏的意义以及罪犯人格责任的程度。这两方面的内容是彼此相关联的。一方面，犯罪的不法仅在罪犯有责的形态之中才对量刑具有意义；另一方面，与刑法相关的责任仅在与特定的符合构成要件的行为及其外在效果中才能加以理解。

不法与责任内容的确定以及第一次衡量，已经由立法者在罪刑规范中通过不同的法定刑以及《德国刑法典》总则与分则中一系列的规定（例如《德国刑法典》第 13 条第 2 款，第 17 条，第 21 条，第 23 条第 2 款，第 27 条第 2 款，第 35 条第 1 款第 2 项，第 157 条，第 158 条）予以了实现。但仅根据这些规定，尚不能确定具体的、有责的犯罪行为与特定犯罪类型不法与责任幅度的哪一阶段相关，也不能确定个案应当在《德国刑法典》所规定的刑罚幅度的哪一部分。

这一判断主要涉及《德国刑法典》第 46 条所规定的量刑的基本原则以及联邦最高法院就此公布的相关判例。法官在刑罚裁量的过程中，只能依据《德国刑法典》第 46 条所规定的各种情节，而无权在所列举的情节之外自由裁量哪些对量刑具有意义、哪些完全可以不予以考虑。

如果说犯罪的严重程度以及人格责任的幅度是量刑的基础的话，则也应当只考虑那些能够征表出犯罪严重程度或罪犯人格责任程度的因素，以及那些能够以无可指责的方式证实不利于被告人或有利于被告人结论的事实。

在具体认定法律规定的从严或从宽处理的情节时，法官须注意通过法律、判例或其他方式确认的基本评价原则。因此在判决理由中，事实审的法官所列明的量刑事实，应当清楚明白地反映对不法与责任内容的评价。道德化的衡量，如果不能从责任或预防（在责任的幅度内）的视角表达其包含的内容（无论是有利于被告人还是不利于被告人）并与被认可的量刑原则保持一致，就是毫无实质内容的，也是多余的。在这种衡量中会增加伪说理（Pseudogründen）或凭感觉、建立在模糊衡量基础之上的危险。

通过上述论述，联邦最高法院认为被上诉的判决在实质意义上与上述要求不一致。具体分析如下：

初审判决的裁量在很大程度上具有模糊性，且没有显明是哪种量刑事实以何种方式为犯罪行为的不法与责任内容的评价赋予了意义。初审判决认为被告人以毫无怜悯的残忍实施犯罪，在他考虑到犯罪行为时，无法采取任何措施加以阻止。初审判决对这一判断没有提供足够充分的根据,在其论证中,犯罪的不法和责任的内容与客观事实所涉的内容相比,被用一种主观的方式强烈地夸大了。州法院认为被告人以一种纯粹冷血的"胡萝卜+大棒"的政策驱使被害人,认为他的犯罪是一种铁石心肠的、毫无顾虑的阴险狡诈的精神内容的体现,一样没有事实根据。

被告人在通过剥削卖淫女来赚钱的过程中,"显示了一种在道义上负面展示的计划",就是一种不被允许的从重处罚理由,因为这种行为方式是《德国刑法典》第181条a第1款第1项所规定的构成要件实现方式的当然要素,因此初审法院违反了《德国刑法典》第46条第3项的规定。在确定与责任相适应的刑罚时,对同一情节同时作有利于被告人和不利于被告人的考虑,是自相矛盾的。特殊的经济上的需求以及被告人强烈的自我高估,不应该同时也作对被告人不利的考虑。从特殊或一般预防的视角考虑这些事由,也仅能在责任刑相适应的范围之内进行。

州法院以《德国刑法典》第249条第1款(抢劫)规定的法定刑,即1年以上5年以下自由刑为标准确立了量刑的框架。在狭义的量刑的阶段,州法院则将重点放在非难剥削卖淫者的情节之上,但法律对剥削卖淫者最高也只规定了5年自由刑。对剥削卖淫者的情节的考虑是被允许的,但是必须注意到,这些情节对《德国刑法典》第249条第1款中所规定的法定刑的影响程度与对《德国刑法典》第181条a规定的法定刑的影响程度应当是完全不同的,但州法院未考虑到这一点。

但无论如何,对被告人的宣告刑应当得到维持。不过基于《德国刑法典》第70条作出的决定,即永久性地剥夺被告人的警察职业,不应得到维持。《德国刑法典》第70条在本案中没有适用的余地。

联邦最高法院法官的意见是:被告人犯罪时隐瞒了其职业,并在正当职业之余实施犯罪,但仅因这一点并不构成额外的从重处罚事由。根据目前可以确定的事实,尚无法清晰地证明被告人在多大程度上滥用了他作为警察的身份并以值得非难的方式掩盖其犯罪行为。被告人的职位,仅在它涉及的特殊义务(违反这种义务对判决所针对的犯罪具有意义)之时,才能被作为从重处罚的事由。如果犯罪行为的原因存在于被告人私人生活的领域,则职业上的义务仅在其职业与犯罪行为之间存在其他内在关系时,才能将其作为附加性的从重处罚事由。被告人申明自己不愿意再从事警察职务,并不能免除法院审核和考虑刑罚将对被告人将来生活造成何种影响的义务。

四、判例评述

量刑一直以来被认为是事实审法官自由裁量的权限，但事实审法官在自由裁量的时候，应当根据什么样的原则、选择什么样的事实与情节、以什么样的方式进行论证，不仅是一个学理性的问题，也涉及事实审法官的量刑决定被作为上诉的根据之时，上诉法院应当作出什么样的回应。

根据责任原则，广义的责任是刑罚的基础。但责任的程度，需要根据犯罪的严重程度、其对法秩序破坏程度以及罪犯个人应当因此受谴责的程度进行判断。不法与责任者两方面的因素互为依据，不法仅在罪犯有责的范围之内能够对量刑具有意义，而责任也只有结合具体的符合构成要件的行为及其外在效果的范围之内才能加以理解。但不法与责任的幅度究竟如何确定，仅通过立法确定的法定刑以及刑法总则和分则中规定的调整基准刑的规定是不充分的，还必须由法官结合立法有关量刑的规定进行裁量，《德国刑法典》第 46 条所规定的刑罚裁量的基本原则以及联邦最高法院围绕这一规定作出的判决因此获得了意义。

通过对本案的判决，联邦最高法院确立了一个基本原则，即法官在刑罚裁量时考虑的因素，必须能够以清晰的、可以理解的方式呈现犯罪的不法或责任的内容。因此，虽然理论界一致认为《德国刑法典》第 46 条第 2 款所列举的量刑情节并非是封闭的，但这并不意味着法官可以无限地行使自由裁量权，相反，所有的裁量都必须在《德国刑法典》第 46 条第 1 款所确立的基本原则的范围之内。

根据《德国刑事诉讼法典》第 267 条第 3 款第 1 句后半段的规定，判决的理由必须证明对刑罚具有决定性意义的情节。上诉法院则需要判断事实审法官是否依照《德国刑法典》第 46 条第 1 款的规定对量刑的根据作了全面、清晰的说明。虽然《德国刑法典》第 46 条第 2 款没有也不可能对量刑的情节作穷尽式的列举，因此量刑必须对其他情节保持开放，但这并不意味着法官在引入量刑情节时可以不受任何限制，也并不意味着事实审法官可以忽略对不法与责任内容具有意义的情节。在对量刑进行说理的过程中，事实审法官不能留下漏洞。机械式的判断以及形式化的、没能充分论证的论断，应当被认定为说理的缺陷，因此可以表明法官没有对量刑的因素和刑罚目的作充分的、无缺陷的衡量。[1]

判决也对职务对于量刑的意义确立了一个基本的规则。即只有职务与犯罪有直接关系的时候,才能对量刑起作用。例如,律师利用委托人的不利之处对其进行诈骗,就应当被作为从重量刑的事由。但如果律师作为一个股东对公司实施背信罪或者实施交通犯罪,都是作为“私人身份”的犯罪,不应当作为从重处罚的事由。作为本案被告人的警察身份,与犯罪的实施并没有直接联系,因为他实施犯罪时并没有现实地利用警察这一公共身份,所以将其作为从重处罚的事由,就只能是一种道德化的衡量。[2]

这一判例对于我国当前司法实践具有重大的现实意义,目前的司法过程中,往往充斥着大量的道德化甚至情绪化的用语。其中表现最为突出的,就是一些道德化的谴责。在量刑的过程中,道德化的衡量更加明显,而且也更少受到限制。最关键的原因是我国目前有关量刑基础的法律规定尚未被转化为方便操作的规则。我国有关量刑原则的规定是《中华人民共和国刑法》第61条:“对于犯罪分子决定刑罚的时候,应当根据犯罪的事实、犯罪的性质、情节和对于社会的危害程度,依照本法的有关规定判处。”立法在这里所列举的因素“犯罪的事实”“犯罪的性质”“情节”和“对社会的危害程度”,都过于抽象,同时司法实践和理论研究又没能提供可操作化的模式。

因此,在量刑的操作过程中,既没有统一的量刑原则(例如责任),也没有统一的指导思想(例如“活动空间理论”,即在责任的范围内考虑预防犯罪的必要性),同时没有对所有案件普遍适用的具体情节作指导性的规定。这就导致量刑的实践操作实际上完全交给了法官的自由裁量,让法官自由地寻找相关的情节,自由地对这些情节的作用进行估测。这必然导致很多道德化、情绪化的考量。例如,“拒不认罪”“知法犯法”公务员或教师的身份等,都可能会被作为从重处罚的事由。这些道德化的考量,实际上与刑罚的正当化根据(报应与预防)已经完全丧失了联系,同时也导致司法可能丧失理性、被案外的因素牵制。这无疑是需要加以纠正的一种现象。

---

① Vgl. Miebach, in: Münchener Kommentar zum StGB, 2. Aufl., 2012, §46, Rn. 68 ff.

② Vgl. Schäfer/Sander/Gemmeren, Praxis der Strafzumessung, 5. Aufl., 2012, Rn. 627.

第四节　M 诉德国案

一、基本案情[①]

申诉人 M 生于 1957 年,现被关押在修瓦姆城(Schwalmstadt)监狱。自从达到刑事责任年龄以来,申诉人至少七次被判刑,到判决作出时为止仅有几周时间在自由中度过。1971 年至 1975 年期间,他因共同盗窃和非法侵入住宅罪数次被判刑,其间四次脱逃。

1977 年 10 月 5 日,卡塞尔州法院以谋杀未遂、共同抢劫、危险的身体伤害、敲诈勒索判处申诉人 6 年的少年劳教(Jugendstrafe)。州法院认为,他在刚被释放一周左右之际,就与另外一名犯罪人一起伤害了他认识的人,并强迫被害人写借据。此后,当他得知被害人欲将被抢劫的事情告知警察时,他试图将其杀害。根据专家的鉴定结论,法院认定申诉人受到了病理性的精神困扰,因而责任能力有所减弱。

1979 年 3 月 8 日,威斯巴登州法院以危险的身体伤害罪判处申诉人自由刑 1 年 9 个月,并根据《德国刑法典》第 63 条的规定,判决其刑罚执行完毕之后将其送往精神病院。申诉人当时受到了严重的病理性精神病的困扰,因而其责任能力有所减弱。

在执行刑罚的过程中,围绕房间窗户是否应该打开的问题,申诉人与一名共同服刑的残疾人起了争执,对他进行了身体上的攻击。因此,1981 年 1 月 9 日,马尔堡州法院在上诉程序中将威斯巴登州法院对其判处的刑罚进行了并罚,决定对其执行 2 年自由刑。此外,该法院认为,决定其自由刑执行完毕之后进入精神病院是适当的。在该司法程序中,鉴定人认为申诉人不再受病理性精神病的困扰。

1986 年 11 月 17 日,马尔堡州法院以杀人未遂(与抢劫构成想象竞合)判处申诉人 5 年自由刑,并根据《德国刑法典》第 66 条第 1 款判处其保安监禁处分。该法院认为,申诉人在 1984 年开始执行的被置于精神病

---

① 本案判决是欧洲人权法院 2009 年 12 月 17 日作出的判决,判决出处:HRRS 2010, Nr. 65., 判决编号:EGMR Nr. 19359 (5. Kammer)。

院的执行松动的时段内,有一位女士出于道义上的考虑愿意与他在一起度过一天(1985 年 6 月 26 日),他利用该机会对她实施了抢劫并试图谋杀她。根据鉴定专家 W 在神经科学和精神病学等方面的鉴定意见,虽然申诉人仍受到严重的心灵困扰,但这种困扰不再具有病理性的价值,不再需要治疗,因而他不再是在责任能力减弱的情形下实施的犯罪,《德国刑法典》第 63 条规定的送往精神病院的处分所需的条件不复存在。但申诉人呈现出了严重的违法倾向,在这种倾向的驱动之下,他给被害人造成了严重的身体伤害。法院认为,这种自发的实施暴力的倾向可能反复发作,并认为申诉人对公众而言存在危险,因而对其判处保安监禁处分是有必要的。

1991 年 8 月 18 日,申诉人完成了所有自由刑的执行,自那时起,申诉人便开始在修瓦姆城监狱执行保安监禁处分。

1992 年 1 月 14 日,基森州法院拒绝了申诉人将保安监禁处分和置于精神病院治疗的改善与保安处分改为缓刑的请求,这一决定的根基是鉴定人 M-I 的鉴定结论,该结论认为,申诉人很可能继续实施《德国刑法典》第 66 条所规定的习惯性(hangbedingt)犯罪,而不太可能实施《德国刑法典》第 63 条所规定的以特殊情境为条件(zutsandsbedingt)的犯罪。

1995 年 10 月 26 日,申诉人利用一次外出日(Tagesausgang)的机会脱逃,但他又于 1995 年 11 月 17 日主动向警察自首。

1994 年 9 月 20 日、1996 年 11 月 13 日以及 1998 年 11 月 17 日,马尔堡州法院三次拒绝将申诉人的保安监禁和置于精神病院治疗改为缓刑。其根据是,申诉人作为当时"光头现象"(Skinheadszene)的典型代表而闻名,其间,他曾攻击了一名共同关押者,打断了其鼻梁骨,而且,他还严重地侮辱了修瓦姆城的监狱长。

2001 年,申诉人初次被判处的保安监禁处分执行满十年,但执行法院拒绝将其释放,因为他仍存在实施严重犯罪的危险。申诉人上诉至联邦最高法院,此后又向德国联邦宪法法院提出上诉,并最终向欧洲人权法院提出申诉。其请求部分得到了欧洲人权法院的支持,欧洲人权法院认为德国违反了《欧洲人权公约》第 5 条第 1 款、第 7 条第 1 款的规定,判令德国政府向申诉人支付 50 000 欧元作为非物质性损害的赔偿。

二、法条索引

本案例引用了如下法条：

1.《欧洲人权公约》第 5 条(对自由和安全的权利)：

(1)人人享有自由和人身安全的权利。不得剥夺任何人的自由,除非依照法律规定在下列情况下：

a. 由具有管辖权的法院作出有罪判决对某人予以合法拘留；

b. 由于不遵守法院合法的命令或者为了保证履行法律所规定的任何义务而对某人予以合法逮捕或者拘留；

c. 如果有理由足以怀疑某人实施了犯罪行为或者如果合理地认为有必要防止某人犯罪或者是在某人犯罪后防止其脱逃,为了将其送交有关的法律当局而对其实施的合法的逮捕或者拘留；

d. 基于实行教育性监督的目的而根据合法命令拘留一个未成年人或者为了将其送交有关的法律当局而对其予以合法的拘留；

e. 基于防止传染病蔓延的目的而对某人予以合法的拘留以及对精神失常者、酗酒者或者是吸毒者或者流氓予以合法的拘留；

f. 为防止某人未经许可进入国境或者为押送出境或者是引渡而对某人采取行动并予以合法的逮捕或者拘留。

(2)应当以被逮捕的任何人所了解的语言立即通知他被逮捕的理由以及被指控的罪名。

(3)依照本条第 1 款第 3 项的规定而被逮捕或者拘留的任何人,应当立即送交法官或者是其他经法律授权行使司法权的官员,并应当在合理的时间内进行审理或者在审理前予以释放。释放应当以担保出庭候审为条件。

(4)因被逮捕或者拘留而被剥夺自由的任何人应当有权运用司法程序,法院应当依照司法程序对他被拘留的合法性作出决定,如果拘留是不合法的,则应当命令将其释放。

(5)由于违反本条规定而被逮捕或者拘留的任何人应当具有可以得到执行的受赔偿的权利。

2.《欧洲人权公约》第 7 条(没有法律则没有刑罚)：

(1)任何人的作为或者不作为,在其发生时根据本国的国内法或者是国际法不构成刑事犯罪的,不得认为其犯有任何罪行。所处刑罚不得重于犯罪时所适用的刑罚。

(2)本条不得妨碍对任何人的作为或者不作为进行审判或者予以惩罚,如果该作为或者不作为在其发生时根据文明国家所承认的一般法律原则为刑事犯罪行为。

3.《德国刑法典》第2条第6款(时间效力):

……

(6)改善与保安处分适用判决时有效的法律,法律另有规定的除外。

4.《德国刑法典》旧版第67条d(收容性改善与保安处分的期限)①:

(1)收容于瘾癖戒除机构的期限不得超过2年,初次判处保安监禁处分不得超过10年。收容期限自收容执行之日开始计算。如果在自由刑之前同时也被执行了自由剥夺性的改善与保安处分,在改善与保安处分执行时间被计算在刑罚执行期限的范围内,前述最高期限需加上自由刑的刑期。

(2)如果没有规定最高期限或者最高期限尚未届满,经鉴定不再执行处分时被告人不会实施违法行为,则立即将处分的执行改为缓刑。缓刑的同时进行行为监督。

(3)最高期限届满后,被收容者应立即被释放。改善与保安处分就此终结。

(4)对于初次被判处保安监禁处分者,如因最高期限届满而被释放,对其应进行行为监督。

(5)如果被收容者已经被收容于瘾癖戒除机构至少1年,在法院发现被收容者身上已经不存在收容理由,因此继续执行无法实现处分的目的之时,法院应在事后决定不再执行。在释放被收容者的同时,对其进行行为监督。

5.《德国刑法典》第67条d(收容性改善与保安处分的期限)②:

(1)收容于瘾癖戒除机构不得超过2年;收容期限自收容执行之日开始计算。如果在自由刑之前同时也被执行了自由剥夺性的改善与保安处分,在改善与保安处分执行期限被计算在刑罚执行刑期的范围内,前述最高期限需加上自由刑的刑期。

---

① 该条文内容为1986年马尔堡州法院判决作出时的法条内容。

② 该条文内容为1998年《德国刑法典》修改之后的内容。

（2）如果没有规定最高期限或者最高期限尚未届满，且不继续执行处分被告人将不会实施违法行为，则立即将处分的执行改为缓刑，缓刑的同时进行行为监督。

（3）10 年的收容于保安监禁机构执行完毕之后，如果根据被收容人的倾向不存在实施可能造成严重精神或身体损害的犯罪的危险，法院可以宣布保安监禁执行完毕。自保安监禁被宣布执行完毕时起，对原被收容人进行行为监督。

（4）最高期限届满后，被收容者应立即被释放。改善与保安处分就此终结。

6.《德国刑法典》旧版第 67 条 e（审查）①：

（1）法院可以随时审查是否应当将改善与保安措施的执行改为缓刑并交付考验。法院必须在特定期间之内进行审查。

（2）审查期间按如下方式确定：收容于戒除治疗机构的期间为 6 个月；收容于精神病院的期间为 1 年；收容于保安监禁机构的为 2 年。

（3）法院可以缩短前款所规定的期间。法院也可以在法律规定的期间之内确立一定的期间，在此期间届满之前不得申请审查。

（4）审查期间从保安与改善措施开始执行时起算。如果法院审查后拒绝将保安与改善措施改为缓刑并交付考验的，核查期间自决定作出之时重新起算。

7.《德国刑法典适用法》（EGStGB）第 1 条 a 第 3 款（条文对保安监禁的适用）：

……

（3）《对抗性犯罪及其他危险犯罪法》（1998 年 1 月 26 日颁布）所确立的《德国刑法典》第 67 条 d 不受时间效力的限制。②

---

① 马尔堡州法院引用该规定的时间是 2001 年。2007 年 7 月 20 日，该规定进行了部分修订，其第 1 款第 1 句修改为：“法院可以随时审查是否有应当将改善与保安措施的执行改为缓刑并交付考验或者宣告执行完毕”；第 4 款第 2 句修改为：“如果法院审查后拒绝将保安与改善措施改为缓刑并交付考验或者宣布终止执行，核查期间自决定作出之时重新起算。”2013 年 6 月 1 日，该法条的第 2 款第 3 项又被修正，修正后的内容为：“交付保安监督的为 1 年；执行 10 年的收容处分的，为 9 个月。”

② 这是马尔堡州法院判决时有效的条文内容，该规定已经于 2004 年 7 月 29 日被删除。

三、裁判理由

(一) 前期的相关判决

1. 马尔堡州法院的判决

申诉人曾请求将马尔堡州法院于1986年11月17日和1981年1月9日判处的保安监禁和收容于精神病院的处分改为缓刑,但2001年4月10日马尔堡州法院拒绝了其请求。其根据是《德国刑法典》旧版第67条e第3款的规定,即未满2年不得提出新的请求。

鉴于申请人此前的判决以及他在羁押期间的表现,马尔堡州法院认为,尚不能期待申诉人在被释放之后不再实施严重的犯罪行为。且修瓦姆城监狱和马尔堡的检察官都反对申诉人的提议。法院采纳了法庭外部专家K的意见,其认为申诉人受一种纳粹主义人格的困扰,呈现出了一种高度的同情心缺失,但这种情形又不同于精神病,因而必须对其进行多年的观察,直到可相信他对公众不再有危险为止。

马尔堡州法院宣布,对申诉人的保安监禁处分将持续到2001年9月8日,也即其最初被判处改善与保安处分满10年之时(除去其脱逃的时间)。马尔堡州法院认为,这一决断并不与宪法相冲突。根据该法院的观点,依照1998年版的《德国刑法典》第67条d第3款的规定,延长申诉人的保安监禁处分的时间是完全被允许的。根据《德国刑法典适用法》第1条a第3款的规定,保安监禁处分时间的延长也适用于法律修订之前被判处改善与保安处分的行为人。在一起与该法律修订间接相关的违宪审查案件中,德国联邦宪法法院也未认同该案申诉人的意见。基于申诉人已经实施和可能实施的犯罪的严重性,继续将其置于保安监禁处分之下并不违背合比例原则。

至于申诉人有关将收容于精神病院处分改为缓刑交付考验的请求,马尔堡州法院认为其请求因过于提前而不适时,因为他当时并没有被收容于精神病院,也没有直接面临这种可能性。

2. 法兰克福州高等法院的判决

2001年10月26日,法兰克福州高等法院对马尔堡州法院的判决进行了部分改判,取消了马尔堡州法院于1981年1月9日作出的将申诉人收容于精神病院的决定。在其他内容上,高等法院认为州法院的判决是适当的。它支持马尔堡州法院1986年11月17日拒绝将保安监禁处分改为缓刑交付考验的决定，并认为应在10年最高期满（2001年9月8日）之后继续执行保安监禁。它还指出，2年之内申诉人不得提出新的审查请求。

法兰克福州高等法院认为，将申诉人置于精神病诊所的处分是没有根据的，参考鉴定专家的意见，自1985年以来，申诉人就不再受被视为疾病的严重精神病的困扰。

至于申诉人的保安监禁处分，法兰克福州高等法院赞同马尔堡州法院的意见，认为申诉人的危险性要求继续将其收容于保安监禁机构。考虑到其已经实施或在被释放之后可能实施的犯罪，继续维持保安监禁处分是符合合比例原则的要求的。

由于对保安监禁处分具有重要意义的情境发生了改变，2年之内不得提起新复查请求的规定不得成为阻碍。

在法兰克福州高等法院看来，1998年修订的《德国刑法典》第67条d第3款是合宪的。它也承认，原本申诉人的保安监禁处分自确定之日起最迟10年原本就应当执行完毕了，但《德国刑法典》第2条第6款认为在涉及改善与保安处分时，可以允许重法溯及既往，这些改善与保安处分措施不应当被作为刑罚看待，而应被作为预防性措施看待，因而不在《德国基本法》第103条第2款规定的溯及禁止的范围之内。

从一般意义上的法治国家原则中推导出来的一般意义上的禁止溯及原则，与申诉人保安监禁处分的延长不相冲突。公众福利的一个重要基础，就是保护公众免受危险罪犯的侵害，这一根基给立法者接受前述情形的具有溯及力的规定提供了理由。

3. 联邦宪法法院的判决

2001年11月26日，申诉人由律师代理，针对此前所有在10年期满之后仍对其维持保安监禁处分的判决，向联邦宪法法院提出了申诉。申诉人重点指出，这些决定都建立在1998年修订过后的《德国刑法典》第67条d第3款的基础上，通过这一条款，原判决所依据的最高期限为10年的保安监禁处分通过溯及既往的法律被改为了无期限的保安监禁处分。这一决定侵犯了在《德国刑法典》第103条第2款中规定的禁止溯及既往的处罚原则（这一原则根植于法治国的一般性禁止溯及原则）、合比例的基本原则以及《德国刑法典》第2条第2款第2项赋予他的自由权。此外，他认为这些决定还导致了其他的法律后果，即让他无法获得执行松动（Vollzugslockerungen）的待遇，原本通过这一待遇，可以根据他的危险性获得更积极的诊断。但这些决定让他被终身羁押,没有获得释放的希望。

2004年2月5日,联邦宪法法院由8名法官组成的委员会对该案进行了庭审,庭审期间,委员会听取了精神病鉴定专家和不同的监狱长的意见,最终驳回了申诉人的请求。联邦宪法法院详细论证的指导性判决最终认为:《德国刑法典》第67条d第3款和1998年修订后的《德国刑法典适用法》第1条a第3款与《德国刑法典》是相符的。其论证的理由包括以下三个方面。

(1)自由权

联邦宪法法院认为,建立在《德国刑法典》第67条d第3款的保安监禁是依照《德国刑法典》第2条第2款对自由的合比例的限制。

联邦宪法法院强调,一个人被置于保安监禁处分的时间越长,依合比例原则,自由剥夺的条件也就越严格。《德国刑法典》第67条d第3款也考虑到了超过10年保安监禁处分被强化的自由权主张,但考虑到保护受威胁的法益(仅考虑被害人的精神和身体的不可侵害性)以及申诉人人身危险性(经过有经验的充分授权的外部精神病专家的鉴定)的高度需要,才得出了继续对其进行保安监禁处分的结论。

而且,延长保安监禁处分时间的程序以结束保安监禁处分为原则,延长保安监禁处分的结论仅是最后的例外性选择。此外,有关保护观察的程序性条文(《德国刑法典》第67条c第1款、第67条d第2款和第3款、第67条e)规定了定期的审查程序,以检验是否存在保安监禁处分转为缓刑交付考验或者终止保安监禁处分的可能性。由于执行松动对于行为人今后危险性诊断的特别意义,执行法院不接受执行机构在没有足够理由的前提下,拒绝缓刑这种作为终结保安监禁处分前期准备的执行松动。

保安监禁并非为了对过去犯罪的报应,而是为了对将来可能的犯罪的预防。因此,各州必须确保,被判处保安监禁处分的人在执行期间能最大限度地获得改善的可能性,只要这些要求与执行机构的要求相一致。

(2)刑法溯及力的禁止

联邦宪法法院进一步认为,《德国刑法典》第67条d第3款与《德国刑法典适用法》第1条a第3款的组合适用不违反《德国刑法典》第103条第2款的规定。在该条中所绝对禁止的刑法溯及力不包括《德国刑法典》所规定的包括保安监禁处分在内的改善与保安处分。

联邦宪法法院用如下的方式解释《德国刑法典》第 103 条第 2 款中的“受处罚”(bestraft)以及“可罚性”(Strafbarkeit),即该条内容仅涉及国家基于违法且有责的行为所作出的一种国家权力的回应,其手段限于判处旨在进行责任填补的刑罚。结合《德国刑法典》的产生历史以及其第 103 条第 2 款的目的,这一规定并不适用于其他的介入个人权利的国家措施。

尤其是,《德国刑法典》第 103 条第 2 款不涉及改善与保安处分措施,在采用“双轨制”的法典中,改善与保安处分措施素来被理解为一种与刑罚完全不同的措施。改善与保安处分和违法行为相连,且构成对自由权的严重介入,这两项事实都改变不了它与刑罚迥异的属性。与刑罚完全不同,改善与保安处分措施并不完全服务于赎罪,而是一种纯粹的预防措施。即防止公众受危险罪犯的侵犯。因此保安监禁处分并不受《德国刑法典》第 103 条第 2 款的管辖,即便保安监禁处分与启动行为有直接的因果关系。

(3)法治国家信赖保护的要求

此外,联邦宪法法院还以 6∶2 的比例认为,废除判处时保安监禁处分最高期限且将保安监禁处分判处之际尚未公布和生效的法律(《德国刑法典》第 67 条 d 第 3 款与《德国刑法典适用法》第 1 条 a 第 3 款)适用于行为人,与法治国家信赖保护的要求相一致。

联邦宪法法院强调,修订后的《德国刑法典》第 67 条 d 第 3 款并未在事后改变建立在申诉人行为之上的法律后果,行为人的后果已经由审判法院(das erkennende Gericht)进行了最后的确定。至于被告人是否应当被处以保安监禁处分以及处分的具体时间,素来是由执行法院负责的。

虽然根据旧版《德国刑法典》第 67 条 d 第 1 款以及第 3 款的规定,被判处保安监禁处分的人有理由根据当时的保安监禁处分的最长期限预期在 10 年之后获释,但就如其他所有有关改善与保安处分的规定一样,根据《德国刑法典》第 2 条第 6 款的规定,10 年的最高期限自确立之时就对将来的法律修订处于保留状态。

通过对相关利益的衡量,联邦宪法法院最终认为,立法者对公众生命、健康、性的不可侵犯性进行保护的义务,要比被判处保安监禁处分的人对于 10 年最高期限一直有效的信赖更重要。

由于《德国刑法典》第 67 条 d 第 3 款是被当作“原则—例外”的规定

模式进行构造的,考虑到与其配套的程序性保证,联邦宪法法院认为这种溯及既往的适用不违背合比例原则。

(4)人的尊严

此外,联邦宪法法院认为,从根植于《德国刑法典》第1条第1款的人的尊严中无法得出确立保安监禁处分执行最高期限的要求。如果从危险性的角度来看确有必要,即便是长期地实施保安监禁处分,也不会侵犯所涉人员的人格尊严。但须保证保安监禁处分的目的是受处分者的再社会化以及创造一种自由的、负责任的生活条件。人格尊严要求立法和执行的程序给被判处保安监禁处分者提供重获自由的希望。

保安监禁处分当前的内容已经满足了前述要求。执行法院须在刑罚执行完毕前和此后的至少每两年进行一次审查,以确定改善与保安处分能否改为缓刑交付考验。10年的最高保安监禁处分执行期满之后,如果没有相当程度的危险,执行法院会根据《德国刑法典》第67条d第3款的规定宣布保安监禁处分执行完毕。在实践中,一般被处以保安监禁处分的人收容于保安监禁处分执行机构一段时间之后就会被释放。

(5)被剥夺由法官依法审判的权利

联邦宪法法院认为,《德国刑法典》第101条第1款所规定的每个人都不得被剥夺由法律规定的法官进行审判的权利,在本案中并不适用。《德国刑法典》第67条d第3款要求,保安监禁处分期限的延长必须对案件情节进行全面的考查并作出相应的司法决定,这种要求并非多此一举。

(二)申诉人被执行保安监禁处分的现实情况

在修瓦姆城监狱,与申诉人相似的保安监禁接受者被收容于与因刑罚被监禁者不同的设施中。与受刑者不同,他们享有不少特权。例如,他们能够穿自己的衣服,且能获得更多的零花钱,他们可以在隔开的运动空间里进行运动,且每天都有很长时间可以待在院子里面。此外,他们还可以配置额外的家具和设施对自己舒适的房间进行装饰,他们的接访时间也更长。

在有关重新融入社会的举措方面,在修瓦姆城监狱(其他监狱亦同)接受保安监禁处分的人可以参加每周一次的小组交流活动,在这一活动中,他们可以提议举行业余活动,并对日常生活的安排发表意见。此外,还安排有个人之间的对话,以促使被判处保安监禁处分的人融入群体。每两个周还会举行一次宿舍晚会,其主旨之一,就是促进受处分者接受各种管理措施。如果有必要，被处保安监禁者可以与外部的临床专家进行一对一的交谈，他们也可以参加由其他监狱中的群体社会治疗机构提供的群体治疗。他们还可以向相关的心理学家与社会工作者求助，以获得有关应对危急情形的帮助。

自被收容于保安监禁处分之时起，申诉人就获得了临床的治疗。自1993 年年初，他就开始与修瓦姆城监狱的一位心理学家保持治疗性的对话。自 2000 年 9 月至 2003 年 3 月，他又与一位从外部延请的心理学家保持定期的治疗性对话。后来之所以终止了其中的一项治疗，是因为发现继续治疗已经不再适当。此外，申诉人还定期接受精神病医生的检查，以判断其危险性并在妥当的情形之下采取执行松动措施。在执行松动的框架下，申诉人当时曾在一年内获得了数次外出的机会。此外，他还获得了固定性（平均每三个月一次）接受其女友拜访的机会，他与他的女友于2005 年相爱。在调查的时间段之内，申诉人一直在参加工作，此时正在监狱的钢铁车间上班，通过这一工作他每个月可以获得 350—543 欧元的收入。

根据一位精神病专家 2006 年 9 月的鉴定结论和一位候补心理学家的鉴定结论，申诉人已经在融入社会的进程上取得了很重要的进步，通过这种形式，他已经摒弃了自童年以来发展起来的犯罪特性，并开始尝试严肃地思考其生活且将思考结果付之行动。另外，他与女友的关系也能被理解为一种积极的因素，并很可能改善他释放后的社会接纳空间。但这一倾向并没有完全固定，他对其他人缺乏忠诚和同情心以及危险的冲动性，一直都没有改善。2005 年，他在一次争执过后，用烘烤模子打在了另外一个共同羁押者的脸上，这便是其冲动性的再现。专家建议，应保持选择现在的松弛执行的方式，并审慎地将其延长。

（三）理论分析

1. 比较法层面的分析

根据欧洲人权法院掌握的信息和材料，在如何防范具有责任能力的人在刑罚执行完毕释放过后继续实施犯罪并以此侵犯公众，《欧洲人权公约》成员国各有不同的做法。

除德国之外，还有至少七个缔约国对已判刑的罪犯规定了保安监禁处分制度，其对象并非精神病人，他们实施犯罪时具有责任能力，因具有累犯的倾向而被认为对公众构成一种危险。这些国家包括奥地利、丹麦、列支敦士登、圣马力诺、斯洛伐克以及瑞士。这些国家原则上都由判决作出的法院判处保安监禁处分,并在自由刑执行完毕之后以通常方式执行(丹麦是个例外,即以保安监禁处分替代自由刑)。执行过程中,被羁押者的危险性会被定期审查,当他们不再呈现出人身危险性时,则将其释放。

有关保安监禁的执行地点和时间,在奥地利、列支敦士登、圣马力诺、斯诺伐克、瑞士等国,被判处保安监禁处分的人都被带往专门的机构执行。意大利立法虽然规定应在专门的特殊机构执行,但实践中则不存在这样的机构,相关的罪犯会被带往普通的监狱执行。在丹麦、意大利、圣马力诺、斯洛伐克以及瑞士都没有规定保安监禁处分的期限,但奥地利和列支敦士登则规定不得超过 10 年。

根据一些国家的规定,有关保安监禁处分的规定可以具有溯及力。其中,根据《意大利刑法典》第 200 条的规定,保安监禁处分适用决定作出时有效的法律条文。《斯洛伐克刑法典》第 2 条第 3 款规定,保安监禁处分以判决作出时有效的条款为依据。丹麦、圣马力诺的刑法典也都没有排除保安监禁处分的溯及效力。不过,奥地利、列支敦士登、瑞士三个国家的刑法典排除了与保安监禁处分相关条文的溯及力。

在不少其他的缔约国,根本不存在保安监禁制度,犯罪人的危险性通过量刑和刑罚执行两个环节加以评估。一方面,根据行为人的危险性(尤其是对累犯而言),自由刑的期限会提高。在这里需要注意的是,英国法院与其他大多数缔约国的实践不一样,会明确把终身自由刑区分为惩罚的部分和预防的部分。通过报应确立的刑量反映对犯罪人的惩罚,在报应部分的刑罚执行完毕过后,则开始执行刑罚的预防部分。如果罪犯不再对社会构成危险,则该部分可以改为缓刑。另一方面,行为人的危险性一般都会影响羁押的条件以及被减刑和缓刑的可能性。

2. 刑罚与改善及保安处分的区分及其后果

有关刑罚与保安监禁处分的区分,须注意的是,同一种应对措施,在一个缔约国可能作为一种附加性的刑罚,而在另外一个缔约国则被归类为改善与保安处分。例如,对于罪犯释放过后的行为监视,《法国刑法典》第 131－66－1 条及其后的几条将其规定为附加性的刑罚。而《意大利刑法典》第 215 条及第 228 条将其视为一种改善与保安处分。

此外,2008 年 2 月 25 日法国《关于保安监禁处分以及因精神障碍而无刑事责任能力的宣告法》中引入保护观察制度，根据《法国刑事诉讼法》第706－53－13条的规定，如果一个人因严重的人格障碍而具有很高的累犯的可能性，则可以针对这一非常危险的罪犯适用保安监禁处分。法国宪法委员会（Verfassungsrat）在其2008年2月21日的决定中指出，保安监禁处分不是针对被告人的责任作出的，而是旨在防止罪犯再次犯罪，因而保安监禁处分不构成一种刑罚。这与德国联邦宪法法院的立场是完全一致的。但法国宪法委员会仍坚持认为，法院在自由刑执行完毕过后作出的保安监禁处分，鉴于其对自由的剥夺方式、时间、无限期被执行的可能性以及在判决后另由法院进行宣判的属性，因而不得溯及性地适用于法律公布之前因实施犯罪行为而被判处刑罚的人。在这一点上，法国宪法委员会又与德国联邦宪法法院得出了不一致的结论。

（四）与保安监禁处分相关的国际监督机构的态度

1．欧洲委员会人权专员的意见

在2006年11月9日至11日以及15日至18日两次赴德国进行调查的基础上，欧洲委员会人权专员托马斯·汉默伯格（Thomas Hammarberg）就有关保安监禁处分作了如下说明：

在德国期间，专员就保安监禁处分这一话题与一些州级机构、法官以及医学专家进行了讨论。专员清楚地感受到了法官在释放一个有可能实施严重犯罪行为的行为人时所面临的公众压力。的确很难百分之百地预测一个人是否真正会再次实施犯罪。在监狱外与在监狱内表现不同的羁押者，会定期被精神病专家进行检验。此外，也很难预测犯罪人在羁押场所之外可能面临的各种具体条件。

人权专员提倡一种例外情形下的保安监禁处分的适用，他认为在求助于保安监禁处分制度之前，宜首先检索能否有其他替代措施。专员对于越来越多的人在保安监禁处分的框架之下被剥夺自由深感担忧。他鼓励德国的相关部门委托相关机构对保安监禁的适用进行独立的研究，以将该措施放在保护公众和对被羁押人效果的框架之下进行评测。

此外，人权专员还得知，被判处保安监禁处分的人往往失去了对未来的希望，并表现得有些自暴自弃。因而心理学和精神病学的护理的地位应当日益提高。有关对被判处保安监禁处分者进行护理的有效性，医学专家的观点存在分歧，但不得因此排除其最终回归社会并获得释放的可能性。因此，被判处保安监禁处分的人应具有获得适当的、与特性相适应的医学上或者其他方面的治疗的可能性。

2. 欧洲防止刑讯、非人性或侮辱性的处遇或刑罚理事会①的意见

基于2005年11月20日至12月2日对德国的调查,该欧洲理事会以柏林特格尔(Berlin-Tegel)地区的监狱为样本,对德国的监狱内保安监禁处分分布的状况作出了如下论断:

该监狱中执行保安监禁分部的物质条件达到了很高甚至可以说非常高的水准,尤其是下列内容是非常积极的:装修非常不错的单独羁押的空间,配有卫生间、明亮且相对而言宽敞的公共空间,一个可供羁押人员自己准备热饮和一些小菜品的小厨房,还有一个供洗涤、烘干和熨烫衣物的空间。

通常而言,因保安监禁处分而被羁押者享有与普通羁押者相同的活动可能性。此外,他们还可以根据相关的规定享有一系列特权。尤其值得一提的是,监禁他们的房间的门整天开放,他们也有附加的接访时间(每个月两小时而非一小时)。活动自由方面,在非工作日,他们有4小时而非1小时的活动时间;他们每年能寄送6个包裹,而因刑罚受羁押的人只能寄送3个;即便在不工作的时候,他们也能得到零花钱。值得一提的还有,他们可以无限制地使用电话。

至少在理论层面,监狱的保安监禁分部为他们提供了一种积极的羁押氛围。但并非所有的被监禁者都有机会利用这些理论上的可能性。当然,这也并非让人吃惊的事情,根据监狱医疗组的意见,虽不敢说是全部,但至少大多数被羁押者感到极度沮丧,只有2个人在空余时间里会参加运动,3个人参加全职的劳动,1个人参加兼职的劳动。其中,有12个人被提供了工作机会,但他们拒绝了这些机会。因此,绝大多数人在懒散中消耗时光,他们待在自己的小房间里看电视或者打电子游戏。

即便是那些表面上履行监狱日常责任并因此看起来能适应的被羁押者,也只不过把这些事务看成一种消磨时间的策略,其中并没有蕴含他们自己的追求。可以想象,这种状况与他们无限期的保安监禁处分是相关联的。在对话治疗的过程中,他们明确表示,他们不相信有再获自由的可

---

① 德语为 der Europäische Ausschuss zur Verhütung von Folter und unmenschlicher oder erniedrigender Behandlung oder Strafe;英语为 the European Committee for the Prevention of Torture and Inhuman or Degrading Treatment or Punishment,简称 CPT。

能性，其中甚至有一个人说，他都做好了等死的准备。

根据监狱领导层的说法，监狱医疗组有特定的治疗标准，一起让被拘禁者走出保安监禁处分，其重点在于最小化对公众的风险以及处理长期监禁所引发的心理与精神问题。但理事会的代表发现，该部门包括社会工作者在内的工作组实际上更多是缺席的，因此他们与被收容者的接触是很罕见的。

即便有部分羁押者有能力很好地处理与其处境之间的关系，也并不意味着工作组介入的缺位是正当的。让被羁押者自己承担责任并保证高度的独立性，并不意味着工作组可以对他们放任自流，尤其是涉及这个特殊的群体之时。代表团形成了一个强烈的印象：工作组自己也不清楚该如何针对被羁押者开展工作，除让被羁押者能够自己掌控监禁期间的生活之外，他们还应在面对其无期限的拘禁中获得支持，他们需要获得一种可能性，与他们被耻辱的行为与明显的精神问题所刻画的过去说再见。当前的心理护理和支持显得严重不足，该代表团建议，应采取紧急措施，来清除这种欠缺带来的影响。

如何贯彻一种人道且连贯的治疗措施来治疗被判处保安监禁处分的人，这一难题必须被提升到最高层面且以高度的紧迫性来加以应对。对这一拘禁群体的工作必然是对执行机关工作人员最大的挑战。

基于这一人数并不多（但仍在增长）的保安监禁处分者可能被无限期羁押的性质，必须形成一种清晰的观念：监狱保安监禁的目的是什么？在现实的意义上这些目的如何达成？这一问题要求通过多学科背景的团队高度的关注，也需要根据被羁押者个性提高相关措施的个人化。所有这些都需要在一个面向自由生活的框架内展开，在该框架中，重获自由应该是一种现实的可能性。在妥当的时候，这一系统也应该让他们能够及时接触自己的家庭。

欧洲防止刑讯、非人性或侮辱性的处遇或刑罚理事会建议德国的相关机构，对特格尔地区监狱中保安监禁处分的情况进行全面的检验，在必要的情形下，也须检验德国境内的其他收容保安监禁处分者的机构，并对上述注意事项进行检查。

3. 联合国人权委员会的意见

2008 年 7 月 7 日至 25 日，联合国在召开会议期间，就法国根据联合国《公民权利和政治权利国际公约》第 40 条所作的报告得出了一份备忘结论,在该结论中,联合国声称:委员会担心,缔约国会因2008年第174号法律而被允许实施以下行为,即在最初被判处的监禁刑执行完毕之后,基于其危险性给罪犯们每人增加一年的改善与保安处分。即便法国宪法委员会当时认为这种情况不属于溯及既往的法律适用,且宣告罪犯有罪的法官在判决作出时就知道将来其有被判处保安监禁处分的可能性,但这都不能改变联合国人权委员会的观点,即实践中这种做法可能引起与《公民权利和政治权利国际公约》第9条、第14条、第15条相关的问题。

(五) 法律上的评价

1. 违反《欧洲人权公约》第5条的主张

申诉人的控告指出,行为以及判决时的法律规定保安监禁的最高期限为10年,但现在自己被执行的保安监禁已经超过了10年,这违反了《欧洲人权公约》第5条第1款的规定。德国政府对此持异议。

(1)申诉人的基本观点

申诉人主张,对他所判处的保安监禁处分不符合《欧洲人权公约》第5条第1款a项的规定,10年保安监禁处分期满之后继续延长其保安监禁处分,与1986年针对他作出的判决之间没有充分的因果关系。当马尔堡州法院于1986年对其判处保安监禁处分之时,根据当时有效的法律,该种自由剥夺措施不得超过10年的最高期限。

不能排除这种可能性,即如果马尔堡州法院得知这种处分在10年之后仍可能被执行的话,它就不会判处这种保安监禁处分。因此,10年之后仍延续对他的保安监禁处分,其唯一的依据就是1998年修订的《德国刑法典》,正是这一修订废除了原本最高刑期为10年的规定。对他保安监禁处分的延长,并没有建立在1986年判决的基础上。如果没有立法的修订,则2001年申诉人就会自动被释放,执行法院无权延长其保安监禁处分。鉴于判决时法律所明文规定的当时改善与保安处分所确立的绝对上限,废除了其最高限度的立法引发的问题应当是,保安监禁处分是否能够继续有效,而不仅仅是涉及有关执行的规定。因此,保安监禁处分执行10年之后,其判决与其正在接受的保安监禁处分之间的因果关系已经不复存在。

申诉人进一步认为,与《欧洲人权公约》第5条第1款规定相反,其自由被剥夺既不"合法"(rechtsmäßig),又未按法律规定的方式进行。与德国联邦宪法法院的观点截然相反的是,许多法学家认为取消当初判处的保安监禁处分的10年最高期限以及在此基础上所执行的保安监禁处分是违宪的。

当初保安监禁处分的最高期限是法律确定的。当申诉人实施行为时,他根本无法预料到,这一最高期限将在他已经被置于保安监禁处分之后的某一个时点被立即取消,而他居然要因此被执行超过10年的保安监禁处分。即便在保护公众安全的思想面前,他被合法剥夺自由的权利也不得被偏废。

(2)德国政府的观点

德国政府认为,延长申诉人保安监禁处分的期限与《欧洲人权公约》第5条第1款第a项的规定相符。申诉人保安监禁处分在10年期满后仍是持续地"依照判决"(nach Verurteilung)作出的,因为在最初的判决和自由被剥夺之间一直存在着充分的因果联系。在1986年11月17日的判决中,马尔堡州法院判处了申诉人5年的自由刑并决定对其判处保安监禁处分,但并没有涉及其保安监禁处分的期限。根据《德国刑法典》的规定,对执行负责的州法院才有权对这种措施的执行(尤其是保安监禁处分的执行期限)作出决定。因此,无论是作出判决的法院还是执行法院都以"有管辖权的法院"的身份加入了对申诉人的审判。根据《德国刑法典》第2条第6款,立法者始终有权以立即生效的条款引入没有期限的保安监禁处分。考虑到这一点,则1986年对申诉人的判决与其保安监禁处分延期之间的因果关系,就没有因为此后保安监禁处分最高期限的立法变更而中断。

德国政府进一步认为,申诉人保安监禁处分的延期,就如《欧洲人权公约》第5条第1款所规定的那样,是"合法"且"依照法律规定的方式"作出的。国内法院确认了继续羁押申诉人与国内法规定的一致性。其保安监禁处分的执行不是排他性地根据《德国刑法典》第67条d的修改,而是由马尔堡州法院在2001年4月根据《德国刑事诉讼法典》所确立的程序作出的,这一决定也满足了可预测性的标准。保安监禁的期限并不要求在行为时就可以预见,因为行为人的危险性并非经过一定期限就会自动消除。申诉人自己也没有正当理由预期当时确立的保安监禁处分的最高期限不会被废除,且社会公众的保护比这种预期更应当受到重视。根据《德国刑法典》第6条第2款的规定,改善与保安处分须根据判决(不仅包括原判决,也包括执行法院的决定)作出时有效的法律,而非行为时有效的法律加以判处。由此可见,立法者随时有权让法院作出无固定期限的保安监禁处分。此外,德国也一直在努力废除1975年引入的首次判处保安监禁处分的最高期限。

德国政府还主张,延长申诉人的保安监禁处分不是武断的,因为执行法院判决判处超过10年的保安监禁处分仅仅是例外的,原则上,保安监禁处分在10年期满后就会结束;这种例外的根据是所涉行为人存在实施严重的性犯罪或者暴力犯罪的危险。

(3)欧洲人权法院的裁量

A. 相关基本原则的总括

a)剥夺自由的基础

剥夺自由的合法根据,已经在《欧洲人权公约》第5条第1款a至f项中作出了穷尽性的列举,自由剥夺必须从中找到至少一条理由才能是合法的。当然,利用其中的一条理由并不必然排除另一理由。剥夺自由完全可以根据特定情境由两项以上的理由得以正当化。

《欧洲人权公约》第5条第1款a项意义中的"判决"(英语conviction),结合其法文表述(condamnation),应当作如此的理解:它既能表示在犯罪行为被确定后根据法律规定的方式认定责任,也可以是对刑罚的承担或者对其他的自由剥夺性措施的确认。

此外,a项中的"依据"(nach)并不简单地意味着自由剥夺必须在时间上居于判决之后,在此之外,还需要自由剥夺是从该判决中得出的,或是判决的结果,或依赖于该判决,或是依据其效力作出的裁判。简言之,必须在判决与这里所述的自由剥夺之间有充分的因果联系。随着时间的流逝,最初的判决与继续剥夺自由之间的联系逐渐变弱。a项所要求的因果联系可能在特定的时间点中断,在这一时间点,不释放被羁押人或重新作出新的羁押决定的根据,会与原审法院的目的不相吻合,或其所依赖的考量与原本的目的看起来是不适当的。在这种情形下,原本在开始阶段合法的自由剥夺,最终沦为了恣意的自由剥夺,结果与《欧洲人权公约》第5条不相吻合。

此外,根据《欧洲人权公约》第5条第1款第c项的规定,如果有充分的根据表明有必要防止特定的人实施犯罪(Begehung einer Straftat),也可以合法地剥夺其自由。不过这种自由剥夺根据不得以一般性预防的方式展开，即认为少数人或者某一群体有一种实施犯罪的倾向，因而剥夺其自由。c 项的规定仅仅授予了缔约国为防止“具体和特定”犯罪行为而剥夺自由的合法性。因而该条的表述指称犯罪时用的是单数（Straftat）；此外，《欧洲人权公约》第 5 条的目的也在于确保没有任何人会被恣意剥夺自由，也对前述结论提供了支撑。

b）以“法律规定的方式”“合法地”剥夺自由

根据欧洲人权法院对《欧洲人权公约》第 5 条第 1 款第 a 至 f 项所作的有效的判决（ständige Rechtssprechung），对自由的剥夺须至少符合其中一项例外性的规定，此外还必须是“合法的”。涉及剥夺自由的合法性的问题（也包括了“是否以法律规定的方式进行”的问题）时，《欧洲人权公约》主要参考国内法的规定，并要求自由剥夺遵守国内法实体和程序规定。这表明，首先，每一逮捕或拘禁必须有国内法上的法律根据，但同时也涉及立法的质量（Qualität），而这一质量是法治国家必须满足的要求，这是贯穿于《欧洲人权公约》所有条款的指导思想。这里所称的“立法的质量”意味着，国内法允许自由剥夺时，其立法必须是充分能够让人理解的，且能够精确、可预见性地加以适用，以避免任何恣意的危险。《欧洲人权公约》所设置的有关“合法性”的标准意味着，所有的条文都必须足够精确，以确保每一个人在各种相应的情景之下（有些时候可能需要借助咨询）都能预见各种行为将会与什么样的结果相联系。

仅仅遵守国内法还不充分，《欧洲人权公约》第 5 条第 1 款还要求每一种自由的剥夺都须防止个人免受恣意的侵害。

B. 上述基本原则在本案中的运用

欧洲人权法院需要决定，申诉人的保安监禁处分被延长为超过 10 年的期限，其自由权的剥夺是否符合《欧洲人权公约》第 5 条第 1 款第 a 至 f 项的规定。为了回答这一问题，最先须审查的是，申诉人最初所受的改善与保安处分是否符合第 5 条第 1 款所列举的可被允许的自由剥夺根基之一。如果这一点没有得到满足，则对于删除第一次判处保安监禁处分的 10 年最高期限是否与《欧洲人权公约》第 5 条第 1 款的要求一致的问题，根本不需要加以回答。

德国政府认为，申诉人的保安监禁处分通过第 5 条第 1 款第 a 项获得了正当性。这一点是符合实际情况的，欧洲委员会人权专员署一再强调，由原审法院附加或替代自由刑判处的改善与保安处分原则上能够通过《欧洲人权公约》第 5 条第 1 款第 a 项中的“由具有管辖权的法院根据判决作出的自由剥夺”而得以正当化。

欧洲人权法院已经确认,如在比利时的法律体系中,对累犯与习惯性犯罪人,政府有权在自由刑之外附加性地剥夺其自由,这种自由剥夺构成《欧洲人权公约》第 5 条第 1 款第 a 项所述的“由具有管辖权的法院作出有罪判决”而进行的自由剥夺。欧洲人权法院在先前的判决中也曾认为,在挪威的保安监禁处分系统中,针对精神未完全发展或精神上的归责能力有限制的人使用的安全措施,原则上也与《欧洲人权公约》第 5 条第 1 款第 a 项相符。

欧洲人权法院再度重申,第 5 条第 1 款第 a 项中的“判决”(Verurteilung)意味着因为一种犯罪行为所确认的“责任认定”及其“刑罚的承担”或者“其他的自由剥夺性措施”。欧洲人权法院认为,马尔堡州法院于 1986 年 11 月 17 日通过判决对申诉人作出了保安监禁的决定,在该判决中,申诉人被认为对杀人未遂等犯罪承担刑事责任。在其自由刑执行完毕后,1991 年申诉人开始执行其保安监禁处分,因为执行法院拒绝将被判处的保安监禁处分改判为缓刑。

欧洲人权法院承认,申诉人最初的保安监禁处分是根据 1986 年原审法院作出的“判决”作出的。马尔堡州法院判决申诉人对谋杀未遂负有责任,对其判处了保安监禁处分,属于一种刑罚或者其他自由剥夺的措施。欧洲人权法院认为,政府不是基于行为人的责任,而是基于行为人对公众所构成的危险而对其判处的保安监禁处分。尽管如此,欧洲人权法院认为,《德国刑法典》第 66 条第 1 款所规定的保安监禁处分素来由法院在判决当事人对于某一犯罪的刑事责任时附带性地判处。

因此,将申诉人收容于保安监禁机构之中,最初符合《欧洲人权公约》第 5 条第 1 款的规定。不过,欧洲人权法院要补充的是,执行法院作出的继续拘禁申诉人的决定,并没有满足《欧洲人权公约》第 5 条第 1 款第 a 项的“判决”的要求,因为它不再包括责任的确认。

要确认申诉人的保安监禁处分在执行 10 年之后继续延长是否能通过《欧洲人权公约》第 5 条第 1 款第 a 项的规定正当化,欧洲人权法院必须审查这种自由剥夺是否仍是以“判决”形式作出的,换言之,须审查原审法院 1986 年的判决与 2001 年 9 月 8 日之后的自由剥夺的延长之间是否存在足够的因果联系。

欧洲人权法院注意到，德国政府认为原审法院对申诉人作出的保安监禁处分并没有涉及其具体的期限，确定这一期限因此就成了执行法院的任务。《德国刑法典》第2条第6款允许通过即刻生效的新立法取消原本保安监禁最高期限的限制，则执行法院在1998年立法改变之后有权对申诉人的羁押进行延期，即便它已经经过了10年。德国政府因此主张，对申诉人的判决与通过《德国刑法典》第67条d的修订而延长对申诉人的拘禁之间的因果关系并没有中断。

这种主张无法说服欧洲人权法院。虽然原审法院1986年判处申诉人保安监禁处分时的确没有确立具体的期限。不过，根据当时有效的法律条文（即《德国刑法典》第66条以及第67条第c至e项），审判法院从不会确定保安监禁的期限。德国政府自己也指出，原审法院仅能决定是否对某一罪犯判处保安监禁处分，执行法院则会被要求对具体保安监禁处分的执行作出决定，即确定保安监禁处分者被收容的具体期限。但执行法院只能在原审法院所确立的刑罚框架内确立保安监禁处分的期限，而这一刑罚框架须根据原审法院决定作出时有效的法律加以确定。

欧洲人权法院确认，判处申诉人保安监禁处分的决定是原审法院在1986年作出的，这种司法宣判是依据当时有效的《德国刑法典》第67条d第1项作出的。根据当时《德国刑法典》的规定，被初次判处保安监禁处分的申诉人，可以被判处最高期限为10年的保安监禁处分。如果没有1998年《德国刑法典》第67条d的修订（这一修订声称自己可以被适用于其生效前已经作出的保安监禁处分的决定，正如对申诉人那样），则申诉人在10年后会被释放，无论他是否被判断为继续构成对公众的危险。没有这里立法的修订，则执行法院就没有资格延长申诉人保安监禁处分的时间。因此，欧洲人权法院认为，1986年原审法院针对申诉人的判决与他10年保安监禁处分期满后仍被剥夺自由之间不存在充分的因果关系，因为它仅仅是通过1998年事后的立法修订才变成了可能。

欧洲人权法院认为,本案须与卡夫卡里斯(Kafkaris)案[①]区别开来。在卡夫卡里斯案中,欧洲人权法院确认了申诉人的判决与其20年自由刑执行完毕过后的继续羁押存在充分的因果联系。在卡夫卡里斯案中,拘禁在20年后仍在持续与原审法院的判决是一致的,因为原审法院的判决判处的是终身自由刑,并明确地表示,申诉人将在监狱中度过余生。根据《塞浦路斯刑法典》,终身监禁不是20年的自由刑,其执行的期限是被告人的剩余生命。虽然《塞浦路斯监狱规定》表明终身监禁可在监禁20年后释放,不过它属于《塞浦路斯刑法典》的下位法。与卡夫卡里斯案截然不同的是,本案申诉人保安监禁超过10年后的延续,并非通过原审法院根据判决时有效的《德国刑法典》判处得出的结论。

此外,欧洲人权法院还必须审查,申诉人保安监禁处分超过10年期限是否能通过《欧洲人权公约》第5条第1款中的其他几项得以正当化。德国国内法院并没有对此进行分析,因为根据《德国刑法典》的基本原则,德国国内法院没有义务这样做。欧洲人权法院认为,《欧洲人权公约》第5条第1款第b、d、f三项显然与本案无关。根据《欧洲人权公约》第5条第1款第c项所规定的第二种情况,自由剥夺可以通过"合理地认为有必要防止某人犯罪"而得到正当化。在本案中,执行法院认为,如果解除申诉人的保安监禁、使其重获自由,申诉人将会继续实施与此前判决认定犯罪相类似的严重犯罪,因此延长其保安监禁处分是正当的。但这种潜在的严重犯罪(尤其是在有关其实施的具体时间、地点以及被害人等方面)并不足够具体和特定,因而与欧洲人权法院在判决中的要求不相符合,因此不属于《欧洲人权公约》第5条第1款第c项的要求。将第1款第c项放在第5条的整体框架中进行理解,也能得出同样的结论。根据

---

① 1989年,卡夫卡里斯因为三起谋杀罪的预备犯(premeditated murder)被判有罪,根据《塞浦路斯刑法典》,谋杀罪的预备犯应被判处终身监禁。根据修订后的《塞浦路斯监狱规定》(Prision Regulation),终身监禁可在执行20年后获得释放。在对卡夫卡里斯的判刑进行听证的过程中,检察机构邀请巡回法院来决定其刑罚究竟是终身执行还是执行20年后释放,如果是后者,检察机构就会抗诉。巡回法院给出了明确的结论:卡夫卡里斯需要在监狱中度过余生。不过,当卡夫卡里斯被交付监狱时,监狱当局告诉他,他可以通过好的表现在2002年获得释放。其后,在另一案件中,塞浦路斯的最高法院宣告《塞浦路斯监狱规定》因为违反宪法、上位法而无效。在监狱当局告知的释放日期到来后,卡夫卡里斯并未获得释放,于是向联邦最高法院申请人身保护令,不过他的申请和上诉都未能获得成功。卡夫卡里斯向欧洲人权法院提起申诉,欧洲人权法院于2008年作出判决(ECHR 21906/04),未支持卡夫卡里斯的请求。

《欧洲人权公约》第 5 条第 3 款的规定，任何可能因《欧洲人权公约》第 1 款第 c 项被剥夺自由的人，须毫不延迟地被交由法官进行审判，且在审判程序中有权要求在一定的期限之内获得判决或被释放。已经被收容于改善与保安处分中的人，绝无可能因为潜在的犯罪而被毫不迟疑地交由法官以及法院审判。与此相关，欧洲人权法院认为，犯罪学的研究表明，无论是否对被判处刑罚的人判处保安监禁处分，他们都经常有再犯罪的可能性。

对于申诉人是否有可能被根据《欧洲人权公约》第 5 条第 1 款第 e 项被当作“心理疾病”而在 2001 年 9 月之后仍被收容于保安监禁机构之中，欧洲人权法院也进行了审查。虽不能排除这种可能性，即某些罪犯被判处保安监禁的条件是这一根基，但欧洲人权法院确信，根据法兰克福州高等法院对本案作出的判决，申诉人已经不再受严重的精神障碍的困扰。德国国内法院的判决也从未以精神疾病作为根据来主张继续对其执行保安监禁处分。因此，依《欧洲人权公约》第 5 条第 1 款第 e 项，也不能将对申诉人的自由剥夺正当化。

本案作为一个个体的申诉案件，引发了一个有关申诉人被拘禁的合法性问题。欧洲人权法院认为，国内法必须具有相当程度的质量，且其运用必须具有可预见性，以防止任何可能出现的恣意。欧洲人权法院严重怀疑，申诉人在作出判断时的特定情境下是否有相当程度的预见可能性，以预计到他的犯罪行为可能给自己带来无期限的保安监禁处分。欧洲人权法院尤其怀疑，申诉人可以预见到可适用的条文会在其犯罪行为实施完毕过后通过即时生效的法律条文加以修订。考虑到上述判断结论，即申诉人保安监禁处分 10 年之后的延期不能以《欧洲人权公约》第 5 条第 1 款的任何一项得以正当化，则是否按照国内法所要求的方式剥夺自由这一问题根本不需要回答。

因此，《欧洲人权公约》第 5 条第 1 款已经被违反了。

2. 有关违反《欧洲人权公约》第 7 条的主张

此外，申诉人还认为，将其最高期限为 10 年的保安监禁处分通过事后的方式更改为无期限的保安监禁处分，侵犯了他不得被判处比行为时法律规定的刑罚更重的刑罚的权利。其主张的依据是《欧洲人权公约》第 7 条第 1 款的规定，其内容是：“任何人的作为或者不作为，在其发生时根据本国的国内法或者国际法不构成刑事犯罪的，不得认为其犯有任何罪行。所处刑罚不得重于犯罪时所适用的刑罚。”德国政府对此持异议。

(1)申诉人的主张

申诉人认为,将其保安监禁延长至10年以上的决定,以溯及既往的方式对其作出了比其行为时的法律规定更重的刑罚,这一决定无视了《欧洲人权公约》第7条第1款下半句的规定。申诉人认为保安监禁构成了《欧洲人权公约》第7条意义上的“刑罚”。他指出,虽然国内法院都认为保安监禁处分自被引入《德国刑法典》就从未被当作“刑罚”对待,因此可以被溯及性地适用。至于该措施是在1933年11月24日在“纳粹”政府统治期间通过《反危险的习惯犯罪人以及保安与改善处分措施法》创造的,则不具有什么重要的意义。《德国刑罚执行法》第129条将这种建立在犯罪行为之上并由刑事法院判处的后果赋予了与刑罚相同的目的,也即:不仅防止社会公众不受保安监禁处分者的伤害(预防),也必须有助于被处分者在被释放后能够重新融入社会生活(再社会化)。

申诉人认为,根据保安监禁的性质,它已经构成了一种刑罚。其理由是,这种措施是由刑事法院与犯罪相关联地判处的,且规定该措施的条文包括在“刑罚”执行的法律之中。保安监禁处分与行为人的责任相关联,它的判处不仅以存在现实的犯罪为前提,还不得对那些没有责任能力的人适用。

申诉人进一步强调,德国根本不存在专门的保安监禁处分执行机构。被判处保安监禁处分的人被收容于一般的拘禁机构,与其他被收容于同一机构执行自由刑的拘禁者相比仅有微乎其微的特权,例如穿自己的衣服等。即便这些特权全得到了落实,也不能改变一个事实,即保安监禁处分的执行与自由刑的执行并没有什么根本性的不同。作为保安监禁处分的接受者,申诉人在实践中并未感受到比刑罚承受者有更宽松的执行措施。此外,在普通刑罚拘禁者所受的对待措施之外,并没有规定特殊的措施来帮助保安监禁处分者培养过上自由的、负责任的生活的能力。申诉人认为,他在修瓦姆城监狱的拘禁条件,与自由刑执行的条件并没有本质上的区别。他在该监狱执行了其大部分的自由刑,因而对此非常熟悉。与被执行自由刑时一样,在保安监禁处分执行期间他也一样参加工作,除在此期间有几次外出的机会之外,并不存在任何为其自由生活做准备的措施。他也没有机会让自己接受治疗。如果根据被拘禁者的现实情形而非《德国刑法典》的措辞来判断的话,则自由刑的执行和保安监禁的执行之间根本不存在本质上的区别。

除此之外，申诉人在 5 年自由刑执行完毕后，紧接着附加性地被执行无期限的保安监禁处分，其严酷程度被呈现无遗。对比其被处以保安监禁处分的基本事实，他已经为此近乎被剥夺了 18 年的自由。他认为，他因此被拘禁的期限远长于谋杀既遂（实际上他仅仅是杀人未遂！）而被仅仅判处自由刑（不被判处保安监禁处分）的情形。因为自从 1986 年被拘禁以来，他已经在监狱度过了超过 22 年的时间（以判决作出时为起点进行计算）。而他仅仅在许多年前的两次情形中被收容于防脱逃的特殊关押场所，这也表明，实际上他已经学会了控制自己的情绪，因而继续对其进行关押是不正当的。

申诉人因此认为，根据《欧洲人权公约》第 7 条的规定，这种保安监禁处分（也即一种在行为时明确地确立了 10 年上限的刑罚）的事后延长，明显违反了与刑罚相关的合法性原则。

（2）德国政府的观点

根据德国政府的观点，对申诉人执行 10 年以上的保安监禁处分，不会违反《欧洲人权公约》第 7 条第 1 款所规定的事后提高刑罚的禁止性规定，因为保安监禁处分根本不构成该规定所述的“刑罚”。《德国刑法典》采用了“双轨制”的制裁体系，这种体系在刑罚和改善与保安处分（保安监禁处分就是其中的一种）之间进行了严格的区分。刑罚具有惩罚的性质，且根据犯罪人的责任加以确定。相反，改善与保安处分具有预防的性质，是根据犯罪人所呈现的危险性加以判处的，与责任无关。这种 1933 年创立的“双轨制”，在“二战”之后经受住了多次民主选举产生的立法者的检验和认可。保安监禁处分被当作最后的措施加以判处，且只以防止公众免受危险罪犯所呈现出来的危险的伤害为唯一宗旨。有关判处保安监禁处分及其期限延长，《德国刑法典》规定了严格的适用条件，国内法院对这一措施的严格适用也都表明了这一点。与刑罚不同，保安监禁处分在任何时候都有转换为缓刑的可能，只要被关押者在被释放之后不致再实施严重的犯罪行为。正如德国联邦宪法法院在对本案的判决中所确认的那样，保安监禁处分并不是刑罚，只有对刑罚才适用禁止溯及既往的原则。

在德国政府眼中，无论是在法律规定的层面，还是在实际操作的层面，保安监禁处分与刑罚的执行都有着本质上的不同（尤其参见《德国刑罚执行法》第129—135条的规定)。虽然出于经济上的原因以及对于治疗所要求的有关设施和人员配置的广泛性,目前还没有执行保安监禁处分的特殊机构。如果在德国建立一个接受所有保安监禁处分的机构,让所有的家属或志愿服务于被拘禁者社会化的人都到这一特殊机构来,是不现实的。因此,只能将保安监禁处分者收容于监狱的特殊部门。不过与执行刑罚的被拘押者相比,他们仍享有一系列的特权,如有权穿自己的衣服,接访时间也更长;他们也有更多的零花钱,能有权收取更多的包裹。此外,只要他们愿意,他们也能得到一间整天都不上锁的单人间,且也可以按照他们自己的喜好进行布置。德国政府尤其强调,根据心理专家(申诉人求助的对象)的观点,申诉人的治疗已经结束了,因此未继续对其进行治疗。申诉人几乎每天都可以按照自己的意愿与值班的社会工作者或监狱心理师进行交谈,每两周可以参加一次小组讨论会。根据一位精神病专家的推荐意见,现在申诉人正在享受执行松动待遇,例如有人跟随的短期外出等。

德国政府认为,仅依严厉程度和期限不足以让保安监禁处分被归类于《欧洲人权公约》第7条第1款中的"刑罚"。根据有管辖权的法院的判断,即便不考虑申诉人在监狱中所实施的犯罪,申诉人也构成了对社会公众的危险。德国政府进一步主张,根据欧洲人权法院对前面已经提及的卡夫卡里斯案的判决,不改变最初刑种,仅仅涉及刑罚执行期限的改动,并不违反《欧洲人权公约》第7条第1款的规定。本案的情况更是如此,因为本案中的最初判决判处的是改善与保安处分而不是刑罚,且法院判处这一处分时并未明确其期限。

德国政府强调,刑罚与改善及保安处分的"双轨制",让刑罚被严格限制在无条件的责任填补的限度内成为可能。正如由欧洲委员会人权专员署所公布的数据所显示的那样,正是由于这种"双轨制"的设置,德国现实执行的自由刑数量较少;另外,与其他成员国相比,德国法院判处的自由刑也更短一些。这表明,"双轨制"会促成刑事制裁实践的克制和理性。《德国刑法典》中所确立的基本原则,也即刑罚不得与责任不成比例,限制了德国的法院用更长的自由刑替代改善与保安处分以实现防止公众被侵犯的预防性目的。另外,在其他的缔约国,尤其是奥地利、丹麦、意大利、列支登士敦、圣马力诺及瑞士,也都在适用保安监禁处分。

(3)欧洲人权法院的判断

A. 相关基本原理的概述

《欧洲人权公约》第 7 条中所确立的保障性规定,构成了法治国原则的重要元素,它在公约的保障体系中占有非常重要的地位,《欧洲人权公约》第 15 条的规定对其进行了进一步强调,根据它的规定,即便在战时或公共的紧急状态下,这一原则也必须得到严格遵守。根据这种保障性规定的目的,这种规定应如此解释和适用,即它必须真正地防止恣意的追诉、判决和处罚。

《欧洲人权公约》至少确立了一项基本原则,即只有立法才能定义犯罪并规定刑罚(没有法律则没有犯罪或刑罚)。它尤其禁止不利于被告人的溯及性适用,也禁止将已经存在的犯罪构成要件扩展到此前尚不构成犯罪的行为之上;同时也确立了一项基本原则,即不得在不利于被告人的方向上过度地解释刑法,例如通过类推的方式。

《欧洲人权公约》第 7 条用"法律"(Gesetz)、"法"(Recht)精确地指涉了一个与另几个概念密切相关的概念,在使用这一表达时,须暗含一些质的要求,包括可理解性与可预测性。这些质的方面的要求不仅涉及罪的界定,犯罪所对应的刑罚也须满足这些条件。个人必须能够从相应规定的用语中(必要的情形下可以借助于他自己或法院的解释)推断出,他的哪一种作为或者不作为可能被判处刑罚,这种行为将用何种刑罚加以处罚。

《欧洲人权公约》第 7 条中的"刑罚"的概念是在自己的王国里自治的概念(也即不受任何国内法界定的限制)。如果要真正地让《欧洲人权公约》第 7 条所述的保护作用有效,就必须让法院撇除前见,既看到外部的形式,也须就特定的措施是否在实质意义上构成该规定意义上的"刑罚"这一问题进行自己的判断。《欧洲人权公约》第 7 条第 1 款第 2 句的用语表明,判断所涉及的措施是否为"刑罚"时,其出发点应当是:这种措施是否因为犯罪行为而紧随某一判决而被判处;此外的重要因素是该措施在国内法上的定性,该措施的种类与目的,与其制定和转化相关联的程序以及该措施的严厉性程度。不过,该措施的严厉性程度并非决定性的,例如很多预防性的措施也可能会给所涉人员造成非常严重的影响。

无论是欧洲委员会人权专员署还是欧洲人权法院在具体判决中都区分了两种不同的措施:一是本质上构成"刑罚"的措施,另外一种是涉及"刑罚"执行的措施。因此,如果一种措施所属的种类与目的涉及的是刑罚的免除或此前拘禁释放规则的改变,则不属于《欧洲人权公约》第7条所述的"刑罚"的组成部分。当然,在实践中,这一区分并不明确。

B. 上述基本原理在本案中的运用

考虑到此前所述的基本原理,欧洲人权法院认为,1985年申诉人实施谋杀未遂之时,根据原审法院依照当时有效的《德国刑法典》第67条d第1款作出的原始判决,申诉人最多被执行10年保安监禁处分。在1998年《德国刑法典》第67条d进行修订的基础上,这一最高期限因立法被取消,执行法院结合立法修订和《德国刑法典适用法》第1条a第3款,于2001年作出了申诉人的保安监禁处分在经过10年后仍需延续的决定。这样,申诉人的保安监禁处分被溯及性地延长了,其依据是申诉人被执行保安监禁处分6年之后才生效的法律。

欧洲人权法院应根据自己在此前判决中已确立的标准,判断申诉人的保安监禁处分是否构成了《欧洲人权公约》第7条第1款第2句中的"刑罚"。首先,欧洲人权法院认为,1986年马尔堡州法院因犯罪行为(即谋杀未遂和抢劫)判处被告人刑罚,并同时判处申诉人保安监禁处分。实际上,根据《德国刑法典》第66条第1款的规定,保安监禁处分判处的前提之一便是,其判处的对象因故意犯罪被判处了至少2年的自由刑。

根据保安监禁处分的国内法上的定性,这种措施在德国并未被看作刑罚,因此溯及性处罚禁止的规定被认为对其不适用。本案执行法院的相应结论也在德国联邦宪法法院详细论证的指导性判决中得到了承认。根据《德国刑法典》的规定,保安监禁处分被归类于改善与保安处分。改善与保安处分,在很早以前即被设定于"双轨制"的刑法制裁体系中,一直被认为是与刑罚完全不同的措施。与刑罚不同,保安监禁处分的目的不在于抵偿刑法上的责任,而在于一种预防性的目的,即防止公众受危险罪犯的侵犯。在欧洲人权法院看来,申诉人所主张的保安监禁处分最初是由"纳粹"政权引入了德国刑法,但这一主张并不能对前述观点构成充分的质疑。如欧洲委员会在1971年所认定的那样,保安监禁处分的规定经过了此后德国立法的多次考验与肯定。

此前的论证已经表明,《欧洲人权公约》第7条的"刑罚"概念具有自治性。因此对欧洲人权法院而言,一种措施是否被当作刑罚看待,与国内法上是否将其看作刑罚的结论并不完全一致。与此相关,欧洲人权法院认为,同种措施可能在某个国家被归类为刑罚,而在另一个国家被视为不受罪刑法定原则制约的制裁措施。这不仅是一种理论上的可能,也是一种已经存在的现象。例如,比利时规定的政府介入累犯以及习惯性犯罪人的权限被当成一种刑罚,而在德国法看来,它在多方面都是与保安监禁处分等同的。法国宪法委员会在 2008 年 2 月 21 日作出的决定中指出,当时刚引入法国法律中的保安监禁处分制度虽然不得被归类为刑罚,但绝不能溯及性的加以适用,尤其是考虑到其不定期的属性之时。

欧洲人权法院须进一步确认,保安监禁处分与自由剥夺相关联。考虑到保安监禁处分的执行方式,与通常自由刑的执行相比,虽然它的执行在实践中被置于监狱的独立分部执行,但显然,它也是在一般的刑罚执行机构执行的。对执行设施的细微的改变,包括穿自己衣服的权利,有更舒适的房间且可以自己装饰房间等特权,不足以掩盖保安监禁处分和自由刑的执行没有本质差别这一事实。《德国刑罚执行法》中有关保安监禁处分的特殊规定特别少,为自由刑执行所作的规定也相应地适用于保安监禁处分,这也是上述结论的一种证明。

德国政府认为保安监禁处分仅服务于预防性的目的而不涉及刑罚的目的,考虑到被判处保安监禁处分者的现实情况,欧洲人权法院无法赞同这一观点。欧洲人权法院认识到,根据《德国刑法典》第 66 条的规定,保安监禁处分仅适用于因实施明显严重的犯罪行为一再被判刑的犯罪人。尤其值得注意的是,除通常的针对长期自由刑执行的规定之外,根本没有特别的、针对保安监禁处分的措施、设施或者机构来保证预防目的的实现,也即服务于降低他们的人身危险性并因此缩短防止他们继续实施犯罪所必需的期限。

欧洲人权法院赞同欧洲委员会人权专员署以及欧洲防止刑讯、非人性或侮辱性的处遇或刑罚理事会的结论,即考虑到保安监禁处分的受处分者在特定方式之下无期限地被羁押的特征,迫切需要加强对他们心理上的护理和支持。

正如欧洲防止刑讯、非人性或侮辱性的处遇或刑罚理事会非常令人信服地论述的那样,"预防犯罪的目的要求相当高程度的多学科的团队的护理指导,并要求与被羁押人建立高度的、直接的关联(通过及时的、直接针对特定人设计的项目)。这些工作必须在一种指向重获自由的框架中展开,在这里,释放必须是一种实实在在的可能性。"在欧洲人权法院看来,保安监禁处分的受处分者须被保证有这样的指导和支持。在这一框架中,必须具备认真的努力以争取降低累犯的危险,以此预防犯罪并让释放成为可能。当然,欧洲人权法院也未忽略,针对这一被拘禁群体的工作,毫无疑问是对执行人员最艰难的挑战之一。但考虑到保安监禁处分无期限的特征,有必要强力推行对被拘禁者的支持,因为原则上他们不具备通过自己的努力争取重获自由的能力。欧洲人权法院认为,在通常的因刑罚(服务于刑罚的目的)被拘禁的人享受的权利之外,申诉人当时缺乏补充性的、重要的措施来确保其不再实施犯罪。

此外,根据《德国刑罚执行法》第 2 条、第 129 条的规定,无论是刑罚还是改善与保安处分的执行,都具有两个目的,即对公众的保护以及使被羁押者有能力在自由中过一种负责任的社会生活。虽然可以主张刑罚主要是服务于惩罚,而改善与保安处分主要服务于预防,但两种制裁措施的目的很明显是部分重合的。此外,鉴于保安监禁处分无期限的特征,它完全可以被视为对被羁押者所实施犯罪的一种附加性的惩罚,且保安监禁显然也含有威慑的成分。正如欧洲人权法院已经指出的那样,预防的目的在任何情形下都可以与惩罚的目的相吻合,也完全能被当作惩罚的一种组成部分加以看待。

有关保安监禁处分的宣判以及转换相联系的程序性问题,欧洲人权法院认为,保安监禁处分是由原审法院判处的,其执行是由执行法院(也是刑事机关的一部分)通过特别程序确定的。

综上,欧洲人权法院认为,保安监禁意味着自由剥夺,且根据 1998 年新修订的立法,这一自由剥夺没有最高的期限。此外,将保安监禁处分改为缓刑的前提是,法院确认保安监禁处分的接受者不再具备实施(严重)犯罪的危险性,而这一条件是非常难以实现的(欧洲人权委员会也持同一意见,在其看来,根本无法百分之百准确地预测,到底一个人是否具有再犯的可能性)。因此,欧洲人权法院只能得出以下结论,即保安监禁处分显然是根据《德国刑法典》所能判处的最严厉的制裁措施之一。在这一意义上,欧洲人权法院认为,申诉人因为其延期的保安监禁处分(至今已是其自由刑期限的三倍),已经受到了远比自由刑更严厉的惩罚。考虑到上述理由,欧洲人权法院得出的结论是,《欧洲人权公约》第 7 条第 1 款被违反了。

基于上述理由,欧洲人权法院认为:

第一,德国政府违反了《欧洲人权公约》第 5 条第 1 款;

第二,德国政府违反了《欧洲人权公约》第 7 条第 1 款。

四、判例评述

刑罚以及改善与保安处分的“双轨制”,不仅在德国刑法理论中已经深入人心,也已经在《德国刑法典》中存在了近 80 年。1933 年 11 月 24 日,通过《反危险的习惯犯罪人以及保安与改善处分措施法》,这种“双轨制”被引入了刑法体系。1945 年以后,这些规定未作实质性变动,继续保持了其效力,并在 1969 年以来的历次立法改革中经受住了考验。在德国一直以来的观念里,“双轨制”中的刑罚主要包括自由刑和罚金刑,它主要根据被告人的责任进行裁量。改善与保安处分措施主要包括收容于精神病院、收容于瘾癖戒除机构以及收容于保安监禁机构,这些措施须让罪犯重新融入社会或防止他们继续侵犯公众。在法律的时间适用范围上,《德国刑法典》有关刑罚和改善与保安处分的规定各不相同。刑罚按照行为时有效的法律加以确定,如果行为时的法律在判决前有改动,则适用更轻的法律。但改善与保安处分则原则上适用审判时的法律。

但这种根深蒂固的观念在欧洲人权法院有关本案的判决生效之后,受到了全面的动摇。根本性的问题在于,欧洲人权法院认为保安监禁这种改善与保安处分措施应当被视为《欧洲人权公约》第 7 条中的“刑罚”,其主要根据在于,在其执行过程中,它与自由刑之间只存在一些细枝末节的因而是非决定性的差别,这些差别不足以让其具备它所宣称的宗旨——排他性地服务于预防将来的犯罪。因此有关保安监禁处分不属于“刑罚”因此不应当受刑罚所受的约束这种立场就完全站不住脚了,“双轨制”的基石也因此被掏空了。溯及性地将无期限限制的保安监禁处分适用于法律修订之前已经被判处保安监禁的罪犯,也因此违背了刑罚禁止溯及既往的原则。2011 年,欧洲人权法院在对“H 诉德国案”作出的判决中,坚持了同样的观点。[①] 这一判决一方面给司法实务界带来了困扰,同时也给立法带来了挑战。

司法层面要考虑的主要问题是,对于与申诉人 M 同类型的保安监禁处分的接受者是否应当立即被释放?其释放是否必须以相关专家认为被

---

① Vgl. EGMR Nr. 6587/04 (5. Kammer)- Urteil vom 13. Januar 2011, in: HRRS 2011, Nr. 277.

收容者不再存在危险为前提?为解决这一问题,德国联邦议会于2010年12月22日制定了《收容于治疗机构法》(Therapieunterbringungsgesetz),规定了继续收容同类案件的法律条件。对于已经成为事实的案件,执行法院应当审核能否从被收容者的人格与表现中检测出在具体的情形之下实施最严重的暴力或性犯罪的危险,同时被收容者还必须存在《收容于治疗机构法》第1条第1款第1项所述的心理疾病。如果不存在这些条件,则这些被收容者必须在2011年12月31日之前被释放。

同时,联邦宪法法院不得不更改自己在2004年2月5日的判决中所持的立场。[①] 通过2011年5月4日的判决[②],联邦宪法法院宣布有关保安监禁的规定违宪,立法者必须在2013年5月31日之前制定与宪法相符的规定并重新构建保安监禁制度。在该判例中,联邦宪法法院要求保安监禁处分必须与自由刑在实质上"保持距离",由此确立了立法修订的原则:"保持距离原则"(Abstandgebot)。通过这一原则,联邦宪法法院希望保安监禁中的自由剥夺与自由刑中的自由剥夺保持显著的区别,保安监禁只能服务于对将来犯罪的预防,而自由刑则是对过去犯罪的惩罚。联邦宪法法院认为判决作出时的立法没有满足这一原则的要求,因此必须对其进行修订。

为了回应联邦宪法法院的要求,德国立法开始在"保持距离原则"的引导下全面修订与保安监禁相关的立法。其修订的内容涉及《德国刑法典》《青少年法院法》《刑事诉讼法典》《德国刑罚执行法》《德国刑法典适用法》等。[③] 其中《德国刑法典》的修改内容主要包括:

第一,增加《德国刑法典》第66条c,即"保安监禁收容及其先前刑罚执行的安排"。第66条c第1款为保安监禁执行的安排确定了重要的指导原则。其中第1项规定了"个别化—强化—激励原则"(Individualisierungs- und Intensivierungsgebot und Motivierungsgebot),被收容者必须从执行之初就进行全面的检查,以向其提供建立在其个人特征之上的激励性的治疗与指导。其目的是,最大可能地帮助其重新社会化。如果通常的标准无法实现这一目的,则须让执行机构特殊的专家团队介入。第2

---

① Vgl. BVerfG, Urteil vom 5. Februar 2004, 2 BvR 2029/01.

② Vgl. BVerfG, Urteil vom 4. Mai 2011, 2 BvR 2365/09.

③ Vgl. Bundesgesetzblatt, 2012, Teil 1, Nr. 57, S. 2425 ff.

项规定了“分离原则”(Trennungsgebot),收容必须与治疗的必要性相符,因此必须与刑罚执行隔开。当然,它并不要求在空间上使保安监禁处分和刑罚执行分离,出于安全的考虑,这种空间上的分离也是不妥当的。第3项详细规定了“最小化原则”(Minimierungsgebot):基于再社会化的目的必须提供开放执行的措施,以检测释放的时机。此外,为了争取更好的检测结果,有必要确保执行松动的原则。第66条第2款规定了“最后手段原则”,根据这一原则,只有其他措施无法保证公众的安全之时,才能适用保安监禁处分。因此,对于已经被判处或可能被判处保安监禁的罪犯而言,在自由刑执行的时候就必须采取针对其个人的治疗与指导措施。

第二,《德国刑法典》第67条a也被部分修改。其目的在于避免不必要的保安监禁收容。根据新修订的《德国刑法典》第67条第2款的规定,可以事后将保安监禁处分调整为收容于精神病院或者瘾癖戒除机构。对于那些保留了保安监禁判处可能性的犯罪人,只要存在具有治疗必要的精神症状或者瘾癖,就可以在自由刑执行的过程中作出调整处罚的决定。

第三,将《德国刑法典》第67条c进行了修改,该条法规对改善与保安处分的缓刑进行了规定。其第1款规定,若因同一案件被判处自由刑和收容性的改善与保安处分,在以下两种情况下,可以将收容性的改善与保安处分改为缓刑加行为监督:一是收容性措施的目的不再必要;二是通过综合考虑,罪犯已经通过《德国刑法典》第66条c第2款与66条c第1款第1项中的规定受到了足够充分的指导,因此继续将其收容于保安监禁机构有违合比例原则。该条第2款规定,如果收容性的措施在判处决定生效后3年仍未开始执行,且不存在《德国刑法典》第67条d所规定的情形,则只有在法院重新判处收容性措施的前提之下才能将其交付执行。当然,罪犯根据官方的命令被羁押于特定场所的时间不计算在前述期间之内。法院重新决定执行收容性措施的根据,只能是收容性措施的目的仍有必要实现,但如果缓刑能够实现同样的目的,就应当宣告缓刑。

第四,《德国刑法典》第67条d第2款进行了修正。根据新修订的法律,如果收容性的改善与保安处分规定了最高期限或者最高期限尚未届满,且可以预期不再执行收容性措施被收容者也不会实施违法行为,则可以将收容性措施的执行改为缓刑并交付考验。同时,如果收容于保安监禁机构开始执行后,法院认为继续执行不再符合合比例原则的要求,也应当将其改为缓刑并交付考验。

同时,《德国刑法典》第67条e规定的对于保安监禁处罚者的强制性的审查期限也被缩短为1年,在已经执行了10年保安监禁的情况下,这一期限为9个月。

总之,立法作出上述调整,主要是让刑罚与保安监禁之间真正能够区分开。其采取的措施主要是两方面:一方面,在执行的内容上尽量让保安监禁只服务于预防犯罪的目的;另一方面,通过执行程序上的改革,让执行机构在执行过程中必须不断地审查、检验这一目的是否仍有必要,是否是实现这一目的的唯一手段。

当然,立法修订的效果究竟如何,其现实执行能否真正实现立法的目的,都有待进一步检验。

图书在版编目(CIP)数据

德国判例刑法：总则/江溯主编. —北京：北京大学出版社，2021.6
ISBN 978-7-301-32108-9

Ⅰ.①德… Ⅱ.①江… Ⅲ.①刑法—判例—研究—德国 Ⅳ.①D951.64

中国版本图书馆 CIP 数据核字(2021)第 059706 号

书　　名	德国判例刑法（总则） DEGUO PANLI XINGFA（ZONGZE）
著作责任者	江　溯　主编
责任编辑	杨玉洁　王欣彤
标准书号	ISBN 978-7-301-32108-9
出版发行	北京大学出版社
地　　址	北京市海淀区成府路 205 号　100871
网　　址	http://www.pup.cn　http://www.yandayuanzhao.com
电子信箱	yandayuanzhao@163.com
新浪微博	@北京大学出版社　@北大出版社燕大元照法律图书
电　　话	邮购部 010-62752015　发行部 010-62750672　编辑部 010-62117788
印 刷 者	天津中印联印务有限公司
经 销 者	新华书店
	720 毫米×1020 毫米　16 开本　36 印张　568 千字 2021 年 6 月第 1 版　2021 年 6 月第 1 次印刷
定　　价	128.00 元